智慧物流与供应链

（微课版）

慕静　邓春姊　王俊艳　主编

U0361744

清华大学出版社

北京

内 容 简 介

本书以当前智慧物流与供应链最新理论与应用研究成果为基础，以智慧物流与供应链理论体系构建为根本，结合具体技术方案与管理实践案例，从理论框架、技术体系、功能系统、行业应用和案例分析 5 方面系统阐述智慧物流系统体系、智慧物流信息平台与技术、智慧物流各功能系统以及智慧供应链结构模型等的开发、构建、分析、设计和实施。

本书内容丰富，选材适当，理论与实践相结合，注重培养学生系统化的逻辑思维方式和在理论指导下解决实际问题的能力。

本书可作为高等院校物流管理与工程类专业、经济管理类专业本科生、研究生的智慧物流与供应链相关课程的教材，也可作为 MBA、工程硕士及物流管理人员的参考书。

图书在版编目（CIP）数据

智慧物流与供应链：微课版/慕静，邓春姊，王俊艳主编. —北京：清华大学出版社，2022.9
ISBN 978-7-302-61822-5

Ⅰ.①智⋯　Ⅱ.①慕⋯ ②邓⋯ ③王⋯　Ⅲ.①智能技术－应用－物流管理 ②智能技术－应用－供应链管理　Ⅳ.①F252-39

中国版本图书馆 CIP 数据核字(2022)第 167981 号

责任编辑：白立军　战晓雷
封面设计：傅瑞学
责任校对：焦丽丽
责任印制：曹婉颖

出版发行：清华大学出版社
　　　网　　　址：http://www.tup.com.cn，http://www.wqbook.com
　　　地　　　址：北京清华大学学研大厦 A 座　　　　　　邮　　编：100084
　　　社 总 机：010-83470000　　　　　　　　　　　　邮　　购：010-62786544
　　　投稿与读者服务：010-62776969，c-service@tup.tsinghua.edu.cn
　　　质量反馈：010-62772015，zhiliang@tup.tsinghua.edu.cn
　　　课件下载：http://www.tup.com.cn，010-83470236
印 装 者：三河市天利华印刷装订有限公司
经　　销：全国新华书店
开　　本：185mm×260mm　　　　印　　张：28.25　　　　字　　数：670 千字
版　　次：2022 年 11 月第 1 版　　　　　　　　印　　次：2022 年 11 月第 1 次印刷
定　　价：79.80 元

产品编号：095754-01

前　言

物流业作为国民经济发展的动脉和基础产业，已有"第三利润源泉"之称，成为国民经济新的增长点。在"工业4.0""互联网＋"的大背景下，随着大数据、云计算、人工智能等新技术的发展，现代物流与新一代信息技术融合，催生了智慧物流的快速发展；同时国家层面发布了多项政策以促进智慧物流的快速发展。在技术升级和政策引导的共同推动下，智慧物流快速发展，改变了物流企业的商业经营模式，重塑了制造企业的供应链运营模式，对满足新时代、新业态、新模式的智慧物流与供应链人才也产生了迫切的需求。

物流学科既不完全属于社会科学范畴，又不完全属于自然科学范畴，而是一种较为典型的交叉学科；它不仅具有系统科学的特点，而且具有经济学、管理学、工学和理学等学科属性；其理论、方法与技术涉及系统科学、经济科学、管理科学、计算机科学、信息科学、工程技术科学等众多学科。目前，围绕智慧物流与供应链的理论与实践已形成许多独立学科，如智慧物流系统、智慧追溯系统、智慧仓储、智慧运输、智慧配送、智慧包装、智慧装卸、智慧冷链物流、智慧供应链等，它们从不同角度、不同侧面，应用大数据、云计算、物联网、移动互联、人工智能、区块链等技术，研究和解决智能感知、智能获取、智能传递、智能处理、智能利用、智慧决策等问题，完成对物流活动的优化、预测、诊断、评价、分类、聚类、影响分析、关联规则分析、回归分析等，形成了各具特色、相互补充的学科群。

对于当前的智慧物流与供应链，在课程教学和教材研究方面有两种不同的观点，即工程技术观点和管理实践观点，前者注重智能物流技术的实现路径，后者强调智慧物流管理的运作模式。而本书遵循"教材不只是传授知识的载体，也是综合能力和素质培养的手段"这一原则，从现代物流学科发展特点出发以智慧物流与供应链理论体系构建为基点，重视对智慧物流系统体系、智慧物流信息平台与技术、智慧物流各功能系统以及智慧供应链结构模型等应用实践的经验和规律的总结，注重学生系统化的逻辑思维方式和智慧物流与供应链的系统分析、设计与方案实施的综合能力培养，使学生在今后的工作或进一步的学习中遇到问题、考虑问题时，能遵循系统的观点，拓宽思路，获得新的灵感或创新性思维。同时，引导学生将课程内容与个人工作学习相结合，利用新技术、新管理、新模式提高个人信息素养，树立正确人生观、价值观和世界观，合理规划未来发展方向。

本书面向新文科建设，遵循系统科学理论、思想和方法，从现代物流学科发展特点出发，以当前智慧物流与智慧供应链最新理论与应用研究成果为基础，以智慧物流与供应链理论体系构建为根本，重视对智慧物流与供应链应用实践的经验和规律的总结，结合具体技术方案与管理实践案例，从理论框架、技术体系、功能系统、行业应用和案例分析5方面系统地阐述智慧物流系统体系、智慧物流信息平台与技术、智慧物流各功能系统以及智慧供应链结构模型等的开发、构建、分析、设计和实施。

本书共15章，内容大致可以分为5部分。

第1部分为理论框架，包含第1、2章，主要介绍智慧物流与供应链的基本概念与内涵、智慧物流与供应链管理、智能物流技术体系架构、智慧供应链架构模型、智慧物流与供应链学科体系,以及智慧物流系统的结构模型、物理架构、业务架构、关键技术与实施方案等。

第 2 部分为技术体系,包含第 3、4 章,主要介绍智慧物流区块链技术、感知与识别技术、数据处理与计算技术、通信与网络技术、安全技术,以及智慧物流信息平台内涵、功能体系、业务体系、服务模式、运营模式与实施方案。

第 3 部分为功能系统,包含第 5~9 章,主要介绍智慧物流仓储、运输、配送、包装与装卸搬运的智能化技术体系和智慧化管理方案及其应用与发展趋势。

第 4 部分为行业应用,包含第 10~15 章,主要介绍智慧冷链物流、智慧应急物流、智慧物流与供应链风险管理、新零售智慧供应链、智能集装箱与智慧港口以及智慧多式联运。

第 5 部分为案例分析,包含各章案例,基于每章的重点内容,结合智慧物流与供应链的系统理论、智能技术、智慧管理与实施方案,全方位地剖析智慧物流与供应链的技术应用与管理实践。

本书为教育部首批新文科研究与改革实践项目"面向行业需求的物流类专业政产学研协同育人机制创新与实践"阶段成果,以及国家一流专业建设点天津科技大学物流管理专业建设重点教材。第 1 章由慕静、高音、王俊艳和苏凯凯共同完成,第 2、3、4、6、9、10、11、12 章分别由慕静、苏凯凯、蒋亮、卢改红、王志山、邓春姊、王国利和高音完成,第 5 章由邓春姊和苏凯凯共同完成,第 7 章由卢改红和苏凯凯共同完成,第 8 章由王俊艳和王志山共同完成,第 13、14、15 章由卢园和高音共同完成,参考文献由王俊艳整理完成。与本书配套的微课教学课件由全体作者共同完成,部分图表由付禹霖、于爽、田睿、康林、张剑雄等研究生完成。

本书可以作为高等院校物流管理与工程类专业、经济管理类专业本科生、研究生的智慧物流与供应链课程的教材,也可以作为 MBA、工程硕士等相关课程及物流管理人员的参考书。对于从事智慧物流与供应链技术及管理方案的开发、规划、分析与设计等各级物流管理人员来说,本书也是一本有益的参考书。

限于作者水平,书中难免存在疏漏之处,欢迎广大读者批评指正。

作 者

2022 年 8 月

目　　录

第1章 智慧物流与供应链概述

☀ 学习目标

1. 掌握数据、信息、知识、智慧与智能的相互关系，深刻理解智慧物流的概念及逻辑框架。

2. 掌握信息化、数字化与智能化的相互关系，了解信息技术推动物流管理智能化发展的新变革和前沿趋势，掌握信息技术提供的物流理论与实践相结合的便捷学习渠道；与个人工作学习相结合，提高信息素养，树立正确人生观，规划个人未来发展。

3. 理解智能物流技术体系结构，熟悉智能物流管理的智能机理。

4. 了解数智时代现代物流对智慧供应链发展的影响作用。

5. 了解如何构建和优化智慧供应链，理解智慧供应链管理的金字塔体系。

6. 理解智慧供应链架构模型，掌握模型中包含的智慧化决策层、数字化管理层和自动化作业层的内容、含义及相互关系。

7. 了解智慧物流与供应链的学科内容及与其他学科的关系，以及智慧物流与供应链学科相关专业的特点及发展前景。

☀ 学习指南

1. 从数据的概念出发，结合图示和实例，理解信息、知识、智慧与智能的关系，以及它们与信息化、数字化、智能化之间的本质联系。深刻理解智慧物流的概念、内涵及其逻辑结构。

2. 结合"物联网(Internet of Things)真正体现了万物互联的理念"，理解智能物流技术体系结构和智能物流管理的智能机理。

3. 结合物流信息技术推动物流管理智能化发展的新变革趋势，思考如何通过信息技术改善自己的智慧物流与供应链管理方面的专业知识结构，为未来就业和发展前景做好规划。

4. 结合以上智慧物流、物联网、智能机理、物流信息技术等知识点学习，理解物联网的感知、互联与智能属性，领会智慧供应链可视性的实现过程。

5. 理解智慧物流具备信息化、数字化、网络化、集成化、智能化、柔性化、敏捷化、可视化、自动化等特征，深刻领会智慧物流向智慧供应链延伸的发展前沿。

6. 结合智慧供应链管理的金字塔体系，理解和掌握智慧供应链架构模型。

7. 结合菜鸟网络在供应链体系里的算法优化设计，了解如何运用运筹、服务、人工智能、启发式、机器学习等理论，构建全链路智能调度方案。

1. 数据、信息、知识、智慧与智能的关系如何建立？信息化、数字化与智能化的关系是什么？以上两组概念之间的本质联系是什么？

2. 智慧物流与智能物流两者的侧重点有什么不同？从管理和技术的角度理解，它们的区别与联系是什么？

3. 如何理解"智慧物流向智慧供应链延伸"？借助物联网技术，两者之间的关系相互渗透，具体体现在哪里？

4. 智慧物流与供应链和人们的日常生活、工作和学习联系的紧密吗？它们是通过哪些信息技术联系的？

1.1 物流信息化与智慧物流

1.1.1 信息化基础知识

1. 数据、信息与知识

1) 数据

数据是人们为了反映客观世界而记录下来的可以鉴别的物理符号，其含义包括两方面。一方面是它的客观性。数据是对客观事实的描述，它反映了某一客观事实的属性。这种属性是通过属性名和属性值同时表达的，缺一不可。例如：某企业某日的机床产量为 10 台，这是用文字、数字记录下来的反映企业生产成本的一个事实。其中，产量是这个数据的属性名，10 台是这个数据的属性值。另一方面是它的可鉴别性：数据是对客观事物的记录，这种记录是通过一些特定的符号表现的，而且这些符号是可以鉴别的，常用的特定符号包括声、光、电、数字、文字、图形、表格和图像等。

2) 信息

信息是将数据经过加工处理以后提供给人们的有用资料，是关于客观事实的可通信的知识，其含义包括 4 方面。其一是信息的客观性。信息是客观世界的客观反映，体现了人们对事实的认识和理解程度。其二是信息的主观性。信息是人们对数据有目的的加工处理结果，它的表现形式是根据人们的需要确定的。其三是信息的通信性。信息是人们交流的基础。其四是信息的知识性。人们是通过获得信息认识事物、区别事物和改造世界的。

3) 知识

知识是人类在实践中认识客观世界（包括人类自身）的成果，它包括事实、信息的描述或在教育和实践中获得的技能。知识是人类从各个途径中获得的经过提升、总结与凝练的系统的认识，是人类运用大脑对获取或积累的信息进行系统化的提炼、研究和分析的结果，能够精确地反映事物的本质。知识表现为一种模式，可以进一步预测可能发生的事情。

4) 数据、信息与知识的关系

数据、信息和知识都是社会生产活动中的一种基础性资源，都可以采用数字、文字、符号、图形、声音与视频等多媒体形式表示，而且它们都具有客观性、真实性、正确性、价值性、共享性与结构性等特点。

（1）数据与信息。人们将数据和信息的关系形象地比喻为原材料和产品的关系，将数据看作原材料，将信息看作产品。由于原材料和产品是相对而言的，一个部门的原材料可能是另一个部门的产品，因此，一组数据对另一部分人来讲可能就是信息，一组信息对另一部分人来讲可能就是数据。例如，销售单上记录的名称、数量与金额是关于销售业务的数据，对销售主管来说，这些并非信息。只有当这些事实被适当地组织和处理后，才能产生有价值的销售信息，如按产品类别、销售地区和销售人员汇总的销售量。

（2）信息与知识。知识是人们在头脑中将数据与信息、信息与信息之间建立的有意义的联系，体现了信息的本质、原则和经验；知识能够积极地指导任务的执行和管理，进行决策和解决问题。人们对信息利用归纳、演绎、比较等手段进行挖掘，将其有价值的部分沉淀下来，并与已存在的人类知识体系相结合，这部分有价值的信息就转变成知识；反过来，通过知识的使用，人们可以重新认识、改造事物，从而促进新数据和新信息的产生。

（3）三者关系。数据、信息和知识是对客观事物的感知、认识和创造的 3 个连续的逻辑阶段。数据来源于现实世界，经过加工处理变成信息；信息经过挖掘提炼变成知识；知识是人们推动现实世界发展的决策依据，三者的关系如图 1-1 所示。

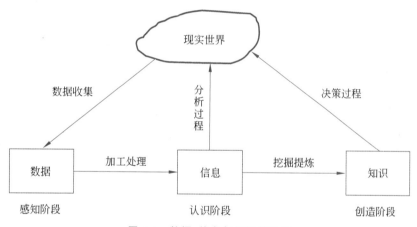

图 1-1　数据、信息与知识的关系

2. 智慧与智能

1）智慧

智慧是人类表现出来的一种独有的能力。随着时代的发展，"智慧"本身的含义一直在不断地变化和扩展，具有很强的动态性。它主要表现为收集、加工、应用、传播信息和知识的能力，以及对事物发展的前瞻性看法。智慧是一种推测的、非确定性的和非随机的过程，是对更多的基本原理的理解，这种原理包含在知识中，而这种知识本质上是理解智慧是什么的基础，要回答人们难以得到甚至无法得到答案的问题。智慧以知识为基础，随着知识层次的提高，人们的智慧向更高的层次发展。

2）智能

"智"指能动性，是智商的表征；"能"是指能力，是生命物体对自然探索、认知、改造水平的度量。智能是智力和能力的总称，智力是智能的基础，能力是指人类运用知识解决问题的实践活动。智能是人类进行认识活动和实践活动的某些心理特点,是心智的唤醒与运用。智能包含语言智能、数学逻辑智能、空间智能、身体运动智能、音乐智能、人际智能、自我认知智能与自然认知智能等。

3. 数据、信息、知识与智慧的关系

知识体现了信息的本质、原则和经验,它基于推理和分析,还可能产生新的知识。智慧是人类表现出来的一种独有的能力,主要表现为收集、加工、应用、传播知识的能力,以及对事物发展的前瞻性看法。智慧是在知识的基础上,通过经验、阅历、见识的累积,形成对事物的深刻认识、远见,体现为一种卓越的判断力。

数据、信息、知识与智慧是人类认识客观事物过程中不同阶段的产物,它们有着本质的区别,处于不同的递进层次,如图1-2所示。从数据到信息到知识再到智慧,是一个从低级到高级的认识过程,随着层次递进,这四者的外延、深度、含义、概念和价值不断变化或增加。一方面,数据是信息的源泉,信息是知识的子集或基石,知识是智慧的基础和条件;另一方面,信息是数据与知识的桥梁,知识反映了信息的本质,智慧是知识的应用和生产性使用。

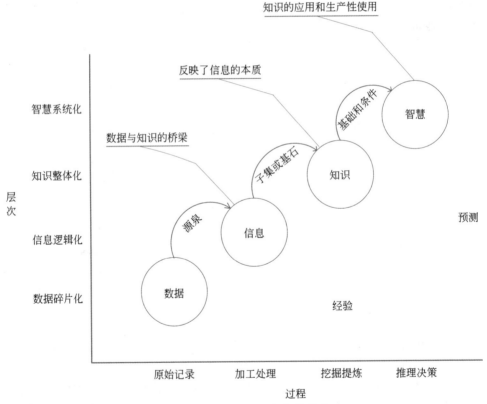

图1-2　数据、信息、知识与智慧的关系

1.1.2　智慧物流的概念、内涵与特征

1. 智慧物流的概念

近年来,随着物流业与互联网的深度融合不断提速,新技术、新模式、新业态不断涌现,

以互联网为核心的新一轮科技革命更加深刻地影响着物流业。当前,我国物流业正处于增速放缓、效率提升、需求调整和动力转换的战略转型期,以"互联网＋物流"为重点的智慧物流为行业的转型升级开辟了新的路径。

1) 概念由来

IBM 公司于 2009 年首先提出了建立一个面向未来的具有先进、互联和智能三大特征的供应链,它是通过感应器、射频识别(Ratio Frequency Identification,RFID)标签、制动器、全球定位系统(Global Positioning System,GPS)和其他设备及系统生成实时信息的智慧供应链,智慧物流的概念由此延伸而来。我国关于智慧物流的概述最早是由中国物流技术协会信息中心、华夏物联网、《物流技术与应用》编辑部于 2009 年 12 月联合提出的。其表述为:智慧物流是利用集成智能化技术,使物流系统能模仿人的智能,具有思维、感知、学习、推理判断和自行解决物流中的某些问题的能力,它包含了智能运输、智能仓储、智能配送、智能包装、智能装卸及智能获取、加工和处理信息等多项基本活动。随着时代的发展,技术的不断进步和融合,智慧物流的概念有了更为精准的阐述。

2) 概念解释

智慧物流是指以信息化为依托并广泛应用物联网、人工智能、大数据、云计算等技术,在运输、仓储、包装、装卸搬运、流通加工、配送、信息服务等环节实现系统感知和数据采集的现代综合智能型物流系统。智慧物流也可以简单地理解为在物流系统中采用物联网、大数据、云计算和人工智能等先进技术,使得整个物流系统实时收集并处理信息,做出最优决策,实现最优布局,实现物流系统中各组成单元的高质量、高效率、低成本的分工、协同,并最终服务于整个经济与社会系统的可持续改进和优化的物流体系。

综上,智慧物流是一种以信息技术为支撑的现代化综合性物流管理系统,本质上是将物联网、大数据、云计算等信息技术与物流各环节相融合,在实现信息共享的基础上,由智能信息管理代替人工控制,将企业物流智慧地融入企业经营之中,打破工序、流程界限,使企业物流系统智慧化。

2. 智慧物流的内涵

智慧物流有两个内涵:一是物流通过先进技术实现信息化和智能化,这是"物流＋智慧"的过程;二是大数据和智能技术嵌入物流后,将传统的物流产业转型升级为新的业态。物流在技术、业态、模式等方面都出现了变革,这就是"智慧＋物流"的过程。

1) 感知和规整智慧

智慧物流能够运用各种先进技术获取生产、包装、运输、仓储、装卸搬运、配送、信息服务等各个层面的大量信息。实现实时数据收集,使各方能准确掌握货物、车辆和仓库等方面的信息。将收集的数据归档,建立强大的数据库。将数据分类后,使各类数据按要求规整,实现数据的动态性、开放性和联动性使用,并通过对数据和流程的标准化,推进跨网络的系统整合,从而实现感知和规整智慧。

2) 学习和推理智慧

通过对以往模型的分析,智慧物流可以利用数据训练出更加"聪明"的解决方案,随着系统中知识量的不断增加,可以越来越多地避免以前出现过的问题,实现更加优化的决策,由此使系统不断趋于完善,从而实现学习和推理智慧。

3）优化决策和系统支撑智慧

运用大数据、云计算以及人工智能等技术，对物流的各个环节进行评估，对资源进行整合优化，使每个环节都能相互联系、互通有无、共享数据、优化资源配置，从而为物流各个环节提供最强大的系统支持，使得各环节实现协作、协调与协同。可以根据系统各部分不同的需求，对系统进行自适应调整，降低人力、物力和资金成本，提高服务质量，从而实现决策和系统智慧。

3. 智慧物流的特征

智慧物流是一种以信息技术为支撑的现代化的综合性物流管理系统，可以将物流的各个环节无缝连接、全面分析并及时进行各个环节信息的处理，实现物流与资源的共享。智慧物流已经成为推进我国物流业高质量发展的必由之路。随着信息技术的不断发展以及智慧物流与先进技术的不断融合和深度应用，智慧物流呈现以下特点。

1）智能交互

智慧物流的基础是物理世界的互联互通。通过现代物流信息技术，促进整个智慧物流生态体系中各参与方，包括物流服务提供方、物流服务接受方（客户）、物流装备以及货物本身之间的动态感知和智能交互，通过现代物流信息的处理，实现实时沟通与互动、实时响应，进而实现物流过程高效运作。

2）数据驱动

通过信息系统建设、数据对接协同和手持终端实现对物流数据的采集、录入、传输、分析等一切业务的数字化，实现物流系统全过程的透明可追溯，实现一切数据的业务化，以数据驱动决策与执行，为物流生态系统赋能。

3）深度协同

智慧物流的核心是协同共享。通过分享使用权，打破了传统企业的边界，通过智慧物流可以跨集团、跨企业、跨组织进行深度协同，并基于物流系统全局优化的智能算法调度整个物流系统中各参与方高效分工协作，实现存量资源的社会化转变与闲置资源的最大化利用。

4）情景感知

自动识别技术与智能技术的应用，使智慧物流在最大程度上具备了情景感知的能力。面对日益变化的物流市场环境，要使整个物流过程都安全可靠、高效优质，就必须借助现代物流信息技术，这样才能保证物流运输配送的全程情景感知。通过条形码技术、电子数据交换（Electronic Data Interchange，EDI）技术、射频识别技术以及GPS实时定位与跟踪等物流信息技术，能够为物流的全过程获取相关数据和信息，为智慧物流的管理提供最可靠的信息支持。

5）智能决策

智慧物流利用先进技术，结合特定需要，进行预测分析，实现自主决策，推动物流系统程控化和自动化发展。通过大数据、云计算与人工智能构建物流大脑，在感知中决策，在执行中学习，在学习中优化，在物流实际运作中不断升级。

6）多元发展

智慧物流能够通过结合物流技术、应用和经营管理系统使物流的每一个阶段都能协调发展，以实现低成本、高效率、优质服务以及高满意度等多元化发展目标。

1.1.3 智慧物流的逻辑框架

1. 需求、机遇和挑战

1) 源于消费者需求的两个矛盾

（1）大规模定制矛盾。低成本、标准化、大批量的生产已经不能满足消费者对产品差异化、多元化、快变化的需求，消费者需求的变化和大规模生产形成的规模经济效应越来越不匹配，于是就产生了大规模定制矛盾。所谓大规模定制矛盾，是指产品的生产仍然要追求标准、规模和成本目标，同时又必须满足消费者定制化的需求，生产和需求的不匹配使得矛盾随之产生。

（2）效率与活力之间的矛盾。针对弹性、柔性、快速反应、快速变化的消费者需求，企业需要对价值观有新的调整。过去企业走的是传统的工业化道路，重视大规模控制成本的规模效应，其主要表现为效率；而现在消费者需求的快变化、差异化表现为活力。效率要牺牲活力，而活力又要牺牲效率，效率和活力之间的矛盾日益加剧。

2) 机遇和挑战

要解决以上两个矛盾，势必对资源的组织、流程的协同以及操作和技术方面都提出新的要求，这就是智慧物流面临的机遇和挑战。

（1）机遇。互联网不是一种技术，而是一种新的组织方式，这种组织方式使用链接形成一种协作体。过去是靠资本纽带和权力组织社会资源的；而互联网实现的是企业和社会资源的互利互通，打破了传统意义上的企业模式。互联网可以更好地提升物流的柔性、弹性和快速变化，极大地改变原来组织方式的死板和企业规模的有限。互联网的互联互通给企业带来新的服务空间。传统的物流作业主要集中在流通领域和生产领域，但随着互联网和物流的深度融合，物流不再局限于搬运、装卸、仓储、运输等传统作业，而是与商贸、制造业、农业等其他产业链接起来，有效地扩大了增值空间和服务空间。

（2）挑战。传统工业化资本整合、管理考核、占有资源以及规模化、标准化都受到挑战。传统企业靠资本的大吃小和兼并重组实现发展；现代企业靠管理和整合获得资源，因此物流的规模化、标准化在今天都会受到挑战。

2. 组织的弹性和柔性

1) 平台成为整合物流资源的新方式

传统企业按照权力和资本纽带形成资源整合，这种方式缺乏弹性。通过开放式的社会平台整合各种物流资源，可以有效地提高组织的弹性。

（1）加盟制网络平台发展迅速。现在的物流平台主要有两类：一类是搭建一个物流平台，开放给全社会；另一类是企业内部物流平台化。过去的企业靠考核，靠管理；现在一部分企业开始搭建平台，让员工在平台上创业，员工与企业是契约关系，实现双赢合作，这种加盟制的网络平台发展非常快。例如，顺风、德邦开始走向加盟制扩展。

（2）物流平台更有活力。物流行业中有两大焦点，即效率和责任。效率通过物流的优化、整合提高。责任会因为分工不清带来交易成本，互联网可以有效地解决这一问题。通过互联网可以构成责、权、利清晰的单元，各单元之间相互协同，更加具有活力。

（3）平台承担了越来越多的公共管理和公共服务。在互联网时代，平台用商业方法在一定区域、一定专业领域提供一定的公共管理和公共服务,有效地解决了社会资源的组织问题。

2)企业内部组织的变革

(1)由中心化的层次层级管理转向"平台＋创客"的模式。在该模式下,企业的主要责任已经不再是管理,而是支持契约关系的发展,提供服务,解决问题,企业组织内部的关系发生了变化。

(2)建立统一的信息平台。统一的信息平台会降低组织方式变革的风险,同时可以使分散化的资源聚合在一起,实现透明化、规范化,极大地提高了企业的弹性、活力和员工的创新力。

3. 流程的模块化改造

物流有两大板块:一个是业务,讲的是资源管理、资源布局、资源调度;另一个是流程。所谓流程,是指一个或一系列连续的、有规律的行动,这些行动以确定的方式发生或执行,导致特定结果的实现。从物流流程开始分段,然后彼此结合,使得流程走向模块化。

(1)模块化的流程是有弹性和柔性的,也就是说,不同的组合方式能满足不同的需求,而不需要为每一个客户定制一套方案。

(2)模块化的流程可以兼顾专业化效益和规模化效益。也就是说,在为一个客户服务时,可以走专业化的道路;在为很多客户服务时,共同的模块形成了规模化效益。只要模块是标准的,专业化效益和规模化效益就会得到兼顾。

(3)业务模块和接口的统一,将进一步整合物流资源。在模块化越来越发达的情况下,最后的焦点将锁定在接口上。接口的标准既要保证链接的效率,又要保证责任的清晰。接口的统一有助于进一步整合物流市场。各种分散的资源,只要有标准的接口,都能够链在一起。这对于统一的物流市场具有很大的推动作用。

4. 作业层面技术的智慧化

作业的技术要求物流技术装备从"替代四肢"转变为"替代大脑"。机械化作业,如搬运和装卸,只是简单的"替代四肢"的工作;规模化作业,柔性化要求技术装备能够识别差异化,能够提出差异化的方案。在实际操作中有一些场景体现了当前物流智慧技术装备的特点。

(1)精准、快速的分拣系统。在一条分拣线上,各种各样的产品通过传感器自动分拣,就能够实现高速分拣。电子商务发展很快,人工已经无法实现分拣,必须靠精准、快速的智能设备,实现部分"代替大脑"的功能。

(2)多重目标的自动化设备。例如,仓库里的货品有以下要求:重的向下放,轻的向上放;先进先出或先进后出;在行进途中要注意安全;此外,还有节能环保等要求。对于这些要求,人工作业虽然可以完成,但只能做大概的判断,不够精细和科学。智能自动化设备可以按照一定的规律把这些要求结合在一起,满足每一项要求。

(3)开放环境的自控系统。最简单的例子就是无人驾驶汽车、无人驾驶飞机等自动设备。这种开放系统面临的问题是不知道将会出现什么情况,例如下雨、打雷、遇到障碍等等。所以,要应对这种复杂的情况,就需要随时采集信息,做出判断、分析和优化,这是一个动态决策和循环的过程,实际上就是替代人的大脑工作。智慧技术的基础有两个。一是传感器。根据管理内容的要求,设立各种各样的传感器,现在物流中用得比较多的是温度传感器。二是身份识别,这是整个物流信息系统的基础,一般根据最小管理单元的颗粒度确定应该建立什么样的身份识别系统,其他的信息都要跟身份捆绑,这样才能够分清责任。

企业为解决大规模定制矛盾以及效率和活力之间的矛盾,不断地进行改革,通过建立开放物流资源平台实现资源共享、责任协同,以改变原有死板的组织方式,实现互联互通;不断地创新商业模式,通过业务流程的模块化改造,增强企业运作的柔性,借助互联网实现物流业和其他行业的跨界融合,进一步扩大企业的增值空间和服务空间。智慧物流的实现离不开智慧技术的使用,传感器和身份识别技术作为智慧技术的基础得到了广泛的应用。智慧技术可以替代人脑实现多重、多目标的动态优化。

智慧物流逻辑框架如图 1-3 所示。

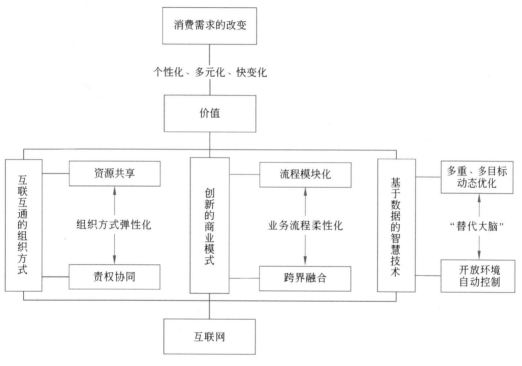

图 1-3　智慧物流的逻辑框架

1.2　物流信息技术与智能物流

1.2.1　信息化、数字化与智能化

随着科学技术的发展和进步,人类已经进入了信息化、数字化与智能化的新时代。自 2008 年 IBM 公司提出"智慧地球"后,世界各国纷纷加快了信息技术国家战略布局。2009年,温家宝总理也提出了建设"感知中国"的战略构想。信息技术打破了人类感知的局限,以远超人类的信息处理能力为人们提供服务,将人们从烦琐的工作中解放出来,让人们可以更加专注地从事顶层设计、技术研发和决策管理,使人们的工作变得更加轻松、高效。

1. 信息化

信息化是以现代通信、网络、数据库技术为基础,将研究对象各要素汇总至数据库,供特定人群生活、工作、学习、辅助决策等。信息技术是和人类各种活动息息相关的一种技术,使用该技术后,可以极大地提高各种活动的效率,为推动人类社会进步提供极大的技术支持。在我国发布的《2006—2020年国家信息化发展战略》中指出:信息化是充分利用信息技术,开发利用信息资源,促进信息交流和知识共享,提高经济增长质量,推动经济社会发展转型的历史进程。

20世纪90年代以来,信息技术不断创新,信息产业持续发展,信息网络广泛普及,信息化成为全球经济社会发展的显著特征,并逐步向一场全方位的社会变革演进。进入21世纪,信息化对经济社会发展的影响更加深刻。广泛应用、高度渗透的信息技术正孕育着新的重大突破。信息资源日益成为重要的生产要素、无形资产和社会财富。信息化与经济全球化相互交织,推动着全球产业分工深化和经济结构调整,重塑着全球经济竞争格局。

2. 数字化

数字化是指利用信息系统、各类传感器、机器视觉等信息化技术,将物理世界中复杂多变的数据、信息、知识等转变为一系列二进制码,引入计算机内部,形成可识别、可存储、可计算的数字、数据,再以这些数字、数据建立相关的数据模型,进行统一处理、分析和应用的过程。

数字化转型是指企业等组织利用物联网、5G、大数据、云计算、人工智能、区块链等新一代信息技术对自身的战略、架构、运营、管理、生产、营销等各个层面进行系统的、全面的变革。数字化转型强调的是利用数字技术对整个组织的重塑,数字技术不再只是实现降本增效的手段,而是成为赋能模式创新和业务突破的核心力量。在数字化转型过程中,利用新一代信息技术,将企业中所有的客户、业务、生产、营销等有价值的人、事、物全部转变为可存储、可计算、可分析的数据、信息、知识,并通过网络协同、智能应用连接企业中的数据孤岛,让数据在企业系统内自由流动,通过对这些数据的实时分析、计算、应用,指导企业生产、营销等各项业务,充分发挥数据的价值。

3. 智能化

智能化是指在计算机网络、大数据、物联网和人工智能等信息技术的支持下,从大量的数据中提取合适的信息,经过智能处理,辅助管理者快速、准确、高质量地判断、决策。

通过智能化技术的应用,使机器能逐步具备类似于人类的感知能力、记忆和思维能力、学习能力、自适应能力和行为决策能力,从而在各种场景中以人类的需求为中心,能动地感知外界事物,按照与人类思维模式相近的方式和给定的知识与规则,通过数据的处理和反馈,对具有随机性的外部环境做出决策并付诸行动。

4. 信息化、数字化与智能化的关系

信息化、数字化与智能化这3个概念既有区别又有联系。信息化是数字化和智能化的基础,是沟通现实世界与虚拟世界的桥梁,信息化更加强调搭建通道以及感知、获取可处理的数据。数字化是信息化发展的高级阶段,是数字经济的主要驱动力,数字化更加强调数据的可量化性和可计算性。智能化则是在信息化、数字化基础上的全面升华,智能化更加强调通过人工智能、大数据、云计算、数据挖掘等技术的应用,使系统具备感知、分析、决策和执行

的能力。

信息化、数字化与智能化的关系如图1-4所示。通过对现实世界的信号获取,信息化为数字化和智能化提供必要的信息和数据。经过数字化和智能化阶段的分析和处理,虚拟世界再将得到的信息、知识、智能和智慧反馈给现实世界。智能化是信息化和数字化的目标,也是现代人类文明发展的趋势。如今,越来越多的企业为实现智能化管理努力创造条件,积极应用智能技术以取代人类完成越来越多的工作,从简单重复的作业到程序化的决策,再到半程序化的决策。智能技术在工农业生产、科学技术、人民生活、国民经济等各方面起着非常重要的作用,以智能物流、智能制造、智能环保、智能家居、智能电网、智能医疗等为代表的智能化产业正展现出越来越强的生命力。

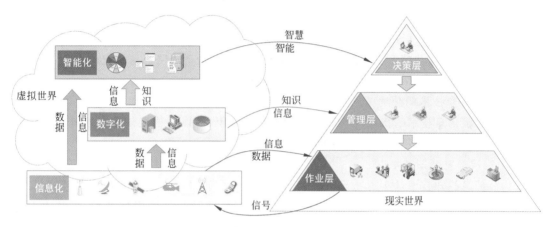

图1-4　信息化、数字化与智能化的关系

人类社会经历了数次工业革命和科技革命。如今,物联网、5G、大数据、云计算、人工智能、区块链、数字孪生等信息技术已经彻底改变了人们的生活方式和工作方式,而物流业也早已成为这些新技术竞相角逐的舞台。

1.2.2　物流信息技术与智能管理

2016年7月,李克强总理在国务院常务会议上对发展"互联网＋物流"的战略意义作了进一步强调:"推进'互联网＋物流',不仅是发展新经济,更是提升传统经济,这能大大降低企业成本、提高经济整体运行效率。"近年来,随着新模式、新业态、新应用的不断涌现,物流业发展驶入了快车道,物流企业纷纷摆脱高能耗、低效率的经营模式并向科技型企业转型,而实现这种转型的关键正是物流信息技术。

1. 物流信息技术的发展

在商品的流通过程中,物流和信息流是相伴而生、密不可分的两个重要部分。数次科技革命和信息在推动社会进步的同时,也深刻地影响了物流业的发展。物流信息技术是现代信息技术在物流各个作业环节中的综合应用,是现代物流区别于传统物流的根本标志,也是物流技术中发展最快的领域,尤其是计算机网络技术的广泛应用使物流信息技术达到了较高的应用水平。

以条形码技术和射频识别技术为代表的感知技术在物流系统中的应用,大大加快了物流信息化、数字化的进程,使货物在物流系统中有了"电子身份",进一步提高了物流管理的效率,降低了物流作业的成本。现场总线、工业以太网、短距离无线通信等通信技术在物流系统中的应用,使物流作业自动化、无人化成为可能;GPS、GIS(Geographic Information System,地理信息系统)、移动通信技术等在物流系统中的应用,实现了物流各环节的互联互通,为货物的跟踪定位、追溯、信息实时查询、物流装备的远程监控和调度等创造了条件。作为"互联网+物流"的支撑技术,互联网技术在物流系统中的应用,颠覆了传统物流的运作模式,诸如电商物流、新零售、第四方物流、云物流、即时物流等新模式、新业态层出不穷。大数据、云计算、人工智能等技术在物流系统中的应用,直接推动物流业进入了智慧化的新时代。

物流信息技术的不断发展,催生了一系列新的物流理念和新的物流经营方式,推进了物流业的变革。在供应链管理方面,物流信息技术的发展也改变了企业应用供应链管理获得竞争优势的方式,成功的企业通过应用信息技术支持它的经营战略并选择它的经营业务,提高供应链活动的效率,增强整个供应链的经营决策能力。

2. 物流信息技术的分类

结合物流信息技术的特点及其在物流行业中的应用,可以将物流信息技术分为物流信息感知技术、物流信息传输技术和物流信息应用技术。

1) 物流信息感知技术

物流信息感知技术是实现物流系统中货物感知的基础和关键,是智能物流管理的起点,其主要作用是识别货物、采集信息。物流信息感知技术主要包括条形码技术、射频识别技术、传感器技术、无线传感器网络技术、跟踪定位技术、机器视觉技术、图像处理技术、语音识别技术、红外感知技术、生物识别技术等。这些技术主要用于仓储、运输、装卸搬运、分拣、配送等环节中,有利于提升物流运作中的跟踪定位、过程追溯、信息采集、货物分拣等的智能化水平和效率。

2) 物流信息传输技术

物流信息传输技术主要实现物流系统中信息的交换与传递。物流信息传输技术主要包括电子数据交换技术、互联网技术、移动通信网络、短距离无线通信技术(蓝牙、ZigBee、WiFi、NFC、UWB、IrDA等)、现场总线、工业以太网等。物流信息传输技术为智能物流提供可靠的信息保障,是实现物流管理运营、运输调度、仓储管理和信息互联互通的重要前提。

3) 物流信息应用技术

物流信息应用技术为用户(人、组织或其他系统)提供与物流系统之间的接口。物流信息应用技术主要包括 GIS 技术、数据挖掘技术、人工智能技术、机器学习技术、深度学习技术、大数据与云计算技术、区块链技术、数字孪生技术、AR/VR(Augmented Reality/Virtual Reality,增强现实/虚拟现实)技术、智能控制技术、信息安全技术等。物流信息应用技术充分利用物流系统中的数据,与行业、企业需求相结合,实现物流的智能应用。物流信息应用技术可以实现物流作业自动化、智能管理与控制、物流决策支持 3 个功能。物流作业自动化主要体现在通过物流信息感知实现物流系统自动化作业,如实现自动化立体库、自动搬运设备、自动分拣设备、仓库通风设备等的自动化作业;智能管理与控制主要体现在通过物流信息感知及与其他信息应用系统之间的互联实现物流系统的可视化跟踪与预警以及物流全过程的有效管控;物流决策支持主要体现在通过数据的汇聚建立物流数据中心,利用相应的信息技术对物流系统进行优化、预测、诊断、评价、分类、聚类、影响分析、关联规则分析、回归分析等,为物流系统的运营和管理提供决策支持。

3. 物流管理的智能化

在市场环境、客户需求和物流信息技术等的共同推动下,当今的物流管理呈现智能化趋势。物流系统中涉及大量的运筹和决策:在包装环节,不仅可以利用新型智能材料以及物流信息技术形成智能化物流包装,还可以通过智能算法选择合适的包装箱,并通过自动化、智能化包装设备完成包装作业,提高包装作业效率,降低物流费用;在运输环节,不仅可以通过采集车辆的位置信息和货物的状态信息,向客户提供车辆的预计到达时间和货物的实时状态,为物流中心的接发货排程等提供决策依据,还可以进行车辆的优化调度,提高车辆的装载率,优化运输路线,提高运输效率,降低能源消耗;在仓储环节,智能化管理不仅体现在优化作业流程、确定库存水平、提高周转效率、选择补货策略等方面,还体现在自动堆码设备、AGV、RGV、自动化立体库、物流机器人、自动分拣设备等应用上,大大提升了物流系统的自动化、无人化运作水平,有效提高运作效率,降低运作成本;在配送环节,物流信息技术的应用可以提升配送过程中配送策略的选择、车货匹配、车辆配载与路径优化、配送环节协同、配送流程优化、无人配送装备应用等环节的智能化水平,有效降低配送成本,提高配送效率和服务质量。

物流管理的智能化通过对物流全过程的感知、分析和控制,使物流企业可以有效地优化资源配置和业务流程,减少资源浪费,降低物流成本,并为客户提供增值性物流服务,拓宽业务范围,实现利润的最大化。

1.2.3 智能技术与智慧物流管理

随着科学技术的不断发展,物联网、大数据、云计算等智能技术逐渐从理论走向应用,在社会的各行各业逐步开始应用,推进着一场场"智慧的变革",物流管理逐步进入了智慧物流管理时代。

1. 物联网技术在智慧物流管理中的集成应用

物联网技术是实现智慧物流管理的基础,它将各种感知技术、现代网络技术和人工智能与自动化技术集成,使人与物智慧对话,创造一个智慧的世界。物联网的 3 层架构如图 1-5 所示。

物联网技术的发展几乎涉及信息技术的方方面面,是一种聚合性、系统性的创新应用与发展。物联网在智慧物流管理中的集成应用主要体现在以下方面。

1)产品的智能可追溯网络系统

目前,基于 RFID 等技术建立的产品智能可追溯网络系统的技术与政策等条件都已经成熟,产品的智能可追溯系统在医药、农产品、食品、烟草等行业和领域已有很多成功应用,在货物追踪、识别、查询、信息采集与管理等方面也发挥了巨大作用,为保障食品安全、药品安全等提供了坚实的物流保障。

2)物流过程的可视化网络系统

物流过程的可视化网络系统基于卫星定位技术、RFID 技术、传感技术等多种技术,在

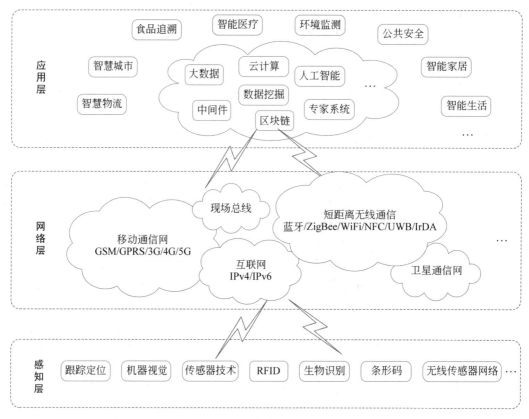

图 1-5　物联网的 3 层架构

物流活动过程中实时实现车辆定位、运输物品监控、在线调度与配送的可视化。目前,技术比较先进的物流公司或企业大都建立与配备了智能车载物联网系统,可以实现对食品冷链的车辆定位与食品温度实时监控等,初步实现物流作业的透明化、可视化管理。

3）智慧物流中心

全自动化的智慧物流管理运用基于 RFID、传感器、声控、光感、移动计算等各项先进技术,建立物流中心智能控制、自动化操作网络,从而实现物流、商流、信息流、资金流的全面管理。目前,有些物流中心已经在货物装卸与堆码中采用码垛机器人、激光或电磁无人搬运车进行物料搬运,自动化分拣作业、出入库作业也由自动化的堆垛机完成操作,整个物流作业系统完全实现自动化、智能化。

2. 云计算技术在智慧物流管理中的服务应用

云计算技术在智慧物流中可实现物流相关数据的捕捉、整理、存储、分析、处理和管理等。基于云计算技术构建物流信息平台,已经成为当前先进物流企业的首选。云计算为智慧物流管理提供的服务主要体现在以下方面。

1）云计算业务服务层面

在云计算业务服务层面,物流企业利用经过分析处理的数据,通过 Web 浏览器为其客户提供丰富的特定应用与服务,包括物流监控、智能检索、信息查询、信息码扫描、物品的运输传递扫描等。

2）云计算平台数据存储层面

在云计算平台数据存储层面,利用云计算平台,提供物流企业所需的具体数据,包括数据的海量存储查询、分析,实现资源完全共享、资源自动部署、分配和动态调整。

3）云计算基础服务层面

在云计算基础服务层面,依靠云计算平台为物流企业提供各种互联网应用所需的服务器,这样物流企业便能在数据存储及网络资源利用方面具备优越性,同时能够减少物流企业的经营成本。云计算平台还可以在应用时实现动态资源调配,自动安装部署,向用户提供按需响应、按使用收费和高质量的基础设施服务。

3. 大数据技术在智慧物流管理中的优化应用

大数据是由数量巨大、结构复杂、类型众多的数据构成的数据集合。大数据技术是一种基于云计算的数据处理与应用模式,是可以通过数据的整合共享、交叉复用形成的智力资源和知识服务能力,是可以应用合理的数学算法或工具从中找出有价值的信息,为人们带来利益的一门新技术。大数据技术包括数据采集、数据预处理、数据存储及管理、数据分析与挖掘四大关键技术。大数据技术在智慧物流领域中的应用包括但不局限于以下几方面。

1）需求预测

依靠数据分析与挖掘,大数据技术能够帮助企业完全勾勒出其客户的行为和需求信息,通过真实而有效的数据反映市场的需求变化,从而对产品进入市场后的各个阶段做出预测,以提高服务质量。

2）仓储作业优化

以货位分配为例,合理地安排商品存储位置对于提高仓库利用率和搬运分拣的效率有着极为重要的意义。对于商品数量多、出货频率快的物流中心,各货物拣选作业的关联性、货物存储时间的长短等因素决定着商品在仓库货架中的存放位置。而储位安排的合理与否在很大程度上决定着拣选作业的效率和仓库的效益。

3）配送作业优化

基于大数据技术的配送优化可以从多个维度展开,目前已有的主要优化方向包括基于大数据预测的主动配送服务、基于大数据的配送路线实时优化等。主动配送服务是基于消费者历史行为大数据预测企业应向客户提供服务的内容和时间,构建基于客户实时需求的统一信息平台,有针对性地进行服务资源的动态匹配。配送路线实时优化是一个典型的非线性规划问题,物流企业运用大数据分析商品的特性和规格、客户的不同需求(时间和金钱)等问题,从而用最快的速度对这些影响配送计划的因素做出反应(例如选择哪种运输方案、哪种运输线路等),确定最合理的配送路线。企业还可以通过配送过程中实时产生的数据,快速地分析配送路线的交通状况,对事故多发路段做出预警。配送优化可以精确分析配送整个过程的信息,使物流的配送管理智能化。

1.2.4　智能物流技术与架构

智能物流技术主要涉及感知技术、数据处理技术、数据计算技术、网络通信技术和自动化技术等技术。

1. 感知技术

感知技术是物联网核心技术，是实现物品自动感知与联网的基础。感知技术主要分为以下几种：一是编码技术，根据国家商贸物流标准化试点示范要求，推荐采用 GS1 编码体系作为智慧物流编码体系，实现全球自动识别、状态感知、透明管理和追踪追溯；二是自动识别技术，包括条形码识别技术、射频识别技术等；三是传感技术，包括位置、距离、温度、湿度等各类传感设备与技术；四是跟踪定位技术，包括 GPS、北斗导航、室内导航与定位技术等；此外，红外、激光、NFC、M2M（Machine to Machine，机器到机器）、机器视觉等各类感知技术也在智慧物流领域有一定的应用等。

2. 数据处理技术

数据处理技术主要有以下 3 种：一是大数据存储技术，包括数据记录、数据存储、数据验证、数据共享等；二是大数据处理技术，包括数据统计、数据可视化、数据挖掘等；三是机器学习技术，包括经验归纳、分析学习、类比学习、遗传算法、增强学习等。区块链技术目前发展很快，也将被纳入智慧物流数据链技术。

3. 数据计算技术

数据计算技术主要以云计算为核心，结合实际的应用场景采用不同的技术：在智慧物流系统层级，常常采用雾计算技术；在智慧物流独立硬件应用场景，常采用边缘计算技术。之所以出现新的云计算创新模式，主要是为了更好地适应实际的智慧物流不同场景，实现更快速的反应和智能物联实时操作，达到统筹资源，快速响应的目的。

4. 网络通信技术

网络通信是智慧物流的"神经中枢"，是智慧物流信息传输的关键，网络通信技术在局部应用场景，如智慧物流仓，常采用现场总线、局域网等技术；在实现状态感知、物物联网、物物通信时，常采用物联网技术；在全国或全球智慧物流网络大系统的链接中，主要采用物联网技术。目前，集网络、信息、计算、控制功能于一体的虚实融合网络系统、信息物理系统技术架构正在发展之中。2017 年，中国正式发布了《信息物理系统白皮书》。随着信息物理系统技术的发展，这一技术体系有望成为智慧物流底层的基础技术体系。

5. 自动化技术

自动化技术是在智慧物流系统应用层执行操作的技术。自动化技术主要有以下 4 种：一是自动分拣技术，包括各类机器人拣选、自动输送拣选、语音拣选、货到人拣选等；二是智能搬运技术，主要指通过自主控制技术进行智能搬运及自主导航，使整个物流作业系统具有高度的柔性和扩展性的物料搬运技术，例如搬运机器人、AGV、无人叉车、无人牵引车等；三是自动立体库技术，指的是通过货架系统、控制系统、自动分拣系统、自动传输系统等技术装备集成的自动存储系统，能够实现货物自动存取、拣选、搬运、分拣等环节的机械化与自动化；四是智能货运与配送技术，包括货运车联网、智能卡车、无人机系统、配送机器人系统等。

物流从人工作业到机械化作业、自动化作业、集成化作业、再到智能化作业，离不开新技术的发展与应用。新技术对物流智能化发展的影响如表 1-1 所示。

表 1-1　新技术对物流智能化发展的影响

影响结果	新技术										
	云计算	物联网	大数据	自动化	机器人	自动识别	追踪定位	可穿戴设备	无人驾驶	虚拟现实	区块链
感知		√		√	√	√			√	√	
互联	√	√		√	√	√	√	√	√		√
智能	√		√	√	√	√	√		√		

6. 智能物流技术架构

智慧物流是针对物联网技术在物流业的应用而提出的。参照物联网的 3 层架构,智能物流技术也采用了 3 层架构,如图 1-6 所示。

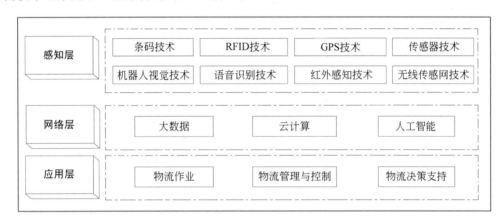

图 1-6　智能物流技术的 3 层架构

1) 感知层

感知层是虚实世界连接的接口层,是互联网与物流实体网络链接的接口,是智慧物流网络链接的起点。就像人们的耳、鼻、眼一样,智慧物流系统借助于各类物联网感知技术感知信息,让实体的物流世界与虚拟的物流大脑融为一体。感知层通过多种感知技术实现对物品的感知,常用的感知技术有条形码自动识别技术、RFID 感知技术、GPS 移动感知技术、传感器感知技术、红外感知技术、语音感知技术、机器视觉感知技术、传感网技术等。

2) 网络层

网络层是智慧物流的决策中心与神经网络,是数据传输与处理层,是物流网络的信息传输体系。网络层连接物流大脑,通过大数据、云计算、人工智能等技术进行信息处理与科学决策。

3) 应用层

应用层也是执行层,借助物联网感知技术,感知网络层的决策指令,在应用层实时执行操作。在实际场景中,应用层既包括单体智能设备,也包括物流设备系统,甚至人工操作在智慧物流体系中也属于执行机构。应用层具有物流作业、物流管理与控制、物流决策支持 3 个功能。

1.2.5 智慧物流管理的智能机理

近年来,区块链、大数据、物联网、云计算以及物流射频识别等新技术的发展驱动物流管理过程走向智能化。智慧物流管理的智能机理从根本上说是智能技术的发展,通过智能获取、智能传递、智能处理、智能利用实现对物流全过程的精细、动态、科学的管理,最终实现智慧化决策与运行的目标。

1. 智能获取

智能获取技术主要有条形码技术、传感器技术、射频识别技术、卫星定位技术、视频技术、图像识别技术、文字识别技术、语音识别技术、机器人视觉技术等,这些技术目前已在智慧物流系统中得到广泛应用。智能获取技术能够使物流从被动走向主动,在物流过程中实现主动获取信息、主动监控车辆与货物、主动分析信息,使商品从源头开始被实时跟踪与管理,实现信息流快于实物流的目标。

2. 智能传递

智能传递技术用于实现企业内部、外部的数据传递功能。智慧物流的发展趋势是实现整个供应链管理的一体化、柔性化,这离不开数据的交换与传递。智慧物流的智能传递技术主要包括通信基础网络、智慧物流信息网络两方面。通信基础网络的智能传递技术主要是智能网技术、智能化网络管理与控制技术及智能网络信息搜索技术等智能通信技术,采用智能代理技术及计算智能技术(如神经网络、遗传算法、蚁群算法等)进行网络的优化管理与实时控制。在面向服务架构的技术环境下,智慧物流信息网络的智能传递技术主要是基于 Web Service 的物流信息服务搜索与发现技术、物流信息服务组合技术、消息中间件技术等。

3. 智能处理

智慧物流的智能化水平在很大程度上取决于它代替或部分代替人进行决策的能力。而智能处理技术是智能物流系统进行决策的核心技术。通过对大数据进行分析与处理,建立优化、预测、评价、诊断、数据挖掘模型,为企业和政府的物流决策提供支持。这方面的技术主要有系统优化、系统预测、系统诊断、大数据技术、专家系统、数据挖掘、智能决策支持系统、计算智能技术等。

4. 智能利用

智能利用主要体现在两方面:一方面,人在智慧物流管理过程中起着重要作用,在智能处理的基础上,物流管理人员基于决策支持信息,作用于物流系统,体现的是人的智能;另一方面,智能控制技术是将智能理论应用于控制技术而不断发展起来的一种新型控制技术,它主要用来解决那些用传统的方法难以解决的复杂系统控制问题,通常这些控制问题具有复杂性、随机性、模糊性等特点,利用数学方法难以精确描述。智能控制技术目前主要有模糊控制技术、神经网络控制技术、学习控制技术、专家控制技术等。

1.3 物联网与智慧供应链

1.3.1 现代物流与供应链新趋势

随着数智时代的到来和全球经济一体化进程的加快,企业面临着尤为激烈的竞争环境,资源在全球范围内的流动与配置大大加强;同时,信息技术和智能物流装备的发展支持物流全过程的优化和整合,从而使现代物流和供应链管理呈现出一系列新的发展趋势。

1. 现代物流发展与特点

传统物流一般指产品出厂后的包装、运输、装卸、仓储。中国的传统物流建立在计划经济体制时代,主要是按照行政区域建立的各国营储运企业,它适应了当时少品种、大批量、少批次、长周期的货物储存和运输状况。从传统物流渠道的角度来看,商流是从制造商经储运企业到批发零售企业,最终到达消费者的。

现代物流就是使物流向两头延伸并加入新的内涵,使社会物流与企业物流有机结合在一起,从采购物流开始,经过生产物流,再进入销售物流,与此同时,要经过包装、运输、仓储、装卸、加工配送环节到达消费者手中。中国的现代物流建立在改革开放时代,改革开放后,中国消费市场的需求已转变为多品种、小批量、多批次、短周期。为了适应市场需求的重大变化,商流渠道发生了大规模重组,也带来了物流渠道的重组,其结果是,在商流领域出现了多级经销制、多级代理制、多级代销制及配送制,在物流领域则出现了物流中心、配送中心等为客户提供专门的物流配送服务的企业。传统的储运企业提供的简单存储、运输、包装等服务在物流渠道重组中逐步被集成化、系统化与增值化的现代化物流服务所取代,突出特征表现为物流反应快速化、物流功能集成化、物流服务系列化、物流作业规范化、物流目标系统化、物流经营市场化、物流手段现代化和物流组织网络化。

现代物流具备了信息化、数字化、网络化、集成化、智能化、柔性化、敏捷化、可视化、自动化等先进技术特征。现代物流也采用了最新的红外、激光、无线、编码、认址、自动识别、定位、无接触供电、光纤、数据库、传感器、RFID、卫星定位等高新技术,这种集光、机、电、信息等技术于一体的新技术在现代物流业的集成应用就是物联网技术在物流业应用的体现。

2. 供应链管理核心理念

供应链管理是一种集成的管理思想和方法,它执行供应链中从供应商到最终用户的物流计划和控制功能。供应链管理就是使以核心企业为中心的供应链运作达到最优化。供应链从采购开始到满足最终顾客需求的全过程,包括工作流(work flow)、实物流(physical flow)、资金流(funds flow)和信息流(information flow)等,均高效率地运作,把合适的产品以合理的价格及时、准确地送到消费者手上。

供应链是人类生产活动中的一种客观存在。但是,过去这种客观存在的供应链系统一直处于一种自发、松散的运行状态,供应链上的各个企业都各自为政,缺乏共同的目标。不过,由于过去的市场竞争远没有像今天企业所面临的竞争这么激烈,因此,这种自发运行的供应链系统并没有表现出不适应性。然而,进入 21 世纪后,经济全球化、市场竞争全球化等浪潮一浪高过一浪,自发运行的供应链所存在的种种弊端开始显现出来,企业必须寻找更有效的方法,才能在这种形势下生存和发展。人们发现必须对供应链这一复杂系统进行有效的协调和管理,才能取得更好的绩效,才能从整体上降低产品(服务)成本,供应链管理思想就在这种环境下产生和发展起来了。为了使供应链达到提高竞争力的目的,供应链管理要坚持四大核心理念。

1) 整合理念

供应链管理概念从提出到现在已有 30 多年的历史。在供应链管理的多年实践中,人们已将供应链管理从一般性的管理方法提升到整合思维的理念,这一思维范式强调从供应链整体最优目标出发寻求最佳市场资源整合的模式。当一个企业要拓展一项业务或开辟一个新的市场时,首先应该从企业外部寻找最佳资源,而不是什么事都亲力亲为。再强大的企业,其资源和能力在庞大的市场面前都是十分有限的,如果什么事都由企业自己来做,可能会丧失很多机会,甚至将企业带入万劫不复的深渊。因此,整合理念就成为供应链管理的重要核心理念之一。

2) 合作理念

供应链管理是从"横向一体化"发展而来的,因此在供应链管理的实践中非常强调合作伙伴之间的合作关系。只有实现了合作伙伴之间的真诚的、战略性的合作,才能共同实现供应链的整体利益最大化。供应链管理的对象是一个企业群,其中的每一个企业都有自己的核心业务和核心能力,如何才能将这些企业的能力整合在一起,形成真正的合力,是关系到能否实现供应链整体目标的关键。如果每个企业都只顾自身利益,就会损害供应链的整体目标,最后也没有办法保证个体的利益。因此,供应链管理的核心企业要与自己的合作企业形成战略性合作伙伴关系,必须能够兼顾合作伙伴的利益和诉求,这样才能调动合作伙伴的积极性。如果只想着如何从其他企业那里获取利益,同时还想将风险转嫁给其他企业,这样的供应链是不可能健康发展的。

3) 协调理念

供应链管理涉及若干企业在运营中的管理活动。为了实现供应链管理的目标,相关企业在运营活动中必须按照计划协调运作,不能各为其政。例如,供应商应该按照制造商的要求,将零件按计划生产出来并准时配送到制造商的装配线上,而且不同零部件的供应商必须同步地将各自的零部件配送到位。任何一个供应商出现延误,不仅会使自己遭受损失,而且会连累那些准时交货的供应商,当然更不用说对总装配的影响了。协调运作要求打破传统的企业各为其政的分散决策方式,通过协调契约的设计,能使各合作方增加收益,同时达到供应链整体利益最大化的目标。

4) 分享理念

供应链管理的第四个重要理念就是收益共享。通过供应链资源整合,形成合作伙伴关系,协调运作,达到整体利益最大化,这还不是供应链管理的全部。事实上,能否达到上面说的目标,还有一个重要影响因素,即供应链的收益共享。合作企业之所以愿意在一个供应链体系内共创价值,是因为它们看到这个供应链能够创造更多的收益,但是这些收益必须由合作企业共享,才有可能将供应链的资源整合起来。如果合作企业发现供应链的利益被某个企业独占,它们是不可能参与到供应链管理系统中的;即使参与,可能也是抱着短期或局部利益最大化的心态,而牺牲的是供应链未来的发展。因此,是否具有供应链管理的核心理念——收益共享,是保证合作企业能否真心实意地与核心企业站在一个阵营内的重要条件。

3. 现代物流与供应链管理的发展

在传统供应链中,成员间的信息交流只限于具有直接供需关系的企业之间,同时在实际交流过程中,不同企业采用的信息标准也不一致,从而导致供应链系统中的信息无法实现自由流通、整合与共享。与此不同,现代物流是以智能化信息技术的集成为支撑的,能够借助大数据、云计算、人工智能等先进技术有效解决成员之间信息系统的异构性问题,从而保证信息在整个供应链系统中的自由高效流通,具有更强的信息整合性与共享性,同时增强供应链流程的可视性、透明性。现代物流的发展促进了供应链管理的发展,提高了供应链的核心竞争力。

1.3.2 物联网感知、互联与智能

随着信息技术的不断发展和成熟,物联网被广泛应用到制造、交通、物流等行业领域。其中,物流行业是最能体现物联网相关技术应用价值的领域之一。物联网(Internet of Things,IoT)是指利用互联网和各种智能传感设备形成人、物、信息的彼此连接,进而实现数字化、可视化、智能化和远程管理控制的网络系统,真正体现了"万物互联"的理念,被称为计算机和互联网之后信息化产业的第三次革命。

物联网是一个涉及众多前沿技术和设备的领域。在信息设备上,主要包括 GPS 设备、射频识别装置、红外线通感设备、激光扫描设备等。物联网是利用先进的传感和传输技术手段,对实物的相关信息进行自动、实时、多维度、全天候的标记以及采集、传输、存储和分析,进而以此为基础搭建可视化、智能化的信息运营管理平台和应用体系,实现社会生产生活中信息的高效自由流通。物联网的感知化、互联化与智能化将对未来供应链产生深远影响。

物联网的基本结构是物联网系统化的重要体现,物联网各组成部分分工协作、有机结合,以实现物与物之间的交互沟通和基于物联网的工作组织。物联网的组成包括感知层、网络层和应用层。

1. 感知化

物联网感知化通过感知层实现。感知层是物联网的"感觉器官",通过这一层中的传感器、二维码、RFID 等感知采集信息。物联网的"物"是物理实体,正是物理实体的集合构成了物质世界,即物联网的作用对象。物联网的感知层通过对物质世界的物理实体的感知布局,实现对物理实体属性的感知、采集与捕获,使之成为可供传输和识读的信息。感知层的构成包括实体感触端、感触传输网和感知工具。实体感触端与物质世界紧密相连,是物联网对物理实体的属性信息进行直接感触的载体,也是整个物联网的末梢节点。实体感触端可以以实物方式存在,也可以是虚拟的。感触传输网是对物理实体的属性信息进行传输的网络,传输距离可以很长。感知工具可以将物理实体的属性信息转化为可在网络层的传输介质中进行传输的信息。感知层作为物联网基础信息的来源,其布局决定了物联网的作用范围,目前运用于物联网感知层的技术和相关设备主要包括二维码、标签和识读器、RFID 标签和读写器、摄像头、GPS、传感器以及 M2M 终端、无线传感器网络等。在物联网的发展和完善过程中,感知层要突破的方向是具备更敏感、更全面的感知能力(如通过嵌入式技术和纳米技术)、降低功耗、小型化和降低成本。

2. 互联化

物联网的互联化通过网络层实现。网络层是通过相关的工具和传输介质对感知层从物理实体属性转化而来的信息进行汇集、处理、存储、调用和传输。对感知信息的汇集、处理、存储、调用和传输由网络层中相应的组成部分完成。汇集工具与感知层相衔接,将感知层采集终端的信息集中,并接入物联网的传输体系;处理工具用于对传输信息的选择、纠正以及不同信息形式的转化等处理工作;存储工具用于对信息进行存储;调用工具以某种方式实

现对感知信息的准确调用;传输工具是网络层的主体,通过用可传递感知信息的传输介质构建传输网络,使感知信息可传递到物联网的任何工作节点上。网络层是物联网提供普遍服务的基础设施,其各功能要素的实现水平决定了整个物联网体系的工作效率和服务质量。在传输工具的选择上,通信网络与互联网形成的融合网络是现阶段相对成熟的解决方案。网络层还需要在传输容量、海量信息处理、传输速率和传输安全性等方面进一步发展。

3. 智能化

应用层将物联网提供的物的信息引入相关领域,与其现有技术相结合,实现广泛智能化的应用解决方案。应用层由应用控制子层和应用实施子层构成,物联网通过感知层和网络层传递的信息是原始信息,这些信息只有通过转换、筛选、分析、处理后才有实际价值,应用控制子层就承担了该项工作。应用实施子层利用应用控制子层分析、处理的结果对物理实体进行相关应用反馈的实施,实现物对物的控制。应用实施子层可以有人的参与,也可以没有人的参与,实现完全的智能化应用。应用层是物联网实现其社会价值的部分,也是物联网拓宽产业需求、带来经济效益的关键,还是推动物联网产业发展的原动力。目前物联网的应用层通过应用服务器、手机、计算机等终端,可在物流、医疗、销售、家庭等领域中应用。未来应用层需要拓宽应用领域,增加应用模式,创新商业运营模式,促进信息的社会化共享。

1.3.3 物联网与供应链的可视性

1. 基于物联网的供应链

物联网是通过各种信息传感设备与互联网结合形成的一个巨大的网络。作为互联网络技术的延伸,物联网发展的关键在于创新,并以用户体验作为自身进一步发展的核心。供应链是企业发展的基础与核心,提高企业供应链的管理效率可使企业更能适应激烈的市场竞争。利用物联网,可随时对物品进行跟踪与监控,实现对传统供应链流程与管理方式的改进,并搭建全新的供应链管理模式。物联网能够实现信息的及时共享与传递,引导供应链中的各成员按照需求进行工作,进而实现供应链的集成化、规范化管理,并可对供应链上的成员进行及时反馈与评估;同时,企业可选择满足自身需求的其他企业或组织,并可以采取统一的标准,对供应链的各环节进行管理,建立整体化的企业供应链运行模式。智能化发展是物联网技术的一大发展趋势,实现智能化的管理不但可以提高企业的生产与管理效率,还有助于经济效益的提升。在供应链管理中,物联网的应用也体现在智能化的管理上,它可以对产品信息进行准确的识别、跟踪以及观测,从而可以掌握产品的生产、存储、运输以及销售等环节的具体情况,并利用自身的信息处理功能进行整体数据信息的整合,以及时了解对产品运营以及市场情况,实现对供应链的智能化管理。

2. 供应链可视性实现过程

供应链可视性主要借助物联网技术的 EPC(Electronic Product Code)技术和 RFID 技术。EPC 技术就是电子产品编码技术,其主要的作用就是降低供应链的成本以及提高供应链管理的水平。作为一种编码系统,EPC 主要应用就是在商品标签的时候加上这样的编码就可以将与其连接的动态数据进行识别,从而确定产品的状态。RFID 技术是灵活、简单、实用、易于操作的技术,不仅支持可读模式,还支持读写模式。其主要的组成部分包括标签、读写器以及天线等。利用 EPC 技术,在物品的标签中加入可以对其进行跟踪的动态数据,这样就可以让任何一位与该物品相关的人员利用信息系统进行产品信息的实施追踪,了解供应链的全过程。供应链可视性的实现过程如图 1-7 所示。通过对物联网技术下的信息和价值链进行管理,就可以实现供应链的可视性。

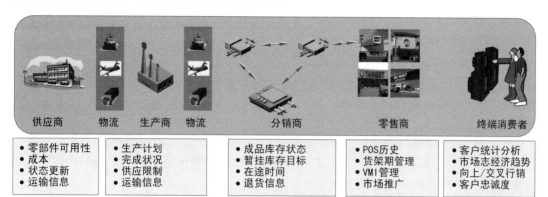

图 1-7　供应链可视性的实现过程

供应商	物流	生产商	物流	分销商	零售商	终端消费者
• 零部件可用性 • 成本 • 状态更新 • 运输信息	• 生产计划 • 完成状况 • 供应限制 • 运输信息		• 成品库存状态 • 暂挂库存目标 • 在途时间 • 退货信息	• POS历史 • 货架期管理 • VMI管理 • 市场推广	• 客户统计分析 • 市场志经济趋势 • 向上/交叉行销 • 客户忠诚度	

针对不同企业的特点,物联网可以实现企业的供应链从产品的供应商到客户全方位、动态化的管理。通过将物联网的技术应用于整个企业的所有供应链中,就可实现产业链的延伸。

将物联网运用于供应链的管理过程中具有很独到的作用。

例如,在生产环节,通过在生产过程中运用物联网技术,可以对生产过程中的所有零部件以及半成品、成品的质量进行控制和鉴别,这样不仅可以降低用人工的方式鉴别的成本,还可以有效地提高其鉴别的准确性和效率。

又如,在运输环节,通过物联网技术将所有运输的货物和车辆贴上 EPC 标签,并且在运输路线上安装可以对信息进行接收和转发的设备,这样就可以对货物的运输状态进行实时监控和跟踪,了解货物的具体位置和信息。

再如,在仓储环节,通过应用物联网技术,不仅可以实现存货管理的信息化以及自动化,将存货盘点由以前的人工盘点变成以物联网技术为依托的自动化盘点,还可以实现对存货情况的准确、及时了解,在此基础上与企业的内部需求进行对比,以此做出及时补货等决策,避免无效库存的产生。

1.3.4　智慧供应链的产生与发展

1. 智慧供应链的产生

智慧供应链这一概念最早是由复旦大学博士后罗钢在 2009 年上海市信息化与工业化融合会议上提出的。智慧供应链指通过有机结合日益成熟的物联网技术与现代供应链管理理论、方法和技术,在企业内部以及企业之间构建的智能化、数字化、自动化、网络化的技术与管理综合集成系统。

智慧供应链的核心是通过实现供应链中信息流、物流、资金流的无缝对接,最大限度地消除信息不对称的影响,从根本上提升企业内外部供应链的运作效率。

2. 智慧供应链的发展

智慧供应链发展历程可以分为 5 个阶段：初级供应链、响应型供应链、可靠供应链、柔性供应链和智慧供应链。在传统供应链的基础上，智慧供应链融入了智能化、数字化、网络化技术。智慧供应链具有如下特点。

1）技术渗透性

智慧供应链的运营者和管理者具有更强的技术敏感性和应用能力，会通过各种方式将物联网、移动互联网、人工智能等各种前沿高新技术融入智慧供应链系统中，依托技术创新实现管理变革。

2）可视化

以互联网、云计算、大数据、人工智能等新一代信息技术为支撑的智慧供应链，在数据信息获取上更具有移动化、智能化、碎片化等特点，在数据呈现上也主要表现为图片、视频等可视化的方式。

3）信息整合性与共享性

依托高度开放共享的智能化信息网络，智慧供应链系统有效解决了内部成员信息系统的异构性问题，实现了物流、信息流、资金流的无缝对接，从而使供应链中的信息具有更强的整合性与共享性。

4）协作性

信息的高度整合与共享，使企业可以及时、有效地了解供应链内外部的各种信息，并基于实际情况随时与供应链上下游企业进行联系沟通，进行有针对性的调整与协作，从而大幅提升供应链的运作效率与效果。

5）延展性

智慧供应链是以先进的互联网信息技术为支撑的，供应链中的各类信息具有更强的流动性、整合性与共享性，企业可以随时与供应链上下游的其他成员进行沟通交互，从而大大增强了供应链的延展性，有效解决了传统供应链中因信息层级传递而造成的效率下降问题。

1.3.5　智慧供应链的构建与优化

1. 智慧供应链的构建

1）智慧供应链构建标准

稳定的智慧供应链需要按照产品持续优化改进、生产计划系统不断完善的标准构建。

（1）产品可持续优化改进。产品的持续优化改进是企业获取利润的主要来源。在智慧供应链中，企业需要积极利用产品生命周期管理方面的数字化、智能化技术增强产品的数据集成性和协同性，以此持续改进产品。企业要通过打造集产品研发设计、生产制造和计划执行等于一体的业务流程，实现产品研发管理的集中化以及生产工艺、生产标准、信息系统的统一化，从而借助集成技术有效地解决供应链中各成员间的异构性问题，增强成员的一致性和协同性，更好地促进产品的持续优化改进。

（2）生产计划系统不断完善。企业应站在整个供应链的角度建立并完善生产计划管理系统，使各类产品都能匹配适宜的计划模式、物料需求和配送模式，实现企业资源计划系统与供应链管理系统的有效对接，从而大大提高终端销售过程的可视化、规范化和可控性。企业还应该构建覆盖客户交易执行流程与监控的可视化平台,实现终端交易过程的动态控制、及时预测、发现和应对可能出现的各种问题。

2)个性化需求主导供应链设计

传统供应链与客户之间的交流仅限于按照客户的时间要求为其提供一定数量的产品。相比之下,智慧供应链与客户之间的互动贯穿于产品研发、设计、生产、销售的各个环节中。在与客户交流的过程中,智慧供应链能够将客户划归到不同的群体中,根据客户的需求为其提供个性化的产品。为了提高供应链的可靠性,企业对客户需求进行有效地把握并实施完善的管理,从而做到供应与需求之间的平衡。在这个过程中,客户可以参与到供应链的管理过程中,并通过这种方式与供应商进行高效沟通,从中获得更多的利益。

3)标尺竞争提升供应链效率

标尺竞争(benchmark competition)即企业将同类型的第三方企业视为标尺,根据第三方的成本消耗情况制定自身的成本战略,并据此进行资金分配。在遵循标尺竞争原理的过程中,供应链管理者应有意识地减小对成员企业相关信息的依赖性。为此,供应链管理者即使没有掌握供应链各个环节企业的全方位信息,也应能够实施科学、有效的管理,避免因信息不对称而出现监管不力的情况。在价格方面,供应链管理者可以设置价格上限,通过提高供应链的可靠性并向客户提供高质量的产品来完善自身的服务;还可以通过构建相应的数学模型进行有效的数据分析与资源管理;也可以对各个环节企业的服务体系进行评估,用局部带动整体。

4)强化供应链企业间的合作

供应链上下游企业间的合作是供应链管理最基本、最重要的内容。良好的合作关系有助于信息的自由、高效流通,更能科学合理地制订战略规划,共同解决组织成员经营管理中遇到的问题等。在现代企业竞争中,很多上下游企业之间通常会以签署战略联盟协议的形式结成供应链合作伙伴关系,通过释放合体势能应对激烈的外部竞争。

5)加强供应链上下游信息共享

信息共享是打造供应链合作伙伴关系的重要基础。在新生事物层出不穷的当下,上下游企业之间的信息共享显得尤为关键,所以,企业应该积极引入大数据、云计算等新一代信息技术,加强企业信息化建设,为各部门及上下游合作伙伴快速、精准地提供信息服务。考虑到供应链上下游企业地域分布、业务类型、管理模式等方面的差异性,要打造各方无缝对接的信息系统,必须投入大量的资源与精力。信息技术在供应链管理中扮演着十分关键的角色,它能够提高信息资源的传递效率与质量,有效降低员工在日常工作中出现人为失误的可能性,提高供应链管理水平。

2. 智慧供应链的优化

智慧供应链系统具有很强的可视性、透明性,能够实现内部企业间信息的充分沟通共享。由此,企业可以及时、全面获取供应链中各环节流程的信息,增强对内外部环境的感知与反应能力,并通过与上下游企业的整合协作,实现有序生产管理,提升整个供应链的运作效率与效果。

1)利用智能技术优化

快速发展的互联网技术对社会生活产生了深刻的影响。如今,人们已经进入到了信息化时代。信息逐渐成为许多行业的竞争焦点,在参与竞争的过程中,企业要对信息资源的价值有充分的认识,物流行业同样要做到这一点。物流企业是一个有机整体,这个整体包含众多职能体系,要实现其健康、快速的发展,就要进行内部信息的共享。一方面,要实现物流供应链内的纵向信息共享,在供应链内部各个层级间达成协同关系;另一方面,要实现物流企业内的横向信息共享,在企业内不同的职能部门间达成协同关系,优化内部资源的配置,降低运营成本。而且在信息技术发达的今天,物流企业要利用有效的渠道及时获取信息资源,选择适合自己的运营方式,利用先进的技术手段建立完善的物流系统,提高整体的运营效率。

2)通过信息共享优化

在供应链内实现客户需求信息共享,能够有效避免信息被各个层次放大的情况,通过供应链内不同企业间的信息交流,让所有参与者都能获取客户的实际需求,从而更加合理地安排产品生产与服务提供。在这种模式下,除了零售端的订单量之外,企业还能通过数据获取与分析得到真实的需求信息。要促进供应链内部的信息共享,让所有经济参与主体了解整体的生产计划与执行进度,加强供应链内各个环节之间的合作关系,提高物流效率和服务水平。实现供应链内部的信息共享之后,上游供应商能够及时掌握下游企业对商品的需求状况,适时调整生产计划,优化商品生产;下游企业则能有效降低商品库存,避免货物过量囤积。概括而言,信息共享的实现,能够促进供应链内不同企业间的合作,降低整个供应链的成本,使企业的供给与市场需求保持平衡,提高企业的总体效益。

1.3.6 智慧供应链管理的金字塔体系结构

智慧供应链管理的金字塔体系结构从下而上由系统互联和数据交换平台、计划协同平台、控制塔和商务智能决策支持系统构成,如图 1-8 所示。智慧供应链管理的金字塔体系结构不是一个具体的物流系统的结构,而是从整个智慧供应链管理的视角对各环节具体的智慧物流系统进行协同、全面监控和管理的体系结构。使用该金字塔体系结构的是供应链物流服务的总包商。

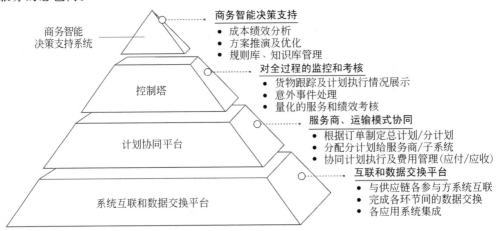

图 1-8　智慧供应链管理的金字塔体系结构

1. 系统互联和数据交换平台

金字塔最底层的系统互联和数据交换平台是与供应链各参与方或同一参与方的其他应用系统进行互联对接集成，完成数据共享协同的基础设施。企业内部各应用系统的集成主要通过面向服务架构（Service-Oriented Architecture，SOA）体系下的企业服务总线（Enterprise Service Bus，ESB）和接口技术等实现，企业与外部企业（包括货主、制造商和物流分包商）的数据交换则通过系统互联和电子数据交换（EDI）实现。

2. 计划协同平台

计划协同平台是根据各种订单和供应链上的各种资源，在商务规则的控制下，以智能化的方式制订总体的物流计划，并分解成各具体环节或针对具体物流服务商的分计划，将这些分计划分配给各服务商或子系统，并根据总计划协调各分计划的执行。同时，该平台的商务模块将根据与各服务商的合同和各服务商完成的服务对应付费用进行核算管理，根据与货主的合同对整个供应链的费用进行应收核算管理，形成应付/应收凭证，通过接口转发财务系统。

3. 控制塔

控制塔是近年来针对复杂的供应链管理需求而发展起来的，对供应链全过程实行全面监视、异常事件控制和量化考核的体系，如同机场上居高临下、统管全局的控制塔台。

4. 商务智能决策支持系统

金字塔的顶端是商务智能决策支持系统。目前用于物流行业的商务智能决策支持系统通常采用基于规则库、知识库的决策支持体系，可以完成诸如成本绩效分析、方案推演及优化等基本的决策支持功能。在系统运行的大量数据基础上，如果有业务需求，也可以通过建立数学模型或其他大数据分析方法，实现对整个供应链运作的更高层次的智能化决策支持。

1.4 智慧供应链架构模型

2017年，罗戈研究院提出智慧供应链图谱，如图1-9所示。从图谱可以看出，智慧供应链根据管理层级自上而下分为3部分，即智慧化决策层、数字化管理层和自动化作业层，如

资源来源：罗戈研究院

图1-9 智慧供应链图谱

果把智慧物流比作人,那么智慧化平台是"大脑",数字化运营是"中枢",而自动化作业则是"四肢"。

1.4.1 智慧化决策层

智慧供应链的智慧化决策层主要包括预测与计划、供应链协同、控制塔、算法优化和大数据5部分。原来的供应链系统的整个体系一般是用 ERP 串起的,计划、采购、生产、物流都能融入 ERP 的整个体系中来。智慧供应链整体的信息化、系统化、互联网化需要一个全新的中台的概念,因此供应链中台是当前数字化供应链中一个核心的新命题。

1. 预测和计划

预测可以为制订一个切实可行的计划提供科学依据。预测与计划是智慧化决策层的第一步,为智慧化决策层提供重要依据。在应用方面,作为大数据驱动的企业预测与决策平台的欧睿数据公司,它的预测和计划系统为物流、经营、生产、采购计划的制订以及全渠道的整个供应链的产销协同和供应链的集成提供了决策依据。欧睿公司为中国的新零售、电商和时尚企业提供了从选品、促销、定价、预测到库存、补货协同等的供应链智慧化解决方案,实现了零售业的数字化转型。

2. 供应链协同

在供应链协同方面,京东的供应链协同产品提供了从原材料到制造再到零售,最终到达消费者手中的整个体系,能够实现相互联系的供应链模式。从消费者的视角把供应链构建为一个单一的模式,这与预测和计划的体系也是一脉相承的,只有这样,整个供应链的效率才能最优。

3. 控制塔

One Network 公司推出的 Control Tower 4.0 以消费者驱动整个网络,能够实现自主控制,完成自动化作业,做出更好、更专业的决策。逐步从以企业为中心过渡到以消费者为驱动的网络视图,实现供应链网络结构下的参与者协作与信息共享;从供应链可视化到基于大数据与人工智能的自主认知分析与控制,驱动供应链的自动动态调整与优化。

4. 算法优化

应用运筹、服务、人工智能、启发式、机器学习等理论,利用算法优化,构建智能调度方案。例如,菜鸟网络从库存到末端派送,在其供应链体系里通过算法解决优化问题,如图 1-10 所示。

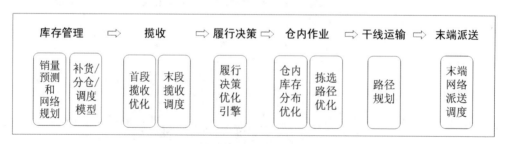

图 1-10 菜鸟网络供应链算法优化

5.大数据

数据灯塔以智慧物流为主旨。例如,顺丰的数据灯塔可以进行行业分析、供应链分析、品牌分析、用户分析、产品分析,为企业更加精准地开拓市场提供更专业的解决方案。大数据资源的开发和利用可以促进快递企业转型升级,由同质化竞争向差异化竞争转型,由单一的快递服务向注重客户体验的服务转型。

6.供应链中台

以阿里供应链中台为例,如图 1-11 所示。在业务域,把整个业务(商业关系、商品、计划、采购、履约、库存、结算)都包含进来。在数据域,设置不同的规则、应用模型和算法模型。在实体域,把供应商、商品、订单、库存、结算、会员、模式数字化为数据。阿里供应链中台可以实现多资源组织、全生态管控与优化。

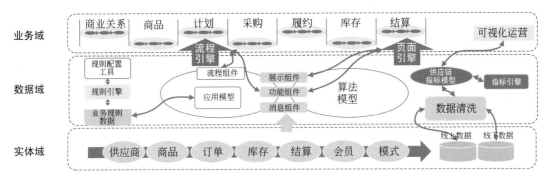

图 1-11 阿里供应链中台

1.4.2 数字化管理层

数字化管理层通过管理系统连接作业层,支持决策层。从管理角度看,数字化管理层侧重供应链执行,即更多地关注物流和运营,包含车辆管理、运输管理、过程管理和仓储管理,未来会更多地涉及物联网。例如,唯智公司推出了覆盖订单、仓储、运输和优化的全产品线,如图 1-12 所示,包括订单管理、财务、产品线、机器人、运输管理、路径优化、车货交易和仓储管理。

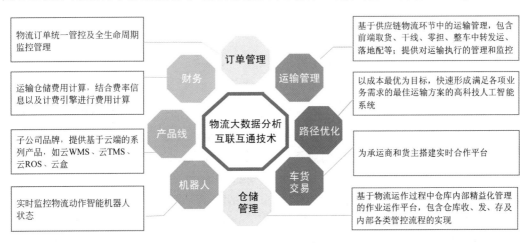

图 1-12 唯智公司的全产品线

1.4.3 自动化作业层

基于不同的仓储配送需求,自动化作业层主要涉及智慧仓储作业和智慧运输作业。在仓储和运输这个层面,主要关注自动化、无人化。

1. 智慧仓储作业

智慧仓储系统是包括入库、出库、搬运、输送、拣选、分拣、仓储各个环节,以及整个体系的解决方案。以快仓为例,其产品的特点主要如下:

(1) 货到人。在所有涉及分拣库区的业务流程中,员工都无须进入分拣库区内部。

(2) 系统主导。所有的资源调度与业务流程的推进均由系统主导,所有的数据流(包括表单)也由系统创建并维护,无须人工介入。

(3) 机器学习。机器人和系统具备智能自主学习功能,系统可以辅助机器人提高自主决策的能力。

(4) 场景驱动。系统可抽取复杂场景中的特征,形成模块化、可复制的产品级解决方案,利用自身的大数据分析及学习能力,对任何仓库模式都能进行适配。

2. 智慧运输作业

在智慧运输领域,中国企业做了很多的创新。例如:

(1) 易货嘀。面向 B 端和 C 端客户提供标准化、定制化的智慧城市配送解决方案。

(2) 云鸟。通过鸟眼和司机的 App,能够为客户提供增值的服务,同时做好司机的管理。

(3) 货拉拉。提供同城即时整车货运匹配平台。

(4) 福佑卡车。提供城际整车运输互联网交易平台。

(5) 狮桥物流。通过融资租赁模式+管理输出,提供定制化解决方案,向企业客户输出运力服务。

(6) 货车帮。为整车干线零散运力需求及个体司机提供交易撮合平台。

(7) 货车宝。基于全国各地最新的交通规则为用户提供适合其驾驶的车辆的行驶路线,智能避开货车禁区和限重、限高、限宽道路。

1.5 智慧物流与供应链发展演进

1.5.1 智慧物流的服务需求与应用

1. 智慧物流的服务需求

智慧物流集多种服务功能于一体,体现了现代经济运作的特点,即强调信息流与物质流快速、高效、通畅地运转,从而实现降低社会成本、提高生产效率、整合社会的目的。根据中国物流与采购联合会的数据,当前物流企业对智慧物流的需求主要包括物流数据、物流云、物流设备三大领域。2020 年,智慧物流市场规模超过 4800 亿元。预计到 2025 年,智慧物流市场规模将超过万亿。智慧物流的服务需求如图 1-13 所示。

1) 智慧物流数据服务市场(形成层)

在供应链作业全过程中会产生海量的物流数据,对这些数据进行处理与分析,挖掘运营

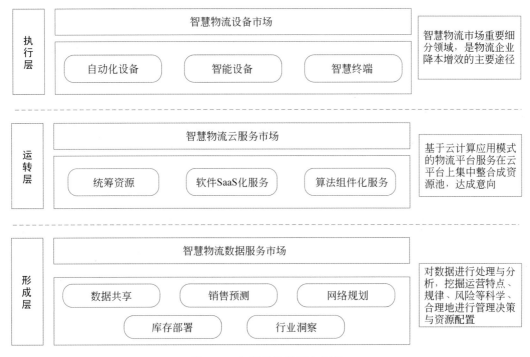

图 1-13 智慧物流的服务需求

特点、规律、风险等信息,从而科学、合理地进行管理决策与资源配置,是物流企业的普遍需求。目前,智慧物流的数据服务市场尚处于起步阶段,其中占比较大的是电商物流大数据,随着数据的积累以及物流企业对数据的逐渐重视,未来物流行业对大数据的需求前景广阔,具体如下:

(1)数据共享。消除物流企业的信息孤岛,实现物流基础数据的互联互通,减少物流信息的重复采集,降低物流成本,提高服务水平和效率。

(2)销售预测。利用用户消费特征、商家历史销量等海量数据,通过大数据预测分析模型,对大订单、促销、清仓等多种场景下的销量进行精准预测,为仓库商品备货及运营策略制定提供依据。

(3)网络规划。利用历史大数据、销量预测、构建成本、时效、覆盖范围等多维度的运筹模型,对仓储、运输、配送网络进行优化。

(4)库存部署。在多级物流网络中科学部署库存,智能预测补货,实现库存协同,加快库存周转,提高现货率,提升整个供应链的效率。

(5)行业洞察。利用大数据技术挖掘分析3C、家电、鞋服等不同行业以及仓配、快递、城配等不同环节的物流运作特点及规律,为物流企业提供完整的解决方案。

2)智慧物流云服务市场(运转层)

基于云计算应用模式的物流平台服务在云平台上,所有的物流公司、行业协会等都集中整合成资源池,达成意向,从而降本增效。阿里、亚马逊等纷纷布局,其典型场景如下:

(1)统筹资源。集聚社会闲散的仓库、车辆及配送人员等物流资源,通过仓库租赁需求分析、人力资源需求分析、融资需求趋势分析和设备使用状态分析等,合理配置资源,实现资源效益最大化。

(2) 软件 SaaS 化服务。将 WMS/TMS/OMS 等信息系统进行 SaaS 化,为更多的物流企业提供更快、更多样化的系统服务以及迭代升级。

(3) 算法组件化服务。将路径优化、集装、耗材推荐、车辆调度等算法组件化,为更多的物流企业提供单个或组合式的算法应用服务。

3) 智慧物流设备市场(执行层)

智慧物流设备市场是智慧物流市场的重要细分领域,是物流企业降本增效的主要途径,具体如下:

(1) 自动化设备。通过自动化立体库、自动分拣机等实现仓储存取、拣选、搬运、分拣等环节的机械化、自动化。

(2) 智能设备。通过自主控制技术,进行智能抓取、码放、搬运及自主导航等,使整个物流作业系统具有高度的柔性和扩展性。智能设备有物流机器人、无人机、无人车等。

(3) 智慧终端。使用高速联网的移动智能终端设备,物流人员操作将更加高效便捷,人机交互协同作业将更加人性化。

2. 智慧物流的应用

智慧物流的应用呈现以下几个特点。

1) 物流逐步实现在线化

近年来,随着移动互联网的快速发展,大量物流设施通过传感器接入互联网。目前,我国已有超过 400 万辆重载货车安装了北斗定位装置,还有大量托盘、集装箱、仓库和货物接入互联网。物流连接呈快速增长趋势,以信息互联、设施互联带动物流互联,"物流在线化"奠定了智慧物流的前提条件。

2) 物流大数据得到应用

物流在线化数据产生大量的业务数据,使得物流大数据从理念变为现实,数据驱动的商业模式推动产业智能化变革,大幅度提高生产效率。例如,菜鸟网络推出智能路由分单,实现包裹与网点的精准匹配,精准率达 98% 以上,大大缓解了仓库爆仓的压力。通过对物流大数据进行处理与分析,挖掘对企业运营管理有价值的信息,从而科学合理地进行管理决策,是物流企业的普遍需求。

3) 物流云服务强化保障

依托大数据和云计算能力,通过物流云高效地整合、管理和调度资源,并为各个参与方按需提供信息系统及算法应用服务,是智慧物流的核心需求。物流云服务应用为物流大数据提供了重要保障,"业务数据化"正成为智慧物流的重要基础。

4) 协同共享助推模式创新

智慧物流的核心是协同共享。协同共享理念通过分享使用权而不是占有权,打破了传统企业边界,深化了企业分工协作,实现了存量资源的社会化转变和闲置资源的最大化利用。互联网+物流服务成为贯彻协同共享理念的典型代表,利用互联网技术和互联网思维,推动互联网和物流业的深度融合,重建产业发展方式和分工体系,为物流企业转型提供了方向指引。

5）人工智能正在起步

人工智能通过赋能物流各环节、各领域，实现智能配置物流资源、智能优化物流环节及智能提升物流效率的目标。

1.5.2 智慧物流的发展动因与演进进程

1. 智慧物流的发展动因

智慧物流的发展动因包括行业自发力、社会需求拉动力、经济利益驱动力、政府政策引导力、资源和环境强制力、技术进步促进力。

1）行业自发力

行业自发力体现在以下两方面：

（1）拥有智慧物流的全球与公共视野。随着经济全球化的发展，采购、生产、流通、消费全球化已经成为一种必然趋势，全球范围内的资源整合也成为新的挑战。首先，智慧物流的发展要有全球视野，要把智慧物流放到全世界范围去观察、去研究，通过智慧物流的发展推动智慧国家、智慧地球的实现；其次，智慧物流不是单个企业为了追求利润而实施的，其目的是为了实现整个供应链的资源优化配置，最终实现整个社会资源的合理利用，需要拥有着眼于社会利益的公共视野。因此，智慧物流的发展不可能靠个别企业的单打独斗，要打破企业、行业、地区间的隔阂，放眼全球，着眼全局，促进企业智慧物流、区域智慧物流、国家智慧物流、全球智慧物流间的有效衔接和协同发展。

（2）认识到智慧物流对智慧城市及智慧国家建设的重要性。随着改革开放的深化，我国许多大中城市在经济总量、城市规模、城市面貌等方面有了较大改变，在国内、国际上的地位不断提升，综合竞争力显著增强，但民众幸福感不高、要素集约程度低、公共服务增长缓慢、生态文明建设有待改进等问题日益显现。智慧城市是城市发展模式的改变，由"重数量、轻质量"向"重人文、宜居住"转变。物流是城市发展的关键要素，智慧物流是智慧城市的重要子系统之一。近年来，在经济高速发展的同时，也出现了社会物流体系瘫痪、食品药品安全无法溯源跟踪、物流配送"最后一公里"困境、物流成本高、物流能耗高等问题，有些甚至影响了百姓的日常生活。

2）社会需求拉动力

社会需求拉动力体现在4方面：

（1）产业结构变化。随着经济发展和国家产业政策的调整，社会产业结构已经从农业、工业、服务业向信息业及知识产业方面变动，特别是与物流活动很少直接联系的服务业、信息业和知识产业的比重逐渐增大。物流总需求量的增长也将越来越困难，物流企业、行业必须转变传统经营方式，由粗放型向集约型发展，物流发展要更加具有智慧。

（2）贸易结构变化。随着贸易结构从以进出口原材料及初级加工产品为主转向以高度加工的精密机械、海外高级食品等为主，对物流服务提出了新要求，同时也为智慧物流的发展提供了新机遇。

（3）需求结构变化。这一变化首先体现为节约消费，企业制订的原材料需求计划更科学，对加工过程中的损耗控制更严格，对半成品和产成品库存控制更精确；其次体现为个性化消费，这导致产品种类很多，最终形成小批量、多批次的物流需求。

（4）地区经济发展水平差异。这种差异往往导致对智慧物流的需求不同。人口总量、人口自然增长率、人均可支配收入、GDP、社会消费品零售总额、各产业规模和比重、物流需求系数等参数是经济发展水平的主要指标。

3）经济利益驱动力

随着物流行业的发展，物流标准化程度越来越高，竞争也越来越激烈，客户的物流需求由量向质转变。由于物流成本占总成本的比重较大，确立了"第三利润源泉"的地位，很多企业开始把降低物流成本作为公司战略，对物流合理化提出了新要求，催生了智慧物流的需求。

4）政府政策引导力

政府政策影响着智慧物流未来的发展方向、基础设施配置、结构调整与升级、智慧物流产业的空间布局。基于以下 3 点共识，多地政府出台了发展智慧物流的战略规划和相关政策：

（1）有利于提升国际竞争优势。发展智慧物流，优化资源配置，实现物流成本与物流服务水平的协调发展，不仅能够帮助我国相关产业适应复杂多变的国际市场环境，并且能够增强国际竞争优势，提高产业集中度和抗风险能力，保持相关产业的平稳发展。

（2）发展智慧物流有利于适应贸易结构和销售模式的变化。改革开放以来，我国以发展外向型经济为主导，能源、原材料、商品的进出口贸易额显著增加；与之相配套的物流活动组织与管理需要在全球范围内整合资源，向传统物流提出了挑战。"互联网＋"战略的提出为传统行业的发展带来新的生机，商流、信息流、资金流的处理都可以通过互联网进行，但是物流依然是"互联网＋"的瓶颈，需要推动智慧物流的发展以配合"互联网＋"行动计划。

（3）发展智慧物流有利于促进科技创新。智慧物流以传感技术、物联网技术、互联网技术发展为前提，以信息系统、信息平台的建设为基础，以数据集成与挖掘为手段。因此，智慧物流的发展必将带动一批与智慧物流产业配套的战略性新兴产业的发展，涉及以下几方面：自动感知、识别、可视化、卫星导航等关键技术的研发、试验、集成与产业化，公共信息平台和公共信息系统构建技术，大数据环境下的物流决策与优化，基于云计算的物流技术应用，等等。

5）资源和环境强制力

资源和环境强制力体现在两方面：

（1）资源节约要求。在现有经济、技术和社会环境下，市场需求呈现多品种、小批量、多批次的特征，企业分散经营的配送模式受成本的约束，很难满足具有这种市场需求特征的配送要求。智慧物流配送模式可以优化配送网络，合理布局配送节点，降低配送系统的总库存量，提高车辆的满载率和使用率，减少车辆出行量，从而降低企业和社会物流成本，提高资源利用率和集约化水平。在智慧物流模式下，将供应链各企业虚拟资源进行集中管理和一体化调度，实现分散资源集中管理和集中资源分散服务。

（2）环境保护要求。传统物流服务带来的噪声、震动、大气污染、海洋污染等已经成为社会问题。智慧物流可以提高物流组织管理水平，优化资源配置，通过运输路线优化、运输方案优化等措施提升运输工具满载率，从而减少车辆等运输工具的出行量，对解决交通拥堵、空气和水污染、噪声等社会问题都将起到明显作用。智慧物流通过资源整合和系统优化,提升供应链系统的服务能力,在保证服务水平的前提下,可以减少仓库、配送中心等设施的建设数量,从而减少土地占用面积。

6)技术进步促进力

信息技术的先进程度是现代物流发展水平的标志,借助手机、视频电话、呼叫中心、PC、摄像头、RFID、传感器、智能卡、GPS 等感知技术,通过通信网、互联网、物联网、传感网等网络技术为智慧物流信息的自动识别与存储提供支持。云计算数据中心、智慧物流信息中心、专业信息平台、物流专业服务平台、物流公共信息平台、政务系统等信息平台也为智慧物流提供资源集成与优化平台。

2. 智慧物流的演进进程

智慧物流作为科技创新发展与工业科技革命背景下的研究成果,是自动化技术、智能技术及信息技术等现代技术在物流领域的实际应用。智慧物流不仅是现代物流发展的大趋势,同时也是我国物流产业转型与产业升级的重要方向。智慧物流的形成和现代物流的发展密不可分。从现代物流的发展角度来看,共经历了 5 个阶段,如图 1-14 所示,分别是粗放型物流——系统化物流——电子化物流——智能物流——智慧物流。

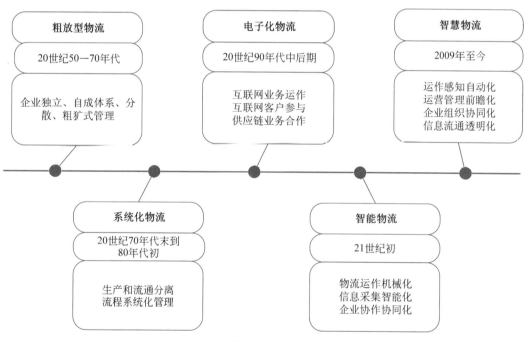

图 1-14　现代物流的 5 个发展阶段

1)粗放型物流

粗放型物流的黄金时期是 20 世纪 50—70 年代。第二次世界大战后,世界经济迅速复苏,以美国为代表的发达资本主义国家进入了经济发展的黄金时期。以制造业为核心的经济发展模式给西方等发达资本主义国家带来了大量的财富,刺激消费大规模增长,大量生产、大量消费成为这个时代的标志。随着大量产品进入市场,大型百货商店和超级市场如雨后春笋一般出现。在大规模生产和消费的初始阶段,由于经济的快速增长,市场需求旺盛,企业的重心放在生产上,对流通领域的物流关注度不高,普遍认为产量最大化会导致每日利润最大化,因此产生了大量的库存。粗放型物流时期的特点是专业型的物流企业很少,大部分企业都自成体系,没有行业协作和大物流的意识,盲目扩张生产很快不能维持下去,迫使企业放弃原来的大规模生产消费型经营模式,寻找更适合的物流经营模式,以降低成本。

2) 系统化物流

从 20 世纪 70 年代末到 80 年代初,世界经济出现国际化趋势,物流行业也逐渐从分散、粗放式的管理模式进入系统管理模式,这一时期物流新技术和新模式开始涌现,企业对物流的理解从简单分散的运输、保管、库存管理等具体功能上升到从原料采购到产品销售整个过程的统一管理,并开始考虑企业的物流成本和效益。

3) 电子化物流

自 20 世纪 90 年代中后期以来,计算机技术的出现及大规模的应用,使现代物流业迎来了新的发展阶段,即电子化物流阶段。这一时期信息技术开始为物流行业助力,并成为持续推动物流行业飞速发展的关键动力。最典型的两项信息技术是 20 世纪 70 年代诞生的条形码技术和 20 世纪 80 年代诞生的 EDI 技术。随着 EDI 的应用范围扩大到了在线订货、库存管理、发送货管理、报关、支付等,企业开始注重供应链的物流效果,并致力于提高供应链物流的效率和效益以及降低物流运作的总体成本和时间。

4) 智能物流

21 世纪是智能化的时代,随着智能技术的发展,智能物流也开始出现雏形,包括智能仓储物流管理、智能冷链物流管理、智能集装箱和运输管理、智能危险品物流管理、智能电子商务物流等。这一时期,智能物流呈现出精确化、智能化和协同化的基本特征。精确化物流要求成本最小化和零浪费;智能化要求物流系统智能地采集实时信息,并利用物联网进行系统处理,为最终用户提供优质的信息和咨询服务,为物流企业提供最佳策略支持;协同化是利用物联网平台实现物流企业上下游之间的无缝连接。

5) 智慧物流

随着物联网、大数据分析、云计算、人工智能及区块链等技术与物流行业的进一步融合,物流企业进入智慧物流阶段。在这个阶段,运作感知自动化,运营管理前瞻化,企业组织协同化,信息流通透明化,推动了物流行业智慧化、规模化变革,促成开放、共生、共赢的供应链生态圈,助力智慧物流大脑的搭建,推进智慧物流产业与其他产业互联互通。

3. 智慧物流的演进特点

物联网技术、大数据与云计算技术以及物流自动化技术是智慧物流发展的技术基础。随着这三大技术体系的不断成熟,智慧物流也随之快速发展。结合人类智慧的特点,智慧物流逐渐形成三大系统,即思维系统、信息传输系统和执行系统。2017 年以来,中国经济进入了高质量发展的新时代。一方面,劳动力成本上升让物流业机器取代人工成为趋势;另一方面,人们对美好生活的向往带来了对物流的柔性化与个性化需求,推动物流系统向资源整合、全面优化、协同共享、敏捷响应方向发展,也对智慧物流提出了更高要求。随着物联网、云计算、大数据、人工智能等技术的不断发展,为智慧物流创新发展创造了条件。

1) 智慧物流思维系统

在智慧物流思维系统方面,目前已经全面进入数字化阶段,物流企业都开始重视物流数据收集、分析与应用,基于大数据预测的前置布仓技术让物流实现了先行,缓解了"双11"等物流高峰阶段的物流配送压力。基于数据分析的物流全程优化运筹为企业物流发展插上了翅膀。目前智慧物流思维系统能够做到"自主决策",实现软件定义物流的还很少见。中国的智慧物流思维系统正在从数字化向程控化演进,未来演进方向是智能化。

2)智慧物流信息传输系统

在智慧物流信息传输系统方面,随着物联网技术应用,以条形码为基础的自动识别技术、卫星导航追踪定位技术、RFID识别技术、传感技术得到了普遍应用,互联网开始延伸到实体网络阶段,推动了物流业务流程透明化发展。目前物流信息传输正处于物联网技术逐步普及、物流末端神经网络初步形成的阶段,需要进一步向全面深化链接与信息融合的CPS(Cyber-Physical System,信息物理系统)方向演进,从而实现信息联网、物品联网、设备联网、计算联网、控制联网,进而全面进入互联互通与虚实一体的智慧世界。

3)智慧物流执行系统

在智慧物流执行系统方面,目前物流自动化技术获得了快速发展,配送终端的智能货柜、无人机、机器人技术开始进入应用阶段,自动驾驶卡车、地下智能物流配送系统等技术成为热点。目前智能执行系统正在从机械化、自动化向智能硬件全面发展演进,未来演进方向是系统级和平台级的智能硬件组网应用,最终实现执行系统全面无人化与智能化。

1.5.3 智慧物流向智慧供应链延伸

供应链管理是物流发展的必然趋势,是所有实业经济发展的必然趋势,是改变经济发展方式的撒手锏,所以,智慧物流一定要向智慧供应链延伸。通过信息技术,实施商流、物流、信息流、资金流的一体化运作,使市场、行业、企业、个人联结在一起,实现智能化管理与智能化生活。

在当今全球化、网络化热潮中,企业之间的竞争已经变成与其相关的供应链之间的竞争。智慧供应链是结合物联网和现代供应链管理的理论、方法和技术,在企业内部和企业间构建的供应链。它能实现供应链的智能化、网络化和自动化的管理,是一种信息技术与现代管理模式融合的综合集成体系。构建智慧供应链既是社会经济发展的需要,也是企业增强核心竞争力的重要途径。智慧供应链具有技术渗透性、可视性、信息整合性等优点,能够有效提高未来供应链的绩效和解决目前供应链管理中存在的诸多难题。

现代物流与传统物流本质上的区别在于它着眼于供应链管理。现代物流需要最大限度地利用现代化的管理技术和网络信息技术,整合供应链上下游各环节的订单、商务、制造和销售配送的需求信息,同时根据需求整合社会物流资源,把运输、仓储、包装、加工、配送等环节紧密连接起来,高效率地满足供应链上各环节的物流需求,因而实现了集商流、资金流、物流和信息流于一体的高效率、低成本、低能耗、低排放的供应链管理体系。这种理想的供应链管理体系只有通过智慧化的方式才能实现。

与传统供应链相比,智慧供应链有以下4个特点。

1. 技术渗透性更强

在智慧供应链环境下,管理和运营者会系统、主动地吸收包括物联网、互联网、人工智能等在内的各种现代技术,主动将管理过程引入新技术。

2. 可视化、移动化特征更明显

智慧供应链更倾向于使用可视化的手段表现数据,用移动互联网或物联网的技术手段收集或访问数据。

3. 协同、配合更高效

由于主动吸取物联网、互联网、人工智能等新技术,智慧供应链更加注重供应链上各环节的协同和配合,及时地完成数据交换和共享,从而实现供应链的高效率。

4. 供应链链主更凸显

在管理体系上,往往由一个物流服务总包商(Lead Logistics service Provider,LLP)向供应链链主直接负责,利用强大的智慧型信息系统管理整个门对门的物流链的运作,包括由一些物流分包商或不同运输模式的承运人负责的各个物流环节。

1.5.4 智慧物流与智慧供应链发展趋势

在数智化时代的大背景下,智慧物流与智慧供应链发展将面临如下趋势。

1. 智能制造与智慧物流系统集成

智慧物流是工业 4.0 的核心组成部分,在工业 4.0 智能工厂的框架内,智慧物流是连接供应和生产的重要环节,也是构建智能工厂的基石。智能单元化物流技术、自动物流装备以及智慧物流信息系统是打造智慧物流的核心元素。未来智慧工厂的物流控制系统将负责生产设备和被处理对象的衔接,在系统中起着承上启下的作用。

2. 智慧物流环保化

中国国家邮政局的数据显示,2016 年,全国快递包裹达 313 亿件,使用快递塑料袋 120 亿个、胶带 247 亿米。面对这样的天文数字,没有人能忽视环保问题的严峻性,绿色物流势在必行。从 2016 年开始,京东就率先在自营生鲜业务中使用全生物降解包装,包装材料在堆肥条件下 3~6 个月可分解为二氧化碳和水,不会对环境产生污染。在减少包装数量上,京东物流生鲜冷链中全部使用自主研发的保温箱,每年节省 EPS 泡沫箱至少 4000 万个。2017 年 6 月,京东甚至发起了公司成立以来最大规模的环保计划——青流计划。根据该计划,2020 年,京东减少供应链中一次性包装纸箱使用量 100 亿个,这相当于 2015 年全国快递纸箱的使用数量;从品牌商到电商企业的供货端,京东物流将实现 80% 的商品包装耗材可回收,单位商品包装重量减轻 25%;在用户端,京东物流 50% 以上的塑料包装将使用生物降解材料,100% 的物流包装使用可再生或可回收材料,100% 的物流包装印刷采用环保印刷工艺。

3. 物流与信息流协同互动

制造技术与管理技术在制造业转型升级的过程中共生共长。其中,管理技术的核心是供应链计划,供应链计划形成的信息流和供应链执行形成的实物流共同构成智慧供应链的价值,智慧供应链成长路径离不开物流与信息流的协同互动。未来物流的发展方向是智能的、联通的、高柔性的、透明的、快速的和有效的物流,物流活动需要满足全流程的数字化和网络化,而在这个过程中,信息化将起到决定性作用,尤其是大数据的应用。供应链上的企业,尤其是链主企业,应该通过物联网、大数据、云计算等信息计算与制造技术融合,构成智慧供应链平台,实现软硬件制造资源和能力的全系统、全生命周期、全方位的感知、互联、决策、控制、执行和服务化,进而实现人、机、物、信息的集成、共享、协同与优化,最终形成生态圈。

4. 智慧供应链与智慧生产融合

智慧供应链与智慧生产融合将统一标准,共享物流的物联信息。智慧物流网络开放共享,互联互通,融入社会物联网。"十三五"期间,国家实施"互联网+"战略,我国智慧物流迎来新的发展机遇,智慧物流转型升级成为必然趋势。技术进步与模式创新将促进跨界协同共享,出现多式联运、供应链金融、末端共享、智能分仓、无车承运等应用。例如,海尔电器特需专列和菜鸟驿站通过"互联网+"车货匹配、货运经纪、降低单位能耗的甩挂运输、合同物流实现跨界协同共享。亚马逊的仓储机器人数据为商业供应链赋能,使得业务数据化,所有商业行为均成为数据源,成为"端",云计算服务使物流业务在线化;同时通过数据产品开发,将大数据应用到具体业务,实现了数据业务化。

5. 需求驱动为价值导向

智慧供应链的思维方式必将是以点带面,强调全局性。未来的供应链运营不再是"头痛医头,脚痛医脚"式的救火模式,更多强调系统优化与全供应链的绩效,强调"牵一发而动全身"的完全协同性。此外,未来的智慧供应链战略还将使企业更加看重供应链过程的增值要求,更加重视基于全价值链的精益制造,更加强调以制造企业为切入点的平台功能。智慧供应链从精益生产开始,拉动精益物流、精益采购、精益配送等各个环节。

中国正处于新一轮科技革命和产业变革的关键时期,智慧物流与供应链的发展能够帮助整个社会提高物流与供应链效率,节省成本,为物流业发展带来新机遇。相信不久的将来,会有更多的企业加入智慧物流与供应链的行列,共同参与智慧物流与供应链的生态圈建设,共筑智慧物流与供应链的新未来。

1.6 智慧物流与供应链的学科体系

1.6.1 现代物流学科发展与特点

1. 物流业发展促进学科形成与发展

1978 年,随着改革开放国策的推进,物流概念正式从日本引入中国。在中国,早期的镖局走镖就是一种广义的物流活动。中国的物流业发展可以分为 4 个阶段,分别是物流业发展初级阶段、物流业发展探索阶段、电商物流业发展阶段和物流业创新发展阶段。特别是在2001—2012 年这个时期,大批学校开始开设物流管理专业和物流工程专业,物流学科教育呈现井喷的状态,物流学科蓬勃发展。从 2012 年至今,随着消费和产业升级以及技术突破,物流学科进入高速发展期。

1) 物流业发展初级阶段

第一阶段是 1949—1978 年的计划经济下的物流业发展初级阶段。在这个阶段,主要的运输工具是货车、火车和货船,主要的仓库类型是单层仓库和敞篷仓库,主要的装卸搬运工具是叉车、地牛等,物流设施极度匮乏,全国物流发展处于萌芽阶段。

2）物流业发展探索阶段

第二阶段是1978—2001年的物流业发展探索阶段。在这个阶段,物流概念从日本引入中国。多层仓库、立体仓库、电力叉车、堆垛机、传送带等开始在国内运用。特别是互联网技术的飞速发展带动了物流信息技术的蓬勃发展,仓储管理系统(Warehouse Management System,WMS)、运输管理系统(Transportation Management System,TMS)、条形码技术、全球定位系统(GPS)、地理信息系统(GIS)以及射频识别(RFID)技术等相继运用,促进了国内物流业快速发展。同时,一大批民营物流企业涌入物流市场,快递物流业态开始萌芽,物流领域不断出现新模式。

3）电商物流业发展阶段

第三阶段是2001—2012年的信息技术驱动下的电商物流业发展阶段,催生了快递物流模式,扩大了民营物流企业的规模,顺丰、四通一达等快递企业纷纷成立和发展。在各地政府扶持下,电子商务物流园区、跨境电商物流园区、保税园区、自动化立体仓库、自动化作业、电子面单等新的物流设施和作业形式不断诞生,进一步促进了中国物流业的发展。就在这个时期,物流学科教育蓬勃发展。供应链运作参考(Supply Chain Operations Reference,SCOR)模型、供应链金融受到了一大批学者和企业家的关注,开始从整个产品供给方面寻求资源的整合。从此,物流业开始受到越来越多的人关注。

4）物流业创新发展阶段

第四阶段是2012年至今的技术引领下的物流业创新发展阶段,呈现由量向质的发展,处于技术转型阶段。在这个阶段,消费者的消费行为发生了三大变化,即需求个性化、场景多元化与价值参与化。这种变化对物流服务商提出了全新的要求,要求物流服务商的网络能直达线上线下多渠道,能承接仓储、运输、配送等一体化的服务需求,同时还要求整个链条上信息透明、共享、快速决策和反应。人工智能、大数据、云计算、机器人等技术的突破性发展和规模化应用为物流服务创新、满足上述消费行为三大变化需求提供了可能性。在这个阶段,智慧物流与供应链的提出、多式联运的广泛运用、无车承运人的合法化等创新理念逐步渗透物流的各个环节。在大数据和人工智能等各项国际领先技术的驱动下,无人仓、无人车、无人机(Unmanned Aerial Vehicle,UAV)、物流机器人、云仓等先进技术装备助力中国物流业加速进化,使其朝着新理念、高质量、强技术的方向稳步发展。同时,物流学科进入高速发展期。

2. 现代物流学科特点

现代物流学科不仅具有系统科学的特点,而且具有经济学、管理学、工学和理学等的学科属性,是一门汇集了经济学、管理学、计算机科学、信息科学、工程技术学等多门学科精华的交叉学科,其发展渗透着现代科学技术、现代经济理论和现代管理方法与物流实践的结合与应用。

1）物流学科最基本的特性是系统性

物流服务包括运输、保管、配送、装卸、包装、流通加工、信息处理七大功能环节,这些环节之间相互关联、相互制约,作为统一的有机整体而存在于一个体系中,这个体系就是物流系统。物流系统概念的确定,使得系统科学的一整套理论、观点和方法在物流学科领域中得到应用。例如,系统分析方法、系统设计方法、系统评价方法等,以及系统的整体性、关联性、层次性、开放性、动态性和自组织性等系统特征与观念,还有环境对系统的影响和制约等,都表征了物流学科具有系统科学的特点。

2) 物流学科是一门综合性交叉学科

从物流学科的定义看,物流学科是一个庞大的学科体系,是从生活、生产、建设、社会再生产、流通和消费各个环节构成的过程中整理出"物"的运动规律,研究整个社会再生产过程中"物"的运动的一门学科。物流学科既不完全属于社会学科范畴,又不完全属于自然学科范畴,而是一种较为典型的交叉学科。从物流与流通的关系看,物流不仅与流通相伴而生,也与生产和生活相伴而生,并且在生产过程中物流参与创造价值,从而实现商品价值。物流学科与流通理论具有很强的关联性,却又属于不同的学科体系。物流学科具有全面性和系统性,对流通理论具有丰富和发展的作用。从物流与生活的关系看,物流活动贯穿于人们生活的每时每刻,与人们生活的关系十分密切,物流学科就是人们身边的学科。从物流学科的生命力看,物流概念起源于 20 世纪 30 年代的美国,20 世纪 60 年代引入日本,20 世纪 70 年代末引入中国。由于物流自身的普世价值以及经济社会中产需分离、商物分离,加上竞争与效益的压力,使物流学科走出少数国家,发展成世界性的学科。从物流学科的学科体系看,尽管物流学科体系还处在构筑和发展的进程之中,但物流学科的一些主要分支学科已经基本成形,可以反映物流学科的概貌,主要包括物流运作学、物流经济学、物流管理学、物流产业学、物流工程技术装备学、物流法学等。

3) 现代物流学是一门新兴应用学科

物流学的研究对象是经济活动中"物"的流动规律;研究目的是运用现代科学技术手段和管理组织方法,减少物流成本,提高商品流通的效率和效益,有效地管理和控制物流的全过程。现代物流学是自然科学、社会科学和技术科学相互渗透形成的新兴应用学科,是一门汇集了多门学科精华的交叉学科。现代物流学涉及的范围非常广,它在现代计算机技术、信息技术、通信技术和自动识别技术等高新技术的支持下,研究物质实体流动的理论、规律和方法,其内容已形成从物流理论到应用、从物流技术到管理方法、从宏观物流到企业物流、从国际物流到社会物流等各类别的庞大体系。

3. 现代物流学科属性

现代物流学科具有经济学、管理学、工学和理学的属性。

1) 经济学属性

现代物流学科的研究内容包括物流资源配置优化、物流市场供给与需求、政府对物流的管理、物流发展与增长等问题,而解决这些问题靠的是经济理论在物流中的具体运用,其中涉及许多经济学类专业,如经济学、国际经济与贸易等。

2) 管理学属性

物流活动是由物流企业完成的,而管理是一切企业的根本。企业的物流系统规划与设计、物流业务具体运作、物流过程控制、物流效益考核与评估等都是管理,需要管理学的指导。物流学科与许多管理学类专业有关,如工商管理、信息管理、工程管理、市场营销、财务管理等。

3) 工学属性

现代物流是一个技术含量很高的产业。物流运作需要运输车辆、仓库等设施设备的建设,需要进行科学的设计。大型配送中心一般都具有高度自动化的设施,建设前需要大量的工程技术人员进行分析和工程设计,建成后需要他们维护和管理。物流加工、包装、搬运等设施与运作都离不开工程技术。物流系统分析、设计、建设和管理都涉及大量工程技术问题,涉及机械、建筑、电子、材料、信息、交通运输等工学类专业。

4) 理学属性

物流的流动对象是商品,各种商品的物理、化学、生物特征各不相同,商品的检验、养护、流通加工,特别是危险品与生鲜食品等不同类型商品的运输、配送等作业环节,需要理学知识的指导。同时,研究商品的理学属性,可以辅助设计、制造承载商品的运输、仓库工具,并为用户使用商品提供依据和指导。

1.6.2 智慧物流与供应链的学科内容

1. 智慧物流的学科内容

现代物流与新一代信息技术的融合催生了智慧物流的快速发展,智慧物流是现代物流发展的必然趋势。随着现代物流与互联网等技术的深度融合,特别是移动互联网技术、云技术、人工智能技术的发展,智慧物流呈现以下新特点:

(1) 基于"互联网十"实现协同共享。

(2) 通过物联网技术实现物流在线化。

(3) 大数据驱动智慧物流决策。

(4) 云技术强化保障物流云服务。

(5) 人工智能赋能物流各环节。

所以,智慧物流具有思维、感知、学习、推理判断和自行解决物流过程中的某些问题的能力,它包含了智能运输、自动仓储、动态配送及智能信息的获取、加工和处理等多项基本活动。

智慧物流学科继承了现代物流学的学科性质,是自然科学、社会科学和技术科学相互渗透形成的新兴应用学科。相对而言,智慧物流学科更强调系统科学特征和工程技术应用。借助系统科学,智慧物流系统在服务水平上表现出柔性化、社会化、一体化和智能化特征;基于新时代信息技术,智慧物流系统更重视将物联网、传感网与互联网整合起来,通过精细、动态、科学的管理,构建一个集自动化、可视化、可控化、智能化、系统化、网络化于一体的社会物流配送体系。

2. 智慧供应链的学科内容

现代供应链学科是以供应链上的采购、生产、销售运营环节及其相关的商流、物流、信息流和资金流运营活动所需的所有资源、流程为研究对象,以管理技术、信息技术、通信及网络技术为主要手段,以资源配置合理、运营协同、流程优化和成本效率优化为目的,研究供应链全环节、全过程、全方位运营要素的预测与规划、整合与优化、调度与控制、配合与协同的理论、方法与技术的学科。中国先后出现的生产及销售组织和管理模式,如大规模定制、智慧工厂、电子商务、新零售等,创造了新的供应链生态。特别是 2012 年以来信息和通信技术(Information and Commutations Technology,ICT)的普遍应用,无人化(无人机、无人车、无人港、无人配送中心、无人商店及无人工厂等)、5G、区块链、人工智能等技术的加速产业化应用,使中国采购、分销、零售领域的供应链技术水平跃上了新台阶,促进了智慧供应链学科的发展。

智慧供应链学科与现代供应链学科都是交叉学科,学科主体是管理学,学科主要特点也符合系统科学的特征,涉及资源配置等经济学问题、技术开发与应用等工学问题以及网络优化等运筹学问题。智慧供应链是通过物联网技术与现代供应链管理的理论、方法和技术,实现供应链中商流、信息流、物流、资金流的无缝对接,在企业内部以及企业之间构建的智能化、数字化、自动化、网络化的技术与管理综合集成系统。与传统供应链相比,智慧供应链融入了智能化、数字化、网络化技术,具有如下特点:①技术的渗透性更强;②具有可视化、移动化特征;③信息整合性更强;④协作性更强。

1.6.3 智慧物流与供应链和其他学科的关系

智慧物流与供应链作为现代物流与供应链的高级形式,不仅是一个应用领域,而且是一门学科。智慧物流与供应链作为应用领域应该追溯到 2020 年伊始,当时由于受新冠肺炎疫情影响,全球产业链呈现不确定性和不稳定性对物流与供应链管理提出了新的要求。更重要的是,从信息化时代、网络化时代向数字化时代变革中必然产生的资源配置能力突变等引发的经济学或管理学问题激发了对物流和供应链管理的智慧变革需求,而信息技术尤其是计算机和数据通信技术为智慧物流与供应链提供了最有力的支持。智慧物流与供应链涉及社会、经济、管理和技术等多个领域,是一门汇集了多门学科精华的交叉学科;同时数学和运筹学的模型和算法等为智慧物流与供应链学科提供了预测和决策的功能,营销学为智慧物流与供应链学科提供了渠道和规则的机制。智慧物流与供应链运用这些学科的思想、理论、方法和技术等,融合提炼出一套新的学科体系和方法,它和其他学科的关系可以用图 1-15 描述。在这些相关学科中,系统科学、经济学、管理学、计算机与信息科学是智慧物流与供应链学科体系形成的主要因素。

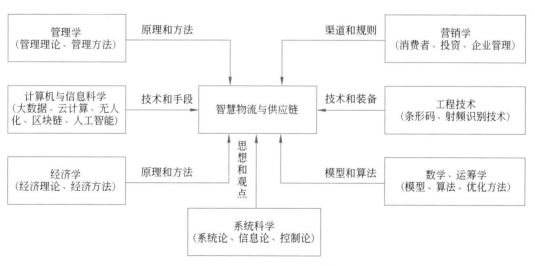

图 1-15 智慧物流与供应链和其他学科的关系

1. 系统科学提供系统思维

系统科学是研究系统的结构与功能关系、演化和调控规律的学科,它从系统和整体的角度探讨复杂系统的性质和演化规律,目的是揭示各种系统的共性以及演化过程中遵循的共同规律,发展优化和调控系统的方法,并进而为系统科学在科学技术、社会、经济、军事、生物等领域的应用提供理论依据。

系统科学为智慧物流与供应链的理论探索和实践应用提供了科学的指导思想和理论方法。智慧物流与供应链系统的规划、分析、设计与实施是一个复杂系统工程,基于系统理论、思想和方法,通过对智慧物流与供应链系统的功能结构和技术框架及其逻辑关系进行分析和研究,探索智慧物流与供应链理论、技术、管理以及相应的服务和制度创新方案;通过技术、平台、管理规范和技术标准的综合设计,实现物流全场景智能化和供应链全流程数字化;借助专家系统、人工智能和机器人等相关技术解决物流作业中大量的运筹和决策问题;通过集成智能化技术赋能物流与供应链系统,使其具有思维、感知、学习、推理判断等能力,进而推动物流业与数字化技术在全流程供应链上的深度融合,全面推进智慧物流与供应链的自动化、数字化、智能化。

2. 经济学与管理学提供原理方法

经济学是对人类社会经济活动发展规律和各种经济关系进行研究的学科总称;管理学是一类揭示人类管理活动规律与构建人类管理行为准则的知识体系与科学门类(学科),是人类管理活动领域科学层面的知识、方法与应用体系。经济学与管理学是以社会为主要研究对象的综合性应用学科,为现代物流与供应链的理论与实践提供基本原理和科学方法。运营管理是经济学与管理学中最活跃的一个分支,是指对运营过程的计划、组织、实施和控制,是与产品生产和服务密切相关的各项管理工作的总称。运营管理理论为智慧物流与供应链的规划、管理和控制提供了科学的原理和方法。

基于经济学与管理学的基本原理和科学方法,结合运营管理理论,智慧物流与供应链是利用大数据、物联网和智能信息技术实现物流与供应链整合和延伸的一种新模式,能够实现物流功能智能化、物流运作智慧化、物流过程优化以及跨智慧物流与供应链的整合。具体来说,在作业层面,智慧物流与供应链可以实现物流自动化作业,如自动化立体仓库、货物自动分拣、仓库自动通风等;在运营层面,智慧物流与供应链可以实现智能网络布局、仓储管理、运输路由规划、终端配送规划,实现物流全过程的有效管控等;在决策层面,智慧物流与供应链可以通过数据的集聚建立数据中心,对物流进行优化、预测、诊断、评价、分类、聚类、影响分析、关联规则分析、回归分析等,为物流运营提供决策支持。

3. 计算机与信息科学提供技术支撑

计算机与信息科学的发展及其在物流领域中的应用与创新,推进了物流信息技术的迅猛发展和现代物流与供应链的智慧变革,极大地促进了智慧物流与供应链学科的发展与建设。借助计算机与信息科学提供的技术支撑,物流信息化建设能够实现采购、运输、仓储、配送等物流各环节的信息化运作,实现物流供应链从上游供应商到下游销售商的全流程信息共享。尤其是物联网技术和5G网络在智慧物流中的应用,大力推动了智慧物流与供应链学科的革命性发展,具体体现在以下4方面。

1)智慧化产品信息追溯系统

智慧化产品信息追溯系统是综合运用物联网、移动互联网、二维码、RFID等技术手段而研发的产品管理系统,为消费者打通了一条深入了解产品生产、加工、流通信息的可信通路,解决了供需双方信息不对称、不透明问题,保障了产品安全。例如,农产品可追溯系统、药品可追溯系统、一物一码产品溯源系统等,为保障食品、药品等产品的安全提供了坚实的物流保障。通过农产品可追溯系统,可以实现对农产品从种植、用药、采摘、检验、运输、加工到出口申报等各环节的全过程监管,可快速、准确地确认农产品的来源和合法性,加快查验速度和通关效率,提高查验的准确性。通过 RFID 标签与数据库形成的物联网,可以实现对农产品的自动化识别、判断和监管,提高监管效率,实现快速通关。智慧化产品信息追溯系统从本质上讲就是利用物联网技术建立一个分布式多节点的信息共享链,5G 网络就是这个信息共享链的数据流动媒介。目前,在医药领域、农业领域和制造领域,智慧化产品信息追溯系统都在一物一码货物追踪、真伪识别、追溯查询等方面发挥了巨大作用,有很多成功案例。

2）可视化智能物流调度系统

可视化智能调度物流系统基于计算机、网络、GPS、GIS、RFID 等多种技术和智慧物流理念,结合有效的管理方式,在物流过程中实现车辆定位、运输物品监控、车辆实时调度、可视化监控管理等功能,使整个物流供应链更加透明化,实现对物流资源的有效配置,从而提供高效、准确的物流服务。物流公司在每台配送车辆上安装 GPS 或带独立系统电源的 RFID 钢质电子锁,在每件货物的包装中嵌入 RFID 芯片,从而建立货物信息的定位与采集系统。物流公司和客户都能通过登录可视化智能物流调度系统了解车辆和货物所处的位置和环境。在运输过程中,可根据客户的要求,对货物进行及时的调整和调配,实现货物的全程实时监控,防止货物遗失、误送等。利用系统积累的数据,通过建立物流业务的数学模型,对历史数据进行分析、挖掘,为用户在评估货物配送方案、预估货物配送时间、优化物流运输路线、减少中间环节、缩短运输时间等方面提供决策支持。通过货物上的 RFID 芯片,在货物装卸时自动收集货物信息,实现货物的自动放置,缩短物流作业时间,提高物流运营效率,降低物流成本。

3）智能化物流配送中心

智能化物流配送中心采用先进的计算机、通信技术、RFID、GPS、GIS 等技术,建立科学化管理制度,采用现代化的管理方法和手段,借助配送中心智能化控制、自动化操作的通信网络,在基本实现机器自动堆垛、货物自动搬运、产品自动分拣、堆垛机自动出入库等功能的基础上,实现整个物流作业与生产制造的自动化、智能化与网络化,并最终实现物流配送功能集成化、配送作业规范化、配送服务系列化、配送目标系统化、配送手段现代化、配送组织网络化、配送经营市场化、配送管理法制化。智能化物流配送中心可以实现对整个物流配送过程的实时监控和实时决策,实现商流、物流、信息流、资金流的全面协同,充分发挥其基本功能,保障相关企业和用户整体效益的实现,促进物流业与制造业的融合发展。

4）智慧供应链

智慧供应链同时具有很强的可视性和移动性,一方面使用可视化信息技术描述物流数据的走势和发展,另一方面通过移动设备访问查询物流数据。智慧供应链基于物联网的基础设施,融入人工智能、云计算、大数据、区块链等计算机与信息科学技术,具有数字经济、电子商务、共享经济等功能模块。其中,物联网技术主要增加智慧供应链组件之间的协同性,有助于物流向整体化、智慧化、网络化发展;人工智能技术主要负责智能决策,使智慧供应链的各环节可以变成动态可控的管理层次;区块链技术可以成为智慧供应链的一种信用机制,构建智慧供应链信息共享生态圈。另外,5G技术同样是智慧供应链体系传输层面的通信技术,可以保障数据高速、稳定传输,促进计算机与信息科学技术为智慧供应链服务。

1.6.4 智慧物流与供应链学科专业特点、现状与发展前景

1. 智慧物流与供应链学科专业特点

智慧物流与供应链是一门交叉学科,其理论、方法与技术涉及系统科学、经济学、管理学、计算机科学、信息科学、工程技术等众多学科。目前,围绕智慧物流与供应链的理论与实践已形成许多独立学科,如智慧物流系统、智慧追溯系统、智慧仓储、智慧运输、智慧配送、智慧包装、智慧装卸、智慧冷链物流、智慧供应链等,它们从多角度、多侧面应用大数据、云计算、物联网、移动互联网、人工智能、区块链等计算机与信息科学及电子通信技术,研究和解决智能感知、智能获取、智能传递、智能处理、智能利用、智慧决策等问题,完成对物流活动的优化、预测、诊断、评价、分类、聚类、影响分析、关联规则分析、回归分析等,形成了各具特色、相互补充的学科群。

2. 国外智慧物流与供应链学科专业现状

在国外,物流类学科主要有3个专业方向:物流管理、供应链管理、物流工程,主要设置在商学院或者工程学院。物流类学科专业为制造业、商业和社会生活提供服务,很大程度上依赖于其服务产业的整体发展。随着云计算、移动互联网、物联网、人工智能等技术升级和应用普及,全球信息化不断发展,智慧物流与供应链服务模式应运而生,驱动了学科专业的发展。下面主要以物流业发展较早或较好的4个国家为例介绍智慧物流与供应链学科专业现状。

1) 美国智慧物流与供应链学科专业现状

2005年1月1日,有40多年历史的美国物流管理协会(Council of Logistics Management,CLM)正式更名为美国供应链管理专业协会(Council of Supply Chain Management Professionals,CSCMP),标志着全球物流进入供应链时代。美国的供应链和物流管理(Supply Chain & Logistics Management,SCLM)是以供应链核心产品或核心业务为中心的物流管理体系。前者是指以供应链核心产品的制造、分销和原材料供应为中心组织起来的物流管理体系。例如,汽车制造、分销和原材料的供应链的物流管理就是以汽车产品为中心的物流管理体系。后者主要是指以供应链核心物流业务为中心组织起来的物流管理体系,例如第三方物流管理或者配送、仓储、运输供应链的物流管理。这两类供应链的物流管理既有相同点又有区别。

美国的供应链物流管理专业分为两种类别:一种是单独的供应链物流管理本科专业和学术型硕士专业,一般设置在商学院或者工程学院;另一种是设置在商学院研究生院 MBA下的供应链管理与物流(Supply Chain Management and Logistics)方向的专业型硕士。例如,在2019年 U. S News and World Report 专业排名中,美国俄亥俄州立大学(Ohio State University)的本科专业供应链管理/物流(Supply Chain Management/Logistics)排名第五,全日制 MBA 专业供应链管理与物流(Supply Chain Management and Logistics)排名第四。美国的物流工程本科专业大多设置在工学院,注重培养学生具备机械工程、信息技术等学科

的工程技术及物流管理与系统工程的知识结构,熟练掌握物流系统的规划与设计、运行控制、过程管理等方面的先进技术与方法;物流工程硕士要求有更高的数理背景甚至计算机编程能力。美国许多著名大学,如密歇根州立大学、麻省理工学院、亚利桑那州立大学、俄亥俄州立大学等,都开设了供应链与运营管理学士、硕士、博士培养项目。

在美国,物联网、大数据、云计算广泛应用于供应链与物流管理中。通过大数据、预测分析、人工智能和机器人等技术,研发新的包裹配送业务模式,如众包和车辆共享。美国的新兴公司 Onibag 采用众包模式,在没有车辆或分配中心的情况下可以为美国 5 个州的 70 个城市提供隔天可达的"第一英里"取货服务和"最后一英里"送货服务。随着美国道路、桥梁、铁路等基础设施的陈旧、老化问题逐渐引起重视,政府对基础设施的投资大幅度上升。同时,由于物联网已成为全球经济增长器,美国政府同样加大了对物联网技术等智慧物流设施设备以及 5G 技术的建设和投资,促进了供应链物流管理与物流工程学科专业向智慧物流与供应链高级阶段发展。

2) 日本智慧物流与供应链学科专业现状

与美国相比,日本物流发展虽然起步稍晚,却以很快的发展速度跻身于物流发达国家的前列,在亚洲领先。在日本,物流专业属于商科范畴,没有物流管理专业,但有更为广泛的流通学科专业。流通领域最有名气的是流通经济大学和流通科学大学。在日本,很多大学的经营学部都开设物流专业课程。按物流专业课程排名,国立大学有一桥大学、神户大学、东京大学、京都大学、大阪大学、名古屋大学、北海道大学等,私立大学有早稻田大学、庆应义塾大学、明治大学、同志社大学、上智大学、中央大学等。

在日本,政府、企业及社会非常重视物流总费用占 GDP 比重的问题,努力通过创新物流技术、应用智能化物流设备等举措降低物流成本。目前,日本物流成本占销售额的比重低于 5%,这对中国物流行业发展有一定的借鉴意义。目前,日本正在进行智能物流、智慧物流的探索和建设,如无人化搬运、无人机配送、无人驾驶等;特别是物流装备技术标准化建设,如托盘的标准、规格、保有形态,杜绝托盘规格不统一现象,追求无缝通用的可能性,为日本智慧物流与供应链的学科发展及其应用提供了技术保障和美好前景。

3) 英国智慧物流与供应链学科专业现状

英国是世界上较早成立物流与运输组织的国家,其物流业组织的发达程度和权威性居世界前列。英国也是最早开设物流相关专业的国家,其物流相关专业的教育、研究水平在世界上名列前茅。

英国物流与供应链管理专业一般设在商科或工程大类中,包括 3 个主要方向:第一个侧重于供应链分析和研究;第二个是 MBA 的一个分支,需要按照 MBA 的标准申请;第三个侧重于物流和供应链的管理方法。英国的物流专业硕士要求申请者拥有商科背景,学习过管理学相关课程。在英国,物流专业最好的大学是克兰菲尔德(Cranfield)大学。其物流与供应链管理学排在全球第 7 名、欧洲第 1 名、英国第 1 名。这所学校只招收研究生,不招收本科生,是一所十分有特色的研究型大学。克兰菲尔德大学最引以为豪的是其欧洲物流研究中心,由此中心走出来的学者教授在学术界非常有名,如悉尼大学运输与物流研究所的掌门人 David Walters 教授,经典教材《物流与供应链管理》(*Logistics and Supply Chain Management*)作者 Alan Harrison 教授,以及物流与供应链管理领域的泰斗级人物 Martin

Christopher 教授。

在英国,政府鼓励和支持人工智能研究的发展和应用,为智慧物流发展注入了强劲动力。在政府支持下,物联网和人工智能等新一代技术的研发与应用不断深入,物流行业逐渐进入了数据驱动的智慧物流时代,有力推动了英国物流与供应向智慧物流与供应链的发展。

4) 德国智慧物流与供应链学科专业现状

物流行业是德国最重要的产业之一,每年的产值达到 2300 亿欧元;而物流在就业方面也是第三大行业,其创造的就业人数占德国就业总人数的 18%～19%。德国物流学科教育主要分为 3 个层次:第一层次是七年制高等教育,培养本硕连读高级人才;第二层次是五年制高等教育,培养本科学历的工程师;第三层次是职业教育,以企业为培训主体,培养专科学历的技术工人。德国物流学位教学的两种主要模式是马格德堡奥托·冯·古里克大学的物流教育模式和多特蒙德工业大学的物流教育模式。其中,马格德堡奥托·冯·古里克大学于 1997 年在工业工程系设置了物流学学位;多特蒙德工业大学于 1998 年设立了物流学专业,总共 10 个学期,学生可以获得硕士学位。此外,德累斯顿技术大学于 2002 年设立了运输与物流硕士学位,汉堡商学院于 2004 年设立了物流管理 MBA 学位、杜伊斯堡-埃森大学于 2006 年设立了物流工程理科硕士学位等。

在德国,物流业集群效应显著,其中一个重要推动力量是物流园区;政府要求一个城市或经济区域只设立一家综合性的物流园区(freight village),境内大约有 35 家物流园区,构成了一个紧密连接的货运网络;园区最主要的功能是多式联运,社会物流活动主要在这些物流园区之间和物流园区内部进行,呈现出高度的组织化、集聚化和集约化特征。例如,德国最大的物流园区——不莱梅货运村 1987 年开始运营时只有 5 家物流企业,如今已经集聚了190 多家物流企业,并吸引了 50 多家生产型企业在周边进驻,园区就业人数多达 8000 人,占不莱梅市总人口的 1.6%。"工业 4.0"是德国政府 2013 年 4 月推出的一个高科技战略计划,旨在提升制造业的智能化水平,建立具有适应性、资源效率及人因工程学的智慧工厂,其技术基础是网络实体系统及物联网;智能物流作为"工业 4.0"的课题之一,其智能化、一体化、层次化、柔性化与社会化的特点支撑了智能生产与智能工厂的成功运行,为德国智慧物流与供应链学科发展及其应用提供了良好机遇和广阔空间。

3. 国内智慧物流与供应链学科专业现状

中国第一批物流专业在 2002—2004 年开始招生,2006—2010 年教育部高等学校物流类专业教学指导委员会成立大会暨第一次全体委员会议于 2007 年 4 月在上海召开,物流本科专业人才培养从此拉开序幕。相比本科专业点,物流相关硕士点的招生历史较为悠久。在 21 世纪初,北京交通大学、上海海事大学等高校已经形成了完备的物流专业本科、硕士、博士与博士后工作站的高级物流人才培养体系。

1) 物流类学科专业基本情况

在我国,物流专业已进入教育部本科专业大类目录中,管理学下的物流工程与管理大类下设 4 个专业,包括物流管理、物流工程两个基本专业,采购管理一个特设专业,以及 2017年新增的供应链管理专业。截至 2020 年底,物流类专业数共 697 个,其中物流管理专业524 个(占 75.2%),物流工程专业 139 个(占 19.9%),供应链管理专业 25 个(占 3.6%),采购管理专业 9 个(占 1.3%)。自 2019 年以来,国家一流专业建设点开始布局,物流类一流专业建设点共有 60 个,其中物流管理专业建设点 49 个、物流工程专业建设点 11 个。另外,物流相关专业研究生学位授予点涉及工学、管理学、经济学和军事学 4 个类别,专业领域有 6 个,专业名称有 9 个,其中硕士(学术硕士、专业硕士)招生单位共 107 个,博士招生单位共 17 个。

2)物流类专业的新文科建设

为深入学习贯彻习近平新时代中国特色社会主义思想和中国共产党十九届二中、三中、四中、五中全会精神,贯彻全国教育大会和新时代全国高等学校本科教育工作会议精神,落实教育部新文科建设工作会议要求,推动新时代文科高等教育创新发展,鼓励各高校的特色创新实践,推动物流管理与工程类专业在新文科建设中探索多学科思维融合、产业技术与学科理论融合、跨专业能力融合、多学科项目实践融合之路,2020 年 12 月,教育部高等学校物流管理与工程类专业教学指委员会(以下简称"物流教指委")启动物流管理与工程类专业新文科建设试点工作,确定 49 个专业点列入第一批物流管理与工程类专业新文科建设试点专业名单。随后于 2021 年 3 月、6 月,物流教指委分别在山东青岛、湖南长沙和线上组织了物流管理、供应链管理和物流工程 3 个专业的新文科建设研讨会,同年 6 月在四川绵阳召开了物流管理与工程类专业新文科建设推进会,标志着我国物流类专业建设迈上新台阶,转入创新发展新轨道。

3)智慧物流与供应链学科专业现状

2017 年以来,智慧物流已经成为业界关注的焦点,无论是以阿里、京东等为代表的电商企业,还是以顺丰、圆通、韵达等为代表的快递企业,以及各种车货匹配企业、第三方物流企业、城市物流配送企业、物流信息化平台企业,都开始大力发展智慧物流。在这种形势推动下,2019 年伊始,各大高校纷纷开设智慧物流与供应链专业方向。例如,天津大学设置了物流工程(智慧供应链与运营管理方向,本科项目)、工程管理(智慧供应链与运营管理方向,工程硕士项目)和工商管理(智慧物流与供应链管理方向,MBA 项目)、北京交通大学设置了工商管理(智慧交通与物流方向,MBA 项目)、北京邮电大学设置了邮政管理(互联网与智慧物流方向,本科项目)、河北经贸大学设置了智慧物流实验班。另外,还有好多大学,如北京大学、北京航空航天大学、同济大学、浙江工业大学、华南理工大学、天津科技大学等,开设了智慧物流与供应链课程或实践项目,推动了智慧物流与供应链学科专业在我国的快速发展。

4. 智慧物流与供应链学科专业发展前景

学科专业的发展离不开特定的社会环境和时代需求。物流在国民经济中发挥了重要作用,已有"第三利润源泉"之称。其作为国民经济的重要组成部分和国民经济发展的动脉和基础产业,正在得以迅速发展。随着大数据、云计算、人工智能、区块链等新技术加快推广应用,建设高效的智慧物流体已成为我国物流产业发展和转型的必由之路。根据中国物流与采购联合会数据,2016—2019 年我国智慧物流市场规模增速均保持在两位数以上,2019 年市场规模已经达到 5000 亿元,同比增长 23.1%;预计到 2025 年市场规模将超过万亿元。可见,智慧物流市场规模持续扩大的社会环境和时代需求驱动了智慧物流与供应链学科专业的快速发展。

随着物联网、大数据、人工智能等技术的发展,以及新零售、智能制造等领域对智慧物流的更高要求,智慧物流与供应链学科专业的发展前景及人才培养应着眼于以下两方面。

1) 培养一体化物流与供应链管理人才

物流与供应链管理的核心思想是系统思维观和"流"思维观,是以整体最优为目标,将物流作为一个核心竞争力整合到企业供应链战略之中,对供应链中各项任务、行动方案、业务流程和运营战略等一切"流"活动进行优化,实现供应链合作伙伴资源共享、协调支持供应链所有企业的协同运作,从而取得整体最优的绩效水平,达到提高供应链整体竞争力的目的。

基于系统思维观,智慧物流与供应链系统的建立和运行要求做到以下3方面:一是搭建系统平台,在这个平台中可以对所有物流资源进行智能识别和个性化处理;二是加强建设,发展智慧物流技术,促进智慧物流信息系统不断向前发展,实现功能最大化,保证其思维、感知、学习和自行解决问题能力的实现和发展;三是不断完善相关技术人员和管理人员团队的构建,保证物流信息系统及其公共信息平台的正常有序进行。

因此,为了满足智慧物流与供应链的系统化运营模式要求,一体化物流与供应链管理人才是重要的支撑,需要重点培养具有系统思维观的现代物流与供应链管理理念以及掌握先进智慧物流技术的决策人员、管理人员、技术人员和操作人员,提高物流与供应链领域信息技术整体水平,保障智慧物流与供应链一体化管理体系的建立和运行,提升企业竞争力。

2) 培养智慧物流与供应链高层次人才

随着大数据、云计算、人工智能、区块链等新技术的推广与应用,建设智慧物流体系已成为当今物流行业发展的基本要求和必然趋势。而智慧物流与供应链高层次人才培养则是智慧物流体系建设的必要条件。该领域高层次人才主要包括以下几种类型:

(1) 智慧物流与供应链管理高级经理。主要负责采购、仓储、物流等供应链领域与算法相关的需求分析、产品规划、产品设计和运营推广等数据化运营工作,例如销量预测、智能补货、智能调拨、智能分货、仓网布局、产销协同、促销模拟、智慧选品、商品结构优化、干线运输优化、路径优化、装箱、库内布局、仓库ABC、配送派单、时间预估、车辆调度、库存优化、动态定价等。需要具备互联网、移动互联网产品的管理能力与策划能力以及项目管理和协调能力,能协助技术研发团队理解和把握产品需求,进行产品分析和验收,推动产品的按时保质上线。

(2) 供应链管理师。供应链管理师于2020年2月正式成为新职业,纳入国家职业分类大典目录,具体是指运用供应链管理的方法、工具和技术,从事产品设计、采购、生产、销售、服务等全过程的协同,以控制整个供应链系统的成本并提高准确性、安全性和客户服务水平的人员。在新一轮科技革命和产业互联网发展大势下,供应链已经成为企业的一项战略性资产,被称为"第四利润源泉",企业之间的竞争将围绕数字供应链、区块链应用、5G等领域展开,供应链管理师必然成为人才争夺焦点。据2021年4月人社部发布的《供应链管理师就业景气现状分析报告》,供应链管理师主要从事以下行业:互联网/电子商务行业,占比为22.76%;贸易/批发/零售行业,占比为19.36%;制造业和信息技术业,占比均超过16%。该报告显示,未来5年,我国对供应链管理师的需求总量将达到600万人左右,表明供应链管理师的培养刻不容缓。

(3) 供应链数据分析师。数据和信息已经成为企业的智力资产和资源,数据的分析和处理能力正在成为企业日益倚重的技术手段。数据分析师是指专门从事行业数据搜集、整理、分析,并依据数据做出行业研究、评估和预测的专业人员。供应链数据分析师的职责是:借助供应链数据平台的优势和大数据分析技术,将数据的收集、挖掘和价值应用贯彻到整个供应链管理的业务工作层面,形成全方位、立体化的大数据搜集、分析和应用模式,实现精准的上下游无缝对接,打造智能供应链生态圈。世界500强企业中,有90%以上建立了数据分析部门,IBM、微软、Google等知名公司都积极投资数据业务,建立数据部门,培养数据分析团队,为供应链数据分析师的发展和人才培养提供了市场环境和社会需求。

(4)智慧供应链咨询师。智慧供应链咨询师是在新基建时代为加速行业或企业数字化重塑,由第三方咨询公司派出的提供智慧供应链解决方案的专业人才。例如,IBM商业价值研究院专家团队设计的车库工厂(Garage Factory)方法可以将汽车行业中初创企业的敏捷创新与成熟企业的规模优势结合起来,通过敏捷战略和智能工作流程,助力企业构建数字化供应链,为数字产品的开发和运营提供框架,涵盖从构思到成品的完整生命周期,从而提高企业弹性,响应时代需求。这充分体现了智慧物流与供应链学科专业高级人才培养的必要性和可行性。

▌案例与问题讨论▐

▶ 案例:解密京东智慧供应链

京东集团CEO刘强东在2017年2月举行的京东年会上表示:在以人工智能为代表的第四次商业革命来临之际,京东将坚定地朝着技术化方向转型。与此同时,京东集团正式发布了京东YAIR SMART SC智慧供应链战略,围绕数据挖掘、人工智能、流程再造和技术驱动4个原动力,形成京东智慧供应链解决方案,如图1-16所示。4个月后,智慧化战略在京东"6·18"大促中初露锋芒。

作为京东智慧供应链战略的主要推进者,京东Y事业部承担着包括供应链技术研发和库存管理两方面的主要工作内容:一方面负责供应链技术的整体打造,包括对外的赋能和输出;另一方面围绕零售最核心的供应链库存管理问题实现提升周转率、拉升现货率、降低滞销等关键库存绩效指标的优化。

1. 打造需求驱动的供应链

需求驱动的供应链对于电商平台来说是一个比较良性的发展模式,这需要电商环境高度的数字化。但在传统的供应链中,需求端的很多数据(如消费者的需求、市场的变化趋势、最新的动态等)并没有放在系统里,因此很难分析在供应链管理中应该准备多少货、放在什么地方、何时交付消费者。

正是基于这些传统供应链的痛点,京东构建了智慧供应链。随着电商企业的快速成长,京东拥有了大批高质量的用户,也拥有了一套闭环的物流体系。京东作为一家技术驱动的公司,其整个供应链上的数据已经实现了高度数字化,这让平台能够分析消费者的需求是什么,然后再预测销售地点、价格等一系列供应链需求侧的要求和需求,帮助供给侧与需求侧进行匹配,更高效和低成本地满足消费者的需求。目前京东智慧供应链的重点为大数据选品、动态定价、智慧预测计划和智能库存。

图 1-16　京东智慧供应链解决方案

对内,京东实现了一定范围内的自动化补货,对部分品类使用大数据和人工智能进行商品的选品、合理定价以及对相关供应链数据的分析和可视化。其中,自动化补货分为两方面:一是智能库存系统自动下达采购单,解放运营人员的双手去做更有价值的工作;二是智能库存系统可以利用数据更准确、合理地下单,保证库存水位不用太高就能满足销量需求。目前京东各事业部正在积极推进智能库存系统的广泛应用。对外,京东对人工智能平台进行了深入打造和建设,在人工智能平台的基础上抽离一些应用,并组建新的集成平台。例如,京东的 YAIR 平台就是集成了预测平台、运筹优化平台、模拟仿真平台、舆情分析平台的新的集成平台。

2. 机器学习、深度学习助力智慧供应链

销售预测、动态定价是构建智慧供应链的两大重点,在这两方面京东使用机器学习、深度学习技术做了很多尝试。

1) 销售预测

在销售预测方面,以机器学习为主的预测模型主要是针对每一个 SKU(Stock Keeping Unit,库存量单位)去做特征值建模,分析哪些特征值会影响销量,然后预测相对准确的销售额,利用智能化预测的销售量指导仓库下单和补货。而需求驱动意味着在销售预测的时候需要考虑很多现实的因素,例如季节、地域等对商品的影响。京东目前的做法是:通过预测指导补货,并在预测的过程中考虑前端消费者的因素,同时加入京东运营伙伴的卓越经验,将零售经验与机器学习算法相互结合。

2) 动态定价

在动态定价方面,京东使用了经济学中的量价关系价格弹性模型,针对上百万个差异化的 SKU 进行个性化建模,动态地为商品确定最优的价格。建模的过程也是人工智能技术的应用过程。同时,京东也广泛收集外部市场情报数据,其中也包括竞争对手的数据,将这些整合到价格弹性模型里,根据商品品类定义多个价格影响变量。此外,动态定价系统还有一套比较强的风控体系,以保证定价不会发生错乱。

除了机器学习和深度学习,京东还尝试将运筹学算法(如优化算法等)与机器学习相融合,从而进一步提高模型的合理性和有效性。

京东智慧供应链从数字化、大数据积累到算法演进的过程也遇到了一些困难,主要有3方面:整体方案的迭代规划、对数据的整理和清理以及人工智能的对外赋能探索。在数字化、大数据和算法演进的过程中,对已经数字化的数据进行清理并达到可用的状态,再基于这些相对"干净"的数据建模,也是一个非常困难的过程。京东在数据清理方面主要做了以下3方面工作:

(1) 不断完善数据集市以及对大数据的分类和整理,定义清晰的大数据标准。

(2) 发现异常数据时,与业务方一起进行分析,清理应该清理的数据,将应该留下来的数据放到模型里,并通过特征标注异常情况出现的原因。

(3) 对人工智能算法应用的实际效果进行持续的核对和跟踪,出现较大偏差时首先从数据源检查问题原因。

目前京东已经通过大数据的清理和建模开展销售预测、选品指导、补货指导、定价指导等工作。

算法演进是一个比较困难的过程,京东在此过程中需要寻找相关的人才和适合的算法。此外,如何将人工智能的成熟应用对外赋能给合作伙伴,也是京东Y事业部需要重点解决的一个问题。

3. 未来发展

京东智慧供应链是基于经验打造的零售供应链管理解决方案。在技术方面,京东在基于供应链管理的各个关键节点已经完成了算法和模型的技术布局,并且在京东的海量数据下进行了验证。同时,京东拥有庞大的零售生态和供应链协同体系,与很多合作伙伴的供应链实现了系统级对接,这些都是京东的核心优势。

从零售行业的商业预测、供应链优化与运营自动化、营销与定价优化到图像识别与理解、自然语言理解等,都可以看到京东商城对于人工智能技术的探索与应用。京东智慧供应链下一阶段的计划主要涉及内部和外部两方面。

1) 内部

下一阶段将不断对系统进行优化,让内部的业务人员有更好的试用体验。具体地,京东希望该系统能够支撑3个层面的工作:

(1) 智能决策。包括集团层面、部门层面和个人层面怎样进行预测销售、规划销售。

(2) 智能采销。包括如何购买、如何放在合适的地方并用合适的价格进行销售。

(3) 智能运营。为每个仓库、每个配送站提供单据量的预测,帮助它们判断仓库应该如何合理安排空间、如何进行财务预估等。

2) 外部

京东将把验证过的、好的供应链人工智能应用分享给合作伙伴,包括京东的卖家和大的品牌商、零售商等。希望将京东在大体量数据下验证的技术采用更简单或者更组件化的方式向市场展示,让其他品牌或厂商利用京东的技术将供应链管理得更好。

1. 京东智慧供应链具有哪些特征?

2. 案例中京东采用了哪些信息化技术? 分别解决了什么问题?

3. 请谈谈京东智慧供应链解决方案的实施给客户带来了什么样的影响和改变。

小　结

本章从数据的概念出发,介绍了信息、知识、智慧与智能的概念及其相互关系,给出了智慧物流的概念:智慧物流是一种以信息技术为支撑的现代化综合性物流管理系统,其本质上是将物联网、大数据、云计算等信息技术与物流各环节相融合,在实现信息共享的基础上,由智能信息管理代替人工控制,将企业物流智慧地融入企业经营之中,打破工序、流程界限,使企业物流系统智慧化。

本章在阐述信息化、数字化、智能化的概念及其相互关系基础上,论述了在物流信息感知技术、物流信息传输技术和物流信息应用技术推动下的物流管理智能化趋势,给出了智能物流技术体系结构,并给出了智能物流管理的智能机理。

智慧物流具有信息化、数字化、网络化、集成化、智能化、柔性化、敏捷化、可视化、自动化等特征。在物联网技术的感知、互联与智能的支持下,智慧物流向智慧供应链延伸,使智慧供应链具有渗透性、可视化、信息整合性、协作性和可延展性的新特征。本章结合新特征,基于供应链物流服务管理视角,提出智慧供应链管理的金字塔体系结构。根据管理层级自上而下的 3 个层次,构建了智慧供应链架构模型,具体包括智慧化决策层、数字化管理层和自动化作业层。智慧化平台是"大脑",数字化运营是"中枢",而自动化作业则是"四肢"。

智慧物流的服务需求主要包括物流数据、物流云、物流设备三大领域,已广泛应用于现代物流的各个领域。智慧物流的发展经历了粗放型物流、系统化物流、电子化物流、智能物流和智慧物流 5 个阶段,其服务对象各不相同。

本章还阐述了智慧物流与供应链的学科内容及与其他学科的关系,以及国内外相关学科专业特点及发展前景,以增强学生对本课程的认知程度,提高学生对本课程的学习兴趣。

本章最后给出了京东智慧供应链案例,以帮助学生了解物联网、大数据、云计算等信息技术在智慧物流与供应链中的应用及发展前沿。

练习与作业

1. 简述数据、信息、知识、智慧与智能的关系以及它们与信息化、数字化、智能化之间的本质联系。

2. 简述物流信息技术如何推动物流管理的智能化发展,同时思考如何通过信息技术改善自己的智慧物流与供应链管理方面的专业知识结构,树立正确人生观,规划未来发展。

3. 结合具体实例说明物联网、云计算和大数据在智慧物流与供应链管理中的应用与发展前沿。

4. 如何理解物联网的感知、互联与智能？智慧供应链如何借助物联网技术实现其可视性？

5. 在智慧供应链架构中,智慧化平台是"大脑",数字化运营是"中枢",而自动化作业则是"四肢"。如何理解这一论述？

6. 菜鸟网络是如何在其供应链体系里通过算法解决优化问题的？可以结合库存、揽收、履约、仓内作业、干线运输、末端派送全链路的某一节点举例说明。

第 1 章　智慧物流与供应链概述
1.1 节和 1.2 节

第 1 章　智慧物流与供应链概述
1.3 节和 1.4 节

第2章　智慧物流系统

学习目标和指南

※ 学习目标

1. 掌握系统、物流系统的基本概念,领会智能物流系统与智慧物流系统的基本内涵及其区别和联系。

2. 理解智慧物流系统3层结构和4个要点,掌握智慧物流系统结构与物联网3层结构的对应关系。

3. 掌握智慧物流系统体系框架,深刻理解"智慧是以增强系统内外的感知量为基础,通过建立万物间的深度关联,自动发现新规律,将感知、认知、决策相结合"。结合立德树人教育理念,将智慧与学生个人发展相结合,鼓励学生不断努力、持续学习,成就智慧人生。

4. 领会智慧物流系统解决方案,并结合实际智慧物流系统提出相应的实施方案。

※ 学习指南

1. 从系统的概念出发,理解物流系统的概念。结合图示和实例,理解智慧物流系统的智能特点及其工作机理。

2. 结合物联网3层结构模型特征,理解和掌握对应于感知层、网络层、应用层的智慧物流系统3层结构模型,领会数据感知层、决策分析层和应用执行层的主要工作内容和逻辑关系。

3. 深刻理解"物联网使万物间深度关联",结合智慧物流系统将感知、认知、决策相结合的智慧特点,领会智慧物流系统体系框架与其工作机理。培养学生形成系统思考方式和逻辑思维能力,指导学生思考如何成就智慧人生。

4. 联系调研、参观过的智慧物流企业,或者结合国内国外做得比较好的智慧物流企业,分析设计其智慧物流系统解决方案,培养学生创新能力。

※ 课前思考

1. 数据、信息、知识、智慧与智能的关系如何建立? 信息化、数字化与智能化的关系是什么? 以上两组概念之间的本质联系是什么?

2. 智慧物流与智能物流两者的侧重点有什么不同? 从管理和技术的角度看,它们的区别与联系是什么?

3. 如何理解智慧物流向智慧供应链延伸? 借助物联网技术,两者之间的关系相互渗透,具体体现在哪里?

4. 智慧物流与供应链和人们的日常生活、工作和学习联系得紧密吗? 是通过哪些信息技术联系的?

5. 如何理解"智慧是将感知、认知、决策相结合"？如何将其应用在个人发展上，激发自己不断努力、持续学习，成就智慧人生？

2.1 智慧物流系统内涵

2.1.1 智慧物流系统概念

1. 系统

系统是由处于一定环境中的若干具有相对独立功能的部件组成，各部件之间相互联系、相互影响，并为共同完成系统的整体目标而存在的集合。它可以是抽象的组织，还可以是具体的物资。

系统的特征包括目的性、整体性、关联性和环境适应性，这些特征的具体含义如下：

(1) 整体性。系统实现其目的的机制称为系统的功能，而系统的功能应当是系统从集合意义上表现的整体功能，它不是各组成部件功能的简单叠加，而是"1+1>2"的体现，即系统的整体效益大于局部效益之和。

(2) 目的性。这是系统赖以存在的依据，系统各部件就是为实现系统的既定目标而协调地存在于一个整体之中并为此进行活动的。

(3) 相关性。系统的各个组成部件之间是互相联系、互相制约的。这里的联系包括结构联系、功能联系、因果联系等，这些联系决定了整个系统的运行机制，即系统的功能。

(4) 环境适应性。任何系统都存在并活动于一个特定的环境之中，与环境不断进行物质、能量和信息的交换。系统来源于环境，同时服务于环境，所以系统必须适应环境。

2. 物流系统

物流系统(Logistic System,LS)是指由两个或两个以上的物流功能单元构成，以完成物流服务为目的的有机集合体。具体地，物流系统是指在一定的时间和空间里，由需要输送的物料和包括有关设备、输送工具、仓储设备、人员以及通信联系等在内的若干相互制约的动态要素构成的具有特定功能的有机整体。物流系统的目标是使物流系统整体优化以及合理化，并服从或改善社会大系统的环境。从系统角度来讲，物流系统的"输入"就是采购、运输、储存、流通加工、装卸、搬运、包装、销售、物流信息处理等物流环节所需的劳务、设备、材料、资源等要素，是由外部环境向系统移动的过程；物流系统的"处理"就是通过管理主体对物流活动以及这些活动涉及的资源进行计划、执行、控制，最终高效完成物流任务；物流系统的"输出"就是物流服务，包括组织竞争优势、时间和空间效用以及物资(原材料、在制品、制成品)向客户的有效移动。

1) 物流系统的构成要素

物流系统的构成要素包括物流制品、物流资源、物流活动、物流信息和物流规范，具体内容如下：

(1) 物流制品。指物流系统的劳动对象，是物流概念中的物质资料或物质实体，主要包括成品、半成品、原材料、零部件、废弃物等。

(2) 物流资源。指物流系统中的物质和能量的投入，主要有物流设施(运输线路、仓库、配送中心)、物流设备(存货设备、分拣设备、包装设备、信息设备、车载设备、加工设备等)、物流工具(交通工具、装卸工具、搬运工具、信息工具、办公设备等)、消耗材料(燃料、电力、保护材料等)、人力资源(司机、装卸工人、物流管理人员、物流专家、物流工程师等)、资金等。

(3) 物流活动。指实现物流功能的各项活动,如运输、仓储、装卸搬运、包装、流通加工、配送、物流管理等。

(4) 物流信息。指物流系统外部输入的及系统内部伴随物流活动而产生的各种信息,是联系系统各要素的纽带,从而促进系统各要素构成一个有机整体。随着社会经济的发展,物流信息无论是在整个社会经济信息系统中还是在物流系统中都占有越来越重要的位置。

(5) 物流规范。指物流系统的支撑体系,如体制、制度、政策、法规、标准等,是保证物流系统正常运转不可或缺的要素。

2) 物流系统的特点

物流系统有以下 4 个特点:

(1) 物流系统是一个大跨度系统,这反映在两方面:一是地域跨度大;二是时间跨度大。

(2) 物流系统稳定性较差而动态性较强。

(3) 物流系统属于中间层次系统范围,本身具有可分性,可以分解成若干子系统。

(4) 物流系统复杂性使系统结构要素间有非常强的背反现象,常称之为交替损益或效益背反现象,处理时稍有不慎就会出现系统总体恶化的结果。

3. 智能物流系统

智能物流系统(Intelligent Logistics System, ILS)是指以信息运动为主线,综合运用现代物流技术、信息技术、自动化技术、系统集成技术,特别是人工智能技术,通过信息集成、物流全过程优化及资源优化,物流制品、物流资源、物流活动及物流规范有机集成并优化运行的实时、高效、合理的物流服务体系。它能够有效地提高企业的市场应变能力和竞争能力,为客户提供方便、快捷、及时、准确的服务。智能物流系统的内涵体现在以下几方面。

1) 以信息运动为主线

信息是智能物流系统的核心要素。为了提高信息的获取、传递、处理及利用能力,智能物流系统将信息技术、智能技术等大范围、全方位地运用到物流系统中,不仅可以为供应商、客户及合作伙伴提供一般的物流服务,还可以提供一些增值性服务,如物流全过程追踪、物流规划、市场预测等,从而满足供应链、电子商务及经济全球化的要求。

2) 以集成和优化为手段

在系统工程原理和方法的指导下,智能物流系统将各种先进信息技术、智能技术同管理技术、物流技术有机结合,通过信息集成、物流全过程优化及资源整合,实现物流、信息流、商流、资金流、价值流的集成和优化运行,达到物流制品、物流资源、物流活动、物流信息及物流规范等要素的集成,从而提高企业的市场应变能力和竞争能力。

3) 以满足客户需求为目的

智能物流系统通过对物流运作和管理过程的优化,使得物流各项资源(基础设施、物流设备、人力资源等)发挥出最大效能,能够方便、快速、及时、准确地为客户提供服务,尽量减少物流系统的总成本,提高企业的市场应变能力和竞争能力。

4) 以系统工程思想为指导

智能物流系统实质上是现代物流在信息化的基础上发展到一个更高阶段,即智能化阶段,是现代物流沿着智能化、集成化不断发展而最终形成的复杂的人机大系统。对于这种复杂的人机大系统的研究和实践应用,应以系统工程思想为指导,充分考虑系统中物、事、人三者之间的关系,遵循"以人为主,人机结合"的原则,注重专家群体的合作工作,发挥专家群体综合研究的优势,尽可能将定性与定量相结合,采用适用、可行的方法与模型,以实现系统的综合集成。

4. 智慧物流系统

以智能物流系统的概念及内涵为基础,下面给出智慧物流系统的定义:智慧物流系统是指在物联网与大数据环境下,以信息运动为主线,综合运用先进的现代物流技术、信息技术、自动化技术、系统集成技术,特别是人工智能、大数据、云计算等技术,通过全面感知、信息集成、大数据处理,将物流制品、物流资源、物流活动、物流信息及物流规范有机整合并优化运行,实现物流作业自动化、物流管控数字化、物流决策智慧化的实时、高效、绿色的物流服务体系。它能够有效地提高企业的市场应变能力和竞争能力,为客户提供方便、快捷、及时、准确的服务。

智慧物流系统是由新技术、新模式、新管理组成的耦合系统,如图 2-1 所示。新技术、新模式、新管理在物流领域的应用是智慧物流区别于传统物流的主要特征,物流新技术的出现催生新模式,而新模式的应用需要新技术的加持;物流新模式的出现促进新的管理方式的产生,而新模式的运营需要新管理的控制与协调;物流新管理方式的出现带动新技术的创新和研发,而新管理方式的实施也需要新技术的保障。

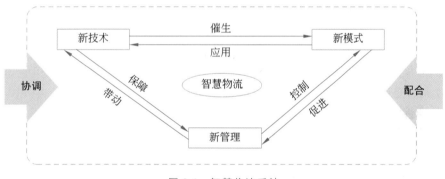

图 2-1 智慧物流系统

2.1.2 智慧物流系统特征

1. 智慧物流系统的系统特征

智慧物流系统具有一般系统所共有的特征,即整体性、目的性、相关性、环境适应性,同时还具有层次性、动态性、复杂性和多目标性等大系统所具有的特征。

1)层次性

智慧物流系统的层次性体现在系统层次性和智能层次性两方面:

(1)系统层次性。智慧物流系统可以分解成若干相互联系的子系统,其上一层更高级的系统是社会经济系统。随着人们对智慧物流系统的认识和研究,其子系统不断深入、不断扩充。系统与子系统之间、子系统与子系统之间存在时间和空间上及资源利用方面的联系,也存在总目标、总费用及总运行结果等方面的相互联系。一般地,可以将智慧物流系统分解成智慧运输子系统、智慧储存子系统、智慧装卸搬运子系统、智慧包装子系统、智慧配送子系统、智慧流通加工子系统及智慧物流信息子系统。

（2）智能层次性。不同物流领域的复杂问题需要采用不同的信息技术和智能技术进行处理，从而使得物流系统的信息获取、传递、处理及利用能力有所不同，因而使智慧物流系统的智能化水平表现出一定的层次性，具体可以分为低级、中级及高级 3 个层次。显然，层次越高，系统的智能化水平越高，问题处理的能力也越强，主要表现在以下 3 方面：计算方式由数值计算转向符号计算，处理的内容由数值、数据转向知识，而处理的问题由良性结构转向非良性结构。智慧物流系统的智能层次如图 2-2 所示。

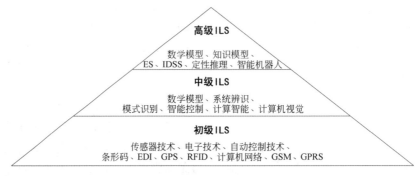

图 2-2　智慧物流系统的智能层次

2）动态性

智慧物流系统一般联系多个生产企业和用户，需求、供应、渠道、价格的不断变化使得智慧物流系统受社会生产和社会需求的广泛制约，所以智慧物流系统必须是具有环境适应能力的动态系统。为适应经常变化的社会环境，智慧物流系统必须是灵活、可变的。当社会环境发生较大的变化时，智慧物流系统甚至需要进行重新设计。

3）复杂性

智慧物流系统的运行对象——“物”可以是能够移动的全部社会物资资料，物资资料的多样性带来了智慧物流系统的复杂化。物资资料品种成千上万，从事物流活动的人员队伍庞大，智慧物流系统内的物资占用大量的流动资金，物流网点遍及城乡各地。这些人力、物力、财力资源的组织和合理利用是一个非常复杂的问题。此外，物流活动的全过程伴随着大量的物流信息，智慧物流系统需要通过这些信息把各个子系统有机地联系起来，而收集、处理物流信息，并使之指导物流活动，也是一项复杂的工作。

4）多目标性

智慧物流系统的最终目标是实现经济效益，但智慧物流系统要素间存在非常强烈的效益背反现象，要同时实现物流时间最短、服务质量最佳、物流成本最低这几个目标几乎是不可能的。而智慧物流系统又恰恰要在这些矛盾中运行，并尽可能满足人们的要求。

2. 智慧物流系统的高级特征

智慧物流系统有以下 7 个高级特征。

1）物流过程全面感知

依靠 RFID、条形码、传感器、卫星定位、视频等技术，物流过程可以自动获取物流中的数据标志与信息，实现对物流过程的全面感知，为物流系统的智慧管理提供数据基础。例如，传统物流中涉及的物流单元、物流工具、物流环境多种多样，对“物”的识别与控制往往受制于工具和流程，人工读取一个条形码需要花费 10s，机器读取条形码花费 2s，而对智慧物流系统,依靠电子标签和射频识别技术,对"物"的信息读取只需要0.1s就可以自动完成,物流将因此变得更加快速。

2)供应链全过程可视化

在全面感知的基础上,通过智慧物流系统实现不同物流子系统之间的互联互通,确定物流全过程中所有发生的事件,包括目标的身份(Who/Which)、位置(Where)、时间(When)、状态(What)和动作(How)等,从而实现供应链全过程的可视化,解决物流的跟踪、追溯、防伪难题,让物流更安全、更快捷。例如,以农产品为例,从播种、施肥到采摘、检验、包装、运输、入库、出库,直到摆到人们的餐桌上,依靠先进的信息技术,供应链全过程的每个细节都被记录在案。智慧物流不仅关注结果,而且同样关注过程,实现了物流过程的全面跟踪与追溯,让物流变得更安全。

3)物流过程实时管控

智慧物流系统通过实时的信息采集与分析技术,将复杂环境的处理过程变得简单、高效,可以主动发现异常情况,甚至可以提前制定应急预案,实时应对与处理,实现物流过程的有效管控。

4)大数据管理与决策

大数据及基于大数据进行管理与决策是智慧物流系统的一个典型特征。通过感知层的数据采集,智慧物流系统每天获取海量的数据,如车辆/人员的定位数据、车辆的车载诊断(On-Board Diagnostics,OBD)数据、基于RFID的货物状态数据、订单数据等。以数据分析为支撑,可以实现的优化管理和决策支持包括:

(1)及时准确地采集业务运行的数据,例如业务日报、周报、月报等离线数据,并分不同层次需求展示出来。

(2)依据社会化数据进行业务评估,并且利用互联网灰度测试的方法进行流程优化的评估,这些方法可以让企业对业务有更深刻的理解。例如,利用实时数据进行行业内排名,对现场也能起到很好的激励作用。

(3)在对业务进行实时监控和准确评估后,利用大数据对业务量进行预测,优化资源调度。

(4)通过人机结合,利用大数据和人工智能技术,为企业提供辅助决策功能,让决策更加合理。

5)资源整合与协同运作

通过智慧物流系统,能够更加广泛地整合社会物流资源,实现物流虚拟化运作。通过智慧物流系统,物流联盟成员之间、供应链成员之间可以进行单证的传递和信息服务共享,实现协同运作与管理。

6)物流运输绿色低碳

依靠智能化集成技术应用平台,合理配置与调度,优化物流运输方式,提高车辆负载率,减少车辆行驶里程,提高车辆行驶速度,改变传统物流浪费资源、污染环境、不节能环保的状况,使物流过程面貌一新,更加绿色低碳、节能环保。

7)多目标协同

智慧物流作为现代物流发展的高级层次,通过集成先进的信息技术、智能技术和物流管理技术等,运用科学的管理决策理论与方法,在降低物流成本的同时,提高物流的服务质量,实现精准的决策与优化,同时实现低成本、高效率、优质服务、绿色环保等多元化发展目标。

2.1.3 智慧物流系统组成

智慧物流系统是一个复杂系统,包括从运输、集装箱、仓储、港口、货架到所有可能的物流链里的人员和信息流,以及将物流链环节相关活动综合起来的集成式管理系统。通过智能硬件、物联网、大数据等智慧化技术与手段,提高物流系统分析决策和智能执行的能力,提升物流系统的智能化、自动化水平。下面从横向组织关系、纵向技术和设备两个维度解析,智慧物流系统的组成如图 2-3 所示。

1. 横向组织关系

横向组织关系包括供应商、制造商、批发/零售商、消费者等,描述了整个物流过程中各个环节的参与方之间的关系。横向组织关系随着物流智能化程度提高,能够促进各物流参与方之间更有效地合作,使得供应链关系中的跨公司边界整合和优化协作流程成为可能,进出境物流等物流过程大大简化。

2. 纵向技术和设备

纵向技术和设备主要包括大数据、云计算、人工智能和机器学习、自动驾驶车辆、AGV和卡车、物联网传感器、机器人、自组织智能系统、智能货架、智能集装箱、GPS、射频识别、电子数据交换、区块链、无人驾驶飞机等,实现物流的自动化、可视化、可控化、智能化、网络化,从而提升物流效率,降低运营成本,推动供应链管理向更高水平发展。

3. 关键技术

关键技术主要包括信息化管理平台、物联网、AGV、机器人、无人驾驶等。

1)信息化管理平台

物流信息管理平台是智慧物流系统高效运转的中枢。信息化管理平台的主要价值在于以下 3 方面:

(1)信息的高效协同。各环节信息的通畅和透明,可以使供应链的企业高效、及时掌握物流信息,通过共享信息支撑行业监督管理与市场规范化协同工作机制的建立。

(2)标准化成本降低。信息化管理平台通过供应链和物流各环节的标准化制定,使得物流运输过程合理化、仓储和包装过程自动化、加工配送一体化,从而大大降低非标准或人为因素导致的错误率和安全风险,降低服务成本。

(3)预警机制。对于整个供应链和物流环节的实时监测,和一些基础数据进行开拓和挖掘,可以及时对异常进行预警并作出响应。

2)物联网

物联网的核心是物与物、人与物之间的信息交换,它具有全面感知、可靠传送、智能处理等特征,即利用射频识别、二维码、传感器等感知、捕获、测量技术随时随地对物体进行信息采集和捕获,再通过将物体接入信息网络,依托各种通信网络,随时随地进行可靠的信息交互与共享,继而利用各种智能计算技术,对海量感知数据和信息进行分析并处理,实现智能化的决策和控制。

3)AGV

AGV(Automated Guided Vehicle,自动导引车)主要用于内部物流,在相对封闭的工厂和园区内作业,通过多种技术的结合,实现无人驾驶、自动化仓库管理和柔性化物流搬运等任务。基于 AGV,进一步可实现自动化仓库管理;通过无线传感识别技术,自动识别进仓、

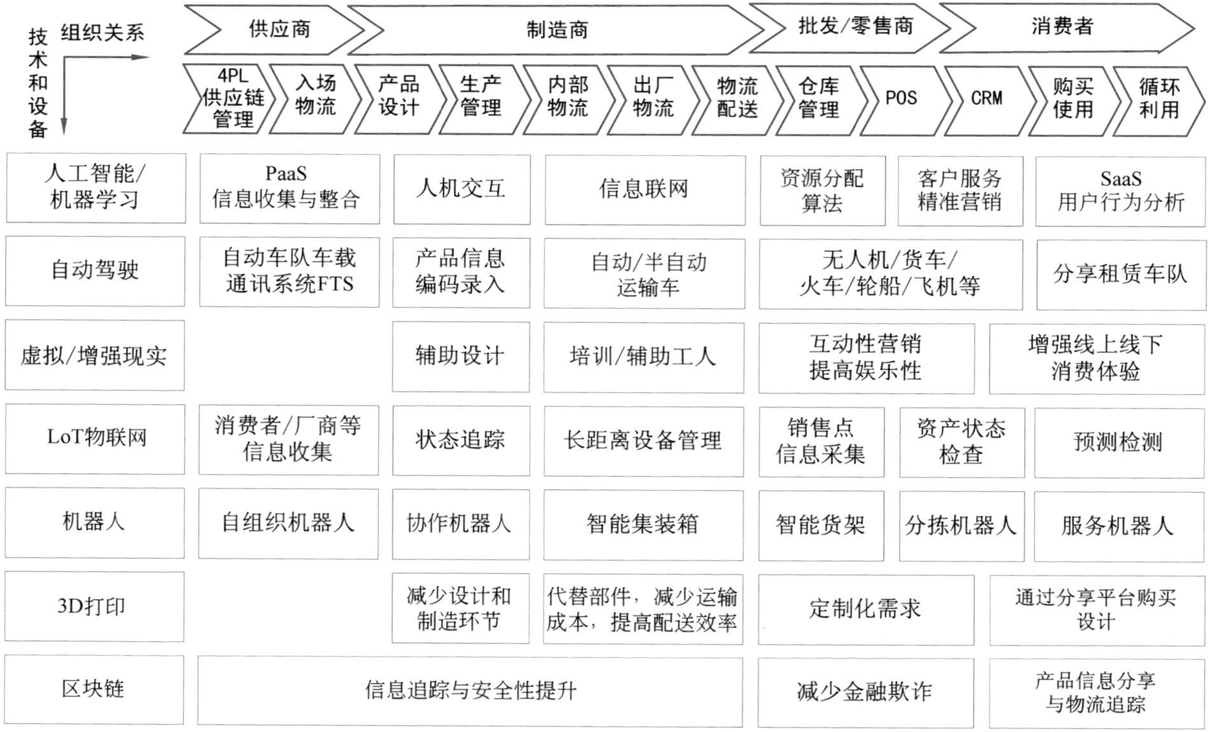

图 2-3 智慧物流系统组成

技术和设备 \ 组织关系	供应商：4PL供应链管理	入场物流	制造商：产品设计	生产管理	内部物流	出厂物流	物流配送	批发零售商：仓库管理	POS	CRM	消费者：购买使用	循环利用
人工智能/机器学习	PaaS 信息收集与整合		人机交互			信息联网		资源分配算法		客户服务 精准营销	SaaS 用户行为分析	
自动驾驶		自动车队车载通讯系统FTS			自动/半自动运输车			无人机/货车/火车/轮船/飞机等			分享租赁车队	
虚拟/增强现实			辅助设计		培训/辅助工人			互动性营销提高娱乐性			增强线上线下消费体验	
LoT物联网	消费者/厂商等信息收集		状态追踪		长距离设备管理			销售点信息采集		资产状态检查	预测检测	
机器人	自组织机器人		协作机器人		智能集装箱			智能货架		分拣机器人	服务机器人	
3D打印			减少设计和制造环节		代替部件，减少运输成本，提高配送效率			定制化需求			通过分享平台购买与物流设计	
区块链			信息追踪与安全性提升					减少金融欺诈			产品信息分享与物流追踪	

资料来源：华夏幸福产业研究院

出仓货物,数据实时同步到仓库管理系统(Warehouse Management System,WMS)中,确保WMS中的信息与仓库中实际储货情况一致;关联仓内货物位置与车辆位置,规划分拣路径;实时监控仓内货物位置,对非合规时间、位置的货物移动进行预警。

4)机器人

从广义而言,上文的 AGV 也可以算作一种机器人,此外还有大量分拣机器人、智能打包机、外骨骼机器人等工业机器人应用,以及"最后一公里"的无人机送货,实现全流程智能化仓储和物流管理。整个物流过程收货、存储、订单拣选、包装等工作由机器人自动操作,满足更高效、敏捷、可追踪的物流需求。

5)无人驾驶

无人驾驶系统是以车内计算机系统为主的智能驾驶仪,通过感知、融合、决策等,进行全智能化的操作,其核心技术在于地图定位、环境感知、规划控制等方面。目前无人驾驶可实现率先落地的典型应用场景包括以卡车为主的物流场景、港口码头、固定路线区域接驳等。由于货运相较载人来说对安全性要求较低,多为固定的点对点运输,且路线可控,京东、苏宁、菜鸟、百度、图森未来、智加科技等企业纷纷推出自动配送车、自动物流车等产品,抢占市场先机。

2.2　智慧物流系统体系结构

2.2.1　智慧物流系统三层结构

智慧物流是基于物联网技术在物流业的应用,在信息网络与物流实体网络融合的基础上提出的;智慧物流系统结构对应于物联网的感知层、网络层、应用层 3 层结构,主要由数据感知层、决策分析层和应用执行层组成,如图 2-4 所示。

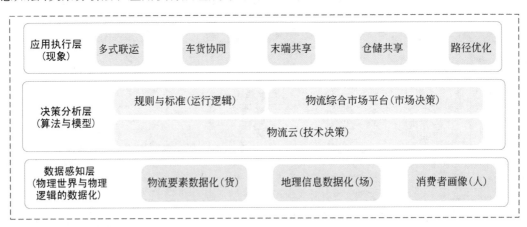

资料来源:阿里研究院

图 2-4　智慧物流系统 3 层结构

1. 数据感知层

数据感知层是虚实世界连接的接口层,是互联网与物流实体网络链接的接口,是智慧物流网络链接起点。就像人的耳、鼻、眼一样,智慧物流系统借助于各类物联网感知技术感知信息,让实体的物流世界与虚拟的物流"大脑"融为一体。

2. 决策分析层

决策分析层是智慧物流系统的决策中心,是数据传输与处理层,是物流网络的信息传输体系。决策分析层连接物流"大脑",通过大数据、云计算、人工智能等技术进行信息处理与科学决策。

3. 应用执行层

在实际场景中,所有执行智慧物流决策的系统都属于应用执行层,既包括单体智能设备,也包括物流设备系统;甚至人工操作在执行智慧物流决策时也属于一个执行机构。智慧物流系统的应用执行层最主要的设备是自动化的物流技术设备,它自动执行物流"大脑"的决策与判断。

2.2.2 智慧物流 3 个核心系统

智慧物流 3 个核心系统是智慧思维系统、信息传输系统和智慧执行系统。

1. 智慧思维系统

智慧思维系统是物流"大脑",是智慧物流最核心的系统。大数据是智慧思考的资源,云计算是智慧思考的引擎,人工智能是智慧思考与自主决策的能力。电商交易与物流可以实现一切流程数据化,得到的数据量越来越大后,通过云计算和各种各样的数学手段进行分析和优化处理,形成决策后又会促进数据流程化。

2. 信息传输系统

信息传输系统是物流"神经中枢",是智慧物流最重要的系统。物联网是信息感知的起点,也是信息从物理世界向信息世界传输的末端神经网络;"互联网+"是信息传输基础网络,是物流信息传输与处理的虚拟网络空间;信息物理系统技术反映的是虚实一体的智慧物流信息传输、计算与控制的综合网络系统,是"互联网+物联网"的技术集成与融合发展。这几年中国互联网和物联网的快速发展有目共睹,网络链接已经可以扩展到任何物品与物品之间进行信息交换和通信。

3. 智慧执行系统

智慧执行系统是将智慧物流的"智慧"实时地传输到物理世界中,实时地进行执行和操作,是物理世界智慧物流具体运作的体现,呈现的是自动化、无人化的自主作业。其核心是智能操作执行中智能硬件设备的使用,体现的是智慧物流在仓储与配送领域的全面应用。物流机器人、物流无人机和自动化输送分拣系统的快速发展都促进了智慧执行系统的发展。

智慧思维系统、信息传输系统和智慧执行系统是不可分割的,是一体的。它们的融合形成了智慧物流系统,带动了智慧物流的发展。

2.2.3 智慧物流系统体系框架

智慧物流是具有感知、分析和思维能力,可进行自主决策的物流形态。智慧物流系统是以实现智能、高效、绿色为目标,综合运用物联网、大数据、云计算和人工智能等新技术,通过物流操作无人化、物流业务数据化、物流流程可视化等新模式,运用精准计划、高效组织、全面协调、集中控制等新管理手段,实现物流需求即时感知、物流数据实时分析、物流方案科学决策和物流任务精准执行的现代综合物流体系。智慧物流系统体系框架如图 2-5 所示。

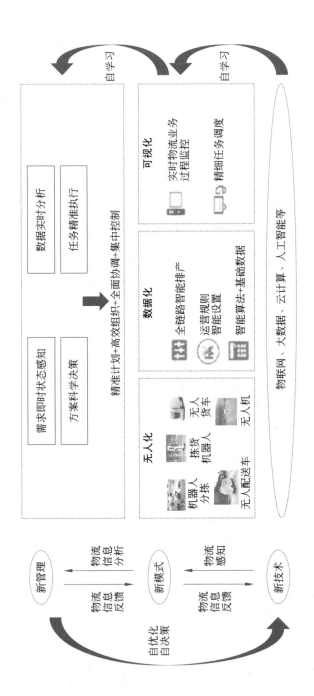

图 2-5 智慧物流系统体系框架

2.3 智慧物流系统架构演进与设计

2.3.1 智慧物流系统架构演进

智慧物流系统架构应该向智慧体系与执行体系无缝衔接与融合方向发展,其中智慧物流执行系统是"软+硬"的实体智慧网络,以信息物理系统为理论指导,以大数据、云计算与物联网集成应用为智慧系统平台发展方向,以云计算、边缘计算、智能设备终端等技术融合为智慧执行网络来推动落地应用,以单元级智慧物流终端、系统级智慧物流网络、平台级智慧物流互联网生态为逐级演进方向,全面建立智慧物流系统架构。

1. 信息物理系统

1) CPS 的定义

信息物理系统(Cyber-Physical System,CPS)是指通过集成先进的感知、计算、通信、控制等信息技术和自动控制技术,构建物理空间与信息空间中人、机、物、环境、信息等要素相互映射、适时交互、高效协同的复杂系统,实现系统内资源配置和运行的按需响应、快速迭代、动态优化。CPS 是工业 4.0 的核心,是智慧物流技术的发展方向。

2) CPS 的本质功能

CPS 的本质功能就是建立信息空间与物理空间之间基于数据自动流动的状态感知、实时分析、科学决策、精准执行的闭环赋能体系,提高资源配置效率,实现资源优化,如图 2-6 所示。状态感知就是通过各种各样的传感器感知物质世界的运行状态。实时分析就是通过软件系统实现数据、信息、知识的转化。科学决策就是通过大数据平台实现异构系统数据的流动与知识的分享。精准执行就是通过人、控制器、执行器等机械硬件实现对决策的反馈响应。

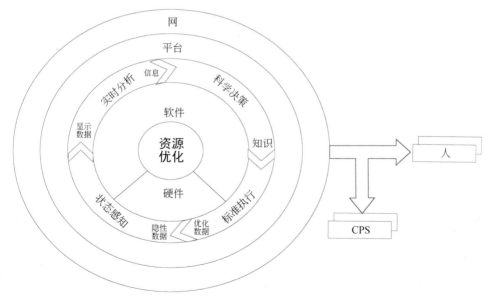

图 2-6　CPS 的本质功能

3）四大核心技术要素

四大核心技术要素概括为"一硬"（感知和自动控制）、"一软"（软件系统）、"一网"（网络系统）、"一平台"（智能服务平台）。

感知和自动控制是数据闭环流动的起点和终点，其本质是物理世界的数字化，是实现实时分析、科学决策的基础。

软件系统是对系统的模型化、代码化、工具化，是实现数字化、网络化、智能化的核心，代表了CPS的思维认识。

网络系统是连接物理系统各要素的信息网络，是实现全系统互联互通的重要基础工具，是支撑数据流动的通道。

智能服务平台是高度集成、开放和共享的数据服务平台，是跨系统、跨平台、跨领域的数据集散中心、数据存储中心、数据分析中心和数据共享中心，它将重组客户、供应商、销售商以及企业内部组织的关系，重构信息流、产品流、资金流的运行模式，重建新的产品价值链和竞争格局。

2. 单元级智慧物流系统架构

单元级智慧物流系统常常是软硬结合的智慧物流作业单元，具备感知系统、嵌入式软件计算系统和通信控制系统，分别完成状态感知、实时分析、科学决策和智能作业，嵌入式控制软件在单元级智慧物流系统中的作用如图2-7所示，单元级智慧物流系统架构如图2-8所示。感知系统是单元级智慧物流系统的基础。计算技术是指更适合实时分析与处理的边缘计算技术。数据是指感知获得的实时数据，但不是大数据。

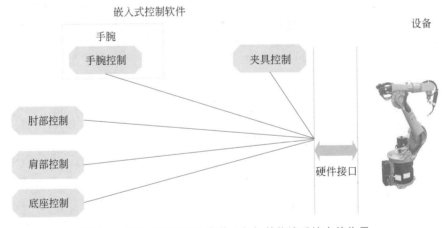

图2-7　嵌入式控制软件在单元级智慧物流系统中的作用

3. 系统级智慧物流系统架构

系统级智慧物流系统是"软＋硬＋网"的智慧物流系统，其架构如图2-9所示。系统级智慧物流系统由单元级智慧物流系统组成，其网络架构是物联网架构，其计算技术是雾计算，初步具备大数据特征，具有中级智慧。集成型智慧物流系统在组网时常采用现场总线技术，如智能物流配送中心等，也有采用无线网络技术或其他网络技术的；分布式智慧物流系统在组网时采用"互联网＋"技术，具备智慧物流的主要特征，往往是以企业为核心，遍布全

图 2-8　单元级智慧物流系统架构

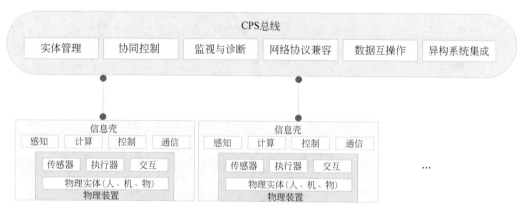

图 2-9　系统级智慧物流系统架构

国物流网点的物流网络,如顺丰物流配送网等。

4. 平台级智慧物流系统架构

平台级智慧物流系统是最全面的跨系统、跨行业、跨平台的互联互通与互操作平台。其智慧体系虽然仍然是状态感知、实时分析、科学决策和智能作业,但大数据存储和云计算能力,互联互通的数据共享与协同能力都远超越系统级智慧物流系统。

2.3.2　智慧物流系统技术架构

对应于物联网 3 层技术架构,智慧物流系统 3 层技术架构如图 2-10 所示。

1. 感知层

感知层是智慧物流系统的"神经末梢",其主要作用在于识别物体、采集信息。感知层通过多种感知技术实现对物品的感知,常用的感知技术有条形码自动识别技术、RFID 感知技术、GPS 移动感知技术、传感器感知技术、红外感知技术、语音感知技术、机器视觉感知技术、无线传感网感知技术等。所有能够用于物品感知的各类技术都可以在智慧物流系统中得到应用。在具体应用中需要平衡系统需求与技术成本等因素。

2. 网络层

网络层主要由各种私有网络、互联网、有线和无线通信网、传感网等组成,用于连接智慧物流系统的感知层与应用层,并实现多个应用之间的信息交互。其具体功能包括寻址和路由选择、连接的建立、保持和终止等,并利用大数据、云计算、人工智能等技术分析、处理感知信息,产生决策指令,再通过通信技术向执行系统下达指令。

图 2-10 智慧物流系统 3 层技术架构

3. 应用层

应用层是智慧物流系统的"神经中枢",是系统与用户(包括人、组织和其他系统)的接口。它充分利用感知层数据,与行业需求相结合,实现物流的智能应用,具有物流作业、物流管理与控制、物流决策支持 3 个功能。

1)物流作业

通过物流感知,实现物流自动化作业,如自动化立体仓库、货物自动分拣、仓库自动通风等。

2)物流管理与控制

通过物流感知以及与其他信息应用系统之间互联,实现物流的可视化跟踪与预警,实现对物流全过程的有效管控。

3)物流决策支持

通过数据的集聚建立数据中心,运用大数据处理技术,对物流进行优化、预测、诊断、评价、分类、聚类、影响分析、关联规则分析、回归分析等,为物流运营提供决策支持。

2.3.3 智慧物流系统物理架构

智慧物流系统能够完成商品的出入库、货物配送、货物跟踪、客户关系管理等主要功能，涉及物流、信息流和资金流，能够实现快速、方便、经济、安全的系统运行目标。智慧物流系统通过与各种信息技术相配合，形成智慧物流系统网络，对货物流动进行跟踪和实时监控。以货物追踪系统为例，其智慧物流系统物理架构如图 2-11 所示。

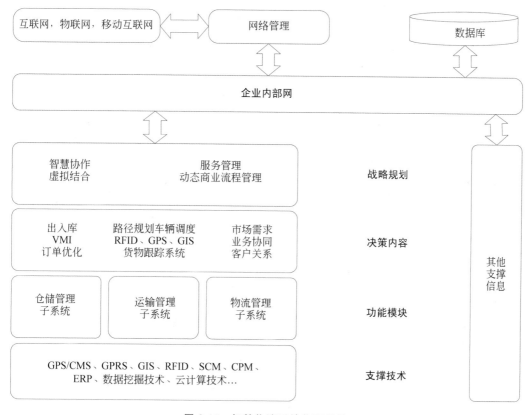

图 2-11　智慧物流系统物理架构

2.3.4 智慧物流业务系统框架

基于物联网的智慧物流业务系统框架如图 2-12 所示。智慧物流系统主要通过在各个业务层次运用先进的信息化技术、设备并进行有效的物流信息获取、传递、处理、控制和展示，提高整个系统的智能化水平及运行效率。

1. 物流感知层

物流感知层的关键技术包括 RFID 技术、传感器技术、纳米技术和智能嵌入技术。

1）RFID 技术

RFID 系统通常由电子标签和阅读器组成，电子标签内存储了一定格式的标示物体信息的电子数据，是未来几年代替条形码走进物联网时代的关键技术之一。阅读器与电子标签可按通信协议互传信息，即阅读器向电子标签发送命令，电子标签根据命令将数据回传给阅读

图 2-12　智慧物流业务系统框架

器。RFID 技术与互联网、通信等技术相结合,可实现全球范围内物品跟踪与信息共享。

2) 传感器与传感网络

传感技术的核心是传感器,它是负责实现物联网中物与物、物与人信息交互的必要组成部分。目前无线传感器网络的大部分应用集中在简单、低复杂度的信息获取上,只能获取和处理物理世界的标量信息,然而这些标量信息无法刻画丰富多彩的物理世界,难以实现真正意义上的人与物理世界的沟通。无线多媒体传感器网络可以克服这一缺陷,利用压缩、识别、融合和重建等多种方法处理信息,可以获取视频、音频和图像等矢量信息。

3) 智能嵌入技术

嵌入式系统是以应用为中心,以计算机技术为基础,并且软硬件可裁剪,适用于应用系统对功能、可靠性、成本、体积、功耗有严格要求的专用计算机系统。它一般由嵌入式微处理器、外围硬件设备、嵌入式操作系统及用户的应用程序 4 部分组成,用于实现对其他设备的控制、监视或管理等功能。

2. 业务层

业务层以包括增值业务层、核心业务层和辅助业务层。下面只介绍核心业务。

1) 智能运输

智能运输是指根据物联网感知的货物信息、物流环境信息、基础设施信息、设备信息确定运输路线和运输时间。智能运输在物流中的应用主要集中在运输管理和车/货集中动态控制两方面,可以实现实时运输路线追踪、货物在途状态控制和自动缴费等功能。智能运输用到的主要技术有移动信息技术、车辆定位技术、车辆识别技术、通信与网络技术等。

2）自动仓储

自动仓储是指利用物联网技术实现自动存储和取出物料。由感知货架、智能托盘、自动搬运机构、自动控制堆垛机和自动仓库管理系统等部分构成,通过物联网提供的货物信息进行仓库存货战略的确定。仓储业务中的货物验收、入库、定期盘点和出库等环节可实现自动化及货物状态实时监控。

3）动态配送

动态配送即利用物联网技术及时获得交通条件、价格因素、用户数量及分布和用户需求等因素的变化,对以上各因素进行分析,制定动态的配送方案,在提高配送效率的同时提高服务品质。

4）信息控制

物联网通过对物流信息的全面感知、安全传输和智能控制可实现物流信息管理到物流信息控制的飞跃。物联网可利用其技术优势,通过信息集成实现物对物的控制,信息控制的应用可进一步提高整个物流的反应速度和准确度。

2.4 智慧物流系统方案与实施

2.4.1 智慧物流系统技术方案

以仓储监控系统为例,智慧物流系统依靠比较成熟的 RFID 技术,采用远距离识别方式,利用网络信息技术对出入库及在库商品进行智能化、信息化管理,实现自动记录货品出入库信息、智能盘点、记录及发布货品的状态信息、车辆配载、卸货盘点等功能。其活动过程如图 2-13 所示。

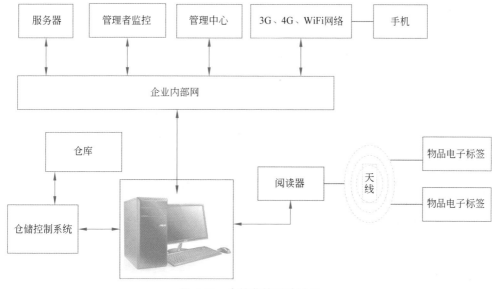

图 2-13　仓储监控活动过程

从图 2-13 可以看出,智慧物流系统集成了 RFID 技术、无线通信技术、网络技术及计算机技术。阅读器通过天线接收电子标签信息,然后通过企业内部网将其传递到信息管理系统,对数据库数据进行处理。仓储控制系统正常工作的前提是仓库的自动识别系统能够有效地识读物品电子标签,并对电子标签内存储的数据进行安全识读,保证信息的准确性。因此智慧物流系统在构建技术方案时,要充分考虑电子标签与通信系统的标准化问题,考虑信息加密技术的可行性问题,还要考虑和 GPS 等系统的配合问题。

2.4.2 智慧物流系统平台方案

智慧物流系统平台涉及企业、行业(或区域)及国家 3 个层面。因此,从参与主体和服务范围角度看,智慧物流系统平台方案包含企业智慧物流、行业或区域智慧物流、国家智慧物流 3 个层面的平台系统建设,这 3 个平台协同运作,共同支持智慧物流系统目标的实现,如图 2-14 所示。

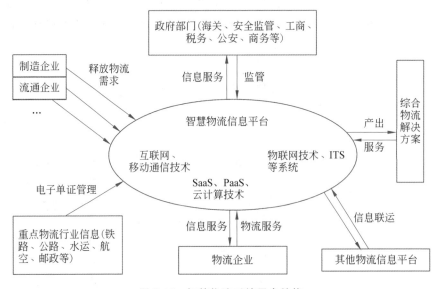

图 2-14 智慧物流系统平台结构

1. 企业智慧物流系统平台

加强信息技术在物流企业的推广和普及,用先进的信息技术武装和升级企业,培育一批信息化水平高、示范带动作用强的智慧物流示范企业。加强物联网、互联网以及各种信息采集和处理技术的应用,建设覆盖仓储、运输、装卸搬运、包装、配送以及整个供应链的全方位智慧物流与供应链管理系统,以全面提升我国物流企业智慧化管理水平。

2. 行业或区域智慧物流系统平台

行业或区域智慧物流系统平台主要涉及智慧区域物流中心、区域智慧物流行业以及预警和协调机制的建设 3 方面。从行业层面协调物流企业及相关方,尤其是与物流需求方的运营与管理活动,提升物流服务的效率与效果。

1）智慧区域物流中心

首先,搭建区域物流信息平台,它是区域物流活动的"神经中枢",连接着物流系统的各层次、各方面,将原本分离的商流、物流、信息流和采购、运输、仓储、配送等环节紧密联系起来,形成一条完整的供应链。其次,建设若干智慧物流园区,其基本特征是商流、信息流、资金流的快速安全运转,以满足企业信息系统对相关信息的需求,通过共享信息支撑政府部门监督行业管理与市场规范化管理方面协同工作机制的建立,确保物流信息正确、及时、高效、通畅。

2）区域智慧物流行业

在行业中加强先进技术的应用,重视各种能提升行业智慧化水平的新技术的开发与利用。以快递行业为例,建立自动报单、自动分拣、自动跟踪等系统,搭建信息主干网,建设无线通信和移动数据交换系统等。这些投资能够使运件的实时跟踪变得轻而易举,在提升客户满意度的同时大幅度地降低服务成本。

3）预警和协调机制

对一些基础数据进行开拓和挖掘,做好统计数据和相关信息的收集,及时反映相关问题,建立相应的预警和协调机制。

3. 国家智慧物流系统平台

国家智慧物流系统平台旨在打造一体化的交通同制、规划同网、铁路同轨、乘车同卡的现代物流支持平台,以制度协调、资源互补和需求放大效应为目标,以物流一体化推动整个经济的快速增长。为此,应着力构建运输服务网络,基本建成以国际物流网、区域物流网和城市配送网为主体的快速公路货运网络,"水陆配套、多式联运"的港口集疏运网络,"客货并举、以货为主"的航空运输网,"干支直达、通江达海"的内河货运网络。同时打造若干物流节点,智慧物流网络中的物流节点对优化整个物流网络起着重要作用。从发展来看,它不仅执行一般的物流职能,而且越来越多地执行指挥调度、信息等"神经中枢"的职能。

2.4.3 智慧物流系统运作模式

智慧物流是一种面向服务、高效智能和集成的现代物流运作模式。第四方物流平台是一个面向整个物流系统的集成化的、智能化物流信息管理中心,为智慧物流高效运作和物流服务提供商集成提供技术平台。本节参考相关成果,结合智慧物流及第四方物流平台的特点,整合现代服务管理理念、供应链管理、物流专业化分工、资源整合、虚拟经营等物流管理技术以及云计算、物联网、语义 Web、高性能计算、数据挖掘等信息技术,提出一种基于第四方物流平台的智慧物流运作模式,具体包括以下 5 个视图模型。

1. 组织视图模型

组织视图模型描述基于第四方物流平台的智慧物流的组织对象、组织对象之间的联系及与其他视图模型间的关系。它从组织的角度对智慧物流进行描述,主要描述企业的组织形式、权限、职责、组织单元之间的联系以及伙伴企业组织参与情况。基于第四方物流平台的智慧物流运作模式的组织对象包括物流服务提供商、第四方物流平台运营商、客户、管理咨询公司、金融及其他增值服务提供商、政府、IT 服务商等。在组织视图模型中,第四方物流平台运营商是智慧物流运作的核心,通过数据与应用集成及个性化的控制,为管理者、客户、物流服务提供商等提供一个唯一的企业接入点,通过该接入点提供全面的企业信息和应用服务。

2. 功能视图模型

功能视图模型主要内容包括信息服务、客户服务、资源管理、交易过程管理、协同管理、决策分析、政务管理及系统管理等功能模块。其中,信息服务主要提供信息的发布、查询等功能,主要包括政策法规、行业资讯、供求信息、物流信息等公共信息服务;客户服务主要对注册用户提供相应的物流服务查询、咨询等服务,包括商业实体注册、服务信息查询、物流方案咨询、相关技术支持、会员增值服务等;资源管理主要对物流运行与管理过程中可能涉及的运输资源和各类物流服务提供商(包括第三方物流提供商、管理咨询公司、IT服务商、增值服务提供商、智能配送中心、协同物流企业等)进行管理;交易过程管理主要实现物流企业用户在网上交易过程中涉及的各项活动,包括订单管理、3PL优化选择、物流跟踪、合同管理、金融服务、智能配送等功能;协同管理的主要职能是协调第四方物流中的物流作业或者成员企业之间的矛盾和冲突,使联盟各方以更加积极主动的态度进行合作,实现资源的有效整合和利用。

3. 资源视图模型

资源视图模型描述智慧物流运行模式的资源分类、资源构成、资源结构、资源之间的联系以及资源视图模型与其他视图模型之间的联系。基于第四方物流平台的智慧物流运作模式,资源视图模型从物流服务与需求信息发布、物流服务交易流程控制、物流集成方案的制订到物流执行过程查询等物流经营全过程对物流运行与管理过程中可能涉及的资源进行建模,辅助各成员企业对资源供应链进行控制与组织,也为物流的经营管理提供资源应用状况,为物流仿真提供基础数据。基于第四方物流平台的智慧物流运作模式的资源包括第四方物流平台、可视化物流过程管理网络、智能化配送中心、数据分析应用中心、技术资源、人才资源与外部资源等方面。

4. 信息视图模型

信息视图模型从信息关系的角度对智慧物流运作模式中涉及的信息实体、信息结构、信息处理及信息协同等进行描述。由于组织视图模型确定了各成员企业的协作关系,从而在一定程度上已经确定了信息在智慧物流管理中的传递关系。信息视图模型不仅需要描述信息实体的数据结构特征,为数据库设计提供设计方案,还需要描述和解决信息传递和信息共享的问题,为智慧物流中各成员间的信息交换接口的设计提供依据。基于第四方物流平台的智慧物流运作模式的信息实体包括政策法规信息、供求信息、行业动态和资讯信息、物流信息、物流企业综合信息、订单信息、库存信息、运输信息、货物跟踪信息、金融服务信息、预测信息等。

5. 过程视图模型

过程视图建模主要体现为根据过程目标和系统约束条件,将系统内的活动组织为适当的经营过程,它利用项目、任务、过程和活动对象,从事务的角度对智慧物流的运行进行建模。一个经营过程可以被理解为一组对象间的一系列协同的请求/服务操作,因此可以采用面向对象的方法进行建模。

案例与问题讨论

案例：大型国有食品企业物流智慧优化方案

我国大型国有食品企业在加速变革，面临着线上线下渠道整合，而物流急需加快创新转型，以应对快速变化的市场需求和严格的食品安全标准。oTMS 公司创立于 2013 年，是国内知名的运输管理云平台，以软件与服务驱动，致力于让运输更智能。其拥有的运输管理云系统 oneTMS 能够从分析、采购、管理到支付多方位帮助客户快速优化供应链，降本增效，引领创新。本案例对 oTMS 公司为某大型国有食品企业设计的物流智慧优化方案进行讨论。

1. 企业背景与物流优化需求

某大型国有企业业务涵盖大米、面粉、面条、面包和啤酒原料五大产品品类，是我国主要的大米、小麦加工和贸易企业之一，产品销售网络遍布全国，各项业务在国内行业中均处于领先地位。它的物流优化需求如下：

（1）承运商路线智能定义，运输合同科学管理。

（2）统一管理运单、运输计划，按不同区域设置权限。

（3）智能地根据线路、成本、时效等选择承运商。

（4）实时管理提货、在途、送达等要求的物流状态。

（5）根据业务物流账单进行审计、制作凭证、开具发票并关账。

2. 物流运输智慧管理平台方案

物流运输智慧管理平台方案如图 2-15 所示。

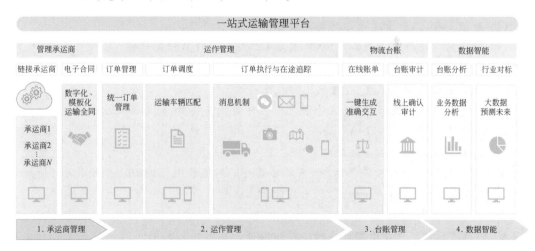

图 2-15 物流运输智慧管理平台方案

其具体内容如下。

1）运输指令下达与协同

（1）与上下游系统做好信息集成，做好运输指令传递工作，形成信息流转的闭环。

（2）借助统一的物流管理平台实现信息分发、信息共享与管理协同。

（3）通过 Web、App、微信公众号等信息化渠道及时收集现场信息，有效串联起运输供应链里的所有角色。

2）借助信息化手段实现运输过程透明化

（1）降低了通过电话、短信、邮件等传统方式进行追踪的工作量、成本和时间。

（2）节省了 50％的日常订单追踪的人力成本。

（3）全程透明，高效协同。

3）承运商考核标准的建立与执行

（1）规范承运商运输服务水平的评价体系，有效提升用户体验与满意度。

（2）及时获取承运商真实的运输执行信息，客观、公正地计算其运输绩效。

（3）便捷、直观地展现承运商的关键绩效指标，有效协助管理者做出判断，优化与改善运营指标。

4）持续优化跟踪

（1）建立 BI(Business Intelligence，商业智能)中心。

（2）建立承运商/仓库指标分析系统。

3. 食品冷链运输综合解决方案

食品冷链运输通常是通过加工、储藏、运输、分销、零售几个环节到达消费者手中的，其中温度的控制非常重要。传统的冷链运输是从一个仓库发到另一个仓库，或者是从一个客户发到另一个客户，会涉及车辆。车辆上有温控装备，一旦有温度异常，往往需要通知司机、收发货人，但经过多重程序，通知往往不及时，从而影响运输质量，缩短食品保鲜时间。食品冷链运输具体面临的运输挑战如下：

（1）不同的订单有不同的运输、存储温度要求，如常温、冷冻、冰鲜。

（2）运输全程，温度出现异常时实时预警。

（3）对中转运输的零售业务，需要对不同车辆分别进行监控及预警。

（4）实时、方便地查看订单在途的行驶位置情况。

（5）运输途中的在途温度、行驶轨迹回放及查询。

（6）利用所有运输数据沉淀，统计分析承运商的服务质量，对食品安全进行溯源，为提升管理水平提供数据支撑。

oTMS 公司设计的食品冷链运输解决方案如图 2-16 所示，可以形成订单、车辆、温控设备的集中绑定管理。当温度有异常时，系统会第一时间通过微信、短信、e-mail 同时通知收货人、发货人和司机，做到快速响应，从而提升食品运输品质。

食品冷链运输解决方案可针对不同的冷链业务场景提供标准化接口，形成便携式冷链仪集成，同时达到订单级在途温度实时追踪和报警。具体解决方案如下：

（1）订单通过系统流转，实现全流程线上管理、全程关键节点信息系统记录，数据可追溯查询，也给承运商的绩效考核提供数据依据。

（2）在途信息通过 App/微信小程序第一时间反馈，全程透明。

（3）通过 GPS 对接获取位置、温度、速度，计算配送时间，通过看板实现预警功能，保障食品运输在途安全。

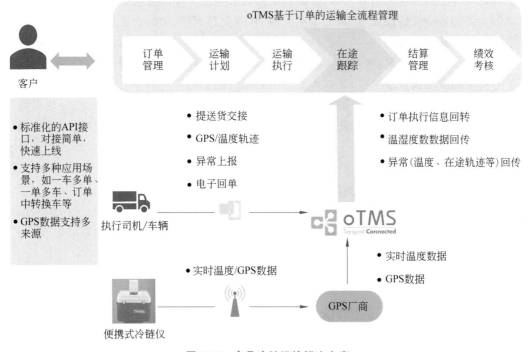

图 2-16　食品冷链运输解决方案

问题讨论

1. 物流运输智慧管理平台如何根据线路、成本、时效等智能化选择承运商？

2. 食品冷链运输解决方案如何进行温度控制以保障运输质量并保证食品新鲜和安全？

3. 如何通过冷链技术提高城乡农产品冷链流通效率、降低农产品损耗、做好冷链物流、开展精准扶贫？

小　结

本章从系统的概念出发，介绍了物流系统的概念及其组成要素和特点，给出了智能物流系统与智慧物流系统的基本内涵及其联系，指出智能物流系统是以信息运动为主线，综合运用现代物流技术、信息技术、自动化技术、系统集成技术，特别是人工智能技术，通过信息集成、物流全过程优化及资源优化，将物流制品、物流资源、物流活动、物流信息及物流规范有机集成并优化运行的实时、高效、合理的物流服务体系；智慧物流系统与智能物流系统有相同的概念及内涵，但更强调实现物流作业自动化、物流管控数字化、物流决策智慧化的功能和目标。

本章随后阐述了智慧物流系统具有整体性、目的性、相关性、环境适应性等一般系统的特征，同时还具有层次性、动态性、复杂性和多目标性等大系统特征以及其他高级特征。在此基础上，指出智慧物流系统是一个复杂系统，包括从运输、集装箱、仓储、港口、货架到所有可能的物流链里的人员和信息流，以及将物流链环节相关活动综合起来的集成式管理系统，其功能主要涵盖物流资源规整、物流信息服务、在线交易管理、物流作业管理、物流企业评价及平台管理等几大模块。

基于物联网的感知层、网络层、应用层 3 层结构，智慧物流系统结构主要由数据感知层、决策分析层和应用执行层组成，其四大要点主要指数据基础设施共享与协同、社会化仓配＋供应链转型，跨境多段协同供应链和物流机器人。智慧物流的 3 个核心系统即智慧思维系统、信息传输系统和智慧执行系统相互融合，使其成为具有感知、分析和思维能力且能进行自主决策的物流新业态。

智慧物流系统的技术架构、物理架构和业务框架为智慧物流系统技术方案、平台方案及其运作模式的设计提供了理论支撑和应用指导。

本章借助 oTMS 公司设计的运输管理云平台和食品冷链运输解决方案，给出了大型国有食品企业物流智慧优化方案，帮助学生理解智慧物流系统发展前沿及应用设计。

练习与作业

1. 从系统的概念出发，结合智能物流系统与智慧物流系统特点和联系，解释智慧物流系统的智能特点及其工作机理。

2. 解释物联网 3 层结构模型。阐述智慧物流系统 3 层结构模型中数据感知层、决策分析层和应用执行层的主要工作内容和逻辑关系。

3. 如何理解"智慧是以增强系统内外的感知量为基础，通过建立万物间的深度关联，自动发现新规律，将感知、认知、决策相结合，掌握新技术、新模式、新管理"的深刻内涵，成就智慧人生？

4. 结合实际案例阐述如何设计智慧物流系统技术方案、物理方案和业务方案。

5. 如何理解智慧物流系统技术架构中感知层和应用层分别是智慧物流系统的"神经末梢"和"神经中枢"？网络层的作用如何体现？

第 2 章　智慧物流系统　　　　　　第 2 章　智慧物流系统
2.1 节和 2.2 节　　　　　　　2.3 节和 2.4 节

第3章　智慧物流信息技术

学习目标和指南

☀ 学习目标

1. 了解智慧物流信息技术的分类及定义。
2. 掌握各项智慧物流信息技术的原理和特点。
3. 掌握各项智慧物流信息技术之间的相互关联。
4. 掌握各项智慧物流信息技术在智慧物流与供应链中的应用现状和发展趋势。

☀ 学习指南

1. 智慧物流信息技术是物流系统新的"利润源泉"。智慧物流信息技术的应用是实现智慧物流与供应链的基础和关键。

2. 深入理解各项智慧物流信息技术的产生背景及各项技术之间的联系与差异。

3. 结合智慧物流与供应链各个环节的特点和基本职能,分析智慧物流信息技术在其中起到的作用。

4. 针对智慧物流与供应链的相关需求和发展目标,总结现有智慧物流信息技术的优势和不足,进一步明确智慧物流信息技术的发展方向。

☀ 课前思考

1. 什么是智慧物流感知技术? 它在物流系统中的常见应用有哪些?

2. 常见的智慧物流通信与网络技术有哪些? 它们分别有哪些特点?

3. 智慧物流与供应链系统中存在哪些数据? 需要对这些数据进行什么处理?

4. 区块链技术是如何应用于智慧物流与供应链系统的? 区块链技术的应用能够解决哪些问题?

3.1　智慧物流感知与识别技术

智慧物流感知与识别技术是实现物流系统中各要素感知与识别的基础和关键,是实现智慧物流的起点。智慧物流感知与识别技术主要包括条形码技术、射频识别技术、传感器与无线传感器网络技术、跟踪定位技术等。

3.1.1 条形码技术

1. 条形码的概念与分类

条形码技术是自动识别与数据采集技术最典型和最普及的应用技术之一。条形码是一种信息代码,用特殊的图形表示数字、字符、字母和某些符号等组成的信息,由一组宽度不同、反射率不同的"条"和"空"按规定的编码规则组合起来,以表示一组数据。

条形码的分类方法有很多,依据应用可以分为一维条形码和二维条形码等。

常见的一维条形码是由一个接一个的"条"和"空"排列组成的,条形码的信息依靠"条"和"空"的不同宽度和位置表达,信息量的大小由条形码的宽度和印刷的精度决定。一维条形码只能在水平方向表达信息,在竖直方向则不表达任何信息,其具有一定的高度是为了便于阅读器对准。一维条形码存在数据容量较小的局限,只能包含字母和数字,而且遭到损坏后不能阅读。一维条形码有众多码制,包括 Code39 码(标准 39 码)、Code25 码(标准 25 码)、ITF25 码(交叉 25 码)、Codebar 码(库德巴码)、Matrix25 码(矩阵 25 码)、UPC-A 码、UPC-E 码、EAN-13 码(欧洲物品编码)、中国邮政编码(矩阵 25 码的一种变体)、Code11 码(标准 11 码)、Code93 码(标准 93 码)、Code128 码(标准 128 码,包括 EAN-128 码)等。

二维条形码简称二维码,是在二维空间(水平和竖直方向)存储信息的条形码,它的优点是信息容量大、译码可靠性高、纠错能力强、制作成本低、保密与防伪性能好。二维码可以表示图像、文字、声音,使得条形码技术从标识物品转化为描述物品,功能上发生了质的变化,应用领域随之扩大。二维码的码制有数据矩阵码(Data Matrix)、Maxi 码、Vericode 码、PDF417 码、Ultracode 码、Code49 码等。以 PDF417 码为例,它不仅可以表示 1850 个字符/数字、1108 个字节的二进制数、2710 个压缩的数字,还具有纠错能力,即使条形码的某部分遭到一定程度的损坏,也可以通过存在于其他位置的纠错码将损失的信息还原。

2. 条形码的应用

条形码功能强大,因其具备信息识读速度快、准确率高、可靠性强、成本低等优点而被广泛应用于多个领域。在物流领域,条形码的应用贯穿整个贸易过程。条形码技术就像一条纽带,把产品生命周期各阶段产生的信息连接在一起,通过方便、快捷、准确的信息传递,实现对产品从生产到销售全过程的跟踪。通过手持式条形码识读终端,可以实现数据采集、数据传输、数据删除和系统管理等功能。其主要应用领域有:①仓储及配送中心中的应用,包括商品的入库验收、出库发货和库存盘点等;②商品卖场中的应用,包括自动补充订货、到货确认和盘点管理等。

3.1.2 射频识别技术

1. 射频识别技术的概念

射频识别(RFID)技术是一种非接触式的自动识别技术,是利用射频信号通过空间耦合(交变磁场或电磁场)实现无接触信息传递,并通过传递的信息达到识别目的的技术。RFID技术通过射频信号自动识别目标对象并获取相关数据,识别过程无须人工干预,可工作于各种恶劣环境。RFID技术可识别高速运动物体并可同时识别多个标签,操作快捷方便。短距离 RFID 标签不怕油渍、灰尘、污染等恶劣环境,可在这样的环境中替代条形码,如在工厂的流水线上跟踪物体等。长距离 RFID 标签多用于交通,识别距离可达几十米甚至上百米,如自动收费或车辆身份识别等。

2. 射频识别技术的特点

射频识别技术的特点是数据容量大、体积小、形状多样、环境适应性强、读写方便、安全可靠、经济性良好。

3. 射频识别系统的组成

RFID 系统主要由电子标签、阅读器、中间件和中央信息系统的组成。其中,无论简单还是复杂的 RFID 系统都包括电子标签和阅读器这两大核心模块。RFID 系统的组成如图 3-1 所示。

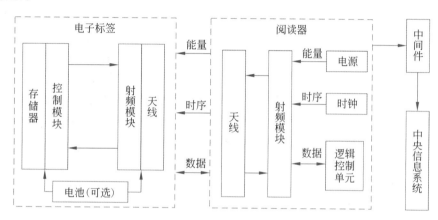

图 3-1 RFID 系统的组成

1)电子标签

RFID 电子标签也称智能标签,又称射频卡或应答器,属于非接触式数据载体,由耦合元件及芯片组成,电子标签中包含天线,用于和阅读器之间进行通信。电子标签中存储着被识别物体的相关信息。每个电子标签都具有唯一的电子编码,附着在物体上,用来标识目标对象。电子标签是 RFID 系统中真正的数据载体。当电子标签被阅读器识别出来或者电子标签主动向阅读器发送消息时,电子标签内的物体信息将被读取或改写。电子标签主要包括射频模块和控制模块两部分。射频模块通过标签内置的天线完成与阅读器之间的射频通信。控制模块内有一个存储器,它存储电子标签内的所有信息,并且部分信息可以通过与阅读器之间的数据交换进行实时修改。系统工作时,阅读器发出查询(能量)信号。电子标签(无源)在收到查询(能量)信号后,将其一部分整流为直流电源,供电子标签内的电路工作,另一部分能量信号被电子标签内保存的信息调制后反射回阅读器。

电子标签的信息存储方式分为电擦除可编程只读存储器(EEPROM)和静态随机存取存储器(SRAM)两种。一般 RFID 系统主要采用 EEPROM 方式,这种方式的缺点是写入过程中的功率消耗很大,使用寿命一般为 10 000 次。SRAM 能快速写入数据,适用于微波系统,但 SRAM 需要辅助电池不断供电,才能保存数据。

2)阅读器

阅读器又称读写器。阅读器主要负责与电子标签的双向通信,同时接收来自主机系统的控制指令。阅读器的频率决定了 RFID 系统工作的频段,其功率决定了射频识别的有效距离。阅读器根据使用的结构和技术的不同可以是只读或读写装置,它是 RFID 系统信息的控制和处理中心。阅读器通常由射频模块、逻辑控制单元和天线 3 部分组成。其中,射频模块主要包含射频处理器和射频接收器。阅读器通过天线与电子标签进行无线通信,可以实现对电子标签识别码和存储器数据的读出或写入操作。

(1) 射频模块。由射频振荡器、射频处理器、射频接收器和前置放大器组成。射频模块可以发送、接收射频载波。射频载波信号由射频振荡器产生并经射频处理器放大,然后通过天线发送出去。射频接收器接收到从天线处传来的电子标签信号,通过射频处理器和前置放大器处理后,将信息传给逻辑控制单元。射频模块主要完成射频信号的处理,包括产生射频能量、激活无源电子标签并为其提供能量。

(2) 逻辑控制单元。也称读写模块,一般由放大器、解码及纠错电路、微处理器、存储器、时钟电路、标准接口以及电源组成,可以接收射频模块传输的信号,经解码后获得电子标签内存储的信息,或通过标准接口将电子标签内容传递给后台应用系统。

(3) 天线。天线是能够将接收到的电磁波转换为电流信号,或者将电流信号转换为电磁波发射出去的装置。在 RFID 系统中,阅读器通过天线发射能量,形成电磁场,并且通过电磁场对标签进行识别。阅读器的天线既可以内置也可以外置。天线设计对阅读器的工作性能来说非常重要,因为对无源标签来说,工作能量完全由阅读器的天线提供。

3) 中间件

中间件是一种独立的系统软件或服务程序,分布式应用软件借助这种软件在不同的技术之间共享资源。中间件位于客户机、服务器的操作系统上,管理计算机资源和网络通信。RFID 中间件的主要任务和功能如下:

(1) 阅读器协调控制。终端用户可以通过中间件接口直接配置、监控并发送指令给阅读器。

(2) 数据过滤与处理。当标签信息传输发生错误或有冗余数据产生时,中间件可以通过一定的算法纠正错误并过滤冗余数据。中间件还可以避免不同的阅读器在读取同一电子标签时发生碰撞,确保阅读准确性。

(3) 数据路由与集成。中间件能够决定采集到的数据传递给哪一个应用。中间件可以与企业现有的企业资源计划(ERP)、客户关系管理(CRM)、仓储管理系统(WMS)等软件集成在一起,为它们提供数据路由和集成。同时中间件还可以保存数据,分批地给各个应用提交数据。

(4) 进程管理。中间件根据客户定制的任务负责数据的监控与事件的触发。

4) 中央信息系统

中央信息系统主要用于对阅读器读取、中间件处理后的数据进行存储和进一步处理。中央信息系统可以有效整合多个阅读器获取的数据,以提供查询、追溯、历史档案等服务。同时,中央信息系统通过对数据的进一步加工、分析和挖掘,可以为管理者的预测、决策提供参考和依据。

4. 射频识别系统的工作原理

RFID 系统的基本工作原理如下:电子标签进入阅读器形成的电磁场后,只要接收到阅读器发出的射频信号,就能产生感应电流并获得能量,然后发送存储在芯片中的信息,或者主动发送信号(限于有源标签),阅读器读取标签信息,进行解码后送至中央信息系统进行数据处理。电子标签与阅读器之间通过耦合元件实现射频信号的空间耦合,从而实现能量、数据的传递。耦合类型有两种:一种为电感耦合方式(磁耦合);另一种为电磁反向散射耦合方式(电磁场耦合)。

1)电感耦合

电感耦合类似于变压器模型,利用电磁感应定律,通过空间高频交变磁场实现耦合,依据的是电磁感应定律。这种方式适合中、低频工作的近距离 RFID 系统。

2)电磁反向散射耦合

电磁反向散射耦合类似于雷达原理,发射出去的电磁波碰到目标后反射,同时携带回目标信息,依据的是电磁波的空间传播定律。电磁反向散射耦合方式适用于高频、微波的远距离 RFID 系统。

5. 射频识别技术的应用

RFID 技术已经广泛地应用在交通运输、医疗服务、零售业物流配送、工农业产品追溯管理、车辆管理服务、电子口岸及检验检疫管理、大型活动、军事、应急物资和图书档案管理等领域,并已逐步形成规模化应用。

3.1.3 传感器技术与无线传感器网络

1. 传感器技术

1)传感器技术概述

国家标准 GB/T 7665—2005《传感器通用术语》对传感器下的定义是:能感受被测量并按照一定的规律转换成可用输出信号的器件或装置,通常由敏感元件和转换元件组成。传感器是一种检测装置,能感受到被测量的信息,并能将感受到的信息按一定规律变换成电信号或其他所需形式的信息输出,以满足信息的传输、处理、存储、显示、记录和控制等要求。它是实现自动检测和自动控制的首要环节。

传感器主要由敏感元件、转换元件、测量电路和辅助电源组成,如图 3-2 所示。

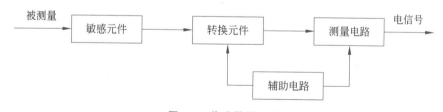

图 3-2　传感器的组成

2)传感器的特性

传感器的特性是指传感器的输入量和输出量之间的对应关系。通常把传感器的特性分为静态特性和动态特性两种。传感器的静态特性是指对静态的输入信号,传感器的输出量与输入量之间的相互关系。表征传感器静态特性的主要参数有线性度、灵敏度、分辨力和迟滞等。传感器的动态特性是指输入量随时间变化时传感器的响应特性。动态特性的主要性能指标有时域单位阶跃响应性能指标和频域频率特性性能指标。

3）传感器的分类

传感器的分类方法较多，一般可以按照输入量、输出量、基本效应、工作原理、能量变换关系的不同进行分类。

（1）按输入量分类。输入量即被测对象，按此方法分类，传感器可分为物理量传感器、化学量传感器和生物量传感器三大类。其中物理量传感器又可分为温度传感器、压力传感器、位移传感器等。

（2）按输出量分类。按输出量不同，传感器可分为模拟式传感器和数字式传感器两类。模拟式传感器输出信号为模拟量，数字式传感器输出信号为数字量。

（3）按基本效应分类。根据传感技术蕴含的基本效应，可将传感器分为物理型、化学型、生物型。

（4）按工作原理进行分类。传感器可按其工作原理分类，如应变式传感器、电容式传感器、电感式传感器、压电式传感器、热电式传感器等。

（5）按能量变换关系进行分类。按能量变换关系分类，传感器可分为能量变换型传感器和能量控制型传感器。能量变换型传感器又称为发电型或有源型传感器，其输出端的能量是由被测对象获取的能量转换而来的。

2. 无线传感器网络

1）无线传感器网络的概念与体系结构

无线传感器网络（Wireless Sensor Network，WSN）是由部署在监测区域内的大量的微型传感器节点通过无线电通信形成的一个多跳的自组织网络系统，其目的是协作地感知、采集和处理网络覆盖区域内被监测对象的信息，并发送给观察者。无线传感器网络的体系结构如图 3-3 所示，传感器网络系统通常包括传感器节点、汇聚节点和管理节点。大量传感器节点随机部署在监测区域内部或附近，能够通过自组织方式构成网络。传感器节点监测的数据沿着其他传感器节点逐跳地进行传输，在传输过程中，监测数据可能被多个节点处理，经过多跳后路由到汇聚节点，最后通过互联网、卫星或移动通信网到达管理节点。用户通过管理节点对传感器网络进行配置和管理，发布监测任务以及收集监测数据。

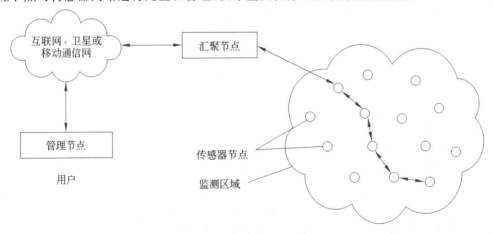

图 3-3 无线传感器网络的体系结构

（1）传感器节点。传感器节点通常是一个微型的嵌入式系统，它的处理能力、存储能力相对较弱，通过携带能量有限的电池供电。从网络功能上看，每个传感器节点兼具传统网络节点的终端和路由器的功能，除了进行本地信息收集和数据处理外，还要对其他节点转发来的数据进行存储、管理和融合等处理，同时与其他节点协作完成一些特定任务。

传感器节点由传感器模块、处理器模块、无线通信模块和能量供应模块4部分组成，如图3-4所示。传感器模块负责对监测区域内的信息进行采集和数据转换；处理器模块负责控制整个传感器节点的操作，存储和处理本节点采集的数据以及其他节点发来的数据；无线通信模块负责与其他传感器节点进行无线通信，交换控制消息和接收采集数据；能量供应模块为传感器节点提供运行所需的能量。

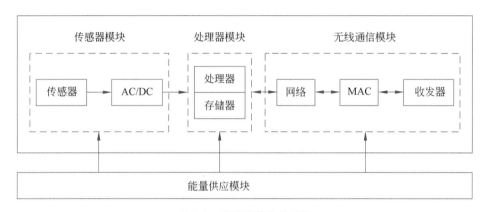

图 3-4　传感器节点的结构

（2）汇聚节点。汇聚节点的处理能力、存储能力、通信能力较强，它是连接传感器网络与互联网等外部网络的网关，用来实现两种协议间的转换，同时向传感器节点发布来自管理节点的监测任务，并把无线传感器网络收集到的数据转发到外部网络上。

（3）管理节点。管理节点用于动态地管理整个无线传感网络。管理节点通常为运行网络管理软件的 PC、便携式计算机或手持终端设备，无线传感器网络的所有者通过管理节点访问无线传感网络的资源。

2）无线传感器网络的特点

无线传感器网络有以下特点：

（1）无中心。无线传感器网络是一种无中心节点的全分布系统，通过随机投放的方式，众多传感器节点被密集部署于监测区域。这些传感器节点通过无线通道相连，自组织地构成网络系统。

（2）互相协作。传感器节点间具有良好的协作能力，通过局部的数据交换完成全局任务。由于传感器网络节点的要求，多跳、对等的通信方式较之传统的单跳、主从通信方式更适合无线传感器网络，同时还可有效避免在长距离无线信号传播过程中遇到的信号衰落和干扰等问题。

（3）大规模。为了获取精确信息，在监测区域通常部署大量传感器节点，传感器节点数量可能达到成千上万，甚至更多。大规模的无线传感器网络具有如下优点：通过不同空间视角获得的信息具有更大的信噪比；通过分布式处理大量的采集信息能够提高监测的精确度,降低对单个传感器节点的精度要求;大量冗余节点的存在,使得系统具有很强的容错性能;大量节点能够增大覆盖的监测区域,减少洞穴或者盲区。

（4）自组织。在无线传感器网络应用中,传感器节点通常被放置在没有基础结构的地方。传感器节点的位置不能预先精确设定,节点之间的相互邻居关系预先也不知道,如通过飞机播撒大量传感器节点到面积广阔的原始森林中,或随意放置到人不可到达或危险的区域。这样就要求传感器节点具有自组织的能力,能够自动进行配置和管理,通过拓扑控制机制和网络协议,自动形成转发监测数据的多跳无线网络系统。

（5）多条路由。网络中节点通信距离有限,一般在几十到几百米范围内,节点只能与它的邻居直接通信。如果希望与其射频覆盖范围之外的节点进行通信,则需要通过中间节点进行路由。网络的多跳路由使用网关和路由器来实现;而无线传感器网络中的多跳路由是由普通网络节点完成的,没有专门的路由设备。这样,每个节点既可以是信息的发起者,也可以是信息的转发者。

（6）动态。无线传感器网络的拓扑结构可能因为下列因素而改变:①环境因素或电能耗尽造成的传感器节点出现故障或失效。②环境条件变化可能造成无线通信链路带宽变化,甚至时断时续。③无线传感器网络的传感器、感知对象和观察者这三要素都可能具有移动性。④新节点的加入。这就要求无线传感器网络系统要能够适应这些变化,具有动态的系统可重构性。

（7）可靠。无线传感器网络特别适合部署在恶劣环境或人类不宜到达的区域,传感器节点可能工作在露天环境中,遭受太阳的暴晒或风吹雨淋,甚至遭到无关人员或动物的破坏。由于监测区域环境的限制以及传感器节点数目巨大,不可能人工"照顾"每个传感器节点,无线传感器网络的维护十分困难甚至不可维护。无线传感器网络的通信保密性和安全性也十分重要,要防止监测数据被盗取和获取伪造的监测信息。因此,无线传感器网络的软硬件必须具有鲁棒性和容错性。

（8）以数据为中心。由于传感器节点随机部署,构成的无线传感器网络与节点编号之间的关系是完全动态的,表现为节点编号与节点位置没有必然联系。用户使用无线传感器网络查询事件时,直接将其关心的事件通告给网络,而不是通告给某个确定编号的节点。网络在获得指定事件的信息后汇报给用户。这种以数据本身作为查询或传输线索的思想更接近于自然语言交流的习惯。所以通常说无线传感器网络是一个以数据为中心的网络。

（9）与应用相关。无线传感器网络用来感知客观世界,获取客观世界的信息量。客观世界的物理量多种多样,不可穷尽。不同的无线传感器网络应用关心不同的物理量,因此对传感器的应用系统也有多种多样的要求。不同的应用背景对无线传感器网络的要求不同,其硬件平台、软件系统和网络协议必然会有很大差别。所以无线传感器网络不能像互联网一样有统一的通信协议和平台。

3）无线传感器网络的限制条件

（1）电源能量有限。传感器节点体积微小,通常携带能量十分有限的电池。由于传感器节点个数多、成本要求低廉、分布区域广,而且部署区域环境复杂,有些区域甚至人员不能到达,所以传感器节点通过更换电池的方式补充能源是不现实的。传感器节点消耗能量的模块包括传感器模块、处理器模块和无线通信模块。随着集成电路工艺的进步,传感器和处理器模块的功耗变得很低。传感器节点各部分能量消耗的情况如图 3-5 所示。传感器节点的绝大部分能量消耗在无线通信模块。传感器节点传输信息时要比执行计算时更消耗电能,将 1B 信息传输 100m 距离需要的能量大约相当于执行 3000 条计算指令消耗的能量。无线通信模块存在发送、接收、空闲和睡眠 4 种状态。无线通信模块在空闲状态一直监听无线信道的使用情况,检查是否有数据发送给自己;而在睡眠状态则关闭通信模块。无线通信模块在发送状态的能量消耗最大;在接收状态和空闲状态的能量消耗接近,略少于发送状态的能量消耗;在睡眠状态的能量消耗最少。

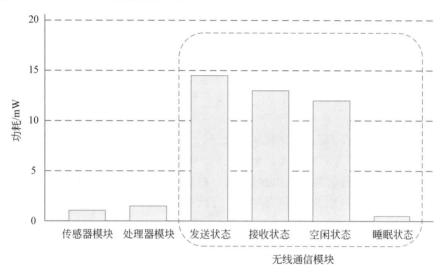

图 3-5　传感器节点能量消耗情况

（2）通信能力有限。无线通信的能量消耗与通信距离的关系为

$$E = k\,d^n$$

其中,E 为消耗的能量,k 是一个常量,d 为通信距离,n 满足关系 $2 < n < 4$。n 的取值与很多因素有关。例如,传感器节点部署贴近地面时,障碍物多,干扰大,n 的取值就大;天线质量对信号发射质量的影响也很大。考虑诸多因素,通常取 n 为 3,即通信能耗与距离的 3 次方成正比。随着通信距离的增加,能耗将急剧增加。因此,在满足通信连通度的前提下应尽量减少单跳通信距离。一般而言,传感器节点的无线通信半径在 100m 以内比较合适。

（3）计算和存储能力有限。传感器节点是一种微型嵌入式设备,要求价格低、功耗小,这些限制必然导致其携带的处理器能力比较弱,存储器容量比较小。为了完成各种任务,传感器节点需要完成监测数据的采集和转换、数据的管理和处理对汇聚节点的任务请求的应答和节点控制等多种工作。如何利用有限的计算和存储资源完成诸多协同任务成为无线传感器网络设计的挑战。

4）无线传感器网络的应用

无线传感器网络的应用前景广阔,能够广泛应用于军事、环境监测和预报、医疗护理、智能家居、建筑物状态监控、复杂机械监控、城市交通、空间探索、大型车间和仓库管理以及机场和大型工业园区的安全监测等领域。随着无线传感器网络的发展和广泛应用,传感器网络将逐渐深入人类生活的各个领域。

3.1.4 跟踪定位技术

1. 全球定位系统

全球定位系统(GPS)是美国继阿波罗登月计划、航天飞机之后的第三大航天工程,是一种全球性、全天候、连续的卫星无线电导航系统,可提供实时的三维位置、三维速度和商用精度的时间信息。美国从 20 世纪 70 年代开始研制 GPS,历时 20 年,耗资 2000 亿美元,于1994 年全面建成。它是具备在海、陆、空同时进行全方位实时三维导航和定位能力的新一代卫星导航与定位系统。

GPS 是美国第二代卫星导航系统,它是在子午仪卫星导航系统的基础上发展起来的,并采纳了子午仪卫星导航系统的成功经验。GPS 包括三大部分:空间部分——GPS 卫星星座,地面控制部分——地面监控系统,用户设备部分——GPS 信号接收机。

1) 空间部分

GPS 的空间部分由 24 颗工作卫星组成,它位于距地表 20 200km 的上空,均匀分布在 6个轨道面上(每个轨道面 4 颗),轨道倾角55°。此外,还有 4 颗有源备份卫星在轨运行。卫星的分布保证了在全球任何地方、任何时间都可观测到 4 颗以上的卫星,并能保证得到具有良好定位解算精度的几何图像,提供在时间上连续的全球导航能力。

2) 地面控制部分

地面控制部分由一个主控站、5 个全球监测站和 3 个地面控制站组成。全球监测站均配有精密的铯钟以及能够连续测量到所有可见卫星的接收机。全球监测站将收到的卫星观测数据(包括电离层和气象数据)经过初步处理后传送到主控站。主控站从各全球监测站收集跟踪数据,计算出卫星的轨道和时钟参数,然后将结果送到 3 个地面控制站。地面控制站在每颗卫星运行至上空时,把这些导航数据及主控站指令注入卫星。每天对每颗卫星进行一次注入,并在卫星离开地面控制站作用范围之前进行最后的注入。如果某地面控制站发生故障,那么在卫星中预存的导航信息还可用一段时间,但导航精度会逐渐降低。

3) 用户设备部分

用户设备部分即 GPS 信号接收机。其主要功能是捕获按一定卫星截止角所选择的待测卫星的信号,并跟踪这些卫星的运行。当接收机捕获到跟踪的卫星信号后,即可测量出接收天线至卫星的伪距离和距离的变化率,解调出卫星轨道参数等数据。根据这些数据,接收机中的微处理计算机就可按定位解算方法进行定位计算,计算出用户所在地理位置的经纬度、高度、速度、时间等信息。

接收机硬件和机内软件以及 GPS 数据的后处理软件包构成完整的 GPS 用户设备。GPS 接收机分为天线单元和接收单元两部分。接收机一般采用机内和机外两种直流电源。设置机内电源的目的在于更换机外电源时不中断连续观测。在使用机外电源时,机内电池自动充电。关机后,机内电源为 RAM 存储器供电,以防止数据丢失。目前各种类型的接收机体积越来越小,质量越来越轻,便于野外观测使用。

2. 地理信息系统

地理信息系统(GIS)萌芽于 20 世纪 60 年代初。当时计算机技术已经广泛应用于数据自动采集、数据分析和显示技术等分支领域,最终导致了 GIS 的产生。GIS 可定义为由计算机系统、地理数据和用户组成的,通过对地理数据的继承、存储、检索、操作和分析,生成并输出各种地理信息,从而为土地利用、资源管理、环境监测、交通运输、经济建设、城市规划以及政府各部门行政管理提供新的知识,为工程设计和规划、决策服务的系统。GIS 也可定义为用于采集、模拟、处理、检索、分析和表达地理空间数据的计算机信息系统。它是进行空间数据管理和空间信息分析的计算机系统。

一个典型的 GIS 应包括 3 部分:计算机系统(硬件、软件)、地理数据库系统、应用人员与组织机构。

1)计算机系统

计算机系统可分为硬件系统、软件系统、GIS 的开发工具、硬件和网络平台的选择标准体系。

2)地理数据库系统

地理数据库系统由数据库和数据库管理系统组成,主要用于操作、数据维护和查询检索。

3)应用人员与组织机构

应用人员包括系统项目经理、技术人员、数据库经理、数字化操作员、系统操作员、应用分析软件经理和程序员。

在物流领域,GPS 可以实时监控车辆等移动目标的位置,根据道路交通状况向移动目标发出实时调度指令。GIS、GPS 和无线通信技术有效结合,再辅以车辆路线模型、最短路径模型、网络物流模型、分配集合模型和设施定位模型等,可以建立功能强大的物流信息系统,使物流变得实时并且成本最优。GPS 在物流配送中的应用主要有精确导航、城市交通疏导、车辆跟踪、货物配送路线规划、固定点的定位测量、信息查询、紧急援助以及 GPS/GIS 在物流领域的集成应用等。

3. 蜂窝定位技术

GPS 定位时需要首先寻找卫星。GPS 接收机的启动比较缓慢,往往需要 3～5min 的时间,因此初始定位速度较慢。在建筑物内部、地下和恶劣环境中经常收不到 GPS 信号,或者收到的信号不可靠。因此,蜂窝基站定位技术作为 GPS 定位的补充应运而生。

蜂窝基站定位主要应用于移动通信中广泛采用的蜂窝网络,目前大部分 GSM、CDMA、5G 等通信网络均采用了蜂窝网络架构,即通信网络中的通信区域被划分成一个个蜂窝小区,通常每个蜂窝小区有一个基站。当移动设备要进行通信时,先连接所在蜂窝小区的基站,然后通过该基站接入 GSM 网络进行通信。在进行移动通信时,移动设备始终是和一个基站联系起来的,蜂窝定位就是利用这些基站定位移动设备的。在蜂窝系统中采用的定位技术主要有以下几类。

1)场强定位

移动台接收的信号强度与移动台至基站的距离成反比。通过测量接收信号的场强值,利用已知信道衰落模型及发射信号的场强值,可以估算出收发信机之间的距离,根据多个距离值可以估算移动台的位置。由于蜂窝小区基站的扇形特性、天线有可能倾斜、无线系统的不断调整以及地形、车辆等因素都会对信号功率产生影响,故这种方法的精度较低。

2）起源蜂窝小区定位

起源蜂窝小区（Cell of Origin，COO）定位是一种单基站定位方法，它以移动设备所属基站的蜂窝小区作为移动设备的坐标。COO 定位的最大优点是它确定位置信息的响应时间快（3s 左右），而且 COO 定位不用对移动台和网络进行升级就可以直接向现有用户提供基于位置的服务。但是，COO 定位与其他技术相比，其精度是最低的。在这个系统中，基站所在的蜂窝小区作为定位单位，定位精度取决于蜂窝小区的大小。

3）到达角定位

到达角（Arrival of Angle，AOA）定位方式根据信号到达的角度测定运动目标的位置。采用 AOA 定位方式时，只要测量运动目标与两个基站的信号到达角度参数信息，就可以获取运动目标的位置。在蜂窝移动网中，AOA 定位方式的原理是：基站接收机利用基站的天线阵列接收不同阵元的信号相位信息，并测算出运动目标的电波入射角，从而构成一条从接收机到发射机的径向连线，即测位线，运动目标的二维位置坐标可通过两根测位线的交点获得。

4）到达时间定位

到达时间（Time of Arrival，TOA）定位方式也称为基站三角定位方式，它通过测量从运动目标发射机发出的无线电波到达多个（3 个及以上）基站接收机的传播时间确定出运动目标的位置。已知电波传播速度为 c，假设运动目标与基站之间的传播时间为 t，运动目标位于以基站为圆心、以运动目标到基站的电波传输距离 ct 为半径的定位圆上，则可由 3 个基站定位圆的交点确定运动目标的位置。在 TOA 定位方式中，为了根据发射信号到达基站的接收时间确定信号的传播时间，要求运动目标发射机在发射信号中加入发射的时间戳信息。这种定位方式的定位精度取决于各基站和运动目标的时钟精度以及各基站接收机和运动目标发射机时钟间的同步精度。

5）到达时间差定位

到达时间差（Time Difference of Arrival，TDOA）定位方式通过测量运动目标发射机到达不同基站接收机的传播时差确定运动目标的位置信息。在 TDOA 定位方式中，不需要运动目标与基站间的精确同步，也不需要在上行信号中加入时间戳信息，还可以消除或减少运动目标与基站间由信道造成的共同误差。在该定位方式中，将运动目标定位于两个基站为焦点的双曲线上。确定运动目标的二维坐标需要至少建立两个双曲线方程（至少 3 个基站），两条双曲线的交点即为运动目标的二维坐标。

TDOA 定位方式是对 TOA 定位方式的改进，它不是直接利用信号到达时间确定运动目标的位置信息，而是利用多个基站接收到信号的时间差确定运动目标的位置信息。与 TOA 定位方式相比，它不需要加入专门的时间戳信息，定位精度也有所提高。

3.2　智慧物流通信与网络技术

智慧物流通信与网络技术主要实现物流系统中信息的交换与传递。智慧物流通信与网络技术主要包括互联网技术、移动互联网技术、短距离无线通信技术、低功耗广域网技术等。智慧物流通信与网络技术为智能物流提供可靠的信息保障，是实现物流管理运营、运输调度、仓储管理和信息互联互通的重要前提。

3.2.1 互联网技术

互联网（Internet）起源于美国国防部高级研究计划局（Defense Advanced Research Projects Agency,DARPA）的前身 ARPA 建立的 ARPANET,但是 ARPANET 最初只是单个的分组交换网,无法满足所有的通信问题。1965 年,ARPA、MIT 的林肯实验室以及 CCA 公司联合开展了计算机互联的实际工作,建立了一个由 3 台计算机组成的试验性网络。这个试验性网络中的 3 台计算机通过低速拨号的电话线直接连接起来,是世界上第一个广域计算机网络。在实现互联的过程中,计算机软件起了主要的作用。1974 年,出现了连接分组网络的协议,其中包括 TCP/IP（Transmission Control Protocol/Internet Protocol）,即著名的传输控制协议和网际互联协议。这两个协议相互配合,其中,IP 是基本的通信协议,TCP 是帮助 IP 实现可靠传输的协议。1983 年,TCP/IP 成为 ARPANET 上的标准协议,使得所有使用 TCP/IP 的计算机都能利用互联网通信。

20 世纪 80 年代初,随着个人计算机的推广,各种基于个人计算机的局域网纷纷出台。这个时期计算机局域网系统的典型结构是在共享介质网络平台上的共享文件服务器结构,即为所有联网个人计算机设置一台专用的可共享的文件服务器。每台个人计算机用户的主要任务仍在自己的计算机上运行,仅在需要访问共享磁盘文件时才通过网络访问文件服务器,体现了计算机网络中各计算机之间的协同工作。由于结构使用比公共交换电话网络（Public Switched Telephone Network,PSTN）速率高得多的同轴电缆、光纤等高速传输介质,个人计算机通过网络访问共享资源的速率和效率大大提高。这种基于文件服务器的计算机网络对网络中的计算机进行了分工,即个人计算机（客户机）面向用户,服务器专用于提供共享文件资源,所以它就形成了客户机-服务器模式。

计算机网络系统是非常复杂的系统,计算机之间相互通信涉及许多复杂的技术问题,为实现计算机网络通信,计算机网络采用的是分层解决网络技术问题的方法。但是由于存在不同的分层网络体系结构,它们的产品之间很难实现互联,为此,在 20 世纪 80 年代早期,国际标准化组织正式颁布了开放系统互连参考模型（OSI/RM）国际标准,使计算机网络体系结构实现了标准化。

3.2.2 移动互联网技术

移动互联网（Mobile Internet,MI）是一种采用移动无线通信方式向智能移动终端提供服务的新兴业务,是互联网的技术、平台、商业模式和应用与移动通信技术结合的新技术。移动互联网将移动通信和互联网二者融合为一体,包含终端、软件和应用 3 个层面。终端层包括智能手机、平板计算机、电子书、MID（Mobile Internet Device,移动互联网设备）等;软件层包括操作系统、中间件、数据库和安全软件等;应用层包括休闲娱乐类、工具媒体类、商务财经类等不同应用与服务。4G 的广泛应用、5G 时代的开启以及移动终端设备的快速发展为移动互联网的发展注入了巨大的能量。

移动互联网相比于互联网更加个性化,具有移动通信的移动性和个性化的特点。从移动性方面来说,用户可以随时随地接入无线网络,通过管理可以获得用户的精确定位和相关的移动信息。个性化表现为终端、网络和内容及应用的个性化：终端个性化表现在消费移动终端与个人绑定，个性化能力非常强；网络个性化表现在移动网络对用户的需求、行为信息的精确反应和提取能力，并可与互联网应用技术、电子地图等相结合；内容及应用个性化则表现在采用社会化网络服务、自媒体、聚合内容等。

移动互联网是互联网与移动通信在各自独立发展的基础上，互相融合形成的新兴技术。随着物流业的快速发展，上游客户需求和发展模式不断变化，物流信息化也要应需而动，进一步提升发展水平。而移动互联网在物流行业的快速普及应用给物流信息化的升级发展提供了重要技术支撑，促使其加速向智慧物流迈进。

移动互联网在智慧物流的发展过程中起到的支持作用表现在以下几方面。

1. 智慧云平台助力打通供应链

由于进入供应链竞争时代，各环节需要打通企业间的边界以实现相互协作，占据主动，获得竞争优势。移动互联平台可以为物流企业提供高性价比、按需分配且动态调整的云资源池，节省了企业对信息化硬件资源的大量投入、维护以及升级的资金，还可以为企业提供个性化物流行业解决方案，帮助企业打通供应链。

2. 通过移动互联网实时采集信息，实现货物动态跟踪

企业通过对外勤人员或车辆进行移动定位，就能够掌握货物所处位置。同时，客户通过电话、移动互联网 App 等方式也可以查到货物的实时位置。

3. 搭建企业间的沟通渠道，提升现有系统的应用效果

智慧物流移动互联平台可以在不同参与企业之间搭建信息沟通的渠道，协助参与企业之间高质量、高效率地交流。智慧物流移动互联平台还可以实现与企业现有的应用系统和程序的数据接口，让现有的应用系统发挥更好的作用，提供数据优化工具与模型，通过数据支持业务环境的优化，并以直观的形式进行展现。通过大量的移动应用提供智慧物流平台，提升了物流企业服务水平以及行业竞争力。

3.2.3 短距离无线通信技术

1. ZigBee 技术

ZigBee 技术是一种具有统一技术标准的短距离无线通信技术，其物理层和数据链路层协议为 IEEE 802.15.4 协议标准，网络层和应用层由 ZigBee 联盟制定，应用层针对用户的需要进行开发，因此该技术能够为用户提供机动、灵活的组网方式。

根据 IEEE 802.15.4 协议标准，ZigBee 有 3 个工作频段，这 3 个工作频段相距较大，而且在各频段上的信道数不同，因而各频段上的调制方式和传输速率不同。它们分别为868MHz、915MHz 和 2.4GHz，其中 2.4GHz 频段上分为 16 个信道，该频段为免付费、免申请的无线电频段，在该频段上，数据传输速率为 250kb/s；另外两个频段为 915/868MHz，其相应的信道数分别为 10 个和 1 个，传输速率分别为 40kb/s 和 20kb/s。

在组网性能上，ZigBee 可以构造为星形网络或者点对点对等网络，在每一个 ZigBee 组成的无线网络中，连接地址码分为 16b 短地址或者 64b 长地址，具有较大的网络容量。在无线通信技术上，采用 CSMA-CA 方式，有效地避免了无线电载波之间的冲突。此外，为保证传输数据的可靠性，ZigBee 建立了完整的应答通信协议。

2. 蓝牙技术

蓝牙(Bluetooth)是一个开放的短距离无线通信技术标准,也是目前国际上通用的一种公开的无线通信技术规范。它可以在较小的范围内,通过无线连接的方式,使得短距离内各种通信设备能够实现无缝资源共享,也可以实现在各种数字设备之间的语音和数据通信。

蓝牙技术以低成本的短距离无线连接为基础,采用高速跳频(frequency hopping)和时分多址(Time Division Multi-Access,TDMA)等先进技术,使得一些便于携带的移动通信设备和计算机设备不必借助电缆就能联网,并且能够实现无线连接互联网。其实际应用范围还可以拓展到各种家电产品、消费电子产品和汽车等。打印机、个人数字移动设备(Personal Digital Assistant,PDA)、手机、传真机、键盘、游戏操纵杆等数字设备都可以成为蓝牙系统的一部分。

3. WiFi 技术

无线通信技术与计算机网络结合产生了无线局域网技术,其中 WiFi(Wireless Fidelity,无线保真)便是无线局域网的主要技术之一,它是一组在 IEEE 802.11 标准上定义的无线网络技术,使用直接序列扩频调制技术在 2.4GHz/5.8GHz 频段实现无线传输。WiFi 由 WiFi 联盟制定,已经成为人们日常生活中访问互联网的一种重要方式,WiFi 通过无线电波连接网络,常见设备是无线路由器,在无线路由器信号覆盖的有效范围内都可以采用 WiFi 连接方式上网。如果无线路由器连接了网络,则被称作热点(hotspot)。

4. 超宽带技术

超宽带技术(Ultra-WideBand,UWB)是一种无线载波通信技术,它不采用正弦载波,而是利用纳秒级的非正弦波窄脉冲传输数据,因此 UWB 所占的频谱范围很宽。UWB 技术起源于 20 世纪 50 年代末,此前主要作为军事技术在雷达等通信设备中使用。随着无线通信的飞速发展,人们对高速无线通信提出了更高的要求,超宽带技术又被重新提出,并备受关注。

UWB 是指信号带宽大于 500MHz 或信号带宽与中心频率之比大于 25% 的无线通信方案。与常见的连续载波通信方式不同,UWB 采用极短的脉冲信号传送信息。通常每个脉冲持续的时间只有几十皮秒到几纳秒,脉冲所占用的带宽甚至高达几吉赫(GHz),因此,最大数据传输速率可以达到几百兆位每秒(Mb/s)。在高速通信的同时,UWB 设备的发射功率很小,仅是现有设备的几百分之一。所以,从理论上讲,UWB 可以与现有无线电设备共享带宽。UWB 作为一种高速而又低功耗的数据通信方式,有望在无线通信领域得到广泛的应用。

5. 60GHz 毫米波通信技术

尽管超宽带技术将短距离应用的传输速率提升到了百兆位每秒的数量级,但随着近些年数据业务的发展和人们日益增长的需求,众多的室内无线应用还需要更高速率的支持,如面向高清晰度电视(High Definition Television,HDTV)、视频点播、家庭影院、高清摄像机的流媒体内容下载服务、高速互联网接入、实时数据传输和无线以太网等。上述应用所需的数据传输速率大约为 1~3Gb/s,这促使人们寻找新的技术解决方案,60GHz 毫米波通信技术因此应运而生。从理论上看,要进一步提升系统容量,增加带宽势在必行。但是 10GHz

以下无线频谱分配拥挤不堪的现状已完全排除了这种可能,因此,要实现超高速无线数据传输,还需开辟新的频谱资源。自 2000 年以来,众多国家和地区相继在 60GHz 附近划分出 5～7GHz 的免许可连续频谱用于一般用途。北美和韩国开放了 57～64GHz 频段,欧洲和日本开放了 59～66GHz,澳大利亚开放了 59.4～62.9GHz,我国目前也开放了 59～64GHz 的频段。可以看出,开放的频段大体上是重合的,这非常有利于开发出世界范围适用的技术和产品。同时,我国开放的 59～64GH 频段基本处于这个重合部分中。这一频段上数吉赫的带宽资源奠定了实现吉位每秒级传输速率的基础,免许可特性又使得用户无须负担昂贵的频谱资源许可费用,因此 60GHz 毫米波通信成为实现超高速室内短距离应用的必然选择,也是相关学术团体和标准化组织的最新研究热点。

6. 近场通信技术

近场通信技术(Near Field Communication,NFC)是一种短距离的高频无线通信技术,允许电子设备之间利用非接触式点对点数据传输(在 10cm 内)交换数据,具有距离近、带宽高、能耗低等特点。这个技术由非接触式射频识别演变而来,并向下兼容 RFID,最早是由飞利浦(Philips)公司、诺基亚(Nokia)公司和索尼(Sony)公司共同开发的。NFC 是一种非接触式识别和互联技术,可以让消费者简单直观地交换信息,访问内容与服务。由于 NFC 具有天然的安全性,因此,该技术被认为在手机支付等领域具有很大的应用前景。

NFC 将非接触读卡器、非接触卡和点对点(peer-to-peer)功能整合在一块芯片中。NFC 是一个开放接口平台,可以对无线网络进行快速、主动设置。它也是虚拟连接器,服务于现有蜂窝网络、蓝牙和无线 IEEE 802.11 设备。NFC 最初仅是遥控识别和网络技术的合并,但现在已发展成无线连接技术。它能快速自动建立无线网络,为蜂窝设备、蓝牙设备、WiFi 设备提供虚拟连接,使电子设备可以在短距离范围进行通信。通过 NFC 可实现多个设备(如数码相机、PDA、机顶盒、计算机、手机等)之间的无线互联和数据交换服务。与蓝牙等短距离无线通信标准不同的是,NFC 的作用距离进一步缩短,而且不像蓝牙那样需要有对应的加密设备。

3.2.4　低功耗广域网技术

面对未来物联网百亿级的接入需求,传统通信技术和短距离通信技术都存在一定的不适应性,相比较而言,移动蜂窝网络虽然具备覆盖广、移动性强、终端承载量大的属性,然而过高的成本对于移动性较低、通信不频繁、数据量较小的物与物之间的通信来说,移动蜂窝网络技术与物联网的大连接场景与之不相适应。另外,短距离通信技术受限于过短的通信距离,无法满足物联网远距离和广覆盖的需求。因此,一种覆盖广、成本低、部署简单、支持大连接的物联网网络接入技术——低功耗广域网(Low-Power Wide-Area Network,LPWAN)应运而生,该技术旨在实现物联网中分布极其广泛、数量极大的"物"之间的互联互通。

LPWAN 是当今全球物联网领域的一大研究热点。该研究方向最早在 2012 年于欧美开始兴起。目前,LPWAN 已在全球范围内形成多个技术阵营,但大体上可以分为两个方向:一类是工作于授权频谱下,3GPP 支持的窄带物联网(Narrow-Band Internet of Things,

NB-IoT)、eMTC(enhanced Machine-Type Communication,增强机器类型通信)等技术;另一类是工作于未授权频谱的 LoRa、Sigfox 等技术。本节选取 NB-IoT 和 LoRa 为代表进行阐述。

1. NB-IoT 技术

NB-IoT 由 3GPP 负责标准化,是为了克服物联网主流蜂窝标准设置中的功耗高和距离限制而提出的使用授权频谱的技术。它基于现有的移动蜂窝网络,使用长期演进(Long Term Evolution,LTE)的无线技术,可缩短开发全系列技术规范的时间。对于采用授权频谱的电信运营商来说,该技术可通过对现有蜂窝设备升级的方式,使运营商能够低成本、高效率地切入新兴的物联网市场。

NB-IoT 具备四大特性:一是广覆盖,在同样的频段下,NB-IoT 比现有的网络增益提高 20dB,覆盖面积扩大 100 倍;二是具备支撑海量连接的能力,NB-IoT 一个扇区能够支持 10 万个连接;三是功耗,NB-IoT 终端模块的待机时间可长达 10 年;四是模块成本更低。

2. LoRa 技术

LoRa(Long Range,超远距离)是美国 Semtech 公司的私有物理层技术,主要采用了窄带扩频技术,抗干扰能力力强,大大提高了接收灵敏度,在一定程度上奠定了 LoRa 技术的远距离和低功耗通信性能的基础。为了推广 LoRa 技术在物联网领域中的应用,Semtech 公司联合 IBM、Actility 和 Microchip 等公司于 2015 年 3 月成立了 LoRa 全球技术联盟,以 LoRa 技术为基础共同开展 LoRa WAN 标准的制定工作并构建产业生态系统。LoRa WAN 是一个开放标准,是为 LoRa 远距离通信网络设计的一套通信协议和系统架构。作为 LPWAN 技术之一,LoRa 具备长距离、低功耗、低成本、易于部署、标准化等特点。

LoRa 采用线性扩频调制技术,高达 157dB 的链路预算(link budget)使其通信距离可达 15km 以上(与环境有关),在空旷的地方甚至更远。相比其他广域低功耗物联网技术(如 Sigfox),LoRa 终端节点在相同的发射功率下可与网关或集中器进行更长距离通信。LoRa 采用自适应数据速率策略,优化每一个终端节点的通信数据速率、输出功率、带宽、扩频因子等,使其接收电流低达 10mA,休眠电流小于 200nA,从而使电池寿命有效延长。LoRa 网络工作在非授权的频段,前期的基础建设和运营成本很低,终端模块成本约为 5 美元。LoRa WAN 作为 LoRa 终端低功耗和网络设备兼容性定义的标准化规范,保证了不同模块、终端、网关、服务器之间的互操作性。

3.3　智慧物流数据处理与计算技术

智慧物流数据处理与计算技术是智慧物流与供应链系统中的核心技术。智慧物流数据处理与计算技术主要包括大数据技术、数据挖掘技术、机器学习技术、云计算技术、雾计算与边缘计算技术、人工智能技术、数字孪生技术、VR/AR 技术等。智慧物流数据处理与计算技术充分利用物流系统中的数据,与行业、企业需求相结合,实现物流信息的智慧化应用。

3.3.1 大数据技术

1. 大数据及其典型特征

随着信息技术的不断进步和相关需求的不断增加,信息系统中产生的数据量呈现出爆炸式增长的趋势。大数据是指无法用现有的软件工具提取、存储、搜索、共享、分析和处理的海量的、复杂的数据集合。它不仅包括海量数据和大规模数据,而且包括复杂的数据类型。在数据处理方面,数据处理的响应时间由传统的周、天、小时级降为分、秒级,需要借助云计算、物联网等技术降低处理成本,提高数据处理的效率。

大数据的典型特征可以总结为 5 个 V,即 Volume(指数据体量巨大)、Variety(指数据种类和来源多样)、Value(指数据价值密度低)、Velocity(指数据产生和处理速度快)、Veracity(指数据真实可信)。

1)数据体量巨大

在大数据时代,数据数量急剧增长,数据规模已从 TB 级增长到 PB 级,并且不可避免地增长到 ZB 级。

2)数据种类和来源多样

随着传感器、智能设备及社交协作技术的激增,企业中的数据也变得更加复杂,因为它不仅包含传统的关系型数据,还包含来自网页、互联网日志、搜索引擎、社交媒体、电子邮件、文档、主动和被动系统的传感器数据等原始半结构化和非结构化数据。

3)价值密度低

随着物联网的广泛应用,信息感知无处不在,信息量激增,数据价值密度较低。如何通过强大的机器算法更迅速地完成数据的价值提纯,是大数据时代亟待解决的难题。以视频为例,在连续监控过程中,可能有用的数据仅仅有一两秒,这就需要利用相应的视频数据挖掘技术发现和筛选有价值的信息。

4)数据产生和处理速度快

数据产生和处理的速度大大提升。为了有效地处理大数据,需要在数据变化的过程中对它的数量和种类进行分析。

5)数据真实可信

保证数据的真实性、准确性和可信度,是得到有效结论的关键。

2. 大数据技术分类

大数据技术是通过数据的整合共享、交叉复用形成的智力资源和知识服务能力,是应用合理的数学算法或工具从数据中找出有价值的信息,为人们带来利益的一门新技术。大数据核心问题的解决需要大数据技术。大数据领域已经涌现出大量新的技术,它们成为大数据采集、存储、处理和呈现的有力武器。今后大数据技术将在多个领域得到发展应用。大数据技术在我国物流领域的应用有利于整合物流企业,实现物流大数据的高效管理,从而降低物流成本,提升物流整体服务水平,满足客户个性化需求。

根据大数据技术处理的 5 个主要环节,大数据技术可以分为大数据捕捉技术、大数据存储管理技术、大数据处理技术、大数据预测分析技术、大数据可视化技术 5 类,其中大数据捕捉技术是其他技术应用的基础。

1）大数据捕捉技术

大数据捕捉是指通过社交网站、搜索引擎、智能终端等途径获得包括普通文本、照片、视频、位置信息、链接信息等在内的类型多样的海量数据。大数据捕捉环节是大数据预测分析的根本，是大数据价值挖掘最重要的一环，其后的集成、分析、管理都构建于大数据捕捉的基础之上。大数据捕捉可以采用条形码、RFID、GPS/GIS 等技术以及 Web 搜索、社交媒体等途径。

2）大数据存储管理技术

大数据存储管理是用存储器把采集到的数据存储起来，建立相应的数据库，并进行管理和调用。大数据存储系统不仅需要以极低的成本存储海量数据，还要适应多样化的非结构化数据管理需求，具备数据格式上的可扩展性。大数据存储管理技术包括云存储技术、SQL/NoSQL 技术、分布式文件系统等。云存储技术是通过集群应用、网络技术或分布式文件系统等，将网络中大量各种不同存储设备集合起来协同工作，共同对外提供数据存储和业务访问功能的一个系统。NoSQL 技术是通过不断增加服务器节点扩大数据存储容量的技术。分布式文件系统可以使用户更加容易访问和管理物理上跨网络分布的文件，可实现文件存储空间的扩展并支持跨网络的文件存储。

3）大数据处理技术

大数据处理技术主要完成对已接收数据的辨析、抽取、清洗等操作。因为获取的数据可能具有多种结构和类型，数据抽取过程可以将复杂的数据转化为单一的或者便于处理的结构和类型，以达到快速分析和处理的目的。大数据处理技术包括批处理技术、交互式处理技术、流式处理技术。批处理技术适用于先存储后计算，实时性要求不高，同时数据的准确性和全面性更为重要的情况。流式数据处理是对实时数据进行快速的处理。交互式数据处理是操作人员和系统之间存在交互作用的信息处理方式，具有数据处理灵活、直观、便于控制的特点。

4）大数据预测分析技术

大数据预测分析技术除了对数量庞大的结构化和半结构化数据进行高效率的深度分析、挖掘隐性知识外，还包括对非结构化数据进行分析，将海量、复杂、多源的语音、图像和视频数据转化为机器可识别的、具有明确语义的信息，进而从中提取有用的知识。大数据预测分析技术包括关联预测分析、聚类预测分析及联机预测分析。关联预测分析是一种简单、实用的分析技术，用来发现存在于大量数据集中的关联性或相关性，从而描述事物中某些属性同时出现的规律和模式。聚类预测分析是将研究对象分为相对同质的群组的统计分析技术，是一种探索分析技术。联机预测分析是处理共享多维信息的、针对特定问题的联机数据访问和联机分析处理的快速软件技术。

5）大数据可视化技术

数据可视化是把数据转换为图形的过程。通过可视化技术，大数据可以以图形、图像、曲线甚至动画的方式直观展现，使研究者观察和分析用传统方法难以总结的规律。可视化技术主要可以分为文本可视化技术、网络（图）可视化技术、时空数据可视化技术、多维数据可视化技术等。文本可视化是将文本中蕴含的语义特征直观地展示出来，典型的文本可视化技术是标签云，将关键词根据词频或其他规则进行排序，按照一定规律进行布局排列，用大小、颜色、字体等图形属性对关键词进行可视化。网络（图）可视化的主要内容是将网络节点和连接的拓扑关系直观地展示，H 状树、圆锥树、气球图等都属于网络可视化技术。时空数据是指带有地理位置与时间标签的数据。时空数据可视化重点对时间与空间维度及与之相关的信息对象属性建立可视化表征，对与时间和空间密切相关的模式及规律进行展示，流式地图是一种典型的时空数据可视化技术。多维数据指的是具有多个维度属性的数据变量，常用的多维数据可视化技术有散点图、投影、平行坐标等。

3. 大数据技术在智慧物流中的应用

随着信息技术的飞速发展，特别是云计算、物联网技术的成熟，推动了以大数据应用为标志的智慧物流产业的兴起。大数据的最大特点是通过现有的数据分析规律，通过大数据技术进行信息化、高效率的管理，有利于实时掌控物流各个环节的数据，提高配送效率，减少损耗。同时，随着市场的发展，客户的选择越来越多，竞争更加激烈。企业通过对数据进行分析和挖掘，就可以进一步巩固和客户之间的关系，为顾客提供更好的服务，增加客户的信赖，培养客户的黏性；数据分析还能帮助物流企业做出正确的决策。大数据技术在智慧物流中的应用主要体现在以下 3 个层面。

1）大数据在商物管控层面的应用

商物管控是指物流运营宏观层面的应用，包括商品品类、物流网络及物品的流量流向等领域的应用。利用大数据工具和统计模型对数据库的数据进行仔细研究，以分析客户的商物需求、运输习惯和其他战略性信息。通过检索数据库中近年来的流量流向数据以及商品类型的信息，从更广域的数据范围（如企业营销数据、信息检索数据、Web 搜索数据等）获得智慧物流中的商品数量分布、需求分布、商品来源等信息，可以对商品的季节性、运输量、货物品类和库存的趋势、消费者购物习惯、消费倾向等进行大数据分析，并对供需、数量、品类做出决策，更好地满足客户个性化需求，即有针对性地为用户选择符合其消费心理和习惯的商品信息。

2）大数据在物流供应链运营层面的应用

大数据在物流供应链运营层面的应用主要体现在以下几方面：

（1）连贯物流供应链各方、各环节。大数据在智慧物流供应链运营层面的应用包含供应商、经销商、客户、物流服务商乃至供应商的供应商、客户的客户等，从源头上和过程中帮助企业应用大数据，逐渐成为企业运营决策的"大脑"，帮助企业在供应链的采购物流、生产物流、销售物流、客户管理等环节打造企业决策所需的数据链。

（2）实时信息掌控。通过对外部数据和内部数据的实时掌控与推送、分析，使供需双方在最适当的时机得到最适用的市场信息，获取快速变化的需求信号，及时了解渠道伙伴和终端的销售数据，匹配分布的供应库存信息，准确掌控物流在途情况。

（3）及时响应与优化。通过物流供应链相关信息的获取及分析，优化采购物流协同业务执行，并迅速掌握整个供应链各环节的运作情况，提出问题的解决方案，制订相应的行动计划，实现供应链运营的高效、快捷和决策正确性，避免供应链供应缺乏或供应过剩、生产与运输之间不协调、库存居高不下等弊端。

3）大数据在业务管理层面的应用

大数据在业务管理层面的应用主要体现在以下几方面：

（1）信息及时交互响应。在智慧物流业务管理层面,在大数据环境下利用 RFID、条形码技术及 GPS、GIS 等信息采集技术进行货物信息捕捉,并把实时信息推送到物流系统中存储并进行数据处理,有助于识别运输行为,提高运输效率,及时做出应急响应,发现配送新模式和趋势,获得更强的核心竞争力,减少物流成本。

（2）仓储品类分配。通过消费需求等相关信息的大数据分析运算,对区域仓储商品品类进行有针对性的分配和优化,有效避免缺货和断货。基于透明化的物流追踪系统,通过仓储网络的数据共享、数据提取和物品全程监控,实现物流的动态管理,优化区域货品调配,降低物流成本,提高货品调度反应速度。

（3）运输库存优化。将运输数据和库存数据集中起来,通过数据分析,以决定对哪些货物进行优先发货,以确保适当的库存。将库存信息和货物预测信息通过电子数据交换直接送给客户,这样可以定期增加或者减轻库存。物流商也可减少自身负担;利用路径历史数据记录,在不同时间段选择最优路径,提高运输配送效率。同时还可以根据海量用户数据预测用户的购买行为,以提前配货运输,有效缩短商品到达时间。

3.3.2 数据挖掘技术

1. 数据挖掘技术的概念

数据挖掘(data mining)是指从数据集合中自动抽取隐藏在数据中的有用信息的过程。这些有用的信息的表现形式为规则、概念、规律及模式等,它们可以帮助决策者分析历史数据和当前数据,并从中发现隐藏的关系和模式,进而预测未来可能发生的行为。数据挖掘的主要特点是对数据库中的大量数据进行抽取、转换、分析和其他模型化处理,并从中提取辅助决策的关键性数据。

2. 数据挖掘的功能

数据挖掘通过预测未来趋势及行为,做出前瞻性的、基于知识的决策。数据挖掘的目标是从数据库中发现隐含的、有意义的知识。数据挖掘主要有以下 5 个功能。

1）自动预测趋势和行为

在大型数据库中寻找预测性信息,以往需要进行大量手工分析的问题如今可以迅速、直接地由数据本身得出结论。典型的例子是市场预测问题,数据挖掘利用过去有关促销的数据寻找未来投资中回报最大的用户。其他典型的可预测问题有预报破产以及认定对指定事件最可能做出反应的群体等。

2）关联分析

数据是数据库中存在的重要的、可被发现的知识。若两个或多个变量的取值之间存在某种规律性,就称之为关联。关联可分为简单关联、时序关联、因果关联。关联分析的目的是找出数据库中隐藏的关联网。有时并不知道数据库中数据的关联;即使知道存在关联,这种关联也是不确定的。因此,关联分析生成的规则带有可信度。

3）聚类分析

数据库中的记录可被划分为一系列有意义的子集,即聚类。聚类增强了人们对客观现实的认识,是概念描述和偏差分析的先决条件。聚类技术主要包括传统的模式识别方法和数学分类学。20 世纪 80 年代初,Mchalski 提出了概念聚类技术及其要点,即在划分对象时不仅要考虑对象之间的距离,还要求划分出的类具有某种内涵描述,从而避免了传统技术的某些片面性。

4)概念描述

概念描述就是对某类对象的内涵进行描述,并概括这类对象的有关特征。概念描述分为特征性描述和区别性描述,前者描述某类对象的共同特征,后者描述不同类对象之间的区别。生成一个类的特征性描述只涉及该类对象中所有对象的共性。生成区别性描述的方法有很多,如决策树方法、遗传算法等。

5)偏差检测

数据库中的数据常有一些异常记录,称为偏差。从数据库中检测这些偏差很有意义。偏差包括很多潜在的知识,如分类中的反常实例、不满足规则的特例、观测结果与模型预测值的误差、量值随时间的变化等。偏差检测的基本方法是寻找观测结果与预测值(或参照值)之间有意义的差别。

3. 数据挖掘常用技术

常用的数据挖掘技术包括关联分析、序列分析、分类分析、聚类分析、预测分析及时间序列分析等。

1)关联分析

关联分析主要用于发现不同事件之间的关联性,即一个事件发生的同时,另一个事件也经常发生。关联分析的重点在于快速发现那些有实用价值的关联发生的事件,其主要依据是事件发生的概率和条件概率应该符合一定的统计意义。

2)序列分析

序列分析主要用于发现一定时间间隔内接连发生的事件。这些事件构成一个序列。序列分析发现的序列应该具有普遍意义,其依据除了统计上的概率之外,还要加上时间的约束。

3)分类分析

分类分析通过分析具有类别的样本的特点,得到决定样本属于某种类别的规则或方法。其主要方法有基于统计学的贝叶斯方法、神经网络方法、决策树方法及支持向量机等。

4)聚类分析

聚类分析是根据物以类聚的原理,将本身没有类别的样本聚集成不同的类,并且对每一个这样的类进行描述的过程。其主要依据是:聚到同一类中的样本应该彼此相似,而属于不同类的样本应该有足够的不相似性。

5)预测分析

预测分析与分类分析类似,但预测分析是根据样本的已知特征估算某个连续类型的变量的取值过程,而分类分析则只是用于判别样本所属的离散类别而已。预测分析常用的技术是回归分析。

6)时间序列分析

时间序列分析的对象是随时间而变化的事件序列。时间序列分析的目的是预测未来发展趋势,或者寻找相似的发展模式,或者发现周期性发展规律。

3.3.3 机器学习技术

1. 机器学习技术的概念

机器学习(machine learning)是一门多领域交叉学科,涉及概率论、统计学、逼近论、凸分析、算法复杂度理论等多门学科。机器学习专门研究计算机怎样模拟或实现人类的学习行为,以获取新的知识或技能,重新组织已有的知识结构,使之不断改善自身的性能。

2. 机器学习的分类

按照学习策略的不同,机器学习可以分为模拟人脑的机器学习和直接采用数学方法的机器学习;按照学习方法的不同,机器学习可以分为归纳学习、演绎学习、类比学习和分析学习;按照训练方式的不同,机器学习可以分为监督学习、无监督学习和强化学习;按照数据形式的不同,机器学习可以分为结构化学习和非结构化学习;按照学习目标的不同,机器学习可以分为概念学习、规则学习、函数学习、类别学习和贝叶斯网络学习。

3. 常见算法

机器学习有以下几种常见算法。

1)决策树算法

决策树是一类将输入空间分成不同的区域,每个区域有独立参数的算法。决策树算法充分利用了树状模型,根节点到一个叶子节点是一条分类的路径规则,每个叶子节点表示一个类别。在决策树算法中,首先将样本划分成不同的子集,再递推进行子集划分,直至每个子集得到同类别的样本。然后,从根节点开始测试,到子树,再到叶子节点,即可得出预测类别。此方法的特点是结构简单,处理数据效率较高。

2)朴素贝叶斯算法

朴素贝叶斯算法是一种分类算法。该算法不是单一算法,而是一系列算法,它们都有一个共同的原则,即被分类的每个特征都与任何其他特征的值无关。朴素贝叶斯分类器认为这些特征中的每一个都独立地贡献概率,而不管特征之间的任何相关性。然而,特征并不总是独立的,这通常被视为朴素贝叶斯算法的缺点。简而言之,朴素贝叶斯算法允许使用概率给出一组特征来预测一个类。与其他常见的分类方法相比,朴素贝叶斯算法需要的训练很少。在进行预测之前必须完成的唯一工作是找到特征的个体概率分布的参数,这通常可以快速且确定地完成。这意味着即使对于高维数据点或大量数据点,朴素贝叶斯分类器也可以表现良好。

3)支持向量机算法

支持向量机算法的基本思想可概括如下:首先,利用某种变换将空间高维化,当然这种变换是非线性的;然后,在新的复杂空间取最优线性分类表面。由这种方式获得的分类函数在形式上类似于人工神经网络算法。支持向量机算法是统计学习领域中的一个代表性算法。它与传统的思维方法很不同,它通过提高维度使问题归结为线性可分的经典解问题。支持向量机算法主要应用于垃圾邮件识别、人脸识别等分类问题。

4)随机森林算法

控制数据树生成的方式有多种,根据前人的经验,大多数时候更倾向选择分裂属性和剪枝,但这并不能解决所有问题,偶尔会遇到噪声或分裂属性过多的问题。基于这种情况,人们提出了随机森林算法,它可以评估组合树学习器的拟合及预测精度。该算法的优点有很多,可以产生高精度的分类量,并能够处理大量的变量,也可以平衡分类数据集之间的误差。

5) 人工神经网络算法

人工神经网络是由神经元互相连接而成的。人工神经网络先要以一种学习准则去学习,然后才能工作。当人工神经网络判断错误时,通过学习使其减少犯同样错误的可能性。该算法有很强的泛化能力和非线性映射能力,可以对信息量少的系统进行模型处理。从功能模拟角度看,该算法具有并行性,且传递信息速度极快。

6) Boosting 与 Bagging 算法

Boosting(自适应提升)算法是一种通用的增强基础算法性能的回归分析算法。它不需构造一个高精度的回归分析,只需要有一个粗糙的基础算法即可,反复调整基础算法,就可以得到较好的组合回归模型。它可以将弱学习算法提升为强学习算法,可以应用到其他基础回归算法,如线性回归、人工神经网络等,以提高精度。Bagging(自动投票)算法和Boosting 算法大体相似,但又略有差别,其主要思想是:给出已知的弱学习算法和训练集,经过多轮计算得到一系列预测函数,最后采用投票方式预测函数进行判别。

7) 关联规则算法

关联规则算法用规则描述两个变量或多个变量之间的关系,是客观反映数据本身性质的算法。关联规则是机器学习的一大类任务,可分为两个阶段,先从数据集中找到高频项目组,再研究它们的关联规则。其得到的分析结果是对变量间规则的总结。

8) EM 算法

在进行机器学习的过程中需要用到极大似然估计等参数估计方法。在有潜在变量的情况下,通常选择 EM(期望最大化)算法。它不是直接对函数对象进行极大似然估计,而是添加一些数据进行简化计算,再进行极大化模拟。它是对本身受限制或比较难直接处理的数据的极大似然估计算法。

9) 深度学习

深度学习是机器学习领域一个新的研究方向。深度学习算法学习样本数据的内在规律和表示层次,在学习过程中获得的信息对文字、图像和声音等数据的解释有很大的帮助。它的最终目标是让机器能够像人一样具有分析学习能力,能够识别文字、图像和声音等数据。深度学习是一种复杂的机器学习算法,在语音和图像识别方面取得的效果远远超过先前的相关技术。

3.3.4　云计算技术

1. 云计算的概念与特点

云计算(cloud computing)是分布式计算的一种,指的是通过网络云将巨大的数据计算处理程序分解成无数个小程序,然后,通过多个服务器组成的系统对这些小程序得到的结果进行处理和分析并返回给用户。云实质上就是一个网络。从狭义上说,云计算就是一种提供计算资源的网络,使用者可以随时获取云上的计算资源,按需使用,并且可以将计算资源看成是无限扩展的,只要按使用量付费就可以。云就像自来水公司一样,我们可以随时接水,并且不限量,按照自己家的用水量付费给自来水公司就可以。从广义上说,云计算是与信息技术、软件、互联网相关的一种服务,这种计算资源共享池叫作云。云计算把许多计算资源集合起来,通过软件实现自动化管理,只需要很少的人参与,就能让计算资源被快速提供。也就是说,计算资源作为一种商品,可以在互联网上流通,就像水、电、煤气一样,可以方便地取用,且价格较为低廉。

2. 云计算的关键技术

云计算是一种新型的超级计算方式,它以数据为中心,是一种数据密集型的超级计算。其关键技术主要包括虚拟化技术、分布式海量数据存储技术、海量数据管理技术、分布式编程技术、云计算平台管理技术等。

1)虚拟化技术

虚拟化技术是指计算元件在虚拟的基础上而不是真实的基础上运行,它可以扩大硬件的容量,简化软件的重新配置过程,减少软件虚拟机相关开销并支持更广泛的操作系统。通过虚拟化技术可实现软件应用与底层硬件分离,包括将单个资源划分成多个虚拟资源的裂分模式,也包括将多个资源整合成一个虚拟资源的聚合模式。虚拟化技术主要应用在CPU、操作系统、服务器等多方面,是提高服务效率的最佳解决方案。

2)分布式海量数据存储技术

云计算系统由大量服务器组成,同时为大量用户服务,因此云计算系统采用分布式存储的方式存储数据,用冗余存储的方式(集群计算、数据冗余和分布式存储)保证数据的可靠性。这种方式可保证分布式数据的高可用性、高可靠性和经济性,即为同一份数据存储多个副本。

3)海量数据管理技术

云计算需要对分布的、海量的数据进行处理、分析,因此,数据管理技术必须能够高效地管理大量的数据。云计算系统中的数据管理技术主要是 Google 公司的 Chubby 数据管理技术和 Hadoop 团队开发的开源数据管理模块 HBase。如何在规模巨大的分布式数据中找到特定的数据,如何保证数据安全性和数据访问高效性,都是云计算的分布式海量数据管理技术必须解决的问题。

4)分布式编程技术

云计算提供了分布式计算模式,客观上要求必须有分布式编程技术。云计算采用了一种思想简洁的分布式并行编程模型 Map-Reduce,它是一种编程模型和任务调度模型,主要用于数据集的并行运算和并行任务的调度处理。

5)云计算平台管理技术

云计算平台管理技术能够使大量的服务器协同工作,方便地进行业务部署和开通,快速发现和恢复系统故障,通过自动化、智能化的手段实现大规模系统的可靠运营。

3.3.5 雾计算与边缘计算

雾计算(fog computing)是一种面向物联网的分布式计算基础设施,可将计算能力和数据分析应用扩展至网络边缘。它使用户能够在本地分析和管理数据,从而通过连接获得即时的见解。雾计算是一种对云计算概念的延伸,相比于云计算的高高在上和遥不可及,雾计算更贴近用户,就在你我身边。将数据从云端导入和导出实际上比人们想象的更为复杂,由于接入设备越来越多,在传输数据、获取信息时,带宽就显得不够用了,这就为雾计算的产生提供了空间。雾计算是介于云计算和个人计算之间的、半虚拟化的服务计算架构模型,它强调数量,不管单个计算节点能力多么弱,都要发挥作用。

雾计算有几个明显特征:低延时、位置感知、广泛的地理分布、适应移动性的应用、支持更多的边缘节点。这些特征使得移动业务部署更加方便,能满足更广泛的节点接入。与云计算相比,雾计算采用的架构呈分布式,更接近网络边缘。雾计算将数据、数据处理和应用程序集中在网络边缘的设备中,而不像云计算那样将它们几乎全部保存在云中。在雾计算中,数据的存储及处理更依赖本地设备,而非服务器。所以,云计算是新一代的集中式计算;而雾计算是新一代的分布式计算,符合互联网的去中心化特征。

边缘计算(edge Computing)是在靠近物或数据源头的网络边缘侧融合网络、计算、存储、应用核心能力的开放平台,就近提供边缘智能服务,满足行业数字化在敏捷连接、实时业务、数据优化、应用智能、安全与隐私保护等方面的关键需求。

一般而言,雾计算和边缘计算的区别在于:雾计算更具有层次性,而边缘计算依赖于不构成网络的单独节点。雾计算在节点之间具有广泛的对等互联能力;而边缘计算在孤岛中运行,其节点需要通过云实现对等流量传输。边缘计算和云计算都是处理大数据的计算运行方式。但不同的是,在边缘计算中,数据不用再传到遥远的云端,在边缘侧就能解决,更适合实时的数据分析和智能化处理,也更加高效和安全。

如果说物联网的核心是让每个物体智能连接、运行,那么边缘计算就是通过数据分析处理实现物与物之间传感、交互和控制。边缘计算作为一种将计算、网络、存储能力从云延伸到物联网边缘的架构,遵循“业务应用在边缘,管理在云端”的模式。

3.3.6 人工智能技术

人工智能(Artificial Intelligence,AI)是研究、开发用于模拟、延伸人的智能的理论、方法、技术及应用系统的一门技术学科。而其他关于动物或人造系统的智能也普遍被认为是其相关的研究课题。

人工智能是新一轮科技与产业变革的核心驱动力。对于物流行业来说,它可以看成是正在积累历次科技与企业变革的能量,并将其叠加释放,从而快速催生一系列物流领域新型产品、服务与业态结构。在其创新驱动作用下,出现了很多引发新一轮物流智慧化行业变革的新型技术,如自动货物分拣系统、智能配送机器人、智能客服等。人工智能技术将成为未来物流行业极具竞争力的技术领域。之所以“人工智能＋物流”可以被业界快速接受和吸收,是因为人工智能能够实现物流行业的降本增效,这可以有效解决我国物流成本过高的问题,智慧物流 2.0 时代正全面开启。人工智能技术主要有以下 5 个物流应用场景。

1) 智能运营规则管理

未来将会通过机器学习,使运营规则引擎具备自学习、自适应的能力,能够在感知业务条件后进行自主决策。例如,未来人工智能可以针对电商高峰期与常态等不同场景,依据商品品类等条件自主设置订单生产方式、交付时效、运费、异常订单处理等运营规则,实现人工智能处理。

2）仓库选址

人工智能技术能够根据现实环境的种种约束条件,如客户、供应商和生产商的地理位置、运输经济性、劳动力可获得性、建筑成本、税收制度等,进行充分的优化与学习,从而给出接近最优解决方案的仓库选址建议。

3）辅助决策和自动决策

利用机器学习等技术自动识别人、物、设备、车的状态,学习优秀的管理和操作人员的指挥调度经验、决策等,逐步实现辅助决策和自动决策。

4）图像识别

利用计算机图像识别、地址库和卷积神经网络提升手写运单的机器有效识别率和准确率,大幅减少人工输入运单的工作量和差错率。

5）智能调度

通过对商品数量、体积等基础数据的分析,对各环节(如包装、运输车辆等)进行智能调度。例如,通过测算百万 SKU 商品的体积数据和包装箱尺寸,利用深度学习算法,由系统智能地计算并推荐耗材和打包排序,从而合理安排箱型和商品摆放方案。

3.3.7 VR/AR 技术

1. VR 技术及其应用

虚拟现实(VR)技术是近年来出现的高新技术,也称灵境技术或人工环境,是仿真技术与计算机图形学、人机接口、多媒体、传感等多种技术的集合。VR 技术利用计算机模拟产生实时动态的三维立体图像,提供关于视觉、听觉、触觉等感官的模拟,与使用者进行丰富、直观的交互,让使用者如同身临其境。

由于 VR 技术营造的是纯虚拟场景,其装备主要用于使用者与虚拟场景的交互。在智慧物流系统中,通过 VR 技术的应用,能够进行虚拟仿真,模拟物流场地、流程、物品和突发事件,以任务的形式对仓储、配送、运输、电商、装备、驾驶等场景进行可视化展示;通过 VR 技术的三维建模等方式,还可对类型各异的最新款机械载具、物流器材、物流装备进行全息展示;在物流设施的规划与展示领域,同样能够应用 VR 技术进行虚拟仿真,既便于对模型不断地修改、完善,又能够使参与设计者可以体验到建成后的逼真的效果,达到降低成本、提高效率、增强体验感的综合目标。

2. AR 技术及其应用

增强现实(AR)技术是借助计算机图形技术和可视化技术,构造现实环境中并不存在的虚拟对象,并通过传感技术将这一虚拟对象准确地"放置"在真实的环境中,借助显示设备将虚拟对象与真实环境融为一体,呈现给使用者一个感官效果真实的新环境。AR 技术作为新型的人机接口和仿真工具,为人类的智能扩展提供了强有力的工具,显示出巨大的应用潜力,受到日益广泛的关注。

AR 技术的核心价值在于实现更自然的人机交互,在教学培训、广告、医疗、维修、物流等行业都具有极高的应用价值。随着技术的不断发展,AR 技术在人工智能、CAD、图形仿真、虚拟通信、遥感、娱乐、模拟训练等许多领域带来了革命性的变化。

AR 技术在物流业的应用更是潜力无限,能解决物流活动中的诸多痛点。例如,在仓储环节,通过 AR 技术导引路线,作业人员能够迅速完成货位查找、拣选、包装等作业。作业人员通过佩戴 AR 眼镜(一般具有摄像头、全息投影屏幕、定位仪、陀螺仪、距离传感器、语音交互、手势交互等功能),能够方便地进行扫描,通过 AR 眼镜的全息投影技术,将屏幕显示与实物场景完全融合,并在实物上直接标记作业内容(从哪个货位取货,取什么货,取多少),配合语音提醒直观引导作业人员操作。

AR 也有助提升配送作业效率。据 DHL 公司调查,司机每天平均有四到六成的时间都浪费在从卡车里找出正确的货物。若导入 AR 技术,加上射频识别系统(RFID)的智慧标签,将有助于识别、定位和准确查找货物。

总之,VR/AR 技术的日益广泛应用将极大地改善物流作业环境与程序,对于仓储运营与运输作业的优化及"最后一公里"配送的交付来说,都有着深远的影响和广阔的前景。

3.4 智慧物流安全技术

网络信息安全是智慧物流区别于传统物流的标志所在。在发展智慧物流的过程中,网络信息安全也被提到一个更高的地位。物流信息系统的安全性缺陷导致了系统将会面临多重的安全隐患和安全威胁,如物流信息的泄密、网络恶意攻击、病毒的横行等。这就需要加强智慧物流信息的安全强度,形成一套强大的安全体系,保证智慧物流信息的安全可靠,促进智慧物流的健康发展。

3.4.1 智慧物流安全概念

当前,借助计算机和网络信息技术,有效地实现了物流的网络化。智慧物流信息系统在带来巨大好处的同时,由于网络信息技术的先天缺陷(如程序性、开放性等特征的存在),也时刻面临非常大的安全隐患,甚至可以说是安全危机。从本质上看,智慧物流信息系统构建的目的在于信息处理,信息处理客观上需要一个开放的平台,才能更好地保证企业在任何时间和任何空间范围内都能为客户提供其所需的相关物流信息服务。只有在信息系统中实现信息资源的有效共享,才能够更好地实现信息处理,所以智慧物流信息系统是作为一个开放的系统存在的,其开放性和物流信息资源的共享性必不可少。这些特征的存在客观上导致了智慧物流信息系统将会面临多重安全隐患和安全威胁。

3.4.2 物流数据加密技术

1. 数据加密技术的概念

所谓数据加密技术,就是发送方利用密码学的相关技术将一段数据(也称为明文,plain text)利用加密密钥(encryption key)并通过加密函数转换(一般是替换或移位等)成不代表任何具体意义而且杂乱无序的密文(cipher text),从而实现隐藏原始信息、保证其安全的目的。接收方在接收到加密的数据后,利用解密密钥(decryption key)并通过解密函数还原成原来的明文。高强度的加密算法是数据加密技术的核心,而密钥是加密算法的核心,数据存储、数据传输、数据完整性鉴别及密钥管理 4 部分组成了数据加密技术。

2. 数据加密方式的分类

1）根据位置加密的方式

物联网中的感知节点或终端设备一般无人值守,终端节点获得的数据通过移动网络传输到信息中心进行信息处理。目前的移动网络中可以利用网络层链路加密方式保证数据传输安全,也可以利用业务层的端到端加密方式实现用户数据端到端的安全。

2）根据算法类型加密的方式

根据算法类型加密的方式一般又被分为对称加密技术和非对称加密技术两种。对称加密技术是秘密密钥加密体制,加密运算与解密运算使用同样的密钥,加密密钥提前协商,不对外公布,只有通信双方知道。非对称加密技术是公开密钥密码体制,加密密钥是公开的,所有人都可以知道加密密钥并用于加密;但是解密密钥是保密的,只能由解密方掌握。所以,非对称加密中的加密运算与解密运算使用不同密钥。

3.4.3 物联网认证与安全

1. 物联网认证机制

由于现有网络安全机制考虑的是人与人之间的通信安全问题,其安全机制也是适用于人与人之间的通信场景,而物联网通信方式与人与人之间的通信方式存在一定的差别,因此现有网络安全机制,尤其是认证机制,在一定程度上并不适用于物联网。需要从以下几方面考虑专门针对物联网应用的认证机制。

1）业务认证问题分析

对于物联网业务,在目前已经存在接入认证的基础上,需要考虑是否还有必要进行业务层的认证。由于物联网终端上的应用比较单一,一般情况下,用户使用物联网业务、部署物联网终端设备都是为了单一应用目的。针对这个问题,有两种考虑思路:一是根据业务的归属情况考虑;二是根据业务信息的敏感程度考虑。

2）组认证问题分析

现有网络认证体系采用针对单个对象的一对一的认证方式,通过1~2轮的用户和归属服务器之间的交互完成用户与网络间的相互认证。现有的认证机制对于每个用户接入网络或位置更新时都要执行一次认证过程,认证过程中同时包括推演用户与网络建立安全连接所需的密钥信息的过程。对于现有移动通信网络应用来说,终端数量不是很大,且大量终端同时接入同一接入网的可能性较小,现有网络认证体系可以满足移动通信网络中的物流业务应用。

3）统一认证问题分析

在目前的通信网络中,存在多种接入方式,每种接入方式都对应着不同的安全机制。在物联网中,由于物联网终端多数情况下是针对专门的业务而设计的,网络接入方式相对固定,因此,为减少在安全机制方面的开销,物联网终端是否可以设计为单模终端的问题值得考虑,统一的接入认证方式是否有必要引入的问题也值得考虑。

2. 物联网层面的智慧物流安全

物联网层面的智慧物流安全涉及以下几方面。

1）与终端节点相关的安全问题

由于物联网应用多种多样，其终端设备类型也具有多样性，包括传感器节点、RFID 标签、近距离无线通信终端、移动通信终端、摄像头及传感网络网关等。按照终端设备节点与网络的关系划分，有接入感知网络的节点以及直接接入通信网络的终端节点。相对于传统移动网络而言，由于物联网中的终端设备处于无人值守的环境中，缺少了人对终端节点的有效监控，因而终端节点更具有脆弱性，也面临更大的安全威胁。

2）与感知网络相关的安全问题

在目前的传感器网络中，传感器节点由于受到能量和功能限制，其具有的安全机制较少，安全保护功能较弱，并且由于传感器网络目前尚未完全实现标准化，所以导致其中的消息和数据传输的协议也没有统一的标准，从而无法提供一个统一的安全保护体系。因此，传感器网络除了可能面临与现有网络相同的安全威胁外，还可能面临一些特有的威胁。

3）与通信网络相关的安全问题

现有通信网络是面向人与人的通信方式设计的，通信终端的数量远远少于物联网中的终端数量，因而通信网络的承载能力有限，面临的安全威胁也会增加。

4）与物联网应用相关的安全问题

物联网应用非常广泛，涉及各行各业，其应用安全问题除了现有通信网络中出现的业务滥用、重放攻击、应用信息窃听和篡改等安全问题外，还存在更为特殊的应用安全问题及威胁。

5）与控制管理相关的安全问题

与控制管理相关的安全问题主要存在于以下几方面：

（1）远程配置、更新终端节点上的应用时的安全问题。由于物联网中的终端节点数量巨大，部署位置广泛，人工更新终端节点上的应用变得更加困难，远程配置、更新终端节点上的应用则更加重要，因此需要提供对远程配置、更新时的安全保护能力。此外，病毒、蠕虫等恶意攻击软件可以通过远程通信方式植入终端节点，从而导致终端节点被破坏，甚至会对通信网络造成破坏。

（2）配置管理终端节点的特征时的安全问题。攻击者可以伪装成合法用户，向网络控制管理设备发出虚假的更新请求，使得网络为终端配置错误的参数和应用，从而导致终端不可用，破坏物联网的正常使用。

（3）安全管理问题。在传统网络中，由于需要管理的设备较少，对于各种业务的日志审计等安全信息由各自业务平台负责。而在物联网环境中，由于物联网终端无人值守，并且规模庞大，因此，如何对这些终端的日志等安全信息进行管理成为新的问题。

6）恶意代码防御

在物联网场景下，多数物联网终端设备都处于无人值守状态，一旦有蠕虫、病毒入侵，很难被及时发现，并且很容易导致更大范围的蔓延。此外，由于感知网络中的数据多通过广播或多播的方式传输，会导致病毒的扩散途径大大增加。从这个角度来说，蠕虫、病毒对物联网应用的威胁远远大于对普通应用的威胁。

此外，由于物联网终端设备和传感器节点部署广泛，且传感器网络节点的防护能力较低，攻击者能找到更多的进行 DDoS(Distributed Denial of Service，分布式拒绝服务)攻击的漏洞或条件,通过在物理层及协议层干扰用户数据、信令/控制数据,或者假冒合法物联网用户及其终端设备,从而干扰或阻止合法用户的正常业务使用。因此物联网业务暴露在DDoS攻击威胁下的可能性也会比普通应用更大。由于物联网的特殊应用场景,也导致物联网业务面临的病毒、DDoS攻击威胁比普通应用更大。因此,物联网防御病毒、DDoS攻击的力度需要加强。

7）位置检测机制

由于物联网终端设备通常被部署在高风险的区域,并且由于无人值守,终端设备更容易被破坏、盗取等。而且,在某些物联网应用中,终端设备不允许被非法移动,但可以根据用户的要求移动到授权的区域,因此当终端设备移动后,网络侧应能够检测出终端设备是否被非法移动。当检测到这些事件时,网络应能够采取某些特殊的措施,以减少用户的损失。因此,为防止物联网终端设备被非法移动到未授权的区域使用,网络应提供位置管理机制以检测、管理物联网终端设备的位置信息。

8）隐私保护

在物联网中,机器与机器间可以直接通信而不需要人的参与,一些带有个人隐私内容的信息很容易被非法攻击者利用机器通信的特点窃取。在射频识别系统中,带有电子标签的物品可能不受控制地被恶意入侵系统者扫描、定位和追踪,这势必会使物品所有者的个人隐私信息被泄露。用户隐私包括通信中的用户数据、用户的个人信息(如通过物联网应用的使用情况判定用户所在位置、使用时间)等。

在技术上,可以通过授权认证、加密等安全机制保证用户在通信中的隐私安全。通过授权认证机制使得只有合法用户才能读取相应级别的数据;通过加密机制使得只有拥有解密密钥的合法用户才能读取物联网终端上的信息,并保证信息在传输过程中不被中间人监听。在管理上,对物联网终端设备的数据读取需要作出严格的操作规定,需要对数据进行读写操作的详细日志管理,对物联网用户的数据操作人员进行相应的管理限制等。在法律法规上,需要政府针对物联网安全制定相应完善的法律法规,以约束人们的行为,减少物联网用户隐私泄露风险。

3.5　智慧物流区块链技术

区块链是分布式存储、点对点传输、共识机制、加密算法等技术的集成应用。区块链通过链式数据结构和分布式存储的方式存储数据,利用点对点网络和共识机制进行数据传输,依托智能合约完成数据处理,最终实现数据的可信传输和安全存储。将区块链技术应用在智慧物流系统中,可以打通数据孤岛、连接数字资产、整合行业资源、保障交易安全、促进行业互信,有效解决物流系统中信息透明度低、货物全程可追溯难度大、业务协作效率低等问题。

3.5.1　区块链的概念与特征

1. 区块链的概念

2008年,中本聪第一次提出了区块链的概念。区块链技术涉及数学、密码学、互联网和计算机编程等多个领域的科学技术问题。在《中国区块链技术和应用发展白皮书》中,区块链技术被定义为:利用块链式数据结构验证与存储数据、利用分布式节点共识算法生成和更新数据、利用密码学的方式保证数据传输和访问的安全、利用由自动化脚本代码组成的智能合约编程和操作数据的一种全新的分布式基础架构与计算范式。

有的学者认为,区块链从本质上说是一个共享数据库,存储于其中的数据或信息具有不可伪造、全程留痕、可以追溯、公开透明、集体维护等特征。基于这些特征,区块链技术奠定了坚实的信任基础,创造了可靠的合作机制,具有广阔的应用前景。

有的学者认为,区块链是借助密码学串联并保护内容的串联文字记录(又称区块)。每个区块包含了前一个区块的加密散列、相应时间戳及交易数据,这样的设计使得区块内容具有难以篡改的特性。用区块链技术串联的分布式账本能有效地记录双方的交易,且此交易可被永久查验。

有的学者认为,区块链是一种在信息技术组合基础上构建的平等、自主、可控的公共数据模型及信息技术范式。它以链式数据结构、点对点网络和分布式存储技术为基础,以共识机制、哈希算法和非对称加密技术为支撑,通过构建多元化中心、分布式共享、全程可监管的信息处理系统或平台,最终通过新基础设施实现高效能业务连接,通过新发展空间实现高品质产业生态,通过新管理机制实现高自主业务运作,从而形成新型信息世界的生态体系。

不同学者提出的区块链定义虽然不同,但是都包含了分布式数据存储、难以篡改等特点。随着区块链技术的不断发展和应用的不断深入,区块链的概念也会变得更加丰富、完善。

2. 区块链的特征

区块链的特征可以总结为多元化中心、分布式共享、私密化通信、可信化网络和全程化监管5方面。多元化中心、分布式共享和私密化通信为区块链技术的固有特征,而可信化网络和全程化监管则为区块链应用效果的主要表现。

1) 多元化中心

多元化中心是指在区块链中存在多个能够进行账本维护的节点。最初的区块链共识机制构造了一种完全去中心化的网络,即每个节点的权利与义务相同,共同维护区块链账本并参与共识。而由于完全去中心化网络的运行效率较低、耗能较大,因此出现了构建多元化中心网络的共识机制。在多元化中心网络中,部分能力较强的节点轮流作为记账节点维护区块链账本。多元化中心网络与完全去中心化网络相比具有更高的效率,而与中心化网络相比则有更强的稳定性与安全性。

2) 分布式共享

区块链通过分布式存储技术使得每个节点均存储了完整的账本数据,并可以进行数据读取、交易记录、系统维护、交易验证和信息传输。当某个节点存储的账本数据受损或被篡改时,可以从其他节点共享到完整的数据,因此少数节点的故障并不会影响整个区块链。分布式共享使得区块链具有更高的稳定性。

3) 私密化通信

非对称加密技术使得区块链各节点间的数据传输具有私密性。各个节点以私钥作为保密的身份标识,以公钥作为公开的身份标识。节点通过公钥与其他节点进行联系,而通过私钥接收来自其他节点的消息。区块链并不关注拥有私钥的用户的身份,因此保护了用户的隐私。

4)可信化网络

区块链通过算法建立信任关系,构建一个可信化网络。链式数据结构保证了区块链中数据的真实可信,智能合约确保了契约的自动执行,分布式存储保证了交易的全程透明。在区块链构建的可信化网络中,交易的双方无须由第三方进行信任背书便可建立信任关系,最终实现交易效率的提升、交易成本的降低。

5)全程化监管

全程化监管是区块链最显著的特征,也是区块链实现的必要条件。区块链真实地记录了从创世区块诞生以来的所有交易,形成可以追溯的完整的历史记录。通过该记录可以对历史上的每笔交易进行检索、查找和验证。该记录与区块链的验证过程相结合,使得被篡改的数据无法经过区块链的验证,从而确保了数据的真实性和安全性。

3.5.2 区块链的核心技术和技术架构

1. 区块链的核心技术

区块链的核心技术包括数据技术、网络技术、共识技术、合约技术和跨链技术等。

1)数据技术

数据技术主要包括构成区块链所用的数据结构和机密技术等。区块链的数据采用"区块+链"的结构,在区块链中,数据以区块的方式永久存储。每个区块包含区块头和区块体。区块头包含哈希指针、时间戳和数字签名,区块体则包含经过验证的、区块创建过程中产生的所有交易信息。不同的区块通过哈希指针相连,形成链式结构。每个区块头中都包含上一个区块的哈希值,使区块与区块之间产生关系,这种关系便称为链。通过哈希值相连形成的链式结构是区块链不可篡改性的基础。

时间戳是一个通过加密形成的凭证文件,它包含了需要加密内容的摘要和生成的时间,它可以表示一份数据在某个特定的时间之前就已经存在。在区块链中,每个新的区块在生成时都会被打上时间戳,记录该区块的生成时间,各个区块按照生成时间先后顺序相连,形成区块链。时间戳的存在保证了区块链机制中的内容难以被篡改。

哈希函数是类数学函数,它可以在有限的时间内将任意长度的消息压缩为固定长度的二进制串,其具有抗碰撞性、逆向困难性和难题友好性。哈希函数被应用于区块链的链式结构中,由哈希函数生成的哈希指针和数字签名保证了区块链数据的不可篡改性。

默克尔树(Merkle tree)又称二叉哈希树,是一个由加密哈希值组成的二叉树,可以高效汇总和验证大数据集的完整性。每个区块的交易信息以默克尔树的形式存储。每笔交易通过哈希算法得到一个哈希值,不同的哈希值向上继续进行哈希运算,最终形成一个唯一的默克尔根,被存放在区块头中。默克尔树中的默克尔根可以确保区块内的数据不会被篡改,默克尔树的分支也可以对部分数据进行校验,从而实现快速和高效的数据验证。

与非对称加密技术对应的是对称加密技术。在对称加密技术中,加密与解密用的是相同的密钥,过程快速而简单。而非对称加密技术的密钥是由公钥和私钥组成的,公钥可以发给任何发出申请的人,私钥只能由用户保管。若使用公钥对数据进行加密,那么只有对应的私钥才能解密;若使用私钥对数据进行加密,只有对应的公钥才能解密。加密与解密需要使用不同的密钥,所以该算法被称为非对称加密。在区块链中,非对称加密技术可以用于数据的加密传输和数字签名。

2）网络技术

区块链网络是一个点对点网络,没有中心服务器,信息的传播、校验和记录工作均由网络中的所有节点共同完成。区块链的网络技术包括在点对点网络中各个节点保持联系的方式,如 P2P 网络、数据传播机制和数据验证机制。

3）共识技术

共识技术包括各类共识机制,也称共识算法。共识机制保证区块链各个节点在进行数据复制时的一致性。常见的共识机制有工作量证明机制、股权证明机制和股份授权证明机制。

4）合约技术

合约层封装区块链中的各类脚本代码及更为复杂的智能合约。合约层是实现区块链可编程性和进行数据操作的基础,能够降低人工干预成本和运行风险。

5）跨链技术

跨链技术泛指两个或多个不同区块链上的资产通过特定的可信机制互相转移、传递和交换的技术。目前主流的跨链技术有公证人机制、侧链技术和哈希时间锁定 3 种。

2. 区块链的技术架构

区块链的技术架构可以分为基础层、核心层、服务层、接口层、应用层和用户层,如图 3-6 所示。

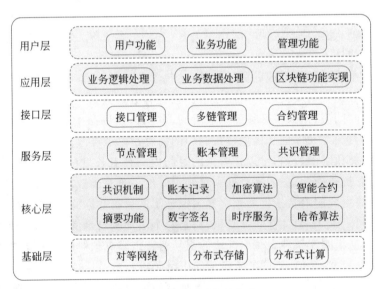

图 3-6　区块链的技术架构

1）基础层

基础层是区块链正常运行所需的运行环境和基础组件,包括对等网络、分布式存储和分布式计算。对等网络是区块链运行系统的底层拓扑结构,其通过对等网络协议组织区块链中的各个网络节点,节点之间通过点对点通信协议进行信息交换以支撑上层功能。分布式存储为区块链提供运行过程中的账本、交易信息等数据的写入及查询功能。分布式计算为区块链的运行提供计算功能,包括容器技术、虚拟机技术、云计算技术等。

2）核心层

核心层是区块链的核心部分,包括共识机制、账本记录、加密算法、智能合约、摘要功能、数字签名、时序服务和哈希算法。共识机制是区块链网络中各节点对在区块链中进行事务或状态的验证、记录、修改等行为达成一致的确认方法。账本记录泛指区块链中分布式数据的存储机制,通过不同节点对账本的共同记录与维护,形成区块链中数据的公共管理、防篡改、可信任的机制。加密算法是保证区块链底层安全的核心。摘要功能、数字签名、时序服务和哈希算法均为形成链式结构的重要部分。为了满足不同场景的需求,区块链还应提供智能合约功能。

3）服务层

服务层包括节点管理、账本管理和共识管理。节点管理组件支持管理者进行节点信息查询、节点控制、节点添加及删除等功能,时刻监控区块链中各个节点的状态。账本管理通过调用核心层组件以实现账本记录功能,包括链上内容发行、内容存储及共识验证等。共识管理根据节点规模、计算能力等条件为区块链选用适当的共识合约。

4）接口层

接口层为上层应用提供区块链接入和管理功能,包括接口管理、多链管理及合约管理。通过接口管理使得上层应用与区块链独立部署,利用接口完成信息和指令的传递,无须在数据和存储层面进行耦合。多链管理提供多个区块链之间的跨链服务,实现整个系统的模块化运行。合约管理使系统与其他网络进行连接,以实现多系统协同。

5）应用层

应用层包括业务逻辑处理、业务数据处理及区块链功能实现。业务逻辑处理为系统在不同场景中确定合适的业务规则和业务流程,保证系统正常运行。业务数据处理汇集、整合业务过程中产生的数据,并进一步加以分析和利用。区块链功能实现根据业务规则和流程需要提供相应的智能合约及分布式应用,以满足应用场景的需要。

6）用户层

用户层包括用户功能、业务功能和管理功能。用户功能支持客户访问和使用区块链服务,为客户提供业务查询、业务处理、应用等相关服务。业务管理者和服务集成者可以通过业务功能进行区块链服务的选择和订购、账务和财务管理等功能。管理功能面向服务管理者,包括成员管理、监控管理、业务处理、问题报告等服务。

3.5.3 智慧物流区块链平台

智慧物流区块链平台主要由基础层、核心层、服务层、接口层、应用层和用户层组成,其总体架构如图 3-7 所示。

1. 基础层

基础层是智慧物流区块链平台正常运行所需的运行环境和基础资源,基础层的资源组件包含计算资源、存储资源、对等网络资源和云资源。计算资源包含服务器、处理器和应用

图 3-7 智慧物流区块链平台总体架构

集成器,存储资源包括硬盘和云盘,对等网络资源包括配置模式、拓扑结构和技术标准。弹性可扩展的计算资源与存储资源支持动态增加和删除区块链节点,能够满足不断增长的区块文件存储需求。稳定可靠的对等网络资源方便构建高速稳定的跨企业或机构的互联体系。云资源包含公有云、私有云和混合云资源。可基于公有云、私有云和混合云为上层区块链平台提供各类稳定、可靠的企业级基础设施。

2. 核心层

核心层提供区块链底层的核心技术与基础服务,包含共识机制、哈希计算、存储机制、通信协议、数字签名、加密算法、权限控制、隐私保护、智能合约、时序服务、私钥管理、身份管理。智慧物流区块链平台是支持开源的区块链平台,提供深度可定制、可拔插模块化的核心技术与服务,可以满足不同企业的应用需求。

3. 服务层

服务层依托核心层,将核心层功能打包,封装成新的服务模块,包含接入管理、账本应用、节点管理、网络管理、联盟管理、多链管理和合约管理等服务模块。

接入管理服务模块提供跨进程调用功能,为外部业务及用户提供核心层接入功能,可以进行账户信息查询和事务操作处理。账户信息查询可以为区块链平台客户查询了账户相关的基本信息,事务操作处理可以将区块链平台客户提交的特定事务操作请求提交到区块链网络中。账本应用服务模块通过调用核心层实现区块链上账本记录的功能,其主要功能包括链上内容的发行和交换、共识前的逻辑验证和共识后的结果验算,以及对特定实时处理进行多签名权限控制设置。节点管理服务模块支持区块链节点的信息查询、启动与关闭的控制,以此对节点网络中各节点的连接状态进行监控。节点管理服务模块还提供区块链节点的准入准出配置、节点事务处理及账本查询授权配置。

服务层还包括网络管理、联盟管理、多链管理和合约管理 4 个服务模块。其中,合约管理服务模块包含业务链合约服务、供应链合约服务和产业链合约服务。

4. 接口层

接口层构建在服务层之上,为开发者、运维人员和使用平台的企业提供接入功能,包含开发接口、数据接口和业务接口。为方便开发者接入,智慧物流区块链平台支持超文本传输协议的统一应用程序接口(统一 API)、多语言的软件开发工具包(多语言 SDK)。为了方便企业接入,业务接口包含业务逻辑和功能实现。

5. 应用层

应用层面向智慧物流区块链三大业务体系,通过接口层调用服务层的各个服务模块,实现智慧物流区块链三大应用,分别为业务链体系应用、供应链体系应用、产业链体系应用。业务链体系应用包含透明化运输、分布式仓储、网络化配送、互信型联运和全域式平台。供应链体系应用包含供应链协调、全流程透明、全业务交易、全环节征信和供应链金融。产业链体系应用包含区域物流业务、行业物流业务和国际物流业务。

6. 用户层

用户层主要面向各项应用的使用者,包含业务链相关用户、供应链相关用户和产业链相关用户。业务链相关用户包含运输企业、配送企业、仓储企业、货代企业、综合物流企业及政府监管部门。供应链相关用户包含供应企业、生产企业、零售企业、金融机构、物流服务企业及政府监管部门。产业链相关用户包含区域物流企业、行业物流企业、国际物流企业及政府监管部门。

3.5.4 智慧物流业务链体系

区块链环境下的智慧物流业务链体系主要包括辅助业务层、核心业务层、增值业务层,如图 3-8 所示。

1. 辅助业务层

在智慧物流业务链体系中,辅助业务层的主要功能是配合核心业务完成物流服务功能。辅助业务层包括智能包装、智能装卸搬运和智能流通加工。

图 3-8 智慧物流业务链体系

1）智能包装

智能包装可根据物品的属性、客户要求及包装成本等因素自动选择包装容器、包装材料和包装技术，提高操作效率，减少包装材料的浪费。并且可利用包装对产品进行溯源，保障产品安全。

2）智能装卸搬运

智能装卸搬运是指利用输送机、智能穿梭车等设备，结合智能装卸搬运信息系统、通信系统、控制系统和计算机监控系统等系统，将运输、仓储、包装、加工等物流活动无缝衔接，保证物流业务链条连接畅通。

3）智能流通加工

智能流通加工主要包括智能贴签、智能配货、智能挑选混装等，提高物流运作效率。标签上记载着货物的大量信息，将物流信息及时上链存证，可以保证数据的真实性。

2. 核心业务层

智慧物流业务链体系的核心业务层是整个体系的核心部分，包括透明化运输、分布式仓储、网络化配送、互信型联运及全域式平台5方面,通过对核心业务的创新实现业务过程中的信息互联互通、企业协同合作。

1)透明化运输

透明化运输主要面向运输业务环节。区块链赋能运输业务,可实现运输业务中数据传输的实时性、动态性,实现对运输方案的优化选择,切实解决运输主体之间的信任问题,提高协同协作程度。透明化运输包括业务实时追踪、数据动态处理、方案优化选择、车货智能匹配、线上线下协同。

2)分布式仓储

区块链赋能仓储业务,使仓储节点采用分布式布局,改变传统的仓储管理模式,打通线上线下仓储体系,可实现车、货、仓匹配的实时性、交易的智能化及运输、仓储、配送业务之间的高效协作。分布式仓储包括网络云仓共享、多级库存调拨、货仓实时匹配、仓储运配协作、交易智能结算。

3)网络化配送

智慧物流中的配送业务逐渐向网络化、动态化发展,通过对城市配送订单的线上动态处理、线下企业共同配送来实现配送业务的协同高效发展,通过对用户进行精准管理、对配送订单进行预测实现配送服务的优化。网络化配送包括动态共同配送、多级网络优选、线上线下一体、用户精准管理、状态动态预测。

4)互信型联运

互信型联运是面向多式联运的业务,旨在通过区块链技术应用解决联运中多主体的信任及协作问题。多式联运是指按照多式联运合同,以至少两种不同的运输方式,由多式联运经营人将货物从发货地点运至交付地点的货物运输。互信型联运包括多式联运协作、信息实时共享、单证智能流转、联运网络调整、运输方式优化。

5)全域式平台

区块链技术赋能智慧物流信息平台,通过对平台数据的管理解决数据共享困难、数据可追溯性和安全性差等问题,实现信息的互联互通与系统的集成管控。全域式平台包括数据实时共享、交易动态互联、系统集成优化、业务精准预测、全域过程管控。

3. 增值业务层

增值业务层主要利用区块链技术获取更加实时、真实准确的物流信息,这些信息有助于物流业务管理更加智能化和高效化。利用区块链智能合约、信息不可篡改等特性,对这些信息进行深层挖掘,可以拓展物流增值业务的范围,提高物流服务水平。智慧物流业务链体系中的增值业务层主要包括物流系统设计优化、物流状态实时查询、物流过程控制、物流教育培训、智能结算、自动支付、物流咨询、物流决策支持等。

3.5.5 智慧物流区块链应用场景

在区块链技术驱动下,智慧物流业务将发生深刻转变,区块链技术应用场景分为业务链、供应链、产业链3个维度下的运营管理、业务运作、空间布局、信息服务四大业务板块。

1. 运营管理迈进自主、动态、前瞻

智慧物流区块链可为相关物流企业的运营管理打造一个既透明又安全的开放网络,实现数据共享及流程实时可视,同时智能合约的应用使交易快速高效,能够极大地提高业务流程中企业的动态自主性。通过对海量客户数据和商品数据进行客户关系分析、商品关联分析和市场聚类分析,可为智慧物流业务预测和决策提供数据支撑,在数据挖掘的基础上,采用自主动态调度和智能排班等精准的动态前瞻性运营策略,实现资源的协同管理,提高企业的运营效率,降低运营风险。

2. 业务运作实现可控无人作业

区块链下的智慧物流业务运作主要包括物流基础业务及企业间交易业务。在物流基础业务流程中,运输、仓储、配送业务运用人工智能、物联网感知、定位技术与区块链技术进行信息共享,实现物流基础业务自动化与智能化。在企业间交易业务方面,相关的货物信息实时上传到系统平台,系统智能化获取订单,交易双方共享交易数据,货物运输状态实现智能传输,利用智能合约、使用代币支付,交付货物后自动结算,实现物流交易业务智能化、无人化流转。

3. 空间布局促使部署最优求解

依托全域数据追踪、人工智能方法、传统的运筹学优化算法等,实现宏观区块链物流网络中的节点、干线的架构最优化,实现微观物流网络配送路径最优化,达成网络规划布局最优。同时通过区块链网络共享数据,运用智能化信息处理技术对客户需求及销售情况进行分析预测,并制定最优采购计划,更好地组织生产物流及控制生产库存。

4. 信息服务推动全局互通共享

传统物流行业获取信息的渠道多种多样,信息分散、无规律,信息服务呈碎片化。智慧物流区块链与互联网技术、大数据分析技术、云计算技术等深度融合后,可将分散在各个中心的孤立的信息系统协同起来,实现区域间信息的集成整合,做到各交易主体之间物流信息互联互通和信息共享的效果,进而实现信息服务向全局互通共享的方向转变。

案例与问题讨论

案例:菜鸟"物流天眼"

普通的摄像头加载算法后,能感知,会思考,成了重要的物联网设备。近日,菜鸟宣布与快递合作伙伴一起正式上线视频云监控系统。全国各类物流场站内的百万摄像头将从简单的监控回溯设备,升级为智能感知设备开启物流天眼,实现对场站的智能管理。

1. "物流天眼"显神威,物联网技术是背后功臣

1)6 大快递公司接入"物流天眼",物联网成为行业共识

德邦、中通、圆通、申通、百世、韵达 6 家快递公司与菜鸟签约,正式接入基于物流物联网技术的智能系统,共同加入"物流天眼"计划,用视频云监控系统提升全国快递中转和网点配送效率。这是快递行业就物流物联网技术战略达成的又一共识。"物流业即将进入万物互联的新阶段。谁抓住了物联网、人工智能和大数据,谁在这场关乎生死存亡的新技术浪潮中就不会被淘汰。"菜鸟仓运配技术负责人李强说。他认为,物联网技术不亚于一次从煤到电的能源革命,值得所有人关注。特别是物流全行业、仓储设施业主、技术研发机构都应该投

身其中,开放共享,才能最终让物流要素连接成网。

2) 场站流转效率提高15%,一年节省成本近千万元

菜鸟的"物流天眼"视频云监控系统将全国超过1000个分拨中心、18万个网点的100多万个摄像头全部智能化,通过智能算法采集感知到的视频数据,实时分析车、货、人的动态,并为管理者做决策辅助。传统摄像头的问题是,绝大部分功能都是出于安全需求,只做场地内异常问题回溯。如果想实现联网,由于设备型号复杂、数量庞大、对带宽要求极大,联网成本巨大。采用菜鸟视频云监控系统的解决方案,无须快递合作伙伴更换设备和增加带宽,只需安装边缘计算设备,就可以将视频流变成视频切片。此外,面对巨大的计算量,菜鸟采用了计算资源弹性伸缩技术并使用机器学习,在保证算法准确率的基础上,还可以自主学习业务异常场景识别,不断进化。

2018年5月,德邦快递率先试用这套"物流天眼"系统。丁俊哲介绍说:"摄像头以前只有监控记录功能;现在能够识别车位是不是空闲,卸车、装车作业是否正常进行,场站内堆积度是不是饱和,通道有没有被堵塞。"这些原本需要使用人力现场巡检的工作均由摄像头完成实时识别,第一时间智能推送给总台,由总台调集人员迅速处理。物流场站内的管理模式也由人员主动巡检或者异常导致场站停摆后再被动介入的处理模式变成了实时智能管理模式。据测算,德邦快递场站的流转效率因此提高了15%,一年可以节省成本近千万元。如果算上物流效率的提升以及货损率的降低,一年可产生超过亿元的效益。

2. 菜鸟网络的物流物联网战略

2018年5月31日,菜鸟正式宣布物流物联网战略,实施物流要素的在线化和数字化,这是菜鸟最核心的战略之一。菜鸟相关负责人表示,物流物联网战略的宗旨就是帮助合作伙伴让整个行业实现包裹以及车辆、配送员、仓储、分拨等一系列物流要素的在线化。让虚拟世界和现实世界通过物联网连接,从而达到可以智能调度的效果。

1) 物联网技术在物流行业被推向新高度

菜鸟网络为何将物流物联网技术推到一个如此高的地位呢? 相关负责人表示:"物联网技术是实现物流要素在线的一个很好的路径。我们最开始做电子面单,就是想做数字化,想做在线,但是某种程度上这是假在线。"电子面单虽然将包裹数字化了,让它得以在数据网络中呈现,但并不是实时的。快递公司和消费者并不清楚包裹在传递过程中的实时位置,无法监控快递的真实状况、是否被调包以及是否被暴力分拣等。例如,对于快递柜,过去只能掌握其空闲情况,但不知道它是否有故障,湿度和温度分别是怎样的。物流园区、分拨场站、仓库这些物流行业的基础要素,面积都是几万平方米以上,管理成本高,精细度不够。通过物联网技术、边缘计算、人工智能等可以实现智能的堆积度感知、温湿度感知、车位空闲程度识别以及园区内抄水电表等。还有运输车辆,现有的车联网主要用于获取车辆的信息,但是对车辆的装载量并没有细致的掌握,这造成了车货无法精准匹配。例如,车辆在A地装了一批货,可能还剩三分之二的空间,还能继续在B地装货。利用物联网技术,物流企业可以实现对车辆状态更精准的记录,从而进行车货精准匹配。

2) 菜鸟网络的智慧物流布局

众所周知,物联网的3层架构是感知层、网络层和应用层,对应的技术有感知技术、通信网络技术以及智能技术等。物流行业几乎可以用到物联网的所有技术。例如,在感知技术

上,要利用 RFID 技术、GPS 技术、传感器技术、视频识别与监控技术、激光技术、红外技术、蓝牙技术等对物体进行分类、分拣、计数、跟踪定位以及监控等;在通信网络技术上,为了将物体联网,要利用现场总线技术、无线局域网技术、无限广域网技术等;在智能技术上,为了对核心仓储中心和整个物流系统进行管理,要利用云计算、边缘计算、大数据以及专家决策系统等技术。随着物联网技术的成熟,未来 5 年将迎来智慧物流加速期,物流企业将致力于实现可扩展的自动化和物流平台的连接。人工智能和大数据算法是物流智能化的基础,未来物流的前景是通过系统链路以及工业级物联网的连接实现整体的业务柔性自动化。

因此,菜鸟网络在物流无人技术、物流自动化创新、全球物流一体化平台深入布局,已经拥有"十大黑科技":无人机智能安防巡检系统、仓库智能机器人 Geek＋、自动拣货系统、AR 智慧物流系统、WMS 仓储系统、仓内复杂拣货机器人矩阵、视觉识别系统、TMS/DSS 运输系统、无人机送货、末端配送机器人。

3. 物流业率先应用物联网,新物流继续唱红物联网

物流业是物联网很早就实实在在落地的行业之一,很多先进的现代物流系统已经具备了信息化、数字化、网络化、集成化、智能化、柔性化、敏捷化、可视化、自动化等先进技术特征。很多物流系统和网络也采用了最新的红外、激光、无线、编码、认址、自动识别、定位、无接触供电、光纤、数据库、传感器、RFID、卫星定位等高新技术,这种集光、机、电、信息等技术于一体的新技术在物流系统的集成应用就是物联网技术在物流业应用的体现。概括起来,目前物流业相对成熟的物联网应用主要在以下四大领域。

1) 产品的智能可追溯网络系统

产品的智能可追溯网络系统的典型例子是食品的可追溯系统、药品的可追溯系统等。这些智能可追溯系统为保障食品、药品等的质量与安全提供了坚实的物流保障。

2) 物流过程的可视化智能管理网络系统

物流过程的可视化智能管理网络系统是基于 GPS 卫星导航定位技术、RFID 技术、传感技术等多种技术,在物流过程中实时实现车辆定位、运输物品监控、在线调度与配送可视化与管理的系统。目前,完全网络化与智能化的可视管理网络还没有出现,但初级的应用比较普遍。例如,有的物流公司或企业建立了 GPS 智能物流管理系统,有的物流公司或企业建立了食品冷链的车辆定位与食品温度实时监控系统等,初步实现了物流作业的透明化、可视化管理。

3) 智能化的企业物流配送中心

智能化的企业物流配送中心是基于传感、RFID、声、光、机、电、移动计算等各项先进技术建立的全自动化的物流配送中心。建立物流作业的智能控制、自动化操作的网络,可实现物流与生产联动,实现商流、物流、信息流、资金流的全面协同。例如,一些先进的自动化物流中心实现了机器人码垛与装卸,无人搬运车进行物料搬运,在自动输送分拣线上开展分拣作业,出入库操作由堆垛机自动完成,物流中心信息与企业 ERP 系统无缝对接,整个物流作业与生产制造实现了自动化、智能化。

4) 企业的智慧供应链

在竞争日益激烈的今天,面对大量个性化需求与订单,怎样才能使供应链更有智慧? 怎样才能做出准确的客户需求预测? 这些是企业遇到的现实问题。这些问题的解决需要智慧物流和智慧供应链的后勤保障网络系统的支持。

1. 菜鸟网络的"物流天眼"应用了哪些智慧物流信息技术?
2. 菜鸟网络实施物联网战略的目的和意义是什么?
3. 在物流领域,智慧物流信息技术的优势和价值体现在哪些方面?

小　　结

智慧物流信息技术的应用是降低物流成本、提高运作效率、实现物流与供应链系统智慧化的前提和重要保障。本章在结合智慧物流与供应链的特征、内涵以及物联网技术的体系结构的基础上,重点阐述了智慧物流感知与识别技术、智慧物流通信与网络技术、智慧物流数据处理与计算技术、智慧物流安全技术、智慧物流区块链技术等内容。

智慧物流感知与识别技术是实现物流系统中各要素识别感知的基础和关键,是实现智慧物流的起点。智慧物流感知与识别技术主要包括条形码技术、射频识别技术、传感器与无线传感器网络技术、跟踪定位技术等。

智慧物流通信与网络技术主要实现物流系统中信息的交换与传递。智慧物流通信与网络技术主要包括互联网技术、移动互联网技术、短距离无线通信技术、低功耗广域网技术等。智慧物流通信与网络技术为智慧物流提供可靠的信息保障,是实现物流管理运营、运输调度、仓储管理和信息互联互通的重要前提。智慧物流数据处理与计算技术是智慧物流与供应链系统中的核心技术。

智慧物流数据处理与计算技术主要包括大数据技术、数据挖掘技术、机器学习技术、云计算技术、雾计算与边缘计算技术、人工智能技术、数字孪生技术、VR/AR 技术等。智慧物流数据处理与计算技术充分利用物流系统中的数据,与行业、企业需求相结合,实现物流信息的智慧化应用。

物流信息系统的安全性缺陷导致系统面临多重安全隐患和安全威胁,如物流信息的泄密、网络恶意攻击、病毒的横行等。因此,需要加强智慧物流信息的安全保护,形成一套强大的安全体系,保证智慧物流网络信息的安全可靠,促进智慧物流的健康发展。

区块链通过链式数据结构和分布式存储的方式存储数据,利用点对点网络和共识机制进行数据传输,依托智能合约完成数据处理,最终实现数据的可信传输和安全存储。区块链技术可以打通智慧物流系统中的"数据孤岛",连接数字资产,整合行业资源,保障交易安全,促进行业互信,有效解决物流系统中信息透明度低、货物全程可追溯难度大、业务协作效率低等问题。

练习与作业

1. 简述一维条形码与二维条形码的区别,以及条形码技术与射频识别技术的异同。
2. 简述智慧物流感知与识别技术、智慧物流通信与网络技术与智慧物流数据处理与计算技术之间的联系。

3. 互联网技术、移动互联网技术与短距离无线通信技术分别适用于智慧物流系统中的哪些场景?

4. 简述大数据的典型特征。

5. 简述大数据与云计算、数据挖掘之间的关系。

6. 简述智慧物流安全技术的重要性。

7. 区块链技术在智慧物流系统中起到了哪些作用?

第 3 章 智慧物流信息技术

第4章 智慧物流信息平台

※ 学习目标

1. 了解智慧物流信息平台的概念和特征,掌握其系统架构以及各层次的功能;熟悉智慧物流信息平台的类型和各自的特点,对其目标有一定的了解。

2. 熟悉物流公共信息平台、行业性物流信息平台、政府公共服务与监管平台的功能与应用。

3. 掌握基于 SOA 的智慧物流信息平台的架构设计和层次功能;掌握基于物联网的智慧物流信息平台的架构设计和功能定位;掌握基于大数据的公路货运信息平台、第四方大数据物流信息平台、供应链大数据平台、大数据金融平台等各类平台的特点和功能;了解基于物流云的物流信息平台的内涵和建设目标,掌握其应用框架和业务流程。

4. 了解智慧物流园区信息平台的建设原则和目标,掌握其架构;了解第四方物流信息平台的概念和功能,掌握 5 层架构;了解冷链物流信息平台的功能和设计目标,掌握其架构。

5. 掌握智慧物流信息平台的实施方案,熟悉其建设过程和功能要求,通过案例学习智慧物流信息平台建设与实施的关键项目。

※ 学习指南

1. 要从系统工程的理念出发,具备互联网管理的思维,结合各种物流信息技术和物流硬件、软件的应用,深入理解智慧物流信息平台应该具备的特征和技术条件。

2. 智慧物流信息平台是一个总体概念,是对各种物流信息平台的总称,针对不同的物流领域和应用范围会建设相应的平台。基于以上认识,学习各种物流信息平台的特点和建设目的,对比不同平台的系统架构和具体功能。

3. 智慧物流信息平台需要运用先进的网络技术和信息技术进行构建,例如 SOA 技术、物联网技术、大数据技术、物流云技术等。因此,需要先学习这些技术的基本知识,才能更好、更准确地理解智慧物流信息平台的层次架构以及各层次具备的功能。

4. 物流园区、第四方物流、冷链物流属于不同的物流业态,它们的业务类型、作业流程、软硬件要求都不相同,因而它们的信息平台建设也各不相同。需要先熟悉不同业态的物流需求,才能做好平台的建设。

5. 智慧物流信息平台的建设是一个复杂、多层次、多用户的系统工程,要用项目管理的方法实施建设。因此,需要结合软件开发与项目管理的理念和技术学习智慧平台的建设。

4.1 智慧物流信息平台内涵

智慧物流信息平台的目标是：综合运用互联网技术、信息技术和软件技术，更高效地整合物流资源，快速、智能化地处理各种物流业务，从而实现智能化、高效率、低成本的综合物流服务。

4.1.1 智慧物流信息平台特征

智慧物流信息平台具有智能化、协同化、可视化和集成化 4 个特征。

1. 智能化

智慧物流信息平台最主要的特征就是智能化。智慧物流信息平台要具备感知功能、智能分析功能、规划整合功能、优化决策功能和及时反馈功能等，从而实现各项物流业务的智能化处理。例如，可以运用智能化技术获取运输、仓储等物流服务的实时数据，使业务链上的各方人员都能实时、同步地掌握车辆和仓库的动态信息，初步实现物流感知的智慧。同时，运用智能的模拟器模型或者虚拟仿真运算等手段分析物流问题，系统自行调用相关数据，及时发现物流作业活动中的问题并及时做出反馈，从而实现发现与反馈的智慧。

2. 协同化

智慧物流信息平台具有跨企业、跨组织的协同化作业特点，基于物流系统全局优化的智能算法，调度整个物流系统中各参与方高效分工协作。它将企业控制范围扩大到供应链中所有节点企业，让企业可以及时获得供应链中完整的信息，掌握企业每个产品的状态，这可以通过平台的协同化实现。例如，可以实现对各车辆、仓库、路段以及线路的多方评价和匹配，从而提供最低成本、最高效益和效率的协同化服务。

3. 可视化

智慧物流信息平台具有可视化的特点，主要体现在对物流行业运输、仓储、分拣、配送、包装、流通加工、客服等全供应链数据的可视化，通过对物流大数据的处理与分析，挖掘对企业运营管理有价值的信息，科学合理地进行管理决策，降低生产成本，提高生产效率。

4. 集成化

智慧物流信息平台把管理者和用户所需的多种不同信息、不同手段通过平台统一的管理融合在一起，实现物流供应链的内部集成和外部集成，从而使平台具备快速重构动态组织结构的能力，针对不断变化的物流用户需求提供高效的物流服务。

4.1.2 智慧物流信息平台组成

本质上是一个智能化的系统平台，实现物流活动从始至终全过程的智慧化流程管理，同时最大限度地满足各参与方的需求。智慧物流信息平台的建设要以实际的需求为依据,运用物联网、大数据、云计算、数据库、移动互联网等先进的信息技术,采取分层式体系结构设计实现。智慧物流信息平台从下而上可分为 4 个层次:基础设施层、数据库层、应用服务层、公共服务平台,其架构如图 4-1 所示。

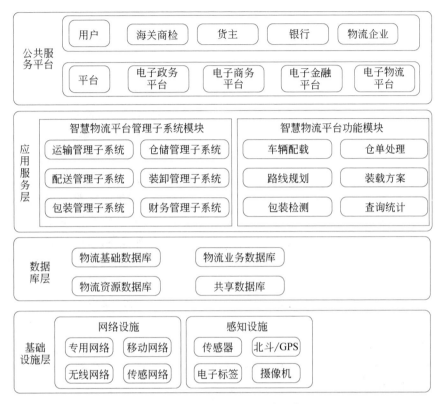

图 4-1　智慧物流信息平台架构

1. 基础设施层

基础设施层为平台的运行提供各种软硬件基础设施,它是整个智慧物流信息平台的基础。基础设施层包括了感知设施和网络设施,感知设施包括传感器、北斗和 GPS 导航定位系统、RFID 电子标签系统、各种摄像机等,用于采集各种物流信息;网络设施包括专用网络、移动网络、无线网络、传感网络等,用于各种物流信息的传输。

2. 数据库层

数据库层对基础设施层采集到的各类物流数据进行科学分类,按照统一的数据格式、规范标准对数据信息进行存储、分析处理及共享,从而为应用服务层提供数据支持。

3. 应用服务层

应用服务层提供平台需要的各种业务功能模块,它是平台的业务服务层。应用服务层分为两个模块:物流信息管理子系统模块和物流信息功能模块。物流信息管理子系统模块主要包括运输管理子系统、仓储管理子系统、配送管理子系统、装卸管理子系统、包装管理子系统、财务管理子系统。物流信息功能模块主要包括车辆配载、仓单处理、路线规划、装载方案、包装检测、查询统计。

4. 公共服务平台层

它是面向用户的前端层,包含用户和平台两方面。用户包括海关商检等政府部门、货主企业、银行、物流企业等。平台包括电子政务平台、电子商务平台、电子金融平台、电子物流平台等。

4.1.3 智慧物流信息平台类型

以组织关系作为智慧物流信息平台的一个分类维度,组织关系可以分为纵向和横向两

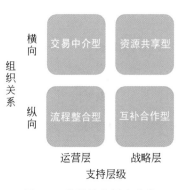

图 4-2　物流信息平台分类

种;以智慧物流信息平台支持的层级作为另一个分类维度,支持的层级可分为运营层和战略层两种。将这两个维度组合起来,可以将智慧物流信息平台分为交易中介型、流程整合型、资源共享型和互补合作型,如图 4-2 所示。

1. 交易中介型智慧物流信息平台

交易中介型智慧物流信息平台是为物流市场上供需双方提供交易中介服务的平台,双方可以在平台上发布和查询供需信息,如果供需能够匹配则可以达成交易,平台为双方提供从交易撮合到合同履约的一整套服务。这类平台的功能主要有智能综合信息服务、智能电子交易服务、智能安全认证、智能合同管理等。

2. 流程整合型智慧物流信息平台

流程整合型智慧物流信息平台是为供应链上各节点企业之间物流资源的优化配置提供信息支持的平台。这类平台改变了传统供应链物流信息的传递方式,物流信息不再是逐级传递,而是实时地从数据库中提取有用的物流信息,从而为资源的整体规划和应用提供智慧化解决方案。

3. 资源共享型智慧物流信息平台

资源共享型智慧物流信息平台通过整合社会上分散的同类物流资源使企业获得战略上的竞争优势。这类平台可以实现物流资源的纵向一体化。例如,平台可以把某些小型物流企业的采购物流和仓储物流进行整合,从而实现统一的规划与服务。

4. 互补合作型智慧物流信息平台

互补合作型智慧物流信息平台是为了完善物流服务链、提高客户满意度而建设的信息平台。例如,生产企业都有自己的核心能力,可以将一些非核心的或者自己不擅长的环节外包出去;而第三方物流企业可以为其提供整套的服务。这就需要整合物流服务的各个环节,借助智慧物流信息平台可以实现企业间的快速衔接。

4.1.4 智慧物流信息平台目标

智慧物流信息平台设计的总体目标是实现智能采集、实时监控、远程控制、智能处理、统一管理,建立以全程监管为基础、以资源整合为支撑、以信息化平台为保障的体系框架,进一步加强部门监管信息互联共享,以集约化方式搭建集物流信息查询、协同监管、社会监督、决

策分析等功能于一体的智慧物流信息服务平台。

另外,智慧物流信息平台的目标从系统理论的角度来看是要建立一个生态化的体系。任何系统都由输入、转换、输出以及反馈等构成,智慧物流信息平台系统也不例外。智慧物流信息平台的输入是物流资源,包括平台自有的物流资源和能够调用的社会物流资源;智慧物流信息平台的输出是一体化、专业化、标准化的物流服务。因此,智慧物流信息平台的规模和实力取决于输入物流资源及输出物流服务的数量和质量,即以整合优化的物流资源组合为客户提供高质量的物流核心服务和增值服务。从战略目标的角度看,智慧物流信息平台可以综合利用各种物流资源,具备很强的协同管理能力,不断提升物流资源的配置效率和产出水平,为客户创造更多的价值。智慧物流信息平台系统模型如图4-3所示。

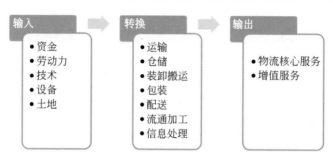

图 4-3　智慧物流信息平台系统模型

4.2　智慧物流信息平台功能体系

智慧物流信息平台从功能体系的角度分为物流公共信息平台、行业性物流信息平台和政府公共服务与监管平台。

4.2.1　物流公共信息平台

物流公共信息平台是指为物流企业、物流需求企业以及政府相关部门提供物流信息服务的公共商业性平台,它提供的服务包括公共信息服务、数据交换服务、物流应用服务等。这类平台的本质是:为物流活动提供信息化手段的支持和保障;为企业提供其无法完成的基础资料收集,并进行加工处理;为政府和相关部门公共信息的流动提供支撑环境。例如,武汉(东西湖)综合物流枢纽公共信息平台实现了货物和车辆在网上自动匹配,驾驶员可通过手机等终端直接在网上接到订单。

4.2.2　行业性物流公共信息平台

行业性物流公共信息平台从物流业务针对的物资种类角度定义平台的属性,可分为煤炭行业物流公共信息平台、粮食行业物流公共信息平台、医药行业物流公共信息平台等。例如,医药产品的物流管理涉及整个供应链,因此需要采集与处理的信息来自多个节点成员,信息量相当大。供应链中的每个企业都有自己的职能,都需要在运营的过程中完成既定的任务,从而保证供应链的稳定性与运作效率。要快速传输以及共享供应链中的物流信息,构建信息共享的行业性物流信息平台是最理想的选择,因为这类平台能够有效消除信息传输与共享滞后的现象,保证供应链上各节点成员运营的协调性与一致性,进而提升整个供应链的运行效率。

4.2.3 政府公共服务与监管平台

作为最有代表性的政府公共服务与监管平台,国家交通运输物流公共信息平台(简称为国家物流信息平台,英文标识为 LOGINK)构建了一个跨行业、跨区域、跨部门和国际化的大物流互联网,形成纵向贯穿制造、商贸、物流、金融等整条产业链,横向由公路、水路、港口、民航、铁路等交通运输领域,逐步向海关等跨领域延伸的国际化信息共享平台,如图 4-4 所示。

1. 跨部门互联应用

跨部门互联应用主要有以下几方面:海关互联,实现了与杭州海关放行信息互联;药监互联,实现了 6 家试点企业互联,方便企业申报、查询等,便利监管部门加强监管;国检互联,正推进浙江进出口检验检疫局与杭州机场报检互联工作;运输互联,实现危险物品车辆动态实时监控,承担交通运输部无车承运人试点企业监测系统建设。

2. 跨运输方式互联应用

跨运输方式互联应用主要有以下几方面:公铁水互联,提升公铁水运输协同效率,实现上海铁路局与宁波舟山港公铁水联运信息的电子化交换,日均调用 7 万余次;水运互联,推进水水联运,提供全球覆盖 2000 余个港口数据定位,推进货代与中远、马士基等 20 余家航运公司互联,实现电子订舱;航空互联,实现杭州机场与浙江检验检疫部门及广州、深圳等机场货站间信息互联应用。

3. 跨企业互联应用

跨企业互联应用主要有以下几方面:园区互联,与传化集团联合成立园区通服务中心,推动园区互联互通;上下游互联,推进 200 余家特大型商贸制造企业与物流企业、仓储企业等上下游开展互联工作;进出口供应链互联,以宁波进出口供应链为切入点,实现 120 余家外贸、货代、集装箱运输、堆场、船代、航运公司互联;小件快运互联,实现浙江地区 33 家小件快运企业互联,推进华东六省小件快运互联应用。

4. 跨平台互联应用

跨平台互联应用主要有以下两方面:与龙头企业开展战略合作,推进互联应用,与传化、惠龙 E 通、船讯网、大地保险、银保理、浙江物产等 180 家单位建立合作关系,促进各方基于平台的互联应用和增值服务;与 6 家国内主流航运软件商在杭州成立中国航运软件联盟,推进航运物流企业的信息交换和数据服务,已覆盖全国 5 大港口、约 5000 家国际货代企业。

5. 跨国互联应用

跨国互联应用主要有以下几方面:中日韩三国港口物流信息互联,建立信息查询统一认证系统;亚欧互联,共享的港口达 32 个;中国-东盟物流信息平台互联。

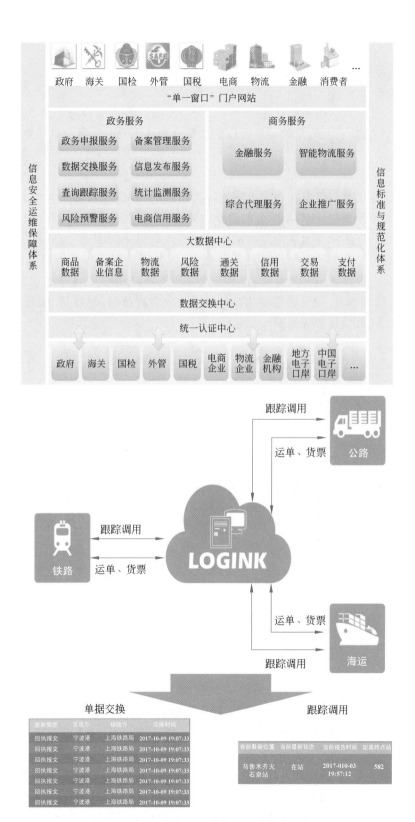

图 4-4 国家交通运输物流公共信息平台

4.3 智慧物流信息平台服务模式

智慧物流信息平台从服务模式上分为基于 SOA 的智慧物流信息平台、基于物联网的智慧物流信息平台、基于大数据的智慧物流信息平台和基于云的智慧物流信息平台。

4.3.1 基于 SOA 的智慧物流信息平台

智慧物流信息平台不仅要在功能上满足各类用户的要求,而且要在架构上适应用户业务的快速增长与不断变化。SOA 即面向服务的架构,是一种粗粒度、松耦合服务架构,它通过把应用组件按一定的标准封装为具有文档形式的接口描述的服务,为开发者构建应用程序和业务流程提供了更大的灵活性。这种可组合、可复用的服务体系可以减少 IT 业务冗余,方便应用集成,提高系统开发速度,且易于改变和扩展,从而支持业务的快速反应和敏捷性。一般来说,基于 SOA 设计的智慧物流信息平台分为资源层、组件层、服务层、业务流程层、表示层等 5 个层次,其架构如图 4-5 所示。

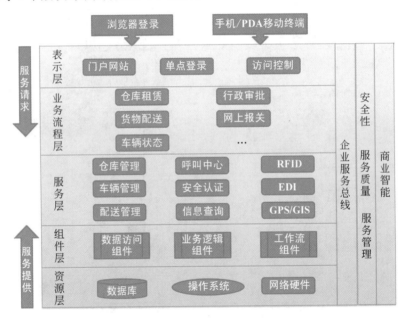

图 4-5　基于 SOA 的智慧物流信息平台架构

1. 资源层

资源层包括数据库、操作系统以及网络硬件(主机、服务器和其他网络基础设施),这些软硬件资源共同构成了智慧物流信息平台的基础支撑环境。

2. 组件层

组件层是位于平台(硬件和操作系统)与应用软件之间的通用服务,它能够屏蔽操作系统和网络协议的差异,为处于上一层的应用软件提供运行与开发环境,其核心作用是管理计算资源和网络通信,解决不同系统之间事务的性能、传输的可靠性、语义解析、数据和应用的整合等问题。

3. 服务层

服务层为业务流程提供了最小任务单元,是物流信息平台的核心部分。它将平台中的订单管理、合同管理、客户管理等功能抽取出来,封装为基本的服务,或者直接调用外部 ASP(Application Service Provider,应用服务提供商)提供的运输管理、GPS/GIS 等服务。这些服务的接口和实现是相互独立的,通过对已注册服务的合理组合可以制定出灵活、丰富的业务功能。例如,通过将线路优化服务、GPS 服务、GIS 地图服务、客户位置信息查询服务、呼叫中心服务进行组合,可以构建出满足不同物流企业需求的货物配送业务、货物状态跟踪业务等。

4. 业务流程层

业务流程层由众多跨部门、端到端的业务流程和业务活动监督机制组成。一个业务流程由一组逻辑相关、按照合理顺序执行并产生相应业务成果的任务组成,这些任务符合规定的业务原则。业务流程层还具有业务流程管理的职能,承担着识别、建模、开发、部署和管理业务流程的责任。业务流程通过对不同领域的服务进行组合编排而得。业务流程层利用已经封装好的各种服务,通过业务流程管理(Business Process Management,BPM)构建新的业务流程,从而实现异构信息系统的综合应用。

5. 表示层

表示层主要同用户进行交互,提供可视化操作界面,接收用户的输入,向用户提供调用业务功能等。用户通过表示层更容易进行业务操作,例如即时通信、查看任务列表、查看发布信息,也能够把已有数据、服务或界面快速组合到新应用中。表示层还包括单点登录、身份认证、权限控制等功能,为用户提供一站式数据服务门户和工作平台。

总的来看,基于 SOA 的智慧物流信息平台通过 Web Service、业务服务注册中心和存储库、企业服务总线等手段实现所需的业务要求,将物流企业应用系统中的仓库管理、车辆管理、配送管理、财务管理、EDI、GPS/GIS、线路优化等功能抽取出来,封装为基本的服务,通过 BPEL(Business Process Execution Language,业务流程执行语言)对服务灵活编排以构建动态的业务流程,最终实现智慧化物流服务。

4.3.2 基于物联网的智慧物流信息平台

随着通信技术迈进 5G 时代,物联网正在成为互联网的下一个发展方向,万物互联的时代也将逐渐到来。同时,可以将物联网技术应用到智慧物流信息平台的建设中。物联网在互联网的基础上,通过 RFID、无线传感器、全球定位系统、5G 通信技术、云计算等技术的标准化、广泛化应用实现物与物的互联,从而实现智慧物流信息平台的快速感知、高速传输和智能处理。

1. 基于物联网的智慧物流信息平台架构

基于物联网的智慧物流信息平台的建设基本原则是:以物流核心业务为主线,以物联网技术高效处理物流业务体系和业务流程,一方面要满足合作伙伴间安全、高效传递与共享信息的需求,另一方面要满足企业间内外部资源的信息协同需求。因此,物联网技术下智慧物流信息平台架构如图 4-6 所示。

图 4-6　基于物联网的智慧物流信息平台架构

感知层包括对感知设备的运行与维护,包括条形码识别、电子标签、人员定位、环境监测、大屏监控、视频监控、月台 LED 等感知设备。网络层在基于物联网技术的智慧物流信息平台中的主要作用是实现采集设备数据、控制设备以及设备之间交互通信,它是连接感知层和应用层的桥梁。网络层包括运营商网络、传感网络以及内部局域网等。同时还包括网络层与应用层的中间件、服务器及网关等设施设备的运维,以及它们之间的网络连接。应用层用于对物联网各种应用平台进行运行与维护,准确地与用户进行事件对接,确保智慧物流信息平台的应用运营顺畅、高效。

2. 基于物联网的智慧物流信息平台功能

基于物联网的智慧物流信息平台功能有以下 5 方面。

1) 物流货物信息感知

智慧物流信息服务平台应能够收集、存储、集成整合物流企业的各类业务合同信息、货物在库信息、车辆在途信息、路线规划信息等,并能够及时、快速地上传,与节点成员共享信息,为物流企业进行物流过程性控制提供必要的状态数据,实现物流作业智能化感知,从而提升物流服务水平。

2) 物流信息数据共享

智慧物流信息平台必须做到数据共享,这是实现智能化处理业务的基本条件,因而就需要一系列保障措施:例如,保证物联网设备配置正常运行,对物联网网络进行运营维护与管理,相关技术人员需对网络信息进行综合化管理与处理,为各信息系统之间的信息共享和交换提供标准、通信、技术等支持,从而实现物流企业各相关部门间的信息共享与数据交换,提高企业智能化服务效率与水平。

3) 平台终端集成应用

基于物联网的智慧物流信息平台使物流企业能够实时掌握智能运输和仓储、自动化装卸搬运、动态配送等各项物流业务流程中设备的状态,例如工时消耗、货物即时状态、车辆状态及道路交通环境等信息,使物流企业能够对服务、业务、安全、标准等方面进行全过程一体化管控。

4）物流业务智能应用

以物流企业的货物配送为例，基于物联网的智慧物流信息平台运营功能之一是对客户地理位置、需求量、道路交通条件、费率计算等信息进行集成与整合，使得物流企业能够实时掌握货物配送状态信息，并根据该信息对物流配送过程进行提前规划和智能监管，实现货物拣选、加工、包装、组配等配送相关作业的智能化，加快货物配送速度，提高配送效率与准确率，有效降低物流配送成本，实现对物流全过程的动态控制。

5）企业智能决策支持

基于物联网的智慧物流信息平台能够为企业提供智能化决策支持服务，即由企业决策系统对物流业务过程的信息进行分析，并通过客户关系管理和智慧物流信息平台的信息交互完成客户与企业的对接，利用专家系统及数据挖掘技术为企业进行市场预测与统计分析，帮助企业实现智能诊断和科学决策。

4.3.3 基于大数据的智慧物流信息平台

当前全球已步入大数据时代，互联网上的数据量每两年就会翻一番。据 IDC(Internationl Data Corporation，国际数据公司)报告，2020 年全球数据量较 2013 年增长 10 倍，达到 44ZB。大数据已成为当下人类最宝贵的财富，同时也对各领域的数据保值与利用能力提出了考验。大数据技术作为创新的核心驱动力，在物流产业数字化、智慧化转型升级和创新物流技术应用等领域都有不可替代的战略意义。以大数据为基础的智慧物流信息平台也必将成为帮助中国物流企业提升效率的重要手段。

基于大数据的智慧物流信息平台是指将多方参与者的海量物流数据收集整理形成信息资源，通过互联网交互传递，以提供智慧物流服务的平台，如图 4-7 所示。基于大数据的智慧物流信息平台促使更多的企业选择合作。例如，2015 年 6 月 6 日，顺丰、申通、中通、韵达、普洛斯联合发布公告，共同投资创建深圳市丰巢科技有限公司，致力于研发丰巢智能快递柜，以实现平台化快递收寄交互业务。该数据信息平台致力于争取更多的商业用户和数据资源，深耕"最后一公里"的多元化服务。

现有的基于大数据的智慧物流信息平台包括公路货运大数据信息平台、第四方大数据物流信息平台、供应链大数据物流信息平台、大数据物流金融平台等。

1. 公路货运大数据物流信息平台

多年来，物流行业"多、小、散、乱"及信息不对称等问题始终制约着物流行业的发展。而数据成为基础战略资源，特别是大数据使物流行业变得更加智能、高效。例如，由深圳货拉拉科技有限公司推出的连接货主与货车司机的大数据信息平台，通过共享模式整合社会运力资源，完成海量运力储备，并依托移动互联、大数据和人工智能技术，搭建"方便、科技、可靠"的货运平台，实现多种车型的即时智能调度，为个人、商户及企业提供高效的物流解决方案。截至 2021 年 3 月，货拉拉业务范围已覆盖 363 个城市，平均月活司机 58 万人，月活用户 760 万人。

2. 第四方大数据物流信息平台

第四方大数据物流信息平台是利用先进的互联网技术建设的开放、透明、共享的大数据应用平台，为电子商务企业、物流公司、仓储企业、第三方物流服务商、供应链服务商等各类

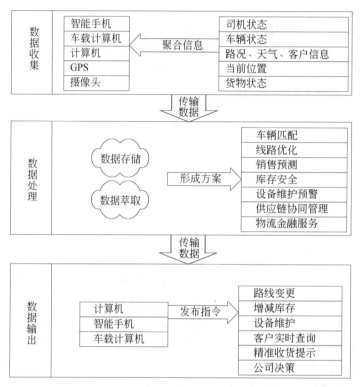

图 4-7　基于大数据的智慧物流信息平台

企业提供优质服务,支持物流行业向高附加值领域发展和升级。例如,2013 年 5 月,阿里集团与金融机构及顺丰、三通一达(申通、圆通、中通、韵达)等共同组建菜鸟网络科技有限公司,致力于打造一个数据驱动、开放、协同、共享的社会化物流平台。菜鸟网络还提供物流行业从采集、建模、存储、分析到智能应用的全流程数据产品和解决方案,以物流大数据帮助企业实现决策智能化和产品智能化。目前菜鸟网站在国内有 34 个物流园区,覆盖 24 个城市,跨境物流合作伙伴数量已经有 89 家,跨境仓库数量达到 231 个,物流覆盖能力可达全球224 个国家和地区,合作各方通过菜鸟网络大数据系统实现了实时连线和实时同步。

3. 供应链大数据物流信息平台

在制造业,由供应链中的核心企业搭建供应链大数据物流信息平台。例如,徐工集团的供应链大数据平台基于大数据和云计算技术打造,可实现海量数据的秒级分析与计算,以数据可视、提质增效为目标,通过供应链大数据采集、分析、应用,用数据指导公司经营决策,实现精益化管理与可持续发展目标。该平台集成了公司核心业务应用系统数据及行业数据,通过构建数据仓库,建立分析模型,实现采购、仓储、物流等供应链全场景经营数据分析与展示,具备供应商等企业风控预警能力。徐工供应链大数据平台框架如图 4-8 所示。

4. 大数据物流金融平台

大数据物流金融平台基于智慧物流信息平台的信息、交易、物流等流程和数据,利用互联网技术将支付融资系统与企业金融需求直接对接,为平台客户(包括体系内的企业和个人客户)提供借贷融资、投资理财、信用评估、现金管理、资金结算等综合性金融服务。

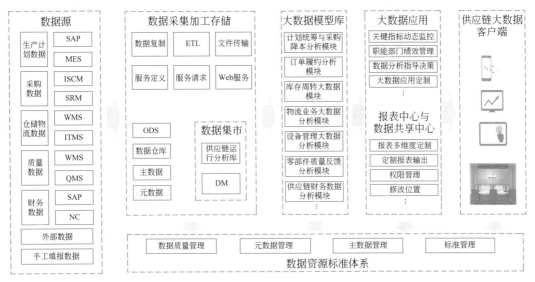

图 4-8　徐工供应链大数据平台框架

物流服务贯穿于企业运营的始终。可以通过掌握大量的物流数据判断某个企业经营状况,从而创造一个低成本的信息完全对称的信贷模式,为中小微企业解决融资问题。例如,京东物流金融平台是一站式供应链金融服务平台,旨在赋能京东物流的合作商,为合作商提供低成本的金融服务,获得资金流,助力企业健康发展。

4.3.4　基于云的智慧物流信息平台

1. 基于云的智慧物流信息平台的内涵

基于云的智慧物流信息平台开放连接各物流服务提供方、各物流需求方和其他相关组织机构,实现物流服务的线上集成。基于云的智慧物流信息平台运营方为双边(多边)市场服务。一方面,平台方和各物流服务提供方组建物流联盟,共同对物流需求方提供包括物流服务方案设计、在线交易、协同物流信息化运作与管理等在内的一站式综合物流服务;另一方面,平台方通过对物流需求进行云计算和大数据分析,为各物流服务提供方提供物流需求信息匹配、在线交易、物流信息化软件租用服务。

与该平台比较接近的是物流交易平台和第四方物流平台,三者都强调开放、动态、交易、信息共享、集成的概念。该平台与物流交易平台不同之处在于增加了云计算的平台服务,云计算带来直接的规模效应。该平台与第四方物流平台不同之处在于:第四方物流平台是供应链的集成商,平台与物流服务主体之间是垂直的整合关系,是传统的物流服务供应链思想;而该平台是生态链的协调,平台与各物流服务主体之间是平等的伙伴关系。

2. 基于云的智慧物流平台的建设目标

现有大多数物流企业服务种类单一,信息集成度较低,多数情况下无法全面满足用户的个性化需求。根据云计算资源集中、按需使用、安全性高、成本低廉的特点,基于云计算构建的智慧物流信息平台可将区域内分散的物流资源和能力进行集中,封装成提供不同服务的物流云,既可为用户提供全方位、一整套的物流服务,又可让用户按照自己的实际需求对不同服务进行任意组合,获取个性化服务。因此,基于云的智慧物流信息平台的构建目标主要为以下几点。

1) 提供个性化和综合性的物流解决方案

基于云计算构建的智慧物流信息平台主要是为了满足不同类型客户的多种物流服务需求。随着供应链的不断发展,供应链上下游企业之间的合作更加频繁、紧密,对个性化和综合化的物流服务需求也越来越多。通过基于云的智慧物流信息平台,物流服务提供方可及时获取物流供应链上不同环节的物流需求,及时对客户做出响应。同时,客户也可利用平台集中的物流资源,满足其一站式需求。

2) 整合资源协同作业,形成规模效应

利用高度集成化的基于云的智慧物流信息服务平台将各个物流企业拥有的物流资源、信息、能力等进行集中并虚拟成不同的物流云,形成资源池并进行集中管理和统一调度。然后根据客户个性化需求在平台上完成协同作业服务,从而形成规模效应,降低物流运作成本,提高运作效率。

基于云的智慧物流信息平台建成后可供本区域内的所有物流企业应用,避免了物流信息平台的重复建设,节约了平台建设成本。同时,由于基于云的智慧物流信息平台对接入的物流资源实行统一、集中管理,既提高了物流运作的效率,也避免了信息传导过程中的失真。

3) 加快物流行业的信息化进程

以云计算技术为基础建立的智慧物流信息平台可吸引不同物流企业及相关企业加入平台。特别是对于信息化程度比较低的中小物流企业,利用该平可以台实现信息共享和数字化管理,使管理水平快速提升,实现物流的规模化经营。同时,该平台上的物流企业为了能实现与该平台的成功对接,在日常的物流运作中将普遍使用 RFID、条形码等技术。

3. 基于混合云的智慧物流信息平台的应用框架与业务流程

根据目前主流电子商务模式——B2C(Business to Consumer,企业对消费者)收发货业务流程的分析,结合基于混合云的物流模式特点构建的基于混合云的智慧物流信息平台的应用框架如图 4-9 所示。

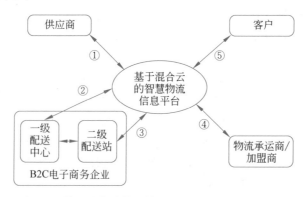

图 4-9 基于混合云的智慧物流信息平台的应用框架

该应用框架中的智慧物流信息平台是基于公有云和私有云的混合云而建立的。

私有云物流信息平台是指供应商、B2C 电子商务企业或物流服务提供商在企业内部搭建的物流信息平台。对于供应商来说,主要利用私有云物流信息平台发布产品信息,处理企业的订货信息,共享配送中心、配送站的库存信息;对于电子商务企业来说,私有云平台主要处理与客户间的订单交易和订单支付管理等;对于物流服务提供商来说,可通过私有云物流信息平台共享客户订单信息,提供最优的配送方案,跟踪配送货物状态。

当私有云物流信息平台提供的服务无法满足客户需要时,就需要通过公有云物流信息平台来完成。例如,当B2C电子商务企业专属的物流服务提供商无法单独完成某项任务时,需要通过与私有云物流信息平台无缝对接的公有云物流信息平台向其他物流服务提供商求助以共同完成任务。

基于混合云的智慧物流信息平台投入运营后,收发货流程中各环节的信息将共享到该平台上,使各节点用户可在该平台上进行信息交换和资金支付。通过应用该平台,规范了信息传递的标准和物流活动的服务标准,使供应商、B2C电子商务企业、物流承运人/加盟商的所有操作更加规范有效,提升了物流服务质量。基于混合云的智慧物流信息平台的信息流如图4-10所示。

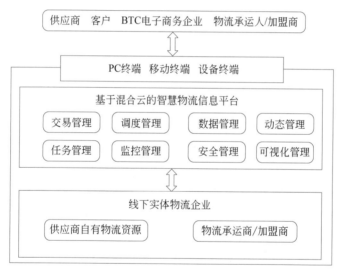

图 4-10　基于混合云的智慧物流信息平台的信息流

供应商将产品信息、生产能力、库存情况等相关信息分享到云物流信息平台。B2C电子商务企业可根据这些信息选择是否订货。供应商可通过该平台直接掌握一级配送中心和二级配送站的库存情况以及一级配送中心的退货情况,及时调整生产计划并接收退货;也可利用这些信息直接向一级配送中心询问是否需要配货,节约了通过B2C电子商务企业下单后再组织配货的时间,提高了配货的效率。

一级配送中心将库存信息、动态配送量、退货信息等共享到智慧物流信息平台。B2C电子商务企业的销售平台根据这些数据及时调整平台上商品的库存信息。同时,一级配送中心可通过智慧物流信息平台查询供应商的供货情况、客户的订单信息、二级配送站的库存情况、二级配送站的退货情况,以便及时为二级配送站配货和组织二级配送站向供应商退货。

二级配送站将商品库存信息、动态配送量、退货信息等共享到智慧物流信息平台,同时通过智慧物流信息平台了解一级配送中心的配货情况、产品订单信息、物流承运人/加盟商的配送情况和退货情况。

物流承运人/加盟商将承运的货物的配送情况、客户的退货情况共享到智慧物流信息平台,便于客户和 B2C 电子商务企业对货物配送状态进行跟踪查询和二级配送站及时退货。同时,物流承运人/加盟商通过智慧物流信息平台共享由二级配送站的配送单信息、订单信息、客户的退货需求、客户的付款信息。

客户将订单信息、付款信息、退货信息等共享到智慧物流信息平台,同时可通过该平台实时查询货物的配送情况。

4.4 智慧物流信息平台运营模式

4.4.1 智慧物流园区信息平台运营模式

1. 智慧物流园区信息平台概述

智慧物流园区基于智慧理念,通过系统集成、平台整合,配以 GPS 监控、GIS 地理服务、ASP 租赁、RFID 射频扫描、无线视频传送、一卡通服务等高新技术,将信息化管理覆盖到园区每个角落、每个控制点,使人、车、物从进入园区到离开园区都实现数字登记、网络查询、数据库管理。园区业务涉及的人与车、车与货、货与路在智慧的网络中运行,实现实时互动、信息整合、服务集成,从而实现物流园区的智能化、机械化、信息化。而物流园区的平台一般由两部分组成,即园区内控管理平台和公共信息服务平台。

园区内控管理平台是物流园区内部管理信息平台,面向的用户为物流园区内部管理者,其服务功能包括消防系统服务、能源管理服务、环境安全风险监控、设施设备服务等。

公共信息服务平台的主要功能是通过模块功能系统为园区运作参与各方提供信息沟通桥梁,解决信息不对称问题。其业务板块包括两大部分:业务通用模块和公共信息服务。业务通用模块包括运输管理系统、仓储管理系统、订单管理模块。公共信息服务包括客户注册、合约签订和管理、线上缴费、园区分布查询、广告发布、咨询服务、金融服务、资产管理服务、保险办理等增值业务。

园区内控管理平台与公共信息服务平台相辅相成。园区内控管理平台支撑着公共信息服务平台的正常运行,公共信息服务平台为园区内控管理平台提供业务数据与决策支持。

2. 智慧物流园区信息平台的建设目标

智慧物流园区信息平台有以下 3 个建设目标。

1) 实现物流园区及区域物流的智慧化

通过建设智慧物流园区信息平台,综合运用物联网、云计算、大数据、人工智能、自动识别等技术,将物流园区内的设施设备通过传感器、通信接口连接,形成覆盖整个物流园区的物联网平台。系统预设各物流园区报警阈值及管理模型,对各物流园区的消防系统、安防周界系统、供配电系统、设施设备等进行自动研判;能自动采集公司运营团队、物业外包团队日常运营数据,通过多维度数据分析对比,及时发现运营风险,提高运营效率,控制运营成本;

通过采集物流园区日常运行数据,运用人工智能分析、自动识别异常情况并自动预警和派单处理,及时发现问题并由系统提供最佳解决方案,实现园区管理智慧化。

2)物流园区实现降本增效

智慧物流园区信息平台的运行使得园区综合业务运营的效率得到提高,降低业务管理的成本。另外,通过提升物流业务管理的可控性、安全性,提高设施设备的管理水平,建立快速响应的反馈机制,实现服务的个性化、柔性化和智慧化。

3)促进物流园区智慧化标准建设

智慧物流园区信息平台的建设和投入运行将会引导入驻园区的企业运用先进的、标准化的物流技术,通过标准化使得企业间信息交流与共享更加顺畅,从而形成具有行业标杆水准和约束力的技术标准,对今后物流园区的建设起到示范作用。

3. 智慧物流园区信息平台的整体架构

智慧物流园区信息平台的整体架构如图 4-11 所示。

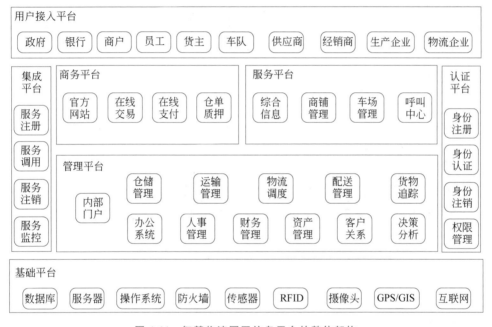

图 4-11　智慧物流园区信息平台的整体架构

1)基础平台

基础平台是整个智慧物流园区信息平台在硬件和软件方面的基础,其作用是通过软硬件采集、整理、存储和传输数据。例如,可以利用各种传感器、RFID 标签、摄像头、GPS 设备等获取各种物流信息,再通过传感网和互联网传输数据,数据经过处理后存储在数据库中以便随时访问和调用,并且可以实现各系统之间的数据过滤、交换、挖掘,为管理平台、商务平台和服务平台的应用需求起支撑作用。

2)管理平台

管理平台是园区内部的控制中心,集成了园区内部各部门管理系统,实现信息管理一体化,起到对园区进行智能化、信息化管理的作用。管理功能主要包括仓储管理、运输管理、物流调度、配送管理、货物追踪、办公系统、人事管理、财务管理、资产管理、客户关系、决策分析等。

3）商务平台和服务平台

商务平台和服务平台都属于园区外部公共信息服务平台。商务平台包括官方网站、在线交易、在线支付、仓单质押等，是与客户达成交易的平台。服务平台包括综合信息、商铺管理、车场管理、呼叫中心等服务，为客户提供各方面的服务保障。

4）集成平台

集成平台主要完成系统的集成，可以将企业内部和企业外部的各种信息系统或管理软件集成到该平台，通过提供通用的应用编程接口和图形化界面，达到方便客户使用的效果。

5）认证平台

认证平台为所有登录使用该平台的用户提供安全身份认证服务，包括身份注册、身份认证、身份注销、权限管理等。

6）用户接入

用户接入平台可以为与物流园区有信息交互和业务关系的用户提供接入服务，包括政府、银行、商户、员工、货主、车队、供应商、经销商、生产企业、物流企业等。

4.4.2 第四方物流信息平台运营模式

1. 第四方物流信息平台的概念

第四方物流（Fourth Party Logistics，4PL）为第一方物流（1PL）、第二方物流（2PL）和第三方物流（3PL）提供物流规划、咨询、物流信息系统、供应链管理等服务。第四方物流整合物流信息管理，设计物流信息系统，但是并不参与供应链中各个客户的详细运作。

第四方物流信息平台利用先进的信息服务技术和供应链的网络服务，整合和集成相关资源，为不同的客户提供最优的解决方案，为整个供应链中的多方客户谋取利益。

2. 第四方物流信息平台的功能

以第四方航空物流信息平台为例，该平台以航空物流服务为主体，在 3PL 的基础上整合与其相关的供应链，设计优化的物流系统，并为客户提供优化的物流方案。其主要功能分为 5 部分：航空物流服务、门户服务、政务服务、信用体系和系统管理，如图 4-12 所示。

1）航空物流服务

航空物流服务包括信息查询、电子商务、相关配送、合同订单和优化功能。信息查询功能提供企业信息、资源信息以及订单的定位追踪信息，做到信息透明化，便于客户查询。电子商务功能提供在线招标、运力交易以及金融服务，做到公开透明的交易。相关配送功能为主要航空运输服务提供支持。合同订单功能分别面向供应商和地面物流企业，为其提供不同的服务。优化功能是该信息平台最关键的功能。它首先对客户的要求进行了解，均衡成本要求，以及运送速度要求，选择适当的运输工具并搭载最合理的运输路径，为客户提供多个备选的运输方案供客户选择。客户在确定方案后，在合同订单功能中签订合同，然后在电子商务功能中完成费用的支付。

2）门户服务

门户服务包括信息咨询和用户管理。信息咨询功能可以让客户在登录平台后及时了解

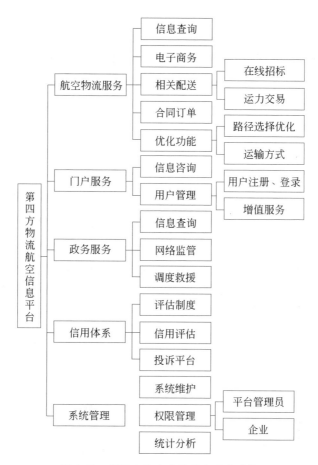

图 4-12　第四方航空物流信息平台功能

最新的物流信息、交易信息等动态。用户管理功能可以提供用户注册、登录、增值服务等基础公共功能。

3）政务服务

政务服务包括信息查询、网络监管和调度救援。信息查询功能可以及时发布政务信息和公布法律法规。网络监管功能为客户提供安全的交易保障。调度救援功能不但可以及时根据路况进行调度，而且可以在发生事故时及时进行救援。

4）信用体系

信用体系包括评估制度、信用评估和投诉平台。评估制度功能可根据现状完善信用评估体系并及时让客户了解信用评估体系。信用评估功能可对客户和企业之间的交易进行信用评估，为今后双方的合作确定合理的评估标准。投诉平台功能为客户提供针对交易过程和服务问题的申诉渠道。

5）系统管理

系统管理包括系统维护、权限管理和统计分析。系统维护功能能够实时保障信息平台的正常运行。权限管理功能可以严格区分平台的管理员、物流企业、供应商等用户的权限。统计分析功能可以对平台的所有交易信息进行统计和分析，并根据分析结果制订合理的解决方案。

3.第四方航空物流信息平台系统框架

根据 SOA 理念设计的第四方航空物流信息平台自下而上分为 5 层：资源层、接口层、业务层、服务层和应用层,其系统框架如图 4-13 所示。

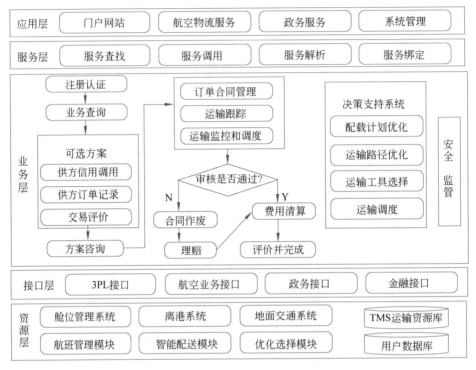

图 4-13　第四方航空物流信息平台系统框架

1）资源层

资源层为第四方航空物流信息平台提供资源和数据,将原有的系统功能封装成组件和模块,整合 3PL、航空机场系统及服务提供商的资源。

2）接口层

接口层通过对各种服务的解析,对原有的系统进行耦合并连接,把数据子模块和子系统套用到业务流程中,从而支撑业务层的应用。接口层为上层的应用服务提供接口,将 3PL 接口、航空业务接口、政务接口和金融接口以 Web 服务的形式部署在架构中。

3）业务层

业务层以业务流程的形式体现,其最大的特点是决策支持系统的强大功能,从客户对方案的选择到合同的确定,再到整个业务流程的审核及评价,最后集中处理运输调度、配载计划优化、运输路径优化及运输工具选择。决策支持系统在传统的 3PL 基础上提供了新的解决方案和优化措施。

4）服务层

服务层可以对封装好的应用程序、业务逻辑和业务数据进行统筹协调,即对资源层的数据库进行查询、管理及调用,以使业务工作流有序进行。

5）应用层

应用层通过调用服务层发布的服务获取相关数据和功能，为各个具体应用服务，包括门户网站、航空物流服务、政务服务、系统管理等。

4.4.3 冷链物流信息平台运营模式

1. 冷链物流信息平台的总体架构

冷链物流信息平台以网络基础环境建设为先决条件，以平台综合数据库的搭建为基础，以综合管理平台和应用平台的建设为主体，最终形成政府监管、冷链运输管理、冷链仓储管理、冷链冷柜管理、冷链追溯、冷链资源撮合交易等系统集成的物流信息体系。其架构如图 4-14 所示。

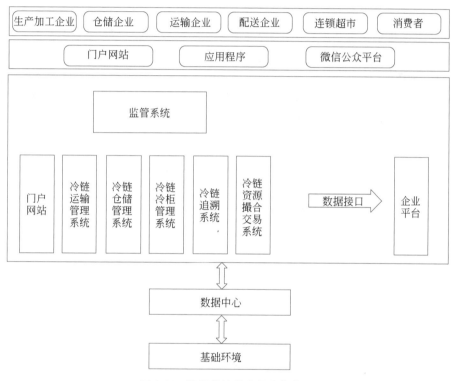

图 4-14 冷链物流信息平台架构图

冷链物流信息平台能够为生产加工企业、冷链物流企业、冷库经营企业、消费者、政府机构等不同的用户提供切实可靠的监控数据，实现对冷链设施设备温度的实时监控和历史记录的查询功能。为生产加工企业提供可靠的车源信息，为收货方提供可靠的库源信息，帮助冷链物流企业、私人冷藏车主、冷库经营企业、私人冷库经营者等寻找、扩大货源。该平台还可以为车主提供在途服务，实时提交车辆的监控信息，包括车辆的温度、车门开闭状态、车辆实时位置等信息。该平台可以成为整个冷链物流运输行业高效的运作平台，提升行业整合能力及调度能力。

2. 冷链物流信息平台的子系统及功能

冷链物流信息平台有以下 6 个子系统。

1）冷链运输管理系统

冷链运输管理系统的主要功能包括车辆管理、车辆调度、实时监控、监控预警、驾驶员管理。

2）冷链仓储管理系统

冷链仓储管理系统的主要功能包括出入库管理、移库管理、实时监控、制冷运行监控、监控预警、查询功能。

3）冷链冷柜管理系统

冷链冷柜管理系统的主要功能包括入柜管理、实时监控、监控预警。

4）冷链追溯系统

冷链追溯系统的主要功能包括追溯信息综合管理、应急处理管理、统计查询、剔除信息管理。

5）冷链资源撮合交易系统

冷链资源撮合交易系统的主要功能包括货源管理（"我找库"）、货源管理（"我找车"）、库源管理、车源管理、订单查看、响应查看。

6）政府监管系统

政府监管系统的主要功能包括实时监控、监控预警、统计查询、备案管理、指标管理。

4.5 智慧物流信息平台实施方案

4.5.1 整体规划

智慧物流信息平台的整体规划设计需要有精准的平台定位。互联网技术、大数据、云计算以及人工智能等高技术的融入，能够使得该平台实现信息数字化、物流智能化和一体化运作。智慧物流信息平台的总体架构主要分为以下几部分：用户层、展现层、功能层、数据交换层、应用支撑层、数据资源层、基础支撑层，如图 4-15 所示。

智慧物流信息平台是实现物流信息互联互通与交换共享的核心。各个城市的相关机构及企业都不同程度地建设了相对独立的信息平台和系统。智慧物流信息平台的建设不是替代已有的平台和系统，而是在已有平台和系统的基础上，通过数据交换将各个平台和系统连接起来，进行多方的信息集成和整合，同时实现大数据的挖掘应用，使平台向智慧化方向发展。例如，平台可以实现集装箱设备交接单及港口提箱作业信息电子化流转。进出口企业在统一平台上办理集装箱设备交接、提箱作业计划申报、费用结算等手续，实现无纸化操作，减少单证流转环节和时间。同时，海关、检验检疫部门实现与"单一窗口"平台对接，进出口企业应用无纸化委托模块电子授权委托功能，通关环节不再需要递交纸质委托协议书。

4.5.2 实施框架

智慧物流信息平台的建设是一个复杂的系统工程，需要经过调研、需求分析、设计、方案

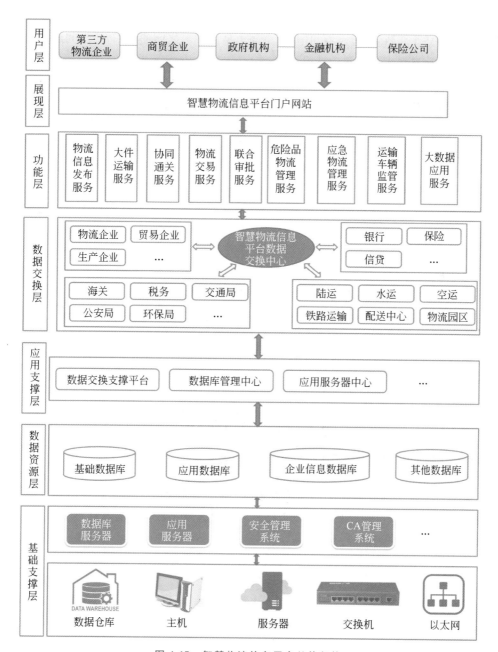

图 4-15 智慧物流信息平台总体架构

论证以及实施等一系列流程才能完成,其大致的实施框架如下。

1. 项目概述

项目概述介绍建设智慧物流信息平台的背景和意义等内容,提出具体的建设目标与任务、建设安排与资金投入等内容。

2. 智慧物流信息平台建设现状分析

对我国目前城市智慧物流信息平台的建设情况进行调研,了解都有哪些城市、哪些部门建设了物流信息平台,其建设模式、用户定位、核心功能都是什么;同时对国外物流信息平台建设的基本情况进行调研,对比不同国家、不同类型的平台之间的区别,找出问题。

3. 平台的用户需求分析和功能设计

平台建设前期通过实地调查和文献调查,首先明确平台互联的对象,包括政府职能部门、物流企业、工商类企业、金融保险类企业和社会公众等;其次,掌握用户的需求信息和所需功能,还有一些已有平台要接入智慧平台的互联需求和管理需求等,由于调查的服务对象不同,所以功能需求也就不同,从而根据各自的需求进行平台功能的设计;最后通过平台功能需求评价指标体系确定平台最终要实现的功能,避免与其他平台功能冲突和重复建设。

4. 平台建设实施方案

根据平台的建设目标和需求功能确定平台的建设方案,主要包括平台的设计与实现、业务流程的设计与实现、其他信息平台的接入、硬件与网络的建设、平台和系统的安全保障等。

5. 实施保障

实施保障包括两方面:

(1) 实施机构和人员。明确本项目的实施机构和核心技术人员。

(2) 实施计划。制订平台建设实施计划时间表,分解任务并明确各阶段的实施内容和负责人。

6. 投资估算与效益

根据建设方案估算平台建设总投资费用,并对平台投入运营后获得的效益进行评估。

案例与问题讨论

案例:国家交通运输物流公共信息平台

国家交通运输物流公共信息平台是国务院《物流业发展中长期规划(2014—2020 年)》的主要任务和重点工程之一,是多项国家级和部委级物流业具体发展规划的重点建设内容,是由交通运输部和国家发改委牵头,多方参与共建的公共物流信息服务网络,形成了我国物流信息服务领域"国家级公共平台+区域级公共平台+商业服务平台"的基本发展模式,是一个政府主导、承载国家物流领域重大发展战略的服务机构。按照国家及相关部委规划要求,国家交通运输物流公共信息平台致力于构建覆盖全国、辐射国际的物流信息服务基础设施,覆盖全产业链的数据仓库和国家级综合服务门户,有效实现国家间、区域间、行业间、运输方式间、政企间、企业间的物流信息安全、可控、顺畅交换和共享,逐步汇集物流业内和上下游相关行业的国内外静动态数据信息,提供公共、基础、开放、权威的物流公共信息服务,形成物流信息服务的良好生态基础,从而促进我国物流业产业向绿色、高效全面升级。

1. 平台的组织架构

国家交通运输物流公共信息平台组织架构如图 4-16 所示。

1) 交通运输部与平台联席会议

该平台由交通运输部、国家发展和改革委员会会同工业和信息化部、科技部、商务部、公安部、海关总署、质检总局、民航局、邮政局、中国铁路总公司等有关单位组成平台联席会议。

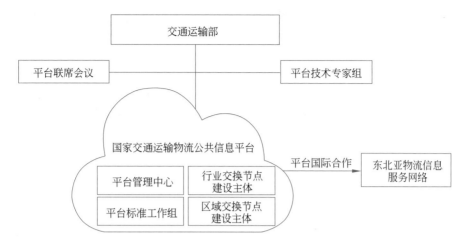

图 4-16 国家交通运输物流公共信息平台组织架构

成员单位将按照职责分工,认真落实联席会议议定事项,互通信息,互相配合,互相支持,形成合力,共同推进国家交通运输物流公共信息平台建设各项工作。

2)平台技术专家组

该平台建设技术专家组由全国各界 18 名专家组成。技术专家组成员由交通运输部聘任,主要是来自相关部委、研究机构、高校、协会以及企业的技术类专家。

技术专家组的主要任务是对平台发展、战略、规划、功能、架构、管理模式、建设方案、运营机制、重大技术问题等提出咨询意见和建议,并指导有关单位开展相关工作,同时对平台建设和发展的重要文件、报告等起草的主要思路提出意见和建议,切实为平台建设提供智力支持。技术专家组的活动方式包括全体会议、专题研讨及与专题调研活动。

3)平台管理中心

受交通运输部委托,由浙江省交通运输厅承担全国交通运输物流公共信息平台的日常管理工作,由浙江省批准成立浙江国家交通运输物流公共信息平台管理中心,负责承担国家物流平台的建设、运行、维护和日常管理工作。2013 年,浙江国家交通物流公共信息平台管理中心正式运行。

4)平台标准工作组

平台标准工作组由交通运输部标准化管理部门、各省市交通运输主管部门、科研院所、大专院校、物流企业、软件开发商和相关标准化技术委员会等推荐的管理人员和技术专家组成,负责平台标准化的统筹规划、组织管理、联系协调,审定年度工作计划和标准申报立项项目,组织开展相关标准的宣传贯彻培训和推广应用。

5)行业交换节点建设主体

根据国务院《物流业发展中长期规划(2014—2020 年)》以及国家物流平台"十三五"建设方案要求,由交通运输部、国家发展和改革委员会等相关部委以及民航局、邮政局、中国铁路总公司等单位负责推进国家及公路、水路、铁路、航空、邮政等行业交换节点的建设。

6)区域交换节点建设主体

联席制度明确各省、自治区、直辖市、新疆生产建设兵团交通运输厅(局、委)承担各自区域交换节点的建设和运维工作,共同构建国家交通运输物流公共信息平台的基础交换网络。目前,已经启动建设的省和自治区有福建、云南、湖南、浙江、山西、山东、辽宁、黑龙江、广西等。

7) 东北亚物流信息服务网络

东北亚物流信息服务网络(Northeast Asia Logistics Information Service Network,NEAL-NET)是旨在推进物流信息资源共享,提高区域物流效率和服务能力,促进区域经济发展的非营利性国际合作机制,于2011年根据第三届中日韩运输及物流部长会议精神成立,是由中方主导推进的全球首个区域性物流信息共享合作机制,其秘书处常设在中国杭州。

2. 平台服务

国家交通运输物流公共信息平台服务包括三大部分,分别是标准服务、交换服务和数据服务。

1) 标准服务

标准化是国家交通运输物流公共信息平台的基础和支撑,是实现跨区域、跨部门物流信息交换,保障各类应用系统互联以及提供高质量物流信息服务的关键所在。经过多年建设,国家交通运输物流公共信息平台标准实现了从省内到全国再到国际标准的跨越。2014年,交通运输部正式发布了由平台主导编制的数据元、道路运输电子单证、物流站场(园区)电子单证3项行业标准(JT/T 919.1~919.3),填补了国内道路运输信息化标准的空白,提升了运输企业的信息化水平。2017年4月,国家交通运输物流公共信息平台标准工作组正式向社会发布了《交通运输物流信息互联共享标准(2016合集)》,涉及687项数据元、104项代码集、68个单证、17个服务功能调用接口。其体系如图4-17所示。

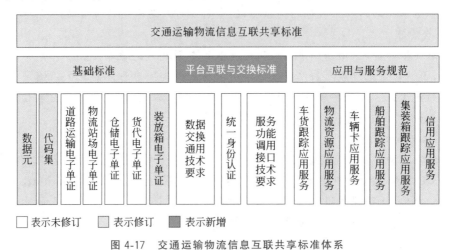

图4-17 交通运输物流信息互联共享标准体系

2) 交换服务

交换服务主要解决跨国、跨行政区域、跨行业、跨部门的各类物流信息平台与物流产业链上下游企业之间缺乏统一数据交换标准、信息传递效率低、集成能力低、交换成本高等问题。

3）数据服务

数据服务主要解决国家层面物流公共信息服务资源零散、物流行业信息服务需求难以得到有效满足的问题。国家交通运输物流公共信息平台将按照"统一标准，互联互通，共享服务"的理念，主要依托政府及行业已有的物流公共信息资源，通过多种技术手段为用户提供物流信息一站式查询服务，打造我国物流公共信息资源的统一的开放窗口。用户可以通过国家交通运输物流公共信息平台网站或数据接口获取相关服务。国家交通运输物流公共信息平台提供四大类数据服务：信用数据服务、跟踪数据服务、资源数据服务和综合数据服务。

3. 平台应用

平台应用分为三大类，分别是商业应用、企业应用和管理应用。商业应用包括物流管理软件、金融服务产品、资源类产品、信用类产品和国家贸易类产品。企业应用包括公路互联、海运互联、航空互联和铁路互联。管理应用包括药品运输监测、危险运输监测、危废运输监测、无车承运监测、物流园区监测、货运实名监测。

4. 开放接入中心

开放接入中心是国家交通运输物流公共信息平台面向用户及开发者的统一入口，该中心提供技术对接的标准规范，囊括了平台所有开放的 API。普通用户可以通过查看平台业务流程、数据交换接入指引、NEAL-NET 接入指南等技术细节，实现与平台技术对接，获取平台各种应用服务。平台合作服务商了解报文接收/发送接口、业务报文组装等内容后，可以实现各种应用服务发布。

5. 东北亚物流信息服务网络

东北亚物流信息服务网络是国际性的、非营利的物流信息互联、交换和共享技术交流与应用合作机制，目的是实现中日韩三国物流信息系统的互联互通，鼓励开展物流信息标准与技术研究，促进技术交流、培训与推广应用。该网络可以提供船舶动态查询、集装箱状态查询、船舶 AIS（Automatic Identification System，自动识别系统）跟踪查询服务、共享服务港口查询、港口码头代码查询等服务。

▶ 问题讨论

1. 国家交通运输物流公共信息平台都包含哪些服务功能？
2. 国家交通运输物流公共信息平台实现了哪些管理方式？
3. 国家交通运输物流公共信息平台建设都应用了哪些信息技术？

小　结

本章以智慧物流信息平台为核心，介绍其内涵、特征、组成、类型和目标，使读者对该平台的基本情况有清晰的认识。智慧物流信息平台是综合运用互联网技术、物流信息技术和软件技术高效地整合物流资源，快速地智能化处理各种物流业务，从而实现物流智能化、高效率、低成本的综合物流信息服务。

不同的功能需求会产生不同的智慧物流信息平台，例如，为大众服务的、公共性质的物流公共信息平台,为医药、烟草、粮食等不同行业提供服务的行业性物流信息平台,为政府部门提供物流信息服务的政府公共服务与监管平台。

　　智慧物流信息平台的建设会应用先进的信息技术,目前应用得较多的信息技术有SOA、物联网、大数据、云计算等。基于SOA设计的智慧物流信息平台分为资源层、组件层、服务层、业务流程层、表示层。基于物联网的智慧物流信息平台一般分为感知层、网络层和应用层。基于大数据的智慧物流信息平台是将多方参与者的物流海量数据信息收集整理形成信息资源,通过互联网交互传递以提供智能物流服务的平台。基于云的智慧物流信息平台开放连接各物流服务提供方、各物流需求方和其他相关组织机构,实现物流服务的线上集成。

　　智慧物流信息平台的运营模式不同,主要有智慧物流园区信息平台、第四方物流信息平台、生鲜冷链物流信息平台。这3种平台的主体不同,其服务功能也不相同。

练习与作业

　　1. 什么是智慧物流信息平台?它从哪些方面体现其智慧的特征?

　　2. 简述智慧物流信息平台的组成部分以及各层次的功能。

　　3. 简述智慧物流信息平台的类型。

　　4. 分析基于SOA、物联网、大数据和云计算4种技术建立的智慧物流信息平台的特点,对比它们之间的相同点和不同点。

　　5. 结合物流园区的业务与管理,阐述智慧物流园区信息平台的建设目标和系统框架。

　　6. 结合第四方物流企业的业务与管理,阐述第四方物流信息平台的功能和系统框架。

　　7. 结合软件开发和项目管理的理念和方法,阐述智慧物流信息平台的整体规划和实施方案。

第4章　智慧物流信息平台

4.1节和4.2节

第4章　智慧物流信息平台

4.3节

第5章　智慧物流仓储

学习目标和指南

※ 学习目标

1. 了解仓储及现代仓储的含义,掌握现代仓储与智慧物流仓储的关系。

2. 了解仓储管理的任务,在此基础上掌握智慧物流仓储的含义与特点,深入理解智慧物流仓储管理的内容。

3. 掌握智慧物流仓储系统体系的内容,掌握智能仓库管理系统六大模块的内容,重点掌握仓库物流管理模块的功能,掌握智慧仓储物流系统的含义、内容,重点掌握智能入库作业、出库作业、分拣作业、盘点作业系统的功能和应用领域。

4. 了解智能仓储技术装备的种类与功能,了解智慧物流仓储的发展现状、瓶颈以及未来发展趋势。

※ 学习指南

1. 深入理解传统物流仓储与智慧物流仓储的关系。

2. 结合 RFID 技术、传感技术、物联网技术、大数据、云计算、手机 App 等智能物流仓储技术,完善并创新现有智慧物流仓储系统体系。

3. 在现有出入库、盘点、分拣等关键仓储作业的技术层面上进行深入分析,并提出方案,引领其他物流仓储技术装备的智能化发展。

4. 利用智慧物流仓储的思想,进一步规范物流仓储的作业行为,提高物流仓储的运营能力与管理水平。同时,进一步加强仓储作业安全意识,全面强化职业素养。

※ 课前思考

1. 现代物流仓储的含义是什么?

2. 现代物流仓储与智慧物流仓储的关系是什么?

3. 智慧物流仓储的特点有哪些?

4. 智慧物流仓储的应用现状如何?

5.1　仓储管理与智慧仓储

5.1.1　现代物流仓储管理

1. 仓储的含义

"仓"即仓库,是为存放、保管、储存物品的建筑物和场地的总称,可以是房屋建筑、洞穴、大型容器或特定的场地等,具有存放和保护物品的功能;"储"即储存、储备,表示收存以备使用,具有收存、保管、交付使用的含义。"仓储"就是指通过仓库存放、储存物品的行为,是对有形物品提供存放场所、存取物品过程和存放物品的保管、控制的过程,也是物品离开生产过程但尚未进入消费过程的短暂的物流停止过程。

仓储伴随着物资储存的产生而产生,并伴随着生产力的发展而发展,是商品流通的重要环节之一,是集中反映工厂物资活动状况的综合场所,是连接生产、供应、销售的中转站,对促进生产、提高效率起着重要的辅助作用。仓储是物资产品的生产过程的持续,是物流全过程的一种衔接状态,是商品流转中的一种作业方式。在仓储环节不仅可以对物品进行检验、保管、集散,还可以对物品进行流通加工等作业。仓储是物流的主要职能,同时也是商品流通不可缺少的环节。

现代仓储不是传统意义上的仓库储存、仓库管理,而是在经济全球化与供应链一体化背景下的仓储,是现代物流系统中运用多种管理手段而体现出来的仓储活动,它表示一项活动或一个过程,是以满足供应链上下游的需求为目的,在特定的有形或无形的场所运用现代技术对物品的进出、库存、分拣、包装及其信息进行有效的计划、执行和控制的物流活动。从这个概念可以看出,现代仓储具有以下基本内涵:

现代仓储是一项物流活动,它不是生产,不是交易,而是为生产与交易服务的一项特定的物流活动。同时,仓储这项物流活动处于整个物流系统之中,与其他物流活动互成体系、相辅相成。

现代仓储的目的是满足供应链上下游客户的需求。客户可能是上游的生产者,也可能是下游的零售业者,还可能是企业内部不同的部门,谁委托,谁提出需求,谁就是客户。现代仓储活动应融入整个供应链上下游之中,根据供应链的整体需求确立仓储的角色定位与服务功能。

现代仓储的基本功能涉及物品的进出、库存、分拣、包装及信息处理等方面。其中,物品的入库、在库、出库作业是现代仓储最基本的活动;物品的分拣与包装在现代仓储活动中更普遍、更深入、更精细,与物品的出入库及在库管理相结合,共同构成现代仓储的基本功能;随着信息技术的普及,信息处理已经成为现代仓储的基本功能之一,离开了现代化的信息处理手段,也就无法实现现代仓储活动了。

2. 现代物流仓储管理

现代物流仓储管理是对仓库及仓库内的物资进行的管理,是仓储机构为了充分利用仓储资源,提供高效的仓储服务而进行的计划、组织、控制和协调的过程。现代仓储的管理水平体现在有效的计划、执行和控制等方方面面。科学、合理、精细的仓储管理离不开现代化的管理手段。具体来说,现代物流仓储管理包括仓储资源的获得、营运决策、商务管理、作业管理、仓储保管、安全管理、人事劳动管理、经济管理等一系列管理工作,主要体现在以下几方面。

1) 利用市场经济的手段获得最大效益的仓储资源的配置

市场经济最主要的功能是通过市场的价格和供求关系调节经济资源的配置。市场配置资源是以实现资源最大效益为原则,这也是企业经营的目的。现代物流仓储管理更应有效地进行仓储资源的配置,以实现仓储活动效益最大化的目标。

具体任务包括：根据市场供求关系确定仓储建设规划，以生产的产品的类别决定仓储专业化分工并确定仓储功能，以确定的仓储功能决定仓储布局，根据设备利用率确定设备配置等。

2）以高效率为原则建立组织管理机构

组织管理机构是开展现代物流仓储管理的基本条件。生产要素，尤其是人的要素，只有在良好的组织管理机构中才能发挥作用。现代物流仓储组织管理机构的确定应围绕仓储经营的目标，以实现仓储经营的最终目标为原则，依据管理幅度责权对等原则因事设岗，建立结构简单、分工明确、互相合作的组织管理机构。现代仓储组织管理机构一般设有内部行政管理机构、库场管理机构、机械设备管理机构、安全保卫机构、财务以及其他必要的机构。

仓储内部大都实行直线职能管理制度或者事业部制的管理组织结构。随着计算机网络的应用普及，组织管理机构趋向于向少层次的扁平化结构发展。

3）以高效率、低成本为原则组织仓储活动

现代物流仓储活动的组织管理应遵循高效率、低成本的原则，充分利用机械设备、先进的保管技术、有效的管理手段实现仓储快进、快出，提高仓储利用率，降低成本，不发生差、损、错事故，保持连续、稳定的仓储活动。仓储管理的核心在于充分使用先进的技术和手段，建立科学的仓储作业制度和操作规程，实行严格的监督管理，采取有效的员工激励机制。

4）通过制度化、科学化的先进手段不断提高管理水平

现代仓储管理理念与方法应根据实际情况的变化做出实时的调整。在仓储管理实践中，应根据仓储企业的经营目标的变化实行动态的管理模式，并根据社会需求的变化不断补充、修正、完善管理方法，做到与时俱进。仓储管理的动态化可以促进管理水平的提高，从而提高仓储效益。

5.1.2 智慧物流仓储概念

社会日益增长的物流需求对仓储活动提出了更高的要求，仅依靠传统仓储管理和运作模式难以及时、准确地满足客户的多方面需求。在这种背景下，仓储管理活动向自动化、智能化方向发展成为必然趋势，智慧物流仓储的概念应运而生。

部分学者总结智慧物流仓储的概念为：将仓储数据联入互联网系统，通过对数据的提取、运算、分析、优化、统计，再通过物联网、自动化设备、仓库管理系统、仓库控制系统，实现对仓储系统的智慧管理、计划与控制的过程。也有学者在诠释智慧物流仓储的概念时侧重于对仓储流程的体现，即智慧物流仓储是指在仓储管理业务流程再造的基础上，利用RFID、网络通信、信息系统等智能技术及先进的管理方法，实现货物入库、出库、盘库、移库管理的信息自动抓取、自动识别、自动预警及智能管理功能，以降低仓储成本、提高仓储效率、提升仓储智慧管理能力的智慧物流活动。总结起来，对于智慧物流仓储概念的理解应把握如下内容：

智慧物流仓储是智慧物流的重要组成部分，而智慧物流仓储系统是智慧物流仓储的实现形式。智慧物流仓储系统一般是由仓储智能设备系统、电子信息识别系统、智能控制系统、电子监控系统、信息管理系统等两个及以上子系统组成的智慧执行系统，能够对信息进行智能感知、处理和决策，能够对仓储设备进行智慧控制和调度，能够自动完成仓储作业的

执行。

在智慧物流仓储建设过程中,核心技术是关键。智慧物流仓储技术能够优化仓库资源,合理调配人力物力,有效降低能耗,节约成本,合理保持和控制企业库存。智慧物流仓储技术能够有效利用仓储信息,提高仓储系统任务分配和执行效率,优化仓储作业流程,节约人力和物力,为管理者提供辅助决策的数据量化的依据。总之,智慧物流仓储技术能够加强仓储信息的流通性,提升供应链上下游信息的衔接效果,对企业的发展大有益处。

在智慧物流仓储的核心技术中,物联网是根本。物联网与云计算、大数据,移动互联网等现代技术的不断融合,形成了一个适应物联网发展的技术生态,在智慧物流仓储发展中已经呈现出多种技术联动的发展局面,也为传统仓储向智慧物流仓储快速转型提供了强有力的支撑。

5.1.3 智慧物流仓储特点

智慧物流仓储是智能制造工业 4.0 快速发展的一个重要组成部分,它具有节约用地、减轻劳动强度、避免货物损坏或遗失、消除差错、提供仓储自动化水平及管理水平、提高管理和操作人员素质、降低储运损耗、有效地减少流动资金的积压、提供物流效率等诸多优点。据资料显示,仓储行业对于智慧物流仓储的期待是普遍的,评价也是极高的,实施智慧物流仓储后能够给企业带来的价值也是全方位的,行业内部人士对此有着一致的看法。智慧物流仓储是行业人士普遍追捧的,不仅在于它凸显了在操作领域的绝对性优势,更主要的是它反映了一个时代的发展方向。与时俱进是当今各行各业不断创新所遵循的大原则,智慧物流仓储也以其明显的优势诠释了自身的特点,具体体现在如下 5 方面。

1. 仓储作业无人化

在智慧物流仓储实施过程中,仓库货物的出入库作业都是由智慧物流仓储系统自动控制的,可以全面实现作业无人化,不仅提高了作业效率,还在人力资源成本逐年增高、人口红利逐渐消失的年代大幅度降低了人力成本。此外,仓储作业无人化模式还能更好地适应部分仓库中黑暗、低温、有毒等特殊环境的需求,大大提升了仓储作业的安全性。

2. 作业流程精准化

在智慧物流仓储实施过程中,依托大数据及人工智能算法,通过开放、智能、共享的数据,可以优化仓储作业流程,做到精确分仓、合理调拨,降低仓储物流的成本,实现生产者和消费者之间的需求平衡。

此外,智慧物流仓储模式都是采用智慧系统进行仓储管理的,系统可以对出入库货物的数据进行记录并监控,可以有效避免货物自然老化、变质,也能减少货物搬运过程中出现的破损或丢失。通过智慧系统可以确保先进先出,可以做到自动盘点,实现仓储作业流程的精准化。

3. 仓储决策智慧化

在智慧物流仓储实施过程中,主要运用大数据、云计算、人工智能、物联网、机器视觉等技术。通过上述技术,可以进行仓库货物销售预测和库存的智能调拨,可以根据消费者个人的消费习惯进行现有库存的推荐。在智慧物流仓储管理过程中,各类仓储单据、报表快捷生成,问题货物实时预警,特定条件下货物能够自动提示,通过信息技术与智能管理,形成统一的信息数据库,为仓库管理决策提供可靠的依据,为供应链整体运作提供保障,以实现仓储决策智慧化的目标。

4. 账务管理信息化

在智慧物流仓储实施过程中,可以实现账实同步,并可与企业内部网络融合。企业只需要建立合理的库存,即可保证生产过程顺畅,从而减少不必要的库存积压,节约库存占用资金,大大增加公司的现金流,同时也可避免人为因素造成的错账、漏账、呆账、账实不一致的情况。

5. 企业形象高大化

智慧物流仓储的构建反映了一个仓储企业的综合实力,不仅能提高企业的仓储系统的管理水平,提升企业整体形象以及在客户心目中的地位,还能为企业赢得更大的市场,为企业创造更多的发展机会。

5.1.4 智慧物流仓储类型

智慧物流仓储一般按照建筑物形式、货架构造形式以及装取货物机械的种类进行分类。

1. 按照建筑物形式分类

智慧物流仓储按照建筑物形式可分为整体式智能立体仓储和分离式智能立体仓储。整体式智能立体仓储是指除了储存货物的单元外,库房货架还作为建筑物的支撑结构,是典型的库房货架一体化形式。分离式智能立体仓储是与整体式智能立体仓储相对的类型,是指库房货架在建筑物内部独立存在的形式。

2. 按照货架构造形式分类

智慧物流仓储按照货架构造形式可分为货格式智能立体仓储、贯通式智能立体仓储和自动化柜式智能立体仓储。

货格式智能立体仓储是应用较普遍的智慧物流仓储形式。它的特点是:每层货架都由同一尺寸的货格组成,货格开口面向货架之间的通道。堆垛机在货架之间的通道内行驶,以完成货物的智能存取。

贯通式智能立体仓储适用于较轻的货物的智能存取。这种仓库的货架之间没有间隔,不设通道,货架组合成一个整体。货架纵向贯通,贯通的通道存在一定的坡度,在每层货架底部安装滑道、辊道等装置,货物在自重作用下,沿着滑道或辊道从高处向低处运动。

自动化柜式智能立体仓储以小型、可以移动的封闭智能仓库为主要仓储设施,由柜体、控制装置、操作盘、储物箱和传动装置组成。其主要特点是封闭性强、小型化、智能化和轻量化,有很强的保密性。

3. 按照装取货机械种类分类

智慧物流仓储按照装取货机械的种类可分为巷道堆垛机式智能立体仓储和穿梭车式智能立体仓储。巷道堆垛机式智能立体仓储是指采用巷道堆垛机进行物料的出入库作业,堆垛机上加装智能辅助设备,通过仓库管理系统进行管理与调度。穿梭车式智能立体仓储是指穿梭车在货架内部进行物料的出入库作业,轨道同时承担货物输送和货物储存功能。

5.1.5 智慧物流仓储管理

传统仓储管理分为入库管理、在库管理、出库管理、信息管理、设备管理、财务管理 6 方

面,如图 5-1 所示。其中:

(1) 入库管理包括货位准备、接运、验收、入库等环节。

(2) 在库管理包括查点、移库、养护等环节。

(3) 出库管理包括接单、备货、复核、包装点交等环节。

(4) 信息管理包括信息录入、系统维护、统计分析等环节。

(5) 设备管理包括设备调度、维修保养、配置优化等环节。

(6) 财务管理包括账务处理、盈亏分析、财务预算、成本控制等环节。

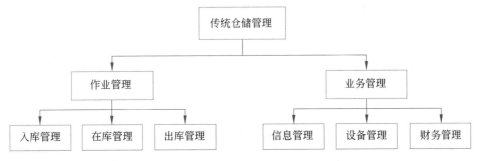

图 5-1 传统仓储管理

智慧物流仓储管理基于传统仓储管理的理念,在关键环节进行智能化操作以优化仓储作业。智慧物流仓储管理涉及的关键环节包括智能分仓、智能分区、智能布局和智能路径优化。

1. 智能分仓

智能分仓是指通过大数据分析,精准掌握各区域客户的需求特点,在客户下达订单前,就将货物或商品预置到离客户最近的仓库中,确保客户在下达订单后在最短的时间内收到货物或商品。据了解,天猫国际已经开启了智能分仓功能,提前将跨境商品放置在离消费者最近的仓库,商家的跨境包裹次日达比例最高可提升 90%,进一步优化了消费者体验。菜鸟在“双 11”期间也采用智能分仓的方式对商家分层,并进行精细化管理,做到了资源优化、精准备货,加快了库存周转。

2. 智能分区

仓储分区是指将仓库中的货物按照一定的原则进行分区设置,以便进行统一的规划与管理。一般情况下,仓储分区是按照货物性质的相似性、养护措施的一致性等原则进行分区的,但这种方式有可能因货物订单热度不均导致不同区域产能不均衡。为了解决这个问题,需要实时动态分析仓库订单的分布,应用大数据技术、动态分区技术实时动态地规划仓储区域,这样既可以高效利用库内设备,又可以避免极端拥堵现象,可以有效实现仓库内各区域的产能均衡,最终提高作业效率。

3. 智能布局

智能布局是以科学的理念、系统的方法对仓库的功能区进行合理的规划与布置。仓库主要功能区包括储存区、作业区以及必要的通道等。在进行仓库布局时应充分考虑仓储计划、作业流程以及相关设备的配置情况。为了高效利用仓储空间,提高仓储作业效率,智能布局必不可少。在仓库布局时,采用智能分析系统以及遗传算法等优化方法,对储存货物的周转量、分拣路线、搬运次数等进行模拟分析，对出入库作业流程进行最优决策规划，最终完成仓库的智能布局。通过智能布局可以最大限度地提高库内储存货物的内聚度，提升仓储作业质量。

4. 智能路径优化

在不同货物的出入库作业中，有多种不同方式的作业路径。为了提高作业效率，避免作业拥堵，应用大数据系统可以同步协调整个仓库装卸搬运设备的作业路径，规划多种货物的出入库作业，实现出入库作业的高效集中、有条不紊。

5.2 智慧物流仓储系统体系

智慧物流仓储系统是运用软件技术、互联网技术、自动分拣技术、光导技术、RFID 技术、声控技术等先进的科技手段和设备对物品的进出库、存储、分拣、包装、配送及其信息进行有效的计划、执行和控制的物流活动，主要包括智能仓库管理系统和智能仓储物流系统，其中智能仓储物流系统又根据企业具体的物流活动分为入库系统、分拣系统、出库系统、盘点系统等。

5.2.1 智能仓库管理系统

1. 智能仓库管理系统技术架构

智能仓库管理系统（Smart Warehouse Management System，SWMS）是在原有仓库软硬件的基础上，结合物联网、传感器、RFID 等先进信息技术的应用，实现仓储过程智能化的信息管理系统。智能仓库管理系统能够有效监控并跟踪仓库业务的物流过程，并有效进行成本分析与控制，能够实现并完善仓储活动的智能化管理。该系统既可以独立执行物流仓储作业的操作，也可以实现物流仓储与企业运营、生产、采购、销售智能化集成。

智能仓库管理系统技术架构由低到高分为 3 层，自下而上分别是技术层、控制层和业务层，如图 5-2 所示。

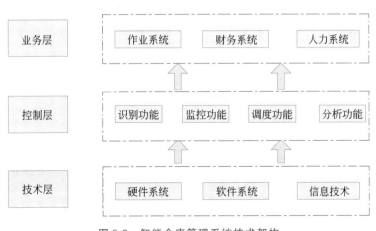

图 5-2 智能仓库管理系统技术架构

技术层包括仓库硬件系统、软件系统以及相关的信息技术。硬件系统主要包括智能货架、电子标签、无线射频识别器、信号接收器、天线、传感器和计算机系统；软件系统主要包括各种协议和计算机程序；信息技术涉及 RFID 技术、GPS、GIS 及物联网技术等。

控制层是位于业务层与技术层之间的中间层，负责协调、调度技术层的各种物流软硬件以及信息技术的使用，指挥技术层高效执行仓储系统的业务流程的过程，这个过程完全是按照程序预先设定的流程执行的。控制层是保证整个物流仓储系统正常运转的核心系统。控制层一般具有识别功能、监控功能、调度功能以及分析功能。

业务层通过对具体业务的执行过程，实现物流仓储活动的智能化运行，从而降低仓储成本，提高运营效率，提升仓储管理能力。业务层一般是根据企业的具体情况有针对性地开发相应的软件以实现其强大功能。业务层一般包括作业系统、财务系统和人力系统。

2. 智能仓库管理系统的组成

智能仓库管理系统主要包括仓库物流管理模块、仓库设备管理模块、订单管理模块、财务信息管理模块、客户管理模块、人力资源管理模块等，如图 5-3 所示。

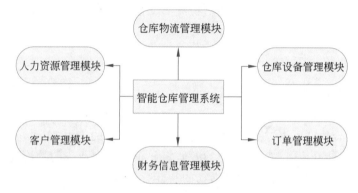

图 5-3　智能仓库管理系统的组成

1）仓库物流管理模块

仓库物流管理模块是智能仓库管理系统中最核心的管理单元，对仓库作业进行全方位的信息化管理。该模块包括基础管理模块、采购管理模块、仓库作业管理模块、订单管理模块、查询管理模块，如图 5-4 所示。

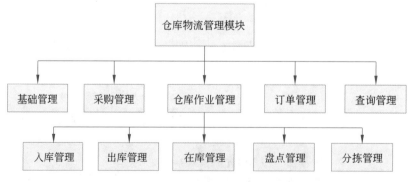

图 5-4　仓库物流管理模块

（1）基础管理模块可以对库内各种货物信息进行录入与维护。

（2）采购管理模块可以结合物联网技术，根据库存水平的动态变化实时发出采购信息，以确保仓库的最佳库存水平。

（3）仓库作业管理模块包括入库管理、出库管理、在库管理、盘点管理、分拣管理5个模块。

① 入库管理模块可以实现线上虚拟入库操作，当完成入库作业后，结合电子标签以及物联网技术实时更新在库数量。

② 出库管理模块可以根据订单情况实现虚拟出库，并核减相应货位的数量。

③ 在库管理模块可以实现精准查询，精准定位仓库所有货物的货位以及储存状态。

④ 盘点管理模块可以实时进行盘点操作，自动生成盘点单据，完成虚拟线上盘点。

⑤ 分拣管理模块可以根据库存的实际情况完成货物的虚拟拣选。

（4）订单管理模块可以根据客户的需求实时显示订单情况，可以完成客户对订单的下达、仓库方的确认等操作。

（5）查询管理模块可实现采购单查询、销售订单查询、出入库货物查询、库存查询等。

2）仓库设备管理模块

该模块主要进行库内智能设备的调度与管理，根据仓库内货物入库、出库情况，科学合理调配库内设备，以最低操作成本完成设备的智能管理；同时根据设备的使用情况，结合物联网技术，自动生成设备使用信息数据与维护状态数据等，提高了设备的使用率，加强了智能设备的管理。

3）订单管理模块

订单管理模块利用物联网技术，可以自动完成订单的采集、录入、分析与整理，可以实现订单信息在库区内部的智能化传输。

4）财务信息管理模块

财务信息管理模块结合货物出入库信息，自动生成月末、季度末以及年末的采购报表、销售报表以及盘点报表。

5）客户管理模块

客户管理模块结合大数据技术，智能分析与预测客户需求，不仅可以完成前置仓的智能分仓工作以及客户对出库货物物流信息的追踪，还可以在特定促销期根据客户喜好动态推送特定商品信息。

6）人力资源管理模块

人力资源管理模块利用大数据技术，根据货物的出入库、移库等任务动态调度作业人员，高效完成仓储作业。同时，该模块结合物联网技术，利用智慧仓库的监控功能，可实时识别员工到岗情况以及工作状态，在线完成每日考勤统计，月末自动完成绩效考评等。

5.2.2　智能仓储物流系统

1. 智能仓储物流系统的主要设备

智能仓储物流系统的主要设备有自动导引运输车、智能货架、智能机器人和手持终端。

1) 自动导引运输车

自动导引运输车(Automated Guided Vehicle,AGV)指装备了电磁或光学等自动导引装置,能够沿规定的导引路径行驶,具有安全保护以及各种移载功能的运输车。其动力来源一般为蓄电池,其行驶路线可通过计算机控制,也可以利用电磁轨道进行设置。在智能仓储物流系统运行中,AGV的使用非常普遍。

2) 智能货架

智能货架是在传统货架的基础上植入技术功能,能够配合智慧仓储指令,完成智能上架、分拣等作业的智能化储存设备。对于智能货架的定义,目前没有统一的标准,基本都是根据具体情况与场景进行个性化、创新型搭建,但无论是哪种形式,其本质都是要配合智慧仓储的目的完成智能仓储活动。对于智能货架的理解,可以从以下几方面深入把握:

(1) 一般情况下,智能货架都部署了RFID读写器、分支器、天线等设备,同时在货物中贴上高频标签,以此确保能够对仓库全部货架进行全面感知,从而获取每个货物的具体位置。

(2) 货架通常为组列式结构,在每一组的第一列货架上通常设置了合适尺寸的液晶显示屏,能方便、直观地显示本组中多列货架的工作状况(包括相关数据和操作项目),显示物品存放的列号、节号、层号,同时还可实时地显示本组货架内的温度和湿度。

(3) 在每列货架上都安装了一个单片机控制系统,用于处理和协调本列货架的相关数据和各个动作。货架的单片机系统与管理主机采用双向通信,管理主机向单片机发送控制指令,单片机向管理主机回送执行情况和故障信息。

(4) 货架上的操作、显示装置一般包括货架列显示器、大液晶显示屏、操作控制按钮、货物位置显示及移动显示装置、货架手动摇柄、组锁定开关、安全保护开关等。

3) 智能机器人

全面实现智慧物流仓储,离不开智能机器人。将读写器、低频激活器部署在盘库和搬运机器人上,当机器人经过相应的区域时,通过远距离识别技术和低频唤醒技术可以激活标签,完成对信息的读取,结合机器人特有的定位功能,智能机器人可以将不同外形尺寸的包装货物整齐地、自动地码放在托盘上,并完成上架作业。此外,智能机器人还会根据指定的路线进行货物清点,能够实现物资盘点一次性完成。智能机器人的使用将大大提高仓储效率,成为智慧物流仓储的一个亮点。

4) 手持终端

手持终端是智慧物流仓储系统中必不可少的一种较为灵活便捷的手持设备,可以用于出入库信息传递、物品清点等活动。管理员手持RFID设备,货物信息将会自动上传到系统,而系统则会对信息进行核查,并显示出不同货物的不同类别的信息。利用手持终端,仓储管理员能够随时随地掌握仓库货物情况。

2. 智能仓储物流系统内容与功能

构建智能仓储物流系统时,首先应在仓库入库与出库口安装RFID读卡器,在货架、货位、托盘、搬运设备、货物上安装电子标签。此外,结合智能仓库管理系统的强大功能,利用RFID技术与物联网技术可以做到库内设备的互联互通,以全面实现仓储物流活动的智能化。具体来讲,智能仓储物流系统主要涉及仓库入库、分拣、出库、盘点等关键作业系统。

1）入库作业系统

当货物到达仓库入口时，读卡器会对货物标签信息进行自动读取，该批货物的所有信息将被传入智能仓库管理系统中，包括货物的名称、规格、数量、产地、供应商等信息。智能仓库管理系统随即会自动分配闲置的并且运力相当的装卸搬运车进行卸货，装卸搬运车接到指令后会立即前往卸货点进行卸货作业。同时，智能仓库管理系统根据储位规则分配相应的货架、托盘以及货位，装卸搬运车也随即接到指令，将货物放在相应的托盘上以及货位上。智能仓库管理系统完成入库操作后，自动更新该货物的在库数量。智能入库作业流程如图 5-5 所示。

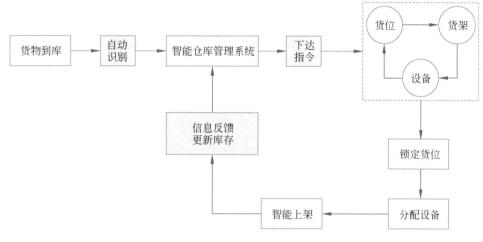

图 5-5　智能入库作业流程

2）分拣作业系统

智能仓库管理系统收到客户订单后，锁定库内相应的货位以及即将出库的货物，并自动生成拣货单。同时，系统会自动分配任务并向自动分拣设备下达指令，接到指令后，自动分拣设备移至所在货架与货位的相应位置，扫描货物条形码，确认品种、数量等信息是否正确，高效完成分拣作业。

3）出库作业系统

当分拣作业完成后，系统会自动生成出库单，依据出库单内容，自动搬运设备以及相应的作业人员将会接到智能仓库管理系统下达的指令，对已经分拣好的货物进行自动包装处理并运离仓库。当货物离开仓库出口时，出口的读卡器会对该批货物标签进行自动信息读取，信息立即传入智能仓库管理系统，系统将自动核减在库数量。智能出库作业流程如图 5-6 所示。

4）盘点作业系统

货物盘点是仓储管理的核心工作之一。在货物盘点流程中，可以通过固定式 RFID 读写设备实现对全库的整体盘点和单货位的盘点。首先，智能仓库管理系统向货位发出盘点指令。RFID 读写设备接收到盘点指令后，会对货位的数据信息进行读取，同时将读取到的信息上传至智能仓库管理系统服务器，以完成单货位盘点、多货位盘点和全库盘点。

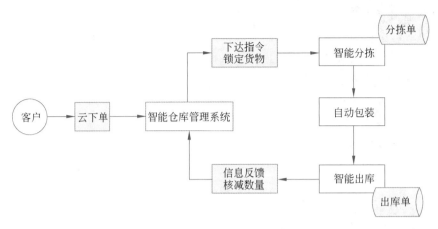

图 5-6　智能出库作业流程

通过盘点可以实时监控仓库物品的进库、存货、报损、出库状态,以便仓库管理人员快速、准确地处理下游经销商需求及仓库的采购需求。智能盘点作业流程如图 5-7 所示。

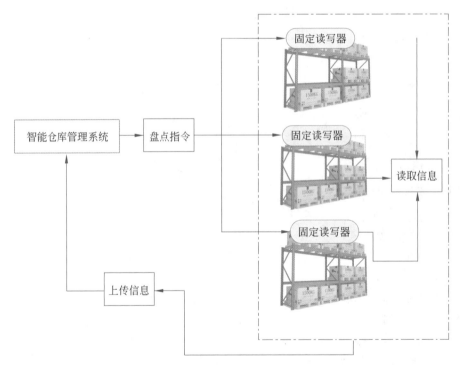

图 5-7　智能盘点作业流程

5.2.3　智慧物流仓储系统方案

智慧物流仓储系统可用于各行各业的仓储环节,涉及医药行业仓储、食品行业仓储、服装行业仓储等不同领域。下面以服装行业仓储环节智能化解决方案为例进行应用说明。

1. 服装行业仓储物流特点

服装行业货品种类繁多,形状规则不一,导致仓储管理难度大。此外,不同批次的服装出入库频率不尽相同,进一步加大了出入库管理的难度。运用 RFID 技术可以帮助服装行业在仓储过程中实现智能化,提高作业效率,从而在零售管理、仓储内部管理以及供应链管理等环节实现产品的快速响应,能够建立安全可靠的供应链管理模式,助力企业实现低成本、高效率的供应链运营体系。

2. 服装行业 RFID 智能仓储方案的应用

RFID 标签取代传统的打菲纸,可以让仓储数据第一时间电子化,出入库流程透明化。RFID 仓储看板可以实时展示仓储过程中不同批次服装的各项数据,第一时间发现瓶颈问题并可以及时干预,不断提升仓储效率。仓储过程中的透明性和可控性让智能仓储管理提升到新的高度。利用 RFID 技术,结合手机终端、电子标签、读写器、软件系统、智能发货隧道机,可以为服装行业的仓储管理提供一站式智慧物流解决方案。服装行业智能 RFID 系统如图 5-8 所示。

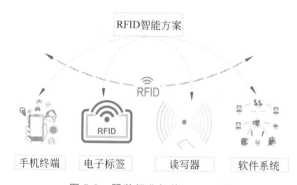

图 5-8 服装行业智能 RFID 系统

1)仓储管理

在仓储管理中,将 RFID 电子标签植入每件服装的商标,由于 RFID 芯片编码具有唯一性,因此此操作相当于给每件服装发放了一个独一无二的身份证。有了这个身份证,就可以实现服装的整箱快速感应,做到无误差验货,实现全自动收货。此外,在批量储存环节或零售储存环节还可以防止服装被盗,实现对服装的高效管理,给服装行业带来了智能化的发展机遇。

2)盘点管理

传统服装仓库盘点耗时久而且数据准确率不高。引入 RFID 技术后,仓库管理员可以在服装仓库内进行标签识别操作,可轻松获知目前库存商品的数量,而且准确率极高,极大节约了人力成本。

3)仓储数据分析

传统服装仓库无法及时了解前段销售的进度,生产上也无法做相应的调整,存在种种弊端,影响了服装行业的发展壮大。引入 RFID 技术后,服装仓库管理员可以实时结合后台数据分析,精准了解前段服装及各批次的销售进度,及时调整,做复单生产的准备。

4）零售管理

服装销售环节更加复杂,引入 RFID 技术后可以让门店的收货数据更加及时、准确地进入系统,实现快速感应,且不再有单据时差,更不会存在漏单。服装销售门店搭配和导购信息通过 RFID 标签的互动感应在使客户体验科技感的同时,还可以快速将试衣、拿样等数据采集到系统中,提升了零售环节的智能化管理水平。

5）追溯管理

在服装行业供应链中,杜绝假货是消费者一直追求的目标。RFID 技术的唯一码管理可以实现对每件服装的追根溯源,提升了专业品牌的管理水平。

6）供应链管理

引入 RFID 技术后,服装供应链管理效率将大大提升。依据隧道机设定速度提高发货效率,从打印标签、贴标签、仓库储存、智能分拣、包装备货、复核发货直到销售门店收货等各环节均不受任何人为因素干扰,全程智能化、高效化,缩短了供应链的运营时间,大幅度提升了作业效率。服装供应链如图 5-9 所示。

打印标签　　　　贴标签　　　　仓库储存　　　　智能分拣

销售门店收货　　　　　复核发货　　　　包装备货

图 5-9　服装供应链

3. 服装行业 RFID 智能仓储方案应用效果

服装供应链采用 RFID 智能仓储方案有以下优点:使管理效率大幅提升,有效降低服装企业运营成本;提高服装销售门店及本部仓库的作业效率;最大限度地降低服装销售门店商品缺失率,精准防盗;增强与服装销售门店员工的互动,提升客户体验和满意度。

5.3　智慧物流仓储设备与技术

智能仓储设备主要包括自动化立体仓库设备、智能拣选设备和智能分拣设备。下面分别介绍这 3 类设备及相关技术。

5.3.1　自动化立体仓库设备与技术

1. 自动化立体仓库概述

自动化立体仓库是由货架、巷道式堆垛起重机、入(出)库工作台、输送设备、仓储控制系统(Warehouse Control System,WCS)及仓储管理系统(Warehouse Management System,WMS)等部分组成的仓储系统。货架是钢结构或钢筋混凝土结构的建筑物或结构体,货架内是标准尺寸的货位空间,巷道式堆垛起重机穿行于货架之间的巷道中,完成存取货的工作。自动化立体仓库可以从不同的角度加以分类。

1) 按建筑形式分类

自动化立体仓库按建筑形式可分为整体式仓库和分离式仓库。整体式自动化立体仓库是指库房与货架合为一体的仓库,即货架不仅用于储存货物,而且作为库房建筑物的支撑结构;分离式自动化立体仓库是指货架与库房相互独立,将货架建于库房内部的仓库。后者可由现有的建筑物改建而成,也可将其中的货架拆除,将建筑用于其他用途。

2) 按货物存取形式分类

自动化立体仓库按货物存取形式可分为单元货架式仓库和拣选货架式仓库。单元货架式仓库是最常见的结构,货物先放在标准容器或托盘上,再用带伸缩货叉的巷道式堆垛起重机等搬运设备存入仓库货架的单元货格中,出入库都以整个单元为单位进行操作。拣选货架式仓库是根据出库提货单的要求从货物单元中拣选出一部分出库的仓库形式。

3) 按在生产和流通中的作用分类

自动化立体仓库按在生产和流通中的作用可分为生产性仓库和流通性仓库。生产性仓库是指工厂内部为了协调工序和工序、车间和车间、外购件和自制件间物流的不平衡而建立的仓库,它能保证各生产工序有序进行。流通性仓库是一种服务性仓库,它是企业为了调节生产企业和用户之间的供需平衡而建立的仓库。这种仓库进出货物比较频繁,吞吐量较大,一般都和销售部门有直接联系。

4) 按自动化立体仓库与生产联系的紧密程度分类

自动化立体仓库按自动化立体仓库与生产联系的紧密程度可分为独立型仓库、半紧密型仓库和紧密型仓库。独立型仓库也称为离线仓库,是指从操作流程及经济性等方面来说都相对独立的自动化立体仓库。这种仓库一般规模都比较大,存储量较大,有自己的计算机管理、监控、调度和控制系统。这种仓库又可以分为存储型仓库和中转型仓库。配送中心的仓库也属于这种仓库。半紧密型仓库是指其操作流程、仓库的管理、货物的出入和经济性与其他企业(或部门,或上级单位)有一定关系,而又未与其他生产系统直接相连的自动化立体仓库。紧密型仓库也称为在线仓库,是与企业内其他部门或生产系统直接相连的自动化立体仓库。这种仓库与其他部门或生产系统的关系比较紧密。有些立体仓库可自动接收来自包装线的物品及信息,有些可在柔性生产线计算机的统一指挥下直接接送板材、半成品物料及其信息。

2. 巷道式堆垛起重机

巷道式堆垛起重机简称堆垛机。

1) 堆垛机的概念和作用

堆垛机是高架仓库内进行货物存取作业的主要设备,是代表自动化立体仓库特征的重要标志。其主要用途是在高层货架仓库的巷道内来回穿梭运行,将位于巷道口的货物存入指定货位,或取出货位上的货物运送到巷道口,以完成货物的出入库作业。

2）堆垛机的分类

堆垛机主要有以下 3 类。

（1）桥式堆垛机。起重量为 0.5～5T，也可达 10T 以上，起升高度多在 12m 以下，适合长、重货物的堆垛，自重较大。

（2）无轨巷道堆垛机。又称高架叉车，可服务于多个巷道，起升高度可达 12m，适用于作业频率低、作业高度低的仓库，按控制方式分为有人操作和无人操作两种。

（3）有轨巷道堆垛机。这类堆垛机按照立柱和轨道的数量又可以分为单立柱堆垛机、双立柱堆垛机、四立柱堆垛机，单轨堆垛机、双轨堆垛机等。

3）堆垛机的服务方式

受到仓储区面积和形状的限制，在能够满足出入库需求的情况下，自动化立体仓库中堆垛机的服务方式有直线导轨、U 形导轨、横移导轨 3 种，如图 5-10 所示。

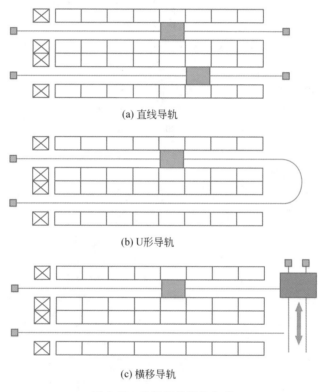

(a) 直线导轨

(b) U形导轨

(c) 横移导轨

图 5-10　堆垛机的服务方式

4）堆垛机的主要参数

堆垛机有以下几个主要参数：

（1）额定起重量 G_n：是堆垛机的主要性能参数，指堆垛机允许起升的货物和托盘（或货箱）的质量总和（通常小于 2.5T，也可达到 10T 以上）。

（2）总起重量 G_t：指被起升的货物、托盘（或货箱）、货叉、驾驶室、载货台、固定在载货台上的属具（包括动滑轮组、起重钢丝绳及其他零部件）及人的质量总和。

（3）堆垛机总质量 G_0：指堆垛机各部分质量的总和（包括堆垛机上的电源装置、信号传输装置、控制柜、平衡重和润滑剂在内)。

（4）堆垛机设计质量 G_k：指在堆垛机总质量中除去润滑剂后的质量。

（5）轮压 P_0：指堆垛机一个车轮传递到轨道或地面上的最大垂直载荷。按工况不同，轮压分为工作轮压和非工作轮压。

5）堆垛机的速度参数

堆垛机的速度包括水平运行速度、升降运行速度和货叉伸缩速度等，其中，水平运行速度一般为 5～240m/min（变频调速），升降运行速度一般为 1.2～60m/min（变频调速），货叉伸缩速度一般为 3～50m/min（变频调速）。水平运行速度一般为三级变速：正常运行用高速；接近目的地前切换成中速；到位前再切换成低速，然后用制动器停止。

6）堆垛机的结构

堆垛机的结构如图 5-11 所示。

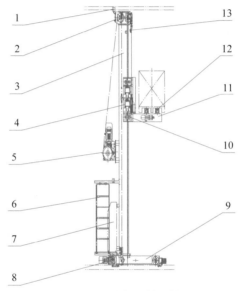

图 5-11　堆垛机的结构

1—上部导轮装置；2—上横梁；3—立柱；4—超速保护安全装置；5—起升电机卷筒组；

6—操作台及不锈钢护栏；7—电气控制柜；8—水平运行机构；9—下横梁；10—起升导向轮装置；

11—载货台；12—货叉伸缩机构；13—过载松绳装置

7）堆垛机的水平运行机构

堆垛机的水平运行机构如图 5-12 所示。

8）堆垛机的载货台

堆垛机的载货台如图 5-13 所示，是堆垛机中承接货物并进行升降运动的部件，由垂直吊架和水平结构两部分焊接成形，其上装有取物机构、滑轮装置、超速保护装置的制动夹紧器装置、起升导向轮装置、升降认址装置、货物位置异常检测装置以及双重入库检测装置等。

9）堆垛机的取物装置

堆垛机的取物装置主要有伸缩货叉（板叉、指叉）和取货机械手。伸缩货叉一般应用于以标准托盘存取的集装化单元货物和货物体积、质量较大的场合；当存取小而轻而形状特殊

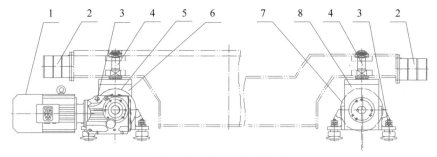

图 5-12 堆垛机的水平运行机构

1—电机减速机；2—缓冲器；3—水平导轮；4—转轴；5—主动轮组；6—主动轮支架；7—被动轮组；8—被动轮支架

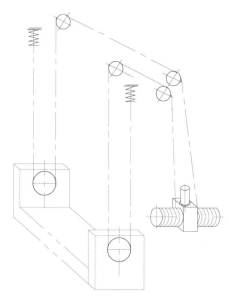

图 5-13 堆垛机的载货台

的货物时,则使用取货机械手更为方便。取货机械手一般安装在载货台上,通过视频传感器或条形码阅读器进行货物识别和定位。伸缩货叉一般采用三级直线差动式,由上叉(前叉)、中叉、下叉(固定叉)及起导向作用的滚针轴承等组成,以减小巷道的宽度,且使之具有足够的伸缩行程。伸缩货叉的动作包括伸叉、微起升(或微下降)、收叉。常见的货叉驱动方式有齿轮齿条驱动和链轮链条驱动,如图 5-14 和图 5-15 所示。

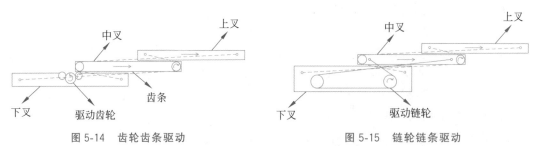

图 5-14 齿轮齿条驱动

图 5-15 链轮链条驱动

10）堆垛机的认址和定位

堆垛机的认址方式可分为数字式和非数字式两大类。数字式认证又分为绝对认址和相对认址两种形式。相对认址就是堆垛机借助光电开关、增量型旋转编码器等相对的方式确定自己的位置；绝对认址的实现方式有 3 种：编码器认址、激光测距认址和 BPS（Rarcode Positioning System，条形码定位系统）认址。非数字式认址则通过触发指定地址信号发射器确定堆垛机是否到达相应货位。

3. 自动化立体仓库的规划与设计

1）堆垛机的存取作业方式

堆垛机的存取作业方式有以下两种：

（1）单一作业方式。堆垛机从巷道口出入库台取一个单元货物送到选定的货位，然后返回巷道口的出入库台（单入库）；或者从巷道口出发，到达某一给定货位，取出一个单元货物送到出入库台（单出库）。

（2）复合作业方式。堆垛机从巷道口出入库台取一件单元货物，送到选定的货位，然后堆垛机直接转移到另一个给定货位，取出其中的货物单元，再回到巷道口出入库台出库。

2）货架设计

自动化立体仓库的高度通常为 6～24m，也可达到 50m，长度可达到 80m 以上。为了保证自动化立体仓库的工作效率最高，需对自动化立体仓库高度（H）与巷道长度（L）的比例进行设计。

自动化立体仓库工作示意图如图 5-16 所示。

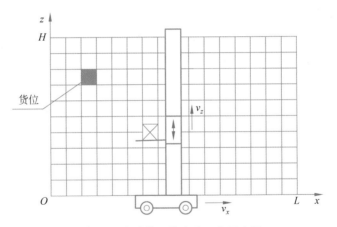

图 5-16　自动化立体仓库工作示意图

在图 5-16 中，O 点是出入库台，货架高为 H，巷道长为 L，水平速度为 v_x，升降速度为 v_z。当堆垛机的行走机构和升降机构同时以速度 v_x 和 v_z 运行，经过一段时间，堆垛机载货台运行到货架上的某一货位（x,z）。因为两个方向的运行时间相等，所以 x 和 z 存在下列关系：

$$z = \frac{v_z}{v_x}x \tag{5-1}$$

因为堆垛机作业周期的长度与堆垛机的速度和作业距离（即货位在水平方向和垂直方

向与 O 点的距离)有关,为此,可以定义货架参数 W :

$$W = \frac{H/L}{v_z/v_x} = \frac{v_x}{v_z} \times \frac{H}{L} \tag{5-2}$$

经分析可知,无论 W 大于 1 还是小于 1,自动化立体仓库的工作效率都不能达到最高。因此,可根据堆垛机的速度调整货架的高度与长度,使 $W=1$(即 $H/L = v_z/v_x$),如图 5-17 所示。

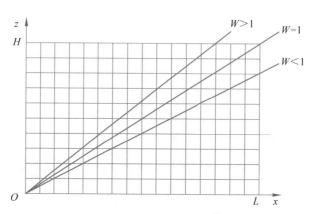

图 5-17　自动化立体仓库高度与长度的比例关系

3) 自动化立体仓库的出入库效率计算

堆垛机作业周期的计算除了要考虑固定时间、堆垛机行走时间和载货台的升降时间外,还应考虑货叉的作业时间。货叉的作业时间包括货叉伸出时间、货叉缩回时间以及货叉存取托盘时需要的微动时间。在单一作业时,货叉伸缩作业两次,如图 5-18 和图 5-19 所示;在复合作业时,货叉伸缩作业 4 次,如图 5-20 所示。

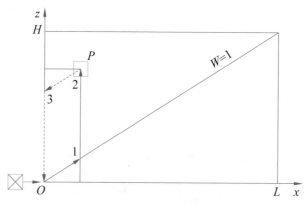

图 5-18　单一入库作业

单一作业周期是指堆垛机完成一次单一入库($O \rightarrow 1 \rightarrow 2 \rightarrow 3 \rightarrow O$)或单一出库($O \rightarrow 1 \rightarrow 2 \rightarrow 3 \rightarrow O$)作业所需的时间 t_s :

$$t_s = t_0 + 2t_y + 2\max(t_s, t_z) \tag{5-3}$$

在式(5-3)中,t_0 为固定时间,如控制信号的获取与转换时间等,为常数;t_y 为货叉作业的伸

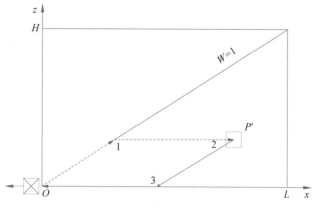

图 5-19　单一出库作业

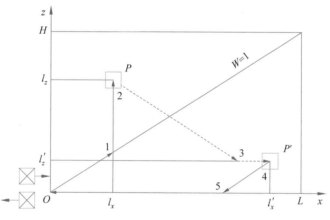

图 5-20　复合出入库作业

缩时间,为常数;$\max(t_x,t_z)$ 为堆垛机行走时间 t_x 和载货台升降时间 t_z 中的最大值。

为评价堆垛机的作业效率,需求出堆垛机的平均作业周期,即各个货位作业周期的平均值。当各货位作业概率相同时,平均单一作业周期可以表示为

$$t_{ms} = t_0 + 2t_y + \frac{2\sum_{j=1}^{m}\sum_{k=1}^{n}t_{jk}}{mn} \tag{5-4}$$

在式(5-4)中,t_{ms} 为平均单一作业周期,j 为层数,k 为列数,t_{jk} 为第 j 层第 k 列对应的货位到出入库台的运行时间。

当仓库容量很大时,按式(5-4)计算平均作业周期的计算量很大,因此常采用经验方法估算。当出入库台在货架的一侧,以 O 为原点,在货架内取两个点 P_1 和 P_2,坐标分别为 $\left(\dfrac{1}{5}L,\dfrac{2}{3}H\right)$ 和 $\left(\dfrac{2}{3}L,\dfrac{1}{5}H\right)$,如图 5-21 所示。

分别计算从 O 点出发完成货位 P_1 和 P_2 作业的作业周期,将二者的平均值作为该堆垛机的平均作业周期。即平均单一作业周期的经验公式为

$$t_{ms} = \frac{1}{2}(t(P_1) + t(P_2)) = t_0 + 2t_y + t_{P_1} + t_{P_2} \tag{5-5}$$

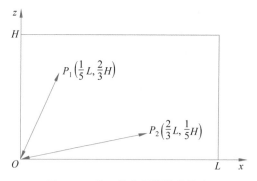

图 5-21　单一作业周期估算取点

在式(5-5)中，$t(P_1)$ 为堆垛机完成 P_1 货位作业的作业周期，$t(P_2)$ 为堆垛机完成 P_2 货位作业的作业周期，；t_{P_1} 为 O 点到 P_1 点的运行时间，t_{P_2} 为 O 点到 P_2 点的运行时间。

复合作业(图 5-20)周期是指堆垛机完成一次复合出入库($O \rightarrow 1 \rightarrow 2 \rightarrow 3 \rightarrow 4 \rightarrow 5 \rightarrow O$)作业所需的时间 t_{md}。

如果 P_1 和 P_2 点的定义与平均单一作业周期计算示例中的含义相同(图 5-22)，则平均复合作业周期 t_{md} 的经验公式为

$$t_{md} = 2t_0 + 4t_y + t_{P_1} + t_{P_2} + t_{P_1 P_2} \tag{5-6}$$

在式(5-6)中，t_{md} 为平均复合作业周期，$t_{P_1 P_2}$ 为堆垛机从 P_1 货位到 P_2 货位的运行时间。

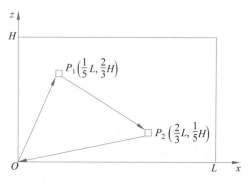

图 5-22　复合作业周期估算取点

堆垛机的出入库能力是指每台堆垛机每小时平均入库或出库的货物单元数。堆垛机的平均作业周期确定之后，很容易计算出堆垛的出入库能力。

采用单一作业方式时，堆垛机的出入库能力为

$$N_p = 3600/t_{md} \tag{5-7}$$

采用复合作业方式时，堆垛机的出入库能力为

$$N_p = (3600/t_{md}) \times 2 \tag{5-8}$$

立体仓库的出入库能力用仓库每小时平均入库或出库的货物单元数表示。若仓库内有 n 台堆垛机(即巷道数为 n)，则仓库的出入库能力为

$$N_t = nN_p \tag{5-9}$$

4. 穿梭车式密集仓储系统

1) 概述

穿梭车又称轨道式自动牵引车（Rail Guided Vehicle，RGV）。穿梭车可用于各类高密度储存方式的自动化立体仓库，穿梭车通道可设计为任意长度，可提高仓库储存量，并且在操作时无须提升设备驶入巷道，使其安全性更高。利用提升设备无须进入巷道的优势，配合穿梭车在巷道中的快速运行，可有效提高仓库的运行效率。

穿梭车式密集仓储系统是基于高密度货架、穿梭车、升降机、输送机等设备，配合仓库管理系统完成货物出入库作业，具有较高空间利用率和存取效率的仓储系统。穿梭车式密集仓储系统是自动化程度较高的密集仓储形式，作为一种独特的自动化物流系统，主要解决了货物密集储存与快速存取的难题，空间利用率可达 $80\%\sim85\%$，成为应用广泛的新型物流仓储系统。特别是随着穿梭车电池、通信和网络等关键技术的突破，穿梭车式密集仓储系统将得到更加广泛的应用。

2) 穿梭车式密集仓储系统的主要类型

根据处理的货物单元的不同，穿梭车式密集仓储系统可以分为托盘式穿梭车系统和料箱式穿梭车系统两大类。

（1）托盘式穿梭车系统主要用于密集储存，主要设备和设施包括输送机、货架、穿梭车、提升机（堆垛机）、拣选系统等。

（2）料箱式穿梭车系统主要用于"货到人"拣选系统。其收货系统包括收货换箱工作站和收货输送系统，储存系统包括货架及轨道、穿梭车（包括多层穿梭车、子母车、四向穿梭车等）、提升机等，发货系统则包括拣选工作站、包装工作站和输送系统等。

按照存取方式不同，托盘式穿梭车系统和料箱式穿梭车系统均可分为 3 种类型：穿梭板式、子母穿梭车式和四向穿梭车式密集仓储系统。

（1）穿梭板式密集仓储系统也称为两向穿梭车货架系统，由密集货架、穿梭板、叉车（或堆垛机）和出入库点组成。叉车（或堆垛机）具备同时在水平和垂直方向移动的能力，将穿梭板送至待取货物所在深货道首端，穿梭板能够移动到深层货架里面以存取货物，此时叉车（或堆垛机）在深货道首端等待；穿梭车完成取货任务后，由叉车（或堆垛机）将货物送至出库点。

（2）子母穿梭车式密集仓储系统由轨道式密集货架、穿梭车主轨道（垂直于密集货架的储存巷道）、穿梭式母车、穿梭式子车、货物提升机、出入库站台和货物输送系统等组成。其突出特点是穿梭车包括穿梭式母车和穿梭式子车两部分，穿梭式母车载着子车在主轨道运行，穿梭式子车在货物储存通道运行，进行货物的存取，母车与子车在货物储存通道与主轨道的交叉口进行接驳。

（3）四向穿梭车式密集仓储系统也称可移动立方体结构仓储系统，由轨道式密集货架、穿梭车主轨道（垂直于密集货架的储存巷道）、四向穿梭车、货物提升机、出入库站台、货物输送系统等部分组成，能够达到非常高的储存密度和非常短的响应时间。和其他类型的密集仓储系统相比，四向穿梭车式密集仓储系统最大的优点是能够实现在 3 个维度上的独立运动。在每一层，所有的货物都储存在一个可沿着 x 轴方向和 z 轴方向移动的穿梭车上，提升机负责在不同层之间沿着 y 轴方向移动。提升机的运动独立于穿梭车，而位于不同层次的穿梭车又可以独立移动。只要前面有空间,同一层次的多个穿梭车甚至可以同时移动。

5.3.2 智能拣选设备与技术

1. 智能拣选设备概述

1) 拣选作业

拣选作为物流配送中心的核心作业,是指从物流配送中心存储区域将物资从货位中拣选出库的过程。通常来说,拣选作业时间占整个仓储作业时间的 30%~40%,拣选搬运成本占仓储搬运成本的 90%,拣选人员的数量占仓储作业人员数量的 60%以上;在传统拣选系统中,拣选人员 70%的作业时间是在移动,30%的作业时间真正用于拣选物资。因此,拣选作业作为仓储作业中劳动密集程度最高、作业时间最长、作业成本占比最高的环节,是物流配送中心最核心、最重要的组成部分,其效率决定了企业物流配送中心的整体运作效率。

2) 智能拣选设备的分类

拣选设备是为从货架或料堆上拣出所需货物提供支持的工具或设备。从拣选作业方式来看,智能拣选设备可分为"人到货"拣选设备和"货到人"拣选设备两种主要类型。

(1)"人到货"拣选,即拣货员根据拣选信息指示前往物流配送中心拣选区域,到达指定货位,拣选指定种类及数量的物资,并运送出库至指定位置。这种方式主要以人工操作为主,以技术应用为辅。典型的智能型"人到货"拣选系统包括 RF 拣选系统、语音拣选系统、电子标签拣选系统、智能穿戴设备拣选系统等。

(2)"货到人"拣选,即拣货员只在固定工位执行分拣任务,无须前往物资存储区域,所需物资及相关拣选信息由系统自动输送至拣选区域。这种方式主要以技术应用为主,以人工操作为辅。典型的智能型"货到人"拣选系统包括料箱式自动化立体仓库拣选系统、多层穿梭车拣选系统、AGV 拣选系统、AutoStore 系统、旋转货架拣选系统等。

2. "人到货"拣选系统

1) RF 拣选系统

RF(Radio Frequency,射频)拣选系统是通过无线网络传输订单,借助手持 RF 终端上的显示器,向作业人员及时、明确地下达向货架内补货(入库)和出库(出库)指示,具有提高拣选速度、降低拣货错误率、合理安排拣货人员行走路线、免除表单作业等显著优点,并且使用简单灵活,因而应用广泛。

RF 技术使用小型手持计算机终端(带有条形码扫描器)传递拣选作业信息。作业时,由后台计算机系统向手持终端发出拣选指令,屏幕上会显示货位、品种数量等信息,拣选人员走到相应的货位拣取货物。使用手持 RF 终端拣货时,通常都要求扫描货物和货位条形码,拣选作业准确率很高。远程用户界面通过射频传输在两个独立终端间传送数据,系统支持和有独立硬件的相关用户进行对话。RF 拣选系统通过扩频传输信息,中央服务器可以连接手持终端和叉车终端。RF 终端与臂戴式扫描器相连,员工在拣选订单时将其戴在手臂上。这意味着员工可随时随地接收订单,直接从显示屏上读取订单信息,在 RF 终端上确认订单。射频数据通过接口传送至计算机。

2) 语音拣选系统

语音拣选技术是将拣选任务指令通过 TTS(Text To Speech,文本到语音)引擎转换为语音播报给作业人员,并采用波形对比技术将作业人员的口头确认转换为实际操作的技术。企业通过实施语音拣选技术可以提高员工拣选效率,从而降低库存量及整体运营成本,并且大幅度减小错误配送率,最终提升企业形象和客户满意度。语音拣选效率高于 RF 拣选,因为它让作业人员的手和眼睛获得了自由。语音操作者在视觉上专注于已分配的任务,而不需要键控输入到扫描单元,因而消除了键控操作的失误。而使用 RF 扫描,无论佩戴何种设备,都会在一定程度上限制双手的自由,使得拿起物品尤其是重型或难以握持的物品变得困难,降低了拣选速度。用语音报告替换 RF 扫描,能够使得双手解放出来,提高作业精准度和生产率。

语音拣选作业过程非常简单,而且当前语音识别技术非常成熟,对操作员的口音没有特别要求,语音识别度非常高。

3)电子标签拣选系统

电子标签拣选系统是以快速、准确、轻松地完成拣选作业为目的而设计的自动化拣选设备。电子标签拣选系统以一连串装于货架格位上的电子显示装置(电子标签)取代拣货单,电子标签指示应拣取的物品及数量,辅助拣货人员的作业,从而达到有效降低拣货错误率、加快拣货速度、提高工作效率、合理安排拣货人员行走路线的目的。

电子标签拣选系统是一种能有效提升物流配送作业质量、提高物流配送作业效率并帮助拣选操作员完成拣选操作的系统。其依靠明显的储位灯光引导,省略了以前的制作订单文件、寻找物品等复杂而烦琐的环节,将拣选作业简化为单纯的看、拣、按 3 个动作。

电子标签拣选系统经由控制 PC 将需拣选的物品信息通过通信网络发送到拣选作业现场。拣选人员通过观看电子标签上显示的数目拣取物品,拣取规定数量的物品后按下"完成"键,将完成的信息发送到控制 PC 上,数据库的库存数量也进行相应的更改,进而完成该货位物品的拣选。

4)智能穿戴设备拣选系统

智能穿戴设备是应用穿戴式技术对日常穿戴物品进行智能化设计、开发的可以穿戴的设备的总称,如手表、手环、眼镜、服饰等。智能穿戴设备在物流领域可以应用的产品包括免持扫描设备、增强现实设备(如智能眼镜、外骨骼、喷气式背包等)。国内鲜有商用实例,免持设备与智能眼镜除了小范围应用于 UPS、DHL 外,其他多处于研发阶段,整体来说离大规模应用仍然有较远距离。智能眼镜凭借其实时的物品识别、条形码阅读和库内导航等功能,可以提升仓库工作效率,未来有可能广泛应用,京东及亚马逊等国内外电商企业已开始研发相关智能设备。

智能穿戴设备拣选系统的构成主要包括上位机、货物识别装置、蓝牙数据发送装置和反馈装置。上位机分别与货物识别模块和蓝牙数据发送装置相连,蓝牙数据发送装置与反馈装置采用无线连接。拣货时,通过货物识别装置检测货物,并将检测结果上传至上位机。上位机将所得结果进行分类处理,若该货物是需要进行拣选的,则通过蓝牙数据发送装置将信号发送至反馈装置。反馈装置接收到信号后通过振动模块或语音模块提醒相关人员,使得相关人员不需要查看货物的类别即可进行拣货,从而极大地提高了拣选效率,有效降低相关人员的劳动量,同时降低错拣率。

智能拣货台车是针对电商、医药、快速消费品、美妆以及离散制造等行业研发的一款集灵活、智能、精准等优势于一体的产品。智能拣货台车集订单的分、拣、核、包、发于一体,集成了 RF 手持终端、电子标签、标签打印机、装载设备、传感器等多种设备,同时又可与 WMS、WCS 等硬件设备智能连接,具有异常信息智能反馈等功能,可实现订单作业智能分配和拣选路线智能优化。

3. "货到人"拣选系统

1)料箱式自动化立体仓库拣选系统

料箱式自动化立体仓库与托盘式自动化立体仓库结构相似,但存储货物单元为料箱或纸箱。料箱式自动化立体仓库系统具有广泛的适应性,是最重要的"货到人"拆零拣选解决方案之一。目前,国内外多家物流装备企业均可提供料箱式自动化立体仓库拣选系统,其技术已非常成熟。

料箱式自动化立体仓库的工作原理是:在接收货物时,货物被放置在标准化容器或托盘中,这些容器或托盘被传送到自动存取系统的导入点。自动存取系统将容器放置到存储缓冲区中。自动分拣系统将容器提取和存放到动态分拣位置,或通过传送带传送到分拣工作站。分拣人员挑选所需的库存单位、数量,并将剩余库存的容器运回自动存取系统的存储位。

2)多层穿梭车拣选系统

多层穿梭车拣选系统根据作业对象的不同可以分为托盘式穿梭车系统和箱式穿梭车系统,前者主要用于密集存储,后者则用于"货到人"拣选。箱式穿梭车系统是高速存储拣选解决方案的典型代表,以能耗低、效率高、作业灵活等突出优势成为"货到人"拆零拣选的最佳方式,近些年得到快速发展和大范围应用。

多层穿梭车拣选系统的工作原理是:在接收货物时,分箱产品被放入标准实体(容器或托盘)中,完整的箱子可以原样存放。将货物运送到存储缓冲区的导入点,垂直升降机将容器运输至存储层,穿梭机器人可存储和取回双深位货架上的货物。拣货人员通常在工作站可一次挑选多个订单。容器中的剩余库存由穿梭机器人移回存储缓冲区。

3)AGV 拣选系统

AGV 拣选技术是利用机器人顶部升降圆盘将货架举起,根据无线指令中的订单将货物所在的货架从仓库搬运至员工处理区,从而实现其独特的"货到人"拣选优势。随着亚马逊 Kiva 机器人的大规模应用,AGV 拣选系统得到越来越多的关注和追捧。目前,AGV 拣选系统在电商、商超零售、医药、快递等多个行业实现了成功应用。

AGV 拣选系统的工作原理是:在接收货物时,货物被补充到货架上,由 AGV 回收和搬运。在拣选时,AGV 将货架运到拣选站,拣选人员在那里进行连续拣选。拣选人员通常在激光指示器的帮助下同时采集多个订单,并将其点亮以确保准确性。拣选完成后,AGV再将货架送回存储区。

4)AutoStore 系统

AutoStore 系统是由 Swisslog 公司针对中小件商品存储拣选而推出的"货到人"解决方案,将货物放到标准的料箱里面,通过料箱堆叠的方式进行存储,可以有效利用仓库上部空间,在很小的空间内实现高密度存储。

AutoStore 系统的工作原理是:在接收时,货物被放置在标准化的容器中,然后被传送到 AutoStore 系统的导入点。存储空间由垂直堆垛的托架组成,机器人沿 x 轴移动至需要放置的货位顶端。货物由升降机沿 y 轴向下移动至存储通道下部。AutoStore 系统还可以将高流动量的商品分配在离拣选站台更近的区域存储,将低流动量的商品分配在远离拣选站台的区域存储,从而实现拣选效率的提升。商品的属性会随着正常拣选作业的触发频率慢慢地分化出来,从而实现动态存储,提高拣选效率。

5) 旋转货架拣选系统

旋转货架系统与料箱式自动化立体仓库拣选系统一样,是非常成熟的"货到人"拣选方案,适合存储小件商品。随着旋转货架系统的不断革新,其效率得到了大幅度提高。此外,旋转货架系统还具备高密度存储功能,可以实现自动存储、自动盘点、自动补货、自动排序缓存等一系列拣选作业。

旋转货架系统的工作原理是:货物存储在旋转货架的货位上,通常设置为每个拣货员/拣货站负责 2～3 个拣选货位。驱动货物向拣选面流转,当订单商品到达拣选口时,系统自动识别商品并停止运转的设备,拣货员看到灯光提示即过去拣货。拣货员一次选择一个或多个订单,并通过 RF 终端或语音终端进行确认。拣选完成后,旋转传送带以准备下一次拣选,同时也可以实现货物边进边出。

5.3.3　智能分拣设备与技术

1. 智能分拣系统概述

智能分拣设备是运用信息感知、自动识别、智能控制技术,根据计算机指令或进行自主判断,实现物流分拣输送自动化、智能化运作的机械设备。

智能分拣系统由中央计算机控制,应用大量传感器、控制器和执行器,能够自动完成货品的进出库、装卸、分类、分拣、识别、计量等作业,在现代物流运作中具有十分重要的作用。在生产制造和物流运作过程中,智能分拣系统是机械化、连续化、自动化、智能化流水作业线中不可缺少的组成部分,是自动化仓库、配送中心、分拨中心、大型货场的生命线。智能分拣系统具有以下特点。

1) 能连续、自动、大批量地分拣货物

智能分拣系统采用流水线自动作业方式,不受气候、时间、人的体力等限制,可以连续运行。一般可连续运行长达 100h 以上,其分拣速度超过每小时 7000 件包装商品。

2) 分拣误差率极低

智能分拣系统的分拣误差率主要取决于分拣信号的输入机制。如果采用人工键盘或语音识别方式输入,则误差率在 3% 以上;如果采用条形码扫描输入,除非条形码的印刷本身有错,否则不会出错。因此,目前智能分拣系统主要采用条形码技术识别货物。

3) 智能分拣系统一次性投入巨大

智能分拣系统本身需要建设短则 40～50m,长则 150～200m 的机械传输线,还有配套的机电一体化控制系统、计算机网络及通信系统等,设备投资需要花 10～20 年才能收回,因此,智能分拣系统必须有足够的分拣业务量作为保证。

4) 分拣作业基本实现无人化

建立智能分拣系统的目的之一就是为了减少人员的使用,减轻人员的劳动强度,提高人员的使用效率。智能分拣系统能最大限度地减少人员的使用,基本做到无人化。

2. 智能分拣系统的工作原理

智能分拣系统按照预先设定的计算机指令对物品进行分拣,并将分拣出的物品送达指定位置,一般由输送机械部分、电器自动控制部分和计算机信息系统联网组合而成。它可以根据用户的要求、场地情况,对货品按用户、地名、品名进行自动分拣、装箱、封箱的连续作业。

智能分拣系统的工作原理是:被拣货物经由各种方式,如人工搬运、机械搬运和自动化搬运等,送入分拣系统,经合流后汇集到一条输送机上。激光扫描器对物品的条形码进行扫描,或通过其他自动识别方式,如光学文字读取装置、声音识别输入装置等,将分拣信息输入计算机中。计算机将获得的物品信息与预先设定的信息进行比较,将不同物品送到特定的分拣道口位置上,完成物品的分拣工作。分拣道口可暂时存放未被取走的物品。当分拣道口满载时,由光电控制设备阻止分拣物品不再进入分拣道口。

3. 智能分拣系统的基本组成

智能分拣系统一般由自动控制和计算机管理系统、自动识别装置、自动分拣装置、主输送装置、前处理设备及分拣道口组成。

1)自动控制和计算机管理系统

自动控制和计算机管理系统是整个智能分拣系统的控制和指挥中心,分拣输送系统各部件的一切动作均由控制系统决定。其作用是识别、接收和处理分拣输送信号,根据分拣输送信号指示输送机构运行指挥分类机构按一定的规则(如品种、地点等)对货物进行自动分类,从而决定货物的流向。分拣输送信号可通过条形码扫描、键盘输入、质量检测、语音识别、高度检测及形状识别等方式获取,经信息处理后,转换成相应的输送单、拣货单、入库单或电子拣货信号,自动完成分拣作业。

2)自动识别装置

自动识别装置是物料能够实现自动分拣的基础。在物流配送中心,广泛采用的自动识别装置是条形码自动识别系统和无线射频系统。自动识别系统的光电扫描器安装在分拣机的不同位置,当物料在扫描器可见范围时,自动读取物料上的条形码信息,经过对码软件即可翻译成条形码表示的物料信息,同时感知物料在分拣机上的位置信息,这些信息自动传输到后台计算机管理系统。

3)自动分拣装置

自动分拣装置是指将自动识别后的物料引入分拣机主输送线,然后通过分流机构把物料分流到指定的位置。分流机构是智能分拣系统的核心设备。主要包括推挡式分流机构、引导式分流机构、带式分流机构、滑块式分流机构、倾翻式分流机构、分裂式分流机构、AGV分拣、分拣机器人等方式。

4)主输送装置

主输送装置的作用是将物料输送到相应的分拣道口,以便进行后续作业。主输送装置主要由各类输送机械组成,又称主输送线。

5)前处理设备

前处理设备是指分拣系统向主输送装置输送分拣物料的进给台及其他辅助性的运输机

和作业台等。

进给台的功能有两个：一是由操作人员利用输入装置将各个分拣物料的目的地址送入分拣系统，作为物料的分拣作业指令；二是控制分拣物料进入主输送装置的时间和速度，保证分类机构能准确进行分拣。

6）分拣道口

分拣道口也称分流输送线，是使物料脱离主输送线，进入相应集货区的通道。一般由钢带、传送带、辊筒等组成滑道，使物料从输送装置滑入缓冲工作台，然后进行入库上架作业或配货工作。

4. 智能分拣系统的分流机构

智能分拣系统的分流机构有推挡式、引导式、带式、滑块式、倾翻式、分裂式、AGV 分拣和机器人分拣 8 种。

1）推挡式

推挡式分流机构主要包括气压缸侧推式、链条带动侧推式、旋转挡臂式等。推挡式分流机构不随主传输线路移动，可配合带式输送机、辊筒输送机、链板式输送机等完成分流动作。气压缸侧推式分拣机如图 5-23 所示。

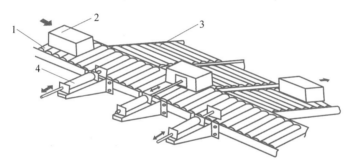

图 5-23　气压缸侧推式分拣机

1—输送线路；2—货物；3—分拣道口；4—气压缸

2）引导式

引导式分流机构利用(浮起)的链条、皮带、辊筒或轮子将被分流物品抬离主输送线路，而导入支流输送系统中。

3）带式

带式分流机构以带式输送设备作为智能分拣系统的分流机构，分流过程平稳滑顺、无冲击。交叉带式分拣机是带式分流机构的典型应用。交叉带式分拣机是由一组小车组成的封闭输送分拣系统，由置于轨道总成中的驱动总成(直线电机或直流无刷电机)进行无机械传动摩擦的驱动，从而将载有物品的智能小车送往预先设定的目标分拣道口。

4）滑块式

滑块式分流机构与输送线路配合工作，它利用滑块在输送机的滑轨上左右滑动，推移分流物品或载移分流物品从，而达到分流功能。

5）倾翻式

倾翻式分流机构的主机是由数个托盘小车组成的封闭输送系统，由置于轨道总成中的驱动总成进行无机械传动摩擦的驱动。载有物品的托盘小车在到达目标分拣道口时,小车的拉杆被导入倾翻轨中,从而使小车按照预定轨迹倾翻,将物品准确地送入分拣道口。

6)分裂式

分裂式分流机构通过与整个物流系统的 WCS 连接进行控制。待分拣的物品可通过输送设备自动供件或由操作员手动供件。分拣机通过控制软件进行分拣控制,当货物随托盘到达指定位置时,托盘从中间分裂开,货物通过自由落体或滑槽进入相应的输送容器。

7)AGV 分拣

AGV 智能分拣系统是指利用 AGV 作为货物的输送设备并完成分拣作业的智能化分拣方式。AGV 智能分拣系统高度柔性化,对场地要求小,且初始投资不高,采用 AGV 智能分拣系统,可以随着分拣作业量的增加和减少,通过增减 AGV 的数量匹配产能需求,同时可以实现快速部署。

8)机器人分拣

利用机器人(搬运机械臂),基于视觉、触觉等智能控制系统,可以将来自输送线路上的物品拣出,置于托盘或另一条输送线上,实现高速分拣的目的;也可将货架上或托盘上的物品拣出后置于输送带上,实现供包分拣的功能。

5.3.4 智慧物流仓储应用:无人仓与云仓

1. 无人仓

1)无人仓的概念

无人仓指的是货物从入库、上架、拣选、补货,到包装、检验、出库等物流作业流程全部实现无人化操作,是高度自动化、智能化的仓库。也有观点认为,无人仓是基于高度自动化、信息化的物流系统,在仓库内即便有少量工人,若能实现人机高效协作,仍然可以视为无人仓(京东、菜鸟目前打造的无人仓便是如此)。目前无人仓尚无统一的定义,但是无人仓的发展方向是明确的,即以自动化设备替代人工完成仓库内部作业。

2)无人仓的技术标准

无人仓的技术标准包括作业无人化、运营数字化和决策智能化。

(1)作业无人化。在作业无人化方面,无人仓要具备三“极”能力,即极高的技术水平、极致的产品能力、极强的协作能力。无论是单项核心指标,还是设备的稳定性,各种设备的分工协作都要达到极致化的水平。无人仓使用了自动立体式存储、3D 视觉识别、自动包装、人工智能、物联网等各种前沿技术,兼容并蓄,实现了各种设备、机器、系统之间的高效协同。

(2)运营数字化。在运营数字化方面,无人仓需要具备自感知等能力。在运营过程中,与面单、包装物、条形码有关的数据信息要靠系统采集和感知,出现异常要能够自行判断。在无人仓模式下,数据将是所有动作产生的依据,数据感知技术如同为机器安装了“眼睛”,对所有的商品、设备等信息进行采集和识别,并迅速将这些信息转化为准确、有效的数据上传至系统,系统再通过人工智能算法、机器学习等生成决策和指令,指导各种设备自动完成物流作业。其中,基于数据的人工智能算法需要在货物的入库、上架、拣选、补货、出库等各个环节发挥作用,同时还要随着业务量及业务模式的变化不断调整优化作业。

(3)决策智能化。在决策智能化方面,无人仓能够实现成本、效率、体验的最优,可以大幅度地减轻工人的劳动强度,且效率是传统仓库的10倍。京东物流无人仓能够满足业务全局发展需要,具有智能化、自主决策的能力,核心是监控与决策算法的优化。

3)无人仓的主要构成

无人仓的目标是实现入库、存储、拣选、出库等仓库作业流程的无人化操作,这就需要具备自主识别货物、追踪货物流动、自主指挥设备执行生产任务、无须人工干预等条件。此外,无人仓还要有一个"智慧大脑",针对无数传感器感知的海量数据进行分析,精准预测未来的情况,自主决策后协调智能设备的运转,根据任务执行反馈的信息及时调整策略,形成对作业的闭环控制,即具备智能感知、实时分析、精准预测、自主决策、自动控制、自主学习的特征。无人仓主要包括搬运设备、存储设备、上架和拣选设备、分拣设备、其他辅助设备、WMS、WCS。

4)无人仓的运行机理

(1)无人仓的"眼睛"——数据感知。由人、设备和流程等元素构成的仓库作业环境会随时随地产生大量的状态信息。过去,这些信息只能通过系统中数据的流转进行监控,缺乏实时性,也难以对业务流程进行指导。而传感器技术的进步带来了最新的数据感知技术,让仓库中的各种数据都可以迅速、精准地获取。将传感器获取的信息转化为有效数据,这些数据成为系统感知整个仓库各个环节状态的依据,通过大数据、人工智能等系统模块生成决策指令,指导库内作业单元工作。

(2)无人仓的"四肢"——机器人。无人仓从商品入库、存储到拣货、包装、分拣、装车等各个环节都无须人力参与,形态各异的机器人成了无人仓的主角,机器人的融入是无人仓的重要特色之一。

占据仓库核心位置的立体货架可以充分利用空间,让仓储从"平房"搬进"楼房",有效利用土地面积。在狭窄货架间运转自如的料箱穿梭车是实现高密度存储、高吞吐量料箱进出的关键。它在轨道上高速运行,将料箱精准放入存储位或提取出来,送到传送带上,实现极高的出入库速度。

从立体货架取出的料箱会传送给机械手进行拣选,迅速把商品置入相应的包装箱内。这种灵巧迅捷的机械手是并联机器人,具备精度高、速度快、动态响应好、工作空间小等特色,保证了整个无人仓生产的高效率。

无人仓中的AGV可通过定位技术进行导航,并结合系统的调度,实现了整个仓库作业的合理安排。相较于传统的输送线的搬运方案,通过AGV实现"货到机器人"的方式具有更高的灵活性。

六轴机器人可实现码垛,也就是堆放和移动商品。在码垛算法的指导下,每种商品都可以自动生成个性化的垛型,由机器人自动适配,对每种商品自动码垛。

(3)无人仓的"大脑"——人工智能算法。除了丰富及时的数据和高效执行的机器人,核心算法更是无人仓的软实力所在。例如,在上架环节,上架算法将根据上架商品的销售情况和物理属性,自动推荐最合适的存储货位;在补货环节,补货算法可以让商品在拣选区和仓储区的库存量分布达到平衡;在出库环节,定位算法将决定最适合被拣选的货位和库存数量,调度算法将驱动最合适的机器人进行"货到机器人"的搬运,以及匹配最合适的工作站进行作业。

2. 智慧云仓

随着互联网和电商的快速发展,特别是近几年流行的各种节日购物狂欢、店铺周年庆、"双11"、"双12"等大型电商活动,快递包裹堆积如山。商家希望包裹能够精准、安全地送到消费者手中,而消费者始终关心快递的速度。快递的前端是物流。那么,如何在如此庞大的物流量下,实现快件的准确快速细分,并且高效地将快递完好无损地送到消费者手中?基于大数据、云计算和现代管理技术等信息技术的智慧云仓应运而生。

1) 智慧云仓的概念及特征

智慧云仓是物流仓储的一种,但是不同于传统仓库、电商仓库。云的概念来源于云计算,是一种基于互联网的超级计算模式,在远程的数据中心里,成千上万台计算机和服务器连接成一片计算机云,对外提供算力服务。而智慧云仓正是基于这种思路,在全国各区域中心建立分仓,由公司总部建立一体化的信息系统,通过信息系统将全国各分拣中心联网,实现配送网络的快速反应,所以智慧云仓是利用云计算以及现代管理方式,依托仓储设施进行货物流通的全新物流仓储体系产品。

与传统仓库、电商仓库相比,智慧云仓的主要特点在于高时效的仓内作业、精细化的管理以及自动化装备和信息化系统的应用。京东的智慧云仓出库作业从接到订单、到拣货、到出库基本上只需要10min,并且每一步都在后台系统有显示,为消费者提供了极佳的购物体验。这一过程不仅速度快,而且准确率很高,可达100%,因此备受青睐。

2) 智慧云仓的类型

目前智慧云仓主要有电商平台云仓、物流快递云仓、互联网化第三方仓储云仓等类型,前两类直接为商家提供云仓服务,而互联网化第三方仓储云仓致力于云仓供应链的解决方案。

(1) 电商平台云仓。这类云仓的成本比较高,目前只有电商巨头阿里巴巴、京东、亚马逊等着手布局,通过多地仓储协同实现资源整合优化,大大提升了时效性和准确性,并且通过大数据分析,建立准确的预测机制,更好地实现快速反应,提升客户体验。菜鸟把自己定位为物流大数据平台,菜鸟未来有可能组建全球最大的物流云仓共享平台。菜鸟搭建的数据平台,以大数据为能源,以云计算为引擎,以仓储为节点,编织一张智慧物流仓储设施大网,覆盖全国乃至全球,开放共享给天猫和淘宝平台上的商家。京东自建的物流系统已经开始对社会开放,京东物流依托自己庞大的物流网络设施系统和京东电商平台,从供应链中部向前后端延伸,为京东平台的商家开放云仓共享服务,提升京东平台商家的物流体验。此外,京东利用云仓完善的管理系统有金融机构合作,推出"互联网+电商物流金融"的服务,利用信息系统全覆盖实现仓配一体化,并有金融支持,能满足电商企业的多维度需求。

(2) 物流快递云仓。主要是指物流快递企业自建的云仓,其主要目标是仓配一体化,实现快递企业高效配送。

百世云仓是百世汇通建设的云仓。百世云仓依托在全国30个中心城市建设的众多云仓,从商品的订单接收开始,到订单分拣、验货包装、发运出库,避免货物的重复操作,将商品与消费者之间的距离缩到最短,最大限度地提升配送的效率。百世云仓在全国有100个分拨中心,10 000余个站点延伸至乡镇各级服务网点,通过近1500条省际、省内班车线路和5万余人的速递团队全流程管理,百世汇通构建了一个快速、安全的信息化物流供应链,为国内外的上百家企业提供服务,而在这一过程中,传统物流产业升级也就实现了。

顺丰云仓利用覆盖全国主要城市的仓储网络,加上具有差异化的产品体系和市场推广,实现了仓配一体化服务。顺丰围绕高质量的直营仓配网以及优化的供应链服务能力,重点面向手机(3C)、运动鞋服行业、食品冷链和家电客户开放共享其云仓服务。

在电商快速发展的同时,电商的竞争也越来越激烈,在大型电商活动的背后将产生海量的快递邮件需要在短时间内进行配送。在这种情况下,部分快递企业常常会发生爆仓现象,或者货物迟迟无法发出,货物漏发、错发、破损等现象发生频率也大幅增加,为后续工作的开展带来很大麻烦。国有快递企业 EMS 宣布将实施云仓战略,为电子商务企业和商家提供全景供应链协同服务,减少电商大型活动期间的爆仓风险。

(3)第三方云仓。主要代表为发网云仓、中联网仓等。

3)云仓的基本问题

云仓的基本问题和一般的仓库体系是一样的,主要包括仓库选址、仓库数量及规模、库存决策等。解决云仓基本问题的过程如下。首先,通过云物流平台,掌握各个需求点之间的需求流量,确定各个需求点的需求量。其次,依据这些需求点建设一定数量的配送中心,建立新的仓储配送体系。最后,根据以往的交易信息和消费者的需求分布特征,确定仓库的最佳规模,并进行合理的库存决策,从而有效地降低物流成本,获得较好的利益,达到较高的服务水平。

4)智慧云仓的发展趋势

未来智慧云仓会向着分散集中化(仓库分散、数据集中)、智能化(自动分拣、预警预测、路径优化、信息反馈)、可视化(库存可视、状态可视、信息跟踪)等方向发展,以适应不断严峻的物流市场新形式。

智慧云仓模式将面临 4 个层次的裂变:跨境全球云仓＋核心城市云仓＋城市云仓＋社区云仓,最终将形成"天下无仓"的社会需求。未来的云仓模式需求如下:

(1)多层级云仓平台。国内核心城市、三四线城市和跨境电商都面临多仓跨层级平台的需求。

(2)社区云仓是 O2O(Online to Offline,线上到线下)模式的必争之地。"最后一公里"的快速响应、动态的云仓库存支持、快速满足末端订单的响应,是未来的商业之争。

(3)三四线城市云仓是渠道下沉的核心。京东、阿里现在高度重视三四线城市和农村市场的渠道下沉。据统计,中国三四线城市和农村的消费人群规模高达 9.34 亿人,电商在这一市场具有 72.8% 的高渗透率,使其成为一个孕育了万亿元规模商机的潜力市场。未来强大的购物需求在三四线城市和农村市场,所以这一层次的云仓需求是必然趋势。

(4)跨境云仓是跨境电商的触角。所有跨境电商都离不开云仓的支撑。如果能提前布局全球核心国家的跨境云仓,就可以对国外的电商巨头带来巨大的冲击。

5.4 智慧物流仓储的应用与发展

5.4.1 智慧物流仓储的典型应用

在智慧仓储领域,京东物流是领跑者,更是今天智能仓储领域的标杆级物流企业。京东智能仓储机器人是智能仓储最为典型的应用代表。

1. 系统架构

京东智能仓储机器人系统架构分为 5 层,分别是业务系统层、集成层、业务逻辑层、智能调度层与设备执行层。其中,业务系统层由京东自营/开放业务和外部客户的系统组成,主要包括 WMS、DMS、ERP 和 EMS 等;集成层负责外部系统的集成;业务逻辑层负责转化对单据和库存的处理工作;智能调度层对任务中心的订单进行排产与调度;设备执行层负责分拣、搬运等操作。京东智能仓储机器人系统架构如图 5-24 所示。

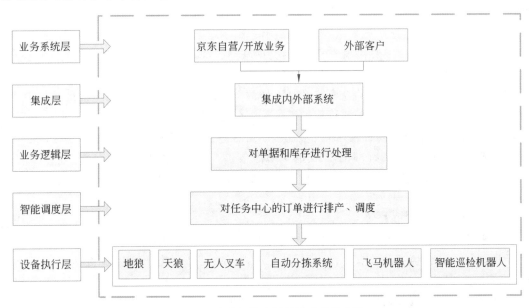

图 5-24　京东智能仓储机器人系统架构

2. 主要技术装备

京东智能仓储机器人系统的主要技术装备有地狼、天狼、无人叉车、自动分拣系统、飞马机器人和智能巡检机器人。

1）地狼

地狼 D500 主要适用小件"货到人"拣选,采用"货到人"存储拣选作业方式,通过二维码导航 AGV,将被拣选货架搬运至拣货人员身旁,解决仓储人员作业时间长、奔袭路径长等问题,大大提高生产效率,节省人力成本。该应用方案从规划到落地周期为 3～4 个月。地狼 D1000 载重能力较高,主要适用中件"货到人"拣选,如水饮、粮油等。地狼 D1000 AGV 货架可作为地狼 D500 的保管位,常与机械臂组合使用。

2）天狼

天狼系统是典型的"货到人"系统,拣货人员无须行走,货物通过输送系统到达拣货人员身边,供其进行拣选作业,配合电子标签指示系统,每人每小时可完成 1000 件拣选,相比传统人工拣货效率可提高 4～5 倍。天狼系统由多层货架、穿梭车、输送系统组成,每层每巷道有一台小车可完成入库和出库任务,巷道一端的货物提升机将货物送至输送系统。立体库采用双伸位设计,一次处理两箱货物,可以满足大流量的需求。

3）无人叉车

T20 型 AGV 叉车主要用于仓库内各种托盘搬运。托盘在仓库内的搬运都可以通过 AGV 叉车完成。T20 型 AGV 叉车可以应用在收货后的入库搬运、商品拣选后的托盘搬运出库、TC 仓内的托盘按路向分拣等。

L14 型 AGV 叉车主要用于仓库内托盘搬运及堆高。托盘在仓库内有平面及高程上的位移，可以使用 L14 型 AGV 叉车完成自动搬运、堆高。

4）自动分拣系统

自动分拣系统主要包括分拣 AGV 及交叉带分拣机。

分拣 AGV 主要用于分拣中心、大型配送站点内重量小于 5kg、最长边小于 500mm 的包裹的分拣。

交叉带分拣机占地面积约 2000㎡，运行速度为 2m/s，有效格数为 140 格，整圈环长约 104m。CS600 型小件交叉带分拣机的分拣能力可达 16 万件/天，供件效率达 2200 万件/小时。在运营效果方面，CS600 型小件交叉带分拣机日均产能为 3 万件，能覆盖所有小件，在满负荷运行下电量成本为 0.01 元/件。交叉带分拣机解决了快递分拣劳动强度大、员工流动率高、单量高时无法满足时效要求等难题。

5）飞马机器人

京东飞马系统主要适用于中小件仓库的入库上架、拣选、合流及工厂、仓库、餐厅等搬运场景。拣选时可支持"人到货"或"人到机器人"的作业模式，拣货人员只需要在小范围的逻辑区作业，减少人员走动。飞马机器人根据拣货任务自动走到对应的拣货点，拣货人员领取/接收拣货任务，走到相应货位拣货。拣货完成后，飞马机器人自动到下一个拣货点，依次完成拣货任务。

6）智能巡检机器人

京东智能巡检机器人是以自动驾驶核心技术为基础，满足仓储夜间巡逻安防需求的一款特种机器人。智能巡检机器人可对指定区域进行全方位、立体化的监视，有效协助安保人员完成常规性的巡检任务，可及时了解防控区内的状况，准确、实时地锁定关键防控部位，帮助仓库预防威胁，改进安全计划并增强整体安防。

5.4.2 智慧物流仓储的发展现状

1. 全球智慧物流仓储的发展现状

物流仓储自动化、智能化源于 20 世纪 50 年代的美国。1963 年，美国率先在高架仓库中采用计算机控制技术，建立了第一座计算机控制的高架仓库。此后，自动化高架仓库在美国和欧洲得到迅速发展，并形成了专门的学科。

根据美国行业权威杂志 *Modern Materials Handling* 资料显示，全球前十大仓储自动化企业年收入为 64 亿～280 亿美元，排名第一的日本大福公司 2019 年营业收入达到 270.01 亿美元，全球排名前 5 位的仓储自动化企业收入总额占全球前 20 位收入总额的 60％以上。因此，从全球范围内看，智能仓储行业已呈现一定的寡头竞争特征，即少数系统集成能力强、装备制造能力强的企业规模较大，每年营收较高，占据较大的市场份额。

同样，从全球前十大仓储自动化企业所在地来看，行业龙头企业主要分布在欧洲、美国、日本等地区,其中欧洲数量最多,共有 6 家。

随着全球移动互联网的快速发展,智慧物流仓储呈现快速增长态势。随着传感器、射频识别、定位系统等技术手段不断更新升级,大量仓储设施通过传感器接入互联网,以信息互联、设施互联带动仓储互联,使仓储信息互联互通成为可能,大大促进了智慧物流仓储的发展。

2. 国内智慧物流仓储的发展现状

我国物流仓储模式的发展经历了人工仓储、机械化仓储、自动化仓储、集成自动化仓储、智能自动化仓储 4 个阶段,见表 5-1。目前我国大部分仓储活动处于自动化仓储和集成自动化仓储阶段。

表 5-1　我国物流仓储模式的发展阶段

发 展 阶 段	表现出的特点
人工仓储	物资的输送、存储、管理和控制都是依靠人工实现的
机械化仓储	仓储作业以输送车、堆垛机、升降机等设备替代人工操作
自动化仓储	在机械仓储的基础上,引入自动货架、自动分拣、自动识别设备
集成自动化仓储	以集成系统为主要特征,实现系统各部分的有机协作
智能自动化仓储	运用软件技术、互联网技术、自动分拣技术、光导技术、射频识别技术等对仓储进行有效计划、执行和控制

近几年,随着经济的快速发展,居民消费活动迅速增加,商业活动日益频繁,再加上我国电商行业的迅速崛起,社会对于物流的需求越来越大,这也加快了仓储行业向智能化发展的速度。根据资料显示,2015 年,中国智慧物流仓储行业市场规模为 410.5 亿元;2019 年,中国智慧物流仓储行业市场规模增长至 969.8 亿元。2015—2019 年中国智慧物流仓储行业市场规模年均复合增长率为 24%。

自动化立体仓库是智慧物流仓储的重要应用。在人力和土地成本双双上升的背景下,制造业开始以物流端为切入点对企业进行自动化升级,自动立体仓库作为物流仓储环节重要的自动化装备,备受各行业关注。智慧物流仓储应用的典型案例就是京东物流的亚洲一号仓库,它已经成为我国智慧仓储的标杆与引领,也是亚洲最大、自动化程度最高的智慧物流项目。亚洲一号仓库通过大规模使用自动化设备、机器人、智能管理系统,有效降低了存储、拣选、包装、输送、分拣等各个环节的成本,使效率得到提升。现阶段,全国范围内共有 28 座亚洲一号仓库在运营。智慧物流仓储的建设与运营不仅是仓储能力与相应的管理能力的提升,对于一个区域的经济发展也会起到了极大的促进作用。

5.4.3　智慧物流仓储的未来前景

近年来,我国从国家政策层面一直在支持智慧物流仓储的建设。2016 年,国家发展和改革委员会印发了《"互联网＋"高效物流实施意见》。该意见中明确指出:要提升仓储配送智能化水平,完善智能仓储配送设施网络;鼓励物流骨干企业、行业协会、公共服务机构等各类市场主体参与云(云计算)、网(宽带网)、端(各种终端)等智能物流基础设施建设;支持物流企业建设智能化立体仓库,应用智能化物流装备提升仓储、运输、分拣、包装等作业的效率和仓储管理水平。2017 年 8 月,国务院办公厅印发了《关于进一步推进物流降本增效促进实体经济发展的意见》,要求开展仓储智能化试点示范。随着智慧物流仓储市场的不断扩大,智慧物流仓储的相关理念与技术也备受关注。可以预见,未来智慧物流仓储主要的资源和精力会放在提供新产品、探索新商业模式、进一步降低成本等领域,以支持行业的智能化发展。智慧物流仓储的未来前景具体体现在以下 4 点。

1. 智能仓储网络将陆续铺开

在智慧物流建设的大背景下,升级改造传统仓储设施和建立智能仓储网络成为必然趋势。在可预见的未来,仓储业将利用互联网、自动分拣、射频与光导、声控等先进技术手段,配合大数据、云服务等数据分析辅助决策,对仓储货物的出库、存储、分拣、包装、配送等各个环节进行高效运行与控制,形成一套符合物流企业需要的标准化、智能化物流仓储信息系统。在智慧仓储环境下,物流企业之间相互依存,不断融合发展,不断提高企业内部以及企业间的协同发展能力,为区域经济创造更多的附加增值内容。

2. AGV 部分核心零部件实现国产化技术突破

我国制造业多数仍处于自动化的早期阶段,但是在企业对物流及时性、仓储有效性要求不断提高的背景下,仓储物流机器人的自动化和智能化的研发与生产将提上日程。预计在未来 5~10 年内仓储机器人的核心零部件国产化将有较大的突破,这也将进一步促进智慧仓储的高速发展。

3. 自动化与智能技术将全面推广

新兴自动化和智能技术促进了现有硬件设备的扩容与升级,改善了仓储物流运作流程,提高了仓储技术装备的柔性化应用水平,降低了物流成本。随着物联网、大数据、人工智能等信息技术的进一步发展,智能机器人和认知技术、3D 打印技术等最新科技将在智慧物流仓储领域中得到深度应用,预测性维护和按需仓储将得到更多关注,多功能无人仓的普及将成为可能。

4. 电商将引领智慧物流仓储全面发展

电子商务结合快递物流,将是未来智慧物流仓储发展的重要引擎。2016—2018 年全国快递业业务量与电子商务交易额逐年上升。据统计,电商物流行业对智慧物流仓储的参与度达 62%,说明智慧物流仓储企业在此行业中参与者众多,竞争激烈,这也从侧面说明了电商物流未来对智慧物流仓储的需求潜力。与此同时,京东近几年的仓储物流设备的增长率保持在 70% 左右,2017 年京东仓储物流设备的净值达到 26.9 亿元;苏宁则起步稍晚,2017 年其机器设备净值达到 8 亿元,2017 年其机器设备净值增长率由 2016 年的 9.4% 跃升为 225.3%,2016 年,圆通、申通、顺丰、韵达等快递巨头纷纷募集配套资金进行项目投资。从各公司披露的信息看,它们募集的配套资金多运用在转运中心的建设和设备自动化升级方面。可见,电商企业和快递企业都在智慧物流仓储领域积蓄力量,成为我国智慧物流仓储发展的重要引擎。

案例与问题讨论

案例：日日顺物流智能仓开启大件物流仓储"智"时代

随着大数据、物联网等新兴技术的发展，小件物流领域的智慧化已是有目共睹。但在大件物流领域，由于商品体积大、质量重等因素，导致其智慧化发展缓慢。作为大件物流领导品牌，日日顺物流率先建成国内首个大件物流智能仓，破解了大件物流领域智慧化发展难题。11月2日，日日顺物流黄岛智能仓全新亮相，开启大件物流仓储"智"时代。

1. 物流智能仓助推行业转型

据了解，日日顺物流黄岛智能仓始建于2001年，十几年来一直引领大件物流发展趋势。此次改造不只是在技术方面的升级，更是在流程、模式、管理上的全面升级，率先实现了物联网时代大件物流的创新引领。1.8万平方米的智能仓里布局了多排高达20多米的立体货架，在硬件领域实现了多个突破，如AGV首次在大件物流领域的广泛应用。在整个仓库内，AGV、RGV、堆垛机、输送机等针对大件商品定制化的多种不同功能和特性的机器人全流程无缝隙协同运转，商品入库、上架、摆放、出库等全过程都由自动化设备在大数据的精准指引下完成。如果说领先的智能设备是智能仓的肢体，那么大数据总控系统就是它的"智慧大脑"，它既是数据中心，也是监控中心、决策中心和控制中心，让整个仓库能够有序运转，实现了所有货品的"零搬运、零差错、零货损"。

在数控中心，日日顺物流在全国的资源分配情况以及订单的执行情况一目了然。例如，库内智能设备的任务状态、出库区的出库客户单数、出库订单进度、入库单量趋势、出库单量趋势等都可实时监控优化，大大提高了仓储的合理性和工作效率。与传统的仓库相比，黄岛智能仓的作业效率可有效提升约1倍，人工成本降低50%。此外，数控中心也可实时显示用户评价，并根据用户评价进行优化迭代。目前在用户评价方面，日日顺物流在大件物流行业位居第一，领先同行业平均水平近30%。

黄岛智能仓不仅是一个智能仓库，也是连接用户与产业的端到端的大件物流供应链一体化智能仓平台，满足了供应商与用户的个性化需求。智能仓前端对接产业，原材料即需即供，满足了智能工厂柔性生产的需要；后端服务用户，商品流转时间小于24h，实现了产品的按需聚散。黄岛智能仓不仅在智慧物流技术方面处于领先地位，也为整个供应链的智慧化提供了新模式。

2. 日日顺打造场景化物流生态

在物联网时代，日日顺物流不断创新变革，已经由物流企业转变为物联网时代开放的场景物流生态平台，实现了从商品配送向终身用户交互迭代以及从交易平台向生态平台吸引力迭代。截至目前，日日顺物流以家电家居、健康器材、出行工具等产品为载体，打造了美好住居场景、健康生活场景、三农服务场景、环保出行场景、产业互联场景等，为用户提供全流程个性化的方案。

例如，日日顺物流可以为用户提供一站到家、极速送装的全场景家电家居物流服务，如彩电、冰箱、洗衣机等家电产品的送货与安装同步，沙发、橱柜等家具的送货与安装同步。同时,在为用户提供送装服务时,还可以为新装修家庭提供除甲醛、净化空气等服务方案,甚至提供在后续家电家居保养以及二次移动中的注意事项等解决方案,为用户快速提供美好住居服务方案,这是目前其他物流企业难以做到的。

3. 开放的"车小微"平台提升用户体验

在信息化物流仓储和流程管理的助力下,日日顺物流已建立起辐射全国的三级物流网络布局,拥有 136 个智慧仓、6000 多家微仓、3300 多条班车循环专线。在"人单合一"模式的指导下,日日顺物流整合社会化资源,搭建起开放的"车小微"平台,将社会上闲散的汽车、司机等资源聚合起来,形成一张覆盖全国的触点网络,围绕用户需求不断迭代创新,为用户带来最有温度的物流服务。

作为日日顺物流网络上的末端触点,"车小微"平台已经从原来单一的送装服务平台发展成为同城用车、售后维修、代发快递、产品推荐等场景化的服务平台。换句话说,20 万服务人员深入全国各地,不只是为用户提供配送服务,还可以根据用户需求提供定制化服务,例如为用户提供家电维修服务、商品退货服务、寄件服务等,通过对用户需求的持续满足,为用户创造终身价值。

在物联网时代,企业的核心竞争力不在于内部的资产,而在于拥有的终身用户数量。日日顺物流始终聚焦用户最佳体验,通过率先升级智能仓,不仅实现了大件物流效率的提升,而且推动了整个产业供应与需求的精准对接,同时也为用户提供了个性化的服务方案,大大超越了传统物流的产业界限,成为物联网时代智慧物流的发展标杆。

◤◢ 问题讨论

1. 日日顺物流的智能仓储的优势体现在哪些方面?
2. 限制大件物流智能仓发展的因素是什么?
3. 日日顺物流如何打造场景化物流生态?

小 结

本章从仓储管理与智慧仓储、智慧物流仓储系统体系、智能仓储装备与技术、智慧物流仓储应用与发展 4 方面介绍了智慧物流仓储的相关知识。

关于智慧物流仓储概念,从现代物流仓储的内涵出发,阐述了现代物流仓储的含义以及仓储管理的任务,在此基础上,引出智慧物流仓储的含义、特点与类型,重点阐述了智慧物流仓储的优势,在此基础上,讲述了智慧物流仓储管理的关键环节。

关于智慧物流仓储系统体系,首先介绍了智能仓库管理系统,在此基础上介绍了智能仓储物流系统,重点介绍了出库作业系统、入库作业系统、分拣作业系统、盘点作业系统。这四大系统相辅相成,为智慧冷链的发展与运行奠定了基础。

关于智慧物流仓储技术装备,主要介绍了物流仓储中最为关键的六大技术装备,即自动化立体仓库设备与技术、智能操作设备与技术、智能拣选设备与技术、智能分拣设备与技术、云仓设备与技术以及无人仓设备与技术,重点介绍了在智慧物流仓储体系中六大技术装备的智能化特点以及应用现状。

关于智慧物流仓储的应用与发展,首先介绍了智慧物流仓储在京东无人仓中的典型应用案例,接着对智慧物流仓储的现状进行了分析,并对未来发展进行了展望。

练习与作业

1. 举例说明传统仓储与智慧物流仓储的区别。
2. 简述智慧物流仓储系统体系架构。
3. 简述智能仓库管理系统的内容。
4. 简述智能仓储物流系统的内容。
5. 结合实际分析智能机器人在智慧物流仓储中的应用前景。
6. 阐述智慧物流仓储的发展趋势。

第5章　智慧物流仓储
5.1节、5.2节和5.4节

第5章　智慧物流仓储
5.3节

第6章 智慧物流运输

学习目标和指南

※ 学习目标

1. 掌握智慧物流运输的概念和特点,了解智慧物流运输的演进过程。

2. 掌握先进的出行者信息系统、先进的交通管理系统、先进的车辆控制系统、智能货运管理系统、智能电子收费系统和智能紧急救援系统的基本含义和系统结构,熟练掌握各系统的主要功能并能将之应用于实践,提高职业能力和素养。

3. 掌握物联网和车联网的基本含义,理解二者之间的关系。

4. 了解车联网的系统架构、智能技术和设备,熟练掌握车联网系统在现实生活中的应用。

5. 深刻理解智慧物流运输的典型应用场景,并能将之和实际工作结合起来熟练应用。

6. 了解智慧物流运输的发展现状和未来发展趋势。

※ 学习指南

1. 在理解现代物流运输基本含义的基础上,进一步理解并掌握智慧物流运输的基本概念和特点,了解智慧物流运输管理和传统运输管理的区别。

2. 在理解先进的出行者信息系统、先进的交通管理系统、先进的车辆控制系统、智能货运管理系统、智能电子收费系统和智能紧急救援系统的基本含义的基础上,结合各系统的结构图,区分各系统的不同功能和作用,掌握各系统在现实中的具体应用。

3. 在理解物联网和车联网基本概念的基础上,掌握二者的区别和联系。

4. 结合车联网系统架构图,了解车联网系统的技术和相关设备,进而理解其具体功能和应用范围。

5. 结合货拉拉、福佑卡车等企业的运作模式,深刻理解智慧物流运输在现实生活中的典型应用。

6. 在观察现实生活中的运输实例的基础上,了解智慧物流运输的发展现状,进而思考其未来发展趋势。

※ 课前思考

1. 智慧物流运输是何时产生的?智慧物流运输和传统运输相比有何不同?我国智慧物流运输的演进过程是怎样的?

2. 智能运输系统的各个子系统的功能分别是什么?它们在现实生活中的应用主要体

现在哪些方面？

3. 车联网目前的普及程度如何？它对人们生活的改变主要体现在哪里？

4. 智慧物流运输的发展和应用带来的好处是什么？

6.1　运输管理与智慧运输

6.1.1　现代物流运输管理

1. 现代物流运输管理的概念

现代物流运输管理是指对产品从生产者手中到中间商手中再至消费者手中的运送过程的管理。它包括运输方式选择、时间与路线的确定及费用的节约。其实质是对铁路、公路、水路、航空、管道 5 种运输方式的运行、发展和变化进行有目的、有意识的控制与协调，实现运输目标的过程。

2. 现代物流运输的方式

现代物流运输方式主要包括铁路运输、公路运输、水路运输、航空运输、管道运输 5 种。

1）铁路运输

铁路运输是利用铁路设施、设备运送旅客和货物的运输方式，在国际货运中的地位仅次于水路运输中的海洋运输。铁路运输与海洋运输相比，一般不易受气候条件的影响，可保障全年的正常运行，具有高度的连续性。铁路运输还具有载运量较大、运行速度较快、运费较低廉、运输准确、风险较小等优点。

铁路运输也存在缺陷，如运输受轨道的限制、不能跨洋过海、铁路建设投资大，使得其应用在一定的程度上受到限制。

2）公路运输

公路运输是指以公路为运输线，利用汽车等陆地运输工具，做跨地区或跨国的移动，以完成货物位移的运输方式。它是对外贸易运输和国内货物运输的主要方式之一，既是独立的运输体系，也是车站、港口和机场物资集散的重要手段。

3）水路运输

水路运输是指利用船舶等浮运工具，在水域沿航线载运旅客和货物的运输方式。与其他几种运输方式相比，水路运输具有成本低（仅为公路运输的三分之一）、能耗低、过程长、运量大等明显优势。

4）航空运输

航空运输是指利用飞机运送货物的现代化运输方式。近年来，物流采用航空运输的方式日趋普遍，航空货运量越来越大，航空运输的地位日益提高。其优点是速度快、安全性好、节省包装等费用、资金周转快。其缺点是投资大、运量小、运费比较高、易受天气影响等。

5）管道运输

管道运输是一种以管道输送流体货物的运输方式，其货物通常是液体和气体，是统一运输网中干线运输的特殊组成部分。就液体和气体而言，凡是在化学上稳定的物质都可以用管道运送。因此，废水、泥浆、水甚至啤酒都可以用管道运送。石油产品采用管道运输比水路运输费用高,但比铁路运输费用低。

6.1.2　智慧物流运输概念与特点

智慧物流运输是指在运输管理业务流程再造的基础上,利用大数据分析、云计算、物联网、RFID、GIS 等智能技术及先进的管理方法,实现运输过程中的智慧配载、实时调度、智慧派车、路径优化及实时交互,以降低运输成本、提高运输效率、提升智慧运输管理能力的运输。智慧物流运输系统的特点如下。

1. 有效连接运输供应链的各要素

运输供应链上的发货人、收货人、承运商、货站、卡车司机经常发生变动,而把这些经常变动的要素快捷方便地接入系统,对于生产制造商、分销商和物流企业提高物流信息服务能力,加强对社会化运输网络的管理具有至关重要的作用。智慧物流运输系统提高了订单的响应处理能力,提高了调度的配载效率,并通过网络和云平台实现了各方信息的准确传递,实现了全链路信息透明。

2. 集成先进技术的智能系统

智慧物流运输系统实质上就是将先进的信息技术、计算机技术、数据通信技术、传感器技术、电子控制技术、自动控制技术、运筹学、人工智能等综合运用于交通运输、服务控制和车辆调度,加强了车辆、道路和使用者之间的联系,从而形成一种定时、准确、高效的新型综合运输系统。

3. 以数据为支撑进行全面控制

智慧物流运输系统中的数据采集层采集各种终端设备产生的 RFID 数据、GPS 数据以及各种非结构化的视频和图片数据,经过智能算法处理后输出结构化信息数据,再整合园区、车辆、货主等数据,通过大数据挖掘系统进行数据分析,在此基础之全面调控物流运输过程。

6.1.3　智慧物流运输演进

智慧物流运输的发展主要依靠智能运输系统的发展。在智能运输系统发展的早期,世界上各个国家的智能运输系统没有统一的名称,同时各国对于智能运输的研究集中于具体的技术层面,智能运输系统的名称大都体现了某种先进的技术。美国、日本、欧洲的智能运输系统研究走在了世界的前列,在世界各国的相互交流中促进了智能运输系统的发展,也带来了智能运输系统名称的变迁。智能运输系统(Intelligent Transportation System,ITS)这个名称是日本于 1990 年最先提出的,但当时并未得到公认。1994 年春,为了筹备在日本横滨召开的第二届智能运输系统世界大会,日本车辆、道路和交通智能协会(Vehicle,Road and Traffic Intelligence Society,VERTIS)再次提出采用 ITS 的名称的建议,得到了欧美的赞成。至此,智能运输系统这一名称才逐渐被世界各国接受。智能运输系统的演进过程大致可以划分为如下几个时期。

1. 孕育期

20 世纪 70 年代以来,世界上发达国家应用计算机技术实施交通信息的自动控制,这是智能运输系统的孕育期。在这一时期,美国发射了第一颗 GPS 卫星。在欧洲,德国开展了驾驶员引导和信息系统(Autofahrer-Leit-und Information System,ALI)项目工作。日本开始成立全国性的智能运输系统推进组织,是对智能运输系统进行研究最早、实用化程度最高的国家。我国在这一时期也已经开始了智能运输系统的发展,当时称为交通工程。交通部与北京市公安局合作,首次在中国进行了计算机控制交通信号的工程试验。

2. 初创期

20世纪80年代前后,智能运输系统进入初创期。在这一时期,美国研究了电子路径引导系统。在欧洲,德国、英国、法国等国也先后研究了自己的路径引导系统。日本的智能运输系统则进入了实用和拓展阶段,发展迅速,先后研发了先进的车辆交通信息与通信系统(Advanced Mobile Traffic Information and Communication System,AMTICS)、路/车通信系统(Road/Automobile Communication System,RACS)、先进的道路交通系统(Advanced Road Transportation System,ARTS)。我国在这一时期开始重视运用高科技来发展交通运输系统,从城市交通管理入手,在广泛开展城市交通调查、规划、治理的同时,开始对城市交通控制技术进行研究。

3. 发展期

20世纪90年代,全世界的广泛关注及参与引导智能运输系统进入发展期。在这一时期,美国研发了自动化公路运输系统(Automated Highway System,AHS)。欧洲的第一届智能运输系统世界大会在法国巴黎举行。日本的智能运输系统技术开始走向国际化,其先后研发了自动高速公路系统(Automated Highway System,AHS)、先进巡航辅助高速公路系统(Advanced Cruise-Assist Highway System,ACAS)、事故探测系统(Incident Detection System,IDS),并进行了ETC(Electronic Toll Collection,电子收费)技术的试验性运营。我国一些高校和交通研究机构在这个时期开始了城市交通控制系统技术的研究,许多专家开始关注国外在智能运输体系框架方面的研究成果,各自进行不同层次的研究,推动了我国智能运输系统的发展。

4. 成熟期

进入21世纪,智能运输系统逐步成为现代运输管理体系的模式和发展方向。在这一时期,美国的智能运输系统发展主要包括城市智能运输系统基础设施建设、乡村/州际智能运输系统基础设施建设、商用车辆智能运输系统基础设施建设以及智能车辆研发等方面。欧洲目前的智能运输系统发展主要包括电子收费设施、安全及应急措施、交通管理、公共交通运营管理、先进的驾驶辅助系统、出行在途辅助、执法支持、货运及车队运营管理。日本的智能运输系统架构主要包括路/车通信系统、车辆交通信息与通信系统、通用交通管理系统、道路交通系统、超级智能车辆系统等。我国在进入21世纪后,信息化技术的提高驱动了物流逐渐向智能化发展。"十五"期间,科技部将"智能交通系统关键技术开发和示范"作为重大项目列入国家科技攻关计划,在交通控制系统、交通监视系统、信息动态显示系统、电子收费系统等方面取得了较大的进步。"十一五"期间,设计了交通运输物联网发展框架。"十二五"期间,我国初步进入物联网时代,开始发展符合我国国情的车路协同系统。目前,我国正处于智慧化运输服务成长阶段,在交通运输部、科技部等相关部委支持下,全国智能运输系统标准化技术委员会已经完成了智能运输系统标准体系,发布了70项国家及行业标准,涉及数据字典、地理信息、信息安全、电子收费、交通专用短程通信、交通信息服务、交通管理、公交智能化、物流电子单证、汽车辅助驾驶等。至此，全球进入了智能运输时代。

6.2 智慧运输智能系统

6.2.1 先进的出行者信息系统

1. 先进的出行者信息系统的含义

先进的出行者信息系统（Advanced Traveler Information System，ATIS）是综合运用各种先进的通信、信息等技术，以文字、语音、图形、视频等多媒体形式实时动态地向出行者提供与出行相关的各类交通信息的系统，它使出行者（包括驾驶人和乘客）在出发前、出行中直至到达目的地的整个过程中能够及时获得有关交通情况、所需时间、最佳换乘方式、所需费用以及目的地的各种相关信息，从而辅助出行者选择合适的交通方式、出行路线和出发时间，以最高的效率和最佳的方式完成出行过程。

2. 先进的出行者信息系统的组成

先进的出行者信息系统的组成如图 6-1 所示。

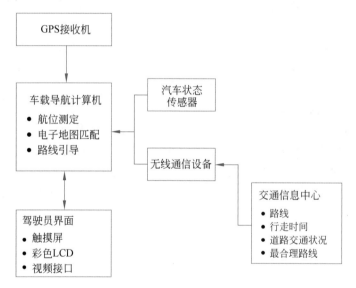

图 6-1　先进的出行者信息系统的组成

1）车辆导航辅助系统

车辆导航辅助系统主要由 GPS 接收机、汽车状态传感器、车载导航计算机和无线通信设备组成。GPS 接收机输出信号，提供车辆的位置、速度、方向信息。车载导航计算机采集汽车状态信息，并显示在电子地图上，电子地图带有信息中心提供的道路状况信息。此外，车载导航计算机还需要解决车辆运行参数检测问题。无线通信设备将采集的路况信息、车辆信息发送到交通信息中心。

2）交通信息中心

从图 6-1 可以看到，交通信息中心（Traffic Information Center，TIC）的主要任务是进行

数据的采集和处理,包括路段走行时间、道路交通状况以及最合理的行走路线等。其基本的数据处理功能如下:

(1) 针对采用不同方式出行的出行者提供信息,如公共交通信息、停车场信息、实时道路信息等。为满足不同用户的出行信息需要,构造相应的交通信息数据库。

(2) 根据实时交通状况,在一定时间间隔内对交通运输信息数据库进行更新,使其更及时、有效。

(3) 产生并定时更新路段通行时间数据库。通过采集车辆运行状况,将新的路段通行时间发送到交通信息中心,以便及时更新异常交通状况。

(4) 分析比较道路当前和历史的行驶资料,提供车辆的估计最佳通行时间。

(5) 进行事故调查工作,分析事故发生的原因及路段出现的特殊状况,并将这些信息通知出行者,以防止可能出现的事故。

3) 无线通信设备

无线通信设备已成为新一代导航系统发展的关键因素。一方面,通过无线通信方式将交通信息有效传递给车辆,车辆就能结合自身出行目的和出行偏好选择出发时刻、出行路径或者中途改变出行路径,避开拥挤路段。另一方面,车辆可通过车载发射装置把当前的交通信息反馈给交通信息中心。常用的无线通信系统包括 RDS-TMC(Radio Data System of Traffic Message Channel,交通信息频道无线电数据系统)、DAB(Digital Audio Broadcast,数字音频广播)、DVB(Digital Video Broadcasting,数字视频广播)、UMTS(Universal Mobile Telecommunication System,全球移动电信系统)。

3. 先进的出行者信息系统的服务内容

先进的出行者信息系统需要建立广泛的、便于使用的公共信息数据库,如地理信息数据库(电子地图)、交通运行数据库、公共交通信息数据库、道路信息数据库等。以这些数据库为基础,通过有线和无线通信系统,先进的出行者信息系统可以为出行者提供出行前信息服务、行驶中驾驶员信息服务、途中公共交通信息服务、个性化信息服务、路线引导与导航服务、合乘匹配与预订服务 6 项主要功能。

6.2.2 先进的交通管理系统

1. 先进的交通管理系统的含义

先进的交通管理系统(Advanced Traffic Management System,ATMS)是智能运输系统的重要组成部分,它是依靠先进的交通监测技术、计算机信息处理技术和通信技术,对城市道路和高速公路综合网络的交通运营和设施进行一体化控制和管理,通过监视车辆运行控制交通流量,快速、准确地处理辖区内发生的各种事件,以使客货运输达到最佳状态。

2. 先进的交通管理系统的组成

先进的交通管理系统由信息采集系统、通信系统、信息处理系统、信息提供系统 4 部分组成,如图 6-2 所示。

1) 信息采集系统

信息采集系统主要应用各种传感器获得并综合各种交通信息、道路信息、气象信息,为交通控制及管理提供基础数据,是先进的交通管理系统的信息输入部分,可以根据不同的需

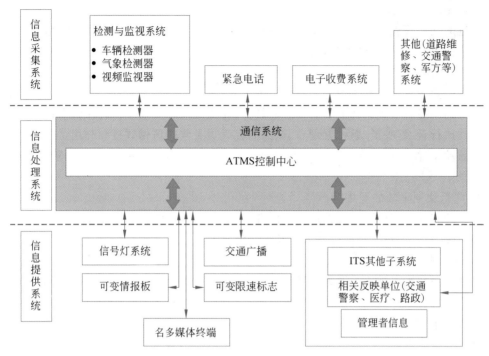

图 6-2　先进的交通管理系统组成

求对这些数据进行进一步处理,从而得到符合不同需要的更有价值的信息,确保基础交通信息能够及时、准确地采集。一般通过车辆检测器、气象检测器、视频监视器、电子收费系统等采集信息。

2）通信系统

在控制中心和信息采集、提供系统终端之间,需要借助通信系统(信息传输系统)进行联系。通信系统主要是通过光纤、电缆、微波等传输介质在终端与交通控制中心之间传输数据、语音和图像等信息。一般采用广域通信网、专用短程通信等通信方式。

3）信息处理系统

信息处理系统即交通控制中心,主要对数据、语音、图像等信息进行处理和分析,生成并不断更新交通运输信息数据库,提出交通控制方案,并通过相应的设备对有关路段内的交通流作出相应的管理和调度。

4）信息提供系统

信息提供系统是交通控制方案得以实施的工具,主要通过可变情报板、交通广播等向出行者或管理人员提供有关交通运输的情报,主动调节交通流。该系统主要向出行人员或管理人员提供交通运输信息(如交通、气象、事故和道路情况),发布命令或建议(如限速、关闭匝道),向交通拥挤地段的驾驶员提供建议路径等,以促使出行人员选择合理的出行方式及路线,使道路交通流量分布均匀,以提高道路利用率,达到交通控制与管理的目的。

3. 先进的交通管理系统的服务功能

先进的交通管理系统的服务功能包括如下几方面。

1）为出行者提供信息

先进的交通管理系统通过各种信息提供系统向出行者提供信息，帮助出行者制定出行计划及选择出行时间，以避免延误。

2）优化交通控制

先进的交通管理系统实现了交通信息的采集、传输、存储、分析、处理及应用，实现了交通管理从简单静态管理到智能动态管理的转变，使交通静态及动态信息在最大范围内、最大限度地被出行者、驾驶员、系统管理者、交通研究人员及政府机构共享和利用，从而实现大交通系统的动态优化运行，提高道路的有效利用率，减轻道路的交通拥堵状况，避免出行时间的延长。

3）降低交通事故的发生率

先进的交通管理系统可帮助运输部门和管理人员预测交通或道路状况，从而采取相应的预防措施，避免潜在隐患的发生或使其影响降至最小。

4）进行排放测试与污染防治

采用先进的汽车排放测试系统进行尾气排放测试，并在空气质量敏感地区采取道路改线等措施或对进入该敏感地区的道路入口加以控制，以达到污染防治的目的。

5）进行应急管理

先进的交通管理系统可以提高对交通突发事件（事故或灾害）的报告和响应能力，改善应急资源响应配置，包括紧急通告与应急车辆管理。

6）实现电子不停车收费

电子不停车收费是为了提高收费站的通行能力，使驾驶人员不停车、不用现金进行自动付账，堵塞收费漏洞。同时，通过收费站可以收集大量交通数据并提供给交通指挥控制中心。

7）提高道路养护效率

为了保证安全、畅通、舒适的道路行车环境，提高服务水平，先进的交通管理系统可对路面状况作出正确判断并对相应的养护作业提供工作计划和实施方案。在发生灾害时，先进的交通管理系统收集相关信息并指导相应的恢复工作。

6.2.3 先进的车辆控制系统

1. 先进的车辆控制系统的含义

先进的车辆控制系统（Advanced Vehicle Control System，AVCS）是借助车载设备及路侧、路表的检测设备检测周围行驶环境的变化情况，自动控制驾驶以保障行车安全和提高道路通行能力的系统。该系统的本质就是在车辆-道路系统中融入现代化的通信技术、控制技术和交通流理论，提供良好的辅助驾驶环境，在特定的条件下，车辆将在自动控制下安全行驶。其目的是开发帮助驾驶员实行车辆控制的各种技术，从而使汽车安全、高效行驶。

2. 先进的车辆控制系统的组成

一个完整的先进的车辆控制系统是由智能车、智能车与辅助专用道路之间的通信系统以及智能车与智能车之间的通信系统组成的。其智能控制主要是利用智能车的智能处理系统提供的道路交通等信息实现的。从本质上讲，先进的车辆控制系统就是由专用车道及智能车有机结合而形成的一个完整的运行系统。先进的车辆控制系统的组成及工作原理如图 6-3 所示。

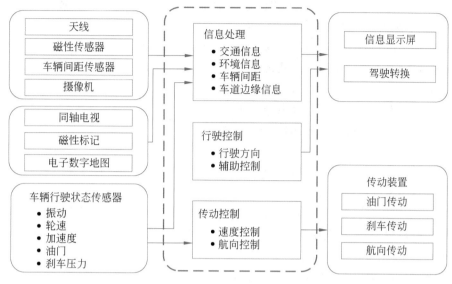

图 6-3　先进的车辆控制系统的组成

3. 先进的车辆控制系统的功能

先进的车辆控制系统是智能运输系统的一个子系统，又可以称之为先进的车辆安全系统。它借助于车载设备及基础设施或其协调系统中的检测设备，检测周围行驶环境对驾驶员和车辆产生影响的各种因素，进行部分或完全自动驾驶，使行车安全高效并提高道路通行能力。它由自适应巡航控制系统、胎压监控系统、车道偏离警告系统、盲区探测系统、事故自动通报系统、汽车导航和定位系统、道路环境警告资讯系统、自适应前照灯系统构成。其各部分功能如下。

1）自适应巡航控制系统的功能

自适应巡航控制系统可以通过安装在车辆前方的雷达探测本车与前车之间的距离和相对速度，然后根据预先设定的跟车模型，对车辆行驶状况进行判断，自动调节本车与前车之间的距离。当车辆处于危险状况时，对驾驶员进行提醒或采取紧急制动措施。前方碰撞预警系统是该系统的一个子系统，本车与前方车辆或障碍物之间的距离小于最小安全跟车距离时，对驾驶员进行警告。前方碰撞预警系统利用毫米波雷达或激光雷达进行车辆距离的探测，并根据逻辑判断达到警告的目的或进行辅助驾驶。

2）胎压监控系统的功能

胎压监控系统通过在每一个轮胎上安装的高灵敏度的传感器，在行车或静止的状态下实时监视轮胎的压力、温度等数据，并通过无线方式发射到接收器，在显示器上显示各种数据变化或以蜂鸣等形式提醒驾驶员，并在轮胎漏气和压力变化超过设定值的进行报警，以保障行车安全。

3）车道偏离警告系统的功能

车道偏离警告系统利用安装在车辆前部的视频系统采集车道信息。当车辆发生车道偏离而驾驶员并没有采取任何应对措施时发出警告,以降低事故发生的概率。该系统利用CCD摄像头或利用道路路面与车辆间的磁性信号采集车辆行驶时的位置信息,然后利用图像识别技术及逻辑判断,将可能发生的事故预先告知驾驶员,以达到车道偏离警示的作用。

4) 盲区探测系统的功能

车辆在行驶、转向或倒车过程中,盲区探测系统实时探测车辆盲区内的环境情况,把车辆盲区的信息以声音或者图像的形式传递给驾驶员,提醒驾驶员在盲区内是否有车辆或者其他物体出现,一旦发现有潜在的危险,便会通过警示音或者后视镜闪烁甚至座椅振动提醒驾驶员。该系统对于侧后方盲区的探测一般是在后视镜上安装CCD或CMOS装置,在车辆移动过程中向驾驶员提供盲区的环境情况。

5) 事故自动通报系统的功能

当车辆发生事故时,事故自动通报系统向紧急救援中心或交通管理部门发出事故通报,内容包括事故的车辆位置、事故及乘员受伤害的主要情况,通知有关部门及人员及时前往事故地点,进行救援工作。该系统利用事故传感器进行车辆事故发生的判断,利用GPS进行准确定位,然后把相应信息利用专用无线网络或GPRS(General Packet Radio System,通用分组无线系统)发出求救信息。

6) 汽车导航和定位系统的功能

汽车导航系统由GPS、GSM、网络、GIS、咨询诱导系统组成,通过它可以寻找最佳行驶路线,避开交通拥挤和发生事故的路段,以减轻驾驶人员心理负担,提供安全、舒适的行车环境。汽车定位系统主要利用GPS进行定位,然后经GSM发送相关信息,由GIS显示在电子地图上,方便交通控制中心进行车辆定位或对车辆进行停机控制。

7) 道路环境警告资讯系统的功能

在快速行驶过程中,驾驶员对于即将发生的事故所做出反应动作的时间会比车辆碰撞发生的时间慢得多。因此,若可以将道路上的突发事故提早告知驾驶员,便可以使之提早采取措施,避免事故的发生。道路环境警告资讯系统利用路边资讯设备,提供可以帮助驾驶员判断情况的前方道路相关资讯,以提醒驾驶员提前采取措施,避免发生交通事故。

8) 自适应前照灯系统的功能

在车辆行进弯道时,汽车前照灯自动地将灯光的角度随着道路曲线进行调整,以扩大驾驶的可视范围。在车辆快速进入黑暗隧道时,可以自动将前照灯的灯光强度提高。在会车时,可以利用前照灯内的光感器判断前方车辆的远近和灯光强度,自动进行灯光强度的调整,以降低交通事故发生的概率。自适应前照灯系统利用灯光强度感知器、可变式前照灯和车辆配置的陀螺仪判断车辆行驶状态、车辆转弯时产生的侧倾角以及前车照明情况,以决定是否启动自适应配光系统,并且调整灯光强度。

6.2.4 智能货运管理系统

1. 智能货运管理系统的含义

智能货运管理系统(Intelligent Freight Management System,IFMS)是通过运用现代信息技术、通信网络技术、车联网技术、物联网技术、云计算技术、大数据技术等对货物运输车辆状态、司机驾驶行为进行有效监控,收集相关动态数据,以支持对司机运输行为的管理以及车辆轨迹、安全行车管理,对车辆进行实时跟踪和高效指挥调度,对特种和专用车辆温度、湿度等环境数据进行监控。

2. 智能货运管理系统的业务流程和基本架构

智能货运管理系统的基本服务是为用户提供物流信息云平台。在该平台上,用户可以通过手机端或 PC 端提交订单、查询订单,获取车辆和货物的实时信息。其基本业务流程如图 6-4 所示,其基本架构如图 6-5 所示。

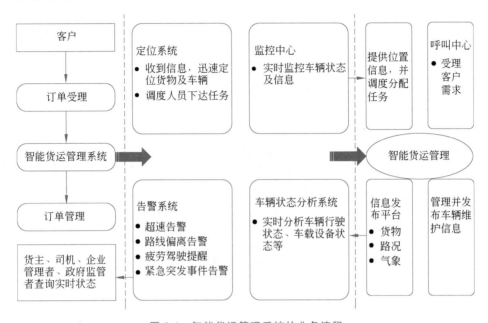

图 6-4　智能货运管理系统的业务流程

3. 智能货运管理系统的功能

1)定位系统的功能

车辆定位系统可实现对货运车辆的 GPS 定位、运行轨迹回放、车辆位置跟踪和地图增量更新功能。

货物定位系统可通过追踪货物的对应车辆的位置信息获取货物的运送状况。

2)监控管理系统的功能

监控管理人员通过管理平台可以对车辆行驶状态、司机驾驶行为进行监控,也可以通过人机交换终端实施监控,实时询问司机的身体状态。

政府监管人员及车队安全员可通过手机终端及时监控司机的驾驶状态。

3)告警管理系统的功能

告警管理系统有以下 4 个功能。

(1)超速告警。系统可预设车辆的最高时速及行驶路线,车辆一旦超速及超出行驶路线,将向监控中心报告。

(2)疲劳告警。车辆连续行驶时间超过系统设置时,监控中心会出现告警信息。如果车辆终端连接了语音播报器,这个告警会通过语音方式播放给司机,提醒其注意安全。

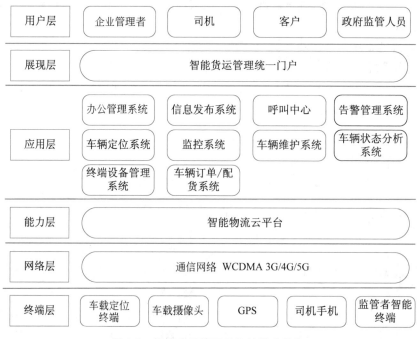

图 6-5　智能货运管理系统的基本架构

（3）紧急告警。当发生紧急情况时,司机可按下紧急告警按钮,向监控中心和指定手机发出告警。

（4）天气告警。在车辆行驶过程中,若天气变化影响行驶安全,监控中心会通过语音方式播放给司机,提醒其注意安全。

4）车辆状态分析系统的功能

车辆状态分析系统有以下 3 个功能:

（1）车辆行驶安全状态分析。与传感器结合,通过读取汽车仪表盘和各种传感器数据获取车辆的位置、车速、胎压、司机是否系安全带、急刹车、急转弯、猛加速、超时使用等信息,对车辆的行车安全善进行分析。

（2）货物存储环境状态分析。获取不同类型的运输车辆的货物存储环境信息,如温度、湿度,以确保运送货物的正确存储。

（3）车辆货物防盗安全。获取车辆的车门开关状态信息,结合时间段和车辆行驶状态,在车辆无人看管的状态下开启监控,以确保车辆和货物的安全。

5）车辆维护管理系统的功能

车辆维护管理系统的功能包括对车辆运行数据的显示、车辆保养提醒、车辆故障提示等。

6）车辆订单/配货系统的功能

车辆订单/配货系统可为用户提供物流信息云平台。通过该平台,可以提交和查询订单,获取车辆货物的实时信息。该平台支持 PC 端和手机端的即时操作。

7）信息发布系统的功能

信息发布系统可向客户发布订单状态、物流状态等信息,向司机发布车辆状态、天气状态、交通状况等信息,向企业管理者发布货物仓储情况,司机和车辆调度情况等信息,向政府部门提供紧急事件通报信息。

8)终端管理系统的功能

终端管理系统结合各个子系统功能模块,可对视频监控、车载终端、GPS/北斗定位系统、告警终端、人机交互终端、紧急告警器、车载手机、监管终端进行全方位的中控,并进行状态及数据监测。

6.2.5 智能电子收费系统

1. 电子收费系统的含义

电子收费(ETC)系统又称不停车收费系统,是通过设置在收费公路收费站出入口处的天线及车型识别系统和安装在车上的车载装置,利用信息通信技术,自动实现通行费支付的系统。

使用该系统,车主只要在车上安装感应卡并预存费用,通过收费站时便不用人工缴费,也无须停车,通行费将从卡中自动扣除。这种收费系统每车收费耗时不到两秒,其收费通道的通行能力是人工收费通道的5~10倍。

电子收费系统是智能运输系统领域中的一个重要方面。由于它涉及交通基础设施投资的回收,又是缓解收费站交通堵塞瓶颈的有效手段,减少了环境污染,所以各国都把电子收费系统作为智能运输系统领域最先投入应用的系统。

2. 电子收费系统的组成

电子收费系统通过在车上安装的作为通行卡的电子标签与安装在收费车道上的读写收发器进行快速的数据微波通信,验证车辆的通行权,判别车辆类型,自动核算并记录通行费,车辆无须停车,可直接高速通过,凭借收费数据记录实现自动收费。其组成如图6-6所示。

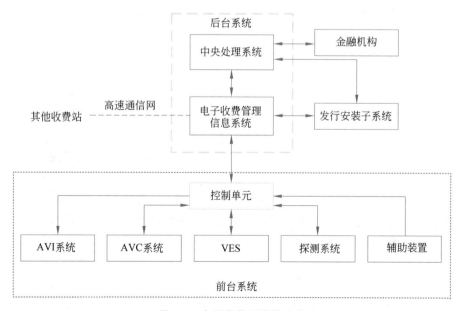

图6-6 电子收费系统的组成

电子收费系统可分为前台系统和后台系统两部分。

1) 前台系统

前台系统主要包括 3 个子系统：自动车辆识别（Automatic Vehicle Identification，AVI）系统、自动车辆分类（Automatic Vehicle Classification，AVC）系统和视频稽查系统（Video Enforcement System，VES）。

自动车辆识别系统是实现不停车收费的核心技术。当车辆通过特定位置时，该系统可以快速自动地识别通过车辆的属性，以满足自动收费和交通管理的需要。目前主要采用射频/微波识别技术作为电子收费系统的自动车辆识别技术。

自动车辆分类系统根据车辆分型标准、对通过收费站的各种车辆进行信息采集，并根据这些信息对车辆进行自动分型，作为车辆通行费征收的依据，或对车载单元记录的车型进行验证。

视频稽查系统的应用如下：在电子收费过程中，会出现车辆不正常付费的情况，这可能是因为预付款余额不足等客观原因，也可能是因为驾驶员恶意逃费等主观因素。此时，可通过视频稽查系统对违规车辆进行拍照或摄像，将照片或录像递交有关处理机关，辨认出违章车辆及其所有者后进行处理。

2) 后台系统

后台系统主要包括电子收费管理信息系统和中央处理系统。

（1）电子收费管理信息系统。该系统的功能主要有两个：一是对收费站硬件设施的管理，包括收费道口的控制、各种设备的状态监视与控制等；二是对收费的管理，包括接收收费车道上传的收费交易数据和其他信息、定期结算、生成相关报表等，以及与上级系统通信，上传各种数据，接收下传的运行参数数据。

（2）中央处理系统。该系统是公路收费管理机构层级的管理系统。它负责处理收费系统中全局性的事务和事件，具体包括对下属收费站的管理、系统的财务管理、用户管理，以及对非法使用者的登记、查实、追踪和处理等，还负责与金融机构的联系。

6.2.6 智能紧急救援系统

1. 紧急救援系统的含义

紧急救援（Emergency Medical Service，EMS）系统是一个特殊的系统，它的基础是 ATIS（Automatic Terminal Information Services，自动终端信息服务）、ATMS 和有关的救援机构和设施，通过 ATIS 和 ATMS 将交通监控中心与职业的救援机构联成有机的整体，为道路使用者提供车辆故障现场紧急处置、拖车、现场救护、排除事故车辆等服务。

2. 紧急救援系统的结构

紧急救援系统为了能够完成其任务，需要建立如图 6-7 所示的结构。高速公路交通事故紧急救援系统的结构应采用立法的方式予以确认，各方面充分协调，步调一致，行动迅速，从而保证紧急救援系统的有效运行。

3. 紧急救援系统的功能

紧急救援系统有以下 6 个功能。

1) 交通事故检测

一般可通过以下几种方式进行交通事故检测：驾驶员利用手机向交通事故管理中心报

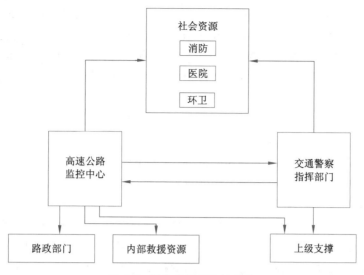

图 6-7　紧急救援系统的结构

告;交通事故管理中心工作人员通过闭路电视摄像机进行事故检测;交通事故管理中心工作人员利用电子装置结合相应软件进行检测;交通警察和路政人员进行检测。

2）交通事故鉴别

交通事故鉴别通常由交通事故管理中心工作人员查看监视器或与事故现场相应人员进行交流实现,主要方式包括:闭路电视系统鉴别;巡逻人员在交通事故现场鉴别;通过综合交通事故报告信息进行鉴别。

3）交通事故信息服务

交通事故信息服务可以通过以下几种方式实现:商业无线电台;道路专用广播;可变信息标志;电话咨询系统;车载或个人数字处理信息或路径引导系统;网络在线服务。

4）交通事故响应策略

交通事故响应策略主要包括:部门内部及相互间的通信联系;交通事故响应的资源手册;部门间的合作协议;计算机辅助响应系统。

5）交通事故的现场管理及紧急救援

建立统一的交通事故现场指挥机构,在交通事故发生时,立即抢救伤员和物资并保护事故现场。

6）发生交通事故时的交通管理

交通事故管理中心可通过采取交通控制措施或者开辟替换道路的方式进行交通事故发生后的交通管理,快速疏通交通。

6.3　车联网智能运输系统方案

6.3.1　物联网与车联网

1. 物联网

物联网就是物物相连的互联网。它有两层含义:第一,物联网的核心和基础仍然是互联网,是在互联网基础上的延伸和扩展的网络;第二,其用户端延伸和扩展到了任何物体与物体之间,物流之间可以进行信息交换和通信。因此,物联网的定义是:通过射频识别、红外感应器、全球定位系统、激光扫描器等信息传感设备,按约定的协议,把任何物体与互联网相连接,进行信息交换和通信,以实现对物体的智能化识别、定位、跟踪、监控和管理的网络。

2. 车联网和车联网系统

车联网(Internet of Vehicles,IoV)是以车内网、车际网和车载移动互联网为基础,按照约定的通信协议和数据交互标准,在车与人、车与道路、车与互联网等之间进行无线通信和信息交换,然后系统通过对海量数据的处理,进而实现智能化交通管理、智能动态信息服务和车辆智能化控制的一体化网络,是物联网技术在交通系统领域的典型应用。车联网系统利用先进的智能技术、传感技术、网络技术、计算技术、控制技术,实现对道路和交通进行全面感知,使所有车辆可以基于自身环境和状态进行信息采集,并将自身的各类信息上传到互联网大数据平台,由中央处理器对大量上传信息进行汇总、分析和处理,使系统能够对每一辆交通参与车辆进行全程控制,对每一条道路进行实时管控,为使用者提供交通的效率与安全保障。

3. 车联网和物联网的关系

车联网其实只是物联网的一部分。车联网通过移动互联网进行车辆的信息收集与共享,并通过信息的处理实现车与路、车与人、人与人、人与第三方服务商的沟通,让汽车生活更加智能。在车联网系统应用技术上用到了很多物联网的技术,例如 GPS、RFID、传感器等。利用物联网技术可以收集所有数据,管理人员通过数据就可以看出具体情况。车联网是物联网在汽车行业的应用,从属于物联网。

6.3.2 车联网系统架构与功能

1. 车联网的系统架构

车联网技术的关键功能是驾驶者可以通过移动设备远程控制汽车,监控汽车的安全性,因此,车、车联网平台以及用户手机 App 组成完整的车联网系统。其系统架构如图 6-8 所示。

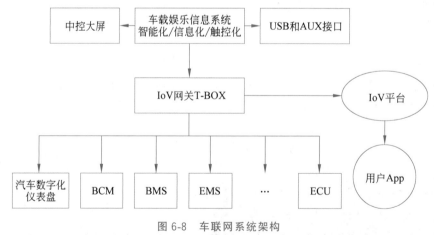

图 6-8　车联网系统架构

在车联网系统中，每一台车辆作为一个独立的个体连入系统。车辆的中控系统、网关系统以及电控系统是车联网的重要硬件基础，这3个系统的主要组成如下：

（1）中控系统包括空调控制系统、车载娱乐信息系统、车载导航定位系统。

（2）网关系统即车载 T-Box。主要包括 GPS/AGPS、SIM 和部分自带电源的低功耗 GPS。

（3）电控系统包括汽车数字化仪表、车身控制模块（Body Control Module，BCM）、电池管理系统（Battery Management System，BMS）、电子控制单元（Electronic Control Unit，ECU）、发动机管理系统（Engine Management System，EMS）等。

2. 车联网系统的内部通信

车载设备控制器与车载 T-Box 组成局域网，而车载 T-Box 可以访问互联网，因此车载设备、车联网平台、用户手机 App 可以进行数据交互。

3. 车联网的功能

车联网的功能主要有以下3个。

1）车辆状态监控与诊断

车联网的 ECU 与 OBD（On-Board Diagnostics，车载诊断系统）负责监控和诊断车辆的运行状态。包括里程统计、油耗检测、远程诊断、车辆报警、车辆定位、车辆检测等基本功能。同时，配合智能车载系统可以实现对车辆的不完全控制，如智能泊车（自动识别车辆驶入或驶出车位）、自适应巡航（行驶中自动与前车保持相对固定的距离）、主动式碰撞预防（侦测到即将发生碰撞时自动施加制动力）等。由此衍生的各种概念可以说是车联网未来发展的基石。

2）车机互联

国外以苹果公司的 CarPlay 和 Android 平台的 Auto 为代表、国内以百度 Carnet 为代表的车载系统可以将手机的内容投射到车机屏幕上，让车机更具灵活性和延展性，提升车内的视听娱乐体验。虽然车载系统只解决了从手机屏幕向另一块屏幕转移的问题，但是最终会朝向人机交互阶的高智能化方向发展。

3）无人驾驶

无人驾驶是在车辆智能化的基础上，通过车联网实现车与车、车与路等的互联和信息交换，进行协同感知并帮助车辆进行驾驶决策和控制。车联网加速了无人驾驶技术的应用和成熟。

车联网的发展大致可划分为4个阶段，分别为驾驶资源辅助阶段、部分自动化阶段、高度自动化阶段以及完全自动化阶段。目前各国普遍发展到第二阶段。

6.3.3 车联网系统的智能技术和设备

1. 车机

车机是安装在汽车内的车载信息娱乐产品的简称。车机在有些功能上可以实现驾驶者与车辆和车与外界的交互，提升驾驶者的用户体验和安全系数。有些车机包含了预约保养、远程诊断、接打电话、语音控制、车辆救援等功能。

2. 智能手机 App

驾驶者可以利用智能手机 App 将手机的内容投射到车机屏幕上,让车辆智能系统更具灵活性和延展性,给予驾驶者更便捷的感受。

3. HUD

现在很多豪华车自带简单的 HUD(Head Up Display,平视显示器)附件,但其功能仅是简单的实时速度显示和简单的导航映射。国内外也有很多科技公司开始设计并开发新型的 HUD,甚至有的前风挡玻璃就是一面大的 HUD,通过驾驶者的肢体操控、人机交互或者车内传感器就可以完成操作,这样就能使驾驶者脱离手机,解决了手机分心的困扰。

4. OBD

OBD 最初的功能是通过监测汽车的动力和排放控制系统控制汽车的排放。当汽车的动力或排放控制系统出现故障,污染量超过设定的标准时,故障灯就会点亮报警。现在的 OBD 集检测、维护和管理于一体,系统会从发动机、变速箱等系统的 ECU 中读取故障码及其他相关数据。一部分 OBD 已集成了 GPS 芯片、加速传感器等,可以获取驾驶数据,结合手机 App 能够起到一定的安防作用(震动、位移、点火告警),对车况进行实时监控。

5. CAN

CAN(Controller Area Network,控制器局域网)是国际上应用最广泛的现场总线之一。近年来,CAN 的高可靠性和良好的错误检测能力受到重视,被广泛应用于汽车计算机控制系统。

6. 语音技术

在计算机领域中的语音关键技术有自动语音识别技术(Automatic Speech Recognition,ASR)和语音合成技术(Text-To-Speech,TTS)。语音技术是未来人机交互的发展方向,语音成为最被看好的未来人机交互方式。语音比其他的交互方式有更多的优势,将会成为车联网的重要组成部分。

7. RFID

RFID 是一种通信技术,可通过无线射频信号实现物体识别,具有非接触、双向通信、自动识别等特征,对人体和物体均有较好的感知效果。RFID 不但可以感知物体的位置,还能感知物体的移动状态并进行跟踪。RFID 定位法目前已广泛应用于智能交通领域。车联网技术更是对 RFID 技术有强烈的依赖,成为车联网体系的基础性技术。RFID 技术一般与服务器、数据库、云计算、近距离无线通信等技术结合使用,由大量的 RFID 通过物联网组成庞大的物体识别体系。

8. 传感网络技术

车辆服务需要大量数据的支持,这些数据的来源正是由各类传感器采集的原始数据。传感器通过采集系统组成一个庞大的数据采集系统,动态采集一切车联网服务所需的原始数据,例如车辆位置、状态参数、交通信息等。当前传感器已由单个或几个传感器演化为由大量传感器组成的传感器网络,并且能够根据不同的业务需求进行个性化定制,为服务器提供数据,经过分析、处理后作为各项业务数据,为车辆提供优质服务。

9. 卫星定位技术

随着全球定位技术的发展,车联网的发展迎来了新的历史机遇,传统的 GPS 成为车联网技术的重要技术基础,为车辆的定位和导航提供了高精度的可靠位置服务,成为车联网的核心业务之一。随着我国北斗导航系统的日益完善并投入使用,车联网技术又有了新的发展方向,并逐步实现向国产化、自主知识产权时期的过渡。北斗导航系统将成为我国车联网体系的核心技术之一,成为车联网核心技术自主研发的重要开端。

10. 无线通信技术

传感网络采集的少量数据需要通信系统传输出去,才能得到及时的处理和分析,分析后的数据也要经过通信网络的传输才能到达车辆终端设备。考虑到车辆的移动特性,车联网技术只能采用无线通信技术进行数据传输,因此无线通信技术是车联网技术的核心组成部分之一。在各种无线通信技术的支持下,数据可以在服务器的控制下进行交换,实现业务数据的实时传输,并通过指令的传输实现对网内车辆的实时监测和控制。

11. 大数据分析技术

大数据是指借助于计算机技术、互联网捕捉到的数量繁多、结构复杂的数据或信息的集合体。在计算机技术和网络技术的发展推动下,各种大数据处理方法已经开始得到广泛的应用。常见的大数据技术包括信息管理系统、分布式数据库、数据挖掘、聚类分析等,成为不断推动大数据在车联网中应用的强大驱动力。

12. 安全技术

车联网应具有防御网络攻击、保护用户隐私、准确传输数据的能力。车联网安全问题主要集中在两方面:一是隐私保护,如位置隐私、用户数据隐私、身份隐私的保护;二是通信安全,如车载网络通信安全、远程通信安全、硬件与软件安全。安全可靠的系统是车联网发展的基础。

13. 标准体系

车联网系统信息和节点多种多样,必须建立一个统一、安全的标准体系,才能够实现不同终端的信息交互。当前中国汽车工程学会正在制定 V2X 应用层和应用数据交互标准。

6.3.4 车联网系统的应用

车联网是实现自动驾驶乃至无人驾驶的重要组成部分,也是未来智能交通系统的核心组成部分,将在以下几方面发挥越来越重要的作用。

1. 车辆安全方面

车联网可以通过提前预警、超速警告、逆行警告、红灯预警、行人预警等相关手段提醒驾驶员,也可通过紧急制动、禁止疲劳驾驶等措施有效降低交通事故的发生率,保障人员及车辆安全。以智能安全行车服务(Intelligence Driving Assistance Service,IDAS)系统为例,安装该系统后即可享受硬件实时提醒和远程定期数据服务等安全行车服务,为人们的出行提供最佳的安全保障。

2. 交通控制方面

将车辆信息和交通信息及时发送到云端,进行智能交通管理,从而实时播报交通及事故情况,缓解交通拥堵,提高道路使用率。

3. 信息服务方面

车联网为企业和个人提供方便快捷的信息服务,例如提供高精度电子地图和准确的道路导航。汽车企业也可以通过收集和分析车辆行驶信息了解车辆的使用状况和问题,确保用户行车安全。其他企业还可通过车联网提供的特定信息服务了解用户需求和兴趣,挖掘盈利点。

4. 智能交通与智慧城市方面

以车联网为通信管理平台可以实现智能交通。例如交通信号灯智能控制、智能停车、智能停车场管理、交通事故智能处理、公交车智能调度等方面都可以通过车联网实现。而随着交通的信息化和智能化,必然有助于智慧城市的建设。

5. 辅助交通管理方面

辅助交通管理主要服务于交通部门智能化管理,实现对肇事逃逸、超速驾驶、酒后驾驶车辆的实时追踪、车辆远程指挥调度、路桥电子不停车收费等。

6. 节能减排方面

通过车联网,利用车辆与路边基础设施采集到的信息向驾驶员提供驾驶建议,同时对驾驶员进行一系列驾驶行为干预,从而减少不必要或者不规范的操作,降低油耗,减少尾气排放。

7. 生活方面

车辆搭载娱乐信息显示屏,可以实现驾驶员与车辆的互动,屏幕可以显示 GPS 导航路线,播放影音资源,显示车辆安全监测数据,等等。将手机与车辆相连,通过手机 App 就可以远程控制车锁、调整车内空调等。

6.4　智慧物流运输的应用与发展

6.4.1　智慧物流运输的典型应用

1. 智能车货匹配

智能车货匹配是以互联网为桥梁,撮合运力和货物的匹配,提升物流运输的资源配置。智能车货匹配主要有以下 3 种模式。

1) 基于移动互联网的 C2C 信息撮合

基于移动互联网的 C2C 信息撮合是通过智能手机 App 将个体货主和司机位置匹配的物流信息进行撮合。因为这种匹配模式与滴滴出行的模式相近,所以人们将其称为"货运滴滴"。

货拉拉的同城即时整车货运匹配平台是同城 C2C 配送平台的典型代表。该平台围绕搬家、同城货运等零散需求,对接城市个体货运司机。货拉拉的 C2C 车货匹配模式如图 6-9 所示。

2) 基于移动互联网的 B2B 模式

基于移动互联网的 B2B 模式主要连接货主(第三方物流)—货运经纪人—司机价值链的前半部分。首先,这种模式明确了服务的客户是货主(第三方物流);其次,这种模式突出了货运经纪人的价值,即将小型货运代理改称为货运经纪人,它在整条价值链中的作用是连接货主(第三方物流)和个体司机的桥梁。货运经纪人作为一个群体,通过为个体司机提供

图 6-9　货拉拉的 C2C 车货匹配模式

货源,与个体司机形成较为亲近的连接;个体司机也更倾向于与货运经纪人合作。长此以往,货运经纪人就有了自己的"运力池"。当货主(第三方物流)的需求出现时,货运经纪人会根据"运力池"的情况进行预先报价,中标后再从"运力池"中找车运输。在这种模式中,平台主要面向货主(第三方物流)和货运经纪人提供服务,因此是 B2B 模式。

福佑卡车的 B2B 车货匹配模式如图 6-10 所示。

图 6-10　福佑卡车的 B2B 车货匹配模式

由于采用了竞标的模式,货主(第三方物流)可以选择更低的价格。同时,由于对个体司机和线路的了解,货运经纪人可以报出低价以提高竞争力。最终的结果是货主(第三方物流)降低了成本,货运经纪人获得了更多的交易机会。

3)基于专线物流解决方案的运营整合

从目前的货运发展趋势来看,第二种模式存在两个问题:首先,第二种模式只能解决整车的问题,而随着电商在我国流通业比例的不断增加,货物小型化带来的零担趋势日益明显,整车的比例会越来越小;其次,第二种模式是建立在社会车辆基础上的,忽略了大车队、专线运输集约化的趋势。所以,要提高专线的车货匹配的能力,应该从以下两方面入手。

(1)加强集约化和两端平衡,提高匹配的空间维度。只有每天收到的货物更多,重货和泡货达到一定的体量,专线才能实施更多、更优的车厢装载方案;同样,只有走线两端货量平衡,专线才能减少等待时间,形成对流。专线企业也会更多偏向于将稳定的货量部分交由自有车辆运输,从而获得更大的利润空间。同时,自有车辆也会进一步提高匹配效率,

(2)推广"卡航"和"甩挂",提高匹配的时间维度。只有准时运输和更多的班次,才能形成"货等车"。这就像"卡航"运输方式一样,在"卡航"到来之前,准确地将货物准备好,这样效率最高;而与"卡航"相对的运输方式就是"甩挂","线甩""网甩"甚至"一头两挂分地甩"都

会进一步提高匹配效率。

2. 无人集卡

码头对自动化有着极高的需求。保守预估,一位司机一年需要十多万元的人力成本,而一辆传统集卡(集装箱卡车)需要至少安排两位司机轮班。除了人力成本,码头还需要承担港口建设、能源消耗、管理风险等成本,这些对码头而言都是较为高昂的支出。此外,码头作业中需要大量的岸边装卸和水平运输司机,由于外场作业多,工作环境差,且存在一定的安全风险,长期面临招工难的问题。降本增效、进行自动化改造成为港口的共同诉求,这也为集卡的自动驾驶技术产品化提供了极大的发展空间。

无人集卡采用了无驾驶舱设计,车辆构成仅为底盘和传感器。通过激光雷达、摄像头、GPS 等多传感器融合方案,无须人为控制,集卡可以自主分析周边的复杂环境、高度动态变化的场景,并对此做出相应反应。同时,集卡拥有高精度定位与多重安全冗余技术,可实现灵敏避障、智能跟车、智能停车等功能,实现无人集卡的安全、顺畅运行。在福建厦门远海集装箱码头,自动驾驶的集卡依次在两座岸桥下自动完成交箱装船、卸箱接船操作。随后,又自动行驶到堆场,与轮胎起重机精准对位,进行堆场落箱,顺利完成装卸船作业流程。这样的场景今后将经常见到。

6.4.2 智慧物流运输的发展现状

当前,以互联网为代表的信息技术正与交通运输领域深度融合,超级铁路、自动驾驶、新能源汽车、无人机(车、船)等智能化交通基础设施和技术装备成为各国竞相角逐的热点,交通出行新模式、新业态、新产业不断涌现并焕发出强大的生机与活力。我国经过 20 余年的发展,智慧交通运输取得了明显的成效。

1. 公路网运行管理和服务水平显著提升

公路网运行管理和服务水平显著提升的典型代表是建成了全国统一标准、覆盖 29 个省市自治区、用户超过 2 亿的高速公路电子(ETC)收费服务系统,现已实现全国联网。据测算,我国 ETC 系统将提高车道通行能力 4 倍以上,实现年度减排 38 万吨以上。2019 年,交通运输部大力推进 ETC 建设工作,有力提升了全国高速公路网运行效率。此外,我国多数省市自治区已建设起路网运行管理和应急处置系统,实现了对路网运行情况的及时掌握、协调调度和应急指挥,国家路网运行监测体系基本形成。我国建立了覆盖 50 万千米干线公路网的人工路况信息报送业务体系,开通了京津冀湘渝地区中国高速公路交通广播,开通了全国出行信息服务网站,多数省市自治区开通了手机版本出行服务网站(网页)和移动客户端,为公路使用者提供实时路况信息服务,全面提升了路网整体服务水平。

2. 基于移动互联网的智能交通服务开始普及

随着车载导航、手机导航和移动互联网的普及应用,以百度、高德、腾讯等公司为代表的出行信息服务已形成规模,信息量和影响力迅速提升。例如,腾讯每天完成约 50 亿次位置请求服务,远超任何交通管理部门和运营部门;高德和四维图新两个车载导航公司均发布交通指数,其准确度和可理解性高于政府有关部门发布的交通指数。特别是电子商务与智能交通的结合,使得出行体验与消费服务融为一体,扩展了智能交通服务内容。

3. 新技术在交通运输中应用较为广泛

目前,我国智慧交通系统已从探索阶段进入实际开发和应用阶段,实现了从以电子、传感、传输等技术为核心的交通信号控制系统管理到以物联网、互联网、移运通信网络和传感器网络、云计算等技术为主的智慧化交通运输管理的突破。我国大部分城市的智慧交通建设实现了交通状况的信息化、可视化,并引入"互联网+"的概念。

1) 大数据的应用

大数据可以充分挖掘和利用信息数据的价值,盘活现存数据,进行应用和评价,服务于交通部门的管理与决策。大数据产业是对数量巨大、来源分散、格式多样的数据进行采集、存储和关联分析,从中发现新知识、创造新价值、提升新能力的新一代信息技术和服务业态。随着移动互联网、物联网、云计算产业的深入发展和大数据国家战略的加速落地,大数据体量呈现爆发式增长态势。未来,大数据技术在交通运输行业的应用将进一步加深。

2) 云计算的应用

云计算为各类交通数据的存储提供新模式,"交通云"的建立打破了信息孤岛,彻底实现了信息资源共享、系统互联互通。云计算自 2006 年提出至今,大致经历了形成阶段、发展阶段和应用阶段。过去 10 年是云计算突飞猛进的 10 年,全球云计算市场规模增长数倍,我国云计算市场从最初的十几亿元增长到现在的千亿元规模。全球各国政府纷纷制推出"云优先"策略。我国云计算政策环境日趋完善,云计算技术不断发展成熟,云计算在交通运输行业业的应用越来越广泛。

6.4.3 智慧物流运输的未来趋势

智慧交通运输是跨层级、跨地域、跨系统、跨部门、跨业务的复杂系统。其整体发展趋势如下。

1. 综合运输智慧化协同与服务

近年来我国各种运输方式都得到了快速发展,但多种运输方式间的信息交互服务滞后,制约了综合运输协同与高效服务。未来,随着综合运输的发展和便捷出行的要求,信息共享和智慧化服务技术将得到充分发展和应用。未来基础设施与装备一体化、多种运输装备集成设计、运营调度与服务一体化等多方面将逐步完成,充分实现综合货物运输方式间的信息共享,不断提高智慧化信息服务水平。

2. 智慧运输管理各系统信息集成与共享

中国智慧运输管理系统建设主体较多,涉及公安管理部门、交通管理部门、城建部门等多个职能部门。目前,各个部门之间缺乏有效、及时的信息沟通,造成机构设置冗余、信息重叠或脱节、系统之间相互独立等一系列资源分散问题。通过信息共享打破资源孤岛僵局,同时通过跨管辖区域、跨交通模式的部署和管理实现信息资源的无缝衔接,是智慧运输管理系统发展的必然趋势。

3. 交通运输系统安全运行智慧化保障

交通运输安全是我国交通运输领域长期面临的严峻问题,交通运输系统安全运行的智慧化保障将是未来智慧运输发展的重要方向。交通运输安全涉及交通运输系统的多个要素,仅仅从单一因素入手不能从根本上改善交通运输安全水平,未来交通运输系统安全运行的智慧化保障将重点集中于运用现代信息技术分析事故成因、演化规律、管控策略以及设计主动安全技术和管理方法,从人、车、路协调的角度实现交通运输安全运行防控一体化。

4. 智慧运输系统技术体系和标准化体系的完善

我国现有的智慧运输系统体系和标准化体系是 20 世纪末借鉴国际智慧运输系统发展的经验,结合我国实际国情制定的。该技术体系和标准化体系对引领我国智慧运输系统的建设发展发挥了重要的作用,主要内容符合技术发展走向和我国的应用实际。同时,我国在智慧运输系统建设发展中立足国情,创新发展了许多智慧运输新的应用和技术,成效突出。总结发展成果,跟踪国际新技术发展动态,适时完善和丰富我国智慧运输系统技术体系和标准化体系,将是未来我国智慧运输系统领域的重要工作。

5. 绿色交通成为交通运输发展新理念

"十四五"期间,随着科学技术的不断创新、国家政策的强力支持,绿色交通成为交通运输发展的新底色,节能减排将成为智慧物流运输发展的关键词。大力发展车联网,提高车辆运行效率;重视智能汽车的发展,提升车辆智能化水平,加强车辆的智能化管理;积极采用混合动力车、替代燃料车等节能环保型营运车辆;构建绿色"慢行交通"系统,提高公共交通和非机动化出行的吸引力;构建绿色交通技术体系,促进客货运输市场的电子化、网络化,提高运输效率,降低能源消耗,实现技术性节能减排。

6. 车联网市场将迎来爆发式增长

车联网通过新一代信息通信技术,实现车与云平台、车与车、车与路、车与人、车内等全方位网络连接,主要实现"三网融合",即将车内网、车际网和车载移动互联网进行融合。车联网利用传感技术感知车辆的状态信息,并借助无线通信网络与现代智能信息处理技术实现交通的智能化管理、交通信息服务的智能决策和车辆的智能化管控。车联网能够实现车与 X(即车与车、人、路、云平台)之间的网络连接,提升车辆整体的智能驾驶率,提升社会交通服务的智能化水平。当前,全球车联网产业进入快速发展阶段,车联网服务需求逐渐加大。预计 2025 年全球联网汽车数量将接近 7400 万辆,其中中国的联网汽车数量将达到 2800 万辆。未来,与大数据、云计算等技术创新融合将加快车联网市场渗透,同时由于 5G 技术的推广应用、V2X 的技术发展、用户增值付费提升等因素,车联网市场将迎来爆发式增长。

案例与问题讨论

案例:智慧公交

公交车是广大市民出行不可或缺的交通方式,是城市重要的基础设施和公益事业。利用 5G 网络超大带宽、超低时延、海量连接的特性,孵化出更完整、更广泛的生态系统,以 5G 技术为基础,将能力扩展到交通行业,可以完整、快速地为智慧交通产业和领域服务,实现真正的智慧交通,给人们带来便捷、安心、舒适、未来感。

2019 年 4 月,中国电信成都分公司携手成都公交集团、华为公司打造的全国首个 5G 智慧公交综合体在成都金沙公交枢纽建成。除实现站台的 5G 网络全覆盖,并开设 5G 市民体验区外,还发布了全国首个5G智慧公交管理调度系统,通过"5G+人工智能"创新应用升级公交调度管理,方便乘客出行。目前5G智慧公交调度管理系统已实现"5G+人工智能"公交客流量实时统计、行为识别预警两大功能。"5G+人工智能"公交客流量实时统计可根据设定时间间隔实时记录站台乘客数量,并通过5G网络上传到平台,通过设定上下车边界和判定规则,统计一定时间段在站台划定区域的乘客数,及时分析上下车人流逆差,有效支撑后台调度人员快速决策进出站的公交调度,提高发车计划表制作效率,实现智能调度。行为识别预警可实时展示站台区域候车乘客,并第一时间识别在公交车道上行走和翻越栏杆等危险行为,快速发出告警,便于执勤人员及时提醒乘客,保证广大乘客的出行安全。

2020年5月,全国首条5G快速公交智能调度试点线在广州中山大道BRT通道正式启用。5G快速公交智能调度B27试点线创新构建了"前端实时采集数据—高速传输网络—后台高效处理—公众信息服务"的5G公交智能化技术标准体系,通过广州公共交通智能管理服务平台统一高速传输公交客流、运营调度、安全提醒等10多类信息资源,集成应用了5G公交智能排班、全景视频监控等20多项应用功能。同时,5G公交智能调度系统还可以结合客流、路况(周转时间)、配车、线路、站点等情况,模拟线路车辆排班运行全过程。通过初步测算,应用5G公交智能调度系统后,在不影响服务品质的同时,该线路可节省10%的运力,公共交通资源周转效率明显提高。而通过综合应用5G、人工智能、视频智能化等技术,目前的5G公交智能调度系统已能实现公交车厢内外的全方位视频监控、车辆运行指标分析、安全驾驶预警提醒等功能,管理人员能对车辆的安全运行指标和司机的驾驶行为进行实时监控分析,并通过前端设备向驾驶员发出预警提醒,辅助提升驾驶员安全驾驶水平,促进交通行业的精细化管理。

⟨ ⟩ 问题讨论

1. 智慧运输对人们生活的影响有哪些?
2. 5G技术给智慧公交带来的改变有哪些?
3. 未来的智慧公交发展趋势是怎样的?

小　结

智慧物流运输是在运输管理业务流程再造的基础上,利用大数据分析、云计算、物联网、RFID、GIS等智能技术及先进的管理方法,实现运输过程中的智慧配载、实时调度、智慧派车、路径优化及实时交互,降低运输成本,提高运输效率,提升物流运输管理的能力。

本章介绍了智慧物流运输的概念、特点、演进;重点介绍了智慧运输的智能系统体系,包括先进的出行者信息系统、先进的交通管理系统、先进的车辆控制系统、智能货运管理系统、智能电子收费系统、智能紧急救援系统等;详细阐述了车联网智能运输系统的组成和基本功能、车联网的智能技术、车联网的具体应用等内容;简要介绍了智慧物流运输的应用、发展现状和未来趋势等内容。通过以上内容,使读者对智慧物流运输的相关知识有比较全面的了解。

练习与作业

1. 智慧物流运输的主要特点是什么?
2. 智慧物流运输和智能交通的关系是什么?
3. 先进的出行者信息系统的主要功能是什么?
4. 先进的交通管理系统的主要功能是什么?
5. 先进的车辆控制系统的主要功能是什么?
6. 智能货运管理系统的主要功能是什么?
7. 智能电子收费系统的主要功能是什么?
8. 智能紧急救援系统的主要功能是什么?
9. 车联网和物联网的关系是什么?
10. 车联网的主要功能是什么?
11. 智慧物流运输的典型应用有哪些?
12. 智慧物流运输的发展现状是怎样的?
13. 智慧物流运输的未来发展趋势是怎样的?

第 6 章 智慧物流运输

第7章 智慧物流配送

学习目标和指南

※ 学习目标

1. 掌握智慧物流配送的概念和特点,了解物流配送的演进过程。

2. 了解智慧配送的网络节点,掌握智慧配送的各种装备与技术。

3. 了解智慧配送信息平台的基本功能。

4. 掌握智慧车辆配载优化方法、智慧配送路径优化方法。

5. 掌握无人机配送和无人车配送的工作流程,了解无人化配送的应用场景。

6. 了解无人化配送在生活中的一些应用案例。

7. 深刻理解智慧物流配送的典型应用场景,并能将之和实际工作结合起来,熟练应用。

8. 了解智慧物流配送的发展现状和未来发展趋势。

※ 学习指南

1. 在理解现代物流配送基本概念和要素的基础上,进一步理解并掌握智慧物流配送的基本概念和特点,了解智慧物流配送管理的要点。

2. 系统地了解智慧配送的整体架构,包括其网络节点、各种装备与技术、信息平台等,理清三大组成部分之间的关系。

3. 在了解智慧配送优化方法的基础上,熟练掌握智慧车辆配载优化方法、智慧配送路径优化方法。

4. 在熟练掌握无人机配送和无人车配送工作流程的基础上,了解无人化配送在生活中的广泛应用情况。

5. 结合地下物流、无人机配送等配送模式,深刻理解智慧物流配送在现实生活中的典型应用。

6. 在观察现实生活中实际配送操作的基础上了解智慧物流配送的发展现状,进而思考其未来发展趋势。

※ 课前思考

1. 智慧物流配送与传统配送活动相比有何不同? 智慧物流配送的管理要点有哪些?

2. 智慧配送的硬件装备有哪些? 其各自的功能是什么?

3. 智慧配送信息平台的功能有哪些?

4. 智慧配送优化方法有哪些?

5. 无人机配送和无人车配送的工作流程有何异同？

6. 城市地下物流配送系统如何运作？该种模式会给人们的生活带来怎样的影响？

7. 无人机配送系统的普及程度如何？其发展前景如何？

8. 智慧物流配送的发展和应用带来的好处是什么？

7.1 配送管理与智慧配送

7.1.1 现代物流配送管理

1. 现代物流配送的概念

配送是指在经济合理区域范围内，根据客户的要求，对物品进行拣选、加工、包装、分割、组配等作业，并按时送达指定地点的物流活动。配送是物流中一种特殊的、综合的活动形式，是商流与物流的紧密结合，包含了商流活动和物流活动，也包含了物流中若干功能要素的一种形式。

这个概念的内涵有以下几点：

（1）这个概念描述了物流在接近客户一侧的资源配置的全过程。

（2）配送实质是送货，但和一般送货有区别。一般送货可以是一种偶然的行为；而配送却是一种固定的形态，甚至是一种有确定组织、确定渠道，有一套装备和管理力量、技术力量，有一套制度的体制形式。所以，配送是高水平送货形式。

（3）配送是一种中转形式。配送是从物流节点至客户的一种特殊送货形式。从配送功能看，其特殊性表现为：从事配送的是专职流通企业，而不是生产企业；配送是中转型送货，而一般送货（尤其从工厂至客户的送货）往往是直达型；一般送货是生产什么、有什么就送什么，配送则是客户需要什么就送什么。所以，要做到客户需要什么就送什么，就必须在一定中转环节筹集这种需要，从而使配送必然以中转形式出现。当然，广义上，许多人也将非中转型送货纳入配送范围，将配送外延从中转扩大到包含非中转，仅以"送"为标志划分配送外延，也是有一定道理的。

（4）配送是"配"和"送"有机结合的形式。配送与一般送货的重要区别在于，配送利用有效的分拣、配货等理货工作，使送货业务量达到一定的规模，以利用规模优势保持较低的送货成本。如果不进行分拣、配货，有一件送一件，需要一点送一点，就会大大增加动力的消耗，使送货并不优于取货。所以，为实现配送的优势，分拣、配货等项工作是必不可少的。

（5）配送以客户要求为出发点。在概念中强调"根据客户的要求"明确了客户的主导地位。配送是从客户利益出发、按客户要求进行的一种活动，因此，在观念上必须明确"客户第一""服务第一"。配送企业处于服务地位而不是主导地位，因此不能从本企业利益出发，而应从客户利益出发，在满足客户要求的基础上取得本企业的利益。更重要的是，不能利用配送损害客户利益或控制客户，不能利用配送作为部门分割、行业分割、垄断市场的手段。

2. 现代物流配送的要素

现代物流配送的要素包括集货、分拣、配货、配装、运输、送达和加工。

1）集货

集货，即将分散的或小批量的物品集中起来，以便进行运输、配送的作业。集货是配送的重要环节，为了满足特定客户的配送要求，有时需要把从几家甚至数十家供应商处预订的物品集中，并将客户要求的物品分配到指定容器和场所。集货是配送的准备工作或基础工作，配送的优势之一就是可以集中客户的需求进行一定规模的集货。

2）分拣

分拣是将物品按品种、出入库先后顺序进行分门别类堆放的作业。分拣是配送不同于其他物流形式的功能要素，也是配送的一项重要支持性工作。它是完善送货、支持送货的准备性工作，是不同配送企业在送货时为了进行竞争和提高自身经济效益而在业务上的必然延伸。所以，也可以说分拣是送货向高级形式发展的必然要求。有了分拣，就会大大提高送货服务水平。

3）配货

配货是使用各种拣选设备和传输装置，将存放的物品按客户要求分拣出来，配备齐全，送到指定发货地点。

4）配装

在单个客户配送数量不能达到车辆的有效运载负荷时，就存在如何集中不同客户的配送货物，进行搭配装载，以充分利用运能、运力的问题，这就需要配装。配送与一般送货的不同之处在于，通过配装送货可以大大提高送货服务水平及降低送货成本，所以配装也是配送系统中有现代特点的功能要素，也是现代配送不同于一般送货的重要区别之一。

5）运输

配送中的末端运输、支线运输和一般干线运输形态的主要区别在于：配送运输是距离较短、规模较小、成本较高的运输形式，一般使用汽车作为运输工具。配送运输与干线运输的另一个区别是配送运输的路线选择问题是一般干线运输所没有的。干线运输的干线是唯一的运输线；而配送运输由于配送客户多，一般城市交通路线又较复杂，如何组合成最佳路线，如何使配装和路线有效搭配等，既能体现配送运输的特点，也是难度较大的工作。

6）送达服务

将配好的货物运输到客户收货地址处还不算配送工作的结束，这是因为送货和客户接货往往还会出现不协调，使配送前功尽弃。因此，要圆满地实现货物的移交，并有效、方便地处理相关手续，完成结算，还应注意卸货地点、卸货方式等。因此，送达服务也是配送独具的特殊性。

7）加工

这里的加工指配送加工，是按照客户的要求进行的流通加工。在配送中，配送加工这一功能要素不具有普遍性，但往往是有重要作用的功能要素，这是因为通过配送加工可以大大提高客户的满意程度。配送加工是流通加工的一种，但配送加工有不同于流通加工的特点，即配送加工一般只取决于客户要求，其加工的目的较为单一。

7.1.2 智慧物流配送的概念与特点

智慧物流配送是一种以互联网、物联网、云计算、大数据等先进信息技术为支撑，在物流的仓储、配送、流通加工、信息服务等各个环节实现系统感知、全面分析、及时处理和自我调整等功能的现代综合性物流配送系统,具有自动化、智能化、可视化、网络化、柔性化等特点。

智慧物流配送体系建设要以"互联网+"理念为指导,将满足生产和消费需求作为出发点,把握互联网、物联网背景下物流业发展规律,以信息化、智能化设备为载体,加强技术创新和商业模式创新,优化供应链管理和资源配置,推动物流业与制造业、商贸业的融合,物流与商流、信息流、资金流的融合,互联网、移动互联网、物联网与车联网的融合,提高效率,降低成本,提升物流业综合服务能力和整体发展水平。

发展智慧物流配送,是适应柔性制造、促进消费升级、实现精准营销、推动电子商务发展的重要支撑,也是今后物流业发展的趋势和竞争制高点。智慧物流配送的特点如下。

1. 配送更具敏捷性

智慧物流配送体系是建立在互联网、物联网、车联网、大数据、云平台以及 RFID 等现代技术基础上的,各节点要素是在科学选址、优化决策的流程下进行的,必然能够对客户的个性化需求做出快速响应。作为智慧物流配送体系,其资源要素必然需要有效整合,体系内的节点在对外竞争时具有一致合作性,但内部节点间又存在竞争性,这种竞争状态无疑强化了配送体系的反应能力。因此,敏捷性是智慧物流配送体系的主要特征。

2. 数据分析与新型算法解决客户的时空差异性

随着大数据分析、云计算与人工智能的各类算法在智慧物流配送中的应用,智慧物流配送能够即时感知各地区分散的物流需求并实时分析物流数据,以此推荐最佳的配送方案。而智慧物流配送中的共享思维、平台经济则为企业提供了一个解决客户不同时间和空间上需求差异问题的方式。

3. 物联网技术可以向客户提供更透明的货物流动信息

在物联网技术的支持下,智慧物流配送能够做到配送流程可视化。客户在登录终端后,可以查询到货物的实时位置,即时了解货物动态和预计到达时间,有助于客户统筹安排其他工作,增强客户体验。

4. 无人技术提供配送服务安全保障

智慧物流配送通过结合遥感控制、无人机、无人车等软硬件技术,能够实现机器与人结合配送,精简配送人员,使配送人员队伍保持稳定,提升配送人员的素质修养。同时,智慧物流配达可以对配送人员进行信号追踪,精准执行配送任务,以此消除客户对货物安全及人身安全的顾虑。

5. 使配送更具经济性和生态性

智慧物流配送体系作为智慧物流这个大系统的子系统,其自身的构建和运作均达到了科学优化的水平,无疑提升了物流体系自身的绩效,提升了该体系内部的经济性。同时,对节点企业和全体用户均产生降低成本、优化资源、获得便利的作用,因此有良好的经济性。

智慧物流配送体系作为现代经济文明建设的重要组成部分,必然在生态性方面呈现优势。首先,优化的节点选址有利于配送路径的优化,这在客观上降低了能源的消耗,为经济生态做出贡献。其次,智能化的调度系统强化了共同配送和协同配送,减少了不必要的重复运输。再次,现代化的通信技术提升了配送体系节点间的信息沟通,有利于产品和服务的资源整合。因此,智慧物流配送更具生态性。

7.1.3 物流配送的演进过程

物流配送的演进过程可以分为以下 4 个阶段。

1. 配送的萌芽阶段

20 世纪 60 年代初期,物流活动中的一般性送货开始向备货、送货一体化方向转化。从形态上看,初期的配送只是一种粗放型、单一性的活动,其范围很小,规模也不大。在这个阶段,企业开展配送活动的主要目的是为了促进产品销售和提高市场占有率。因此,在这个阶段,配送主要是以促销手段的职能来发挥其作用的。这个阶段主要采用传统人工配送的方法。

2. 配送的发育阶段

20 世纪 60 年代末期,随着货物运输量的急剧增加和商品市场竞争的日趋激烈,配送在一些发达国家得到了进一步发展。在这个阶段,欧美一些国家的实业界相继调整了仓库结构,组建或设立了配送组织(配送中心),普遍开展了货物装配、配载及送货上门活动。在这阶段,不但配送的货物种类日渐增多(除了种类繁多的服装、食品、药品、旅游用品等日用工业品以外,还包括不少生产资料),而且配送活动的范围也在不断扩大。这个阶段仍然以人工配送为主。

3. 配送的成熟阶段

20 世纪 80 年代中期,配送已演进为广泛的、以高新科技为支撑手段的系列化、多功能的供货活动。具体表现为以下几点。

1)配送区域进一步扩大

实施配送制的国家已不再限于发达国家,许多中等发达国家和发展中国家也按照实施流通社会化的要求试行了配送制,并积极开展配送活动。就发达国家而言,20 世纪 80 年代后期,配送的活动范围已经扩大到了全国和国际。例如,在以商贸业立国的荷兰,货物配送范围已经扩大到欧洲共同体诸国。

2)劳动手段日益先进

技术不断更新,劳动手段日益先进,是成熟阶段配送活动的一个重要特征。进入 20 世纪 80 年代后期,发达国家在开展配送活动的过程中,普遍采用了电子标签拣货技术、自动搬运系统、光电识别、条形码、地理信息系统、全球定位系统和配送管理信息系统等先进技术,并且有了配套的体系和设备(如无人搬运车、分拣机等),大大提高了配送作业效率。有的工序因采用先进技术和先进设备,工作效率提高了 5~10 倍。

3)配送的集约化程度明显提高

随着市场竞争日趋激烈,企业兼并速度明显加快,配送组织(企业)的数量在逐步减少。但是,其总体实力和经营规模却与日俱增,配送的集约化程度不断提高。1986 年,美国 GRP 公司共有送货点 3.5 万个;到了 1988 年,经过合并后,送货点减少到了 1800 个,减少幅度为 94.85%。美国通用食品公司用新建的 20 个配送中心取代了以前建立的 200 个仓库,以此形成了规模经营优势,配送系统处理货物能力有了很大的提高。在日本,有的配送中心人均搬运作业率可达到每小时 500 个托盘,分拣能力已达到 1.45 万件。日本资生堂配送系统每天可完成管区内 4200 个商品的货物配送任务,其配送能力已达到了相当高的水平。

4) 配送方式日趋多样化

进入 20 世纪 80 年代后期,在市场竞争中,将货物送达收货人的活动需要逐步降低成本、提高效率,以达到占领和扩大市场、增加企业利润的目的。对小批量、多品种货物进行快速分拣,对运输车辆进行合理配置,科学地制订运输规划,确定运送路线,并且将运送的货物事先进行配货、配置。以上措施逐步完善,形成了现代的配送活动。在配送方式上,除了存在着独立配送、直达配送等一般配送形式以外,还推出了许多新的配送方式,如共同配送、即时配送、交货代理配送等。

5) 配送网络逐步信息化

美国 IBM 公司率先研制了配送车辆计划和配送路线的计算机软件。今天,计算机与其他自动化装置的操作控制在配送活动中大量运用,如无人搬运车、配送中心的自动化分拣系统。

4. 智慧配送阶段

在经济转型、消费升级以及技术革新的推动下,物流配送进入了智慧配送阶段。智慧配送展现出更多的新模式,例如,建立并普及智能快递柜,使用无人机、末端无人快递车或智能无人车进行配送。

智慧物流应用物联网、大数据、云计算、人工智能等新技术,促进了线上线下的融合,推动了新零售的发展,也带来了配送体系的变革。智慧配送的大数据技术可以用来预测客户需求,提前对货物进行调配,减少随机和零散需求的配送压力,减少货物搬运次数,实现客户下单后就近配货,缩短了物流包裹的配送距离。同时,智慧配送有去中心化的趋势,传统的零售门店成为离消费者最近的末端配送网点。这些去中心化的门店末端网络互联互通,根据销售实际情况通过智能调度实现不同门店间货物的互补。即通过智慧配送服务实现门店间的智能调配。有货的门店可以直接把货就近调拨到缺货门店。

近些年,各级政府和行业协会都开始注重智慧物流的发展,这推动了智慧配送技术与设备创新。高速联网的移动智能终端设备让物流人员操作更加高效便捷,人机交互协同作业更加人性化。送货机器人和无人机研发已经开始在校园、边远地区等局部场景进入了实用测试,取得巨大进展。在电子商务物流领域,菜鸟通过智慧物流技术打造自动化的流水线、AGV 机器人、智能缓存机器人、360°运行的拣选机器人、带有真空吸盘的播种拣货机器人、末端无人车等高科技产品,提升了配送效率,让物流行业的当日达、次日达成为快递的标准速度。

7.1.4 智慧物流配送管理

智慧物流配送管理涉及车货匹配、车辆配载、路线优化、协同配送、配送流程优化等多个决策优化问题,需要运用大数据、云计算等现代信息技术,提高配送管理的智能化、科学化水平。

1. 车货匹配

现代物流配送要求提高分拨效率,促进物流园区、仓储中心、配送中心货物信息的精准对接,加强人员、货源、车源和物流配送服务信息的有效匹配。因此,智慧物流配送也需要通过车货匹配信息平台来现高效的管理,在"互联网＋"的背景下,充分利用在线平台实现配送运输环节的去中介化,通过互联网技术提高信息检索能力和匹配效率,减少因信息不对称问题造成的种种问题,达到去中介化的目的,提高车辆满载率。

2. 车辆配载

在智慧物流配送管理中,车辆配载方案往往是通过智能配载技术决定的,即以人工智能算法为基础,可以充分考虑重货、泡货、重泡货等不同类型货物的重量和包装体积,以及车辆规格、结构等,并在保证车辆不超重的情况下,使其可容纳的体积和重量都达到满载,最大限度地提高装车辆配载率,实现利润最大化。

智能配载步骤如下:

第一步,将待配载货源信息录入物流配载信息平台。

第二步,物流配载信息平台在收到待配载货源的运费后启动配载处理模块。

第三步,配载处理模块根据录入的待配载货源信息进行计算,确定符合配载条件的物流车辆。

第四步,物流配载信息平台根据卫星定位信号查询待配载货源地附近的符合配载条件的物流车辆,按从近至远的顺序依次发出含有配载邀约信息的卫星广播或 3G、4G 短信,直至有物流车辆响应并返回。

第五步,物流配载信息平台根据物流车辆返回的承诺信息形成配载合同,并将最佳货运方案及货运导航信息发送至物流车辆。

第六步,物流车辆通过车载装置对整个承运过程进行记录,待将配载货物送至目的地后向物流配载信息平台传送相关凭证,通过物流配载信息平台的验证后自动收取配载运费,完成智能配载。

3. 路线优化

物流配送车辆如果没有按照最佳的路线行驶,将会消耗较多的资金与成本,并且还可能影响客户对配送服务的满意度。由此可见,全面优化物流配送路线对智慧物流配送具有重要意义。基于不同的情况与不同的约束条件,车辆路线问题(Vehicle Reouting Problem,VRP)包括随机车辆路线问题(Stochastic VRR,SVRP)、模糊车辆路线问题(Fuzzy VRP,FVRP)、带容量约束的车辆路线问题(Capacitated VRP,CVRP)、带时间距离约束的车辆路线问题(Distance Constrained VRP,DVRP)和带时间窗口的车辆路线问题(VRP with Time Window,VRPTW)等。

4. 协同配送

协同配送就是把过去按不同货主、不同商品分别进行的配送改为不区分货主和商品的集中配送,也就是把货物都装入在同一条路线运行的车上,用同一台车为更多的客户运货。协同配送的目的在于最大限度地提高人员、物资、金钱、时间等物流资源的效率(降低成本),取得最大效益(提高服务水平),还可以减少多余的交错运输,取得缓解交通、保护环境等社会效益。

在智慧物流配送管理中,协同配送是利用信息平台对各物流配送中心、用户等的资源和数据进行统一整合,根据实际的物流配送任务按需分配资源。利用先进的云计算技术实现物流数据的处理和物流资源的科学配置。经各配送中心、客户协商确定物流配送的协作方式和协作流程,提升各物流配送中心的配送效率。

5. 配送流程优化

智慧物流配送强调配送流程控制,运用信息技术,加强对物流配送车辆、人员、环境及安全、温控等要素的实时监控和反馈。

配送流程优化涉及时序优化、服务优化、成本优化、技术优化、质量优化等优化指标。在进行配送流程优化时,应根据需要,针对一个或多个指标进行优化。

配送流程优化步骤一般如下:

(1)配送流程评估。主要任务是评估、分析、发现现有配送流程存在的问题和不足,实现途径包括绩效评价、事故检讨、客户反馈、检查控制和学习研究等。

(2)配送流程分析。主要任务是分析配送流程评估中发现的问题和改善的机会,为下一步的改进行动提供指引。分析内容包括性质分析、原因分析、干系分析和实施分析。

(3)配送流程改进。主要任务是在上述分析基础上对在现有配送流程中发现的问题展开修改、补充、调整等改进工作,具体方法包括访谈法、头脑风暴法、德尔菲法以及标杆学习法。

(4)新配送流程实施。主要任务是在对配送流程进行改进后,付诸实际运行,主要实施步骤有签署发布、宣传培训、现场指导和检查控制等。

7.2　智慧配送系统的体系架构

智慧配送可以实现配送信息的自动识别、配送信息的自动预警、配送路径优化、无人化配送以及配送流程和信息的智慧化管理,在提升配送效率的同时降低物流作业成本。智慧配送技术的应用能够重构配送中心和网络节点,支持分销渠道多样化、大批次小批量进货、配送方式混合、集约、协同化,从而大大提升配送管理的效率。

智慧配送系统的体系架构主要包括智慧配送网络节点、智慧配送装备与技术、智慧配送信息平台和智慧配送优化方法。

7.2.1　智慧配送网络节点

智慧配送网络节点有以下3类。

1. 智慧配送园区

智慧配送园区是一种现代化的特殊物流园区(基地),是集中建设的物流配送设施群与众多物流配送从业者的集聚地,它有为智慧配送系统提供货物集聚和仓储、快递邮品中继分拣、电商平台营建、配送功能孵化、配送技术研发等功能,具有智慧配送设施集约化、智慧配送设施空间布局合理化、智慧配送运作协同化等特点。

2. 智慧配送中心

智慧配送中心是基于"互联网＋物流"的理念,建立在先进的物流技术和信息技术基础上的从事配送业务的物流场所和组织。智慧配送中心作为运输的节点,把干线运输与支线运输衔接起来,与配送路线和各级物流节点一起组成物流运输、配送的巨大网络。智慧配送中心把单一的运输、仓储、装卸搬运、包装、流通加工和物流信息系统有效地结合起来,使各项物流作业之间协同运作,使物流系统得到升华。智慧配送中心拥有完善的信息网络和健全的配送功能,主要为特定的客户提供多品种、小批量的配送服务,辐射范围通常不大。

3. 智慧配送站点

智慧配送站点是智慧配送系统中最接近终端用户的末端配送服务场所,是配送企业独立设置或与社区服务机构、有一定规模的小区、连锁商业网点、大型写字楼、企业营销机构、机关事业单位及大学校园等通过合作设立的物流末端配送服务节点,有时还体现为自助电子快递箱、智能快递站等形式,并可以衔接无人化末端配送设备。

7.2.2 智慧配送装备与技术

1. 信息技术+传统配送装备

物流配送系统的智慧化离不开信息技术的支持,RFID、GPS、传感器、无线传感网络、互联网、物联网、车联网、自动驾驶等信息技术在配送领域的应用,使得配送车辆等传统配送装备具备了感知、通信和判断等智能化特征。经过信息化改造,传统的配送装备成了智慧配送系统中的重要组成部分,可以在智慧配送系统中继续发挥作用。

2. 智能快递柜

智能快递柜是指放置于公共场所,可供客户通过条形码或密码完成快递等物品投递或提取的智能化柜体。智能快递柜提供全天候的自助服务,可以有效解决快递等物品的寄送和揽收、送件和取件、寄存和提取等存在时间差的问题,为人们提供了极大的便利。智能快递柜主要有寄件、取件、暂存、广告、监控、照明和语音提示等功能。

3. 无人机配送

无人机配送是指利用无线电遥控设备和自备的程序控制装置操纵的无人驾驶的低空飞行器自动将包裹送达目的地的过程。典型的无人机配送系统主要由无人机、自助快递柜、快递盒、集散分点、集散基地和调度中心组成,如图 7-1 所示。

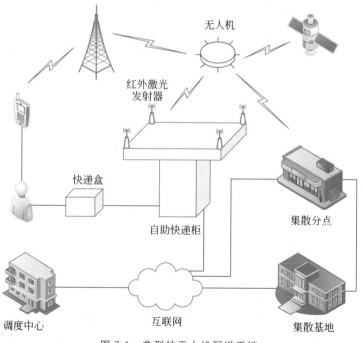

图 7-1 典型的无人机配送系统

1）无人机

无人机配有 GPS 自控导航系统、iGPS 接收器、各种传感器以及无线信号发收装置,具有 GPS 自控导航、定点悬浮、人工控制等多种飞行模式。无人机集成了三轴加速度计、三轴陀螺仪、磁力计、气压高度计等多种高精度传感器和先进的控制算法,具备失控保护功能,并配备黑匣子以记录状态信息。

2）自助快递柜

自助快递柜配有计算机、无人机排队决策系统、快递管理系统、iGPS 定位系统、无人机着陆引导系统、装卸快递停机台、临时停机台、机械传送系统、自助快递终端和多个快递箱等。自助快递柜顶部的所有停机台都具有快速充电功能。无人机向自助快递柜发送着陆请求、本机任务报告和本机运行状态报告后,自助快递柜将无人机编号、该机任务以及任务优先权等信息输入系统,由排队决策系统分配停机台,再由无人机着陆引导系统引导无人机着陆,或者向无人机发出悬停等待指令。无人机收到自动快递柜的着陆指令后,持续地将本机上 iGPS 接收器收到的红外激光定位信号和本机编号回传给自动快递柜。自动快递柜精确地掌握无人机的坐标信息,并引导无人机精准着陆。

3）快递盒

快递盒内置蓝牙通信和记忆模块,主要用于封装快递件,便于无人机携带以及对快递件的身份识别。

4）集散分点

快递集散分点负责不同区域间的快递集散。无人机接收调度中心指令,将异地快递件运往集散分点。集散分点发出指令引导无人机着陆卸货,将卸下的快递件整理后运往机场。同时调度中心将快递信息发往各目的区域的调度中心。此外,集散分点还负责无人机的检查、维修、临时停放、快速充电等工作。

5）集散基地

异地快递件在抵达本区域后先运往集散基地。集散基地根据快递盒记忆模块中的信息将快递件按片区分拣,并运往该片区的集散分点,同时集散基地实时收集并更新所有到达的快递信息,同时将信息发送到调度中心。

6）调度中心

调度中心统一管理本区域所有快递件的接收与投放,同时对无人机进行调度。调度中心同时监测无人机和自助快递柜的运行状态,对其出现的异常或拥塞问题及时进行处理。

无人机技术在物流配送领域的运用,不仅可以提升物流服务的质量和效率,而且可以在降低快递的延误率、遗失率、损坏率等问题上达到较好的效果。同时,无人机配送技术的应用还可以快速提升物流行业的整体技术水平,使物流公司和客户同时受益。无人机技术在物流配送领域的推广和应用不仅是物流产业发展的必然趋势,而且是物流产业智能化、智慧化的必然结果。

4. 无人配送车

无人配送车又称为配送机器人,是智慧物流配送系统的终端设备,其主要功能是代替配送员将包裹全自动地配送到客户手中。大部分无人配送车体积较小,采用四轮驱动,具备若干不同大小的载货舱,在一个预先设定好的小片区域内,通过智能导航和路线规划,自主地为用户提供中小型包裹的配送服务。

在进行配送前,客户可以与无人配送车预约配送的时间、地点与物品。无人配送车会统筹工作,自动进行包裹的分配和运行路径的规划,并可以在无人干预的情况下实现自主定位导航。此外,无人配送车还具备多种智能功能,如乘坐电梯,识别行人和车辆等动态障碍物并预判它们的运行轨迹以进行动态避让,自动实时监控机器人正在运送的包裹,等等。无人配送车的关键技术主要包括以下 3 项。

1)智能感知和避让

无人配送车以安全第一为准则,它通常可以通过多个摄像头、距离传感器和雷达等模块收集外界环境的信息,通过深度学习等智能算法对这些信息进行多源信息融合,识别环境中的行人、车辆等不同的实体,对动态实体进行准确的轨迹预测,根据自身的运行轨迹进行实时避让。

2)路线规划和导航

路线规划是无人配送车的一项必备技能。除了由操作人员预先设定的简单方式之外,现在越来越多的无人配送车可以通过精准的卫星定位和高精度地图,根据用户配送地址和配送时间的要求,智能规划配送的路线。在行驶过程中,不仅可以识别交通标志和车道线以避免违反交通规则,而且可以根据行驶过程中景物的变化和路况信息实时地调整配送路线。另外,无人配送车还可以通过无线信号与建筑物内部的电梯控制器通信,并根据电梯的拥挤程度判断需要礼让行人还是乘坐电梯到目标楼层。

3)安全验证技术

为了保证将包裹安全地交付到客户手中,无人配送车采用验证码、人脸识别、声纹识别等多重验证方式确认客户的身份信息。

无人配送车的应用可以很好地提升配送业务操作系统的完善程度、配送服务的规范程度、对配送需求的响应速度,降低人力成本,从而满足客户对于配送速度、服务、个性化服务的需求,缓解巨大的配送压力。与无人机配送方式相比,无人配送车还具备载重量大、续航里程长、安全可靠等重要优势。

5. 智能保鲜快递箱

随着人们对生活品质的要求不断提高和物流技术的持续进步,人们在购买货物时已不再局限于超市和市场的有限选择,越来越多的人开始选择线上采购,微商、货源地直发等销售形式也随之兴起。然而,对于生鲜类货物而言,不同的货物往往有不同的温度、湿度等要求,冷链物流企业很难针对多品种、小批量的生鲜物流订单提供个性化的保鲜服务,零担运输的成本往往又是客户难以接受的,同时冷链物流企业也很难做到上门配送。快递企业拥有成熟的快递运输配送网络,且具有良好的时效性,但是快递企业却往往只能提供传统的保温箱加冰袋的保鲜方法,保鲜效果差强人意。针对这个问题,一种智能化的保鲜快递箱应运而生,它可以根据货物的类型自动将箱内温度和湿度等设定在最优的范围内,并通过物联网技术将箱内的数据实时发送到信息平台供客户查询。当有异常情况发生时,智能保鲜快递箱可以向系统和附近的工作人员发出报警信息,以便及时处理相应情况,将损失降到最低。最后,当快递件到达客户手中时,通过手机扫描的方式开箱,完成配送服务。

6. 智能地下物流配送系统

智能地下物流配送系统是指运用自动导向车和两用卡车等承载工具,通过大直径地下管道、隧道等运输通路对货物进行运输及分拣配送的一种全新的物流系统。在城市,智能地下物流配送系统与物流配送中心和大型零售企业结合在一起,实现网络相互衔接。客户在网上下订单后,物流中心按照订单快速完成拣选和分拣作业,通过智能地下物流配送系统进行运输或配送。智能地下物流配送系统末端配送可以与居民小区建筑运输管道相连,最终发展成一个连接城市各居民楼或生活小区的地下物流管道运输网络,并达到高度智能化。

智能地下物流配送系统是一种新兴的运输和供应系统。它不仅具有速度快、准确性高等优势,还是解决城市交通拥堵、减少环境污染、提高城市物流配送的通达性和服务质量的有效途径。在城市道路日益拥堵的情况下,智能地下物流配送系统具有巨大的优越性。

7.2.3　智慧配送信息平台

智慧配送系统的核心是智慧配送信息平台。智慧配送信息平台一般具有以下 4 个功能。

1. 智能仓储管理与监控

智慧配送信息平台利用条形码、RFID 等技术等对货物的出入库、库存量和货位等环节进行智能化管理,运用 GPS/GIS、RFID、智能车载终端和手机智能终端等技术监控货物状态及装卸、配送和驾驶人员的作业状态,实现作业智能调度。

2. 智能配送管理与监控

在运输过程中,智慧配送信息平台利用 GPS/GIS、传感器技术实现货物及车辆的实时监控,利用云计算、数据挖掘、优化评价、动态导航等技术解决智能车货匹配、配载优化、利输配送路径的智能规划等决策问题,利用互联网、移动通信技术实现调度人员、运输人员和货主之间的各类信息交换等功能。

3. 智能电子交易

智慧配送信息平台利用网络安全与监控技术、区块链技术、电子支付平台等实现在线订货与支付功能。

4. 统计与智能数据分析

智慧配送信息平台利用物联网等先进技术及时获取包括配送基础数据、配送作业数据、配送协调控制数据和配送决策支持数据在内的智慧物流配送数据,利用大数据、云计算、数据挖掘、人工智能等技术实现各类数据信息的统计与分析预测,制订动态、主动的配送方案,高效率、高品质地完成配送服务。

此外,为了保证有效运作,智慧配送信息平台还需具备业务流程标准、功能服务标准、数据存储标准、设备技术标准等标准体系,保证系统信息安全的安全体系,以及保证正常运行和维护的运维体系等。

7.2.4　智慧配送优化方法

为了提高配送过程的智慧化、科学化水平,需要利用大数据、云计算、数据挖掘、机器学习等先进的信息技术解决配送网络节点、配送装备和配送信息平台在运作过程中产生的优化决策问题。

1. 智能化车货匹配方法

在传统的配送作业中,车货匹配多基于管理人员的经验或估算,配送货物的类型和来源都相对稳定和单一,配送车辆也通常来自企业内部或长期合作的第三方物流企业,选择空间不大,由此造成车货匹配的合理性不高,进而影响配送的效率和服务质量。

为了更好地解决智慧化、网络化物流模式下的车货匹配问题,首先需要建立配送订单的信息模型和配送车辆等配送资源的信息模型。配送订单的信息模型中应包含货物的种类、数量、重量、体积、起始地、目的地、时效性、相容性、特殊要求等内容;配送资源的信息模型中应包含装备的功能信息、状态信息、静态属性信息、服务质量信息等内容,其中的货损率、准时率等信息可以通过大数据、云计算、数据挖掘等技术对系统中积累的海量历史数据进行分析得到。建立好信息模型后,智慧配送系统以配送订单的信息为依据,通过聚类算法筛选出系统中所有可以完成该配送任务的配送资源,形成备选配送资源集合;利用优化评价的方法,以配送成本、配送时间、配送质量、绿色环保、服务评价等作为评价指标,找出备选配送资源集合中最优的配送资源完成该配送任务。为了提高车辆的利用率,降低配送成本,智慧配送系统还可以根据配送订单的信息对配送货物进行聚类计算,将需要配送的货物聚合成多组具有相似特征的,可以"拼车""搭顺风车"的配送货物簇,根据配送货物簇的整体配送要求,按照上述方法选择最优配送资源完成配送任务。

2. 智能车辆配载优化方法

智能车辆配载优化是指利用先进的信息技术、优化算法和装载方法,研究如何充分利用运输工具的载重量和容积,合理安排货物装载,在保证货物质量与数量完好的前提下,尽可能提高车辆的装载率,降低配送成本,减少资源消耗。智能车辆配载优化问题的数学模型如下。

已知有 m 辆零担作业车,其载重量和容积分别为 $G_1, G_2, \cdots, G_m$ 和 $V_1, V_2, \cdots, V_m$。现有 n 批货物,其重量和体积分别为 $g_1, g_2, \cdots, g_n$ 和 $v_1, v_2, \cdots, v_n$。试确定一个零担货物的装车计划,使各车辆的载重能力和装载空间浪费最少,即如何用最少的车辆完成要求的货运量。

1)目标函数

这是一个多车多品种货载配车问题,该问题的优化目标有多个,即车辆装载货物的总重量最大,总体积最大,装货的车辆数最少。具体为

$$\max Z_g = \sum_{i=1}^{n} \sum_{j=1}^{m} g_i x_{ij} \tag{7-1}$$

$$\max Z_v = \sum_{i=1}^{n} \sum_{j=1}^{m} v_i x_{ij} \tag{7-2}$$

$$\max Z_c = \sum_{i=1}^{n} \sum_{j=1}^{m} y_i \tag{7-3}$$

其中,i 为货物编号,$i=1,2,\cdots,n$;j 为车辆编号,$j=1,2,\cdots,m$;x_{ij} 为 0-1 变量,当货物 i 装入车辆 j 时取值为 1,否则取值为 0;y_i 为 0-1 变量,当车辆 j 装货物时取值为 1,否则取值为 0;g_i 为货物 i 的重量;v_i 为货物 i 的体积。设 G_j 为车辆 j 的载重能力,V_j 为车辆 j 的有效容积。

2）约束条件

该问题的约束条件包括 4 方面：每辆车的载重能力限制；每辆车的容积限制；每一批货物只能装到同一辆车上，即货物不拆分装载；变量取值范围的约束。具体约束式如下。

（1）每辆车的载重能力限制：

$$\sum_{i=1}^{n} g_i x_{ij} \leqslant G_j \quad (j=1,2,\cdots,m) \tag{7-4}$$

（2）每辆车的容积限制：

$$\sum_{i=1}^{n} v_i x_{ij} \leqslant V_j \quad (j=1,2,\cdots,m) \tag{7-5}$$

（3）每一批货物只能装入同一辆车：

$$\sum_{j=1}^{m} x_{ij} \leqslant 1 \quad (j=1,2,\cdots,n) \tag{7-6}$$

（4）变量约束：

$$x_{ij}=0 \text{ 或 } 1, \quad y_i=0 \text{ 或 } 1 \quad (i=1,2,\cdots n; j=1,2,\cdots,m) \tag{7-7}$$

智能车辆配载优化问题的数学模型较为复杂，可运用线性规划法（如单纯形法）、整数规划法（如割平面法或分支定界法）以及遗传算法、粒子群算法、蚁群算法和蜂群算法等启发式算法求解。车辆配载优化技术的优劣不仅直接关系到货物的配送成本和配送效率，其卸载顺序的限制还会对配送路径的规划产生影响。

3. 智能配送路径规划与动态优化方法

智能配送路径规划问题可以分为单回路运输问题和多回路运输问题。

1）单回路运输问题——TSP 模型及求解

单回路运输问题是指在运输路线优化时选择一条合适的路径遍历一个节点集合中的所有节点，并且要求路径闭合。单回路运输模型在运输决策中主要用于单一车辆的路径安排，目标是在该车辆遍历所有用户的同时行驶距离最短。

旅行商问题（Traveling Salesman Problem，TSP）是单回路运输问题中最典型的一个问题。它的描述是：一个旅行商从某一城市出发，到 n 个城市去售货，要求访问每个城市各一次且仅一次，然后回到第一个城市，问这个旅行商应该走怎样的路线才能使总里程最短（或旅行费用最低）。

TSP 模型可以描述如下：在给出一个有 n 个顶点的连通图（有向的或无向的）中，寻求一条包含所有 n 个顶点的具有最小总权（可以是距离、费用、时间等）的回路。TSP 模型的数学形式如下：

$$\min z = \sum_{i=1}^{n} \sum_{j=1}^{m} C_{ij} X_{ij} \tag{7-8}$$

$$\text{s.t.} \sum_{j=1}^{n} X_{ij}=1 \quad (i=1,2,\cdots,n) \tag{7-9}$$

$$\sum_{i=1}^{n} X_{ij}=1 \quad (1,2,\cdots,n) \tag{7-10}$$

$$\{(i,j); i,j=2,\cdots,n; X_{ij}=1\} \quad \text{不包含子回路} \tag{7-11}$$

$$X_{ij} \in \{0,1\} \quad (i=1,2,\cdots,m; j=1,2,\cdots,n) \tag{7-12}$$

其中，X_{ij} 是决策变量，$X_{ij}=0$ 表示不连接 i 到 j 的边，$X_{ij}=1$ 表示连接 i 到 j 的边，C_{ij} 是 i 到 j 的边的权值。

式(7-9)表示每个顶点只有一条边出去，式(7-10)表示每个顶点只有一条边进入。如果只有式(7-9)与式(7-10)两个约束条件，可能会出现子回路现象，即出现多条回路，因此需要加上式(7-11)这一约束，即除了起点边与终点边以外，其他的边均不构成回路。这个模型是0-1整数规划问题的模型。对于这个模型的小规模问题，可用分支定界法求解，可选用一些现成的优化软件；对于大规模问题，可用现代优化技术，如模拟退火算法、禁忌搜索、遗传算法、蚁群优化算法等启发式算法。当然，对于不同规模的问题，也可选用其他简便可行的启发式算法求解，如节约算法等。下面介绍两种比较简单的启发式算法。

（1）最近邻点法。

最近邻点法(nearest neighbor)是由 Rosenkrantz 和 Stearns 等人在1977年提出的一种解决 TSP 的算法。这种算法十分简单，因此得到的解并不十分理想，有很大的改善余地。但由于该法简单、快速，所以常用来构造优化的初始解。

最近邻点法可以通过以下5步完成：

① 将起始节点定为整个回路的起点。

② 找到离刚加入到线路中的那个节点最近且未加入到该线路中的节点，并将其加入到线路中。

③ 重复步骤②，直到集合中的所有节点都加入线路。

④ 将最后加入的节点和起始节点连接起来，形成回路。

⑤ 按流线线型的要求调整回路的形状。如果调整后的结果小于步骤④所得的解，将该结果定为 TSP 的解；否则，将步骤④的解定为 TSP 的解。

（2）最近插入法。

最近插入法(nearest insertion)是由 Rosenkrantz 和 Stearns 等人在1977年提出的另一种解决 TSP 的算法，它比最近邻点法复杂，但可得到相对满意的解。最近插入法可以通过以下4步完成：

① 从起始节点 V_1 出发，找到距离 V_1 最近的节点，形成子回路。

② 在余下的节点中，寻找一个距离子回路 T 中的某个节点最近的节点 V_k。

③ 在子回路中找到一条弧 (i,j)，计算子回路 T 的距离增加值 $\Delta C_{ij} = C_{ik} + C_{kj} - C_{ij}$，使 ΔC_{ij} 达到最小，然后将节点 V_k 插入节点 V_i 与 V_j 之间，用两条新弧 (i,k) 和 (k,j) 代替原来的弧 (i,j)，形成新的子回路 T。

④ 重复步骤②和③，直到所有节点都加入子回路。此时，子回路就演变成一个 TSP 的解。

2）多回路运输问题——VRP 模型及求解

由于客户的需求总量和配送运输车辆能力之间存在的矛盾，使配送运输成为一个多回路的运输问题，解决此类问题的核心是车辆路径问题(VRP)模型。VRP 是运筹学中的经典优化问题，属于 NP 困难问题。智慧配送系统中的配送路径规划问题是指：给定一组有容量、载重等限制的配送车辆的集合、一个物流配送中心(或站点)、若干需要配送服务的客户，系统需组织适当的配送路径,使配送车辆可以有序地通过所有的客户,在满足一定的约束条件(如需求量、服务时间限制、车辆容量限制、车辆载重限制、行驶里程限制等)下,达到一定的目标(如配送路程最短、配送费用最小、配送等待时间最少、环保性最好、货损率最低、客户满意度最高等)。

车辆路径问题的分类法有很多。例如,可根据车辆是否满载分为满载问题与非满载问题,可根据任务特征分为纯装问题、纯卸问题或装卸混合问题,可根据使用的车场数目分为单车场问题与多车场问题,可根据可用车辆的车型数分为单车型问题与多车型问题,等等。运用 VRP 模型对实际问题进行研究时,需要考虑以下 7 方面的问题:一是仓库,即仓库级数以及每一级仓库的数量、地点与规模;二是车辆,即车辆型号、数量、容积、运作费用、出发时间、返回时间、司机休息时间、最大行驶里程和时间限制;三是时间窗,即各处的工作时间不同,需要进行协调;四是客户,即客户需求、软/硬时间窗、装载或卸载、所处位置、优先级;五是道路信息,即车辆密度、道路交通费用、距离或时间属性;四是货物信息,即货物种类、兼容性和保鲜要求;七是运输规章,即工人每天工作时间规定、车辆的周期性维护。

(1) VRP 模型。

一个典型的 VRP 模型可以表述如下:

① 基本条件。现有 m 辆相同的车辆停靠在一个共同的源点 V_0,需要给 n 个客户提供货物。

② 模型目标。确定需要的车辆数目 N,并指派这些车辆到一个回路中,同时包括回路内的路径安排和调度,使运输总费用 C 最小。

③ 限制条件或约束条件。具体要求如下:

● $N \leqslant m$。

● 每个订单都要完成。

● 每辆车完成任务之后都要回到源点。

● 要考虑车辆的容量限制,特殊问题还需要考虑时间窗的限制。

● 要考虑运输规章的限制。

当情况和假设条件不同时,车辆路径问题的模型及构造都会有很大差别。为简化 VRP 的求解,常常应用一些技术使问题分解或转化为一个或几个已经研究过的基本问题,再用比较成熟的基本理论和方法得到原问题的最优解或满意解。VRP 常见的基本问题有旅行商问题、分派问题、运输问题、背包问题、最短路径问题,最小费用流问题和中国邮递员问题等。

(2) 扫描算法。

可以通过以下 4 步完成。

① 建立极坐标系。以源点为极坐标系的原点,并将连通图中的任意一客户所在的位置和原点的连线定义为角度 0,建立极坐标系。然后对所有的客户所在的位置进行坐标系的转换,全部转换为极坐标系。

② 分组。从最小角度的客户开始,建立一个组,按逆时针方向将客户逐个加入组中,直到客户的需求总量超出了负载限制。

③ 重复。反复执行步骤②的过程,直到所有的客户都被分组为止。

④ 路径优化。各个分组内的客户就是一个 TSP 模型的线路优化问题,可以用前面介

绍的 TSP 模型的方法对结果进行优化,选择一个合理的路线。

（3）节约里程法。

节约里程法又称 C-W 算法,是由 Clark 和 Wright 于 1964 年首次提出的。

节约里程法的核心思想是:将运输问题中存在的两个回路 $(0,\cdots,i,\cdots,0)$ 和 $(0,\cdots,j,\cdots,0)$ 合并成为一个回路 $(0,\cdots,i,j,\cdots,0)$。在上述合并操作中,整个运输的总距离将会发生变化,如果变化后总的运输距离缩短,缩短的距离为节约值 $s(i,j)$,其计算公式为

$$s(i,j) = \Delta c_{ij} = c_i + c_j - c_{ij} \tag{7-13}$$

其中,c_i 和 c_j 分别为包含 i、j 的回路,c_{ij} 为合并后的回路。

求解步骤如下:

① 计算各点到源点的距离以及各点间的距离。同时计算点 i 和点 j 连接后的费用节约值 $s(i,j)$。节约里程法的初始解是将各送货点与源点相连,构成一条仅含一个送货点的送货线路。

② 若 $s(i,j)$ 的值均为 0,则终止。否则,在 $s(i,j)$ 中求出值最大的那一项,进入下一步。

③ 考察对应的 i 和 j,若满足下述条件之一,则转步骤⑥,否则转下一步:点 i 和点 j 均不在线路上;点 i 不在线路上,点 j 为线路的起点或终点;点 i 为一条线路的终点,而点 j 为另一条线路的起点。

④ 判断点 i 和点 j 是否交换过。若没有,交换后转步骤③;否则转步骤⑦。

⑤ 约束条件计算。计算连接点 i 和点 j 后线路的总货运量 Q。若 $Q \leqslant q$（q 为所有车辆的总容量）,并满足其他约束条件;则转下一步,否则转步骤⑦。

⑥ 连接点 i 和点 j,将该 $s(i,j)$ 的值赋为 0,并将已在回路中的点的 $s(i,j)$ 值也赋为 0,转步骤②。

⑦ 将该 $s(i,j)$ 的值赋为 0,转步骤②。

然而,在实际配送作业过程中往往存在客户改变配送时间和地点、道路拥堵或管制、车辆故障等不确定性因素。当上述因素出现时,就需要对配送路径进行动态优化。配送路径动态优化需要借助智能交通系统、地理信息系统、北斗卫星导航系统等技术工具实时获取动态信息,而智慧配送系统通过不断合并新的信息,配合启发式算法等人工智能算法,在每个动态事件发生后即生成新的配送计划和路径安排。配送路径的规划与动态优化是智慧物流配送中的一个关键环节,在配送作业过程中,配送路径合理与否对配送速度、成本、效益有很大影响。设计合理、高效的配送路径方案并根据情况实时优化调整,不仅可以减少配送作业时间,降低作业成本,减轻道路交通压力,提高企业的效益,而且可以更好地为客户服务,提高客户的满意度,维护企业良好的形象。

4. 主动配送与仓储前置方法

近年来,物流市场的竞争日益激烈。物流企业若不尽快采取措施适应市场环境的变化,势必会逐渐失去原有的优势,使市场份额日渐丧失。因此,各物流企业均在想方设法地通过不同途径、采用各种方式抢占市场。许多物流企业通过不断优化零售网络,为客户提供标准化、专业化和个性化的优质服务,培育服务品牌,提高顾客的忠诚度,抢夺市场份额。主动配送和仓储前置就是在这种背景下诞生的新的配送模式。

1）主动配送

主动配送是在配送过程整体优化的基础上,依靠物联网、大数据、云计算、人工智能等技术的支持,基于对一定市场范围内需求的预测和库存变化的判断,满足客户的个性化需求,对主动配送网络布局进行优化,实现先发货后下单的主动式配送服务。在客户发现缺货前,主动将商品配送到客户手中,体现出智慧配送的特点。

选择合适的主动配送区域可以提高企业的实际物流效率。

主动配送主要采用以下人工智能算法:

（1）聚类分析。利用聚类分析法,根据客户特征相似度进行聚合,抽取能够刻画各聚类的属性标签。结合各类信息检索技术,统计属性标签在客户画像中出现的频率,并计算权重,以此识别客户的典型行为特征。

（2）数据挖掘。使用贝叶斯网络、聚类分析、关联分析等方法对客户的人口属性、消费特征、信用属性、兴趣爱好、交互信息等进行分析,结合地域分析和时序分析,构建客户精准画像。

（3）深度学习和宽度学习。通过深度学习算法和宽度学习算法实现物流需求量时空分布预测,以此确定主动配送区域。首先通过深度学习算法对物流需求数据进行预测,得到具有代表性的特征信息。为解决深度学习算法在训练中极度耗时的问题,利用宽度学习算法提高预测的效率。基于这种混合学习算法,实现在精度可以被接受的前提下用最短的时间完成预测。

主动配送的区域选择采用大批量历史数据模拟计算,减少了人工干预,极大地提高了区域选择的准确度。同时,主动配送的数据源采用物流系统内部数据,减少了系统之间的交互,可以直接在系统内部使用,提高了使用数据的优化效率。主动配送区域选择所需数据与普通的配送采用同一套数据源,当物流系统对数据进行变更与调整的时候,可以实时反馈到主动配送数据中,增强了区域选择的实时性。

2）仓储前置

仓储前置是新零售背景下线上零售和末端配送相结合的一种仓配模式。该模式通过企业总部线上经营,将商品通过前置在离客户更近的门店、社区的服务站等进行仓储和配送,这使得商品可以快速到达客户手中。然而,受到地区和季节差异、价格变动等因素的影响,商品的需求呈现出极大的不确定性,这就会造成成本增加并为运营带来挑战。在智慧配送系统中,基于大数据、云计算、人工智能技术的智慧预测方法可以实现对商品需求的精准预测,从而可以充分发挥仓储前置在调拨库存、提升物流运输效率、降低物流运输成本、优化物流服务体验等方面的优势。

7.3 无人化智慧配送方案

7.3.1 无人化配送的工作流程

无人化配送包括无人机配送和夫工车配送。

1. 无人机配送的工作流程

在物流配送领域,无人机主要用于完成干线配送任务或定制化配送任务。当采用无人机配送时,通常需要在调度中心、控制系统、通信系统、导航系统和地面引导辅助设施(人员)等的协同配合下完成配送作业。

下面介绍典型的无人机配送工作流程,如图 7-2 所示。

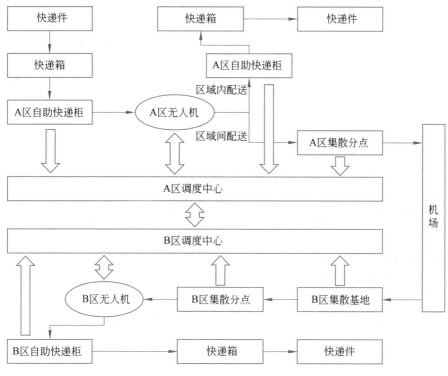

图 7-2　典型的无人机配送工作流程

1) 区域内快递收发

自助快递柜在接收客户放入的快递件后向调度中心发送收件信息。调度系统通过决策挑选出合适的无人机,并向该无人机发送任务指令以及该快递件的坐标。无人机收到指令后飞往收件快递柜。快递柜引导无人机着陆并自动装载快递件。无人机将快递件送达收件区域的自助快递柜。快递柜配合无人机完成卸载入柜之后,无人机返航。系统向客户发送取件信息。

2) 区域间快递收发

区域调度中心在收到发往其他区域的快递件信息后,将指引无人机前往收件并就近送往本区域的快递集散分点。集散分点自动将快递件按区域分类,并装入快递箱后送往机场,由大型飞机送往目的区域的快递集散基地。集散基地在收到快递箱以后进行拆分,集中将同一片区的快递件送往该片区的快递集散分点,再由调度中心调度无人机将快递件送往收件区域的自助快递柜。快递柜配合无人机完成卸载入柜之后,无人机返航。系统向客户发送取件信息。

3) 无人机调度流程

无人机调度的核心是建立无人机状态列表和自助快递柜状态列表。无人机状态列表主要包括无人机编号、当前坐标、当前任务状态、运行状态、续航能力等信息。自助快递柜状态列表主要包括快递柜编号、地理坐标、运转状态、拥塞程度等信息。

无人机配送系统在运转过程中，无人机实时地向调度中心发送状态信息，调度中心实时更新无人机状态列表。自助快递柜收到快递件后向调度中心发送收件信息，调度中心更新快递投送表。从快递投送表中取出优先级最高的快递件编码及其所在的自助快递柜编号和目的地自助快递柜编号，从此自助快递柜的无人机到达时刻表中取出具备续航能力且能够最快到达的无人机编号，向此无人机发送指令，给出收件坐标位置和投件坐标位置。无人机到达目标位置后，向自助快递柜发送着陆请求。自助快递柜利用 iGPS 定位系统精确引导无人机对接着陆并装卸快递件。无人机完成装卸后向调度中心发送任务状态报告。无人机根据任务完成情况判断下一步要执行的动作：飞往目的快递柜投送快递、在此快递柜收件或飞离此自助快递柜等。无人机如无其他任务，将接收自助快递柜引导停靠临时停机台的让位指令，快递柜会在收到其他无人机发出着陆请求时发出让位指令。自助快递柜在快递件入柜后向调度中心发送快递到位确认报告，并同时向客户发送取件信息。超过系统设定时限未被取走的快递件将按照无人查收的情况退回，并通知客户。退回后超时无人取走的快递件将送往就近的集散分点存储。

2. 无人车配送的工作流程

在物流配送领域，无人车通常用于完成末端配送任务，其工作流程比较固定。

无人车配送的工作流程如下：

（1）接单。配送站接收到附近客户的快递件配送订单，系统向客户发送快递件预配送的通知，然后用户通过手机 App 等方式与系统确认取货的时间和地点，形成电子配送单。

（2）无人车调配。系统根据状态、续航能力等信息完成无人车的调度。工作人员会迅速根据配送单信息完成取货，将客户的快递件置于无人车的货仓内，完成配送准备工作。

（3）送货。无人车通过物联网技术同步更新配送地址与配送路线等配送信息。装好快递件后的无人车便出发送货。

（4）自主定位。无人车可以通过车顶安装的摄像头和激光制导雷达识别场景信息，构建三维地图。基于三维地图，结合 GPS 导航的信息，无人车可以利用其搭载的人工智能芯片自主判断出目前所在的位置以及配送目的地的方位。

（5）自主规划路径及避障。无人配送车借助激光制导雷达和视觉实时识别技术避让周围的行人、车辆和障碍物，进而规划出最优运行路径。同时，它会发出语音提醒过往的行人和车辆，并自行避让、加减速。如发生故障，可在第一时间联系工作人员处理。

（6）货物送达。无人车按照约定时间和地点自动将快递件送到客户面前。客户通过验证码、人脸识别和语音交互等方式完成取货。然后，无人车继续下一订单的配送或返回配送站点。

7.3.2 无人化配送的应用场景

随着需求的多元化发展和无人配送技术的不断进步，无人化配送设备正越来越多地出现在人们的生活当中。下面介绍 5 种无人化配送的典型应用场景。

1. 快递末端配送

快递的末端配送属于物流的"最后一公里"问题。因其具有工作量大、自动化程度低、不确定性高、不稳定性高等特点,造成快递配送人员需求量大,人力成本居高不下。无人化配送设备通过先进的信息化技术与智能算法相结合,可以实现高负荷、全天候、智能化配送作业。相较于传统的快递末端配送作业模式,无人化配送减少了快递配送人员的参与,降低了配送成本,提高了快递站点应对"双11""6·18"等配送高峰期的能力,同时还有利于提升客户的服务体验。另外,无人化配送的应用还可以解决偏远农村和山区的快递配送问题,有效拓展业务覆盖范围。

2. 即时物流配送

如今,外卖已经成为大众就餐的新选择。除了餐饮之外,生鲜、熟食、药品、百货等也早就可以通过外卖的方式实现即时配送。即时物流配送模式给人们的生活带来了极大的便利,但是即时物流订单产生的时间、数量和配送路线等都存在极大的不确定性,这就与客户要求的及时、准时配送之间存在矛盾。为了解决这一问题,即时物流配送企业只能通过储备足够的运力的方式匹配随时产生的订单,这就造成了较高的配送成本。无人化配送在即时物流配送领域的应用,不仅可以降低配送的成本,提高配送的可靠性,还可以缩短配送时间,提升客户体验。

3. 机器人"服务员"

随着人力成本的逐年增加,越来越多的餐厅采用送餐机器人为顾客提供送餐服务。送餐机器人的使用不仅节约了人工成本,还提升了送餐效率,降低了送餐失误率,提高了应对客流高峰的能力。同时,送餐机器人的使用还成为吸引顾客的有效手段。

医院因医药、医疗耗材、被服等物资的大量流转,需要花费大量配送人工成本,且紧急情况下的物资调取仅以口头医嘱的形式传达,也不利于医院的管理。配送服务机器人的应用可以实现医疗物资的准确运送、配送信息可视化与管理可追踪,在节约人工成本的同时提高了医疗物资管理的智能化、精细化程度,让医护人员可以更专注于患者的医治。

酒店为客人提供全天候服务,配送服务机器人可以辅助酒店管理人员完成引路、送物等基础服务,不仅可以降低酒店的运营成本,还有助于提升酒店的服务质量、管理的智慧化程度以及客人的体验。

4. 疫情防控中的无接触配送

2019年12月,突如其来的新冠疫情彻底改变了人们的生活和工作节奏,传统的物流业也经受了巨大的考验。我国虽然取得了举世瞩目的抗疫成果,但如今疫情防控形式仍十分严峻。随着疫情防控常态化的不断推进,人们的防护意识逐渐提高,无接触配送也成了人们的新要求,这也加快了无人化配送的推广速度。

5. 受灾地区物资配送

自然灾害时有发生,当发生地震、洪水、暴雪等灾害时,陆路交通往往被中断,灾区人民的生活、医疗物资保障就成了迫在眉睫的问题。无人机配送因具备不受地面交通影响、速度快、定位准、灵活性高等优点而成为灾区物资配送的新选择。无人化配送已经在诸多领域取得了喜人的成果,但是目前的无人化配送技术尚未完全成熟,仍会受到路况、天气、距离、通信条件等因素的影响和限制,也会面临人为破坏、坠机等突发问题,同时相应的法律法规也有待进一步完善。无人化配送要实现大规模应用,仍然要走很长的路,短期内很难完全取代人力配送。但是,无人化配送已经展现出不可替代的优势和强大的生命力,相信随着无人化配送技术的日趋成熟,无人化配送设备会有更多新的应用场景,也会扮演更加重要的角色。

7.4 智慧物流配送的应用与发展

7.4.1 智慧物流配送的典型应用

1. 城市地下智慧物流配送系统

智慧物流通过物流数据服务、物流云服务和物流技术服务,建立自动化仓库,优化配送路径,进而缩短了分拣、配送时间,但仍不能从根本上解决城市配送的问题,因此,城市地下智慧物流配送体系应运而生。传统配送系统、现有配送系统和城市地下智慧物流配送系统的比较见表 7-1。

表 7-1 传统配送系统、现有配送系统与城市地下智慧物流配送系统的比较

传统配送系统	现有配送系统	城市地下智慧物流配送系统
受配送时间、道路限制、交通管制影响大	未解决传统配送系统的问题	不受限制
配送时效性得不到保证	时效性提高	时效性显著提高
配送点缺乏规划,乱停、乱放,社会影响大	配送点进行合理规划	可建立地下配送中心
交通拥堵,尾气排放,能源消耗大	未解决传统配送系统的问题	不占用道路资源,采用地下物流通道

当地下智慧物流配送系统建成后,人们购买任何商品都只需点击鼠标。所购商品就像自来水一样通过地下管道很快地"流入"家中。

2. 无人机智慧快递配送系统

作为物流配送的"黑科技",无人机毫无疑问是解决"最后一公里"配送效率难题的重要利器。与人力配送相比较,无人机具备智能化、信息化、无人化的特性,配送效率更高,配送成本更低,而且不受地形影响,也不受交通因素的限制,因此受到了快递、电商等企业的重视。

2018 年 3 月,顺丰取得了国内第一张无人机航空运营(试点)许可证,开始在江西赣州试点区域展开无人机快递配送业务。同年 2 月,民航西北地区管理局允许京东担负陕西无人机航空物流多式联运创新试点任务。顺丰、京东之所以会选择在农村展开无人机物流配送试点,主要是由于城市对利用无人机进行物流配送的要求较高,而乡村的空域划设相对简单,通信及电磁环境较好,安全成本较低,能充分发挥无人机配送运输的优势,因此,以农村作为无人机配送试点更为可行。无人机配送在农村的发展为智能化配送累积了许多经验。然而,开创一条城市无人机快递配送之路,才是各个快递、电商企业共同的目标。

经过短短几年时间的发展,从快递超市货品到运送能救命的抗毒血清,从中转配送方式到直接配送方式,城市无人机配送已经实现飞速发展。目前,无人机的续航能力和控制里程可以达到 20km,配送时间为 20~25min,基本能满足短途同城配送的需要。

3. 新零售中的智慧配送体系

目前,商家自建配送体系、整合平台众包和临时加盟形式并存的即时物流服务,以及配送网络下沉、配送中心前置策略等综合解决方案,正深刻地影响着大众的消费方式和终端消费者的偏好,并逐步演变成新零售模式下的典型配送服务方式。

在新零售迅猛发展的今天,消费方式有 4 个主要的变化:首先,消费行为呈现频率高、部分商品下单时间比较集中等特点,门店的配送系统也会呈现特定时间段订单激增、时效性变短、最终配送地点多为居民区等特征;其次,配送半径大幅缩小,基本上在 5km 以内;再次,消费者对配送服务要求高,基本上都要求配送人员送货到家,并与客户当面进行货物交接;最后,配送商品以生鲜类为主,商品自身的价值周期短,对配送服务要求高,除了及时配送之外,还需要一定的保鲜、保值的专用设备或附加服务。

在新零售的配送环节中引入智慧的因素,可以有效应对这些新特点。智慧配送在新零售中的应用主要体现在以下几点:终端客户配送服务的及时性大幅提升,从接收订单到配送完成,基本上要求在 30min 内,商家与现有配送平台合作,利用其终端配送能力覆盖 3km 的范围,实现即时配送;对于除生鲜、熟食等类商品外,时效性较长的商品,可以总结客户购买规律,运用主动配送的方式提升时效性;充分利用丰巢快递、速递易等智慧配送终端资源,解决居民区配送"最后一公里"的问题。

7.4.2 智慧物流配送的发展现状

1. 智能快递柜日益普及

凭借时间配置灵活、效率高、成本低以及安全性高等优点,智能快递柜近年来受到市场的大力追捧。目前,国内快递柜的"玩家"有菜鸟网络、京东物流、丰巢、速递易、日日顺乐家等。据国家邮政局官方统计数字,至 2020 年底,全国累计投放 42.3 万个智能快递柜,建成 10.9 万个快递末端公共服务站,城市老旧小区邮政、快递末端基础设施建设全面推进。在电子商务及快递行业全球稳定增长的大背景下,预计未来全球智能快递柜需求量将保持稳定的增长。

2. "末端＋社区 O2O"多元发展

在各种末端服务探索中,深入社区的商业机构一直被认为是嫁接快递功能的最好载体之一。据不完全统计,2017 年,WOWO 便利连锁管理有限公司与百世集团达成全面战略合作协议,圆通在上海开设了国内首家妈妈菁选便利店,中国邮政也推出了友邻居便利店,在提供各种零售服务的同时承担"最后一公里"功能。2020 年,生鲜 O2O 平台活跃用户人数快速增长,其中多点的活跃用户人数位居首位,盒马鲜生、每日优鲜、京东到家和大润发优鲜的活跃用户规模紧随其后,社区 O2O 模式发展迅速。

3. "物流＋众包 O2O"模式萌芽

在新经济环境下,众创、众包、第四方物流等协同经济新业态层出不穷,为电商物流末端配送发展提供了新的动力。

1) 全民众包模式

以达达、人人快递、京东众包、闪送、快收等为代表的全民众包模式受到了诸多快递人员与消费者的欢迎。全民众包的快递 O2O 模式在一定程度上解决了大批人员的就业问题,这是这类平台对社会的贡献。目前在国内有相当一部分闲散人力，同时也有相当一部分人员在工作之余想赚到更多的收入，这类O2O平台无形之中会就受到上述人群的欢迎。无论是白领阶层、学生阶层、公务员、企业老板、下岗工人还是自由职业者，只要愿意，并且符合基本条件，都可以申请成为这类O2O平台的自由快递人。

2）物流公司众包模式

与全民众包模式不同，PP速达、运宝网则采用针对物流公司的众包模式。PP速达与国内12家大型快递公司达成合作协议，运宝网则集合了8000家专线物流公司。这种针对物流公司的众包模式可以在一定程度上保证货品的安全，货品出了问题可以由物流公司承担责任。此外，物流公司的快递人员都经过公司系统、严格的培训才正式上岗，在服务的专业性上高于全民众包模式的快递人员。因此，这种众包模式具有良好的发展前景。

4. 无人机、机器人等无人配送起步

目前，无人机末端配送在全行业已呈多点开花之势。不仅京东、顺丰的无人机应用获得重大进展，陆续亮相的还包括苏宁、邮政、中通、菜鸟网络的无人机。

以京东为例，在无人机物流体系的搭建方面，京东已规划了干线、支线、终端3级网络，在宿迁建成全球首个无人机调度中心，并获得覆盖陕西省全境的无人机空域书面批文，全球首个通航物流网络正在落地，京东宿迁全球首个全流程智慧化无人机机场正式启用，意味着京东已经实现了无人机末端配送运营全流程的无人化与自动化。

从无人配送的主要应用场景来看，主要分为封闭环境下的配送（室内配送）和非封闭环境下的配送（室外配送）。针对室内配送，主要由配送机器人提供服务；室外配送则由地面的配送物流车和天上的配送无人机共同完成。

7.4.3 智慧物流配送的未来趋势

智慧物流配送的未来形态受到来自国家政策、电子商务交易增速、科技进步、商业零售变革、消费者需求变化等多方面的驱动和影响，将以降本增效和用户体验为核心，呈现智能化、多元化、绿色化、脸谱化、品质化五大趋势。

1. 持续智能化升级

随着技术发展的日新月异，快递行业纷纷加速向智慧物流转型，智能化已经成为全行业转型升级、降本增效的基础。一系列智能算法、自动分拨系统流水线、机器人分拨系统相继投入使用，使得分拣、干线等各环节效率显著提升。

但由于末端配送仍需消耗大量人力，尤其在迎战"双11"这样的行业高峰的时候，整体智能化水平还有待持续升级。

京东物流目前通过在自营干支线、城配线路上加载北斗导航系统，包括给京东配送员配备带有北斗导航系统的智能手环设备，实行智能建站、智能路径优化等做法，在末端配送的实际应用中取得了降本增效的显著效果，具有一定借鉴意义。未来，随着各项无人化产品的常态化运用，京东物流将打造一个仓储、分拣、运输、配送、客服全供应链各环节无人化的智慧物流体系。

在末端配送环节，不仅无人机的应用场景将更加丰富、常态化，无人配送车在智能化升级中也将得到更广泛、深入的应用。

2. 多元化配送将成常态

在每年的"双11"物流大战中，没有任何一家企业可以独力承担双11天量包裹的配送，因此需要全行业通力合作、社会化协同的多元化解决方案。同时，在每年的"双11"期间，由于货物积压较多，社区、学校、农村等场景的配送难问题往往得到成倍放大。

随着天量包裹的常态化以及不同场景的个性化需求，多元化配送、多元化场景解决方案将成为未来末端配送的常态。

以京东物流为例，目前，京东在自营配送之外还搭建了各类场景的自提基础设施，包括以各类社区便利店为形态的便民点、城市中高端封闭社区和楼宇内的自提和上门配送的星配站、可以24小时自助式提货的自提柜、全国高校内为学生提供综合性服务的京东派等末端服务网点，全部面向社会开放自提服务。

3. 绿色化全面提速

随着碳减排、碳中和目标的提出，绿色转型已是物流行业的"总动员会"。随着各级邮政管理部门和快递企业积极贯彻落实国家邮政局有关绿色发展的工作部署，快递绿色包装工作扎实有效推进，为行业绿色发展奠定了坚实基础。据初步统计，截至2020年年底，主要品牌快递企业通过采取减少过度包装、循环利用纸箱等措施，每年至少可节约快递封装用品55亿个；电子面单普及率提升至92％，每年至少可节约传统纸质面单314亿张。绿色快递已初见成效。

在政策方面，国家市场监督管理总局、国家标准化管理委员会批准发布了GB/T 39084—2020《绿色产品评价 快递封装用品》国家标准，已于2020年10月1日起实施。到2025年底，全国邮政快递网点将禁止使用不可降解的塑料包装袋、塑料胶带、一次性塑料编织袋。绿色快递健康发展已成必然趋势。

4. 脸谱化势在必行

快递末端的商业本质就是效率的提升、成本的降低，满足各种场景、不同用户末端配送服务体验度的差异化需求。随着零售从线下时代走入电商时代，进一步向无界时代迈进，供应链的"权力中心"不断向消费端转移，物流逐渐围绕用户体验而设计。

未来末端配送的脸谱化就是以用户体验为核心，通过大数据、人工智能等技术手段，形成一套消费者专属的个性化服务体系，满足消费者不同场景下的个性化服务需求。这就好比传统戏剧里的脸谱，它是一套完整的符号系统，不同色彩和图案施于脸谱，赋予的性格、意义完全不同。

消费者基于时间、安全等因素，对末端配送有越来越多的个性化需求，例如极速达、限时达、个人信息保护等。用户体验越来越成为物流企业竞争力的表现。

5. 品质化升级迫在眉睫

"十三五"是国内主要快递企业转型升级、提质增效的关键期。2017年"双11"期间，国家邮政局首次提出"质量双11"的目标。要求邮政行业最大限度地按照承诺实现高质量配送，为消费者提供更好的消费体验。无论从宏观环境、行业升级、还是消费者需求来看，末端配送作为提升物流服务质量的关键之一，又是零售体验的关键环节，其品质化升级迫在眉睫。

中国智慧物流研究院认为,物流行业末端配送不仅将呈现智能化、多元化、绿色化、脸谱化、品质化五大趋势,也将朝着新一代物流短链、智慧、共生的方向发展,通过打通物流平台、服务场景、消费需求等多维度的界限,围绕降本增效和用户体验深度融合,共建末端配送价值网络,最终推动零售、物流行业共同实现成本、效率优化,并实现随时随处随需、触手可得的价值体验升级。满足人民日益增长的生活品质需要。

案例与问题讨论

案例:无人配送机器人时代即将到来

2020 年新冠肺炎疫情的爆发极大推动了机器人行业的发展。在此之前,机器人的发展总体上还处于起步阶段,但是在新冠肺炎疫情期间,市场对无人配送、无人消杀等无接触工作的需求大增,尤其是无人配送机器人得以在各类配送场所广泛应用。同时,国家新基建政策的推出让无人配送机器人行业迎来新的发展机遇。

过去几年,无人配送机器人行业极为低调,整个行业都处于"从 0 到 1"的阶段。新冠肺炎疫情使无接触配送成为生活刚需,无人配送机器人这个"全新的物种"开始走进大众视野。送餐机器人、酒店机器人等"机器人战士"密集亮相,各显神通,筑起疫情防控的坚实防线。

在新冠肺炎疫情爆发初期,隔离防护成了重中之重,隔离区人员的餐食主要由无人配送机器人完成配送,以达到安全配送、减小感染风险的目的。

医护人员的餐食、药品、化验单等配送工作由无人配送机器人负责后,极大减轻了医护人员的感染风险,大大节省了医护人员的宝贵时间,也为医用防护用品的节约做出了贡献。

在外卖方面,在无接触餐厅配送范围内的居民利用外卖 App 下单。餐厅接单后,外卖系统会把订单指派给骑手。骑手到达餐厅,后厨将外卖放置在机器人托盘上,机器人自主配送至无接触餐厅的骑手专区,骑手从机器人托盘上取走外卖后,机器人自主返回。随后,骑手严格按照无接触配送标准送餐。同时,以无接触配送方式保障用餐安全已成为餐厅堂食的规则。

随着各行各业机器人的普遍应用以及人口红利的消失,尤其是新冠肺炎疫情期间机器人市场需求的上升,服务机器人市场规模不断扩大。根据中国电子学会统计数据,2014—2018 年我国服务机器人市场规模逐年增长;2019 年我国服务机器人市场规模达到 22 亿美元,同比增长 36.1%;2020 年我国服务机器人市场规模为 29.4 亿美元。

新冠肺炎疫情过后,消费者的健康意识将大幅提高。同时,5G 技术、人工智能技术、物联网技术等将得到更成熟的应用。这都会进一步促进无人配送机器人的快速发展,带领物流行业进入无人机器人配送时代。

问题讨论

1. 结合案例,谈一谈无人配送机器人的突出优点。

2. 结合实际,谈一谈无人配送机器人的应用前景。

小　　结

　　智慧物流配送是一种以互联网、物联网、云计算、大数据等先进信息技术为支撑,在物流的仓储、配送、流通加工、信息服务等各个环节实现系统感知、全面分析、及时处理和自我调整等功能的现代综合性物流配送系统,具有自动化、智能化、可视化、网络化、柔性化等特点。

　　本章介绍了智慧物流配送的概念、特点、演进、管理;重点介绍了智慧配送的智能化系统体系,包括智能配送系统的装备与技术、智慧配送信息平台、智能车辆配载优化技术、智能配送路径优化方法等;详细介绍了机器人配送的流程、设备、技术和应用情况;最后介绍了智慧物流配送的典型应用、现状和未来发展趋势。通过本章内容,可以使读者对智慧物流配送的相关知识有比较全面的了解。

练习与作业

1. 智慧物流配送的主要特点是什么?
2. 智慧物流配送管理和传统的配送管理有何不同?
3. 智慧配送的网络节点有哪些?
4. 智能快递柜的主要功能有哪些?
5. 无人机配送系统的组成部分有哪些?
6. 无人车配送的关键技术包括哪些?
7. 智慧配送信息平台的主要功能有哪些?
8. 如何进行智能车辆配载优化?
9. 如何进行智能配送路径优化?
10. 无人机配送的工作流程是怎样的?
11. 无人车配送的工作流程是怎样的?

第 7 章　智慧物流配送
7.1 节和 7.4 节

第 7 章　智慧物流配送
7.2 节和 7.3 节

第8章 智慧物流包装

学习目标和指南

※ 学习目标

1. 掌握现代物流包装的概念，了解包装质量管理和费用管理以及二者之间的关系，了解现代物流包装管理的发展趋势。

2. 深刻理解智慧物流包装的概念以及智慧物流包装的特点。

3. 了解信息型智能包装、功能材料型智能包装和功能结构型智能包装的工作原理。

4. 了解装袋机器人、装箱机器人、堆码机器人、灌装机器人、输送机器人和识别检测机器人的工作原理以及作业场景。

5. 能够根据包装物的属性、数量、重量、体积等信息，利用智能打包系统的算法支持，选择合适的包装类型和数量。

6. 了解可循环使用的智能包装系统的工作原理以及运营模式。

※ 学习指南

1. 从现代物流包装的概念出发，结合实例，理解物流包装在物流管理中的重要作用。

2. 结合一般企业的包装质量管理、工业企业产品的包装质量、管理流通领域的包装质量管理和包装费用管理，分析包装质量管理和费用管理以及二者之间的关系。

3. 从包装的作用和包装的分类出发，结合物联网、大数据和云计算等人工智能技术，理解智慧物流包装的概念以及智慧物流包装特点。

4. 根据本章介绍的反映商品质量的信息型智能包装技术和反映商品生产和销售信息的信息型智能包装技术，了解变色材料包装、发光材料包装、水凝胶材料包装和活性材料包装的工作原理。

5. 了解变色材料包装、发光材料包装、水凝胶材料包装和活性材料包装等功能材料型智能包装的工作原理。

6. 了解自动报警包装、自动加热包装和自动冷却包装等功能结构型智能包装的工作原理。

7. 结合物流工作实例，了解包装机器人的工作原理以及作业场景。

8. 从包装箱内部嵌入传感器、控制器等智能硬件出发，了解可循环使用的智能包装系统的工作原理；从管箱、租箱、拼箱 3 种服务出发，了解可循环使用的智能包装系统的运营模式。

1. 现代物流包装发展的趋势是什么？现代物流包装和传统物流包装的区别和联系是什么？

2. 智慧物流包装发展的技术支持有哪些？

3. 智能包装机器人在哪些领域有应用？应用前景如何？

4. 可循环使用的智能包装系统是如何工作的？

8.1 包装管理与智慧包装

8.1.1 现代物流包装管理

1. 现代物流包装管理的概念

现代物流包装管理是指对产品的包装进行计划、组织、指挥、监督和协调工作，它是企业管理的重要组成部分。但是，由于不同企业的产品品种和生产规模等情况不同，因而在包装管理方法和实际应用方面存在着差别。

现代物流包装管理必须根据企业的具体情况，用最经济的方法保证产品的包装质量，降低包装成本，促进产品销售。产品包装与企业内部和外部的许多部门有关，纵向和横向的联系很多，因此，企业的包装管理是一项综合性的工作，企业的全体职工都要提高对包装管理重要性的认识，加强企业的包装管理工作。企业的包装管理工作的好坏对企业的经济效益有重要的影响。包装管理工作搞好了，就能保证产品的包装质量，降低产品的包装成本，促进产品的销售，从而提高企业的经济效益。

2. 现代物流包装管理的特点

随着科学技术的飞速发展，商品包装已成为促进销售、增强竞争力的重要手段。许多新技术、新工艺、新思维已被应用于包装设计、包装工艺、包装设备、包装新材料、包装新产业等方面。

1）绿色设计

日渐枯竭的自然资源和日渐严峻的生态环境要求我们最大限度地采用绿色包装，包括材料的选择、产品制造、运输、销售、使用、回收等整个过程都应满足绿色物流的需要。在材料使用方面，要求多使用可生物降解和再生循环利用的材料进行包装。在包装材料上的革新有：用于隔热、防震、防冲击和易腐烂的纸浆模塑包装材料，植物果壳合成树脂混合物制成的易分解的材料，天然淀粉包装材料，自动降解的包装材料。在设计上应力求减少后期不易分解的材料，尽量采用质量轻、体积小、易压碎或压扁、易分离的材料，尽量采用不需要生物及化学作用就可以分解的材料。同时，在保证包装的保护、运输、储藏和销售功能时，应尽量减少包装材料的使用总量。

2）运用第三方物流包装

第三方物流包装企业为产品生产企业提供最优整体包装解决方案服务，可以使产品生产企业的物流包装成本大幅度降低，优化和缩短企业的供应链，降低管理成本，实现生产的零库存,减少流通过程中产品的破损,提高托盘和货柜的利用率,使包装的外观更加完美,减轻包装材料对环境的影响,突破一些国家对我方出口产品设置的绿色包装贸易壁垒。

3）包装设计网络化

由于电子商务使商务活动表现出电子化、信息化、网络化、虚拟化等特点,企业可以通过网络直接发布商品销售信息,消费者可以直接在网络上查询自己需要的商品信息,并通过网络签订买卖合同,进而通过网上支付、网下派送的方式获得商品,彻底改变了商品的传统销售方式,去掉了销售的中介环节。包装设计网络化既节约了大量的原材料,又实现了商品、物资的优化配送,提高了运输效率,免去了对商品的人工、机械装卸和运输,降低了交易成本,提升了广告宣传效果,伸进了商品销售。

8.1.2 智慧物流包装的概念

1. 包装的定义

中国国家标准 GB/T 4122.1—2008《包装术语第 1 部分：基础》中对包装的定义是"为在流通过程中保护产品、方便贮运、促进销售,按一定技术方法而采用的容器、材料及辅助物等的总体名称。也指为了达到上述目的而采用容器、材料和辅助物的过程中施加一定技术方法等的操作活动"。其他国家或组织对包装的含义有不同的表述和理解,但基本意思是一致的,都以包装功能和作用为其核心内容。包装一般有两重含义：

（1）包装物。即盛装商品的容器、材料及辅助物品。

（2）技术活动。即实施盛装、封缄、包扎等的操作。

2. 包装的分类

1）按产品销售范围分类

包装按产品销售范围分为内销产品包装、出口产品包装、特殊产品包装。

2）按在流通过程中的作用分类

包装按在流通过程中的作用分为单件包装、中包装和外包装等。

3）按材料分类

包装按材料分为纸制品包装、塑料制品包装、金属包装、竹木器包装、玻璃容器包装和复合材料包装等。

4）按使用次数分类

包装按使用次数分为一次用包装、多次用包装和周转包装等。

5）按容器的软硬程度分类

包装按容器的软硬程度分为硬包装、半硬包装和软包装等。

6）按被包装物品性质分类

包装按被包装物品性质分为加工食品包装、鲜活农产品包装、药品包装、化工产品包装、家电产品包装等。

7）按功能分类

包装按功能分为运输包装、贮藏包装和销售包装等。

8）按技术方法分类

包装按技术方法分为防震包装、防湿包装、防锈包装、防霉包装等。

9）按结构形式分类

包装按结构形式分为贴体包装、泡罩包装、热收缩包装、可携带包装、托盘包装、组合包装等。

10）按物品的安全程度分类

包装按物品的安全程度分为可分为一般物品包装、危险物品包装、易损物品包装等。

11）按产品性质分类

包装按产品性质分为销售包装、储运包装、军需品包装。

3. 智慧物流包装的概念

物联网、大数据、人工智能与信息技术等应用于物流包装领域，产生了智慧物流包装。物流行业对于智慧物流包装的认识最早从智能包装开始。1992年，在伦敦召开的智能包装会议上，初步提出了智能包装的定义：在包装、商品或商品包装组合中有一个集成化元件或一项固有特性，利用该元件或特性将符合特定要求的职能成分赋予商品包装的功能中，或体现于商品本身的使用中。2018年，暨南大学王志伟提出，智能包装更多的是包装信息功能的延伸，在从原材料供给到产品制造、产品包装、物流配送、消费和包装废弃物处置的整个供应链中，承担信息感知、存储、传递、反馈等重要通信交流功能。2019年，华南理工大学陈克复院士提出，智能包装是指通过创新思维在包装中加入信息、电子、控制、传感等新技术，在使其具有通用包装功能的同时还具有某些特殊的性能，如能感知、监控、记录以及调整商品所处环境的状态，可将有关信息便捷、高效地传递给使用者，且使用者可与之进行信息交流沟通，并易于触发隐含或预制的功能需求。

智能包装流程如图8-1所示。

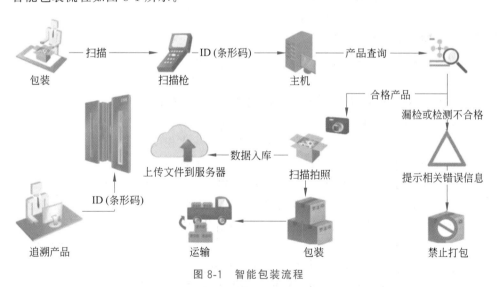

图 8-1　智能包装流程

智慧物流包装是智能包装在物流领域的应用和价值体现。智慧物流包装是指：在现代物流运作中，为保护产品、感知信息和优化服务，以包装为载体，通过数字化与智能化技术手段，使之具有感知、监控、记录、智能处理和信息传递的现代化功能，实现包装的可视化与智慧化，满足物流与供应链管理高效运行的需要。

8.1.3 智慧物流包装的特点

1. 自适应包装

自适应包装技术就是模拟食品所需的环境参数,在食品储藏与转移中自动调节环境变化,使包装中的环境能最大限度地实现食品的储存与保质。在自适应包装中要调节的食品环境参数主要包括温度、湿度、压力、气体组分等。自适应包装技术包含材料与工艺两部分,有的环境参数要靠化学调节,有的要靠生物调节,有的要靠物理调节。自适应包装技术是最理想的包装技术,同时也是最难实现和控制的技术。

2. 显窃启包装

显窃启包装是指为防止开启、偷换、撕破、恶作剧等行为而对物品包装采取的某些特别技术措施,通过这种措施可以判断物品在外包装开启前的安全性。为确保物品的安全性,需要在制造和零售环节科学、合理、巧妙地采取相应的措施。

显窃启包装技术因包装材料、销售方法、容器结构、内容物的不同而具有多样化特点,归纳起来,主要有以下几种类型:

(1)薄膜裹包。裹包形式有全面融合裹包、收缩裹包、拉伸裹包和贴体裹包几种。

(2)泡罩包装。适合高级食品、药品和工艺品等,有泡眼包装、浅盘包装和蛤壳包装等。

(3)报警信号式包装。利用现代科技使窃启后的包装容易被识别出来。这样的材料有可变色的塑料薄膜、新型的光纤封条以及含有某些化学物质的特殊材料。

(4)可破坏盖。有断开式盖和真空盖两种。

(5)瓶口封闭包装。通常分为内封式和软盖式两种。

(6)收缩箍套。

(7)全封闭容器。

(8)胶带密封。

3. 可跟踪性运输包装

可跟踪性运输包装是指在运输和流通中对包装物品及容器可以全程跟踪,以便管理者及时完成对其流通渠道和运输路径的优化调整的包装。使用智能包装可以实现对产品的流通过程全程定位,并表现出产品的实际品质。随着全球化程度的提高,市场范围大大延伸,产品供应链也随之扩大,消费者对产品品质的要求越来越高,尤其是食品的新鲜度、精密仪器的保护程度以及药品的安全性。这就促使产品供应链中的制造商、物流运输第三方和零售商提高产品的品质和运输效率,以保证产品流通的成功率,减少零售商的退货和消费者的投诉。消费者对产品包装功能的不断追求是促进智能包装发展的主要动力。

4. 智能标签包装

智能标签是标签领域的高新技术产品,如今已在产品包装中发挥了重要的作用,逐步替代了传统的产品标签和条形码。智能标签包含无射频识别标签、隐蔽或公开的商标保护指示器或提示产品状况的传感器。RFID 标签主要由芯片和天线组成。芯片主要用于接收和传送数据,由阅读器发出的射频信号读取,阅读器与天线和计算机网络相连,形成一个电子模块。阅读器发送特殊信号给特定区域的 RFID 标签,再将反馈信息处理后传送给计算机网络,从而使管理人员得到商品的特殊信息。智能标签可以帮助厂商和消费者实时了解商品库存流通、保质等情况,为厂商监控其产品在供应链中的状况和位置起到很大的作用。例如,仓库管理员可以利用智能标签了解货架上的产品种类和数量等信息,核对产品库存数据,判断产品的销售情况。此外,智能标签提高了标签的防伪效果,尤其在药品包装中,它的防伪功能已大大超过传统的条形码标签。

5. 产品溯源包装

国务院办公厅于 2017 年发布的《关于积极推进供应链创新与应用的指导意见》指出:要促进制造供应链可视化和智能化,提高质量安全追溯能力,建立基于供应链的商品质量安全追溯体系。包装作为供应链体系的重要组成部分,贯穿于商品生产、物流、仓储、销售等整个供应链的全过程,在商品的整个生命周期中都扮演着重要角色。构建基于供应链的重要商品质量安全追溯体系,智慧物流包装技术的应用是一条根本途径。

消费者在购物时扫描包装上的二维码,就可以知悉产品生产的过程、产品采用的原料、生产日期、物流轨迹。这些方便企业做到生产可以记录、问题可以追溯、瑕疵可以召回,完全实现溯源的可视化、数据化,真正做到企业产品品牌形象的保障和方便监管部门对产品的市场监管。智慧包装商品溯源的过程如下:

(1)在产品包装上加二维码。在包装上在线赋码或者贴上二维码溯源标签,赋予每个产品唯一的二维码加密数字身份信息。让产品具有可识别的信息,可以展示给消费者和监管者。

(2)溯源信息采集或者批量录入。入库、出库等各个环节扫描采集相关信息,导入系统后台。将数据编码生成二维码喷在包装上或者印刷成标签贴在包装上。

8.2 智慧物流包装工作原理

8.2.1 信息型智能包装

信息型智能包装是极具发展潜力的智能包装。信息型智能包装是指以反映包装内容物及其内在品质和运输、销售过程信息为主的新型技术。它包括以下内容:在仓储、运输、销售期间,利用化学、微生物和动力学的方法,记录包装商品在生命周期内质量的改变,以及利用化学、微生物、动力学和电子技术信息收集、管理被包装物的生产信息和销售分布信息,从而使用户能够掌握商品的使用性能及其流向,最终完成对运输包装系统的优化管理。

1. 反映商品质量的信息型智能包装技术

气调包装(modified atmosphere packaging)技术就是一种可以反映商品质量的信息型智能包装技术,它主要利用化学、微生物的方法、调节包装内环境的变化。气调包装是指选用密封性能较好的材料包装产品,并采用一定方法调节包装内的气体环境,以减缓氧化速度,抑制微生物的生长和阻止酶促反应等,从而延长产品的货架寿命。气调包装技术的关键是复合保鲜气体的比例控制精度及气体置换率。复合保鲜气体一般由二氧化碳、氮气、氧气及少量特种气体组成。二氧化碳具有抑制大多数腐败细菌和霉菌生长繁殖的作用,是保鲜气体中的主要抑菌成分;氧气具有抑制大多数厌氧菌生长、保持鲜肉色泽和维持新鲜果蔬需氧呼吸、保持鲜度的作用;氮气是惰性气体,对食品不起作用,作为填充气体,与二氧化碳、氧气及特种气体组成复合保鲜气体。

保鲜指示剂包括渗漏指示剂和新鲜度指示剂,通过对微生物生长期间新陈代谢的反应直接指示出食品的微生物质量。例如,用于气调包装中氧气渗漏检测的指示剂就是以氧敏性染料为基础的,这种渗漏指示剂适用于气调包装产品的质量控制。渗漏指示剂中除了含有氧敏成分,还含有吸氧成分。吸氧成分的存在使渗漏指示剂不会与气调包装中的残余氧气发生反应;而且由于指示剂溶入了薄膜中,可以有效防止包装过程中的氧化作用。这种指示剂与包装空间的氧气发生不可逆的化学反应,生成的是稳定的有色化合物,利用这种不可逆性可以实现减少或消除包装中氧气的目的,延长产品的货架寿命。另外,利用漆酶催化促酶反应形成有色产物,在有氧条件下,漆酶可氧化多种基质。视指示剂可生成各种有色化合物,视指示剂遇氧发生反应,出现快速、明显的颜色变化,从而显示包装体破损的情况。

新鲜度指示剂则是通过对微生物新陈代谢产物的反应直接指示产品中的微生物质量。禽肉类包装食品在贮藏期间会产生大量的硫化氢气体,它与肌红蛋白反应会形成绿色的硫肌球素。以肌红蛋白为主要成分的新鲜度指示剂中就运用了硫肌球素的形成法,这种新鲜度指示剂贴在内装新鲜禽肉的包装浅盘的封盖材料内表面,其颜色变化与禽肉质里的硫化氢相互关联,即硫化氢气体一经产生,指示剂随即发生颜色变化,工作人员就可以直接观察到这种变化,从而实现对家禽肉类的气调包装的质量控制。

还有一种反映商品质量的信息型智能包装技术利用了动力学的方法,记录运输过程中跌落、倾倒等动力学行为可能对商品造成损坏的信息。这种记录动力学信息的装置往往由被隔离的两种化学粉末组成,一旦被包装物跌落或倾倒等,两种化学粉末混合,就会发生反应,显示出区别于这两种粉末颜色的第三种颜色。收货方在未开启商品包装的情况下,通过这种记录显示装置便可以了解商品在运输过程是否安全。

2. 反映商品生产和销售信息的信息型智能包装技术

能反映商品生产和销售信息的智能包装,对于用户掌握商品的使用性能和自动物流管理有着积极的作用。这种智能包装一般由记录信息的电子芯片、软件和条形码组成,又称为电子信息组合包装。

这种信息型智能包装技术将商品名称、成分、功能、产地、保质期、重量、价格以及使用指南、警告等信息以数码的形式存储在包装微芯片中,消费者可以很方便地读取这些信息。几乎所有的产品都可以应用这种带有电子数据信息的包装。例如,美国罗格斯大学开发了一种智能化微波加热包装,它将食品加工的信息编入包装的信息码,由微波炉上配备的条形码扫描仪和微处理器获得这些加工信息,控制微波炉的加热效果。这种包装就成为一个很好的信息载体,在食品、包装和微波炉之间建立便捷的信息通道。

可跟踪性运输包装的目标就是开发一种有利于自动化管理的运输包装技术形式,使运输容器在流通路线上能被全程跟踪,便于控制中心完成对运输路线和在线商品的调整和管理,达到商品流通运输的快捷化、最佳路径化和低运输成本的目的,借助信息网络和卫星定位系统构筑一个智能型物流体系。如今,电子标签已成功地应用于可跟踪性运输包装。

电子标签主要有 DPS(Digital Picking System,摘果式电子标签拣货系统)和 DAS(Digital Assorting System,播种式电子标签拣货系统)两种使用方式。DPS 方式即利用电子标签实现摘果法出库。首先要在仓库管理中实现库位、品种与电子标签的对应。出库时,出库信息通过系统处理并传到相应库位的电子标签上，显示出该库位存放的货品需出库的数量，同时发出光、声等信号，指示拣货人员完成作业。DPS使拣货人员无须费时寻找库位和核对商品，只需核对拣货数量，因此在提高拣货速度、准确率的同时，还降低了人员劳动强度。采用DPS时可设置多个拣货区，以进一步提高拣货速度。

信息智能包装技术能反映包装物的质量信息和商品流通信息，使物流管理变得更为简单有效，给消费者带来诸多便利。随着其他领域技术的发展，信息智能包装技术也将得到大力发展，为各行业特别是零售行业带来巨大的经济效益。

8.2.2　功能材料型智能包装

功能材料型智能包装是指通过应用新型智能包装材料改善和增加包装的功能，以达到和完成特定包装的目的。目前的功能材料型智能包装通常采用光电、温敏、湿敏等功能材料，对环境因素具有识别和判断功能。功能材料可以识别和显示包装微空间的温度、湿度、压力以及密封的程度、时间等一些重要参数，还能自适应器物本身的不同特质，自动调整包装内部环境。功能材料型智能包装是以材料为基础的智能化包装形式，可分为变色材料包装、发光材料包装、智能水凝胶材料包装、活性材料包装等。

1. 变色材料包装

变色材料包装是指在包装上应用变色材料，如光敏变色材料、温敏变色材料、电敏变色材料、气敏变色材料等，使包装在受到光、电、温度、压力、溶剂以及化学环境等特定外界激发源作用时通过颜色的变化做出反馈，可以实现包装的图案显示、信息记录、警示提醒、美化装饰、防伪安全、互动娱乐等功能。

2. 发光材料包装

发光材料包装是指在包装上应用发光材料，如光致发光材料、力致发光材料、化学发光材料、电致发光材料等，这些材料能够以某种方式吸收能量，并以发光的形式表现出来，进而通过包装本体颜色以及与环境光的颜色进行叠加后的颜色实现包装的视觉传达目的，形成一种具有动态色彩的多样性表达。在实际应用中，发光材料主要的应用形式有发光油墨、发光涂料、发光陶瓷、发光玻璃、发光塑料、发光纤维、发光薄膜等，使包装可以实现安全警示、多维展示、防伪以及互动娱乐等功能。

3. 智能水凝胶材料包装

智能水凝胶是一类由智能高分子通过物理或者化学交联方式形成三维网络结构的聚合物，它可以吸收大量的水并溶胀至平衡体体积而仍保持其形状，其对环境信息的微小变化具有响应功能，如温度、pH值、葡萄糖浓度、光、电变化等，产生相应的体积变化或者其他物理化学性质的变化，可应用于形状记忆、自愈合聚合物、组织工程、药物输送、智能涂层、化学反应开关等领域。

因为智能水凝胶材料在受到外部特定因素刺激时会发生突跃式的变化，所以可用于灵敏传感装置，在包装领域有很大的应用前景，该类包装被称为智能水凝胶材料包装。

4. 活性材料包装

活性材料是指在材料中加入一些活性组分，并在特定的条件下，如环境的一定温度、pH值、湿度等，可以吸收或释放特定的气体或物质。在包装中应用活性材料能够用于改变食品的包装环境(氧气与二氧化碳的浓度、温度、湿度和微生物繁殖速度等)以延长贮存期,改善食品安全性和感官特性,同时保持食品品质不变。这类应用活性材料的包装称为活性材料包装,也称为活性包装。

活性材料包装分为吸收型系统和释放型系统,吸收型系统有氧气去除型、二氧化碳清除型、乙烯去除型、水分吸收型、异味清除型等,释放型系统有抗菌型、乙烯产生型、二氧化碳产生型、乙醇产生型等。活性材料包装可应用于生鲜食品、果蔬、医药及日用品等领域,具有延长食品保质保鲜期,为生鲜跨地区运输提供保障,以及减少对人体带来的潜在生物危害等功能。常见的活性材料包装主要是动物类和植物鲜花类的包装,如肉类包装、鲜鱼类包装、动植物雏苗包装、菜苗包装、果(树)苗包装等。

8.2.3 功能结构型智能包装

功能结构型智能包装是指为满足安全的产品包装、可靠的物流运输等某些特定需求,从而对包装结构进行相应的增加或改进的一类智能包装。相较于功能材料型智能包装的研发,功能结构型智能包装多基于生物、化学、物理学原理,通过创新整合使得食品包装更具有简便性和安全性。在功能结构型智能包装中最典型的有自动报警包装、自动加热包装和自动冷却包装。

1. 自动报警包装

在自动报警包装中,包装袋底部嵌有依靠压力作用实现报警的封闭报警系统。当包装袋内的食品品质发生变化时,食品膨胀产生的压力就会大于预先设定的压力值,报警系统就会被启动,这样可以提示消费者食品已出现质量问题,同时商家也可依此将商品下架。

2. 自动加热包装

自动加热的即食餐包装是功能结构型智能包装的一个重要应用。自动加热包装采用一种利用压铸形成的多层、无缝的容器,容器内层分多个隔间,利用简单的化学原理,在没有外部热源的情况下释放热量,自动加热食品。

3. 自动冷却包装

自动冷却包装内置一个冷凝器、一个蒸发格以及一包干燥剂。冷却时,由催化作用产生的蒸汽和液体会贮藏在包装的底部,利用产生的蒸汽和液体可在短时间内大幅度降低食品温度。

8.3 智慧物流包装智能化作业

8.3.1 智能包装机器人

包装机器人是工业机器人的一种,是应用在包装工业领域的自动执行工作的机械设备。机器人越来越多地走入车间,替代枯燥繁重的劳动,成为包装业的"宠儿"。应用智能包装机械能够有效提高工作效率,提升包装品质,降低人工成本,优化工作环境。目前常见的智能包装机器人包括装袋机器人、装箱机器人、堆码机器人、灌装机器人、输送机器人和识别检测机器人。

1. 装袋机器人

装袋机器人是机座固定回转式机器人,机身可 360°旋转,由机械手完成包装袋的输送、开袋、计量、充填、缝袋和堆码。这是一种智能化程度较高的包装机器人。

2. 装箱机器人

金属和玻璃包装容器的装箱一般用装箱机器人完成。对包装件(物品)的抓取有机械式和气吸式两种。装箱机器人可整体移动,对包装件进行抓取或吸附,然后送入指定位置上的包装箱或托盘。装箱机器人具有方向和位置自动调节的功能,可实现无箱或无托盘不卸货和方向调节。装箱机器人是一种较为成熟的机器人,广泛应用于饮料、啤酒、化妆品和香烟等产品的装箱作业中。

3. 堆码机器人

堆码机器人是一种功率较大的机器人。对堆码机器人要求有较高的稳定性和平衡性。其抓取机构中具有自锁功能,以确保从几十千克到几吨的货物的抓取均牢固可靠。它还具有时间、位置和力量的参数控制系统,通过设定的控制程序实现。

4. 灌装机器人

灌装机器人是一种将包装容器充满液体物料后进行计量、输盖、压盖(旋盖)和识别的机器人。它具有无瓶不输料、无盖不输瓶、破瓶报警和自动剔除等功能。在过去,很多液体物料的灌装主要是用这种机器人的局部功能,即将机械手装于生产线上。如今已经将这种机器人直接配置在物料生产主机的后部,实现液体物料的自动灌装。灌装机器人有软包装和硬包装之分。这里分析的是硬包装(装瓶)灌装机器人。

5. 输送机器人

输送机器人在包装工业中主要指塑料瓶包装输送机器人,它利用空气动力和特殊的构件实现瓶体(空瓶)的输送,将瓶体快速输出排列,然后给予一个特定(方向、大小)的力,使瓶体准确地在空中经过抛物线路线到达充填工件。这种机器人改变了传统的输瓶机构,使得输送速度加快,输送空间减小,是一种全新概念的包装机器人。它借助于空气动力学和特殊机械构件实现其输送作业。

6. 识别检测机器人

识别检测机器人是一种智能化系统,它可以进行包装成品的识别检测和产品(如水果等)分级识别检测。识别检测机器人应用了许多先进技术,主要是识别与检测技术,包括高光谱和多光谱图像技术、X 射线探伤检测技术、核磁共振检测技术、红外检测技术、热红外图像检测技术、激光图像技术等。

8.3.2 包装箱型智能推荐

包装箱型智能推荐即根据包装物的属性、数量、重量、体积等信息,在智能打包系统的算法支持下,自动选择合适的包装箱型及数量进行匹配,以达到减少耗费、节约成本、方便物流的目的。装箱问题是复杂的离散组合优化问题。一般来说,离散组合优化问题通常带大量的局部极值点,往往是不可微的、不连续的、多维的、有约束条件的、高度非线性的 NP 完全问题。装箱问题和许多离散组合优化问题一样属于 NP 完全问题。包装箱型智能推荐就是把一定数量的物品放入容量相同的一些包装箱中,使得每个包装箱中的物品大小之和不超过箱子容量,并使所用的包装箱数目最少。包装箱型推荐通常用数学规划法、数值优化方法、遗传算法、模拟退火算法等方法进行求解。

8.3.3 可循环智能包装系统

可循环智能包装系统是指可循环使用的智能包装系统,即依托可回收、可折叠、可重复使用的包装箱进行物流作业活动,同时在包装箱内部嵌入传感器、控制器等智能硬件,能够实现端到端的无纸化操作、智能防护和跟踪溯源,实现包装箱的可视化管理和智能调度。

1. 功能特点

可循环智能包装系统为企业提供了一套完整的可追溯软硬件解决方案,其内容如下:面向企业的智能可循环物流箱通过 RFID 在生产环节录入数据,实现闭环管理,循环使用。面向终端消费者的智能可循环包装盒有一个芯片,可以通过手机等智能移动通信设备实现信息的查询及数据反馈。线上智能包装数据云平台采集智能可循环物流箱和智能可循环包装盒的数据,并在云端存档备份。

2. 基本构成

可循环智能包装系统包括远程云服务器、移动终端、管理终端和物流箱/包装盒。远程云服务器包括信息接收模块、信息发送模块、数据存储模块和数据处理模块;移动终端包括注册模块、支付结算模块、操作模块、信息接收模块及信息发送模块;管理终端包括信息接收模块、信息发送模块、数据统计模块和支付结算模块;物流箱/包装盒包括可拆装箱/盒体、密码锁和二维码。可循环智能包装系统技术架构包括感知层、传输层和应用层,如图 8-2 所示。

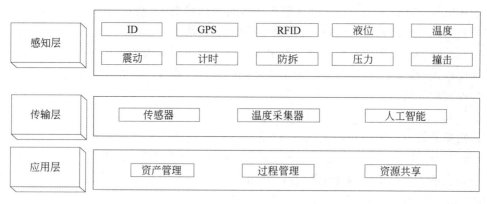

图 8-2 可循环智能包装系统的技术架构

3. 运营模式

针对信息不对称、存在数据盲区、周转率低、丢失率高等物流包装行业的痛点,可循环智能包装系统可提供管箱、租箱、拼箱 3 种服务。

1)管箱服务

可循环智能包装系统可为上下游用户提供实时的数据服务,结合关系网点及路径分析算法,实现物流包装防丢失、防偷盗的提醒功能,能及时引起管理各方的注意,帮助用户快速开展责任追查及箱体找回,降低丢失及被偷盗的概率。

2）租箱服务

在可循环智能包装系统中，物流包装资产池、各收发箱物流及服务网点等信息都是实时公开的，系统为用户提供包装年租和按次租赁服务。用户可以基于自身所处地理位置调用离自己最近的空箱资源。如果用户有收箱和清洗的要求，随时可以通过系统指示距离收箱点最近的第三方物流公司提供收箱和清洗服务。

3）拼箱服务

可循环智能包装系统实现了包装实时数据的全公开，不同供应链的上下游用户的需求驱动并优化了包装资源的分布和使用。该系统没有数据中心点，而是一个扁平化的自组织系统，云端的数据分析及算法与线下的需求形成了优化资产流动的力量。对于在时间、路线以及数量等方面有较高匹配度的不同用户群，平台将发出同程拼箱建议。通过加入拼箱计划，用户可以出让包装的空闲时段，免除回程费用，减少回程时间，最大限度地化降低了过程费用，提高年周转率。

8.4 智慧物流包装的应用与发展

8.4.1 智慧物流包装的典型应用

智慧物流包装是一个典型的多学科交叉应用型学科，通过包装材料与其他学科技术间的交叉与跨界应用，采用创新的思维形成了更多的技术。

1. 智慧物流包装技术

智慧物流包装技术主要涉及保鲜技术、安全溯源技术、射频识别防伪技术、二维码技术以及包装材料与结构创新技术等。这些技术大致分可归纳为材料与工艺、感知传感器以及交互入口3方面。

1）材料与工艺技术

材料与工艺技术通常是指涉及包装材料、生产工艺、结构设计等与包装制品有关的智能技术创新。可以通过包装材料的研发和创新赋予包装更多智能技术，也可以通过生产工艺结合新材料形成智能包装技术，还可以通过结构设计创新形成智能包装技术。

2）感知传感器技术

感知传感器技术是指通过感知传感器的嫁接或植入，使包装更具"智慧"表现的技术创新。例如：光敏、温控、振动、重力等感知传感器。这类感知传感器可以与包装容器结合或配合，通过嵌入式或置入式让包装容器获得更多的功能。例如：将光敏传感器放在密闭不透光的包装箱内，通过光照强弱来感知包装箱是否被开启过，从而起到防开启的作用，进一步起到了防盗的作用。也可以加入温控传感器，对包装箱内的温度进行监控，就可以确认在整个产品物流过程中是否出现过脱温现象。

3）交互入口技术

交互入口技术是指更加便捷地实现人机数据及信息的交互方式的智能技术创新，例如二维码、RFID技术等。目前智能包装细分市场规模最大的为RFID市场，2017年RFID市场规模已达到752.4亿元。RFID技术与标签的结合大力推动了这个市场。不少服装类企业,如迪卡侬、优衣库等,已经应用了此类标签,在服装的流转中起到了很好的防串货功能。

2. 智能包装的典型应用

1) 果蔬新鲜度监控

果蔬腐败智能化实时监测预警技术系统由腐败评判机制与数据库、监测预警系统、实时传感技术和设备3部分组成,如图8-3所示。

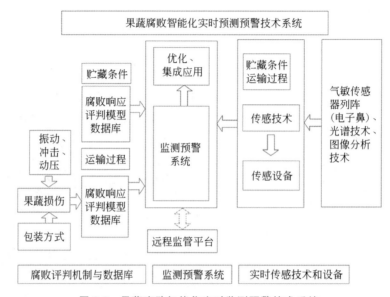

图 8-3　果蔬腐败智能化实时监测预警技术系统

果蔬腐败智能化实时监测预警技术系统的构建思路如下。

基于果蔬腐败代谢挥发气味和果蔬表观色泽的变化,应用果蔬腐败传感和监测的气敏传感器列阵(电子鼻)技术、近红外光谱技术和果蔬表观色泽图像分析技术,通过比较分析,确定适用于贮藏环境和复杂物流运输环境下果蔬腐败实时监测的传感技术,开发相应的传感监测设备以及数据处理系统。将果蔬腐败过程传感系统与环境因子传感系统集成为果蔬贮藏和物流运输传感网络,基于物联网的原理,研发贮藏和物流运输过程中果蔬腐败智能化实时监测预警技术系统。

2) 食品药品安全与溯源

智能包装不仅可以保护产品,还具有防伪溯源的作用,所以它在对安全问题高度重视的食品药品行业得到广泛应用。国内许多企业已引进智能包装技术,逐步实现产品的全程追溯。例如,盒马鲜生推出了日日鲜产品,利用二维码实现了产品生产、流通过程的实时查询;山东东阿阿胶公司利用智能包装技术实现了药物保健品的全程可追溯。

3) 防伪追溯

2015年,Thinfilm公司将智能包装与红酒瓶结合,打造了一款智能葡萄酒瓶。这一款葡萄酒瓶融入了NFCO penSense技术,瓶身标签含有唯一的标识,能够检测出酒瓶子打开的时间,并能向消费者推送定制信息。同时,这样的智能包装还有助于打击假酒。此后,Thinfilm公司将目光放在了医疗药品智能包装上,与从事医疗保健和消费品包装的Jones

包装公司合作,将 NFC OpenSense 技术与医疗药品相结合。

在国内,茅台醇包装支持 NFC 芯片防伪追溯功能,消费者可借此鉴别茅台醇的真伪,通过产品生命值(PV 值)了解茅台醇全生命周期信息。此外,茅台醇可通过增强现实技术向消费者展示品牌文化、3D 防伪指南、营销游戏等内容,消费者通过手机摄像头扫描二维码即可体验这些内容。

4)实时监控

近年来我国物流业尤其是外卖及其他冷鲜食品行业发展迅速,这对智能包装提出了更高的要求。企业借助智能包装的全程追踪系统对食品的运输路线和运输过程中的产品信息进行实时监控管理,及时掌握产品货架期及产品库存问题,优化库存,整合资源,实现物流业的智能化管理。RFID 技术及二维码技术的加入更为现代物流注入了活力。

5)医疗辅助支持

在医疗领域,NFC 技术与药品标签的结合也是智能包装极具前瞻性的创新,提高了药品的附加值。欧盟和北美在即将出台的新法律中要求将二维码作为唯一识别手段添加到单独药品的包装中。NFC 芯片可以通过智能手机进行非接触式读取,从而实现药品的数字识别,可实现剂量建议、通过注射系统自动识别药品、内部物流流程优化及品牌保护等功能。智能药品包装不仅可实现追踪和验证功能,还可以记录药品何时被取出,以便客观地监控患者对治疗过程的依从性。

8.4.2　智慧物流包装的发展

1. 中国智慧物流包装产业链的形成

中国智慧物流包装产业链上游参与者为原材料供应商,它们主要为中游智能包装生产商提供纸、塑料、金属、油墨等原材料以及 RFID 设备、柔性显示屏和传感器等零部件;产业链中游参与者为智能包装生产商;产业链下游为智能包装应用企业。现阶段智能包装已被广泛应用于食品饮料、药品、日化用品、物流等领域。智慧物流包装产业链如图 8-4 所示。

2. 智慧物流包装市场规模不断扩大

国际知名机构 Technavio 预计全球智慧物流包装市场将以近 8% 的复合年增长率增长。智慧物流包装市场的主要服务对象以拥有智慧物流功能的包装消费品为主,其 10 年内的总产品数量将增至 145 亿件。智慧物流包装日益成为产品功能的延伸,并成为集成各种创新技术手段的载体。当前国外已有很多智慧物流包装成熟应用案例,并成立了相应的行业组织指导产业的发展。虽然国内智慧物流包装产业起步较晚,但在用户需求和应用环境方面丝毫不亚于国外,智慧物流包装市场将成就我国包装产业里新的蓝海。近年来,中国智慧物流包装行业快速发展,为传统包装印刷企业带来了新的发展机遇。未来,随着印刷电子技术、RFID、柔性显示等创新技术的发展与深度融合,尤其是 RFID 技术与电子标签的高速发展,将为智慧物流包装企业的发展带来利好。我国材料科学、现代控制技术、计算机技术与人工智能等相关技术的进步带动了智慧物流包装行业的迅速发展。据统计,2010 年以来,我国智慧物流包装行业市场规模不断攀升。2019 年我国智慧物流包装行业的市场规模达到了 1724.5 亿元左右,预计到 2023 年我国智慧物流包装行业市场规模将突破 2069 亿元。

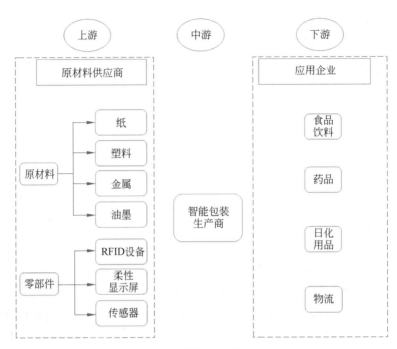

图 8-4 智慧物流包装产业链

3. 智能包装技术创新力度日趋增大

智能包装通过创新思维,在包装中加入了更多机械、电气、电子和化学等新技术,使其既具有通用的包装功能,又具有特殊的功能,以满足商品的特殊要求和特殊的环境条件。因此,智能包装技术是支撑智慧物流包装发展的重要基础。总体来看,国内智能包装技术得到了较快发展。广泛的应用需求促进了行业规模的持续扩张,对行业技术发展的要求也有所提升。2016 年,中国智能包装行业专利申请数量迅猛增长,达到 136 件,较上年增加 111 件,随后每年均保持在 100 件以上。2018 年,中国智能包装行业专利申请数量达到 151 件。我国智能包装的原创发明专利数量也快速上升,同样在 2016 年出现爆发式增长,同比增长 455.56%。2017 年,中国智能包装发明专利数量达到 57 件,较上年增加 7 件。2018 年,中国智能包装发明专利数量达到 63 件,较上年增加 6 件,占整体专利申请数量的 42%。

印刷电子技术是智能包装技术中的重点领域,它将传统的印刷工艺应用于制造电子元器件和产品上。其最大的特点是不依赖于基底材料的导体或半导体性质,可以以薄膜形态沉积到任何材料上。目前,在绝大多数智慧物流包装应用中,都可以通过整合印刷电子技术实现更多的智能属性,例如在仓储、运输、销售过程中的质量信息记录与表现等,并具备柔性、环保、低成本等优势。信息型智能包装对于仓储、运输、销售过程中的质量信息记录与表现等智能属性要求较高,也对印刷电子技术提出了更高要求。未来对于印刷电子技术的整合以及深度研发将是智能包装行业重要的技术发展趋势之一。

4. 包装机械智能化程度不断提高

目前,包装机械的特征趋于"三高"——高速、高效、高质量,发展重点趋于能耗低、自重轻、结构紧凑、占地空间小、效率高、外观造型适应环境和操作人员心理需求、环保等。近些年来,发达国家为满足现代商品包装多样化的需求,发展多品种、小批量的通用包装技术及设备,同时又紧跟高科技发展步伐,发展和开发应用高新技术的现代化专用型包装机械,应用的高新技术有航天工业技术、热管类微电子技术、磁性技术、信息处理技术、传感技术、光电及化学、激光技术、生物技术及新的加工工艺、新的机械部件结构(如锥形同步齿形带传动等)、新的光纤材料等,使多种包装机械趋于智能化。

国内包装机械发展重点是提高产品"三化"水平:工作高速化,包装产品规格多样化,食品和药品包装机械无菌化。在提高包装机械产品的使用性能和可靠性的前提下,走向机电一体化、控制微机化。运用可靠性设计、优化设计和计算机辅助设计等先进的设计方法,研制组合式、模块式等先进机械与零部件,提高产品的工艺水平以及"三化"水平。同时,与国际质量体系相结合,大力发展与包装机械配套的各种自动检测技术与设备。

案例与问题讨论

第 8 章
案例介绍

案例:京东物流推出全链路智能包装系统

2019 年 6 月 28 日,京东物流宣布,京东已经上线了可实现多品类打包的全链路智能包装系统,该系统由京东物流自主研发,包含磁悬浮打包机、气泡膜打包机、枕式打包机、对折膜打包机等 18 种智能设备,实现了针对气泡膜、对折膜、纸箱等各种包装材料的统筹规划和合理使用,形成了软件硬件一体化的智能打包系统的解决方案,其智能包装的效率是传统打包方式的 5～10 倍。在半年多以前的"双 11"大促中,京东物流就推出了智能包装机,它也是此次上线的智能包装系统的核心之一。该设备将磁悬浮技术应用于仓库作业的包装环节,通过视觉识别、自动抓取、自动匹配包装箱、自动校验等技术,打包效率高达每小时 1000件包裹,比传统的打包作业提升了 10 倍。除了智能打包,智能包装系统采用的热熔胶封口技术替代了胶带的使用,方便回收和循环使用。相比传统包装方式,智能包装系统一年节约胶带长度累计 2500km。此外,智能包装系统在包装设计方面也更为环保,改变了纸箱的结构,并在纸箱结合处增加易撕口刀线,既方便消费者开启包裹,又能节约 20% 的瓦楞纸板。包装是订单处理中极其关键且必不可少的一个环节,包含装箱、填充、封箱、贴标、校验等多个工序,必须进行操作规范化和技术规范化,才能提升整体运营的效率。目前,京东智能包装系统主要用于品牌手机、路由器、智能手环等,今后还将扩充到图书、个人防护和美妆等产品中。

问题讨论

1. 京东全链路智能包装系统中应用了哪些智能技术?

2. 京东全链路智能包装系统对中国 2050 年碳排放目标的实现有哪些积极的意义?

3. 京东全链路智能包装系统给客户带来了什么样的体验?

小　　结

本章从现代物流包装管理的概念以及现代物流包装管理的发展趋势出发,展开对智慧物流包装的介绍。物联网、大数据、人工智能与信息技术等应用于物流包装领域,产生了智慧物流包装。它能够提高物流的处理效率,减少物流费用,有效地控制内装物和包装的质量,减少损坏,而且能够有效地保障商品质量和安全。智慧物流包装在体现商品价值、保护商品、方便流通和促进销售等方面起着非常重要的作用,成为智慧物流不可或缺的重要组成部分。

智慧物流包装主要包括信息型智能包装和功能材料型智能包装。信息型智能包装是指以反映包装内容物及其内在品质和运输、销售过程信息为主的新型技术,主要包括反映商品质量的信息型智能包装技术和反映商品生产和销售信息的信息型智能包装技术。功能材料型智能包装是指通过应用新型智能包装材料,改善和增加包装的功能,以达到和完成特定包装的目的,可分为变色材料包装、发光材料包装、智能水凝胶材料包装、活性材料包装等。

应用智能包装机械能够有效提高工作效率,提升包装品质,降低人工成本,优化工作环境。目前常见的智能包装机器人包括装袋机器人、装箱机器人、堆码机器人、灌装机器人、输送机器人和识别检测机器人。包装箱型智能推荐即根据包装物的属性、数量、重量、体积等信息,在智能打包系统的算法支持下,自动选择合适的箱型及数量进行匹配,以达到减少耗费、节约成本、方便物流的目的。可循环使用的智能包装系统即依托可回收、可折叠、可重复使用的包装箱进行物流作业活动,同时在包装箱内部嵌入传感器、控制器等智能硬件,能够实现端到端的无纸化操作、智能防护和跟踪溯源,实现包装箱的可视化管理和智能调度。

智能包装技术主要涉及保鲜技术、安全溯源技术、射频识别防伪技术、二维码技术以及包装材料与结构创新技术等,在智慧物流包装中得到了广泛的应用。

练习与作业

1. 与传统物流包装相比,智慧物流包装有哪些特点?
2. 反映商品质量的信息型智能包装技术有哪些? 它们的工作原理是怎样的?
3. 简述智能包装机器人在智慧物流包装智能化作业中的应用。
4. 你了解的智慧物流包装标准有哪些?
5. 谈一谈智慧物流包装的发展趋势。

第 8 章　智慧物流包装
8.1 节和 8.4 节

第 8 章　智慧物流包装
8.2 节和 8.3 节

第9章　智慧物流装卸搬运

学习目标和指南

❈ 学习目标

1. 掌握现代物流装卸搬运的概念，了解现代物流装卸搬运的特点与分类。

2. 深刻理解智慧物流装卸搬运的概念、作用、特点以及智慧物流装卸搬运的演进。

3. 了解智慧物流装卸作业系统、智慧物流搬运作业系统、智慧物流码垛作业系统、智慧物流分拣输送作业系统的概念与组成。

4. 了解智慧物流装卸搬运技术装备的概念和主要特征，了解智慧装卸技术装备、智慧搬运技术装备、智慧分拣输送技术装备和智慧堆垛技术装备的特点、分类、工作原理和应用领域。

5. 能够根据货物的属性、数量、重量、体积等信息，选择合适的智慧物流装卸搬运装备。

6. 了解智慧物流装卸搬运的应用、发展现状与发展趋势。

❈ 学习指南

1. 从现代物流装卸搬运的概念出发，结合实例，理解物流装卸搬运在物流系统管理中的作用。

2. 结合一般生产企业和物流企业的装卸、搬运活动，分析装卸和搬运之间的关系，以及这两项活动在企业作业流程中的地位。

3. 从装卸搬运的作用和特点出发，结合物联网、5G、大数据、云计算和人工智能技术，理解智慧物流装卸搬运的概念以及特点。

4. 结合智慧物流装卸作业系统、智慧物流搬运作业系统、智慧物流码垛作业系统、智慧物流分拣输送作业系统的功能，理解相应系统的组成以及工作原理。

5. 根据智慧装卸技术装备、智慧搬运技术装备、智慧分拣输送技术装备和智慧堆垛技术装备的结构组成，理解相应技术装备的特点、作用以及应用领域。

6. 结合企业的智慧装卸搬运作业应用案例，了解智慧装卸搬运的特点和优势。

7. 结合国家在智慧物流装卸搬运领域的政策和企业在该领域中的投入变化，了解智慧物流装卸搬运的发展趋势。

❈ 课前思考

1. 现代物流装卸搬运的趋势是什么？装卸和搬运的区别和联系是什么？

2. 智慧物流装卸搬运的特点和优势有哪些？

3. 智慧物流装卸搬运设备的应用领域有哪些？发展趋势如何？

4. AGV 由哪些系统构成？

9.1 智慧物流装卸搬运概述

9.1.1 装卸搬运的概念、特点和分类

1. 装卸搬运的概念

在同一地域范围内(如在车站内、工厂内、仓库内等)改变"物"的存放、支承状态的活动称为装卸搬运。有时候或在特定场合,单称"装卸"或单称"搬运"也包含了"装卸搬运"的完整含义。在习惯上,装卸与搬运是密不可分的,两者是伴随在一起发生的。因此,物流学科中并不过分强调两者的差别,而是作为一种活动对待。搬运的"运"与运输的"运"的区别之处在于,搬运在同一地域的小范围内发生的,而运输则是在较大范围内发生的,两者是量变到质变的关系,中间并无一个绝对的界限。

在整个物流活动中,如果强调存放状态的改变时,一般用"装卸"一词表示;如果强调空间位置的改变时,常用"搬运"一词表示。物流的各环节之间和同一环节不同活动之间都必须进行装卸搬运作业。所以搬运公司就是来完成这种作业的。正是装卸搬运活动把物流运动的各个阶段联结起来,成为连续的流动过程。

2. 装卸搬运的特点

装卸搬运有附属性、支持保障性和衔接性 3 个特点。

1) 附属性

附属性也称伴生性。装卸搬运是物流每一项活动开始及结束时必然发生的活动,因而有时被人忽视,有时被看作其他操作中的附属部分。例如,一般而言的汽车运输就实际包含了与之相伴的装卸搬运,仓库中的保管活动也含有装卸搬运活动。

2) 支持保障性

装卸搬运的附属性不能理解成被动性,实际上,装卸搬运对其他物流活动有一定决定性。装卸搬运会影响其他物流活动的质量和速度。例如,装车不当,会引起运输过程中的损失;卸放不当,会引起下一步作业的困难。许多物流活动在有效的装卸搬运支持下,才能实现高水平。

3) 衔接性

任何其他物流活动之间都是以装卸搬运衔接的。因而,装卸搬运往往成为整个物流瓶颈,是物流各功能之间形成有机联系和紧密衔接的关键,而这又是物流系统的关键。建立一个有效的物流系统,关键看这一衔接是否有效。比较先进的系统物流联合运输方式就是为了解决这种衔接而设计的。

3. 装卸搬运分类

装卸搬运可以从不同角度分类。

1) 按装卸搬运作业场所分类

根据装卸搬运作业场所的不同,流通领域的装卸搬运可分为车船装卸搬运、港站装卸搬

运、库场装卸搬运三大类。

2）按装卸搬运作业内容分类

根据装卸搬运作业内容的不同,装卸搬运可分为堆码拆取作业、分拣配货作业和挪动移位作业（即狭义的装卸搬运作业）等几类。

3）按装卸搬运机械及其作业方式分类

根据装卸搬运机械及其作业方式的不同,装卸搬运可分成吊上吊下、叉上叉下、滚上滚下、移上移下及散装散卸等几类。

4）按装卸搬运作业特点分类

根据装卸搬运作业特点的不同,装卸搬运可分为连续装卸搬运与间歇装卸搬运两大类。

5）按装卸搬运对象分类

根据装卸搬运对象的不同,装卸搬运可分为单件装卸搬运、集装装卸搬运、散装装卸搬运三大类。

6）按被装物的主要运动方式分类

根据被装物的主要运动方式,装卸搬运可分为垂直装卸搬运和水平装卸搬运两大类。

9.1.2 智慧物流装卸搬运的概念与特点

1. 智慧物流装卸搬运的概念

智慧物流装卸搬运是自动化装卸搬运作业发展的更高级阶段,它不仅实现了作业过程的自动运行与自动控制,而且应用物联网、人工智能等技术,实现了作业环境的智能感知、作业方式的智能选择、作业状态的智能控制以及应急情况的智能处置,从而达到装卸搬运无人化运作要求。当前,智慧物流装卸搬运在智能工厂、无人仓库、智慧港口等的物流作业中应用广泛,是物流场所升级改造、物流作业效率提升、物流管理水平优化的重要内容和有效途径。产业链智慧物流装备如图9-1所示。

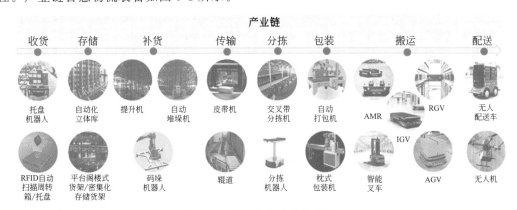

图 9-1　产业链智慧物流装备

2. 智慧物流装卸搬运的特点

智慧物流装卸搬运有无人化、柔性化、高效化3个特点。

1）无人化

智慧物流装卸搬运的显著特点是无人操作。智慧物流物流装卸搬运设备上装有自动导向系统和自动抓取系统,依靠无线传感、定位导航、视觉识别、力觉感知、自动控制等技术,可以使系统在不需要人工引航、人工作业的情况下就能够沿预定的路线自动装卸、自动行驶,将货物或物料自动从起始点运送到目的地,完成装卸搬运作业活动。同时,智慧物流装卸搬运设备端与其他物流设备有自动接口,可以实现货物和物料装卸搬运全过程的自动化与无人化。这种无人化的操作过程不仅节约了人力,提高了效率,而且能够满足高危、狭小空间内的智能无人搬运需求。

2)柔性化

智慧物流装卸搬运的第二个突出特点就是具有柔性。由于人工智能技术的应用,智慧物流装卸搬运的作业路径、作业方式可以根据仓储货位、生产工艺流程、物流作业环境等的改变而灵活改变,可以模拟人的思维进行智能判断,不断动态调整,选择优化运行方案。与传统的刚性装卸搬运作业相比,这种柔性作业方式减少了重新购置作业设备、作业线的时间和成本,体现出较好的经济性。

3)高效化

通过智慧物流装卸搬运管理系统,能够整体调度和监控装卸搬运作业流程,包括无人叉车、机器人、机械手以及辊道等。可支持多台机器人联动作业、相互避让以及最优路径的规划,防止拥堵。可通过作业流程节拍的控制,实现状态监控、机器人数量增减、地图布局修改及交通管制等功能,最大限度地实现制造工厂、物流仓库的装卸搬运作业优化,大幅提高装卸搬运作业效率。可广泛应用于各生产、物流节点之间的物料搬运和工艺设备之间的水平/垂直转运、自动上下料等环节,能与各种自动化设备进行对接,大幅提高物流整体作业效率。

9.1.3 装卸搬运的演进

按照装卸搬运采用的设备,装卸搬运的演进主要经历了以下 5 个阶段。

1. 人工作业阶段

人工作业阶段采用传统装卸搬运作业方式,即以人力肩扛式作业方式完成装卸搬运过程。这种方式在一些传统库房或小件、少量装卸搬运活动中仍然使用,在现代工厂和仓库中应用已经较少。

2. 机械化作业阶段

机械化作业阶段利用机械工具替代或辅助人工进行装卸搬运作业,即人力加机械设备,如手动搬运车、手动堆高车等搬运堆高装卸设备。

3. 半自动化作业阶段

半自动化作业阶段依靠人力(设备操作人员)操作具有自动化特征的搬运堆高设备完成装卸搬运作业。半自动化作业和机械化作业的区别在于设备的自动化水平。例如,半电动堆高车、半电动搬运车等具备自动起降和搬运的功能,操作起来比机械化作业设备更加省力。

4. 全自动化作业阶段

全自动化作业阶段利用高度自动化的物流搬运装卸设备进行装卸搬运活动。自动化是在机械化基础之上加上控制系统,实现了去人工化。例如,全电动堆高车、全电动搬运车、电动叉车、自动输送机等设备都是高度自动化的,同时一般也都具有一定的智能化特点,只需要技术人员操作按钮即可完成整个搬运装卸过程。

5. 智慧装卸搬运阶段

随着物流业务的变化,原有的设计方案大多数不能达到目前工业生产的要求,往往因为货品的尺寸、仓储货架结构的差异及作业的自然环境等问题给传统的装卸搬运工具造成困难。智能装卸搬运设备能够按照专业人员设定的程序进行工作,智能装卸搬运设备能依照设定的路线进行安全、自动的货物装卸运输,在装卸运输期间完全不用人工参与,减少了企业在人工方面的成本,提高了各方面的效率,使物流仓储企业效益得到提高。

9.2 智慧物流装卸搬运系统

智慧物流装卸搬运系统包括智慧物流装卸作业系统、智慧物流搬运作业系统和智慧物流码垛作业系统。

9.2.1 智慧物流装卸作业系统

按照设备功能和类型进行分类,智慧物流装卸作业系统主要包括智能起重机系统和智能自动装卸车系统。

1. 智能起重机系统

智能起重机系统的体系结构是指智能起重机系统各组成部分之间相互关联和功能分配以及信息采集、分析和处理控制的总体结构,由硬件结构和软件结构组成。智能起重机系统是能完成起重机各种任务,具有自动控制功能、移动功能、可编程功能、人机交互功能和自诊断功能,具有高度灵活性的智能机器人系统。它具有与人或生物相似的智能,如感知能力、规划能力、动作能力、协同能力、学习能力以及决策控制能力。因此,智能起重机系统的体系结构和智能机器人系统的体系结构具有相似之处。

1) 智能起重机的硬件结构

智能起重机的硬件由起重机本体和环境组成,分为传感器层、信号采集执行层、控制层和人机交互层。通过标准总线接口互联的网络化平台内嵌控制策略及相关智能算法,实现智能起重机的自动控制功能、移动功能、可编程功能、人机交互功能和自诊断功能,并且具备感知、规划、动作、协同、学习以及决策控制等智能。

(1) 传感器层。

传感器层应用各种传感器满足底层信号采集的需要。传感器作为智能检测系统的主要信息来源,其性能决定了整个智能检测系统的性能。传感器是能把特定的被测量(包括物理量、化学量、生物量等)按一定规律转换成某种可用信号输出的器件或装置。智能起重机的传感器主要有内部检测传感器和外部检测传感器。

内部检测传感器用来感知智能起重机自身的状态,以调整和控制智能起重机的运动,通常包括位移(位置)传感器、速度和加速度传感器、力传感器等。外部检测传感器是智能起重机用以感受周围环境、目标物状态特征信息的传感器,使智能起重机对环境具有自校正和自适应能力(学习能力),通常包括视觉传感器(例如照相机、摄像机等)、触觉传感器、压力传感器、超声波传感器、红外传感器、激光传感器等。随着检测技术的发展,各种新型传感器不断涌现,将在智能起重机系统中得到应用。

（2）信号采集执行层。

信号采集执行层是控制系统与被控对象的接口层,负责将现场设备、周围环境中各个传感器检测到的状态信号通过控制总线上传给控制层进行数据处理,或通过人机交互层显示。由控制总线接收控制层下传的指令信息,控制现场设备执行器执行相应的操作,调节智能起重机各个机构的运动。

（3）控制层。

控制层在很大程度上决定了智能起重机性能的优劣。作为智能起重机的大脑和神经系统,控制层根据指令和传感信息控制智能起重机完成一定的动作和作业任务。控制层包括中央控制器层和专用控制器层。智能起重机控制层结构如图 9-2 所示。

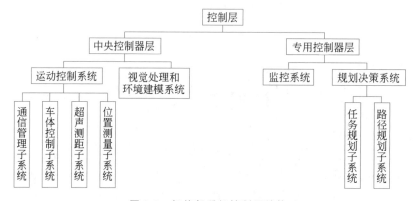

图 9-2　智能起重机控制层结构

① 中央控制器层。

中央控制器层是智能起重机控制系统的核心部分,包括规划决策系统和监控系统。作为系统总的控制平台,规划决策系统一方面进行任务规划和路径规划,另一方面对控制总线上传的数据进行处理,并将需要显示的数据和图像传送到人机交互层显示。规划决策系统中有知识库、数据库、通用规划器和规划软件。规划决策系统具有以下功能:根据任务命令建立任务模型,完成任务规划;根据视觉处理系统提供的环境模型及目标命令,利用智能计算方法进行路径规划;规划结果送给监控系统,由运动控制系统执行。监控系统具有以下功能:协调智能起重机各个系统之间的关系;接收规划决策命令,进行轨迹规划;接收视觉处理系统的视觉信号和环境模型,进行局部路径规划和导航;接收超声测距等子系统的障碍信息,进行局部环境建模,以实现超声避障和导航;实现对系统参数的设置、状态变换、数据检测和控制以及人机交互;动态监测设备状态并进行故障诊断报警;等等。

② 专用控制器层。

专用控制器层是针对各个子系统的测控要求而开发的分布式测控单元。专用控制器直接面对底层传感器,具有独立的输入输出能力,具有丰富的 I/O 接口,实现底层信号的采集和控制命令的执行。专用控制器层包括视觉处理和环境建模系统、运动控制系统。

视觉处理和环境建模系统根据外部检测传感器检测到的信息进行视觉和图像处理,建立外部环境模型,并通过 I/O 接口分别向中央控制器层的规划决策系统和监控系统传输信息。

运动控制系统是一个分布式控制系统,包括通信管理子系统、车体控制子系统、超声测距(或红外测距、激光扫描测距等)子系统和位置测量子系统。该系统具有以下功能:接收监控系统的命令,执行规划决策和视觉导航命令;向位置测量子系统索取车体位置和速度等参数,控制车体动作;控制超声测距子系统,进行目标或障碍物距离的测量,执行避障和导航功能。

通信管理子系统一方面接收监控系统的命令,把命令及时、准确地传送给其他子系统,完成监控系统指定的动作;另一方面又接收其他子系统的反馈信息,及时、准确地回送给监控系统,作为监控系统协调、诊断、管理和控制的依据。车体控制子系统根据监控系统的命令控制车体动作,包括起升、回转、变幅和运行等,实现负载的精确定位和防摆,同时根据超声或视觉信息实现快速避障或临时紧急停车。超声测距子系统利用超声信息进行局部环境建模和局部动态路径规划,实现超声避障、超声导航以及无碰撞目标搜索的功能。位置测量子系统测量、计算和确定智能起重机所在的位置和负载位置,记录车体位置和速度等参数。

(4)人机交互层。

人机交互层是智能起重机系统的重要组成部分,包括键盘输入、液晶显示和打印机终端等。它作为智能化控制系统与终端用户及驾驶员间的人机交互桥梁。一方面,用户通过监控系统实时监测起重机的控制流程和设备运行状态;另一方面,用户可经由人机交互层对运动控制系统发出指令,直接对控制流程中的系统参数和控制策略加以调整。

2)智能起重机的软件结构

智能起重机的软件结构如图 9-3 所示。图 9-3 中的双向箭头均为 I/O 接口。

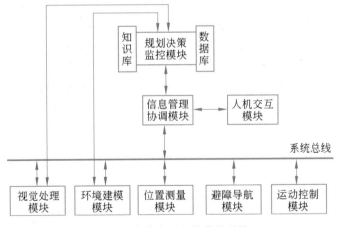

图 9-3　智能起重机的软件结构

为了保证系统的通用性、灵活性、易扩展性以及开放性,智能起重机的软件采用组合化、层次化、模块化结构,允许不同开发者独立设计各个模块而不必重新设计整个系统。首先,这种开放式体系结构向应用程序提供了一组基本功能模块。其次,这种开放式体系结构提供了具有信息传递机制的知识库和数据库。最后,在这种开放式体系结构中,提供了用于增加、修改和集成功能模块的开发应用环境,能把智能监测、智能控制、智能规划以及智能结构等设计成具有独立功能特征的可重组模块,根据用户的要求和不同的作业需要,选择不同的功能模块装配成各种不同形式的智能起重机系统并真正应用到实际中去。

智能起重机的基本功能模块包含规划决策监控模块、信息管理和协调模块、视觉处理模块、环境建模模块、位置测量模块、避障导航模块、运动控制模块及人机交互模块。各个模块之间通过I/O接口相互传递和交换信息,还可以根据需要扩展设计其他模块。规划决策监控模块分析控制命令、外部环境和智能起重机各部分的状态信息,将目标任务分解成行为运动序列,用于抽象推理、任务规划和决策,并对整个系统进行监控。信息管理协调模块用来管理和协调各个模块之间的信息流和数据流。视觉处理模块、环境建模模块、位置测量模块、避障导航模块及运动控制模块完成检测、控制、避障导航及移动等功能。人机交互模块完成人机交互功能,具有命令输入直观、操作方便、交互性强等优点,并有较好的适应性。

2. 智能自动装卸车系统

1) 智能自动装卸车系统的概念

智能自动装卸车系统是一种物料装卸搬运系统,通过使用不同类型的输送机、滑轮或滑叉,实现卡车或拖车整车货物的自动装卸。该系统通常由两部分组成:卡车(拖车)上的系统和月台上的系统。

(1) 卡车(拖车)上的系统。根据客户需求和货物种类可以有不同类型,大多数类型的系统都可以安装在新的或改装过的标准卡车(拖车)上,具体可以改装为滑链式、滑叉式、链板式、滑轮式等多种形式。

(2) 月台上的系统。一般和卡车(拖车)上的系统配对,便于对接,相应地有滑链系统、滑叉系统、链板系统、滑轮系统等。此外,月台还装有视觉扫描定位系统、过渡桥、信号灯及卡车控制系统、控制箱、卡车导向装置、安全防护栏等。

2) 智能自动装卸车系统的作业流程

智能自动装卸车系统的作业流程如下:当卡车到达月台后,沿着月台上安装的卡车导向装置到达指定位置;通过视觉扫描定位系统使卡车上的系统和月台上的系统对齐,然后锁定卡车;驾驶员开启自动装卸系统,货物一次性从卡车自动输送到月台上,或者从月台输送到卡车上,最短2min即可装卸整车货物。驾驶员可以使用一个简单的控制单元操作智能自动装卸系统。通过添加与自动装卸系统连接的输送机、升降平台、转盘和电梯,智能自动装卸系统和智能自动仓储系统可以无缝对接,从而实现货物出库、装车、运输的全自动化作业。

3) 智能自动装卸车系统的分类

智能自动装卸车系统最早于20世纪60年代出现在欧洲,20世纪80年代中期得到广泛应用。目前智能自动装卸车系统已经形成了针对各个行业和不同应用场景的多种类型的解决方案,如表9-1所示。

表9-1 智能自动装卸车系统的分类及应用

分　类	应　用
滑链系统	对于标准托盘,滑链在托盘的支撑块下运行。根据货盘的质量和货物的重量,每个货盘可以使用2个或3个轨道系统

分　类	应　用
链板系统	用于混合托盘、非托盘货物或衬纸。链板形成一个完整的表面。根据货物的类型和重量,可以使用 3 通道或 4 通道系统
输送带式系统	用于散装的包裹和非托盘货物。输送带形成一个完整的表面
滑叉系统	用于欧洲标准托盘或使用底层地板,也可以使用双层托盘。拖车中不需要任何系统,只需要对拖车底板进行有限的修改即可
滑轮系统	用于航空货运托盘。根据滑轮的间距和宽度以及轨道数量,适用于不同重量的托盘
滑动式系统	滑叉和滑链的组合,用于标准托盘,适用于集装箱的自动装货,扫描、定位、装货、缩回全部作业 8min 即可完成。卡车无须修改
加强版滑叉式系统	滑叉和链板的组合,用于标准托盘,适用于集装箱的自动装卸,四轴定位系统,动态监控拖车高度,三维扫描卡车内部障碍。卡车无须修改

智能自动装卸车系统产品最大的供应商都集中在欧洲,包括 Ancra、Joloda、Actiw 等,每家供应商有各自的解决方案和客户群。下面以荷兰 Ancra 公司为例。Ancra 公司于 1977 年成立,主要从事系统产品的设计、制造、安装和服务,已成为全球智能自动装卸车系统领域的领头羊,其客户遍布美国、德国、法国、英国、西班牙、比利时、波兰、俄罗斯、中国等,主要客户有宝马、奥迪、戴姆勒、宝洁、喜力啤酒、法国邮政、丹麦邮政、DHL、DB Shenker、FedEx、Preferred Freezer Services 等。

9.2.2　智慧物流搬运作业系统

智慧物流搬运作业系统主要是指利用 AGV 进行搬运的作业系统。AGV 也叫无人搬运车,它能够沿规定的导引路径行驶,不需要人的参与即可完成自动运输作业,是一种具有安全保护以及各种移载功能的自动运输车。AGV 主要由机械系统、动力系统、车载控制系统、通信系统和系统软件组成,如图 9-4 所示。

AGV 产品有潜伏式 AGV、牵引式 AGV、背负式 AGV、顶升式 AGV、滚筒式 AGV、叉车式 AGV 等。

1. AGV 的机械系统

AGV 的机械系统由车身、车轮、驱动转向系统、安全防护装置、移载系统等组成,保证了 AGV 的承载能力和运行性能。

1) 车身

车身主要为钢结构或者铝合金结构,是 AGV 是基础的部分,是整个 AGV 的"脊柱"。车身一般由底盘架和结构架两部分构成。其中,底盘架为立体框架结构,用于安装驱动转向系统、移载系统、安全防护装置、各种电机、蓄电池等;而结构架则用于安装各种控制设备和通信设备。AGV 整机多采用轻量化高强度铝合金结构,具有耐抗腐蚀和磁化的优点。

2) 车轮

车轮是整个 AGV 的"脚",其外层一般使用树脂材料做成,具有强度高、耐磨损、稳定性

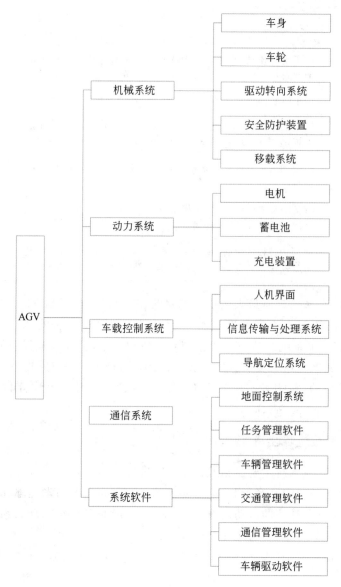

图 9-4　AGV 的组成

高、有一定的弹性等优点,适用于 AGV 系统。

3）驱动转向系统

AGV 的驱动转向系统包括行进系统和转向系统,是整个 AGV 的"四肢"。驱动转向系统的性能直接影响 AGV 的运动性能,并在一定程度上影响自动导航系统的动态调节性能。根据不同需求,AGV 可采用双轮驱动差速转向和双轮驱动独立转向两种驱动方式,应根据实际需求选择合适的驱动方式。

4）安全防护装置

AGV 的安全措施至关重要。AGV 的车身上必须安装障碍物接近报警装置,以避免

AGV 与人、物品和障碍物碰撞,确保整个运行过程中的人身安全和财产安全。同时 AGV 也必须安装障碍物接触式缓冲器,这种装置一般同时安装在 AGV 车身的前后方,缓冲器的材质具有一定的弹性,保证发生故障时不会造成太大的损失。AGV 具有多级减速功能,有效地减轻了由于惯性带来的损害。AGV 的避障系统不受光线等环境条件干扰,可以实时检测行进路线上的障碍物并进行测距。

5)移载系统

将货物自动装到 AGV 的载货台上或从 AGV 的载货台上取下货物并放置到指定位置的过程称为移载。根据不同的工作环境,AGV 可以装备不同的移载装置,如叉车式、牵引式、辊道式等。

2. AGV 的动力系统

AGV 的动力系统由驱动电机、转向电机、移载电机、蓄电池和充电装置等组成,为 AGV 的正常运转提供动力。

1)电机

电机是给 AGV 提供动力的。AGV 主要需要驱动电机、转向电机和移载电机。目前比较常用的 AGV 动力系统有直流电机驱动系统、感应电机交流驱动系统和永磁同步电机交流驱动系统。直流电机驱动系统由于效率低、体积大等原因,现在在 AGV 上已很少使用。随着技术的发展和成本的降低,永磁同步电机交流驱动系统有望成为 AGV 电机的主流发展方向。

2)蓄电池

蓄电池是 AGV 的动力来源。在自动化程度较高的场合 AGV 的连续运行时间较长,甚至达到 24h 不间断工作,这就需要 AGV 配备的蓄电池必须满足以下要求:结构紧凑、内阻低、可靠性高、容量大、工作寿命长、低温工作性能出色、大电流快速充电和充放电能力强。目前,在国内的 AGV 市场上,存在以下几种类型的电池:镍镉蓄电池、镍氢蓄电池、锂电池和铅酸蓄电池。AGV 采用的主要是能量比高且安全环保的锂电池,充电一次可持续运行 48h 以上。

3)充电装置

AGV 的充电装置具有很好的绝缘保护性能,无须人工帮助,可以很好地与插座实现无缝、无接触地高效快速充电,且装有短路自动报警装置,可以很好地保护 AGV。

3. AGV 的车载控制系统

AGV 的车载控制系统由人机界面、信息传输与处理系统、导航定位系统组成,确保了 AGV 小车正确、安全、智能地按照预定路径正确运行。

1)人机界面

人机界面用于对 AGV 进行参数设置,实现各种运行状态,并在脱机状态下提供手动驾驶功能。人机界面根据需求显示 AGV 当前的运行状态信息。另外,人机界面还有电池控制灯、充电指示灯、声光报警装置等各种辅助装置,用于辅助和监控 AGV 的运行。

2)信息传输与处理系统

信息传输与处理系统是整个 AGV 的"大脑",是 AGV 行驶和进行作业的直接控制中枢。该系统主要对 AGV 上的导航定位系统、驱动转向系统、通信系统、安全防护装置和移载系统等进行控制，实现 AGV 的自动化运行，并与中央控制系统实时通信、联络、接收其指令，完成中央控制系统发送的任务。

3）导航定位系统

导航定位系统相当于 AGV 的"眼睛"，用于 AGV 运动过程中的定位。导航定位系统对于 AGV 实现无人驾驶起到了至关重要的作用，它实现了对单台 AGV 的定位，为后续的任务分配和路径规划等提供了基础数据。目前常用的导航定位方式是电磁感应导航定位和激光导航定位。

4. AGV 的通信系统

AGV 的通信系统负责 AGV 与主控机之间双向传输信息。

AGV 的通信系统主要用来与中央控制系统进行通信，是整个 AGV 的"耳朵"和"嘴巴"。通过通信，AGV 接收中央控制系统发送的任务信息、路径信息以及各种命令信息，并不断把自己的位置和状态报告给系统，使中央控制系统能监控所有 AGV 的运行状态。因此，通信系统对 AGV 来说是必不可少的。

5. AGV 的系统软件

AGV 的系统软件包括地面控制系统、任务管理软件、车辆管理软件、交通管理软件、通信管理软件和车辆驱动软件。

1）地面控制系统

地面控制系统（stationary system）是 AGV 系统的核心。其主要功能是对 AGV 系统中的多台 AGV 单机进行任务分配、车辆管理、交通管理、通信管理等。

2）任务管理软件

任务管理类似于计算机操作系统的进程管理。任务管理软件提供对 AGV 地面控制程序的解释执行环境，根据任务优先级和启动时间调度任务运行，并对任务进行各种管理操作，如启动、停止、取消等。

3）车辆管理软件

车辆管理软件是 AGV 的核心管理模块，它根据物料搬运任务的请求，分配和调度 AGV 执行任务，根据 AGV 行走时间最短原则计算 AGV 的最短行走路径，并控制指挥 AGV 的行走过程，及时下达装卸货和充电命令。

4）交通管理软件

交通管理软件根据 AGV 的物理尺寸、运行状态和路径状况，提供 AGV 互相自动避让的措施，同时提供避免车辆因互相等待而死锁的方法和出现死锁时的解除方法。AGV 的交通管理软件主要有行走段分配和死锁报告功能。

5）通信管理软件

通信管理软件提供 AGV 地面控制系统与 AGV 单机、监控系统、I/O 设备、车辆管理系统及上位计算机的通信功能。中央控制系统和 AGV 之间的通信使用无线电通信方式，需要建立一个无线网络。AGV 只和地面系统进行双向通信，AGV 之间不进行通信。地面控制系统采用轮询方式和多台 AGV 通信，而与监控系统、车辆管理系统、上位计算机之间的通信采用 TCP/IP 通信方式。

6）车辆驱动软件

车辆驱动软件负责 AGV 状态的采集,并向交通管理软件发出行走段的允许请求,同时把行走段的确认下发 AGV。

9.2.3　智慧物流码垛作业系统

智慧物流码垛作业系统是以码垛机器人作为主要作业设备的系统。码垛机器人是一种能模拟人的手、臂的部分动作,按照预定的程序、轨迹及其他要求完成抓取、搬运工作的自动化装置,是很有发展前途的机电一体化典型产品,在实现智能化、多功能化、柔性自动化生产,提高产品质量,代替人在恶劣环境条件下工作中发挥重大作用。智慧物流码垛作业系统包括机械系统、驱动系统、控制系统、检测传感系统、人工智能系统。

1）机械系统

机械系统是完成抓取工件或工具实现所需运动的机械部件,包括以下几部分:

（1）手部。它是码垛机器人直接与产品接触,用来完成握持、抓取产品的部件。

（2）腕部。它是连接手部与臂部的部件,主要用来确定手部工作方位、姿态并适当扩大臂部动作范围。

（3）臂部。它是支承腕部、手部,实现较大范围运动的部件。

（4）机身。它是用来支撑臂部、安装驱动装置及其他装置的部件。

2）驱动系统

驱动系统的作用是向执行元件提供动力。随驱动源不同,驱动系统的传动方式有液动式、气动式、电动式和机械式 4 种。

3）控制系统

控制系统是码垛机器人的指挥系统。它控制码垛机器人按规定的程序运动,可记忆各种指令信息(如动作顺序、运动轨迹、运动速度及时间等),同时按指令信息向各执行元件发出指令。必要时还可对码垛机器人的动作进行监视,当动作有误或发生故障时即发出警报信号。

4）检测传感系统

检测传感系统主要检测机器人执行系统的运动位置、状态,随时将执行系统的实际位置反馈给控制系统,并与设定的位置进行比较,然后通过控制系统进行调整,从而使执行系统以一定的精度达到设定位置状态。

5）人工智能系统

工智能系统主要赋予机器人视觉、听觉和触觉功能,以实现机器人对工件的自动识别和适应性操作。

9.2.4　智慧物流分拣输送作业系统

智慧物流分拣输送作业系统主要包括"货到人"拣选系统、自动分拣系统等。

1. **"货到人"拣选系统**

顾名思义,"货到人"(Goods to Person,G2P;Goods to Man,G2M)拣选,即在物流拣选过程中,人不动,货物被自动输送到拣选人面前,供人拣选。"货到人"拣选是物流配送中心采用的一种重要的拣选方式。与其对应的拣选方式是"人到货"（Person to Goods，P2G；Man to Goods，M2G）拣选。

"货到人"拣选有 40 多年的发展历史。最早的"货到人"拣选是由自动化的立体仓库完成的，托盘或料箱被自动输送到拣选工作站，完成拣选后，剩余的部分仍然自动返回立体仓库中存储，如图 9-5 所示。这种拣选方式一直沿用到现在，并且一直是重要的拣选方式。

图 9-5　立体仓库货到人拣选作业

"货到人"拣选系统由 3 部分组成，即存储系统、输送系统和拣选工作站，如图 9-6 所示。在今天，"货到人"拣选技术已经发展到了一个全新阶段。

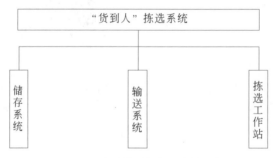

图 9-6　"货到人"拣选系统的组成

1）存储系统

存储系统从过去比较单一的立体仓库存储已发展到目前的多种存储方式，包括平面存储、立体存储、密集存储等。存储形式也由过去主要以托盘存储转变为主要以料箱（或纸箱）存储。然而，不管是哪一种存储方式，存储作业的自动化都是实现"货到人"的基础。存取技术发展的焦点在于如何实现快速存取。

2）输送系统

"货到人"拣选技术的关键技术之一是如何解决快速存储与快速输送之间的匹配问题。对于以电子商务为特点的物流系统来说，要求匹配每小时 1000 次的输送任务并不是一件很困难的事情，事实上，采用多层输送系统和并行子输送系统的方式，可完成多达每小时 3000次以上的输送任务，更大的输送量客观上是有需求的，但需要采用一些特殊的手段，如配合三维密集存储系统等。

一个比较困难的问题是，"货到人"输送系统由于输送流量大，会导致设备成本大幅度增加，从而导致物流系统整体成本大幅度增加。因此，降低输送成本、简化输送系统是研究的重点。

3）拣选工作站

拣选工作站的设计非常重要。一个拣选工作站要完成每小时多达 1000 次的拣选任务，依靠传统的方法是无法想象的。目前设计的拣选工作站采用电子标签、照相、RFID、称重、快速输送等一系列技术，已经完全可以满足实际需求。

很多著名的物流装备和系统集成企业都把拣选工作站作为研究"货到人"系统的重要内容，并为此绞尽脑汁，从而诞生了很多具有革命性的拣选工作站。

2. 自动分拣系统

自动分拣系统（automatic sorting system）是先进配送中心所必需的设施条件之一。具有很高的分拣效率，通常每小时可分拣商品 6000～12 000 箱。可以说，自动分拣系统是提高物流配送效率的一个关键因素。它是第二次大世界战后在美国、日本的物流中心广泛采用的一种自动分拣系统，该系统已经成为发达国家大中型物流中心不可缺少的一部分。

自动分拣机如图 9-7 所示。自动分拣机是自动分拣系统的一个主要设备。它本身需要建设短则 40～50m，长则 150～200m 的机械传输线，还有配套的机电一体化控制系统、计算机网络及通信系统等，这一系统不仅占地面积大（动辄 20000m² 以上），而且还要建三四层楼高的立体仓库和各种自动化的搬运设施（如叉车）与之相配，这项巨额的先期投入通常需要花 10～20 年才能收回。

图 9-7 自动分拣机

自动分拣系统的流程可以简要描述如下：物流中心每天接收成百上千家供应商或货主通过各种运输工具送来的成千上万种商品，在最短的时间内将这些商品卸下并按商品品种、货主、储位或发送地点快速、准确地进行分类，将这些商品运送到指定地点（如指定的货架、加工区域、出货站台等），同时，当供应商或货主通知物流中心按配送指示发货时，自动分拣系统在最短的时间内从庞大的高层货存架存储系统中准确地找到要出库的商品所在的位置，并按所需数量出库，将从不同储位上取出的不同数量的商品按不同的配送地点运送到不同的理货区域或配送站台集中，以便装车配送。

自动分拣系统一般由控制系统、分类系统、输送系统及分拣道口系统组成。

1）控制系统

控制系统的作用是识别、接收和处理分拣信号,根据分拣信号的要求指示分类装置按商品品种、商品送达地点或货主指定的类别对商品进行自动分类。这些分拣需求可以通过不同方式,例如通过条形码扫描、色码扫描、键盘输入、重量检测、语音识别、高度检测及形状识别等方式,输入到控制系统中去,控制系统再根据对这些分拣信号的判断,决定某一种商品应该进入哪一个分拣道口。

2）分类系统

分类系统的作用是接收控制系统发出的分拣指示,当具有相同分拣信号的商品经过分类系统时,该系统动作,使商品改变在输送系统上的运行方向,进入其他输送机或进入分拣道口。分类系统的种类有很多,一般有推出式、浮出式、倾斜式和分支式等,不同的分类系统对分拣货物的包装材料、包装重量、包装物底面的平滑程度等有稳中有各自的要求。

3）输送系统

输送系统的主要组成部分是传送带或输送机,其主要作用是使待分拣商品连贯地通过控制装置、分类系统,在输送系统的两侧,一般要连接若干分拣道口,使分好类的商品滑下主输送机(或主传送带),以便进行后续作业。

4）分拣道口系统

分拣道口系统是已分拣商品脱离主输送机(或主传送带)进入集货区域的通道,一般由钢带、皮带、辊筒等组成滑道,使商品从主输送(或主传送带)滑向集货站台。在那里,工作人员将该分拣道口流出的所有商品集中起来后,或者入库存储,或者组配装车并进行配送作业。

以上4部分装置通过计算机网络联结在一起,配合人工控制及相应的人工处理环节构成一个完整的自动分拣系统。

9.3　智慧物流装卸搬运技术装备

装卸搬运经历了人工装卸搬运、机械化装卸搬运和智能化装卸搬运3个发展阶段。人工装卸搬运当前依然存在,主要体现在快递、生产制造、轻型运输、农林等行业,其主要缺点是投入人力多、成本较高、效率低下等。机械化装卸搬运提升了效率,能完成一部分人力无法完成的装卸搬运工作。但机械化装卸搬运无法适应当前智能化运作环境,特别是当前电商物流、智能制造领域,强调的是确保效率、降低成本、智能防盗、保证安全等。智慧物流装卸搬运技术装备的到来将颠覆传统的人工装卸搬运、机械化装卸搬运模式,逐渐走向智能装卸搬运。智慧物流装卸搬运技术装备是在机械化装卸搬运装备的基础上应用传感定位、人工智能、自动控制等技术手段,能够自动化、智能化完成货物搬移、升降、装卸、短距离输送等作业的物流装备。

无论是生产制造还是电商、流通领域的大型配送中心,均将 AGV、机械臂等智慧物流装卸搬运技术装备等的应用作为提升装卸搬运效率的重要手段,装卸搬运的自动化、智能化整体水平不断提升。

智慧物流装卸搬运技术装备分为智慧装卸装备、智慧搬运装备、智慧分拣输送装备和智慧堆垛装备。

9.3.1 智慧装卸装备

智慧装卸装备主要是智能起重机。

1. 智能起重机的概念

智能起重机是在自动化起重机基础上进行智能化升级的高性能起重机。两者最大的区别在于自动化起重机必须接受管理者输入的作业指令才能进行作业,也就是说,自动化起重机虽然无须人直接操作就可以自动作业,但归根到底是通过人控制的;而智能起重机具有显著的工业 4.0 技术特征,不仅可以满足作业安全性、作业生产率、作业质量、可重复性和成本控制等起重机搬运作业性能指标要求,而且具有从失败或人为干预中学习和复原的能力,可以像人一样理性行动和自主作业。智能起重机的组成如图 9-8 所示。

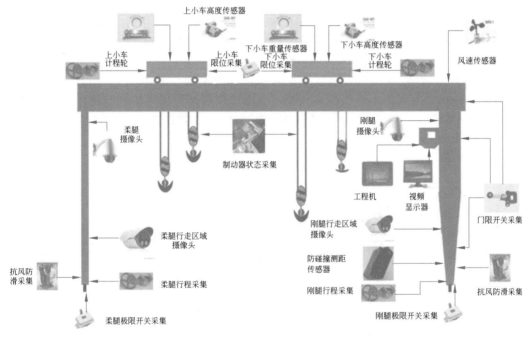

图 9-8　智能起重机的组成

与通用起重机相比,智能起重机应用了人工智能技术,在代替人的体力劳动基础上,代替或辅助人的脑力劳动。即,通过将传感器、智能决策软件与起重机集成,实现感知、分析、推理、决策和控制功能,实现人、机、物的交互、融合,代替人进行感知、决策和执行,使起重机能适应工作环境的变化。其工作流程与通用起重机相同,但增加的智能控制能够代替人的视觉、听觉、触觉等感知,代替操作员判断并作出对应的动作,完成在起重机工作过程中的识别、感知、操作和管理等。

2. 智能起重机的主要特点

智能起重机的主要特点是具有防摇摆功能和自动定位功能。

1）防摇摆功能

起重机的大小车采用变频电机加防摇卡，起升需安装编码器。防摇摆控制算法如图9-9所示。起重机的大小车防摇摆功能有很多都集成在变频器中或采用防摇卡后期升级，安装调试非常简单。变频器只需要采集起升编码器信号，计算出绳长，即可根据绳长的摆动周期实现防摇摆控制。

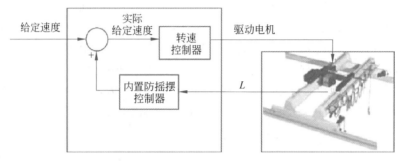

图9-9 防摇摆控制算法

2）自动定位功能

自动定位程序集成在一体化控制器中。一体化控制器根据采集到的位置信号进行计算，控制变频器的运行，从而实现三维定位的自动运行。自动定位功能常用的位置传感器对比如表9-2所示。

表9-2 自动定位功能常用的位置传感器对比

对比项	激光测距仪	条形码扫描仪	格雷母线
工作温度	−30℃～50℃劳易测 −10℃～50℃邦纳	−30℃～40℃劳易测 −20℃～60℃倍加福	−10℃～70℃
检测距离	200～250m	10 000m	＞1000m
测量精度	±2mm	±1～2nun	±5～10mm
优点	安装简便，适合短距离测量	安装便捷，不需要铺设导轨	环境适应能力强，抗腐蚀，抗强粉尘，免维护，寿命为10～20年
缺点	可测距离较短，抗污染能力弱	抗污染能力弱	价格偏高，需铺设轨道
环境适应性	最弱	较弱	强

（1）大车方向。大车方向的位置传感器采用条形码扫描仪或格雷母线的方式。条形码扫描仪利用可见的红色激光扫描铺设在轨道上的条形码带，通过条形码阅读器得到当前位置信息，并传送到控制器。扫描探头以一个固定的角度一次扫描最少3个条形码，最终得到毫米级精度的位置测定。

（2）小车方向。小车方向的位置传感器可采用激光测距仪或格雷母线的方式。激光测距仪的工作原理如图9-10所示。激光测距仪通过短电脉冲驱动激光发射器（激光二极管）发射激光脉冲，激光脉冲通过准直镜头形成激光束，激光束经过安装在小车一端的反射板反射，通过接收镜头返回接收元件，产生脉冲。通过计发射脉冲与接收脉冲之间的时间间隔得出被测物距离。

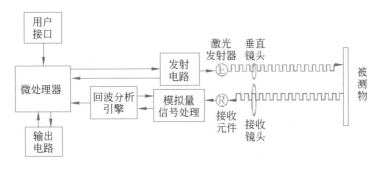

图 9-10　激光测距仪工作原理

（3）起升方向。起升方向的位置传感器可使用增量型编码器实现，编码器可安装在电机轴、辊筒轴或起升限位器的贯通轴上。为消除累积误差，可使用起升限位器的信号作为清零点，自动进行绳长清零。

测量时，起升位置需要加上吊具及吊索的长度。系统第一次安装运行时，需要进行一次绳长标定，即变频器记录脉冲数对应的参考绳长值，如图 9-11 所示。后续如果更换辊筒或钢丝绳，需要再次标定绳长。

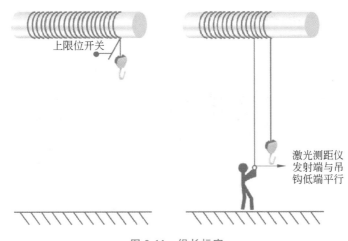

图 9-11　绳长标定

3. 智能起重机的技术性能

智能起重机的技术性能从以下 7 方面评估。

1）物品的识别、检验、反馈与信息存储

根据被吊物品的形态、包装方式、储运方法等，常见被吊物品包括卷（钢卷、纸卷、薄膜卷等）、箱（集装箱、料箱、转运箱等）、块（钢板、钢坯、盾构构件等）、捆（成捆的钢管、螺纹钢、轨道、型钢等）、盘（电缆、盘条等）、件（斗、包等）、根（轨道、工字钢、H 形钢、梁等）。各种状态物品的自动识别、检验和反馈是数据的编码、采集标识管理、传输的标准化手段，是智能起重机的工作基础。该技术涉及物品信息数据的编码、采集、标识、管理、传输等过程，包括条形码识别、射频识别、语音识别、光学字符识别、磁识别等特定格式的信息识别技术和图像识别、生物特征识别等信息识别技术。识别、检验后存储的物品信息需具备普遍性、唯一性、稳定性和不可复制性。

2）空间定位

国内部分高端产品虽然应用了三维定位技术,但定位水平受限于整机系统的累积误差,不能实现高精度定位。目前,普遍应用的定位方式有两类:一类是相对认址,一般采用旋转编码器、激光或雷达测距、视觉识别等方式实现;另一类是绝对认址,一般采用限位开关、编码电缆(格雷母线)、线性编码器、条形码、链轮链条以及实时绝对认址无线电、红外线、GPS等方式实现。伴随无线通信技术的进步,通信网络的蜂窝定位及 WiFi、蓝牙红外线、超宽带、RFID 和超声波等室内无线定位技术的定位精度越来越高,已逐步在机械设备的定位中推广应用。起重机定位技术不仅涉及被吊物品的外形监测、空位探测、实际存放位置的一维、二维、三维认址和定位方法,还涉及起重机取物装置(吊钩、货叉、吸盘、抓具、抓斗等)的一维、二维、三维认址和定位方法。

3）智能取物

95％以上的起重机取物装置都是吊钩,只能采取人工摘挂,并且只能吊运某些特定物品,通用性差,制约了起重搬运设备自动化程度的提高。在吊取和搬运散料、箱、捆、卷等不同物品的过程中,智能起重机需配套自动取物装置或智能吊具,包括自动摘挂吊钩、C 形钩、电磁吸盘、真空吸盘、货叉、夹钳、夹具、挂梁、箱式吊具、罐、抓斗、抓具等。根据各类被吊物品的状态,研发适合起重机应用的自动取物装置或智能吊具,实现起重机的自动存物取物,是起重机实现智能化的最关键环节。

4）路径规划与柔性升降系统的电子防摇摆

运行路径规划和柔性升降系统的防摇摆定位控制是实现起重机运行的必要条件。起重机在工作过程中,大小车加减速以及负载的提升都会使负载出现来回摆动,不仅影响起重机作业效率,还会引发事故。目前,常用开环和闭环控制技术实现起重机路径规划和防摇摆控制。开环控制技术主要包括基于输入整形的定位防摇摆控制和基于轨迹规划的定位防摇摆控制。实现路径规划和防摇摆的闭环控制技术有很多,如反馈线性化、增益调度控制、滑模控制、预测控制、模糊控制、神经网络控制、无源性控制等。

5）状态监测与故障诊断

状态监测是指通过一定的途径了解和掌握设备的运行状态。故障诊断则是根据状态监测获得的信息,结合设备的工作原理、结构特点、运行参数、历史状况,对可能发生的故障进行分析、预报,对已经或正在发生的故障进行分析、判断,以确定故障的性质、类别、程度、部位及趋势。状态监测与故障诊断的意义在于其有效地遏制了故障损失,降低了设备维修费用。起重机械监控过程中需要监控的常用参数包括起重量、重力矩、起升高度/下降深度、运行行程、幅度、大车运行偏斜、水平度、风速、回转角度、同一轨道或不同轨道运行机构安全距离、支腿垂直度、工作时间、累计工作时间、每次工作循环等。常用的监控状态包括电机状态、制动器状态、变频器状态、抗风防滑状态、连锁保护、门限位和机构之间的运行连锁、工况设置状态、供电电缆卷筒状态、过孔状态。

6）实时在线监测及远程诊断

实时在线监测及远程诊断包括传感器监测、实时无线传输、数据管理、信息查询、故障根源分析、趋势分析、专家诊断、状态预知预测、物联网远程监控等技术。给现有设备安装监控网关,通过 WiFi 或 3G 网络传输数据采集运行状态和故障情况,实现远程监控和可视化管理。集成新设备自带的远程管理系统,建立统一的设备管理平台。与资产维修管理系统集成,提升维修效率和设备的工作表现。提供网络化的紧急维修协调配合机制,通过无线抄表获取设备实时状态,自动生成维修和检查计划,并在数据分析的基础上逐步实现基于状态的预知性维修。

通过计算机网络实现的预知性维修与状态监测是以故障诊断技术为基础,以设备实际状况为依据,根据生产需要制定预知性维修计划的维修体制。其目标是实现实时停车、对应换件、维修确定的项目。从目前的故障维修、定期计划维修实现未来的预知性维修,辨别故障的真伪,判断故障的类型、程度、具体部位,预判故障发展的趋势。及时发现故障的早期征兆,以便采取相应的措施,避免、减缓、减少重大事故的发生。一旦发生故障,能自动记录故障过程的完整信息,以便事后进行故障原因分析,避免再次发生同类事故。通过对设备异常运行状态的分析,揭示故障的原因、程度、部位及趋势,为设备的在线调理、停机检修提供科学依据,延长运行周期,有效地遏制故障损失,降低设备维修费用。根据状态监测所获得的信息,结合设备的工作原理、结构特点、运行参数、历史状况,对可能发生的故障进行分析、预报,以充分地了解设备性能,为改进设计、制造与维修水平提供有力证据。

7）成套装备的监控和管理

针对散料、箱、捆、卷等不同物品的堆放形式和存储要求,结合上述识别、定位、存取、监控等关键技术开发智能起重机的监控和管理系统,包括接口子系统、货位库存管理子系统、物品识别子系统、调度与起重机运行子系统、空间定位子系统等,实现起重机智能化、高效、安全运行。

9.3.2　智慧搬运装备

智慧搬运装备主要包括智能叉车和智能搬运机器人。

1. 智能叉车

1）智能叉车的概念

随着智能物流的快速发展,传统制造业为了降低成本,提高效率和生产力水平,进而提升行业用户体验,迫切需要改造智能物流搬运系统,从而促使搬运系统下方的执行层智能叉车近年来快速发展。在仓储物流中,智能叉车的出现彻底颠覆了原有的运营模式,智能识别、智能搬运带来了效率的成倍增加和成本的大幅降低,智能叉车也顺势成为智能物流仓库中不可或缺的一部分。

智能叉车结合条形码技术、无线局域网技术和数据采集技术,形成现场作业系统。将企业管理系统延伸到作业人员的手掌中或智能叉车上,使其工作更方便、系统更智能。将无线车载终端装备到智能叉车上,由信息引导作业,这就是智能叉车的概念。

2）智能叉车的特征

从如今的发展来看,我国的生产制造业已经非常重视制造过程中产品的品质和效率,智能叉车在这样的环境中作用尤其突出。主要表现在以下方面：

（1）无人化操作。智能叉车凭借着计算机系统和灵活的架构，可以自行参与货物的转运，不需要借助人工搬运。该智能设备底部有像麦克纳姆轮一样的行走轮，能轻松地实现多方向的平移，既安稳又实用。

（2）精准的定位运输。智能叉车具有自己完整的地图定位功能，可以根据导航系统完成行走，如此一来，无须人工过多干预就能实现货物的搬运。随着科技的进步，激光导航的精准度也在逐渐提升，完全能够胜任导航的工作。有了导航系统的支持，智能叉车可以更快、更精准地将货物运输到指定的位置。

（3）高效完成搬运。效率是每个企业都很看重的核心，提升效率可以更好地增强自身的竞争实力，有助于在激烈的市场中站稳脚跟。智能叉车的应用没有人工的参与，可以不停歇地运行，如此一来，搬运货物的效率大大提升。

（4）安全完成搬运。企业在进行搬运环节操作的时候也有很多局限性，甚至会产生安全隐患。例如，生产车间狭小的空间不适合人工搬运，选择人工搬运会有安全隐患。再如，货物易碎，人工搬运增加了运输风险。

3）智能叉车的工作原理

目前我国智能叉车主流的两种导航方式分别是基于 SLAM 环境的自然导航和反射板导航。

基于 SLAM 环境的自然导航可以同时进行定位和地图创建，在未知的环境中，智能叉车通过外部传感器定位自身，在此基础上，基于使用外部传感器取得的环境信息，以增量的方式构建环境地图进行导航。

反射板导航的原理是：在叉车行驶路线周围一定距离内，将反射板间隔布置，在叉车上安装激光扫描仪，它可以快速收集反射板反射的激光束。通过反射的激光束可以知道叉车的具体位置和大概的行驶方向，并利用运动控制器的控制算法实现叉车的自动行驶。

2. 智能搬运机器人

1）智能搬运机器人的概念

智能搬运机器人指的是无人驾驶的自带导航装置的 AGV，如图 9-12 所示。智能搬运机器人可以依据事先设定好的路线行驶，负责工厂物料运输的人员可以自主选择车体及编程装置，合适的车体及编程装置为安全地将物料运输到目的地提供了保障。

2）智能搬运机器人的导航方式

智能搬运机器人的导航方式有很多种，主要包括磁导航、二维码导航、SLAM 导航、激光导航、视觉导航等，如图 9-13 所示，其中磁导航、激光导航、视觉导航最为流行。

9.3.3　智慧分拣输送装备

智慧分拣输送装备一般由输送机械部分、电气自动控制部分和计算机信息系统联网部分组成。它可以根据用户的要求和场地情况，对货物按用户、地名、品名进行自动分拣、装箱、封箱的连续作业。输送机械根据输送物品的形态、体积、重量而设计定制。智慧分拣输送装备是工厂自动化立体仓库及物流配送中心对物流进行分类、整理的关键设备之一，可以实现物流中心准确、快捷地工作。

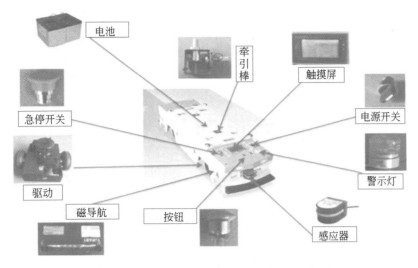

图 9-12　智能搬运机器人

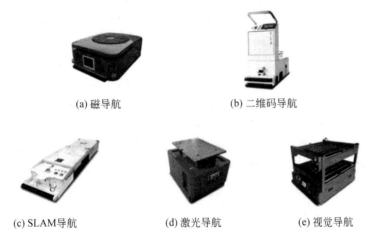

(a) 磁导航　　　　　　　　(b) 二维码导航

(c) SLAM导航　　　(d) 激光导航　　　(e) 视觉导航

图 9-13　智能搬运机器人的导航方式

智慧物流分拣输送装备主要包括以下 7 种分拣机。

1. 交叉带智能分拣机

交叉带智能分拣机有很多种,通常比较普遍的为一车双带式,即一个小车上面有两段垂直的皮带,既可以每段皮带上搬送一个包裹,也可以两段皮带合起来搬送一个包裹。在两段皮带合起来搬送一个包裹的情况下,可以通过在分拣机两段皮带方向上的预动作使包裹的方向与分拣方向一致,以减少格口的间距要求。交叉带智能分拣机如图 9-14 所示。

2. 翻盘式智能分拣机

翻盘式智能分拣机通过托盘倾翻的方式分拣包裹。这种分拣机在快递行业也有应用,但更加多的是用于在机场行李分拣。

翻盘式智能分拣机的最大分拣能力可以达到每小时 12 000 件。标准翻盘式分拣机由托盘、倾翻装置、底部框架组成,如图 9-15 所示。倾翻分为机械倾翻及电动倾翻两种。供应商有 FKI、范德兰德、德国伯曼机械等。

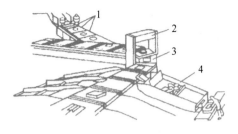

图 9-14 交叉带智能分拣机

1—上货机；2—激光扫描器；3—带式托盘小车；4—格口

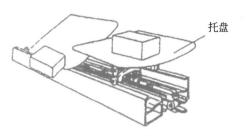

图 9-15 翻盘式智能分拣机

3. 滑块式智能分拣机

滑块式智能分拣机是一种特殊形式的条板输送机。滑块式智能分拣机的输送带表面用金属条板或管子构成，如竹席状，而在每个条板或管子上有一个用硬质材料制成的导向滑块，能沿条板作横向滑动，如图 9-16 所示。平时导向滑块停在输送带的侧边，导向滑块的下部有销子与条板下的导向杆联结，通过计算机控制。当被分拣的货物到达指定道口时，控制器使导向滑块有序地自动向输送带的另一侧滑动，把货物推入分拣道口，从而将商品引出主输送带。

4. 挡板式智能分拣机

挡板式智能分拣机利用一个挡板（挡杆）挡住在输送带上向前移动的货物，将货物引导到一侧的滑道排出。挡板的一种形式是以挡板一端作为支点，可以旋转，如图 9-17 所示。挡板动作时，像一堵墙似地挡住货物，利用输送带对货物的摩擦力使货物沿着挡板表面移动，从主输送带上排出至滑道。平时挡板处于主输送带一侧，可让货物正常前移；如果挡板作横向移动或旋转，则货物就排向滑道。

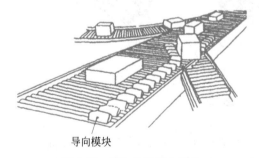

图 9-16 滑块式智能分拣机

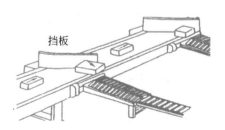

图 9-17 挡板式智能分拣机

5. 胶带浮出式智能分拣机

胶带浮出式智能分拣机用于辊筒式主输送带上，将由动力驱动的两条或多条胶带或单个链条横向安装在主输送辊筒之间的下方。当分拣机接受指令启动时，胶带或链条向上提升，把商品托起，并将其向主输送带一侧移出，如图 9-18 所示。

6. 辊筒浮出式智能分拣机

辊筒浮出式智能分拣机用于辊筒式或链条式主输送带上，将一个或数十个有动力的斜向辊筒安装在主输送带表面下方。分拣机启动时，斜向辊筒向上浮起，接触货物底部，将货物斜向移出主输送带,如图 9-19 所示。

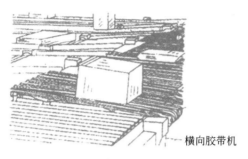
图 9-18 胶带浮出式智能分拣机

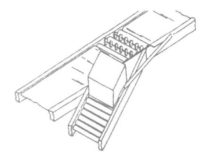
图 9-19 辊筒浮出式智能分拣机

7. 条板倾斜式智能分拣机

条板倾斜式智能分拣机是一种特殊形式的条板输送机,货物装载在输送带的条板上,当货物行走到需要分拣的位置时,条板的一端自动升起,使条板倾斜,从而将货物移离主输送带。货物占用的条板数由货物的尺寸决定,占用的条板同时倾斜,因此,这种分拣机对商品的尺寸限制较小,如图 9-20 所示。

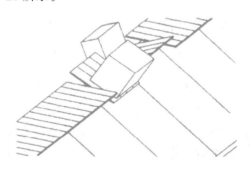
图 9-20 条板倾斜式智能分拣机

9.3.4 智慧堆垛装备

智慧堆垛装备主要是智能码垛机器人。它是一种用来自动执行工作的智能机器人,可接受人的指挥,又可运行预先编写的程序,能根据用人工智能技术制定的原则行动,将已装入容器的物体按一定排列方式码放在托盘、栈板(木质、塑胶)上,进行自动堆码,可堆码多层,然后推出,便于叉车运至仓库存储,如图 9-21 所示。它可以协助或取代人类的重复工作,在生产企业和建筑企业中都可以应用。

智能码垛机器人可以集成在生产线中,使生产线实现智能化、机器人化、网络化,可以完成啤酒、饮料和食品行业多种多样的码垛作业,广泛应用于纸箱、塑料箱、瓶类、袋类、桶装、膜包产品及灌装产品等。智能码垛机器人的操作过程包括自动进箱、转箱、分排、成堆、移堆、提堆、进托、下堆、出垛等步骤。

1. 智能码垛机器人的分类和工作原理

市场上目前使用的码垛机器人一般有单层码垛机器人、多层码垛机器人和排列码垛机

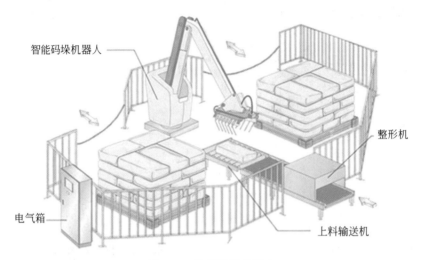

图 9-21　智能码垛机器人

器人 3 种,它们的码垛方式不一样,工作原理也有一定的区别。

1) 单层码垛机器人的工作原理

单层码垛机器人主要靠输送带把物料输送过来,等物料到达转向机构的时候,可以根据规定的方向调整好,然后送入层输机构,在这里把物料按设定的排列顺序紧密地排列,再通过输送辊把物料移送到下一个工位,这样单层码垛机器人的堆码作业就完成了。

2) 多层码垛机器人的工作原理

多层码垛机器人的托送板在输送带下面。在进行堆码的时候,物料在整齐地排列在托送板上,然后将托送板设置在载左极限位置。当输送带输送的物料被挡板挡住时,正好排列成一行。然后托送板右移,再按同样的步骤将物料排成一行。物料每增加一层,多层码垛机器人的升降台就会下降一层,直到将物料堆到一定高度后停止。

3) 排列码垛机器人的工作原理

排列码垛机器人是将物料排成排后再进行输送的,推板会将输送来的物料放到集料台上,然后向左移动,从下往上推,将三层物料堆码在一起。在这个过程中,利用斜面装置保证堆码的顺利完成。

2. 工作流程

智能码堆机器人的工作流程如下。

1) 检测抓取

整理好的包装袋或包装箱到达抓取辊道,智能码垛机器人检测到抓取辊道上有包装袋或包装箱后,到达定位点,转向包装袋或包装箱,夹起包装袋或包装箱进行转向,按照设置好的编组进行堆码。

2) 包装袋倒袋提升

成品散料包装袋在物料灌装入袋后进行折边封口。成品包装袋被推倒后,经过圆盘旋转回到输送带中间,然后进入提升皮带。提升皮带的两边安装了调整挡板,用于将包装袋调整到规定位置。提升皮带将包装袋提升到智能码垛机器人平台。包装箱不需要倒袋提升装置,包装好后可直接输送至智能码垛机器人平台。

3）包装袋整理

包装好的包装袋经输送带送到整平机,利用整平机对包装袋进行压平操作,将物料压实,使之均匀充满包装袋,保持袋型平整。包装箱无须压平整理。

4）码垛输送

将包装袋或包装箱按照设置好的垛型进行码放。完成码垛后,用叉车直接将托盘运走,完成码垛工序。

9.4　智慧物流装卸搬运的应用与发展

9.4.1　智慧物流装卸搬运的典型应用

1. 智慧装卸的典型应用

智慧装卸作业主要应用在智能起重机领域。对于不同结构的智能起重机而言,其应用领域也不相同。智能起重机主要分为智能桥式起重机、智能门式起重机和智能塔式起重机3类。

1）智能桥式起重机

智能桥式起重机的两端坐落在高大的水泥柱或者金属轨道梁的支架上,形状似桥。桥式起重机的桥架沿铺设在两侧的高架轨道纵向运行,可以充分利用桥架下面的空间吊运物料,不受地面设备的阻碍。它是使用范围最广、数量最多的一种起重机,也是厂房内使用得最多的一种起吊重物的大型设备。桥式起重机的起重小车沿铺设在桥架上的轨道横向运行,构成一矩形的工作范围。这种起重机广泛用在室内外仓库、厂房、码头和露天贮料场等处。智能桥式起重机是现代工业生产和起重运输中实现生产过程机械化、自动化的重要工具和设备。所以它在国内外工矿企业、钢铁企业、化工企业、铁路站场、港口、码头以及物流周转等领域均得到广泛应用。

2）智能门式起重机

智能门式起重机是智能桥式起重机的一种变形,主要用于室外货场、料场货的装卸作业。它的金属结构像门形框架,承载主梁下安装了两个支脚,可以直接在地面的轨道上行走,主梁两端可以具有外伸悬臂梁。智能门式起重机具有场地利用率高、作业范围大、适应面广、通用性强等特点,在港口和货场得到广泛使用。智能门式起重机分为吊钩门式起重机、抓斗门式起重机、电磁门式起重机、抓斗吊钩门式起重机、抓斗电磁门式起重机、三用门式起重机。

3）智能塔式起重机

智能塔式起重机是动臂装在高耸的塔身上部的旋转起重机。它的作业空间大,主要用于房屋建筑施工中物料的垂直和水平输送及建筑构件的安装。智能塔式起重机由金属结构、工作机构和电气系统3部分组成。金属结构包括塔身、动臂和底座等。工作机构有起升、变幅、回转和行走4部分。电气系统包括电机、控制器、配电柜、连接线路、信号及照明装置等。

2. 智慧搬运的典型应用

1) 在仓储业的应用

仓储业是最早应用 AGV 的场所。目前世界上约有 2 万台各种各样的 AGV 运行在 2100 座各种规模的仓库中。在海尔集团于 2000 年开始投产运行的开发区立体仓库中,9 台 AGV 组成了一个柔性的库内自动搬运系统,能够完成每天 23 400 件出入库货物和零部件的搬运任务。

2) 在制造业的应用

AGV 在制造业的生产线中大显身手,高效、准确、灵活地完成物料的搬运任务。可由多台 AGV 组成柔性的物流搬运系统,搬运路线可以随着生产工艺流程的调整而及时调整,使一条生产线能够制造十几种产品,大大提高了生产的柔性和企业的竞争力。目前,AGV 在世界的主要汽车厂,如通用、丰田、克莱斯勒、大众等的制造和装配线上得到普遍应用。近年来,作为 CIMS(Computer Integrated Manufacturing System,计算机集成制造系统)的基础搬运工具,AGV 的应用深入到机械加工、家电、微电子、卷烟等多个行业,制造业成为 AGV 应用最广泛的领域。

3) 在邮局、图书馆、港口和机场的应用

在邮局、图书馆、港口和机场,物品的运送存在着作业量变化大、动态性强、作业流程经常调整以及搬运作业过程单一等特点。AGV 的并行作业、自动化、智能化和柔性化的特性能够很好地满足上述场所的搬运要求。

4) 在烟草、医药、食品、化工行业中的应用

对于搬运作业有清洁、安全、无排放污染等特殊要求的烟草、医药、食品、化工行业中,AGV 的应用也受到重视。国内的许多卷烟企业都应用了激光引导式 AGV 完成托盘货物的搬运工作。

5) 在危险场所、特种行业和军事上的应用

以 AGV 的自动驾驶为基础,集成其他探测和拆卸设备,可用于战场排雷和侦察。英国军方研制的 Minder Recce 是具有地雷探测、销毁及航路验证能力的自动侦察车。在钢铁厂,AGV 用于炉料运送,减轻了工人的劳动强度。在核电站和利用核辐射进行保鲜存储的场所,AGV 用于物品的运送,使人员避免了辐射的危险。在胶卷和胶片仓库,AGV 可以在黑暗的环境中准确、可靠地运送物料和半成品。

3. 智慧堆垛的典型应用

随着智能码垛机器人技术的进步,其应用领域也在不断快速扩张,相比于工人操作,企业更青睐使用"吃苦耐劳"、人工成本低的智能码垛机器人。智能码垛机器人在各个行业开花结果、广泛应用。

1) 电子制造领域

在电子制造业中,产品包装小,品种多,码垛流程繁多,增加人员的确可以提高码垛效率,但是,随着人工成本的上升,人员的流动性也变得越来越大,常常出现"招工难"的情况,单纯依靠人工码垛对企业来说十分困难。当需要码垛或拆垛的产品形状、大小、尺度、体积及托盘的外形和尺度发生变化时,通过在触摸屏上进行参数调整就可以了。智能码垛机器人灵活度、稳定性和准确度都较高,能满足柔性化码垛,码垛后的产品整齐规范,便于出入

库。同时智能码垛机器人结构简单,零部件少,故障率较低,性能更可靠,维护和保养也更简便。

2)食品加工领域

智能码垛机器人在食品加工业的使用越来越广泛,目前,已开发的食品加工业智能码垛机器人包括装箱机器人和码垛机器人。其中,码垛机器人的优点是占地面积小,可 360°旋转,操作更加灵活,抓取码垛能力更强,能达到 800~1200 箱/小时,可同时应对两条生产线的码垛工作,其适用行业非常广泛。

3)工业加工领域

智能码垛机器人在工业加工领域的应用非常普遍,这个领域多使用包装袋对物料进行包装和存储,例如常见的化肥、饲料或水泥等物料。这些物料不仅重量较大,而且人工码放十分困难,同时也需要耗费大量的时间。而使用智能码垛机器人能够抓取袋装物料并进行多层堆放,可以大幅度提高工作效率,降低总体成本。

4)物资流通领域

在物资流通领域,智能码垛机器人可以代替人工进行货物的分类、码垛、搬运和装卸工作,降低工人的劳动强度,提高生产和工作效率,实现自动化、无人化。智能码垛机器人使用微处理器,具有逻辑思维能力,利用较为先进的传感器准确地识别物体,由微处理器进行分析处理,并通过驱动系统和机械完成相应的码垛作业。智能码垛机器人在物资流通领域的广泛应用可以大大降低成本,并实现节能环保。

9.4.2 智慧装卸搬运的现状与发展趋势

1. 智慧装卸的现状与发展趋势

智能叉车的应用极大地解放了劳动力,减轻了工人的劳动强度,对于提升工作效率具有重要的作用。随着现代物流等行业的快速发展,对于智能叉车在专业性等方面的需求进一步增长,智能叉车的使用更加注重智能化、舒适化。因此,对叉车智能化发展趋势进行研究,能够更好地引导我国叉车行业未来的快速发展。

1)智能叉车的现状

当前我国叉车生产制造企业已经超出 200 多家,已经能够完全满足国内市场对于叉车的需求,并且还能够实现出口,拓展海外市场,构建具有知名度的国产品牌,同时也与国外企业开展合作。随着中国经济的快速发展,更多具有国际知名度的叉车品牌进入中国市场,这在一定程度上证明了国内叉车市场的巨大潜力。由于我国叉车保有量较大,近些年我国的叉车生产速度有所放缓,但是这并不意味着我国对叉车的需求降低了。叉车销售与保有量、生产量以及物流行业的发展等有直接关系,我国物流行业快速发展,对叉车的需求有增无减,特别是对具有较高的环保性能的电动智能叉车需求在未来会进一步增长。

2)智能叉车的发展趋势

智能设备使叉车的整体功能实现了升级,特别是随着《中国制造 2025》战略规划的推动和实施,我国制造业不断地加快转型升级工作,由单纯产品市场开发逐步转变为创新平台构建,推广智能化建设。在这种发展趋势下,智能叉车的整体技术水平越来越高。同时,无人仓储也为叉车智能化发展创造了机遇,并且使叉车的需求量进一步增大。无人仓储在新时期物流行业得到布局,并且以高度自动化实现了人机高效协作,对叉车进行智能化升级是物流行业最期待的项目,这也能够带动智能叉车的市场需求进一步扩大。无论是无人化还是智能化,都不是单一的设备发展,而是需要经过企业的整合流程,开展自动化设备研究,深化智能叉车标准化建设。

2. 智慧搬运的现状与发展趋势

1) 智能搬运机器人的现状

Versatran 和 Unimate 作为最早的机器人诞生于 20 世纪中期,由 Unination 公司主导研发。与此同时,Shakey 也由斯坦福大学主导被研发问世。发展到 20 世纪 80 年代,由于西方国家对于信息科技领域的研究开展得较早,因此它们在此领域的发展更加快速,也更加成熟。近几年,其他国家在信息科技领域的发展也逐渐加快,其中对于智能搬运机器人的研究和利用是一个热点。

在世界范围内对智能搬运机器人的研究最成熟的是德国 KuKA 公司,它对智能搬运机器人进行了长期研究,生产了多种不同类型的智能搬运机器人,其生产水平位居世界前列。

加拿大机器人公司 Clearpath Robotic 研制的 OTTO 高负载物料运输车能够完成大体积、大数量的物料运输,解决了生产车间要反复多次搬运物料的难题。日本对机器人的研究投入了很大的力量,日本生产的机器人以质量卓越闻名世界,如 Yaskawa、OTC 等公司一直致力于机器人的研究。

国内针对智能搬运机器人的研究起步较晚,因此有后发优势,国内对于机器人的研究借鉴了较多国外的优秀成果,各大高校纷纷加入到机器人的研究队伍中,生产了多种不同类型的机器人,其中包括由中国科学院主导研发的全方位移动式机器人视觉导航系统、哈尔滨工业大学主导研发的导游机器人、由国防科技大学主导研发的双足机器人等。由于各高校的加入,大力推动了我国在智能搬运机器人领域的研究进展。

2) 智能搬运机器人的发展趋势

智能搬运机器人有以下发展趋势:

(1) 高负载。未来对于智能搬运机器人的承载能力将会有大大的提高,其所能承载的重量将会越来越大。由于各个行业的不断发展,对智能搬运机器人的承载能力的要求将越来越高。

(2) 高可靠性。正常情况下,机器人的零件越多,其结构越复杂,此时机器人出故障的概率也就越高。在机器人的工作过程中,机器人运行的稳定性十分重要。若在工作过程中发生了较多的故障,极有可能导致机器人将物料损坏,如此一来,就会造成极大的损失。因此,为了提高机器人的工作效率,在未来的研究中,应该提高机器人的稳定性。

(3) 和谐的人机交互。机器人会越来越多地出现于人们的生活中,因此,提高机器人与人类的交流水平,将会极大地丰富人们的日常生活。为机器人和人类提供较多的沟通渠道,可以有效地提高交流效率。

(4) 智能化。机器人的诞生节约了较多的人力成本,但在未来的发展中对机器人的智能要求将会越来越高,不仅要求机器人简单地替代人力,还要求机器人根据环境的变化做出适当的反应,增强机器人的工作稳定性,提高其工作效率。

3. 智慧码垛的现状与发展趋势

1）码垛机器人的现状

随着科技和工业的不断发展,机器人技术日渐成熟,而码垛机器人在各行各业也起着更加重要的作用。2021—2022 年,受疫情影响,人们的活动范围受限,各个工作场所人力不足的问题凸显,因而码垛机器人受到各生产和物流企业的青睐。

码垛机器人各方面的技术还在成熟完善。科技部新出台的《关于改进加强中央财政科研项目和资金管理的若干意见》中也将智能机器人列为重点专项,各地已开始建设智能机器人产业园、中心机电产业园、科技园等机构,以推进机器人的建设和运营,由此可见机器人的发展势不可挡。机器人的普及是实现自动化生产、提高社会生产效率、推动企业和社会生产力发展的有效手段。

2）码垛机器人的发展趋势

目前,在工业 4.0 的概念和《中国制造 2025》战略文件的推动下,我国码垛机器人市场已经取得了一定的发展成果。我国企业正处于从传统装备向先进制造装备转型升级的关键时期,在国内企业旺盛的需求带动下,我国码垛机器人市场潜力日益凸显,未来发展前景可期,并将朝着以下趋势继续发展。

（1）智能化。

随着科技的不断发展,码垛机器人正在从自动化向智能化方向迈进。智能化要求实现操作人员与设备之间的有效结合,即人机一体。当前码垛机器人的人机交互能力还远不足。随着行业现代化改造进程的加快,码垛机器人的智能化要求已被提上日程。

（2）集成化。

近年来,由于多品种、小批量商品市场的不断壮大以及中小型用户的急剧增加,人们对多功能通用码垛机器人的需求越来越旺盛,而要实现多种功能的集成,或者让机器人满足不同物品码垛的要求,就需要使码垛机器人向模块化、集成化的方向发展。

（3）环保化。

一方面,我国出台了众多环保政策,国家对行业发展中的环保问题日益关注;另一方面,应用码垛机器人的工业制造业对生态环境影响比较大,一直是环保重灾区。这两方面原因的结合,让企业意识到码垛机器人要承担起行业的环保责任,未来技术的环保化已成为必然趋势。

4. 智慧分拣输送的现状与发展趋势

1）智能分拣设备的现状

目前市场上的主流智能分拣设备在操作过程中的某些环节还需要人工的参与,但作业强度已越来越小,完全由机械完成分拣作业。机械化、自动化、智能化成为现代分拣系统的主要特点。而现在的自动分拣设备类型多样,分拣作业更是达到了高效、快速、稳定、高质量的水准,这也是科技促进设备发展的结果。

2）智能分拣设备的发展趋势

（1）智能分拣系统与智能大数据结合。智能分拣设备与数据采集设备相结合,可实现包裹称重、读码后的快速分拣及信息记录交互等工作。智能分拣系统可大量减少分拣过程中的人工需求,提高分拣效率、自动化程度和分拣准确率。随着大数据算法的日趋完善化、快递邮件信息逐步标准化、智能控制系统集成化,智能分拣系统将会成为物流业由劳动密集型产业向智能化转型的关键。

(2)人工智能将成为物流配送的新支柱。智能分拣设备引领传统物流行业进入智能化发展阶段,高性能的分拣机器人适用于不同场景的分拣任务,备受快递企业的青睐,成为物流科技发展的新亮点。伴随着物流服务需求的不断增长,自动分拣的效率会越来越高,分拣技术也会更智能、更人性化。

案例与问题讨论

案例:京东国内首套 IoT 分拣系统

2019 年 3 月 29 日,由京东物流自主研发的国内首套 IoT 分拣系统亮相。该系统主要解决了物流分拣过程中集包袋识别难的问题,与传统作业方式相比,它具有速度快、准确率高、作业效率高的明显优势。

该 IoT 分拣系统基于物联网技术,集多项智能技术于一体,主要包括以下 3 个组成部分。

1. 智能排队系统

智能排队系统作为分拣系统的主要部分之一,是影响包裹控制的关键因素,其优劣直接影响到全程的分拣进程和效率。智能排队系统通过规则、方式、过程等,运用物理学对上件频率进行逐步的分析和推算,并得到优化结果,合理地进行供件控制。同时,在排队论的基础上建立模型,分析供件过程,优化供件机的数量及供件的顺序,使分拣系统达到最佳状态,提高分拣执行过程的准确率,同时降低分拣误差率。

2. 超高频 360°读码技术

超高频是指工作频率为 902~928MHz。这种情况下的电子标签一般采用电磁发射原理,称为微波射频标签。超高频作用范围广,现在最先进的物联网技术都采用超高频电子标签技术。

3. 柔性分拣系统

京东根据国内物流现状,利用柔性运输技术,设计出由计算机控制,独立完成包裹的装卸、运输、路向分发等全过程的包裹分拣及包裹信息管理系统,该系统主要涉及包裹的收寄、运输、分拣、存储、投递等主要过程的物流和信息流两方面。

IoT 分拣系统作为京东物联网战略的核心,展现了物联网在企业发展过程中的核心本质是企业管理效能的提升京东在大数据和人工智能等技术的加持下,整个物流行业变得智能、便捷、有未来感。

问题讨论

1. 京东 IoT 分拣系统的主要优势有哪几方面?

2. 结合京东 IoT 分拣系统的研发背景,谈一谈智慧物流装卸搬运系统开发的必要性。

小　　结

本章从现代物流装卸搬运的概念、特点和分类出发,展开对智慧物流装卸搬运的介绍。物流装卸搬运是物流活动的一个重要环节,它贯穿于物流的全过程,是物流各功能环节之间形成有机联系和紧密衔接的关键。随着技术的发展,物联网、5G、大数据、人工智能与信息技术等应用于物流装卸搬运领域,产生了智慧物流装卸搬运。它是自动化装卸搬运作业发展的更高级阶段,它不仅实现了作业过程的自动运行与自动控制,而且实现了作业环境的智能感知、作业方式的智能选择、作业状态的智能控制以及紧急情况的智能处置,从而达到装卸搬运无人化运作要求。

智慧物流装卸搬运有利于提高作业效率,减少作业差错,适应多种复杂作业环境,实现数据互通,使物流的各作业环节高效协同,已经成为智慧物流不可或缺的重要组成部分。

智慧物流装卸搬运系统体系包括智慧物流装卸作业系统、智慧物流搬运作业系统、智慧物流码垛作业系统、智慧物流分拣输送作业系统。智慧物流装卸作业系统包括智能起重机系统、智能自动装卸车系统等。智慧物流搬运作业系统是指利用 AGV 进行搬运的作业系统,由机械系统、动力系统、车载控制系统和通信系统组成。智慧物流码垛作业系统是指以码垛机器人作为主要作业设备的系统,由机械系统、驱动系统、控制系统、检测传感系统、人工智能系统等组成。智慧物流分拣输送作业系统主要包括货到人拣选系统、自动分拣系统等。通过各系统的分析,使读者了解各个系统的功能、结构组成以及工作原理。

智慧物流装卸搬运技术装备主要包括智慧装卸装备、智慧搬运装备、智慧分拣输送装备和智慧堆垛装备的特点、分类、工作原理和应用领域。

练习与作业

1. 与传统物流装卸搬运相比,智慧物流装卸搬运有哪些特点?
2. 简述智慧物流装卸作业系统的构成。
3. 简述智慧物流装卸搬运技术装备的概念、分类与工作原理。
4. 企业发展智慧物流装卸搬运的瓶颈有哪些?
5. 谈一谈智慧物流装卸搬运的发展趋势。

第 9 章　智慧物流装卸搬运

第10章 智慧冷链物流

※ 学习目标

1. 了解智慧冷链物流与智慧物流的关系,掌握智慧冷链物流的含义与特点。

2. 掌握智慧冷链物流中制冷系统的构成以及工作原理,重点掌握智慧温度监控系统、智慧冷链追溯系统以及智慧冷链报警系统在冷链物流运行中的重要地位,并掌握这 3 个系统的应用现状。

3. 掌握智慧冷链物流中主要技术装备的特点,重点掌握智慧冷库的构造、智慧冷藏车的类型、应用以及智慧冷藏箱的作用,理解并掌握智慧冷库、智慧冷藏车、智慧冷藏箱的技术特点以及应用领域。

4. 了解智慧冷链物流的发展现状、瓶颈以及未来发展趋势。

※ 学习指南

1. 深入理解智慧物流与智慧冷链物流的关系。

2. 结合现有智慧温度监控系统、智慧冷链追溯系统和智慧冷链报警系统的特点,完善并创新环保节能型智慧冷链系统体系。

3. 在现有智慧冷库、智慧冷藏车、智慧冷藏箱技术层面的基础上,进行深入分析,提出方案,引领其他智慧冷链物流技术装备的智能化发展。

4. 能够利用智慧冷链物流的思想,进一步规范智慧冷链物流的作业行为,提高智慧冷链物流的管理能力,加强冷链食品的安全意识,全面强化职业素养。

※ 课前思考

1. 冷链物流是如何演变为智慧冷链物流的?

2. 智慧冷链物流与传统冷链物流的区别是什么?

3. 制冷系统是否可以智能化?

4. 智能信息系统如何在冷链技术装备中发挥作用?

10.1 冷链物流管理与智慧冷链

10.1.1 冷链物流管理

冷链物流是指在生产、仓储、运输以及销售过程中,各个环节都处于合理的恒温环境下,以减少食品损耗、保证食品质量的一种特殊物流形式。首先,冷链物流的对象是需要保持一定温度的物品(如农产品、禽肉类、水产品、花卉、加工食品、冷冻或速冻食品、冰激凌和蛋奶制品、快餐原料、酒品饮料等)以及特殊的商品。其次,冷链物流的运作系统是以冷冻工艺学为基础、以制冷技术为手段的低温物流系统,涵盖冷藏、冷链运输、冷链配送与冷藏销售等环节。最后,冷链物流还应保持冷链领域所有操作流程的规范性,尤其是对物流环境的监督,这是冷链物流最大的特征。

由于冷链物流的特殊性,在进行冷链物流作业以及管理时应注意以下几方面:

第一,保持冷链物流环节的连续性。冷链物流流程需要符合一定的标准,尤其是对温度和湿度的把控,中间任何环节都不能断链。一旦发生冷链断链,冷链食品的质量将无法保证。

第二,提高冷链物流环节的时效性。冷链物流涉及的物资大部分是易腐食品,因此,在冷链物流各环节都应该保证作业效率,提升时效性,从根本上保证冷链食品的质量。

第三,提升冷链物流管理水平。冷链产品千差万别,品质变化机理复杂,各种产品存储条件不尽相同,有的产品还涉及相关法律法规的约束。所有这些特点使冷链物流管理中存在很多不确定性,导致管理程序更加复杂。因而,应运用信息化管理手段,全面提升冷链物流管理水平。

10.1.2 智慧冷链物流的概念

1. 含义

智慧冷链物流是将冷链物流的硬件和智慧物流的信息获取、加工处理优势结合,通过冷链物流系统信息化升级改造,健全信息系统,实现全程冷链监控和管理的物流过程。

当前我国很多城市开始积极推进智慧冷链物流的建设,在推进冷链物流产销运一体化的基础上,积极推进冷链物流设施与运作标准化建设,推广冷链物流车辆、容器等设备智能化,强调冷链物流信息公共平台建设,整合供应商、企业、个人等冷链物流资源,积极打造智慧冷链物流体系。

2. 构成要素

冷链物流围绕冷冻加工、冷冻储藏、冷藏运输等环节运行,而基于集成化、智能化、移动化技术的智慧冷链物流则围绕智能仓储、智能运输、温度监控、智能追溯等多项智能活动展开。智慧冷链物流将智慧物流和冷链物流的要素进行整合,实现冷链物流自动化、智能化。其要素为以下 4 个。

1) 智慧冷链加工

冷链加工是指在低温环境下对生鲜冷链食品进行清洗、预冷、加工的过程。智慧冷链加工是通过智能终端获取加工环境的温湿度等信息,智能控制冷链加工系统,在监控温湿度的同时完成冷链加工的过程。智慧冷链加工包括智慧冷却加工和智慧冻结加工两种工艺。智慧冷却加工通过智能冷链感知终端获取冷链食品的品种、数量以及温湿度信息,在此基础上进行分析计算,根据计算结果由智慧冷却系统自动调节制冷设备的风速和温度,进行冷却作业。智慧冻结加工需要在加工前通过物联网、大数据技术对冷链食品的水分含量、冻结点、比热容、冻结潜热等数据进行搜集与分析,根据分析结果由智慧冷冻系统自动控制冻结设备的速度与温度,在冻结过程中获取冰晶形成状态的数据,通过智能分析系统感知食品冻结的状态,随时调整冻结设备的速度与温度,进行冻结作业。

2)智慧冷库

智慧冷库除了具备普通智能仓库的特点外,还应强化安全节能、绿色环保等特点,此外应配备完善的智能温控系统、智能报警系统。基于感知技术和远程信息监控平台,智慧冷库能够动态监控冷库制冷系统的工作状态,及时发现问题并予以纠正。同时,智慧冷库能够评估库内能耗水平,并针对非正常现象予以调整。智慧冷库能够通过智能系统针对库内可能发生的危险进行预警或报警,确保冷库安全。

3)智慧冷链运输

智慧冷链运输立足于物联网平台,结合车联网技术,集成智能化、电子化、信息化等先进信息技术,以海量数据挖掘、无线物联网技术、智能远程控制为核心手段,整合人、车、货、路四大要素,可以实现高效的冷链运输。智慧冷链运输涉及移动制冷技术、保温技术以及智能监控系统。其中,智能监控系统主要用于冷链运输过程中对货物的温湿度的实时监控与管理,该系统涉及温湿度传感器、RFID 技术、GPS 技术以及通信网络技术。

4)智慧冷链信息平台

智慧冷链信息平台是上述所有作业智能化的基础与纽带,具有智能信息获取与处理、智能冷链设备监控、智能冷链物流方案优化等功能。结合大数据、物联网、云计算等技术,智慧冷链信息平台能够更好地对冷链物流进行智能化监控与管理,将大幅提升冷链物流的作业效率。

10.1.3 智慧冷链物流的特点

智慧冷链物流的特点是管理信息化、操作智能化、能耗绿色化。

1. 管理信息化

利用 WMS、TMS、ERP 等信息管理系统,智慧冷链物流可以实现全过程的可视化、信息化管理,在冷链业务流程优化、节能管理、安全控制等各方面均可实现透明化数据支撑与管控。

2. 操作智能化

传统冷链物流作业基本上都是依靠人工完成的,如冷链商品的出入库作业、温湿度检测作业等。智慧冷链物流依托智能信息系统、先进的信息技术以及智能化设备等,可以实现全程智能化无人操作,大大提高了作业的效率。

3. 能耗绿色化

传统冷链物流的能耗是导致冷链物流成本居高不下的主要原因,尤其是制冷系统、温湿度监控设备的投入,日常制冷系统运行导致的能量消耗量更是触目惊心。智慧冷链物流利用传感技术,可以动态监控冷链环境,在温湿度的合理范围内自动切断能耗来源,起到节能的作用。

10.1.4 冷链物流智能化管理

冷链物流智能化管理主要是指利用智慧物流信息平台将冷链物流各环节纳入管理活动

中,结合人工智能技术实现冷链物流活动的自动化、智能化、可视化、网络化、信息化,从而显著提升冷链物流系统的运行效率,在消耗最少的自然资源和社会资源基础上实现企业利润最大化、供应链最优化、用户体验最佳化。冷链物流智能化管理的目标是:坚持以市场需求为导向,以解决冷链产品供应链效率低、成本高、损耗高等问题为切入点,以智慧物流关键技术为驱动,构建智慧冷链物流体系。冷链物流智能化管理主要包含以下几方面。

1. 使用智能信息平台进行全方位冷链管理

信息化是智慧冷链物流的核心,是加快生鲜农产品供应链升级发展的驱动力。荷兰、比利时、德国的冷链物流信息化程度较高,可以在批发市场内进行全国性联合拍卖。日本的批发市场能够发挥信息中心职能,可与全国乃至世界主要农产品批发市场联网,实现按样品交易,做到商物分离。而我国冷链产品信息市场建设不健全,冷链产品流通以批发市场为主,尚处于农产品集散模式,管理水平和信息化水平低下,中间环节多,大小批发商业务重叠。

通过冷链物流智能化管理,将大数据服务运用到生鲜农产品种植加工、物流、商贸、金融、销售等多个领域,通过智慧冷链物流信息平台可以实现信息实时共享与互通,减少物流信息重复采集,避免各种信息壁垒、信息孤岛问题,实现对冷链产品全程信息化管理与控制。智慧冷链物流信息平台利用大数据技术可以对生鲜农产品的物流需求进行统计分析,对销售量进行精准预测,为农户种植及流通销售决策提供依据,精准识别并匹配消费需求,减少因流通环节繁杂造成的损耗及成本增加。智慧冷链物流信息平台还可提升信息共享能力和资源整合能力,有效解决我国生鲜农产品供应链信息化水平低的问题。

2. 实现冷链作业全程智能化管理

冷链作业一般涉及冷链仓储、冷链运输、冷链装卸搬运、冷链追溯等活动。冷链物流智能化管理可以对冷链作业各环节进行智能优化与控制,提高冷链作业的智能化水平。在冷链仓储环节,利用智能终端、物流信息平台可以随时监控冷链仓储情况,采用智能化存取设备,提高仓库分拣准确性、周转率,提高对大批量订单、碎片式订单的处理能力,延长冷链产品货架期。在冷链运输环节,根据生鲜农产品的特性、运输距离、交通状况等因素可以进行路径规划、车货匹配、货物在途跟踪,安全、快速地将货物送达目的地。在冷链装卸搬运环节,利用智能穿梭车、机器人、无人叉车等智能搬运工具进行冷链货物搬运操作,可大幅提高搬运效率。在冷链追溯环节,结合"物流云+互联网+智能终端"的应用,通过实时采集、记录、监控冷链物流各环节的状态数据和信息,可以对生鲜农产品从田间到销售市场进行供应链全程的追踪,实现对供应链全要素的实时监控。

3. 智能优化冷链物流资源

在冷链物流智能化管理模式下,可以对生鲜农产品货源、物流服务资源、仓储资源、销售资源以及消费者需求信息等进行大数据挖掘和处理,通过冷链物流智能化管理,可以智能地汇总生鲜农产品产业相关的市场、运输、仓储、配送、货运代理、金融等业务模块的分散资源,可以筛选、评估优势资源,可以整合小农户及农业协会并建立稳定的上游供货端,可以集中小市场、农贸市场、批发市场、超市、餐饮、电商平台等销售组织和商家并扩大市场规模。冷链物流智能化管理可以分析资源优势与短板,确定资源整合对象,通过配套资源的整合,优化生鲜农产品资源配置及动态管理,打通生鲜农产品上下游供应链,打造共生、共赢的可持续智慧冷链物流生态圈,提升冷链效率,降低冷链物流成本,使生鲜农产品以更合理、更高效、更智能、更快捷的渠道配置到目标消费者手中,促进生鲜农产品高效流通。另外,通过资源优化配置,可以提高资源配置效率,降低能耗和排放水平,打造生鲜农产品绿色智慧供应链。冷链物流智能化管理还可以从线上线下与物流相结合的角度出发,整合生鲜农产品生产者、农业协会、线上电商平台、线下生鲜销售点(果蔬专卖店、连锁超市、农贸市场、批发市场等)、物流企业等资源,并将线下生鲜销售点作为整条供应链的前置仓,推出线下门店发货、定时送达的准时制物流服务,减少流通环节,缩短流通链条,提供更优良的消费者体验。

10.2　智慧冷链物流系统

10.2.1　制冷原理

1. 制冷方法

常见的制冷方法有液体汽化制冷法、气体膨胀法、热电制冷法、涡流管制冷法等。

1) 液体汽化制冷法

液体汽化制冷法利用液体汽化时的吸热效应实现制冷。在一定压力下,液体汽化时需要吸收热量,该热量称为液体的汽化潜热。液体吸收的热量来自被冷却对象,使被冷却对象温度降低,或者使它维持低于环境温度的某一温度。

在液体汽化制冷过程中,为了使液体汽化不断反复,必须不断地将蒸气从容器(蒸发器)中抽走,再不断地将液体补充进去。由此可见,液体汽化制冷循环由液体在低压下汽化、气体升压、高压气体液化、高压液体降压4个基本过程组成。

2) 气体膨胀法

高压气体经绝热膨胀后可达到较低的温度,而冷低压气体复热需吸收热量,气体膨胀法就是利用这个原理实现制冷的。该制冷法多用于深度制冷和低温工程。

3) 热电制冷法

热电制冷法又称温差电制冷法或半导体制冷法,是以温差电现象为基础的制冷方法。在铜丝的两头各接一根铋丝,再将两根铋丝分别接到直流电源的正、负极上,通电后,一个接头变热,另一个接头变冷,这就是热电制冷的依据。热电制冷的效果主要取决于上述两种材料的热电势。纯金属材料的导电性、导热性很好,但制冷效率极低;半导体材料具有较高的热电势,但因其价格高,且需要直流电和变压整流装置,因而往往不适合制冷量较大的场合。但是该方法灵活性强,使用方便可靠,适用于空间探测飞行器上的科学仪器、电子仪器和医疗器械的制冷装置以及核潜艇驾驶舱的空调设备。它还常被用在手提式冷热箱中,很适合郊游、军营或汽车司机使用。

4) 涡流管制冷法

涡流管是一种可以使压缩气体产生涡流的装置,由喷嘴、涡流室、孔板、管子和控制阀组成。涡流室将管子分为冷端、热端两部分,喷嘴沿涡流室切向布置,孔板在涡流室与冷端管子之间,热端管子出口处装控制阀。经过压缩并冷却的常温气体进入喷嘴,在喷嘴中膨胀并加速到音速,从切线方向射入涡流室,形成自由涡流。自由涡流离中心越近的位置旋转角速度就越大。由于旋转角速度不同,在涡流的层与层之间产生摩擦,内层气体失去能量,从孔板流出时具有较低的温度;外层气体吸收能量,动能增加,又因为与管壁摩擦,将部分动能变成热能,使得从控制阀流出的气体具有较高的温度。用控制阀控制热端管子中气体的压力,从而控制冷、热两股气流的流量及温度。涡流管制冷具有结构简单、维护方便、启动快、使用灵活等特点,因而常用在有高压气源或易于低价获得高压气体的场合。其主要缺点是效率太低、气流噪声大。涡流管的结构如图 10-1 所示。

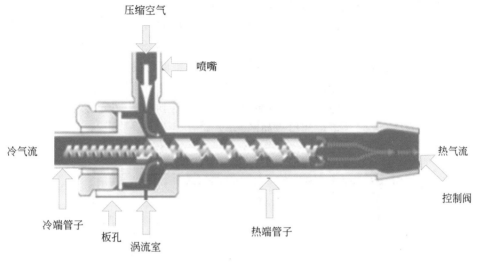

图 10-1　涡流管的结构

2. 制冷剂

制冷剂是制冷系统中的工作介质。制冷剂利用自身热力状态的变化不断和外界发生能量交换,从而达到制冷效果。常见的制冷剂有氨(NH_3)、水(H_2O)、二氧化碳(CO_2)以及甲烷和乙烷的卤族元素衍生物(CCL_2F_2、$CHCLF_2$、CH_2FCF_3)。上述制冷剂的特点各不相同,如表 10-1 所示。

表 10-1　常见制冷剂

化学式	代号	特　点
NH_3	R_{717}	易于获得,价格低廉,单位制冷量大,放热系数高。有刺激性臭味,有毒,可燃烧和爆炸,对铜及铜合金有腐蚀作用
H_2O	R_{718}	无臭,无味,无毒,无腐蚀性,不燃烧,不爆炸,价格低廉而且极易获得。但蒸汽比容大,单位容积制冷量小
CO_2	R_{744}	绿色环保,无残留物,对冷链食品无影响
CCL_2F_2	R_{12}	无色,微芳香味,不燃烧,不爆炸,但对臭氧层有破坏作用
$CHCLF_2$	R_{22}	不燃烧,不爆炸,腐蚀性小,安全可靠,是一种良好的制冷剂。对臭氧层的破坏作用比 R_{12} 小
CH_2FCF_3	R_{134a}	安全性好,无色,无味,不燃烧,不爆炸。对臭氧层的破坏作用比 R_{22} 小,可作为 R_{22} 的替代物

3. 制冷系统

制冷系统是利用外界能量使热量从温度较低的物质或环境转移到温度较高的物质或环境的系统。制冷系统按使用的制冷剂种类可分为氨制冷系统、氟利昂制冷系统、混合工质制冷系统、二氧化碳制冷系统及空气等工质制冷系统;按工作原理可分为机械压缩式制冷系统、吸收式制冷系统、蒸气喷射式制冷系统、热电式制冷系统、吸附式制冷系统。其中的机械压缩式制冷系统也就是前文所讲的蒸汽压缩式制冷系统,它在冷链物流中应用最为广泛。

蒸汽压缩式制冷系统包括 4 部分:制冷剂循环系统,润滑油的添加、排放和处理系统,融霜系统,冷却水循环系统。其中处于核心地位的制冷剂循环系统包括压缩机、冷凝器、节流阀和蒸发器。制冷剂在制冷系统中循环时,其状态或条件将发生多次变化,每一次变化均为一个完整的制冷过程。制冷剂从某一初始状态开始,经过一系列特定的过程序列,最终返回初始条件,这一过程称为制冷循环。最简单的制冷循环由膨胀、蒸发、压缩、冷凝 4 个基本步骤组成。蒸汽压缩式制冷系统的组成如图 10-2 所示。

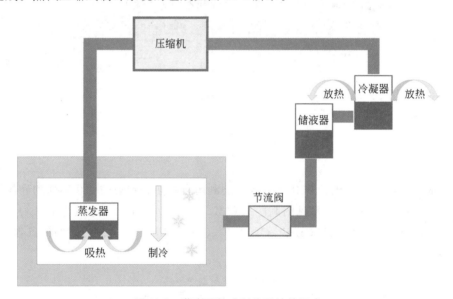

图 10-2　蒸汽压缩式制冷系统的组成

1) 压缩机

压缩机是制冷系统的心脏,它主要负责制冷剂的吸入、压缩、输送,其性能直接关系到制冷系统的工作效果。

2) 冷凝器

冷凝器是制冷系统中用来排放制冷剂蒸汽热量的设备。它负责冷却气态制冷剂,使其转换为液态,并提供换热面,将蒸发器中吸收的热量连同压缩机转化的热量一起传递给制冷剂。

3) 蒸发器

蒸发器是制冷系统中制造冷气的热交换设备。节流后的低温低压制冷剂液体在蒸发器内沸腾,变为蒸气,吸收冷却对象的热量,使其温度下降,达到冷冻、冷藏食品的目的。

4）节流阀

节流阀又称膨胀阀,主要对制冷剂起节流降压的作用,同时控制并调节流入蒸发器中的制冷剂液体的数量,并将系统分为高压侧和低压侧两大部分。

10.2.2 智慧温度监控系统

1. 智慧温度监控系统的作用

智慧温度监控系统是在冷链各环节通过物联网、RFID 技术、传感技术的使用,实时监测冷链物品的温度以及所处环境状况,以确保冷链物品质量的一种智慧型监测系统。保持冷链物流各环节的温度恒定是设计开发智慧温度监控系统的初衷,也是确保冷链物品质量的关键。智慧温度监控系统能让供应链上下游了解冷链物品在冷链流通中所处的环境,实时检测冷链物品的温度,跟踪冷链物品在整个物流过程中的信息记录,包括存储环节、运输环节以及装卸搬运环节,一旦发现问题,便于及时进行处理,以保障冷链物品质量,降低经济损失。

2. 智慧温度监控系统的组成

传统的冷链温度监控方法一般以纸和笔定时记录温度测量设备显示的数据,耗时耗力,效率低下,准确性不高,人为因素较多。另一种较为智能的传统的监控方法是圆图记录仪,通常被称为帕洛特图,可在图纸上显示设备数据曲线并定期存档。圆图记录仪数据的采集和存储方法简单,但是这些数据记录功能通常整合在设备中,仍需人力进行纸笔的更换、数据的整合与整理,而且记录需妥善保存,总体来说,自动化程度低,记录准确性也不高。

智慧温度监控系统摒除了传统方法的弊端,应用物联网、RFID 技术能够智能检测冷链物流中物品的温度,省省人力,精度较高。智慧温度监控系统可以安装在各种冷链设施上,在冷库或冷藏车中,可以以探头的形式出现,动态追踪冷链物品温度,通过网络将数据实时传输到远程监控中心。智慧温度监控系统可以实现冷链物品从发货地到接收地的全程检测。同时结合打印设备,智慧温度监控系统还可以实现实时打印记录的功能。

智慧温度监控系统包括中央监控系统和网络数据记录系统,中央监控系统在各设备上安装了远程感应器,组成一个网络并与输入设备相连;网络数据记录系统具有更高的分布程度,多个数据记录器与各个设备互联互通,并与计算机网络相连。这些网络的规模和配置灵活便捷,可以不同的方式实现随时随地监控冷链温度。

智慧温度监控系统包括硬件部分和软件部分。硬件部分主要为无线温度采集器,软件部分为智能监控云平台。通过无线温度采集器进行实时数据采集,将采集到的货物或环境的温度、位置等数据通过移动蜂窝网络传输到智能监控云平台,在云平台上对数据进行记录、分析、报警和存储等,从而实现对冷链物流全程的实时监控。

智慧温度监控系统的硬件部分包括 4 个模块,分别是数据采集模块、温度显示模块、网络通信模块、智能报警模块。软件部分包括 4 个子系统,分别是数据采集系统、数据传输系统、数据分析系统、实时报警系统。智慧温度监控系统的组成如图 10-3 所示。

3. 智慧温度监控系统的功能

1）冷链存储

冷库是食品物流行业广泛使用的存储设施。在冷库设计中,不同类别的冷库需要设置

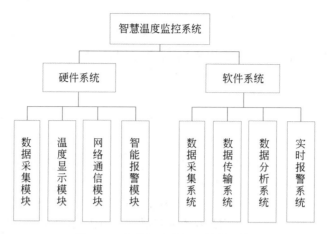

图 10-3　智慧温度监控系统的组成

不同的温度范围,温度的精确性与监控手段是冷库生产中主要的技术指标。

智慧温度监控系统极大地提高了冷冻库、保鲜库、恒温库的现代化管理水平。该系统可随时随地显示冷库内的温度,工作人员可以随时查看冷库当前温度以及以前任一时间的温度情况,避免因控温不及时而可能发生的损失。智慧温度监控系统凭借强大的存储功能可保存数十年的温度变化数据,可以让冷链物流公司质检部门监控各点温度的采集和显示情况。

冷库中智慧温度监控系统的主体包括温度采集器和数据显示器。根据实际情况选用不同精度的温度采集器和相应的温度传感器,通过 RS-485 通信协议可以与计算机连接,并通过专用软件完成数据显示、存储、报警和打印的功能。数据显示器的存储由上位机软件完成,监控中心可通过上位机软件查询并打印温度曲线或数据表格,报警方式包括声音报警、手机短信报警和外部继电器报警等。

在冷链存储过程中,智慧温度监控系统的功能如下:

(1) 实时显示冷库中的温度数据。在冷库关键位置配备显示设备,用以显示各监测点的温度值,并实现定时更新,一般情况下支持 5min 更新一次。与此同时,冷库控制中心的终端设备也可同步显示、更新数据。

(2) 显示温度曲线。在冷库控制中心的终端能够显示各监测点的温度曲线,并进行分析。

(3) 存储数据。冷库的温度数据可以长期存储,一般可存储 10 年以上。这就解决了冷库温度追溯的问题。

(4) 打印数据。上述冷库的温度数据以及温度曲线都可以随时打印成纸质文档,结合某批次的在库货物的其他情况,可以构成完整的存储档案。

(5) 查询历史数据。上述冷库的温度数据以及温度曲线可以随时查询,针对冷链其他环节出现的货物质量问题,可以通过该功能进行线上追溯,能够精准判断冷链物品在哪个环节出现了问题。

(6) 报警。智慧温度监控系统可以根据冷链物品的存储温度设置每个测量点的报警值。当测量值达到报警值时,系统将发出报警信息。

2)冷链运输

冷链物流的流程一般由冷链加工、冷链贮藏、冷藏运输及配送、冷链销售 4 个环节构成,而在冷链运输及配送环节是最容易出现问题的。为了保证冷链物品在冷藏运输及配送环节的质量,进行实时温度监控十分必要,同时也可以解决监管脱节等一系列问题。

冷链运输环节的智慧温度监控系统可实现温度数据自动存储、车载触屏、实时 GPRS 数据传输。车载触屏实现了在冷链车辆的驾驶室内就可以实时查看车厢内的温度,并通过无线通信和 GPS 定位功能,可将冷藏车内的监测温度和车辆位置实时传输到监控中心。智慧温度监控系统通过配套的冷链车温度监测软件平台可以对在途冷链运输车辆进行统一管理。

在冷链运输过程中,智慧温度监控系统的功能具体表现如下:

(1)实时采集记录。24 小时无人值守自动实时精准地采集车内温度数据,可实现实时记录数据,并以列表和图形显示。

(2)无线远程传输。利用无线远程传输将温度无线传感器采集到的数据发送到监控中心,通过协调器转换数据,发出指令到 GPRS-DTU 网络模块后,将数据上传至远程中控室上位机,利用 GPS 模块的通信技术实现温度数据远程监控。

(3)查询数据。在远程监控的同时,通过车载屏幕,驾驶员可以实时了解车内温度情况,也可以随时查询历史冷链运输温度。

(4)备份归档。运输温度数据将自动归档整理,生成报告,并形成历史数据的安全备份。此外,也可根据实际情况随时打印运输温度数据。

(5)报警。不同批次的冷链食品温度要求不尽相同,在冷链运输前应先设置合理的温度,并设置每个测量点的报警值。当测量值达到报警值时,车内音响会发出报警,同时监控中心也会接到报警。

3)冷链装卸搬运

与冷链存储、冷链运输相衔接的装卸搬运环节更是对冷链物品进行监测的重点。在实际工作中,常常由于该环节忽视了对冷链物品的温度监控,导致物品质量出现问题,从而使存储和运输环节的努力付诸东流。在装卸搬运环节,主要采用移动式测温器,即手持温度检测器进行温度监控。手持温度检测器包括热电偶式无线探测器和新型电子温度计。手持温度检测器需要手工操作,将探头探入冷链物品中检测其温度。手持温度检测器应通过物联网技术与监控中心相连接,将装卸搬运环节检测的冷链物品的温度数据实时上传监控中心。与存储和运输环节类似,此环节能够支持数据备份、查询、报警与打印功能。

10.2.3 智慧冷链追溯系统

1. 冷链追溯系统

2002 年,欧盟委员会将可追溯性定义为食品、饲料、畜产品和饲料原料在生产、加工、流通的所有阶段具有的跟踪追寻其痕迹的能力。冷链追溯可以定义为:在冷链物流中,从生产、收购、运输、存储、装卸、搬运、包装、配送、流通加工、分销直到终端客户的全过程,冷链商品的信息都应被规范、严格地记录,使其具有可追溯性。

冷链追溯系统针对冷链产品的原料来源以及物流存储、运输、装卸搬运等关键环节的温湿度、生产日期和销售日期等信息都进行严格的记录,对冷链产品从生产到销售的所有信息都可以实现全方位的跟踪,以确保冷链产品的安全;同时也为消费者提供一个可获取产品信息的渠道,最大限度地保护消费者的利益。冷链追溯系统应做到来源可追溯、去向可查询、责任可追究。对于社会而言,建立冷链追溯系统,能够迅速识别食品安全事故责任,降低产品召回成本,提高社会效;对于冷链物流行业而言,建立有效的冷链追溯系统,可以促进冷链行业的健康持续发展。

2. 冷链追溯技术

冷链追溯应用于条形码技术、射频识别技术、大数据技术和区块链技术。

1)条形码技术

条形码技术分为一维条形码技术和二维条形码技术。条形码技术具有成本较低、技术相对成熟的特点,为食品冷链追溯系统的构建提供了技术支持。一维条形码技术具有自动识别功能,能够对冷链食品信息进行准确识别并输入到数据库系统中,其特点是识别信息速度快,制作简单,与之配套使用的阅读器等设备也相对成熟。二维条形码技术相对于一维条形码技术,具有信息容量大、保密性好等特点。随着二维条形码应用的普及,消费者可以通过手机客户端或 PC 端扫描二维条形码,实时读取冷链食品的相关信息。

2)射频识别技术

射频识别技术是一种以无线射频的方式在阅读器和标签之间进行冷链食品相关数据传输的自动识别技术。结合互联网技术,利用射频识别技术可以进行冷链食品相关数据的采集,目的在于提高冷链食品信息传递效率,对冷链食品进行有效标识,从而实现冷链食品的有效追溯。

3)大数据技术

从获取冷链食品的源头信息到交付终端消费者手中的信息,需要一个强大、高效的数据库做支撑,在此过程中,大数据的优势就显现出来了。在食品冷链追溯系统设计过程中,可通过建立实体与实体之间的联系实现对食品冷链信息的存储和处理,结合条形码技术,从大数据的中心数据库获取冷链食品相关信息,同时绑定每一个环节的相关信息,再传入中心数据库,终端消费者可根据相应的标签对冷链食品的信息进行全程查询与跟踪。

4)区块链技术

区块链技术本身具备的以下 4 个特点为其在食品冷链追溯领域的应用提供了先决条件。首先是高透明性。区块链技术面向全球开放,整个链条上的主体均可通过公开的端口进行冷链食品信息查询,所有信息数据是共享的,保证了食品冷链追溯系统的公开性。其次是去中心化。区块链具有分布式存储核算的特点,由区块链系统中的所有主体共同维护,所有相关信息在主体间共享,不需要中心化机构。再次是信息可追溯。大量冷链食品从产地到最终销售的全过程各环节中的温湿度相关信息会通过物联网设备实时存储到区块链平台中,供系统内所有成员随时登录或者扫描查看,为后期相关企业和消费者等提供便利的冷链食品信息查询服务。最后是数据不可篡改性。进入区块链系统的冷链食品有唯一的"身份证号码",即追溯码,且区块链所有节点都有完整数据库的副本,系统内冷链食品的相关数据也会加上时间戳,区块链技术的时间戳功能和加密性以及分布式等特点保证了相关信息无法被更改。

3. 智慧冷链追溯系统

智慧冷链追溯系统由物联网节点、网格节点、区块链和客户端系统组成。物联网节点包括智能温度传感器、RFID 标签、EPC 编码等。物联网节点可实时感知冷链物流各环节的物品信息，并将这些数据通过物联网设备自动上传至区块链平台中，无须人工介入，以便消费者后期查询。网格节点采用 RTSP 流的方式采集冷链流通过程的实时视频或图片，并实时传送到服务器上。区块链主要负责冷链物品信息的生成、存储与管理，保证追溯信息的不可篡改性、去中心化以及主体间信息共享等。客户端系统包括 PC 客户端和手机客户端，可通过追溯码查询到任一节点冷链物品的信息。

智慧冷链追溯系统设计如图 10-4 所示，物联网设备，如射频识别设备、编码设备、温湿度传感器等，将与供应商、制造商、分销商、零售商、消费者等主体和环节有关的冷链食品供应源头信息、生产信息、加工信息、运输信息、储藏信息、销售信息等自动上传到相应的区块，无须人工录入信息，保证了冷链商品相关信息的真实性。

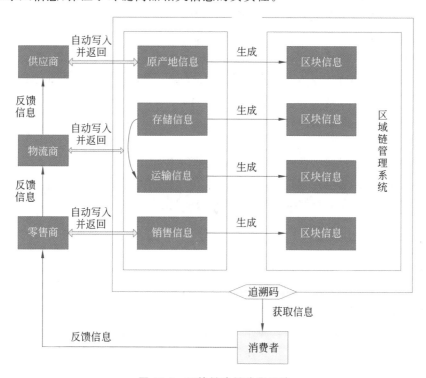

图 10-4　区块链冷链追溯系统

1）生产环节

在生产环节，需采集冷链产品原料的生产环境、产地信息等数据，并利用智能合约加密上传到产地区块中。根据采集到的相关数据，冷链追溯系统将为每一个冷链物品定制出全球唯一的追溯码，成为该冷链物品的专属"身份证"。冷链追溯系统统一控制该追溯码的信息，该信息一旦发生更新，追溯码中的相关信息也会同步更新，且各环节主体均无法篡改物品的冷链追溯信息，确保各环节冷链信息真实可靠。

2）存储环节

冷链存储环节涉及冷库温湿度信息、装卸搬运信息、出入库信息、操作人员信息、检测情况等数据。工作人员通过扫描冷链物品上的追溯码，读取产地信息，同时将入库信息、在库信息写入具有温湿度传感功能的 RFID 设备中。当该批物品完成存储时，将此 RFID 标签贴在物流单元上。该物品出库时，仓库门口的读取器自动录入物流单元上 RFID 标签中记录的前期信息，并上传到冷链追溯系统相应的区块中。然后，读取器读取出库信息并将位置信息实时上传到冷链追溯系统的区块中，并将存储区块的信息同步到追溯码中。

3）运输环节

在冷链运输环节，工作人员可以扫描物品追溯码和物流单元上的 RFID 标签，以了解之前环节的冷链信息。在装车过程中，RFID 设备读取此时的温度信息，手持终端感应 RFID 的信号，将装车作业信息、位置信息、温度信息、运输车辆信息、冷链车辆车厢环境信息、运输时间以及车辆驾驶员信息等上传到运输区块中。在冷链运输过程中，车内自动感应器可以在规定时间（30s 或 60s）自动读取车厢内温度和湿度信息，并将其上传到相应的运输区块中，同时定位器通过确认物流单元的 RFID 信号进行定位，并将位置信息同步到运输区块中，同时将运输区块的信息同步到物品追溯码中。

4）销售环节

在冷链物品上架销售之前，零售商的操作人员通过手持终端扫描物品追溯码或 RFID 标签，查询之前各环节的温度、湿度以及各项操作信息等，确认合格后开始低温销售，同时采集销售环节信息，并将信息上传到销售区块中。

5）反馈环节

消费者购买冷链物品时，首先通过物品追溯码掌握生产环节、存储环节、运输环节、销售环节等个关键节点的冷链物品的信息，重点了解冷链物品的温湿度数据是否存在超标情况。一旦发现疑点，可及时反馈与咨询，最终确定是否购买。

10.2.4　智慧冷链报警系统

冷链物流作业中需要关注与监控的环节有很多，一旦疏忽就可能导致不可挽回的局面。一方面是传统物流面临的各方面的风险，如保质期、交货期、存储条件、运输环境等带来的风险；另一方面，也是最重要的，就是冷链物品所处的环境的温度是否达标所引发的风险。

针对冷链物流高风险的特点，配备报警系统尤为重要。无论在存储环节、运输环节还是装卸搬运环节，都应该配备智能化报警系统，一旦出现问题，及时通知相关人员，最大限度地避免损失进一步扩大。

根据冷链环节可能出现的问题，如制冷系统断电问题、温湿度超标问题、冷链物品所处环境异常问题，分别设置了三大报警系统，即声光报警、短信报警、电话报警。

智慧冷链报警系统如图 10-5 所示。

1. 声光报警

声光报警又称声光警号，是为了使冷链工作人员在冷链场所出现异常情况时能够第一时间得到报警信而设置的。声光报警可以同时发出声、光两种警报信号。当冷链作业现场出现异常情况时，感应传感器会将异常数据上传至控制中心，控制中心再将信号传输给声光

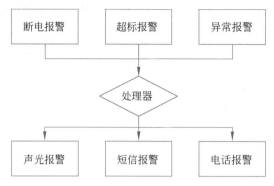

图 10-5　智慧冷链报警系统

报警系统,声光报警控制器利用控制信号启动声光报警电路,发出声和光的报警信号,完成报警目的。一般情况下,需要监控的冷链作业现场均应配备声光报警系统。

(1)冷库应设置声光报警系统。每个冷库的出入口都应配备声光警报器,结合冷库智能实时监控系统,及时报警。

(2)冷藏车驾驶间内应设置声光报警系统,避免驾驶员因专注于驾驶而忽略冷链运输过程中冷链物品储情况的变化。

(3)装卸搬运的月台应设置声光报警系统,此处冷链物品的存储环境是最为薄弱的,虽然装卸搬运时间是短暂的,但温度变化持续时间过长时依然会导致不可逆的后果。此处的声光报警系统利用冷链物品自身的感应标签收集温度数据,并上传至控制中心,完成数据传输。

2. 短信报警

短信报警可以使冷链管理人员以及作业人员随身携带的手机变成监控器。被监控场所一旦出现断电、门窗被非法打开、房间温湿度超标、被监控气体浓度超标等问题,报警系统在声光报警的同时也会及时向相关人员的手机发出短信进行报警。短信报警作为声光报警的一种补充形式,解决了工作人员暂时不在冷链现场,无法及时发现报警的难题。

短信报警是通过短信平台软件实现的。当出现上述异常情况时,在声光报警的同时,短信平台软件可以接收报警信息,并在第一时间编辑短信发送给相关工作人员,信息内容包括:

发生异常的冷链作业具体位置,如冷库或冷藏车等信息;异常的具体情况,如温度超标10%或检测设备无法正常显示等信息;异常的时间,即当下的时间,为了将数据存档,一般也会在短信中显示时间信息。

短息报警系统支持群发、短信查询等功能。

当相关问题得以解决后,报警系统会在 24 小时内定时群发短信,持续监控并显示曾出现异常问题的作业点的情况,以确保该异常问题不再发生。

3. 电话报警

当冷链作业现场出现异常情况时,声光报警和短信报警均已启动,但为了避免工作人员的疏忽,还需要设置配套的电话报警程序,目的是以最直接、最快捷的方式通知相关工作人员,以便第一时间对问题进行处理,将损失降到最低。其工作原理与短信报警类似。

10.3 智慧冷链物流技术装备

10.3.1 冷库及技术装备

1. 冷库设施

1) 冷库的概念

冷库的本质是一种制冷设施。它用人工手段创造与室外温度或湿度不同的环境,以食品、乳制品、肉类、水产、禽类、果蔬、饮料、花卉、绿植、茶叶、药品、化工原料、电子仪器仪表、烟草、酒精饮料等冷链物品为存储对象进行恒温恒湿贮藏。冷库通常位于运输港口或原产地附近。一般冷库多由制冷机制冷,利用汽化温度很低的液体,如氨或氟利昂作为制冷剂,使其在低压和机械控制的条件下蒸发,吸收库内的热量,从而达到冷却降温的目的。

据 10.2.1 节介绍,应用较为普遍的是蒸汽压缩式冷藏机,主要由压缩机、冷凝器、节流阀和蒸发器等组成。这种压缩式冷藏机按照蒸发管装置的方式可分直接冷却和间接冷却两种。直接冷却是将蒸发器安装在库房内,液态制冷剂经过蒸发器时,直接吸收库房内的热量而降温;间接冷却是由风机将库房内的空气抽吸进空气冷却装置,空气被冷却装置内的蒸发器吸热后,再送入库内。间接冷却方式的优点是冷却迅速,库内温度较均匀,同时能将贮藏过程中产生的二氧化碳等有害气体带出库外。

2) 冷库分类

冷库按结构形式可分为土建冷库、装配式冷库。土建冷库的建筑物主体一般为钢筋混凝土框架结构或混合结构,其特点是隔热材料选择范围大,热惰性大,冷库温度波动小。但这种类型的冷库建造周期长,容易出现建筑质量问题。土建冷库是我国目前冷库的主要形式。装配式冷库由预制的夹芯隔热板拼装而成,又称组合式冷库。其特点是隔热防潮性好,重量轻,抗震性能好,弹性好,库体组合灵活,建设速度快,施工方便,维护简单方便,可拆卸重组。

冷库按使用性质可分为生产型冷库、分配型冷库。生产型冷库一般建于货源较集中的产地,是具有较大冷加工能力和冷藏容量的冷链存储设施。从某种意义上讲,生产型冷库是冷链食品企业加工工艺组成的一部分。分配型冷库主要建在大中城市、人口众多的水陆交通枢纽,专门存储经过冷加工的冷链食品,以调节淡旺季市场,保证市场供应。分配型冷库一般是多种冷链物品并存的存储设施。

冷库按规模大小可分为大型冷库、中型冷库、小型冷库。大型冷库的容量一般在 10 000 吨以上,大型生产型冷库的冻结能力为 120～160 吨/天,大型分配型冷库的冻结能力为 40～80 吨/天。中型冷库的容量一般为 1000～10 000 吨,中型生产型冷库的冻结能力为 40～120 吨/天,中型分配型冷库的冻结能力为 20～40 吨/天。小型冷库的容量一般在 1000 吨以下,小型生产型冷库的冻结能力为 20～40 吨/天,小型分配型冷库的冻结能力为 20 吨/天以下。

冷库按库温要求可分为超低温冷库、冷冻库、冷藏库、高温冷库。不同温度适合存放不同的类别的冷链物品,如表 10-2 所示。

表 10-2　按库温要求划分的冷库类型

类　　型	温度/℃	适合存储的冷链食品
超低温冷库	-65～-45	金枪鱼
冷冻库	-38～-25	冰激凌、大马哈鱼等
	-25～-18	冻鱼、冻肉等冷冻食品
冷藏库	-10～0	奶油、奶酪、火腿、熏制品等
高温冷藏库	0～5	乳制品
	5～15	新鲜水果、蔬菜等

3) 冷库组成

冷库由以下 4 部分组成:

(1) 主库。由于不同的冷链物品所需的贮藏条件各不相同,在集中存储时极易造成交叉污染、气味互串等现象。为了保障冷链物品存储时的状态与质量,冷库主库应按温度设置为相互独立的冷间,以便更好地存储不同类别的物品。冷间的类型主要包括冷却间、冷藏间、冷冻间以及两用间。此外,主库还应有配套的设施,如穿堂、冷库门、门帘、门斗、空气幕、货物装卸月台等。

(2) 冷库辅助设施。为了确保冷库主库正常运行,冷库辅助设施必不可少。一般情况下冷库辅助设施包括制冷机房、设备间、配电室、锅炉房、水泵房等。

(3) 办公设施。为确保冷链工作的完整性与系统性,冷库区域还应包括行政办公场所以及职工生活与活动场所,如办公楼、宿舍、医务室、便利店等。

(4) 控制系统。智慧型冷库更注重自动化、智能化与信息化管理,因此,智慧型冷库应包括控制系统,如集中式控制系统、分布式控制系统、自动控制系统、智能控制系统等。

2. 冷库技术

1) 低温贮藏技术与冷库

除了专门的制冷技术,现代化冷库根据冷链物品的特性与客户的需求设置了不同类型的冷间。这就需要不同的低温贮藏技术。一般情况下,包括以下几种技术:

(1) 冷却技术。冷却一般是针对生鲜食品进行降温的一种方法,同时保持在该温度下对其进行贮藏。生鲜食品的冷却温度通常在 10℃ 以下,其下限为 -2～4℃。冷却温度一般不低于生鲜食品汁液的冻结点。

此外,冷却也是对生鲜食品进行冷加工的常用方法。例如,果蔬在采摘后仍是有生命的有机体,在贮藏过程中还进行呼吸,放出的呼吸热如果不能及时排出,会使其温度升高而加快衰老过程。因此,果蔬等生鲜食品自采收起就应及时进行冷却,以除去田间热和呼吸热,并抑制其呼吸作用,从而延长其贮藏期。一般情况下果蔬类食品、部分乳制品、部分医药制品需要进行冷却贮藏。

(2) 冻结技术。冻结是指将食品中所含水分大部分转变成冰的过程。冻结的目的是将食品的温度降低到冻结点以下,使微生物无法进行生命活动,以延长贮藏期。所以,以冻结的方式进行的贮藏成为冷冻贮藏。当然并不是所有冷链食品都适合冷冻贮藏,而且冷冻贮藏也常因操作不规范致使食品细胞变化、鲜度降低而影响口感,所以在冷冻贮藏过程中,需要严格遵守标准化流程,避免冷链食品降低质量。一般情况下,部分肉类、水产类食品以及部分医药制品需要进行冷冻贮藏。

冷库中常见的冻结设备有鼓风冷冻装置(如风冷式速冻机)、直接接触的冷冻装置(如液氮速冻机)、间接接触的冷冻装置(如板式冻结机)。

(3) 冰温贮藏技术。冰温是指 0℃ 到生物体冻结温度。将冷链食品的温度控制在冰温的范围内,使其组织细胞处于活动的状态,最大限度地保留了冷链食品的营养与鲜度。利用冰温技术贮藏冷链食品,与传统的冷藏技术相比,保存期可延长两倍以上。实践表明,利用传统的冷藏技术,梨最长只能保鲜一周左右,而在冰温状态下则能够保鲜 200 天以上;鱼介类的松叶蟹利用冰温进行贮藏,保鲜时间可达 150 天,而且重量也不减少。可见,冰温贮藏的优势很明显,即不破坏细胞,能够最大限度地抑制有害微生物的活动,能够最大限度地抑制呼吸作用,延长保鲜期,在一定程度上保持水果、蔬菜的品质。当然,冰温贮藏也对冷链贮藏技术提出了更高的要求。

2) 气调技术与气调库

气调技术是指在低温贮藏的基础上,通过人为改变环境气体成分使肉类、果蔬类等冷链食品保鲜的一项技术。具体来说,气调是在保持适宜低温的基础上降低环境气体中氧气的含量,适当改变二氧化碳和氮气的组成比例,达到抑制冷链食品呼吸作用,以减少营养物质的消耗,从而实现保鲜的目的。

气调库又称气调贮藏库,是利用气调技术进行气体调节,以延长冷链食品贮藏期的一种特殊型冷库。它是在冷藏的基础上增加气体成分的调节,通过对贮藏环境中的温湿度以及二氧化碳、氧气和乙烯的浓度等条件的控制,延长冷链食品的贮藏期。实践表明,气调技术贮藏与普通冷藏技术相比,可延长冷链食品的贮藏期 0.5 倍～1 倍;气调库内贮藏的果蔬在出库后先从休眠状态慢慢苏醒,这使果蔬出库后的保鲜期(销售货架期)可延长 21～28 天,是普通冷藏库的 4～5 倍。经过气调贮藏的果蔬能够很好地保持原有的形、色、香,腐烂率低,自然损耗(失水率)低,适合于长途运输和外销,能大幅度提高了经济效益。

3. 智能冷库系统

要高效完成冷链作业,仅靠冷库的基础设施是远远不够的。随着现代化信息技术的不断发展,智能冷库系统应运而生。

1) 智能冷库系统的组成

智能冷库系统主要由远程控制系统、监控系统、报警系统组成成,涉及的主要设备有工业级智能采集终端、传感器、物联网数据通道引擎、云服务器、PC、手机等。智能冷库系统的组成如图 10-6 所示。

(1) 远程控制系统。智能冷库系统通过先进的远程工业自动化控制技术,可以在任意地点远程控制冷库的所有设备,包括冷库内温湿度的调节、冷库门的关闭与开启以及冷库内智能装卸搬运设备的导航等。

(2) 监控系统。智能冷库系统通过 PC 或者手机远程查看冷库的作业情况与实时环境数据,包括库内人员状态、作业状态、空气温度、空气湿度、氧气浓度、其他气体是否超标等。

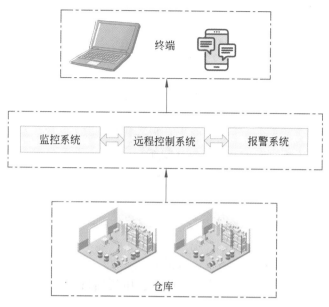

图 10-6　智能冷库系统的组成

（3）报警系统。智能冷库系统可以灵活地设置各个冷库不同环境参数的上下阈值。一旦环境参数超出阈值，报警系统可以根据设置，通过声光信号、手机短信、系统消息等方式进行报警，提醒相应的管理者采取措施。

2）智能冷库系统的功能

智能冷库系统有以下 3 个功能：

（1）智能控制冷库设备。智能冷库系统在每个冷间出入口均有感应识别器，当识别到正常出入库作业时，会自动开启或关闭库门，一方面减少了冷库内冷气的流失，另一方面也最大限度地做到了节能环保。

（2）智能调节冷库温湿度。冷库作业最重要的就是温湿度调节，基于物联网技术，智能冷库系统可以实时查看冷库的空气温湿度，并且可以根据空气温湿度要求设置阈值，实时报警，工作人员随即进行远程控制。如果工作人员未能在第一时间进行干预，智能冷库系统便会自动进行温度调节，以确保冷库温湿度的恒定。

（3）智能监测库内环境。智能冷库系统可以实时监测冷库是否存在有毒气体，以确保库内人员的安全。智能冷库系统还可以实时监测库内作业与库内设备，一旦出现违规操作或危险作业，都将发出报警信号。

智能冷库系统通过 PC 管理端远程监控，结合手机 App 或微信小程序实时了解设备运行状态与冷库环境数据，并在第一时间进行必要的干预。智能冷库系统降低了冷库管理的人工成本，提高了冷库的作业安全，提升了冷链运行效率。

10.3.2　冷藏车及技术装备

1. 冷藏车含义

冷藏车是指配有制冷装置和聚氨酯隔热厢的冷藏专用运输车，其目的是使冷冻或保鲜的冷链物品维持恒定温度以确保其质量。冷藏车常用于运输冷冻食品、奶制品、蔬菜、水果、疫苗、药品等冷链物品。

冷藏车由专用汽车底盘的通用部分与隔热保温厢体(一般由聚氨酯材料、玻璃钢、彩钢板、不锈钢等制成)组成,一般包括制冷机组、车厢内温度记录仪等部件,对于有特殊要求的车辆,如肉钩车,还可加装肉钩、拦货槽、铝合金导轨、通风槽等选装件。

冷藏车具有以下特点。

1)制冷性

冷藏车加装的制冷设备与车体连通并提供源源不断的冷气,保证车内的温度一直在规定范围内。

2)密封性

冷藏车的车体需要保证严格的密封性,以减少与外界的热量交换,确保冷藏车内维持恒定的较低温度。

3)隔热性

为了减少与外界的热量交换,冷藏车车体需选用隔热效果较好的材料。隔热性与密闭性相辅相成。

4)轻便性

冷藏车运输的货物都是不能长时间保存的物品,虽然配有制冷设备,但仍需较快地送达目的地,对运输效率有着较高的要求,所以冷藏车载重量有严格的限定。一般情况下,在符合条件的前提下,车体越轻便越好。

5)能耗高

冷藏车制冷消耗能源较多,因此运输成本较高。

2. 冷藏车分类

冷藏车主要有机械冷藏车、冷板冷藏车、液氮冷藏车、保温冷藏车等几种类型。

1)机械冷藏车

机械冷藏车主要采用强制通风装置,空气冷却器(蒸发器)一般安装在车厢的前端,冷风沿着车厢的顶部向后流动,从车厢的四壁流向车厢的底部,再从底部间隙返回车厢的前端。这种通风方式使货物四周被冷空气包围,外界传入车内的热量直接被冷风吸收。机械冷藏车壁面上的热流量与外界温度、车速、风力以及太阳辐射有关,行驶过程中的主要影响因素是空气流动。机械冷藏车的结构如图 10-7 所示。

图 10-7　机械冷藏车的结构

2）冷板冷藏车

冷板冷藏车是利用冷板中充注的低温共晶溶液蓄冷和放冷来实现冷藏车降温的。冷板冷藏车的充冷均用蒸汽压缩制冷装置,制冷剂多为R_{22}、R_{134a}。冷板冷藏车结构简单,使用维修方便,但冷板自重较大,而且温度调节比较困难,冷板降温速度慢,因此,冷板冷藏车的应用范围远不及机械冷藏车。

3）液氮冷藏车

液氮冷藏车是利用车厢内部喷出的液氮汽化吸热实现冷藏车降温的。液氮冷藏车主要由汽车底盘、隔热车厢、液氮制冷装置组成,通常其温度控制箱由温度控制器和温度显示仪表组成。使用液氮冷藏车时需注意安全,在装卸货物时,车厢门需打开30s以上,保证车厢内进入足够的氧气再进行作业,此外工作人员还要避免喷淋液氮时造成冻伤。液氮在运输过程中不便于及时补充,使液氮冷藏车的使用受到了一定的限制。

4）保温冷藏车

保温冷藏车从狭义上说也可以理解为保温车,一般仅用于冷链食品的短途运输。由于没有机械制冷设备和冷源,保温冷藏车仅用于将货物保持在较低的温度,也有部分保温冷藏车采用干冰保持低温。由于保温冷藏车没有制冷设备,所以结构较为简单,运输成本较机械冷藏车低很多。当然,其缺点也很明显,那就是不能承担远距离的运输,即便是近距离的运输也要随时关注冷链食品的温度。

3. 智能冷藏车运输系统

1）系统功能

智能冷藏车运输系统一般是利用车联网技术实现运输智能化的,车联网的概念源于物联网,即车辆物联网。它是以行驶中的车辆为信息感知对象,借助新一代信息通信技术,实现车与车、人、路、服务平台之间的网络连接,提升车辆整体的智能管理水平。

智能冷藏车运输系统将车内网、车际网和车载移动互联网进行融合,实现了车与车、车与路、车与人、车内设备间、车与云平台等全方位网络连接,并利用传感技术感知车辆的状态信息,借助无线通信网络与现代智能信息处理技术实现智能运输管理。

2）系统构成

智能冷藏车运输系统由以下5个子系统构成:

(1)车辆和车载系统。参与智能冷链运输中的冷藏车及车内设备都具备传感功能,通过这些传感设备,冷藏车不仅可以实时地掌握自己的位置、朝向、行驶距离、速度和加速度等信息,还可以通过各种环境传感器感知外界环境的信息,包括温度、湿度、光线、距离等,便于驾驶员及时了解车内信息、货物信息以及外界信息,并具备对各种突发情况做出及时反应的能力。此外,这些传感设备获取的信息可以通过无线网络发送给周围的车辆、行人和道路,也可以上传到智能冷藏车运输系统的云计算中心,加强了信息的共享能力。

(2)车辆标识系统。冷藏车上的若干标识和外界的识别设备构成了车辆标识系统,其中以RFID和图像识别系统为主。

(3)路边设备系统。该系统沿交通路网设置,一般会安装在交通热点地区、交叉路口或者高危险地区,它采集通过特定地点的车流量,分析不同拥堵路段的信息,给予冷藏车驾驶员避免拥堵的建议。

（4）信息通信网络系统。该系统是对上述信息进行有效传输的载体，这也是网络链路层的重要组成部分。目前车联网的通信系统以WiFi、移动网络、无线网络、蓝牙网络为主。

（5）冷藏车智能控制系统。该系统一般设在冷链配送中心，通过信息通信网络完成发出指令、传递信息、反馈问题等工作，全程监控并指挥冷藏车运输作业。

3）技术架构

智能冷藏车运输系统主要由3层组成，按照其层次由低到高分别是应用层、网络层和采集层。

（1）采集层。负责数据的采集，这是由各种冷藏车车载传感器完成的，包括车辆实时运行参数、道路环境参数以及预测参数，例如车速、方向、位置、里程、发动机转速、车内温度等。所有采集到的数据将会上传到后台服务器进行统一的处理与分析，为冷链运输提供可靠的数据支持。

（2）网络层。一般由网络服务器以及Web服务组成。网络层的主要功能是提供透明的信息传输服务，即实现对输入输出的数据的汇总、分析、加工和传输。GPS定位信号及车载传感器信号上传到后台服务中心，由服务器对数据进行统计与管理，及时将数据反馈给冷藏车。

（3）应用层。主要是由全球定位系统取得冷藏车的实时信息数据，然后返回给控制中心服务器，经网络层的处理后进入终端设备，终端设备对定位数据进行分析处理后，可以为冷链配送中心提供必要的信息数据，便于中心进行实时监控，同时也为行驶过程中的冷藏车提供各种导航、通信、监控、定位等应用服务。

10.3.3 冷藏箱及技术装备

1. 冷藏箱的含义

冷藏箱是在冷链活动中普遍使用的一种冷藏工具，其体积小，携带方便，控温效果较好，为小批量冷链产品的贮藏和运输提供了方便。

冷藏箱分为耗能型和非耗能型两种：非耗能型冷藏箱也称保温箱，主要材料为高密度牛津布，该材料具有密度高、保冷性极强、轻便、质地不软不硬、无毒等特点。非耗能型冷藏箱配合冰袋使用效果更佳。非耗能型冷藏箱一般用于中短距离运输，保温有效时间根据蓄冷剂的材质而定，通常小于24h。而耗能型冷藏箱则具备制冷能力，以达到精准控温的目的。

标准的冷藏箱应符合以下要求：

（1）耐热耐冷。冷藏箱对耐热性和耐冷性的要求比较高。例如，在高温的水中不会变形，甚至可以用沸水消毒。

（2）耐用。冷藏箱应具有优越的耐冲击性，重压或撞击时不易碎裂，不会留下刮痕，可长期使用。

（3）密封。密封性是内存食物持久保鲜的必要条件，因此密封性是冷藏箱最重要的一项考核指标。

（4）保鲜。冷藏箱可以较长时间保持冷链食品的新鲜。

（5）环保。冷藏箱要求使用食品级的环保材料，无毒无味，抗紫外线，不易变色。

2. 智慧型冷藏箱

智慧型冷藏箱主要有无源冷藏箱和智能冷藏箱两类。

1）无源冷藏箱

无源冷藏箱是仅依靠蓄冷剂（冷媒）和保温结构冷藏保温的装备。该类冷藏箱以高效绝热材料为保温箱体，内部以冰盒、冰袋等为储冷介质，通过相变转换释冷保持箱内长时间处于较低温度。无源冷藏箱成为当前冷链物流转变经济增长方式、向节能环保方向发展的一种探索。无源冷藏箱一般为顶开式立方体结构，上部门箱结合处采用凹凸结构设计，搭扣旋紧固定，以增强保温效果。箱体外壁设计弓形槽，便于堆码运输，并增加结构强度。无源冷藏箱自带冰盒，理论上可在高温环境下保持128h箱内温度不超过8℃。无源冷藏箱很好地解决了非能耗冷藏箱控温时间短、能耗冷藏箱能耗高的问题。

2）智能冷藏箱

智能冷藏箱的温控系统充分将大数据与区块链技术融入其中，箱体制作材料采用聚氨酯保温板，具备抗压强度大、保温时效长、可重复回收利用、环保可降解等优点。箱体内置电源、TEC温控系统、BDS芯片、联网芯片等。TEC温控系统可实时监测箱内温度，BDS芯片记录冷藏箱位置信息，通过联网芯片利用大数据和区块链技术将温变情况与移动轨迹实时上传至冷链控制中心数据库，冷链控制中心以及客户均可以通过App及网页实时进行监控。此外，智能冷藏箱利用半导体制冷片配合温控系统进行精准制冷，与普通冷藏箱的蓄冷剂制冷相比，对环境无污染且控温更精准，能更好地保证冷链食品的鲜度。

10.4　智慧冷链物流的应用与发展

10.4.1　智慧冷链物流的典型应用

智慧冷链物流在不同冷链领域都有所创新。下面以果蔬冷链为例，介绍智慧冷链物流的应用情况。

1. 果蔬冷链的特点

果蔬属于鲜活农产品，其种类繁多，大多为季节性收获、集中上市。果蔬含水量大、组织脆嫩，因自身生理活动、机械伤害、微生物侵染等原因极有可能造成品质降低，因此采收后需及时地进行有效的冷链处理。在保证果蔬新鲜度方面，智慧冷链物流发挥了重要作用。

2. 智慧果蔬冷链的典型应用

智慧果蔬冷链一般包括以下6个环节。

1）自动清洗

果蔬智能清洗设备一般采用高压水流和气泡发生装置冲击果蔬表面，气泡在与果蔬接触时因破裂而产生能量，会对果蔬表面起到冲洗的作用，因而能将果蔬清洗干净。与此同时，果蔬清洗机还配有臭氧装置，在清洗果蔬时，臭氧发生器产生臭氧，由臭氧泵通过臭氧管输送到洗涤桶中，在洗涤桶中与水接触，形成臭氧水，臭氧水具有很强的杀菌、消毒、降解农药的作用，这一环节在清洗果蔬中也有非常关键的作用。

2）自动检测

自动清洗后进入自动检测果蔬成分的环节，利用自动光谱检测系统，可以检测到果蔬的成分，如水果的甜度和糖度，蔬菜的营养成分等。通过检测可以筛选出不同级别的果蔬，从而满足不同消费者的要求。这也是增加冷链食品附加价值的非常重要的一个环节。

3）贮藏环节

冷库每个冷间均有贮藏环境的自动显示功能。贮藏环境的温湿度以及其他方面一旦接近临界值，智慧冷链物流系统将启动报警功能。

4）配装环节

在配装环节对出库的果蔬进行合理的车辆配装，以保证充分利用运力。智慧冷链物流系统会根据货物的数量、客户所在的位置对配装进行优化，以节省运力。

5）配送环节

在配送前，智慧冷链物流系统将自动选择最优的运输路径，以便节省运输时间，提高送货速度，降低配送成本。

在配送过程中，系统将实时监控货物的运输状态，包括货物的温度与路线定位情况，以便准确估计冷链货物的到达时间。此环节由工作人员专门负责并密切关注货物的运输情况。如果温湿度超标，则会出现相应提示。

6）订单跟踪与反馈

依据配送进程，智慧冷链系统会及时进行跟踪与反馈，除了温湿度等问题，对其他异常情况也会及时进行统计分析，并对存在的问题及时处理。

10.4.2　智慧冷链物流的发展现状

从我国冷链市场规模来看，需要冷链服务的食品已经超过了 10 万亿元。然而，目前我国冷链基础设施却不尽如人意。美国人均冷库容量是我国的 13.44 倍，日本是我国的 2.58 倍；美国人均冷藏车数量是我国的 15 倍，日本是我国的 12 倍。可见，我国冷链市场的发展空间比较大。

智慧冷链物流最重要的两个环节就是智慧运输与智慧仓储，然而，目前国内冷冻冷藏库的建设和运营管理水平相对滞后，与物联网技术的结合有待加强。例如，大多数企业的运输监控系统采用有线设备，在安装过程中需要穿孔走线，导致安装复杂、实施难度大、耗时长。为了提升冷链运输的效率，确保冷链物品的质量，信息化管理体系的建立迫在眉睫，智能运输监控系统的应用与推广势在必行。同时，在智慧物流物联网、大数据、GPS、RFID 等技术的应用背景下，智能冷库的建设也比较薄弱，智慧仓储的应用与推广也是我国物流业努力的方向。

此外，在智慧冷链物流信息化领域，目前应用较多的就是 RFID 技术，该技术主要用来进行环境温湿度感知、货物定位、过程追踪、信息采集等。目前应用比较多的还有 GPS 和 GIS 技术，主要用于冷链运输和配送环节的车辆、集装箱、货物等运输单元的定位、追踪、监控等管理。视频技术、传感技术的应用位居其后，视频与图像感知技术主要用于冷链信息的获取或辅助加工，广泛应用于冷链物流系统的安防监控、运输防盗，经常与 RFID 和 GPS 技术结合使用。传感器感知技术与 RFID 和 GPS 技术也可结合使用，主要用于冷链物流中对物品状态和环境的感知。但这些技术仍没有实现大范围的应用与推广。技术是智慧冷链物流的核心与关键,应用与推广迫在眉睫。

为了进一步加快冷链物流的健康发展,近几年国家相继出台了很多政策,相关行业也出台了相应的政策,部分政策如表 10-3 所示。

表 10-3　我国冷链物流发展部分政策

时　　间	发布单位	政策名称
2010 年 6 月	国家发改委	《农产品冷链物流发展规划》
2016 年 2 月	中国铁路总公司	《铁路冷链物流网络布局"十三五"发展规划》
2017 年 2 月	中共中央、国务院	《关于深入推进农产品供给侧结构性改革加快培育农业农村发展新动能的若干意见》
2017 年 4 月	国务院	《关于加快发展冷链物流保障食品安全促进消费升级的意见》
2018 年 9 月	国家市场监管总局	《关于加强冷冻冷藏食品经营监督管理的通知》
2019 年 1 月	中共中央、国务院	《中共中央国务院关于坚持农业农村优先发展做好"三农"工作的若干意见》
2019 年 5 月	财政部、商务部	《关于推动农商互联完善农产品供应链的通知》
2019 年 12 月	农业农村部等	《关于实施"互联网＋"农产品出村进城工程的指导意见》
2020 年 2 月	财政部、农业农村部	《关于切实支持做好新冠肺炎疫情防控期间农产品稳产保供工作的通知》
2020 年 3 月	农业农村部等	《关于做好"三农"领域补短板项目库建设工作的通知》
2020 年 3 月	国家发改委	《关于开展首批国家骨干冷链物流基地建设工作的通知》
2020 年 3 月	国家市场监管总局	《关于加强冷藏冷冻食品质量安全管理的公告》
2020 年 4 月	农业农村部	《关于加快农产品仓储保鲜冷链设施建设的实施意见》
2020 年 5 月	国家发改委等 12 个部门	《关于进一步优化发展环境促进生鲜农产品流通的实施意见》
2020 年 6 月	农业农村部	《关于进一步加强农产品仓储保鲜冷链物流设施建设工作的通知》
2020 年 8 月	交通运输部	《关于进一步加强冷链物流渠道新冠肺炎疫情防控工作的通知》
2020 年 10 月	国务院	《冷链食品生产经营新冠病毒防控技术指南》
2020 年 11 月	国家卫健委	《关于进一步做好冷链食品溯源管理工作的通知》

整体来看,国家层面的行业政策主要围绕冷链基础设施建设、冷链食品安全防范、行业疫情防控要求、冷链追溯平台建设等几方面展开。政策的出台进一步推动冷链物流市场供需、存量设施以及农产品流通、生产加工等上下游产业资源整合,逐步提高冷链物流向规模化、集约化、组织化、网络化水平发展,并且不断完善行业管理规范,逐渐加强监管力度,引导冷链物流行业规范经营。政策的出台有利于冷链物流行业长期健康发展,也为智慧冷链物流的进一步发展提供了保障。

10.4.3 智慧冷链物流的未来趋势

1. 向合规方向发展

未来几年,合规发展将成为智慧冷链物流发展的主要方向。当前,国家市场监管总局的追溯平台已经建立,所有和进口相关的冷库信息都要上传到这个平台。同时《食品安全法》明确规定,冷库经营企业取得营业执照需要到区一级市场监管局备案,如果不备案则会面临罚款。此外,在冷藏车管理方面,交通运输部在运输领域的整治力度也逐步加大。因此,未来智慧冷链物流行业将会进入合规发展的阶段。

2. 向精准配送方向发展

从未来的消费市场看,中国的零售创新已经走在全球前列。在新冠肺炎疫情期间,消费者的购买习惯发生了巨大的变化,与以往的超市购物相比,人们现在更青睐线上采购,这对冷链物流的响应机制提出了更高的要求。在这种模式下,第三方冷链物流都在争夺"最后一公里",冷链物流配送更是进入分钟级的高效配送模式。由此可以预见,未来智慧冷链物流会利用更先进的技术,朝着配送更加精准的方向发展。

3. 向绿色环保方向发展

随着可持续发展战略的实践,越来越多的企业开始注重生产绿色化、工艺绿色化、管理绿色化。冷链物流更是如此,由于作业的特殊性,导致冷链物流能耗居高不下。智慧冷链物流将在节能方面有所突破,并将大范围推广应用,引领冷链物流向着绿色环保的方向发展。

4. 向无人化方向发展

技术驱动会带动行业发展,各领域新基建的发展很大程度上都是基于5G技术的进步。目前全行业都在进行数字化转型,冷链物流行业也面临智慧化升级。在智慧冷链物流不断发展的大背景下,冷链作业也将出现无人操作的场景,这对于降低人工成本有重要的现实意义。

案例与问题讨论

案例:佳士博先进的万吨智能冷链物流中心

始建于 2001 年的山东佳士博食品有限公司(以下简称佳士博)坐落在山东省诸城市,是山东省大型农业产业化重点龙头企业、全国主食加工业示范企业、全国冷冻冷藏优秀食品工业企业。十余年来,佳士博不断研发创新,冷链产品涉及速冻肉丸、调理食品、台烤灌装食品、速冻面制食品、清真速冻食品、蛋鸡蛋品、肉泥产品、预制菜品、粮油食品等。佳士博积极围绕主导产业,拓展事业集群,先后成立了 5 个分公司。佳士博紧抓"互联网+"机遇,积极推进电商业务发展,在天猫商城、京东商城开设旗舰店,促进电商与实体流通相结合,实现电商年销售额 1200 多万元。佳士博强势打造孙大力餐饮品牌,定制"骨汤"麻辣烫连锁加盟模式,目前拥有加盟店 100 家;另外,由佳士博投资的惠民早餐工程也已正式运营。佳士博深知速冻食品企业的发展离不开冷链系统的支撑,因此于 2014 年投资 2.6 亿元建立了智能冷链物流中心,该项目以高度自动化、信息化实现了高效运营,得到业内好评。在项目建设之

初,佳士博对冷链物流系统建设提出了五大要求:

(1)冷藏冷冻产品在生产、存储、运输、销售等各个环节始终处于低温环境下,以保证产品品质,减少食品损耗。

(2)设计节能,要有较好的保温效果和空间利用率,降低能量消耗。

(3)配送中心规划设计科学,控制管理区与功能区合理布局。

(4)采用先进的信息系统,提高管理效率,降低管理成本。

(5)采用自动化、标准化物流设备,提升整体运作效率。

佳士博智能冷链物流中心位于公司北门附近,其中包括两个生产车间及一座万吨智能冷库。两个生产车间位于智能冷库的两边,为了保证产品质量,采用了先进的生产流水线,实现了高度自动化生产。智能冷库建筑面积 $40\,000\text{m}^2$,库高28m。冷库采用了组合横梁式双伸位货架及双伸位堆垛机,日吞吐量达1200t。库外设施主要包括与两个生产车间对接的码垛机器人、缠膜机、条形码识别系统、托盘货物整形机,以及由链式输送机、辊式输送机、移载机共同组成的输送线,实现了产品下线到入库的自动化。冷库内部存储区温度设计为—18℃以下,出入库区为0℃。制冷系统选用了安全环保的二氧化碳制冷设备,其中包括德国比泽尔半封闭螺杆压缩机,可以实现高效制冷,从而保证了货物品质。

在保温方面,冷库采用了双门模式,在库门外还有宽约2m的缓冲间,外面有一层快速卷帘门,大大提高冷库的保温效果。此外,出入库站台配置了封闭式保温门系统,实现了库房和冷藏车的无缝对接,保证了食品冷链不断链。

佳士博智能冷链物流中心具体优势体现在先进的冷链物流系统和顺畅的作业流程两方面。

1. 先进的冷链物流系统

1) 信息管理系统

冷库应用了WMS(仓储管理系统)及WCS(仓储控制系统),实现了货品存储、出入库的信息化管理。公司应用ERP系统,将原材料采购、生产加工过程、仓储管理、销售服务等环节的信息实现顺畅连接与共享,建立了涵盖产品生命周期全过程的质量追溯体系,真正实现了信息的准确快捷传递,大大提高了企业的运营管理水平。

2) 机器人码垛系统

应用了ABB码垛机器人实现自动码盘,每台码垛机器人生产能力高达每小时12t。

3) LED屏显示系统

冷库门上方采用了LED显示屏,实时显示时间、出库信息(包括客户名称、产品名称、规格、数量等)。如果库内设备出现故障,系统会自动检测出故障,故障信息也会自动显示在对应的屏幕上,使管理更加便捷。

4) 电子标签管理技术

采用电子标签管理技术,每个托盘绑定一个电子标签,采用手持扫描枪将货品信息与托盘上的RFID进行绑定,实现产品的准确定位和智能出入。

5) 有轨式双立柱堆垛机

采用冷库专用(工作环境温度为—18℃～—30℃)的有轨式双立柱堆垛机,实现了库房全自动化无人操作,提高了运营效率,降低了运营成本。

6) 自动化输送系统

自动化输送系统贯穿整个生产车间及冷库,实现了货品在智能冷链物流中心的自动运输,减少了叉车等搬运设备的使用,减少了作业人员数量。

2. 顺畅的作业流程

整个智能冷链物流中心从生产车间到智能冷库,实现了生产流程与物流作业无缝对接,运作十分高效、准确。

1) 生产车间作业流程

在生产车间,原材料经过前处理,采用蒸煮或油炸方式加工成型后,即刻速冻。速冻后的产品经传送带送至包装车间,包装、打印生产日期一次自动完成。包装好的成品经自动输送线送出车间,进入智能冷库外面的码垛作业区。

2) 智能冷库作业流程

(1) 码垛。机器人自动将成品码放至标准托盘上。

(2) 缠膜。采用自动缠膜机对托盘上的货物进行缠膜,加强货物垛型的稳定性,便于出入库操作。

(3) 自动扫描系统。在冷库入口处设置了自动扫描系统,精准记录入库货物并为其分配存储货位。

(4) 整形。分配好货位的托盘货物到达整形设备处做入库前自动整形。如果系统识别了码放不整齐的货物,则会停止入库作业。

(5) 入库。系统根据货物信息为其分配货位。托盘货物经过冷库门输送至冷库内,由堆垛机完成自动上架。

(6) 出库。系统接收客户订单后,智能选择库内货物进行分配,完成出库作业,将货物运至冷藏车。

(7) 回库。托盘中的剩余货物重新入库存放。回库货物由叉车搬运并放置到入货口,经过自动扫描、整形后入库。

3. 运营效果

达到了令人满意的使用效果。万吨智能冷库的建设及投入使用给佳士博带来了诸多好处:

(1) 存储量大。

(2) 节省土地成本。

(3) 节能效果明显。

(4) 订单履行准确、高效。

(5) 产品品质得到可靠保障。

问题讨论

1. 佳士博为什么要投入巨资建立智能冷链物流中心?

2. 佳士博智能冷链物流中心的信息管理系统有什么优势?

3. 佳士博智能冷链物流中心的运营效果如何?

小　　结

本章从智慧冷链物流的内涵、智慧冷链物流系统体系、智慧冷链物流技术装备以及智慧冷链物流应用与发展等几方面介绍了智慧冷链物流的相关知识。

在智慧冷链物流内涵的阐述中,从现代物流与冷链物流的结合点出发,介绍了智慧冷链物流的演变过程,介绍了智慧冷链的概念、特点,在此基础上介绍了智慧冷链物流的管理方法。

在智慧冷链物流系统体系的阐述中,首先介绍了冷链制冷系统的原理,在此基础上介绍了智慧冷链物流中的三大系统,即智慧温度监控系统、智慧冷链追溯系统、智慧冷链报警系统。三大系统相辅相成,为智慧冷链的发展与运行奠定了基础。

在智慧冷链物流技术装备的阐述中,主要介绍了冷链物流中最为关键的三大技术装备,即冷库、冷藏车以及冷藏箱,结合传统冷链装备的应用特点,重点介绍了在智慧冷链思维体系中三大技术装备的智能化特点以及应用现状。

在智慧冷链物流的应用与发展中,首先介绍了智慧冷链物流典型的应用案例,接着对智慧冷链物流的现状进行了分析,并对未来发展进行了展望。

练习与作业

1. 举例说明智慧冷链与智慧物流之间的关系。
2. 简述智慧冷链温控系统的工作原理。
3. 简述智慧冷链追溯系统的工作原理。
4. 车联网技术如何应用到智慧冷藏车中?请举例说明。
5. 结合实际分析无源冷藏箱的特点、优势以及应用前景。
6. 阐述智慧冷链物流的发展趋势。

第 10 章　智慧冷链物流

第 11 章　智慧应急物流

※ 学习目标

1. 掌握现代物流和应急管理的内涵,掌握物流与应急管理的结合点。

2. 掌握智慧应急物流的内涵、特点以及演进过程,掌握如何进行智慧应急管理。

3. 掌握新时代的应急物资储备需求和应急物资储备的模式,理解智慧物流下应急物资储备模式。

4. 理解应急物流设施选址原则、选址方法以及智慧应急物流设施选址遵循的策略。

5. 掌握应急物流配送路径选择的方法和优化的目标,掌握智慧物流如何引领应急配送。

6. 掌握智慧应急物流人才培养的方式和具体要求。

※ 学习指南

1. 通过学习现代物流的内涵和发展,理解现代物流的特征,并通过对应急管理的学习,寻找两者的结合点,考虑如何将两者结合。

2. 通过智慧应急物流定义的学习深刻理解该定义的内涵,分析新冠肺炎疫情期间武汉应急物资分配方面的具体问题,考虑如何用智慧物流的方式应对。

3. 通过了解应急物资在各个历史时期的需求,对比学习理解新时代应急物资储备需求的特征;通过学习应急物资储备模式,对比学习理解智慧物流下的应急物资储备问题。

4. 根据应急物流的特点,通过学习应急物流设施选址的原则和方法,掌握智慧应急物流设施选址遵循的策略。

5. 通过学习应急物流配送路径选择的方法和优化的目标,掌握智慧物流环境下应急物流的新特点。

6. 通过了解应急管理以及应急管理人才培养,了解应急物流人才的学习培养和社会培养方式,并根据智慧物流的特点分析智慧物流对应急管理人才培养的新要求。

※ 课前思考

1. 应急物流和应急管理是如何产生的?

2. 应急管理有何特性? 都包含哪些方面的内容?

3. 智慧应急物流相比于传统物流有何特点?

4. 智慧应急物流对于人才的需求和培养的要求有哪些?

11.1 应急管理与智慧应急物流

11.1.1 应急管理

1. 应急管理的定义

近年来,全球各种突发事件层出不穷、屡见报端,如印尼海啸、日本福岛核泄漏、美国飓风、汶川地震、甲型流感、全球新冠肺炎疫情、河南郑州特大暴雨等突发事件对一些国家和地区造成了重大影响。尤其是新冠肺炎疫情,由于西方国家普遍应对不力,更是造成了蔓延至今而无法有效控制的局面,其各种变种病毒的传播能力使世界各国疫情防控均经受了严峻考验。因此,应急管理被放在极为重要的位置,引起了世界各国学者和国际组织机构的关注和研究。应急管理古已有之,古代人类面对各种频繁发生的自然灾害和社会动荡,早已形成一系列应对习惯和做法。例如,在面对瘟疫时,会及时隔离病人,切断传播链,防止瘟疫进一步传染给健康的人;在面对饥荒时,会及时由政府开仓放粮,赈济灾民;在地震高发区域,还试图通过不同方式进行预测,以期把灾害影响降到最低。所有这些都是人们对突发事件的应急响应,都体现了应急管理的基本思想和做法。然而,应急管理的理论化和科学化还不够充分,所以后世学者和相关组织机构都试图对应急管理进行定义和系统化。美国联邦紧急事务管理署将应急管理定义为:"应急管理是一项管理职能,负责建立一个框架,使各社区能够在该框架内减小面对灾害的脆弱性并应对灾害。"澳大利亚紧急事态管理署提出应急管理的内涵:"应急管理是一个处理因紧急件引起社会风险的过程,是识别、分析、评估和治理紧急事态的系统性方法,其5个重要行动包括建立背景、识别风险、分析风险、评估风险和治理风险。"计雷等认为,应急管理是基于对突发事件的原因、过程及后果进行的分析,有效集成社会各方面的相关资源,对突发事件进行有效预警、控制和处理的过程。詹姆士·米切尔认为,应急管理是指为应对即将出现或已经出现的灾害而采取的救援措施,这不仅包括紧急灾害期间的行动,更重要的是还包括灾害发生前的备灾措施和灾害发生后的救灾工作。曹杰等认为,应急管理是指应用管理学的知识对应急行为人和事务进行管理,是指在紧急状况发生或预测将要发生时,确切知道要有针对性地做什么,并注意采用最佳、最经济的管理方法去应对。

根据以上对应急管理的认识和观点,可以对应急管理作出以下定义:应急管理就是个人或者组织机构对突发事件发生前后的预测、评估、反应、总结等一系列活动的计划、组织、协调、控制等活动的总称。应急管理是近年来在管理学范畴中根据现实社会需要而衍生的一个专业研究领域。2020年2月21日,在《教育部关于公布2019年度普通高等学校本科专业备案和审批结果的通知》(教高函〔2020〕2号)公布的2019年度普通高等学校本科专业备案和审批结果的新增审批本科专业名单中有应急管理专业。截至目前,全国已经有13个省和自治区共计21所学校设置了应急管理本科专业,应急管理将迎来专业化、智慧化、科学化的发展势头,将为我国应急管理工作提供人才和智力保障。

2. 现代物流的应急特征

现代物流具有动态性、时代性和区域性3个应急特征。

1）动态性

现代物流是随着技术的发展和在物流业中的应用、人对物流的认知等诸多因素而动态变化的。在社会经济高速发展的今天，现代物流系统是社会经济系统中的子系统，为了适应外部社会经济系统的需要，现代物流系统的功能必须相应地发展变化。现代物流系统就是在这种不断变化的动态过程中生存和发展的。

2）时代性

现代物流具有鲜明的时代性。每个时代都会对物流有不同的定义和认识。现代物流的时代性是时代最鲜明的特征。时代性是现代物流动态性的重要原因，动态性是时代发展的必然结果。

3）区域性

由于区域经济社会发展的不均衡性，导致现代物流在不同区域有着不同的发展水平。地理区域的不同、历史发展的原因、自然条件的原因等都可能影响物流业的发展进度，这就导致现代物流具有显著的区域性。随着不同区域间的经济往来和溢出效应，现代物流的区域性将会有一定程度的变化。

11.1.2　智慧应急物流的概念

智慧应急物流是综合智慧预测、智慧决策、智慧仓储和智慧配送，以高度自主、自动化的方式进行应急物资分配的物流模式。智慧应急物流是应急物流的智慧化。在没有进行智慧化之前，应急物流有很多问题。例如，在 2019 年年末突如其来的新冠肺炎疫情发生以后，武汉医疗物资和生活物资供应告急，全国各地政府、企业、个人纷纷伸出援手，进行了大量的捐助和援助。然而，由于捐赠物资数量庞大、红十字会人员有限及专业性不足等原因，导致物资在各救治医院分配不及时、不均衡，一度造成舆情，如图 11-1 所示。

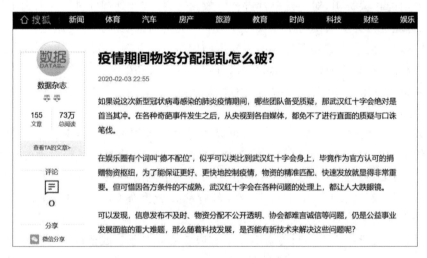

图 11-1　武汉疫情期间捐赠物资分配问题的舆情

对于武汉红十字会在物资调配方面的问题，不断发生的事件已让公众对其信任度降至冰点。"协和医院取定向捐赠物资的工作人员前一天只领到两件防护服""将 1.8 万只口罩分配给了不在定点救治之列的仁爱医院"……随便一件事,都会引来人们的口诛笔伐。当社会公众越来越倾向于这些事件背后存在问题时,必须直面的现状是:面对数量如此庞大的物资,武汉红十字会的力量确实太单薄,并且在物资分配过程中缺少必要的专业技术帮助。

2020 年 1 月 31 日,武汉红十字会专职副会长陈耘公开回应称,武汉疫情全国关注,每天接收的物资量巨大,仅仅依靠武汉红十字会的力量是无法保证高效和迅速的。也有媒体报道了红十字会相关人员为保证物资速收速发轮班倒、24 小时不休息的场景。对此也有相关专家表示,从公开信息发现武汉红十字会目前在职人员只有 12 人,所以短期内突然要负责数十亿资金、数十万件社会捐赠物资,一定会出现问题。有数据显示,截至 2020 年 1 月 30 日,武汉红十字会就接收疫情防控工作急需的各类口罩 9316 箱、防护服 74 522 套、护目镜 80 456 副以及其他药品和医疗器械。武汉红十字会官网显示,2020 年 2 月 2 日,武汉市红十字会收到社会捐赠款 875 人次,共计人民币 14 495.98 万元,美元 3.3133 万元。可以看到,这些捐赠款和捐赠物资的管理和分配已远武汉红十字会的运转能力。所以也有人认为,在举国关注下,武汉红十字会工作人员慢作为、不作为的可能性还是比较小的。

不仅在疫情紧张时期的中国如此,其实在号称全球科技实力最强大的美国也面临类似的问题。图 11-2 是光明网转载的 2020 年 3 月 26 日《参考消息》报道。在突发状态下,应急物资在某个区域或者某个城市的仓储、运输、调配是平时作业量的几个数量级,在应对人员能力无显著提升的情况下,无法准、时准确完成任务。当应急物流区域扩大为一个地域辽阔的国家时,这类问题涉及的变量更多,计算规模更大,在短时间内难以拿出最优方案。在全球范围内解决这类问题更是难上加难。当时的美国总统特朗普将其归咎于世界市场的失灵,许多医疗物资如口罩、呼吸机等由于上游原材料供应有限而导致绝对的供不应求。然而,中国作为负责任的大国,本着人类命运共同体的理念,积极组织抗疫物资生产及对各国的援助和供应,有力支援了各国的抗疫工作,为世界早日成功消除新冠肺炎疫情做出了不可磨灭的贡献。同时,当时的武汉市根据存在的问题,积极同中国邮政以及各物流快递公司合作,共同解决应急物资的运输调配问题。

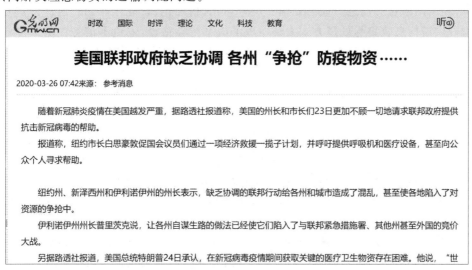

图 11-2　美国防疫物资分配乱局的报道

11.1.3 智慧应急物流的特点

智慧应急物流在应急物资的运输、仓储、包装、装卸搬运、流通加工、配送、信息服务等功能上实现了集成化、自动化和智慧化,并在常规物流活动的基础上实现了对供给端和需求端的有效匹配。物流的实质是服务,服务的目标是匹配供给和需求。尤其在突发事件发生时,这种需求显得尤为紧迫,关系着成千上万人的日常衣食住行和医疗救护需求为保证物资速收速发如果不能及时满足这些需求将造成人员伤亡的巨大损失,甚至形成社会危机事件,造成社会动荡和更严重后果。因此,智慧应急物流在应急物资的快速评估需求、高效均衡分配、及时运输配送、全程可视监控、随时动态调整、系统自主运行等方面能够以更为经济的方式进行处置。

1. 快速评估需求

传统的应急物流通常采用中心化的指挥模式,受灾地区和受灾人员的需求信息无法直接获得,而是需要经过层层传递,在指挥中心进行决策,这就在一定程度上增加了需求评估时间并产生决策不精确的可能性。智慧应急物流通过物联网、传感器网络等技术,能够实现物物互联、物机互联和人机互联。物联网技术最大的优势在于可以全面获取信息,借助大规模、集成化的传感网络与终端收集海量信息,并将信息上传到云端存储,通过这种扁平化的直接评估的方式将需求方的状态更为准确地传递到信息管理平台。智慧应急物流的信息获取系统具有相当好稳定性、抗毁性和自适应自组织性,能够在恶劣的情况下保持获取信息的能力,并将信息及时、准确地回传到信息管理平台。

2. 高效均衡分配

智慧化信息管理平台将获取的突发事件发生地区的数据通过大数据、云计算技术及时实现智能的高效均衡匹配,由此解决决策时由于信息不对称造成的匹配不均衡问题。在这种模式下,需求信息的提供方和应急物资的供应方都具备了组织、反馈、运算等功能,每一个参与者都是信息处理平台的直接输入节点,而信息处理平台则能直接借助原始数据进行同步运算,利用网络化的信息反馈与处理实现自动化、精准化、智能化匹配。这种去中心化的应急物资供需信息收集与处理方式大幅缩短了信息传导路径,避免了信息在层级传导过程中形成的信息失真问题,提高了物资供需匹配准确度、均衡性和匹配效率。

3. 及时运输配送

应急物资通过智慧化信息管理平台高效均衡匹配之后,需要通过物流设施设备和人员将物资及时运输到受灾地区配送,配送受灾人员手中。应急物资的调度除供需匹配之外,还包括应急车辆及人员的组织安排、应急物资集中供货中心的选择以及资源紧缺情况下应急资源优先级的统筹调度等。参与应急调度的车辆能够分配到明确的运输任务,同时避免因调配不合理导致的车辆空驶,减少等待运输物资的排队时间。利用大数据和云计算技术能够分析并预测物资中转高发点,完成最佳选址。

4. 全程可视监控

在智慧化的物资运输过程中,物联网、感应器和传感网络技术能够收集道路流量信息,传输到信息管理平台并进行可视化转译,同时相关的运输车辆定位及运输任务也在管理平台进行同步。信息管理平台的数据处理技术将利用输入信息制定运输路径与运输方案,优化后的路径通过物联网设备传导至各运输车辆。借助智慧物流技术,运输过程中的车辆定位、车辆交互、流量管理、最优路径选择等功能都能够有序实现,运输车辆不是自发选择最短路径以提升运输速度,而是在考虑了相同时间段内其他车辆的路径选择、预计道路流量等信息后,科学安排运输路径,极大地降低了因分散化运输路径决策而造成的道路拥堵、运输效率下降的可能性,保证了运输效率和运输过程的可预测性。对应急物资运输状态的动态监控是应急物资精准溯源、及时调整运输计划和物资供应方案的重要手段。利用 RFID、感应器、传感网络、物联网等智慧物流技术能够实时定位应急车辆,获取应急物资的可视化状态。可视化的监控手段同时能够实现应急物资的精准溯源,从应急物资进入运输环节开始,物资的全部状态将被记录并存储,包括物资由哪个供应商或社会救助者提供、由哪家公司承运、负责运输的车辆和人员名单、在途物资的中转中心和运输线路、物资仓储地点、物资的配送状态及最终流向等,使应急物资能被实时追踪并快速定位,对有问题的物资能够精准追责,从而保障应急物资安全可控。

5. 随时动态调整

智慧化信息管理平台不仅能够利用这些信息对应急物资的运输方案进行优化,而且能够预测物资送达时间,并结合实时的物资需求信息对供应计划进行动态调整,从而保证应急物资的供应能够根据需求的变化做出快速反应,实现信息流快于物流。在智慧应急物流的平台上,由于信息更新的及时性,可以实现对受灾地区应急物资调配的动态调整,实现既能够满足受灾地区和人员的基本需求,也能够在一定程度上实现应急物流的经济性。这在常规应急物流中基本无法实现,大多数情况下均需要完全舍弃经济性而不计代价的实现应急目标。智慧应急物流能够实现随时动态调整得益于可靠的信息获取平台、高效的信息处理能力和有效的优化处理方法。

6. 系统自主运行

智慧应急物流系统具有高度自主性,这也是智慧的要求和体现。智慧化的应急物流信息管理平台能够依据分布的物联网、传感器网络和无线通信网络自主、实时地收集信息,并通过通信网络将信息及时、准确地传输到信息管理平台。平台通过数据库、数据基地、云存储等技术将收集的信息以一定规律进行存储,然后利用大数据处理技术对数据进行统计、分析、归纳总结,得到准确的应急物资需求信息,包括需求的类别、品种、规格数量等,再对供给方的数据进行收集和处理,将供给数据和需求数据进行匹配,对应急物资进行分配,然后制定合理、均衡的配送方案,再由专业的物流运输仓储配送设备和人员将应急物资发送到指定地点和人员手中。同时,这种分配方案可以根据实时信息的变化进行及时自主调整,以满足动态需求,而且全程是可视化监控的,智慧应急物流系统可以根据监控的视频发现异常问题并自主发出警报,通知相关人员记录并处置。整个系统能够自主运行,尽可能减少人的参与,避免由于人的主观认识不足导致的不必要损失。

11.1.4 智慧应急物流的演进

智慧应急物流是物流发展的重要形式,是应急物流智慧化的发展过程和特殊情况下物流服务内容、服务条件、服务主体、服务客体变化的生动体现。本节将从服务内容、服务条件、服务主体、服务客体 4 方面分别阐述和比较常规物流、应急物流和智慧应急物流,从比较中发现相同点和不同点,充分理解智慧应急物流的演进过程。

1. 服务内容

常规物流服务内容主要是从供给地到需求地的普通产品,如原材料、半成品或产成品等。服务的内容非常丰富且种类繁多,所有的内容综合起来就构成了整个社会经济活动所需要的必要物质条件;而应急物流服务内容主要是应急状态下急需的物资,如食品、药品、饮用水、帐篷、保暖设施等,这些物资的流动只是整个社会经济活动中很小的一部分;对于智慧应急物流来说,其服务内容和应急物流基本一致,因为两者都是为应急而产生的,所以主要目标一致,服务内容也相同。

2. 服务条件

常规物流服务主要是在常规的、非灾难状态下的物流活动,服务条件相对优越或者正常,所有物流活动中的物资都能够以一种较好的状态流动,物流对物资本身的损伤少。在这种服务条件下,常规物流所要求的经济性强,物流活动本身要求创造一定的时间价值和空间价值。同时,常规物流一般来说对时间要求不紧急,物流服务需求方只要求物流服务提供方在合理时间范围内完成整个物流服务。而应急物流和智慧应急物流均对物流服务的时间和准确度有一定要求,应急物流的特点在于应急,需求方对物资的需求是极为迫切的,如果不能及时满足,造成的后果是十分严重的。同时,应急物流和智慧应急物流的服务自然条件也相对恶劣,应急物资的需求地往往是自然灾害发生的地方,这种情况下,常规的车辆和设备可能无法正常使用,因此需要特种设备完成物流活动。此外,应急物流通常不强调或者完全无视经济性,很多情况下需要不计代价实现应急物资的运输配送。智慧应急物流由于其对信息的高度掌握,可以利用信息的高透明性获取信息价值,因此体现一定的经济性或者弱经济性。应急物流下对于物资的损耗率要求相对不高,这是在很多不利条件下的必然选择,非常条件本身就可能对物资造成一定损耗。智慧应急物流将通过智慧化安排,尽可能降低物流损耗率,甚至可以实现与常规物流持平的损耗水平。

3. 服务主体

常规物流的服务主体是普通物流公司。根据物流公司以某项服务功能为主要特征,并向物流服务其他功能延伸的不同状况,可以划分为运输型物流公司、仓储型物流公司和综合服务型物流公司。这些物流公司主要提供常规物流服务,如运输、仓储、配送、装卸搬运、包装、流通加工、信息处理等。应急物流的服务主体是具有应急能力的物流单位。例如,国家铁路总公司、民航客机、空军运输机部队、陆军运输车队和海军远洋战舰等,如2011年,利比亚政局突变,胡锦涛总书记、温家宝总理就保护中国在利比亚人员安全做出重要指示。中国政府第一时间派出军机和轮船赴利比亚进行撤侨活动,2月22日至3月5日,中国政府派出91架次民航包机、12架次军机、5艘货轮、1艘护卫舰,租用35架次外国包机、11艘次外籍邮轮和100余班次客车,海、陆、空联动,开展了新中国成立以来最大规模的有组织撤离海外中国公民行动。3月5日,中国撤离在利比亚人员行动圆满结束,共撤出35 860人。智慧应急物流与应急物流在服务主体上不同,智慧应急物流系统可以组织调用部分常规物流力量甚至个人有效参与到应急管理活动中,这归功于智慧应急物流系统的智慧调度能力。

4. 服务客体

常规物流情况下,服务客体或需求方主要是各种企业单位,如原材料生产企业、零部件生产企业、成品生产企业及销售企业等,也有部分物流快递服务的对象是个人或者其他单位组织。应急物流的服务客体一般为国家和地方政府及应急管理部门、各赈灾组织和个人。例如,国家应急管理部的主要职责包括:组织编制国家应急总体预案和规划,指导各地区各部门应对突发事件的工作,推动应急预案体系建设和预案演练。建立灾情报告系统并统一发布灾情,统筹应急力量建设和物资储备并在救灾时统一调度,组织灾害救助体系建设,指导安全生产类、自然灾害类应急救援,承担国家应对特别重大灾害指挥部工作,指导火灾、水旱灾害、地质灾害等防治,负责安全生产综合监督管理和工矿商贸行业安全生产监督管理等。智慧应急物流与应急物流在服务客体方面基本一致。常规物流、应急物流和智慧应急物流的演进关系如图 11-3 所示。

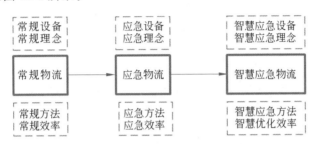

图 11-3　常规物流、应急物流和智慧应急物流的演进关系

11.1.5　智慧应急物流管理

智慧应急物流管理是对应急物流的智慧化计划、组织、协调和控制。智慧应急物流是综合智慧预测、智慧决策、智慧仓储、智慧配送,以高度自主自动化的方式进行应急物资分配的物流模式。智慧应急物流可着重在如下几方面进行组织建设和管理。

1. 规划和完善网络化、立体化交通运输系统

从交通基础设施方面消除基本建设交通运输薄弱点,构建网络化交通运输路线。交通运输干线和支线相互连通,确保应急交通运输路线通畅。创建公路线、铁路线、航空线路、水道等多维度立体式的物流体系,保证当一种交通方式中断时有备用且可用的其他方式。

2. 重视应急物流信息管理平台的智慧化建设

一是预测和收集需求信息。通过应急物流信息管理平台的智慧化建设可以做到:在突发事件发生前,预测可能发生的应急物资需求;在突发事件发生后,能准确及时地收集事件影响区域的应急物资需求信息。二是收集物资供应信息,这是由于全社会捐赠的应急物资来源极为广泛,涉及的供应企业多,捐助人员多,各种信息内容必须借助共同的应急物流服务平台传送,务必保证应急物流信息的传递比常态下信息的传递更加稳定、可靠和具有抗干扰性。

3. 构建智慧应急物流指挥平台

结合智慧应急物流信息管理平台,依据我国应急领域的法律法规和中央及各级地方政府部门职责,融合国家、部队、地区的有关组织,创建智慧化的应急物流指挥平台,由专业单位和人员承担应急物资的供应工作,保证指挥调度的科学和高效。

4. 科学选址，提高应急物流运作能力

在全国创建适量的应急物流中心或物流配送中心，建设高效率的应急物流配送系统。积极运用社会资源，以社会化方法与具备应急物流条件的大中型专业物流公司签订战略合作协议，确保其在紧急状况时能够应国家或者地方政府相关部门需要启动应急物流运作。

5. 做好智慧应急物资储备体系建设

学习和参考国外经验，保持应急物资储备的系统化与社会化的有机结合，建设完善的国家、地区、部队、机关事业单位乃至公民个人的一体化储备管理体系。提升应急物资储备，科学安排应急物资储备数量和品种，利用社会主义市场经济体制保证应急物资储备。

11.2　智慧应急物流的物资储备模式

11.2.1　新时代应急物资储备需求

不同于一般的物资储备，国家战略物资储备主要着眼于事关国家安全的突发事件，例如战争、自然灾害、流行疾病、恐怖袭击，发挥"蓄水池"功能。在平时，可以调剂物资余缺、平抑物价剧烈波动；在紧急时刻，可以缓解危机事件冲击，保障国民经济正常运行和维护社会稳定。所以，加强国家战略物资储备已经成为世界各国的普遍选择。新中国成立后，党和政府一直高度重视国家战略物资储备。1951 年，政务院财政经济委员会和财政部首次提出建立国家物资储备的建议。1952 年，国家战略物资储备启动，并开始建设储备仓库，利用国家预算拨专款收储物资。1953 年，国家物资储备局作为政务院的一个独立局正式挂牌成立，标志着我国有了专门的国家战略物资储备机构。2018 年 3 月，中共中央印发《深化党和国家机构改革方案》，决定组建国家粮食和物资储备局，根据国家战略物资储备总体发展规划和品种目录，组织实施国家战略和应急储备物资的收储、轮换、管理等，提升国家储备应对突发事件的能力。

70 年来，国家战略物资储备在支持国防建设、经济建设、抗灾救灾等方面作出了积极贡献。例如，2008 年汶川地震发生后，中央储备立即集中力量向地震灾区投放粮油、燃油等物资；2019 年猪肉价格上涨，商务部会同国家发展改革委员会、财政部等部门向市场投放储备猪肉，全力保障市场供应；新冠肺炎疫情发生后，应急管理部会同国家粮食和物资储备局紧急调运中央救灾物资支持湖北做好疫情防控工作。这些都充分体现了中央储备在应对突发事件中的力量和关键作用。2020 年 2 月 3 日，中共中央政治局常务委员会召开会议，听取中央应对新型冠状病毒感染肺炎疫情工作领导小组和有关部门关于疫情防控工作情况的汇报，研究下一步疫情防控工作，习近平总书记主持会议并发表重要讲话。会议指出，要系统梳理国家储备体系短板，提升储备效能，优化关键物资生产能力布局。2 月 10 日，习近平总书记在北京调研指导新型冠状病毒肺炎疫情防控工作时强调，要加强防疫物资保障，重点防控部位的人员和物资都要保障到位。这次抗击疫情斗争展示了我国显著的制度优势，但也显示出我国在应急管理特别是战略物资储备方面还存在一些薄弱环节，应当尽快找差距、补短板，从提升国家治理能力的高度构建和完善国家战略物资储备体系。

基于上述论述，不难发现新时代应急物资储备需求的如下特征。

首先，应急物资品种越来越多，各类储备物资规模越来越大。战略物资品种从开始的简单几种，到现在的各种储备物资，这显示了人民需求的多样化和生活水平的显著提高，也展示了国家为应对各种突发事件所做的卓越努力和全面考虑。在各种突发事件发生时，需要有相应的物资储备尽快投入到应对过程中，不同的需求也导致了储备物资品种的多样性。习近平总书记指出，要把饭碗牢牢地端在中国人自己手上。中国人口众多，粮食的日常需求量巨大，而中国的耕地数量有限，而且耕地质量总体不是很高，但通过农业科技人员的不懈努力，依然实现了高亩产，这归功于袁隆平院士等一大批科学家的无私奉献。

其次，应急物资储备立法方面亟待改进。长期以来，我国主要依靠政策而不是法律调整物资储备，到目前为止，还没有一部专门的战略物资储备法律。除《突发事件应对法》第三十二条规定"国家建立健全应急物资储备保障制度，完善重要应急物资的监管、生产、储备、调拨和紧急配送体系"，《国防动员法》第三十三至三十六条对战略物资储备与调用进行了原则规定外，对战略物资储备和调用的规定散见于相关的部门规章和规范性文件中，如《中央储备粮管理条例》《中央储备肉管理办法》《中央储备糖管理办法》《国家物资储备管理规定》等，存在立法分散、立法滞后、立法位阶偏低等问题。这种立法现状一定程度上制约了各类储备统筹协调，也不利于各类储备的规范管理和更好地发挥作用。有必要在系统梳理目前我国战略物资储备立法的基础上，尽快建立健全国家战略物资储备法律法规，对战略物资储备的管理体制、存储数量、轮换周期、资金保障、统计报告等方面作出明确规定，使国家战略物资储备有法可依、有章可循，同时便于监督检查。

最后，应急物资储备的动态管理有待加强。国家战略储备物资的收储、发运、质量管理等固然重要，但要实现应对突发事件的快速响应，还需提升面对复杂状况的动态管理水平。大数据的出现和应用为战略储备的动态管理、科学化决策提供了技术支撑。应结合我国战略物资储备的发展现状，统一标准和规则，满足大数据应用对基础设施建设和数据采集的要求，在此基础上，以推动战略物资储备流程标准化为切入点，构建科学、高效的储备信息管理系统。

11.2.2 应急物资储备的常见模式

应急物资是应对突发公共卫生事件、自然灾害、突发公共安全事件等突发公共事件应急处置过程中所必需的保障物资。因此，应急物资储备不同于一般物资，它需要对突发事件做出快速响应，满足应急需求，所以需要一定的储备。常见的储备模式有以下几种。

1. 政府储备模式

在政府储备模式下，应急物资的储备由政府负责，涉及一些不宜由企业储备的重要战略物资，政府应急物资储备模式是世界各国常见的一种模式。政府负责投入资金建设应急物资储备场所，采购一定数量的应急物资，并安排专门机构和人员负责应急物资的日常管理，如维护保养及盘点等工作，也负责物资的更新换代以防止过期和损毁等工作。一旦产生应急需求，则经国家总体指挥调度，辅助相关部门将物资运送到需求地。常见的政府储备物资有军事装备及军用物资等，以及一些贵金属外汇等。专家指出，除了与老百姓日常生活密切相关的粮油菜肉，国家储备的物资还有很多，如医用口罩、防护服、护目镜等医疗物资，石油、天然气、煤炭等能源，以及其他关系国计民生的重要物资等。

2. 企业储备模式

企业储备模式是由企业作为应急物资储备主体而储备一定数量的应急物资的储备模式。一些大型企业为了应对各种原因导致的供应中断而设置了安全库存和应急储备量,这些企业应急储备在某种特殊情况下对企业顺利度过风险期和应对价格大幅度波动而导致的难以承受的成本提供了巨大支持。据报道,在美国芯片出口新规生效之后,中国科技巨头华为公司的芯片供应问题成为人们关注的焦点。目前,中国科科院和华为公司都已宣布将重点攻克光刻机问题,国家发改委、科技部、工信部和财政部4个部门也已宣布加强5G、关键芯片等多个领域的技术攻关。不过,由于光刻机和芯片的研发生产都需要时间,短期内华为公司的芯片供应如何解决呢?据环球网2021年9月24日报道,华为公司对此已经做出了回应。在美国芯片出口新规生效前,华为已经对台积电、联发科等多家企业抛出大量订单,储备了不少芯片,那么,华为公司储备的芯片能够支撑多久呢?华为公司轮值董事长郭平表示,该企业的芯片储备自2021年9月15日起才正式入库,所以具体数据还有待评估。

3. 政企联合储备模式

政企联合储备模式是一种将政府储备模式和企业储备模式相结合的储备模式。这一储备模式减轻了单一储备模式下政府和企业的成本过高问题,促进了双方合作,有助于以更为经济的方式解决应急物资储备问题。许多学者对这一模式进行了探讨。郭影研究了部分需求分布信息下应急物资储备治理策略,分别讨论了基于政府补贴的联合储备模型和基于销售与联合储备的混合策略模型,探讨了应急物资防止过期的销售策略。张忠义研究了城镇防汛应急物资多层级公私协同储备问题,探讨了城镇防汛应急物资公私协同储备模式与策略并对相应模型给出了求解算法。刘阳等提出了基于期权契约的政企联合储备应急物资模型与利润分配机制,以政府与两个竞争型供应商联合储备应急物资的情形为例,构建了基于期权契约的政府与两个供应商联合储备应急物资模型,给出了政企最优决策策略。扈衷权等研究了生产能力储备模式下应急物资储备与采购定价模型,以更好地促进政企双方开展应急物资生产能力储备合作,政府和协议企业需对物资的采购定价及生产能力的储备数量进行合理决策。魏洁等研究了政府补贴下应急医疗物资政企协议储备决策,基于全球新冠肺炎疫情的现实背景,引入疫情发生概率因素,构建协议企业应急医疗物资储备决策模型,探讨协议采购价格、疫情发生概率和政府补贴3种因素对协议企业储备决策的影响。

11.2.3 智慧物流下应急物资储备模式

新冠肺炎疫情暴露出我国应急物资保障体系存在的诸多问题,除应急物资储备不足以外,物资调配信息混乱、调配效率低下等物流配送环节问题更是成为应急物资保障体系的瓶颈。但值得注意的是,近年涌现出的一批专业化的现代智慧物流企业在此次应急物资保障中起到重要作用。菜鸟协同全球物流合作伙伴开通免费快速运输通道,将阿里公益采购、海内外捐赠的疫情防控物资及时配送到重点疫情地区,有力保障了防疫医疗物资和居民生活物资的供应。京东物流凭借自身供应链能力和科技应能力,开辟出全国与湖北、与武汉之间的物资"生命线"。截至2020年2月13日,京东物流已累计承运医疗应急物资约3000万件、近1万吨,疫情期间向全国消费者供应1.2亿件、超过16万吨的米、面、粮、油、肉、蛋、菜、奶等生活用品。由此可见,在新一轮国家应急物资保障体系建设中,应积极发挥智慧物流的作用,吸纳市场化的现代物流平台企业深度参与,切实提升应急物资保障的物流数字化、智慧化水平,更好更快实现习近平总书记提出的"关键时刻调得出、用得上"的目标。

1. 发挥智慧物流信息优势,提高应急需求预测能力

2019年年末突如其来的新冠肺炎疫情初起时出现如此大的应急物资缺口,主要原因之一在于对突发事件未能做出预测判断。医院平时储备的防护物资只是偶尔使用,库存有限,基本上处于"报备—补发"的良性循环状态。然而疫情暴发,非常规消耗品变成消耗巨大的常规消耗品,医院就会遭遇前所未有的供给压力。智慧物流利用最新信息技术,具有物流全链路数据感知和收集处理能力,尤其是支持对消费需求端变化的实时动态感知,通过大数据预测分析模型和市场需求动态变化进行应急物资预警,能更好地对突发事件进行响应并提前做出储备决策。

2. 发挥智慧物流自主决策优势,提高反应速度

智慧物流具有根据获得的信息做出自主决策的能力。自主决策与应急物资储备相结合,将减少多个环节的准备时间,如计划调度时间、各环节沟通交流时间、应急物资储备的出库时间等,必将大大减少时间浪费,提高反应速度,为应对突发事件提供更快、更有保障的服务。

3. 利用智慧化仓储配送,降低应急物资储备成本

一方面,智慧化仓储配送将大量减少劳动力的投入,可以运用自动化设备进行仓储环节的出入库、盘点、维护保养等,降低劳动力成本。另一方面,智慧化仓储配送也在配送路径选择与优化方面提供支持,运用无人机、无人车等设备进入人工车辆无法进入的区域,降低由于路径选择问题造成的时间浪费和物质投入。

4. 智慧物流使实物储备与能力储备相结合

可以在基于智慧物流大数据的应急物资预警机制中建立实时监测平台,根据重要物资供需的动态变化情况以及历史数据预判应急突发事件的发生概率,同时建立应急突发事件直报系统,接入国家应急物资储备体系,将为物资生产节省宝贵时间,因此可以从应急物资的实物储备方式转为实物储备与能力储备结合的方式。平时储备一定物资和额外的生产能力;一旦需要,再启动额外的生产能力,迅速提高产量,满足应急需要。

11.3　智慧应急物流设施选址

11.3.1　应急物流设施选址原则

1. 弱经济性

应急物流设施选址需要综合考量其选址建设成本、运营成本以及建设规模,但为应急的目的更应考虑其社会效益,因而表现出一定的弱经济性。应急物流设施选址结果不同,建设成本也不同,不同地区土地价格等因素有很大差异,如大城市和小城市的差异、近郊和远郊的差异等。同时,不同地区的劳动力成本、维持物流设施运转的水电等成本也不相同,会造成应急物流设施的运营成本有很大差异。应急物流设施建设规模也对选址成本有着重要影响,应急物流设施数量越多,覆盖范围越广,储备的应急物资越全面,在灾害发生后就能越迅速地配送应急物资,减小损害,但是这种情况的成本十分巨大。因此,在应急物流设施选址阶段,应合理利用有限的资源,规划应急物流设施的位置和建设规模,在社会效益优先的基础条件下,努力提高资金利用效率。

2. 通用性

在为应急物流设施选址时,除了考虑其在应急救援阶段对应急物资供应的能力外,还需要考虑其在非应急救援阶段的一般物资储备能力,做到在任何时期都能最大限度地发挥应急物流设施的作用。因此,应急物流设施应当具备通用性,通过减少设施设备的运作管理成本,提高运作效率,使应急物流设施的利用效率最大化。通用性是弱经济性的一种表现,但通用性必须是在充分满足应急物流设施的社会效益的前提下考虑经济性所做的安排和努力,绝不能为了追求经济性而背弃或者弱化社会效益。

3. 及时性

当突发事件发生时,时间意味着生命存活的机会和财产保全的可能性。应急救援所需时间越短,人员伤亡的可能性就会越小,人民财产保全的可能性就越大;反之则不然。为了尽可能救助更多人,减少人员伤亡,必须保证应急物资的运输效率,在最短时间内将应急物资送达受灾区域。为了确保应急物流活动的及时性,需要做好以下两点:一是应急物流中心应尽量建设在交通状况良好的地方,这样不但可以减少应急物资运输时间,而且可以降低应急物资运输成本;二是要保证应急物流设施的高周转能力,在突发事件发生后,能迅速满足应急物资需求点的需求,同时尽可能当上级物流设施的物资送达后能迅速处理并配送至下一物流节点,减少应急物资停滞时间。

4. 安全性

应急物流设施是应急物资储存点,是保障应急物流活动顺利进行的根本所在。因此,在对应急物流设施进行选址规划时,首先应当考虑的是应急物流设施备选点的抗灾能力。应急物流设施需要保证自身的稳定安全,才有可能在后续的应急物流活动中发挥作用,否则不但不能帮助应急救援活动顺利开展,反而对应急物流活动会造成不必要的麻烦。同时还需要考虑到应急物流设施位置可能对人民生产和生活造成的影响,一些特殊物品的存放仓库需要建立在远离人群的位置。

5. 战略性

设施的建设规划应该兼具短期的战术需要和一段时期的战略性需要。应急物流设施一旦建设完成,通常在短时间内不会进行改扩建工作,因此,在应急物流设施的建设过程中,需要具备一定的战略性,不能仅仅满足当前的应急物资需求水平,还应当从长远角度进行设计,将未来一定时间内可能出现的需求情况纳入考虑范围。

6. 均衡性

与常规物流设施选址不同应急物流设施选址,需要考虑的因素较多,如应急物流设施的服务范围、服务区域人口数量等与常规物流设施有所不同。在面对规模较大的突发事件时,由于应急事件发生地区面积较大、应急需求人员较多,应急物资的需求量通常也较大,因此为了同时满足多个应急物资需求点的救援物资供应问题,需要统筹协调设定各应急物流设施的位置、数量以及服务范围。同时应当考虑不同地区的地理、交通等情况,综合考虑应急物流设施资源布局以达到最优。

11.3.2 应急物流设施选址方法

物流设施选址问题的常用模型通常有 3 种：P-中值模型、P-中心模型、覆盖模型。其中,覆盖模型又可以分为集合覆盖模型以及最大覆盖模型。在此基础上,结合具体的方法和算法,并考虑参数的特殊情况和目标函数、约束的特殊性,下面介绍 11 种方法。

1. P-中值模型

P-中值模型主要考虑的是应急物流中心候选节点和应急物资需求点之间的总加权距离或时间最小。时效性是该模型的重点,通过使加权运输距离最小来保证运输速度最快。

2. P-中心模型

P-中心模型是在确定应急物流中心位置的情况下,使应急物资需求点与最近的应急物流中心最大加权距离最小。该模型能保证各个需求点的需求都能在一定时间内得到满足。

3. 覆盖模型

覆盖模型可以分为集合覆盖模型和最大覆盖模型两种情况。集合覆盖模型主要是在所有需求点都得到覆盖的前提条件下,使应急物流中心的个数尽可能少,以保证成本最小化,此种模型通常用在公共服务设施选址方面,如消防站、医疗急救中心等的选址。

4. DEA-GP 方法

DEA-GP 方法将传统的选址模型和 DEA(Data Envelopment Analysis,数据包络分析)方法结合起来。首先用 DEA 方法评估各候选地点的相对效率,然后运用 GP(Goal Programming,目标规划)方法将 DEA 方法确定的效率值作为一个目标整合到多目标决策的框架中,以确定最优的选址地点。通过调整不同目标的优先级和目标值,可以生成一组更加灵活和符合实际情况的最优解,帮助制定应急物流中心的选址决策。

5. IIF-ER 方法

为解决不确定性条件下的应急物流设施选址评估的问题,可建立基于区间直觉模糊(Interval-valued Intuitionistic Fuzzy,IIF)与证据推理(Evidential Reasoning,ER)的设施选址模型。首先,针对指标评估的不确定性问题,采用区间直觉模糊数表达专家评价信息。然后,考虑到传统 IIF 方法在信息集成中存在信息丢失的问题,采用 ER 集成方法集成评估信息。最后,利用逼近理想解排序法(Technique for Order Preference by Similarity to Ideal Solution,TOPSIS)对应急物流设施选址方案进行排序。该方法能解决不确定性条件下的应急物流设施选址决策问题,同时也能保证决策质量。

6. 基于区间数的最小费用选址

在基于区间数的最小费用选址方法中,由于现实中存在的不确定性,所以部分参数以区间数的形式给出,费用包括设施选址的固定费用和建成后的可变运营费用。该方法主要以区间数描述不确定性参数,考虑了这类参数下的最小费用选址问题。

7. 基于模糊变量的设施选址

基于模糊变量的设施选址方法与基于区间数的最小费用选址方法类似。该方法将部分参数以模糊变量的形式表示,使用模糊变量表示不确定性参数的原因在于参数的不确定性来自主管的不确定性。选址目标不局限于费用最小,也可能是时间最省,还可能是多个目标共同作用的规划问题。

8. 带有机会约束的规划模型

顾名思义,在带有机会约束的规划模型中,有至少一个约束是机会约束。机会约束是指约束条件中含有随机变量或模糊变量或其他具有不确定性特征的变量。该方法必须在预测到这些不确定性变量的实现之前作出决策,而且还要考虑到所作决策在不利情况发生时可能不满足约束条件,这时要采用一种原则,即允许所作决策在一定程度上不满足约束条件,但该决策应使约束条件成立的概率不低于某一置信水平。

9. 基于智能算法的复合式选址模型

基于一种或多种智能算法求解的复合式选址可能涉及神经网络算法、深度优先算法、粒子群算法、模拟退火算法、蚁群算法、遗传算法、禁忌搜索算法、猴群算法等一种或者多种算法。

10. 基于时空数据分析的选址

传统的物流配送中心选址方法大多从静态的定量或定性的角度进行单独的时间或空间建模,较难提供一种直观、互动的选址方案。与应急物流设施选址相关的因素具有明显的时空数据特征。例如,在仓储环节,应急物流配送基地选址涉及仓库驻地、仓库容量、物资类型等要素;在运输环节,应急物流配送基地选址涉及交通工具、运输的物品、交通状况等要素。这些要素具有明显的时间和空间特点。例如,仓库的经纬度属性是典型的空间属性、交通工具(如火车、货车、飞机)的运行轨迹等具有明显的时间和空间特征。可以采用 GIS 技术进行时空数据的分析与可视化。GIS 技术强大的空间分析能力能够将候选地点的空间实体数据化,进行配送距离与时间的精准计算,可以有效解决传统模型在精确性与时效性上的欠缺。GIS 技术的地图制作与展示功能可以将选址过程中的时空要素清晰而表达出来,便于进行应急物流配送中心选址中的复杂多因素决策,将时空属性与 GIS 技术结合起来分析并进行选址决策,能够有效解决应急物流设施选址特殊性中的精确性与动态性要求,具有重要的理论意义。

11. 基于风险区域的应急物流设施选址

在发生地震、洪水等特大险情时,应急物流设施需要承担起抢险救灾的物资保障任务。在这种情况下,必须考虑时效性与安全性,在避开风险区域的同时确保物资保障的时效性。风险区域包括但不限于滑坡的山体、地震的震中、密集的建筑群、损毁的道路等。应急物流设施的选址与配送路径都不能经过风险区域。目前学术界在这方面的研究成果较少。通过对此问题的研究可解决应急物流设施选址特殊性中的可靠性问题,此研究方向具有较强的实践意义。

11.3.3 智慧应急物流设施选址策略

根据智慧应急物流的内涵和特点,其设施选址应采用以下 4 个策略。

1. 以信息化为基础

信息化代表了信息技术被高度应用,信息资源被高度共享,从而使得人的智能潜力以及社会物质资源潜力被充分发挥,个人行为、组织决策和社会运行趋于合理化的理想状态。同时,信息化也是在信息技术产业发展与信息技术在社会经济各部门广泛应用的基础上,不断运用信息技术改造传统的经济社会结构,从而通往如前所述的理想状态的持续的过程。智慧应急物流是高度信息化的,包括对需求信息的预测、对仓储配送信息的监测、对需求者满意度的评估等。智慧应急物流是信息化的结果,因此智慧应急物流设施选址务必注重信息化,使信息化成为选址的基础。

2. 以自动化为手段

智慧应急物流设施选址有利于未来应急设施的自动化运营。自动堆码设备、AGV、RGV、自动化立体仓库、物流机器人、自动分拣设备等的应用可以大大提升物流系统的自动化、无人化运营水平,有效提高运营效率,降低运营成本。智慧应急物流设施选址必须朝着满足智慧应急物流自动化的方向开展,助力智慧应急物流运营顺利、高效地进行。

3. 以服务化为目标

物流活动的本质是一种服务业,物流围绕客户需求展开,通过满足客户需求创造价值。服务化物流由传统的简单仓储配送物流服务发展成为集增值物流服务(信息预测、整合)和基本物流服务于一体的智慧物流服务系统,涉及企业制造模式和销售模式的变革,其核心是服务,其本质是通过物流服务,为客户创造价值。这包含两方面:其一是提供的服务因各类客户需求的不同而不同;其二是提供的服务要能帮助客户解决问题、创造价值,从而吸引客户并建立长期业务关系。因此,满足客户个性化需求是物流业服务化转型的关键。

4. 以系统化为结果

智慧应急物流系统包括多个子系统,在设施选址时就应注意考虑物流设施及设备的系统化。系统化是各个子系统能够有效运作、高度集成的表现,是物流能够实现智慧化的重要条件之一。系统化能够有效降低和消除各子系统之间的合作障碍,从而达到全局最优的结果。智慧应急物流涉及各种设施、设备、硬件和软件,这些设施、设备、硬件和软件与操控它们的人员素质能否匹配将影响到整个系统的效能。因此,在智慧应急物流设施选址时应注意结果系统化。

11.4 智慧应急物流的配送路径优化

11.4.1 应急配送路径选择

1. 路径选择的原则

应急配送路径选择有以下 4 个原则。

1)可靠性原则

应急配送路径及应急物资的配送方案应该是准确、可靠的,面对突发事件发生后路线通行能力及其他物流节点信息匮乏的情况,要求应急物流配送路径必须是可靠的,能够将应急物资准确送到应急需求区。

2)时效性原则

突发事件发生后的第一要务就是紧急应对,很多物资都需要第一时间配送到突发事件发生区域,这就要求应急配送路径应该具有很高的时效性,因为时间就是生命。应急物资的配送路径要能够保证第一时间送达。

3）安全性原则

应急配送路径应该具备一定的安全性，既要保障应急物资的安全，也要保障应急配送人员的安全，避免二次事故发生，造成新的人员伤亡和物资损失。

4）弱经济性原则

通常应急配送路径的选择是弱经济性的，甚至不计成本，一切均以在最短时间内完成应急物资投放为目的，对应急需求区做出最快速的响应，但是不计成本的目的在于满足保障人民的生命时安全的基本需要，绝不能为了某些人的非分需求而不计成本。同时，弱经济性还意味着应急配送路径既要使应急需求区受损降至最低，又要避免不必要的浪费。

2. 路径选择的方法

路径选择的方法主要有以下 3 种。

1）专家法

所选专家均应是应急配送路径选择领域的经验丰富的专业人员，具有较高的学术水平和丰富的实践经验。能够在缺乏足够统计数据和原始资料的情况下做出定量估计。总的来说，专家具有简便快捷、直观性强的特点。但要特别注意以下两点：一方面，在专家的选择上，怎样才能保证专家的权威性和专家小组组成的合理性，是在实际研究中需要解决的问题；另一方面，由专家对应急配送路径进行筛选必然带有一定的主观倾向性。

2）确定型规划法

确定型规划法是数学规划方法中的一大类，其特点是在数学模型中没有不确定性变量，如随机变量、模糊变量、区间数、粗糙集、模糊集等，所有参数、决策变量、约束及目标函数都是确定的数值或者函数。这类方法适合在条件比较确定的情况下使用，在使用时可以根据具体的应急配送路径选择问题建立适当的模型。模型求解方法相对来说比较确定，也有一些已有的软件可供使用。

3）不确定型规划法

与确定型规划相对，不确定型规划方法通常在一部分参数、约束或目标函数中含有不确定性变量。这类方法适合某些不确定性环境下使用，使用时可以根据具体的应急配送路径选择问题建立适当的模型。这类模型相对于确定型规划来说复杂度更高，除一些特殊的不确定性变量以外，通常求解时要先考虑如何将不确定性变量确定下来，因此运用启发式智能算法比较多。

3. 路径选择的人员

应急配送路径选择持人员来自应急管理部门和应急配送执行部门，同时应包括应急配送人员。

1）应急管理部门

应急管理部门负责从宏观上确定应急配送路径选择的原则和方法，保证路径选择的根本目的在于最快、最有效率地参与到突发事件发生地区的应急救援工作中，从应急的最高决策层次明确一切以保护和拯救应急需求人员的生命安全及重要物资保护为首要目标。宏观方案为下一步的具体执行指明了方向，定下了准则，提高了认识。

2）应急配送执行部门

应急配送执行部门根据应急管理部门制定的宏观方案，按照有关原则、共识和要求制定具体的操作方案。操作方案的目标要体现上级部门确立的应急救援目标和目的,同时,在制定操作方案时也要注意应急需求区域的具体条件,务必在保障一定安全性的前提下进行应急救援。

3)应急配送人员

应急配送人员应该在应急配送执行部门制定的具体操作方案的基础上灵活执行具体的任务。一般来说,应急管理部门和应急配送执行部门都会赋予一线应急配送人员一定的路线决定权,这既是为应急配送人员的安全考虑,也是为了更好地服务于应急救援的目的。在这种情况下,应急配送人员有权为了更好地完成应急配送任务而在具体执行中选择恰当应急配送的路径。

11.4.2 应急配送路径优化

应急配送路径优化可以采用以下 4 种方法。

1. 基于时间的优化

在应急救援中,时间意味着突发事件发生区域人员的生命安全。在应急配送路径上花费的时间越短,应急需求区域人员的生命安全得到保障的可能性就越大。因此,一些学者基于时间优化提出了一些规划模型,主要目的在于通过应急配送路径的优化提高时效性,更及时地进行救援。

2. 基于成本的优化

基于成本的优化的目标是降低成本,因此应考虑一定约束条件下的应急救援成本问题。应急救援在很多情况下可能涉及多式联运,有的运输方式很快,但需要付出比较高的成本,因此,在情况不是十分紧急的情况下,可以考虑成本节省型应急救援。在某些情况下,应急救援成本不仅包括物质成本,也包括心理成本。

3. 基于距离的优化

顾名思义,基于距离的优化的主要目标是优化距离,即通过应急路径选择优化应急配送的距离,这种距离可以是直线距离,也可以是曲线距离。距离在某种程度上也意味着时间的节省和费用的节约,但在特定环境下可能会对运输方式有所限制。基于距离的优化在传统的选址问题中应用较多,但在应急路径选择问题中需要特别注意增加的约束条件。

4. 多目标优化

在应急路径优化问题中,很多时候是多个目标并存的,既要考虑时间方面的优化,也要考虑成本方面的优化,还要考虑应急救援工作的社会影响。应急配送路径选择时的多目标优化往往是应急配送路径建模的常态,这种多目标并存的优化体现了在应急选择配送路径选择时的综合性、多维度性。多目标优化是应急救援条件相对较好的情况下解决问题的一种方式;而在应急救援条件苛刻的情况下往往要赋予某个目标极大的权重,这样多目标应急配送路径优化可能会退化为单一目标应急配送路径优化问题。

11.4.3 智慧物流引领应急配送

智慧物流引领应急配送体现在以下 3 方面。

1. 智慧物流引领应急配送物资准备

智慧物流在应急配送的物资准备环节可以起到规划和优化的作用。例如,在应急物资的来源方面,可以通过广泛应用的信息技术收集、整理物资的来源,尽可能安排就近配送。同时,也可以对应急物资的种类和数量等具体信息有清楚的掌握,在种类繁多的应急物资中可以快速安排配送急需的物资。智慧物流还可以在运输条件保障、运输设备调度、人员安排上做到快速规划、提前决策,以节省物资和各种工作所耗费的时间。

2. 智慧物流引领应急配送过程监控

智慧物流运用物联网、车联网、传感器、无线通信等多种技术可以实时监控应急配送过程的具体细节,例如,应急物资在运输途中是否因为运输条件不佳而导致损毁,应急配送人员的身体状态、精神状态是否良好,运输工具的运转是否正常。智慧物流系统对应急配送过程的监控可以更有效地保证应急物资完好无损、应急配送人员状态饱满以及运输工具良好运转,避免应急配送过程中的种种问题影响应急救援进度。

3. 智慧物流引领应急配送全程动态调整

智慧物流还可以根据实时收集、处理信息的优势,在应急配送全过程中根据应急需求区域的实时需求做出动态调整。可以根据各应急需求区域的动态需求重新规划配送路径以及和应急物资的数量和种类,不足的物资可以紧急调配,而剩余应急物资可以就近送入应急物资储备库以备不时之需。动态调整能力基于高度的信息化和信息能力,也包括紧急决策、重新规划的能力,要求以强大的计算能力作为支撑。

智慧物流系统具备信息化、数字化、网络化、集成化、智能化、柔性化、敏捷化、可视化、自动化等先进技术特征。很多智慧物流系统和网络也采用了最新的红外、激光、无线、编码、认址、自动识别、定位、无接触供电、光纤、数据库、传感器、RFID、卫星定位等高新技术,这种集光学、机械、电子、信息等技术于一体的新技术在物流系统的集成应用就是智慧物流技术的体现。智慧物流技术在应急配送中的应用必将在应急配送目标的综合化考量方面发挥重要作用,将为应急配送的时间更省、成本更低、效率更高、社会效益更好等目标的实现提供强大的技术支持和能力支撑。

11.5 智慧应急物流管理人才培养

11.5.1 应急物流管理人才的学校培养

应急物流管理是应急管理的重要内容之一。应急管理是近年来在管理学范畴内根据现实社会需要而衍生的一个专业研究领域,全国已经有多所学校设置了应急管理本科专业,应急管理将迎来专业化、智慧化、科学化的发展势头,为今后国家和地方应急管理工作提供人才和智力保障。应急物流管理由于在应急管理中占有关键地位,因此应急物流管理人才的培养也应该在应急管理专业课程体系和培养方案中体现。

在普通高校,涉及应急物流管理人才培养的有 3 个本科专业,分别是应急管理、物流工程和物流管理。目前大多数物流工程和物流管理专业点并未开设应急物流管理方面的课程,因此建议应急管理专业将应急物流管理纳入课程体系。应急物流领域的研究已经非常丰富,吸引了大批学者和专家开展深入研究,并形成了诸多可以借鉴的著作和成果,这些著作和成果完全可以转化为高校相关专业的教学内容。在物流工程和物流管理专业中也可以设置相关的专业必修课或者全校公选课,纳入课程体系中,通过专任教师的课堂讲授并安排学生参观实践培养应急物流管理人才。

11.5.2 应急物流管理人才的社会培养

杭州市应急管理局在《关于建立健全应急物资储备体系的实施意见》中指出:"加强队伍建设。各级各部门要加强应急物资保障专业人员队伍建设,注意培养和引进信息技术、供应链与物流管理、仓储保管等方面的新型人才,完善应急物资储备管理人员、技术人员、操作人员等的技能规范,积极开展应急演练和在岗培训,不断提高应急物资储备管理人才队伍的能力和水平。建立市应急物资管理专家库,为应急物资储备重大决策的应急会商、应急处置、评估总结以及日常培训演练、咨询服务等提供支持。"应急物流管理人才的社会培养是重要的人才培养途径。

社会应急培训教育主要从以下几方面着手。筹划应急物流管理人员培训中心,对政府有关部门开展管理知识培训,在自然灾害或其他突发事件发生时,迅速、及时做出反应。对应急行业从业人员和志愿者开展技术培训,减少风险和损失。对普通居民以社区为单位开展适当次数和内容的应急知识主题讲座、演讲和讨论,使人们能够正确应对突发事件。同时,各企事业单位应建立内部应急管理人才的培训机制,平时应对单位内部突发事件风险,当单位外部需要时可以协助政府相关部门做好应急救援工作。

11.5.3 智慧应急物流管理人才培养的新要求

智慧物流是指通过智能软硬件、物联网、大数据等智慧化技术手段,实现物流各环节精细化、动态化、可视化管理,提高物流系统智能化分析决策和自动化操作执行能力,提升物流运作效率的现代化物流模式。智慧物流的关键是智慧化,是系统具有的类似人的自主分析问题、解决问题的能力。因此,智慧物流是相对于常规物流更为智能的高级物流形式。与常规物流相比,智慧物流需要有智慧应急物流管理数据处理技术、自动化技术、通信技术等相关专业的技能人才驾驭。因此,对智慧应急物流管理人才培养也有以下新要求:

(1)要求智慧应急物流管理人才具备智能算法、数据挖掘、云计算、大数据等相关知识,这些知识可由高校和应急部门共同培养,其中,高校负责理论知识的讲授,应急部门负责进行实践演练,通过理论与实践的结合培养既具备深厚理论功底又有实践经验的智慧应急物流管理人才。

(2)要求智慧应急物流管理人才培养随时代不断发展进步。智慧应急物流的内涵随着新技术、新理念的不断产生也在不断发生变化,因此也要求智慧应急物流管理人才的培养必须随技术的进步和时代的发展不断升级改进。

(3)在智慧应急物流管理人才培养中,应急是根本,智慧物流是手段。智慧应急物流管理人才培养的根本是面向应急救援,是为了应对突发事件,保障人民群生命和财产安全;而智慧物流只是手段,是为了实现目标而使用的工具,因此在智慧应急物流管理人才培养中,应坚持智慧物流服从和服务于应急管理的原则,而不能本末倒置。

案例与问题讨论

案例：中储智运"智援"应急物流调度系统

应急物流指的是针对自然灾害等突发事件提供紧急保障的特殊物流活动。当前，借助"互联网＋"的发展趋势，通过云计算、大数据、物联网等新兴科技，加快应急物流运输的效率，减少突发事件带来的损失，是一项有益社会的事业。

作为中国诚通旗下中储股份的互联网创新混改试点企业，中储南京智慧物流科技有限公司（以下简称中储智运）在智慧物流领域取得卓越成就的同时，也本着价值共享的品牌理念，积极履行央企的社会责任，将目光转向国家应急救援事业，凭借领先的互联网技术率先研发了"智援"应急物流调度系统，并在2019年中国智慧物流大会上成功发布，成为关注应急物流领域的先行企业。

1. 脚踏实地践行社会公益

事实上，中储智运早在几年前就已经开始进行"智援"系统的研发，但是出于让系统更好地发挥效用的考虑，中储智运没有过早地推出"智援"系统，而是首先注重做好基础业务，整合运力资源，积累运力大数据。应急物流调度不同于货运运力调度，对时效性、风险性、安全性、合规性有更高的要求，因此需要企业具有足够的运力及数据技术储备。

目前，中储智运已经成功搭建了强大的物流运力交易共享平台，整合了全国超过百万名司机的常跑线路、历史运单、常运货物种类、车型、诚信指数、当前地理位置和运输状态等数据，实现了实时的精准运力匹配调度技术。在此前提下，"智援"系统的推出自然水到渠成。同时，这也体现了中储智运在自身业务领域的领先性及其可持续发展的视角。

作为重在社会公益的应用系统，"智援"系统与中储智运平台的业务发展相辅相成。业务的长足发展可以使中储智运具备更强大的践行社会责任的能力，而社会责任的积极承担也会为中储智运的发展背书，能够形成良性互动发展的局面。

2. 全社会共享平台科技价值

从实际应用及系统功能角度来讲，"智援"以高效、可视、智能的系统为应急物流提供决策、发布、运力保障等服务，同时系统免费向国家开放。

当国家有应急物资急需运输时，政府相关部门或组织登录"智援"平台，发布应急物流需求及起运地、目的地、收发货人（或组织）、货物种类、总吨位、总运价、装货开始及结束时间等信息后，系统通过大数据精准匹配调度技术，对需求范围内的全量司机和车辆进行多维度筛选，第一时间以运单的形式向发布单位提供智能匹配的运力资源，再由发布单位决定参与应急物流的运力需求，推送给符合要求的司机。司机通过中储智运App或手机短信收到应急运单时，可以方便地确认起运地和目的地、运费以及货物种类等信息，自主选择是否承运。

在司机完成装货并确认发货后，政府部门或社会组织可通过运输计划管理模块实时监控车辆轨迹、车辆定位等情况，直至完成运输。当发货方确认货物到达后，即可与司机进行结算。此外，利用平台的预警发布功能，可以通过中储智运的大数据系统向事发周边以及全国范围内近期可能经过该区域的司机发布道路预警信息，优化道路车流，避免次生事故，提高救援效率。

值得一提的是,"智援"系统在研发中以智能化为抓手,实现了系统应用智能化、简单化、便利化、规范化的设计目标,具备强大的管理、预警、保障功能。同时,作为中储智运平台技术的延伸,"智援"系统的研发充分考虑到了及时性、在途监控、风险可控以及信息准确、真实等因素。

3. 推进应急物流体系化发展

显而易见,作为应急物流领域首个调度管理系统,"智援"系统的发布对于物流企业更好地承担与践行社会责任提供了新的发展方向,对于带动更多物流运输企业以各种不同的方式参与社会公益事业的建设起到了很好的示范作用。

同时,中储智运拥有的超过百万名司机会员,为"智援"系统提供了庞大的资源基础和运力支撑,"智援"而系统的发布也为聚合广大卡车司机的爱心、激发他们的社会公益意识提供了一个非常切实的途径和平台。例如,卡车司机通过中储智运 App 或手机短信收到应急运单时,既可以选择有偿承运,也可以选择义务承运,还可以将运费一键捐赠,彰显个体司机的社会责任感。不仅如此,中储智运已经将构建体系化的应急物流管理系统作为未来的目标。一方面,"智援"系统作为一个纯公益的平台,不求任何利益回报,同时,中储智运会持续加大对系统的研发投入,对系统的应用技术、实际功能进行优化升级。另一方面,中储智运未来将在全国运营中心建立专职应急物流管理团队,为国家培养应急物流方面的科技管理人才。

作为一家以实际行动彰显社会公益精神的物流企业,中储智运已经逐渐把履行社会责任提升到战略高度。正如中储智运创始人李敬泉教授所言,中储智运立志于成为中国供应链物流行业的公共服务商,希望搭建一个不仅为物流行业,更为社会创造价值的共享平台,让每一个个体都能贡献一份力量,由此创新社会责任实践,打造更强的企业竞争力。

▶ 问题讨论

1. 什么是应急物流? 中储智运在应急物流领域做了哪些探索?
2. 中储智运如何做到在全社会共享平台科技价值?
3. 中储智运在推进应急物流体系化发展方面的未来目标有哪些?

小　　结

智慧应急物流是物流发展的重要形式,是应急物流智慧化的发展过程和特殊情况下物流服务内容变化的生动展示。本章内容从智慧应急物流内涵、智慧应急物流的物资储备模式、智慧应急物流的设施选址、智慧应急物流的配送路径优化、智慧应急物流管理人才培养等方面进行了阐述。智慧应急物流是应急物流的智慧化,是应急物流在新时代发展下的新内涵、新要求、新需要的集中体现,是新时代应急物流的内在需求。21 世纪仍然存在多种多样的突发事件,某些类型的突发事件发生概率不断上升,而同时,由于信息时代的飞速发展,信息透明度大幅提升,信息收集、传输、处理能力不断升级,因此,人类社会应对突发事件的能力稳步提高。同时,政府可从多方面进行应急能力储备,例如,建立健全基层应急管理组织体系,将应急管理工作纳入干部政绩考核体系;建设"政府统筹协调、群众广泛参与、防范严密到位、处置快捷高效"的基层应急管理工作体制;深入开展科普宣教和应急演练活动;建立专兼结合的基层综合应急队伍;尽快制定和完善相关法规政策。通过整合各类应急资源,加强应急管理的综合能力建设和规范化、法制化建设。

练习与作业

1. 智慧应急物流的定义是什么?智慧应急物流的特点有哪些?可以从哪些方面讨论智慧应急物流的演进?智慧应急物流管理从哪几方面进行组织建设和管理?

2. 新时代应急物资储备需求的特征有哪些?常见的应急物资储备模式有哪几种?智慧物流下应急物资储备模式可着重从哪些方面改进?

3. 应急物流设施选址原则有哪些?为什么?应急物流设施选址方法有哪些?这些方法的着重点是什么?智慧应急物流设施选址策略都有哪些?

4. 应急配送路径选择应该注意什么原则?路径选择可以选用什么方法?各方法使用时应注意什么?路径优化可以基于哪些目标?智慧物流从哪些方面引领应急配送?

5. 应急物流管理人才的学校培养都可以采取哪些方式?在普通高校、职业院校及中小学可以采取什么不同措施?社会培养应急物流管理人才可以采取哪些方式?智慧应急物流管理人才培养的新要求有哪些?

第11章 智慧应急物流

第 12 章　智慧物流与供应链风险管理

学习目标和指南

✵ **学习目标**

1. 掌握智慧物流风险和智慧供应链风险的定义。
2. 掌握智慧物流风险的特征、起因。
3. 掌握智慧供应链风险的特征。
4. 掌握智慧物流风险识别和评价的方法。
5. 掌握智慧物流和供应链风险管理的策略。

✵ **学习指南**

1. 从风险的概念出发，结合智慧物流与智慧供应链的内涵，理解智慧物流风险和智慧供应链风险的含义。
2. 结合风险的一般特点，理解智慧物流风险的特征。
3. 结合管理学和系统分析的相关知识，掌握智慧物流风险识别和评价的方法。
4. 结合智慧物流与智慧供应链风险的特征，理解智慧物流与智慧供应链风险管理的策略。

✵ **课前思考**

1. 什么是风险？常见的风险有哪些？智慧物流与供应链的风险又有哪些？
2. 传统物流的风险具有什么样的特点？智慧物流的风险相比于传统物流又有了什么样的变化？
3. 如何识别智慧物流与供应链的风险？
4. 如何对智慧物流与供应链的风险进行有效的管理和控制？

12.1　智慧物流风险

12.1.1　智慧物流风险的概念与特征

1. 风险

风险是一个非常宽泛、常用的词汇，由于对风险理解的角度不同，对风险的定义也不尽相同。目前习惯上将风险分为两大类，即狭义的风险和广义的风险。

狭义的风险是指未来损失发生的不确定性。这种不确定性表现为以下 3 点：损失是否发生的不确定性,损失在何时、何地发生的不确定性,损失程度的不确定性。不确定性程度越高,风险也就越大。这是传统的定义,它强调风险的不利后果,以告诫人们提高警惕并采取防范策略。

广义的风险是指未来损失或收益发生的不确定性。这种不确定性的结果既可能是损失,也可能是收益。可见,广义的风险既是威胁又是机会,是一个矛盾统一体。正是风险蕴含的机会诱使人们从事各种活动,以求得额外的报酬;而风险蕴含的威胁则提醒人们警觉,设法回避、减轻、转移或分散风险。

由此可见,风险实际上是指未来的实际结果与预期结果偏离的可能性。换言之,风险与企业或个人的目标有关系。一般而言,目标定得越高,风险越大;目标定得越低,风险越小。

2. 智慧物流风险

智慧物流风险是指由于使用物联网、人工智能、大数据、云计算等技术在智慧物流各作业环节所发生的风险。参照前述风险的定义,智慧物流风险也可以分为狭义的智慧物流风险和广义的智慧物流风险。

狭义的智慧物流风险是指智慧物流领域未来损失发生的不确定性。

广义的智慧物流风险是指智慧物流领域未来损失或收益发生的不确定性。

3. 智慧物流风险特征

智慧物流与传统物流有着明显的区别,如表 12-1 所示。

表 12-1 智慧物流与传统物流的比较

对比项	传 统 物 流	智 慧 物 流
客户	以公众为主,数量较大,短期买卖关系	以协议客户为主,数量较小,长期合作伙伴关系
服务	单一功能性物流服务、标准化服务、被动式服务,以流通环节为主	一体化物流解决方案的服、定制化服务,适应客户个性化的需求,拓展到整个供应链
设施	通用设施	根据客户需要构建物流网络设施,智慧化设施
信息	极少	必备、共享
技术	基本技术	物联网、大数据、云计算等先进技术
运作模式	基于资产	基于非资产
业务流程	刚性	柔性
核心竞争力	网络覆盖面广	一站式服务、增值服务

与传统物流作业具有"段""线"的特点不同,智慧物流的生产作业具有"网"的特点,同时还具有个性化、柔性化、信息化和智能化的特点,因此,与传统物流相比,智慧物流面临的风险更为复杂,其特征主要表现为如下几点:

(1) 多种技术的应用与智慧物流系统的协同程度较低。智慧物流往往需要应用物联网、大数据、云计算等多种先进技术,智慧物流在应用这些技术的过程中,在协同、组织、运作上具有很大的风险。

（2）缺乏物流标准体系与接口标准。物流标准化是智慧物流建设的基础，但目前缺乏完整的物流标准体系，政府各相关部门、各交通运输行业以及各企业建立的各种各样的信息系统和平台也缺乏统一的接口标准。

（3）物流企业的参与程度不高。为推进智慧物流的建设，需要引导和支持物流企业广泛、积极参与，才能充分发挥智慧物流的功能和作用，产生经济效益和社会效益。而目前很多物流企业参与智慧物流建设的积极性不高。

12.1.2　智慧物流风险的类型

由于智慧物流风险比较复杂，风险承受的主体（国家、企业、个人）各不相同，智慧物流涵盖的业务层次也比较多，所以需要从不同的角度进行分类。

1. 按风险的性质分类

按风险的性质可将智慧物流分为静态风险和动态风险。

1）静态风险

静态风险是在社会经济运行正常的情况下，由于纯自然力量的不规则运动和人们的错误判断、失常行为所导致的风险，包括地震、灾害等由于自然原因引发的风险、和由于疏忽造成灾害性内附、经营风险以及破坏、欺诈等侵害性风险。

2）动态风险

动态风险是指以社会经济结构变动为直接原因的风险，例如，消费需求、价格变动带来的风险，组织结构、产业结构变动与技术生命周期缩短引发的风险。

2. 按风险产生的原因分类

按风险产生的原因可将智慧物流风险分为自然风险和人力风险。

1）自然风险

自然风险是指因自然力的不规则变化（如台风、洪水等）所引起的物理化学现象而导致的物质损毁与人员伤亡。这类风险往往具有不可抗拒性，但人们可以采取一定的措施进行防范以减少风险损失。

2）人为风险

人为风险是指由于人们的行为以及各种政治、经济活动所引起的风险，一般包括行为风险、政治风险、经济风险和技术风险等。

（1）行为风险是指由于个人或组织的过失、疏忽、恶意等不当行为所造成的风险。

（2）政治风险是指由于政局变化、政权更替、战争、动乱等政治因素而带来的各种损失。

（3）经济风险是指人们在从事物流作业过程中由于管理不善、市场预测失误、价格波动较大、供求关系发生变化等导致经济损失的风险。

（4）技术风险是指在智慧物流作业过程中由于技术的原因带来的各种损失。

3. 按风险发生的范围分类

按风险发生的范围可将智慧物流风险分为系统风险和非系统风险。

1）系统风险

系统风险是指整个智慧物流系统与市场相关的风险。它通常包括自然风险、市场风险、政治风险、金融风险等。系统风险通常是由于通货膨胀、经济危机、政治动乱、特大自然灾害而导致的。系统风险通常对所有企业均有一定程度的影响,而且最终由企业主体承担,因此,系统风险也被称为基本风险或外部风险。决定系统风险的因素主要来自两方面:一是市场运作的基本机制,包括支付系统、清算中心、市场制度、企业制度;二是现有体制下具体企业对风险的合理承担能力。

2)非系统风险

非系统风险是指对特定或某些企业产生影响的风险,它通常包括能力风险、协作风险、投资风险等。非系统风险仅与企业自身有关,是指由企业自身原因造成的风险,因此,它也被称为特殊风险、特定风险或内部风险。

4. 按智慧物流的主体分类

按智慧物流的主体可将智慧物流风险分为物流企业风险和货主企业智慧物流风险。

1)物流企业风险

物流企业风险是提供智慧物流服务的企业所面临的风险。

2)货主企业智慧物流风险

货主企业智慧物流风险是指货主企业因智慧物流活动所面临的风险。

5. 按智慧物流的业务内容分类

按智慧物流的业务内容可将智慧物流风险分为智慧运输风险、智慧仓储风险、智慧物流配送风险等。

12.1.3 智慧物流风险成因

一般来说,智慧物流风险的主要成因如以下。

1. 客观条件变化所引起的不确定性

客观条件变化引起的不确定性是指社会政治、政策、宏观经济和自然环境等方面存在的不确定性,它是导致企业风险的客观原因。

2. 主观认识的局限性引起的不确定性

由于自然和社会运动的不规则性、经济活动的复杂性和经营主体的经验与能力的局限性,经营主体不可能完全准确地预见客观事物的变化,因而风险的存在不可避免。

3. 控制能力的有限性引起的不确定性

智慧物流的经营主体对某些风险虽然有一定的认识和预计,但由于技术条件和能力的限制不能采取有效的措施加以防范和控制。因此,控制能力的有限性和主观认识的局限性一样是智慧物流风险产生的主观原因。

4. 与数据相关的不确定性

智慧物流是建立在云计算、大数据、物联网等技术基础之上的智能化物流系统,利用互联网快速存储物流实体网络数据,并对数据进行过滤、计算、运筹等操作,依据物流云计算标准,制定科学物流决策,以实现实时更新物流数据,监测物流实体,优化运输路线,共享仓储末端。可见,数据在智慧物流运作过程中起着非常重要的作用,因此智慧物流运作中最主要的风险是由于获取、利用数据的不确定性所带来的风险。

5. 其他原因带来的风险

我国智慧物流的发展处于起步阶段,相关物流信息技术、政府扶植政策、物流行业规范等方面还有待进一步完善,物流企业所处的市场环境也在日益发生变化,企业经营时刻接受各种挑战,面临各种风险,如创新企业管理带来的风险,整合企业线上线下业务带来的风险等。

12.2 智慧供应链风险

12.2.1 智慧供应链风险的概念与特点

1. 智慧供应链风险的定义

智慧供应链系统是一个复杂的系统,其风险是难以界定的,其定义也很难进行准确的表述。通常认为,智慧供应链风险是由于供应链内外环境中存在的不确定性因素所导致的造成智慧供应链崩溃或者运营障碍的可能性。

2. 智慧供应链风险的特征

智慧供应链风险有以下几个特征。

1) 复杂性与多样性

由于智慧供应链特有的组织结构导致其从构建时起就不仅要面对单个成员企业所要面对的风险,如市场风险、资金风险、技术风险、数据风险等;还要面对由组织结构而决定的特有风险,如企业之间的合作风险、信用风险、文化冲突风险、利润分配风险等。因此智慧供应链风险比一般企业风险种类多、范围广、复杂性更高。

2) 关联性

智慧供应链中不同的风险以复杂的方式相互联系、相互影响。

3) 传递性

传递性是智慧供应链风险最显著的特征,也是由智慧供应链自身的组织结构所决定的。从产品开发、原材料采购、生产加工到仓储配送的整个过程,都是由多个供应链节点企业共同参与完成的,根据流程的顺序,各节点企业的工作形成了复杂的网络结构,一项工作既可能由一个企业完成也可能由多个企业共同完成。某一个企业既可能参与一个环节也可能参与多个环节。因此,各节点环环相扣,彼此依赖和相互影响,任何一个节点出现问题,都可能波及其他节点,进而影响整个供应链的正常运作。这种风险在供应链节点企业之间进行传递,给上下游企业以及整个供应链带来危害和损失。

4) 层次性

智慧供应链作为一个系统,其基本特征就是层次性。智慧供应链风险的层次性表现在以下几方面:一是可以按照智慧供应链的层次划分风险,如一级供应商风险、二级供应商风险等;二是可以按照智慧供应键管理的层次划分风险,包括战略层风险、策略层风险、操作层风险等;三是可以将智慧供应链风险分成大类,然后在大类中划分小类,再在小类中划分细类。

5) 动态性

无论是智慧供应链的经营环境,还是智慧供应链的结构与关系、供应与需求、数据与技术等,都是变化的,这就决定了智慧供应链的风险是动态变化的。

12.2.2 智慧供应链风险的类型

智慧供应链风险按风险来源可分为外在风险和内在风险。

1. 智慧供应链的外在风险

智慧供应链的外在风险包括以下 5 个类型。

1）市场需求不确定性风险

智慧供应链的运作是以现代技术为基础。以市场需求为导向的,智慧供应链中的生产、运输、供给和销售等都建立在对需求准确预测的基础之上。市场竞争的激烈化大大增强了消费者需求偏好的不确定性,使准确预测的难度加大,很容易增加整个智慧供应链的经营风险。如果不能获得正确的市场信息,智慧供应链无法反映出不断变化的市场趋势和消费者偏好。

2）经济周期风险

市场经济的运行轨迹具有明显的周期性,繁荣和衰退交替出现,这种宏观经济的周期性变化使智慧供应链的经营风险加大。在经济繁荣时期,智慧供应链在市场需求不断升温的刺激下,会增加固定资产投资,进行扩大再生产,增加存货,补充人力,相应地增加了现金流出量。而未经济衰退时期,智慧供应链销售额下降,现金流入量减少,而为完成的固定资产投资需要大量资金的继续投入。此时,市场筹资环境不理想、筹资成本加大、资金流动性差的状况增大了智慧供应链的经营风险。

3）政策风险

当国家经济政策发生变化时,往往会对智慧供应链的资金筹集、投资、运营及其他经营管理活动产生极大影响,使智慧供应链的经营风险增大。例如,当产业结构调整时,国家往往会出台一系列产业结构调整政策和措施,加大对一些产业的扶持力度,给智慧供应链投资指明了方向;而对另一些产业加以限制,使智慧供应链在这些产业上的原有投资面临着遭受损失的风险。此时,智慧供应链需要筹集大量的资金进行产业调整。

4）法律风险

智慧供应链面临的法律环境的变化也会诱发供应链经营风险。每个国家的法律都有一个逐渐完善的过程,法律法规的调整、修订等不确定性有可能对智慧供应链运转产生负面效应。

5）意外灾祸风险

主要表现在地震、火灾、政治的动荡、意外的战争等,都会引起非常规性的破坏,影响到智慧供应链的某个节点企业,从而影响到整个供应链的稳定,使供应链中企业资金运动过程受阻或中断,使生产经营过程遭受损失,既定的经营目标、财务目标无法实现等。

2. 智慧供应链的内在风险

智慧供应链的内在风险主要来自组成智慧供应链系统各环节之间的关系,它由各环节之间潜在的互动博弈和合作组成。智慧供应键中各成员企业作为独立的市场主体有不同的利益取向,相互之间信息不对称,又缺乏有效的监督机制,为了争夺数据信息、系统资源、追求自身利益最大化而展开激烈博弈。同时,在部分信息公开、资源共享的基础上,又存在一定程度的合作。

智慧供应链的内在风险有以下 7 类。

1）道德风险

道德风险是指由于信息不对称,智慧供应链合约的一方从另一方那里得到不当的收益,使合约破裂,导致供应链的危机。在整个智慧供应链管理环境中,委托人往往比代理人处于更不利的位置,代理企业往往会通过加大信息不对称从委托合作伙伴那里得到最大的收益。例如,供应商由于自身生产能力上的局限或为了追求自身利益的最大化而不择手段、偷工减料、以次充好,提供的物资达不到采购合同的要求,给采购带来风险。

2）信息传递风险

由于每个企业都是独立经营和管理的经济实体,智慧供应链实质上是建立在物联网、互联网、人工智能等现代技术基础上的松散的企业联盟,当智慧供应链规模日益扩大、结构日趋复杂时,智慧供应链上发生信息传递风险的机会也随之增多。信息获取不完整、信息传递延迟将导致上下游企业之间沟通不充分,对产品的生产以及客户的需求在理解上出现分歧,不能真正满足市场的需要。

3）生产组织与采购风险

现代企业生产组织强调集成、效率,这样可能导致生产过程刚性太强,缺乏柔性,若在生产或采购过程的某个环节上出现问题,很容易导致整个生产过程的停顿。

4）分销商的选择产生的风险

分销商是市场的直接面对者,要充分实施有效的智慧供应链管理,必须做好分销商的选择工作。在智慧供应链中,如果分销商选择不当,会直接导致核心企业市场竞争的失败,也会导致智慧供应链凝聚力的丧失,从而导致智慧供应链的解体。

5）物流运作风险

物流活动是智慧供应链管理的纽带。智慧供应链要加快资金流转速度,实现即时化生产和柔性化制造,离不开高效运作的物流系统。这就需要智慧供应链各成员之间采取联合计划,实现信息共享与存货统一管理,在原料供应与运输、原料缓存、产品生产、产品缓存和产品销售等过程中,积极进行数据信息共享和有效的衔接。但在实际运作过程中,经常会出现由于数据共享不及时、衔接不畅所造成的风险。

6）企业文化差异产生的风险

智慧供应链一般由多家成员企业构成,这些企业在经营理念、文化制度、员工职业素养和核心价值观等方面必然会存在一定的差异。从而导致对相同问题的不同看法,进而采取不一致的工作方法,最后输出不同的结果,造成智慧供应链的混乱。

7）结构风险

结构风险是指受智慧供应链系统的约束、内耗、不稳定性、数据等因素的影响而产生的风险。

12.3 智慧物流与供应链风险管理

12.3.1 智慧物流风险管理

1. 智慧物流风险管理目标的确立

在确立智慧物流风险管理目标时,必须考虑企业的风险容忍度。风险容忍度是指在实现企业特定目标过程中对差异的可接受程度。风险容忍度应该是明确的、切实可行的、可以衡量的。风险容忍度应该在整个企业层面进行适当分配,以便于管理和监控。

2. 智慧物流风险的识别

风险识别是指对物流企业所面临的及潜在的所有风险加以判断、归类并鉴定其性质的过程。对风险的识别是风险评价与风险控制的基础。

1) 风险识别的原则

智慧物流风险的识别有以下 3 个原则:

(1) 全面周详的原则。对风险因素的分析应该全面周详,由粗到细,通过多种途径对智慧物流的风险进行分解,逐渐细化,以获得对风险的广泛认识,从而得到智慧物流的初始风险清单。在初始风险清单中,将对风险管理目标实现有较大影响的风险作为主要风险,由细到粗,进而确定风险对策决策的主要对象。

(2) 综合考察的原则。使用多种方法对不同类型、不同性质、不同损失程度的风险进行分析,使用先怀疑后排除、排除与确认并重等方法进行风险识别,必要时可进行实验论证。

(3) 量力而行的原则。风险识别的目的就在于为风险管理提供前提和决策依据,以保证企业以最小的支出获得最大的安全保障,减少风险损失。因此,在经费有限的条件下,企业必须根据实际情况和自身的财务承受能力选择效果最佳、经费最省的风险识别方法。

2) 智慧物流风险识别的方法

智慧物流风险识别的方法有以下 5 种:

(1) 问询法。问询时可采用头脑风暴法的座谈会方式,也可以采用德尔菲法,收集大家的意见并加以分析,以确定可能的风险因素。

(2) 工作分解结构法。是指在弄清楚项目组成、各个组成部分的性质及其相互关系以及项目不同环境之间的关系的基础上识别风险。

(3) 生产流程分析法,又称流程图分析法。该方法强调根据智慧物流的作业流程对每一阶段和环节进行逐个分析和调查,找出风险存在的原因。

(4) 事故树分析法。该方法不仅能够查明各种风险因素,求出事故发生的概率,而且能够对各种风险控制方案做出定性或定量分析。

(5) 分解分析法。是指将一个复杂的事物分解成多个简单的事物,将大系统分解成若干组成要素,从中分析可能存在的风险及潜在损失的威胁。

以上风险识别的方法各有利弊,在实际作业中采用何种方法,应视具体情况而定。也可以结合多种方法,以便取得更好的效果。

3) 智慧物流风险识别的流程

智慧物流风险识别应从风险的分解开始,可以将整个智慧物流作业从目标、进度、组成因素以及风险因素等方面进行分解,判断是否存在新的风险,进而识别风险的因素和事件,并建立风险清单。智慧物流风险识别流程如图 12-1 所示。智慧物流风险识别要确定 3 个关联的因素,分别是风险因素、风险事件和风险症状。风险症状又称预警信号,是指风险即将产生时的外在表现,即风险发生的苗头或前兆。

3. 智慧物流风险评价

智慧物流风险评价是指在智慧物流风险识别的基础上,通过对收集的大量详细资料进

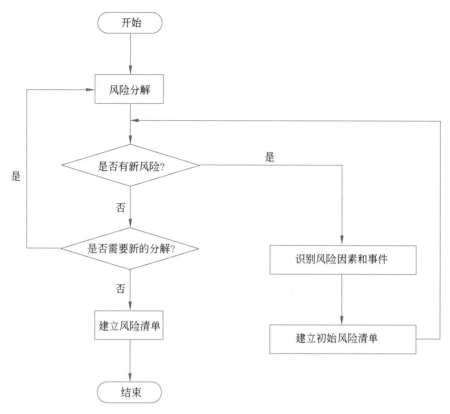

图 12-1　智慧物流风险识别流程

行分析,估计和预测风险发生的可能性或风险造成损失的严重程度,确定其危险性,并根据国家规定的指标或行业公认的指标衡量风险的水平,以便确定风险是否需要处理和处理的程度。智慧物流风险的评价包括风险发生的可能性、严重程度、危险值的确定以及风险分级等环节。

1)智慧物流风险评价的方法

智慧物流风险评价的方法有以下 5 种。

(1)德尔菲法。又称为专家打分法,主要是根据专家小组成员的经验对风险发生的可能性进行评估打分,其准确程度依赖于预测人员参与类似风险评估活动的经验。一般采用背对背的方式征询专家的意见,专家之间一般不互相讨论,不发生横向联系,只能与调查人员发生联系。采用这种方法时,要对风险发生的可能性的等级尽可能以具体文字加以描述,便于参与预测的人员对判别风险发生的可能性有统一的评估尺度。

(2)风险坐标图。风险坐标图是把风险发生的可能性的高低、风险发生后对目标的影响程度以坐标图的方式绘制出来。对风险发生的可能性的高低、风险发生后对目标的影响程度的评估有定性和定量两种方法。定性方法是直接用文字描述,如“极低”“低”“中等”“高”“极高”等;定量方法是用概率表示风险发生可能性的高低,用损失的金额表示对目标的影响程度。

例如,某企业对智慧物流的 9 项风险进行了定性评估,相应的风险坐标图如图 12-2 所示。其中,风险①发生的可能性低,该风险发生后对目标的影响程度极低。同理可知其他 8 项风险的具体情况。

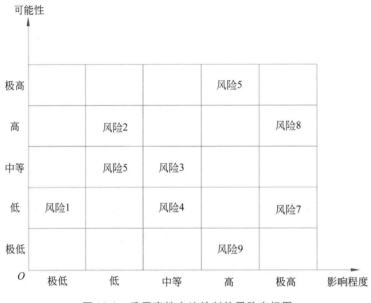

图 12-2　采用定性方法绘制的风险坐标图

又如,某企业对智慧物流的 6 项风险进行了定量评估,相应的风险坐标图如图 12-3 所示。其中,风险 1 发生的可能为 63%,发生后给企业造成的损失为 0.5 亿元,风险 6 发生的可能性为 10%,给企业造成的损失为 0.1 亿元。

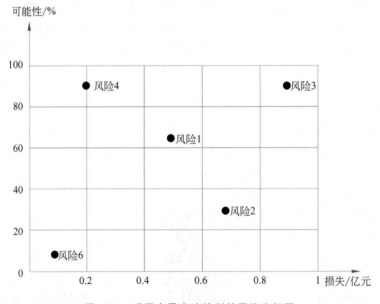

图 12-3　采用定量方法绘制的风险坐标图

绘制风险坐标图的目的就在于对多项风险的发生可能性进行直观的比较,从而确定各风险管理的优先顺序和策略。

(3)根原因分析。又称损失分析,是一种结构化的问题处理方式,用于逐步找出问题发生的原因并加以解决,并不仅仅关注问题的表征。根原因分析是一个典型的系统化问题处理过程,其主要内容包括:确定和分析问题的原因,找出问题解决方法,并制定问题预防措施。

根原因分析的流程如图 12-4 所示。根原因分析从界定问题开始,明确与风险相关的条件,找出可能和不可能与特定风险相关的因素。其次,描述并界定特定问题的可能原因,通过背景资料和数据尽可能地说明每一个原因。为了挖掘根本原因及其影响,需要预先进行假设,并对假设进行定量的或定性的验证。再次,通过统计工具分析方法或工程判断方法将可能原因列成表,评估后判定最有可能的根本原因。采用的评估判定方法可以是假设检验方法,也可以利用实验分析技术进行定量统计。如果数据本来就是定量的,那么就利用决策技术找出主要原因。最后,通过现场实验、实验室实验或者过程描述提供准确定位真正原因的有效信息,用有助于再现问题的手段,在不同的环境条件下多次模拟以提高置信水平。

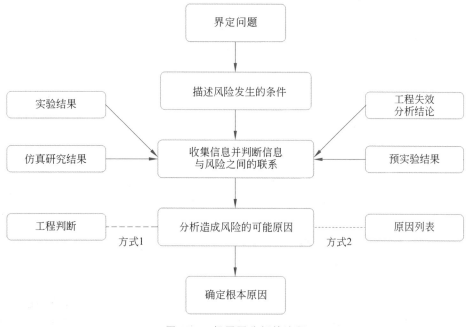

图 12-4　根原因分析的流程

(4)压力测试。是指在极端情景下分析评估风险管理模型或内控流程的有效性,发现问题,确定改进措施,以防止出现重大损失事件。

需要注意的是,压力测试并不意味着捕捉可能发生的绝对最坏的情况,而是给出了高级管理层认为可能发生的最严重的事件。另外,压力测试的缺点之一就是它只专注于极端不利的事件,而不能捕捉那些不那么极端,但更有可能发生的不利事件。

(5)决策树分析。是在不确定的情况下以序列方式表示决策选择和结果的方法。决策树开始于初因事项或最初决策,即可能发生的事件或可能做出的决策,它需要对不同的路径和结果进行计算。决策树是由决策点、状态点及结果点构成的树状图。一般来说,决策点用方形节点表示,从这类节点引出的分支表示不同的决策方案,称为决策分支;状态点用空心的圆形节点表示,从这类节点引出的分支表示在决策方案下可能发生的不同的状态,称为状态支,其上方标注的数字表示期望收益值,其下方写明自然状态及其出现的概率,末端表明各方案在不同的自然状态下的损益值。结果点用实圆心的圆形节点表示,位于每一个分支的末梢处,并在这类节点旁边注明各种结果的决策变量现值。每棵决策树都有决策点,从它引出的每个分支代表一个决策方案,每个决策点都有与其相对应的进入该决策点的概率。

假设某物流公司针对当前冷链运输市场的发展,计划改造原有的冷库,并购置智慧冷链装备。经市场调查,新的智慧冷链运输产品在未来 5 年中销路好与不好的概率分别为 0.8 和 0.2。经过多次论证,形成了两个方案,其决策树如图 12-5 所示。

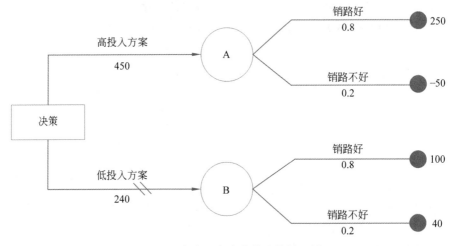

图 12-5　包含两个方案的决策树示例

A 方案:一次性投入 450 万元,建立完善的智慧物流冷链运输系统,大幅度提高企业在冷链运输市场的竞争力。产品销路好时,企业每年获利 250 万元;产品销路不好时,每年亏损 50 万元。

B 方案:先期投入 240 万元,把原有的冷库改造成智慧冷库,租用其他公司的冷藏车,视市场发展,再做进一步决策。产品销路好时,企业每年获利 100 万元;产品销路不好时,每年获利 40 万元。

经计算,A 方案的净收益值为

$$(250 \times 0.8 + (-50) \times 0.2) \times 5 - 450 = 500$$

B 方案的净收益值为

$$(100 \times 0.8 + 40 \times 0.2) \times 5 - 240 = 200$$

显然 A 方案的净收益值高于 B 方案,所以选择 A 方案,在 B 方案的决策分支上画两条反斜线,表示舍弃。这也意味着企业应该冒一定的风险争取更高的收益。

2）智慧物流风险评价的成果

通过评价,可以更加直观地反映出各风险事件在经营活动整体风险中的地位和作用,并按优先等级对风险进行排列,包括所有已经识别的风险的相对排序及其影响分析,为风险的化解和控制提供基本的依据。

4. 智慧物流风险的管理与控制

1）智慧物流风险的管理

一般来说,风险管理主要有两种方法:一是控制方法,该方法最主要是消除、回避和减少风险发生的机会,控制风险损失的扩大;二是财务方法,事先做好风险成本的财务安排,以降低风险成本。

依据风险发生的可能性和风险的影响程度,风险管理策略可分为风险避免、风险转移、风险慎重管理、风险自留 4 种,如图 12-6 所示。

图 12-6　风险管理策略

（1）风险避免。是指放弃某项活动以回避因从事该项活动而可能产生风险损失。这是一种不作为的态度。这种策略具有一定的消极性和局限性。例如,在投资项目时,风险高于利益的预期,就有可能选择放弃。但风险总是伴随着收益同时存在的,回避风险就意味着放弃预期收益。当放弃的机会成本足够高时,物流企业总可以通过提高管理方法降低风险损失的概率。在实际业务中,物流企业可以根据具体情况采取完全拒绝承担、中途放弃承担、改变部分条件等方式。

（2）风险转移。是指企业为避免承担损失而有意识地将风险损失或风险损失的后果转移给其他企业的一种风险管理策略。常见的方法有两种:一是将风险转移给保险公司,这是风险转移最主要的方法,是通过投保把风险转移给保险公司,一旦发生意外损失,保险公司就按保险合同的约定补偿企业的损失;二是转移给另一承担方,例如,可以将业务外包、租赁、委托、出售等。

（3）风险慎重管理。也称损失控制,是指企业有意识地接受经营管理中存在的风险,并以谨慎的态度,通过对风险进行分散、分摊以及对风险损失进行控制,从而化大风险为小风险、变大损失为小损失的风险处理策略。根据具体处理方式的不同,这种可以分为风险分散、风险分摊和备份风险单位等形式。

（4）风险自留。是指企业自己承担风险的一种风险管理策略。自留风险的可行性取决于损失预测的准确性和补偿损失的适当安排。当风险发生的概率很低,造成的损失不大时,多数企业会选择风险自留策略。一般企业选择风险自留策略时,需要大量的资金作为后盾。

2）智慧物流风险的控制

智慧物流风险的控制应该从以下 4 方面着手。

（1）建立动态的、完善的风险管理机构。风险管理机构是物流风险管理工作的执行者,也是风险防范措施或者方案的制定者。风险因素的识别、评估以及控制都要靠此机构完成,因此,风险管理机构的建立对于风险管理来说意义重大。一般来说,风险管理机构的工作人员主要包括财务部门、法律部门以及主要业务部门的工作人员代表,人员责任必须明确,落实到位。此外,企业法人作为企业的代表也是企业风险管理的第一责任人,对本企业的风险管理工作负有总体责任;企业分管风险管理工作的领导负有主要的责任,负责抓具体的风险管理事务;分管其他工作的领导对其分管内的风险管理工作负有主要的责任。责任明确之后,就能够形成齐抓共管的局面,从而使物流企业发生风险的概率就会大大降低。

（2）建立严格的规章制度,实施规范化管理。严格、完善的规章制度是物流企业风险管理工作得以正常开展的依据和保障。只有建立严格、完善的规章制度,才能建立良好的工作秩序,从而形成规范化的管理。国家法律法规是企业制定规章制度的基础和依据,企业自身的实际情况则是制定规章制度的关键。因此,物流企业在制定规章制度时,必须考虑本企业的实际情况,如自身经营状况、服务方式等。只有符合本企业实际情况的制度才是好的制度,才能发挥最大的效用。总之,只有实行智慧物流风险的规范化管理、制度化管理,才能够确保智慧物流系统的正常运营,减少人为因素造成的不必要的风险损失。

（3）建立实时数据库,提高数据信息的分析能力。实时数据库主要包含收集、过滤、整合的物流实体的实时数据。这些实时数据包括非结构化、结构化、半结构化的数据,主要是从智慧物流体系基础层获取的各种物理数据,数据来源于视频监控、传感器、RFID 标签等。利用程序能够将这些数据处理为可被识别的信息,以此确定各个物流实体的实时状态,将每个物流实体及与之对应的实时状态信息整合为一组情景,多组情景构成情景集合,进行实时监控,并根据实时信息制定合理、有效的风险应对措施。互联网的数据收集、存储以及处理能力能够有效提高智慧物流风险管理水平,减轻人员操作负担,提高计算精确性、可靠性,减少从发现风险到消除或减轻风险的时间延误。

（4）增强保险意识,积极参与投保。智慧物流风险的不确定性以及多样性决定了物流企业遭遇风险是不可避免的。既然不可避免,除了采取相应的措施降低风险之外,我们还应该寻找相应的途径转移风险。投保就是目前风险转移的通用办法。对于现代物流企业来说,投保是转移风险的一条绝佳途径,为了保障企业的平稳发展,减少物流企业遭遇风险时的经济损失,投保是非常必要的。企业应该在考虑自身业务情况以及经济实力的基础上,选择合适的保险公司以及保险产品。

12.3.2 智慧供应链风险管理

1. 智慧供应链风险管理的方法

智慧供应链风险管理是指运用风险管理的方法和工具,采取有效的识别、评估、监控、防范、化解等风险管理措施,协调智慧供应链上的各成员企业,在平衡技术、成本、效率等的基础上，力图降低智慧供应链风险事件发生的概率和不利影响，或在风险发生后最大限度地减少损失并尽快使智慧供应链恢复到正常状态。常见的智慧供应链风险管理的方法有如下3种：

(1) 风险转移。利用投保的方式将风险转移给保险公司，也可以通过部分非核心业务外包的方式转移给其他企业。

(2) 风险自留。利用某些企业内部资源对损失进行消化，自己承担部分或全部损失。

(3) 风险控制。通过加强企业内部管理规避和降低经营风险。

2. 智慧供应链风险管理策略

智慧供应链风险管理策略包括以下几方面。

1) 信息跟踪依托实物 ID

对物资从生产出库到配送再到使用、退货，整个过程依托实物 ID 进行全流程跟踪，避免人工维护出现误差。可有效防范物资丢失风险，实现物资业务管理的智慧提升。使用实物 ID 可以强化物资交接管理，严格控制现场收货品种和数量，交接界面清晰，减少现场保存造成的丢失风险。强化物资入库管理和出库管理，确保物资入库、出库审批单的认真履行和物资报废手续的及时办理。

2) 建立供应商征信体系

将供应商信息存储入库，并直接与其供应物资的质量相关联，若设备或物料出现质量问题，通过现代智慧供应链体系可以实现信息多方共享。实现地市公司与省公司的纵向信息联动，以及项目单位与物资管理部门的横向信息共享，甚至是多省市信息互联互通，将发生质量问题或履约问题的供应商纳入征信考核体系，有效防范供应商不良行为对业务进度的影响。

3) 降低价格波动风险

实现原材料价格联动，降低价格波动风险，保障物资供应履约的准时性和合规性。根据大数据、云计算、物联网、移动互联网和人工智能等现代技术，实现原材料的价格联动，避免因时间、季节等因素造成原材料价格上涨或下跌而引起的供应商资金周转问题，确保供应商按期供货。

4) 防控物流从业人员廉洁风险

全流程信息管控可以起到防控物流从业人员廉洁风险的作用，减少供应流程中的人为参与，降低舆情风险，强化有效监督。各岗位人员要时刻注意廉洁自律的重要性，筑牢拒腐防变的思想道德防线，不越过法律红线，保证和供应商正常沟通渠道畅通。与此同时，还应加强提升物流队伍履职能力，经常性地组织物流从业人员进行常态化学习和培训，全面提升物流队伍从业能力和综合素质，提高物流管理工作质量。

5) 协同共享优劣信息

信息协同共享是现代智慧供应链体系建设的一大优势，能够实现单据线上办理，解决供应商办理单据时在公司、项目单位、物流管理部门多地来回跑的问题，使物流管理工作真正服务于项目单位和供应商，更加便捷地完成物资供应保障工作。

案例与问题讨论

案例：宁安市国际物流园区风险项目管理

1. 宁安物流园区项目概况

作为黑龙江省唯一蔬菜出口示范基地的宁安市在发展对俄贸易方面与边境县市相比不具备地理优势，宁安既不靠边境，也没有任何铁路、公路、水运、航空口岸。宁安农民出口蔬菜需要先运到外地，再报关出口，时间长，周转损耗大。为了解决这个问题，宁安市通过招商工作引进了对俄出口的龙头企业——源丰集团，建设果蔬国际物流园区。

2. 宁安物流园区项目风险识别

1）市场风险

宁安物流园区入驻企业的物流设施使用情况及配套服务完善程度等风险因素形成了市场行业风险。宁安物流园区内专业人才的素质、管理及销售团队的专业水平、采购、运输销售以及售后服务情况等因素对物流园区项目也会产生一定影响，形成市场营销风险。

2）经济风险

由于果蔬产品具有季节性，不同季节的果蔬需求量有大幅度波动。如果物流园区对这些需求信息判断不准确，使得物流设备闲置率高，就会形成物流园区最典型、最直接的市场供求风险。

宁安物流园区项目建设利用政府注资、企业引进的形式，项目总计划投资 2 亿元人民币。项目一期建设投资 1.5 亿元人民币，其中 1 亿元由宁安市政府出资，5000 万元由源丰集团注资。项目需要的资金规模较大，使得宁安物流园区在建设过程中对当地政府的依赖程度加大，当地政府对项目资金的控制及对项目二期建设资金投入的及时性将直接影响宁安物流园区总体建设进度，从而增加融资成本。宁安物流园区资金占用量比较大，投资建设周期长，资金调度、资金周转、资金变现可能成为典型的财务风险，给经营带来风险。

3）管理风险

对于宁安物流园区来说，管理风险主要包括多方协作风险和管理人员能力风险。因为宁安物流园区项目从建设到运营的全过程涉及当地政府、海关、商检、供货商、国外需求方等多方，这就需要多方及时沟通信息，紧密协作。而在运营当中，政府部门上下级之间和部门之间协作以及跨国信息沟通会经常出现一些障碍，这就给宁安物流园区项目的顺利进行带来了潜在的风险。

4）环境风险

宁安物流园区主要经营的项目是对俄果蔬的出口通关与运输业务。果蔬的产量受气候条件影响较大，由于北方气候问题，果蔬产量和销量容易出现季节性波动。如果出现恶劣气候，果蔬产量势必会大幅度下降，园区物流量也会受到影响，导致物流设施闲置、管理成本增加，对宁安物流园区的运营肯定会有一定程度的影响，这是自然环境风险。

3. 宁安物流园区项目风险应对措施

1）宁安物流园区项目市场风险应对措施

宁安物流园区项目市场风险应对措施如下：

（1）做好市场预测，建立风险预警机制。通过建立果蔬产品信息采集分析发布制度和体系，运用现代信息技术对果蔬产品生产、需求、库存、进出口、市场行情以及生产成本进行动态监测，预测未来一定时期内果蔬产品市场存在的风险以及风险的程度，按照预警级别标准实施先兆预警，提前为果蔬物流园区项目管理者提供决策参考，防范和规避市场风险，降低风险造成的损失和不利影响。

（2）增加服务项目，提升服务水平。在传统物流业务的基础上开发新的服务项目。宁安物流园区可以利用良好的环境资源建立家庭温室农场，以无公害食品为基础，逐步发展成集采摘、观赏、休闲旅游于一体的观光物流园。

2）宁安物流园区项目经济风险应对措施

宁安物流园区项目经济风险应对措施如下：

（1）多种方式融资组合，投资多样化。投资主体和投资形式多样化，积极吸引其他企业注资，争取银行贷款，加强与其他政府部门的沟通联系。

（2）建立服务合同，稳定供求关系。园区与出口农户签订长期物流服务合同，通过合同形式稳定货运量，掌握供求波动。让企业与农户结成利益共享、风险共担的集合体，农户的种植产量提高了，才能稳定供求关系，降低经济风险。

3）宁安物流园区项目管理风险应对措施

宁安物流园区项目管理风险应对措施如下：

（1）加强园区物流人才培养，提高管理者素质。大力引进具有专业知识背景的物流人才进入园区工作。组织培训，进行工作人员的严格考核。

（2）完善园区人员组织结构。构建灵活、有效的组织结构，积极开放，利用各种社会力量，与高校、科研院所建立密切关系，增强组织对创新方向的把握。

（3）建立规范制度，增强人员参与度。园区制定8S管理规范，在日常的业务操作中，作业人员严格遵守8S管理规范制度，树立规范、合理的操作准则。通过强化内部管理、制定并严格落实规章制度，采取相应的激励机制。

4）宁安物流园区项目环境风险应对措施

宁安物流园区项目环境风险应对措施如下：

（1）建立保鲜仓库，实现冷链物流。依据国际标准设立保鲜仓库，从国外引进先进设备与技术，增加保温车辆的数量。建立冷链物流监控体系，推动冷库、冷藏车等冷链设施安装温度传感器、温度记录仪等冷链监控设备，建设冷链流通全程温控平台。

（2）建立并完善信息网络平台，监测环境动态发展变化。引进先进的技术设备，建立覆盖全市乃至全省的物流信息服务平台，利用平台发布园区物流动态活动。采取有效的措施对环境风险进行监视，对其动向进行认真观测，时刻保证沿着环境风险能够可控、在控的方向发展。

问题讨论

1. 安宁果蔬国际物流园区的风险有哪些？
2. 安宁果蔬国际物流园区是采取哪些措施规避这些风险的？其做法有什么借鉴意义？

小　结

本章从风险的概念出发,引出了智慧物流风险的概念。智慧物流风险是指由于使用物联网、人工智能、大数据、云计算等技术而在智慧物流各作业环节产生的风险。智慧物流风险除了具有损失性、不确定性、未来性、客观性、偶然性、可测性、双重性等风险的一般特征外,还由于智慧物流自身的特性,其风险的特征更为复杂。由于智慧物流风险比较复杂,风险承受的主体(国家、企业、个人)各不相同,智慧物流涵盖的业务层次也比较多,因此其风险分类也比较多。智慧物流风险成因主要有客观条件变化、主观认识的局限性、控制能力的有限性、数据收集、传输、使用的不确定性等因素。智慧供应链风险是由于智慧供应链内外环境中存在的不确定性因素所导致的造成智慧供应链崩溃或者运营障碍的可能性。其具有复杂性、多样性、关联性、传递性、层次性和动态性的特征。智慧供应链按风险来源不同可分为外在风险和内在风险。

可以通过问询法、工作分解结构法、生产流程分析法、事故树分析法、分解分析法等对智慧物流风险进行识别,采用德尔菲法、风险坐标图、根原因分析、压力测试和决策树分析等方法对智慧物流风险进行评价,进而采取有效的措施对智慧物流风险进行管理控制,以降低风险,减少损失。智慧供应链的风险管理是指运用风险管理的方法和工具,采取有效的识别、评估、监控、防范、化解等风险管理措施,协调智慧供应链上的各成员企业,在平衡技术、成本、效率等的基础上,力图降低智慧供应链风险事件发生的概率和不利影响,或在风险发生后最大限度地减少损失并尽快使智慧供应链恢复到正常状态。

练习与作业

1. 简述智慧物流风险与智慧供应链风险的定义。
2. 简述智慧物流风险的识别和评价的基本方法。
3. 简述智慧供应链风险管理策略。

第 12 章　智慧物流与供应链风险管理

第13章 新零售供应链

学习目标和指南

※ 学习目标

1. 理解新零售的概念及新零售的特征。
2. 了解新零售对供应链的影响,掌握新零售供应链结构模型。
3. 掌握数据驱动订单采购的关键要素及新零售供应链战略采购的关键要素。
4. 掌握新零售供应链战略采购实施方法。
5. 掌握智慧供应链生产运作的新型组织与实施。
6. 了解智慧供应链营销的理念,掌握新零售下的客户关系管理。

※ 学习指南

1. 结合新时期零售行业的特点,理解新零售的概念、特征以及新零售下的供应链受到的影响,充分掌握新零售下的供应链结构模型。

2. 结合数据驱动的三大特征,理解新零售下的采购业务的新模式,深刻领会基于智慧采购的供应链管理。

3. 通过 MES、ERP 等概念,充分掌握智慧生产计划的制订。通过 SLP、看板等概念,深刻领会制造业的智能制造流程设计。

4. 运用大数据、物联网等技术,深刻领会智慧供应链客户关系管理对供应链的重要性,为今后从事客户管理的相关工作培养爱岗敬业的品质。

※ 课前思考

1. 什么是新零售? 它与传统零售有什么区别? 新零售有哪些特征?
2. 新零售下的供应链如何运作?
3. 中国要想实现工业 4.0,制造行业在智慧生产、智慧采购方面应该有哪些改进?
4. 做好客户关系管理对企业有哪些好处? 人工智能、大数据等在智能客户服务方面如何应用?

13.1 新零售供应链的概念与特征

13.1.1 新零售的提出与特征

新零售(new retailing)是指企业以互联网为依托,通过运用大数据、人工智能等先进技术手段,对商品的生产、流通与销售过程进行升级改造,进而重塑业态结构与生态圈,并对线上服务、线下体验以及现代物流进行深度融合的零售新模式。在 2016 年 10 月的阿里云栖大会上,阿里巴巴集团董事局主席马云第一次提出了新零售这个互联网新名词。

1. 新零售的形成

2010 年以前,消费者主要在购物中心、百货商场等实体店进行消费购物;2010 年以后,以天猫、淘宝、京东为代表的电商成了新的消费平台。尽管网上购物既方便又便宜,但传统的线上电商从诞生之日起就存在着难以补齐的明显短板。相对于线下实体店给顾客提供商品或服务时所具备的可视性、可听性、可触性、可感性、可用性等直观属性,线上电商平台始终没有找到能够提供真实场景和良好购物体验的现实途径。因此,线上电商的用户消费过程体验要远逊于实体店,不能满足人们日益增长的对高品质、异质化、体验式消费的需求,成为阻碍线上电商企业实现可持续发展的硬伤。特别是在我国居民人均可支配收入不断提高的情况下,人们对购物的关注点已经不再仅仅局限于价格低廉等线上电商平台曾经引以为傲的优势方面,而是愈发注重对消费过程的体验和感受。

消费者既想要网络的便利和低价格,又想要实体店的体验和服务,更想要有品质的产品。这种既注重品质也注重体验、既看重价格更看重价值的消费观念和消费需求就是一直以来人们所说的消费升级。以消费升级为大背景,移动支付等新技术推动了线下场景智能终端的普及以及由此带来的移动支付、大数据、虚拟现实等技术革新,打通了线上线下,促进了高效物流以及整个零售业产业链的创新,让消费不再受时间和空间制约,于是顺理成章地形成了新零售。传统零售与新零售的区别如表 13-1 所示。

表 13-1　传统零售与新零售的区别

传统零售	新零售	传统零售	新零售
单一渠道	全渠道	场景单一	全场景、体验升级
平台中心化	去中心化	纯电商、纯零售	线上线下打通融合

2. 新零售的特征

新零售有以下 4 个特征。

1) 全渠道

全渠道是新零售的首要特征。真正的新零售应是网店、移动 App、微信商城、直营门店、加盟门店等多种线上线下渠道的全面打通与深度融合,将购物、娱乐、学习等模块融入其中,将商品、库存、会员、服务等环节贯穿为一个整体,在信息捕捉、营销渠道、支付体系等环节的辅助下,满足消费者购物过程的便利性与舒适性要求,增强用户黏性。

2) 数字化与智能化

新零售是数字化与智能化的。企业与商家通过技术与硬件重构零售卖场空间,从以下两方面进行门店数字化与智能化改造:其一是依托 IT 技术,在顾客、商品、营销、交易 4 个方面完成运营数字化;其二是店铺依托物联网进行智能化,应用智能货架与智能硬件(POS、触屏、3D 试衣镜等)延展店铺时空,构建丰富多样的全新零售场景。在物流系统中,利用集成智能技术构建智能化仓储管理与调度系统,使企业不仅达到去库存的目的,而且能缩短配送周期,全天候、全渠道、全时段地满足消费者的购物需求。

3）无界化

新零售时代的门店和传统的门店是不同的。门店不仅仅有售卖的功能,更应该有体验的功能,同时也是社交、教育的场所。门店不仅仅进行商品的陈列,更多的是商品多元化的展示。企业通过对线上与线下平台、有形与无形资源进行高效整合,以全渠道方式清除各零售渠道间的种种壁垒,模糊经营过程中各个主体的既有界限,打破传统经营模式下存在的时空边界、产品边界等现实阻隔,促成人员、资金、信息、技术、商品等的合理顺畅流动,进而实现整个商业生态链的互联与共享。依托企业的无界化零售体系,消费者的购物入口将变得非常分散、灵活、可变与多元,人们可以在任意的时间、地点以多种多样的方式通过实体店铺、网上商城、电视营销中心、自媒体平台甚至智能家居等丰富多样的渠道进行全方位的咨询互动、交流讨论、产品体验、情境模拟、购买商品和享受服务。

4）去库存

去库存可以从两个方向进行:一个方向是新零售通过系统、物流将各地仓库(包括保税区甚至海外仓库)连接起来,实现库存共享,改变传统门店大量陈列与囤积商品的现状,引导顾客线下体验、线上购买,实现门店去库存;另一个方向是消费者从消费需求出发,倒推至商品生产,使零售企业按需备货,使供应链按需生产,真正实现零售去库存。

13.1.2 新零售对供应链的影响

1. 及时响应程度高

在传统的供应链模式下,商家的货物从生产到运输再到消费者,需要经历诸多的中介以及复杂的中间环节。然而,电商模式的出现并没有从根本上改变传统供应链渠道的运作特征。电商零售的发展仍然面临复杂的整合需求。在新零售供应链中,将会有更多以虚拟库存代替实体库存的商品,如图书、电子音像产品。零售企业不再需要储存大量的实体资源,而是通过虚拟库存进行及时的订单打印和商品包装,完成即时的购物体验。新零售时代的供应链响应是非常及时的。

2. 个性化定制需求大

个性化定制是对新零售供应链的最高要求。随着社会经济水平的提高,人们的物质和娱乐的个性化需求越来越丰富。个性化定制能够体现新零售供应链各环节的协调以及组织能力,包括准确地识别用户需求,高效率地满足不同消费者的服务体验要求。真正高效率的供应链,能够消费者的个性化需求做出敏捷的反应,积极组织生产,提供运输和销售服务。

3. 模块化的供应链集成

对于传统供应链来说,要将有竞争力的合作企业和有效资源整合到一起是十分困难的;现有借助于互联网,企业可以将供应链模块化,快速实现自身与第三方企业的连通,提高整条供应链的综合实力。在新零售时代,依托互联网技术,可以通过云平台将生产企业、原材料供应商、装配厂、接单集成者、销售商和消费者全部集合在一个平台上,形成一个大的生态系统。

4. 促进企业完成数字化改造

实现数字化要从两方面入手：一是零售本身；二是新零售供应链。过去的零售业从源头到终端不能有效衔接。在新零售驱动下，需要企业在各环节融入数字化。例如，商超中的生鲜从实现供应链的数字化开始，做到运输、仓储、销售全过程的数字化管理。对新零售供应链来说，需要利用人工智能、物联网、大数据、云计算等数字化新技术不断进行数字化革新，实现新型供应链重组和更新。

5. 快时尚化趋势强

在新零售时代，供应链的生产以及销售环节中都会面临更多的转变，快时尚化的趋势加强，各种信息的流动融合趋势加强。例如，将会有更多的服装企业启动快时尚化的供应链，从服装的设计、生产到最终的销售，时间不超过 3 周。

13.1.3 新零售供应链结构模型

在传统的商业模式下，产品的需求相对确定，信息量较少，所以传统供应链结构相对单一，以线性的链式结构为主。而在新零售时代，个性化需求大量涌现，例如，对产品的种类、花色、尺寸等需求各异，或者是对服务质量、时间、方式等需求不同，由此而产生的数据量特别大，形成海量数据，而且其数据结构是非线性的，进而推动了供应链的网状结构的形成。

新零售供应链网状结构模型如图 13-1 所示。在新零售时代，在互联网、大数据、人工智能、云计算等新技术的推动下，根据新型消费人群的需求形成新的品牌形式，随之形成新的业态。伴随这些过程所产生的海量信息会通过互联网汇集到新零售供应链云平台上，云平台对供应链参与方开放，它们可以从云平台获取其所需的信息，从而支持供应链各环节的运作与决策。

与传统供应链不同，新零售供应链更加注重消费者的需求和消费者体验的提升。供应链的参与者，例如一些品牌的设计、生产、仓储和配送企业，可以在云平台的支持下直接服务客户，听取客户的反馈，而不是像传统供应链一样一级一级地传递信息，这使信息更真实也更全面。

新零售注重线上线下的融合，这种深度融合创造了更多的消费场景，迎合了消费升级的趋势，进一步塑造了消费者的体验习惯。消费者可以通过多种方式进行购物，甚至可以参与产品最初的研发与设计。例如，消费者可以到实体店直接选购，或在实体店下单后由零售商进行配送；消费者也可以在线上进行虚拟体验，选购好商品后下单，零售商通过智能物流系统将智能仓库或者实体店中的商品配送到消费者的手中；制造商还可以直接为消费者提供定制化的服务与商品，迅速服务到门或通过智能物流系统送货上门。因此，消费者可以根据自己的喜好以及便利程度选择合适的、舒适的服务和购物方式。

新零售供应链中的零售商面临的竞争压力大，因此创新的动力也大。在新零售时代，零售商更善于进行数字化洞察、营销和交易，从消费者价值出发实现"货找人"，由此塑造需求，同时会将数据传递到云平台，实现信息共享。在此过程中，零售商会根据其服务的消费者群体特性决定服务水平和特点，从而指导供应链制订运营策略。以每日优鲜为例，它首先通过精选 SKU(Stock Keeping Unit,库存单位)的方式为消费者提供有限的精选商品，以解决消费者挑选产品过程中的信息过剩问题；其次在商品交付环节进行供应链配置和优化，通过采

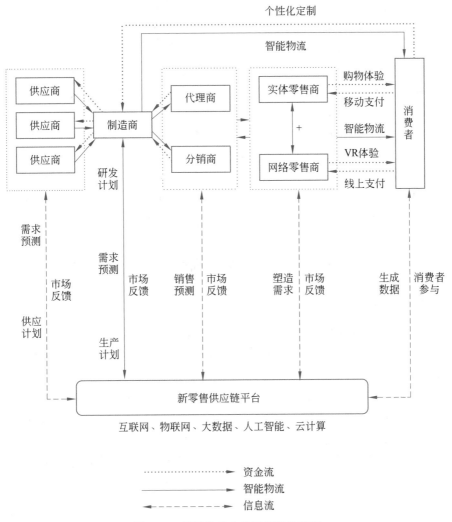

图 13-1　新零售供应链网状结构模型

购源头控制商品品质,通过"分选中心＋前置仓＋一小时配送"的模式降低冷链成本并提升客户快速收货的体验。

新零售供应链中的分销商或代理商,不确定性最大。分销商或代理商处于制造商与零售商之间,其价值由制造商和零售商共同定义。从新零售供应链响应度和成本要求出发,理论上供应链的中间环节都应被打通,因此分销商或代理商必须凸显自己的价值,否则将会被取代。如果一个分销商或代理商熟悉本地市场与消费环境,能够在同类商品的竞争中抢占更大的市场份额,有效地提供销售预测和市场反馈,指导零售商制订进货与销售策略,进行主动的库存管理与补货服务,带来更多优良的商品,那么毫无疑问它一定是制造商和零售商的优秀合作伙伴。但是这样的分销商或代理商目前还不多见。

新零售供应链中的制造商面临的供应链响应度和柔性挑战较大。新零售供应链下消费者体验的需求要求制造商能够提供以下 3 种不同以往的生产方式:

（1）定制化生产。

（2）小批量、多批次的柔性生产。

（3）新品的快速投产。

这与通过大规模生产的方式降低成本的传统经营模式有很大的不同，要求制造商与零售商、分销商或代理商进行不同深度的协同，根据零售端反馈的消费者需求数据进行产品的设计以及需求的预测，制订合适的生产计划，并对终端进行主动补货。

未来的生产或许可通过工业 4.0 实现全数字化运营，以模块化的生产线和产品为载体，为新零售供应链在供应链端提供更大的柔性。位于制造商上游的供应链同样要适应生产柔性的变化，快速响应市场的需求，从而做好原材料的供应。新零售时代供应链的发展和变化将是一个长期的过程，无论是为了支撑美好的未来还是为了应对潜在的风险，它的结构都会随着时代的发展不断地转变。

13.2　智慧供应链采购管理

13.2.1　数据驱动与订单采购

随着技术的发展，现代生产模式逐渐从大规模批量生产转向小批量个性化生产。企业产能过剩和市场定制化需求的增加驱动了企业的管理运营模式的变革。随着互联网、人工智能、大数据、物联网等技术的快速发展，为了能够更好地提升消费者的体验，供应商、零售商、物流服务商、金融服务商等都需要重组、优化。对于供应链而言，更快的响应和更高的柔性都对供应链节点企业提出了更严峻的挑战。随着信息技术的不断发展，数据能够在任何时间、任何地点被收集。随着德国的工业 4.0 战略、中国制造 2025 战略等制造业新思维的提出，企业利用数据进行管理变革和文化变革已经成为必然趋势，赋予企业新的活力。

1. 数据驱动

数据驱动是指采集数据并将数据进行组织形成信息流，在进行决策或者产品、运营等优化时，根据不同需求对信息流进行提炼总结，从而在数据的支撑下或者指导下进行科学的行动。

数据驱动有三大特征：

（1）数据量大，依托海量、多维度的数据支撑。

（2）科学智能，实现数据的分析与处理自动化、智能化、科学化。

（3）驱动业务，为业务提供指导性决策建议。

2. 订单采购

订单采购是指企业依据生产需要进行采购的方式，适用于高价值、多品种、少数量、特殊规格的物料采购，它是集中采购的一种形式。所谓集中采购，是指企业在核心管理层建立专门的采购机构，统一组织企业所需物品的采购业务，减少采购渠道，通过批量采购获得价格优惠。集中采购模式有利于稳定企业与供应商之间的关系，是经营主体降低进货及物流成本、赢得市场、控制节奏、保护知识产权和商业秘密、提高效益、取得最大利益的战略手段。集中采购把采购工作集中到一个部门进行管理，其余部门和分公司均无采购权。

新零售时代的订单采购从业务流程上看与原来并没有大的不同,唯一与传统零售不同的是多了数据驱动作用。传统的订单采购是由物控员、采购员与采购主管三方通过人工试工完成从统计到采购的过程。在新零售时代,利用各阶段仓库的库存、各原材料(品类)的销量数据,通过数据分析的方法,科学地规划采购的数量与频率,通过数据驱动的方法对采购流程进行优化。

3. 数据驱动订单采购的关键要素

数据驱动订单采购的关键要素有以下 3 个。

1) 无人化

以往仓库各商品种类的信息需要物控员进行人工统计。在新零售时代,随着 RFID 与二维码技术的广泛应用,商品上自带的标签就是商品的"身份证",商品直接通过传送带上的扫描装置进行扫描之后,信息就直接进入供应链数据库系统中。当进行订单采购时,物控员无须对每一个货架进行统计,数据库中包含了所有的商品信息,通过数据分析系统可以精准地判断应该采购哪一种商品,无须采购员动人工析物控员的统计表,大大地减少了人工成本,加快了供应链的流通速度,使管理更加精细。

2) 智能化

随着数据库技术与数据分析技术的完善,每一种商品的存量与消耗速度都可以得到记录。对于采购最重要的是"买什么""何时买"。数据库为大量商品的信息提供平台,凭借数据库庞大的数据存储量,可以对商品进行更为细致的划分,使仓库管理科学化。利用数据库中的数据,数据分析系统可以提示采购人员什么样的产品应该进货或者无须进货,同时通过分析也可以得出什么样的商品消耗速度较快,应按照经验提前进行储备的结论。智能化的数据分析系统代替了人脑,将原本人工统计采购信息的方式进行了优化,减小了订单采购的错误率。

3) 共享化

物控方、采购方与供应方是订单采购的 3 个主体。新零售背景下的供应链最重要的就是线上线下的信息共享。采购方与物控方使用同一个数据库,通过线上的数据监测,采购方可以提前得知对方的采购方向,同时也可以提示物控方。物控方可以得知需采购的商品,提前将电子采购订单发到采购方的数据平台上,便捷、高效、容错率高。供应方按照数据平台上的订单将货物准时发给采购方,及时补充库存。物控方可以通过数据平台实时查询订单的处理进度与商品的配送情况,及时安排入库。信息的高度共享化不仅提高了采购的透明度,更加快了供应链上下游的信息流通,使供应链运行更为流畅。

4. 数据驱动订单采购实施

1) 需求确定

需求确定的步骤如下:

(1) 物控员根据生产计划或生产(开发)任务单、物料单耗表等计算物料总需求,然后将它与交货日期填写到电子计划系统里,直接在平台上提交,由仓库主管线上审核。

(2) 仓库主管审核通过,直接将该表格提交至数据分析系统,根据系统自动测算的往年需求给出预计需求,并提交物料订购计划总表。

(3) 物控员根据物料最小起订量、包装、补货难易等对物料需求进行调整,将其记入调整需求栏,并提交至系统等待审核。

（4）物料订购计划总表审核通过,直接进入采购作业系统。

2）采购作业

采购作业的步骤如下:

（1）根据需求订单中的计划,提前联系供应商,并将采购合同直接通过系统上传,通知供应商查看。

（2）采购合同经物控方、采购方与供应商三方检查,如若出现订单与物控方给出的需求不符的情况,必须给出解释。三方同时同意该采购合同,方可开始进行采购流程;任何一方没有通过或者有异议,都要停止进行复议。

（3）在供货过程中,采购主管应与供应方均能在平台上查看商品的进程,确保商品按质、按量、如期到达,以采购追踪控制表体现。

（4）当系统中出现商品长时间在某个状态不更新,采购部应在第一时间通知生产管理人员,以便做出调整。

（5）当商品进入仓库后,采购主管按照电子订单显示的商品进行商品信息采集,并进行核对。当商品数量与种类无误后,再进行品质检验。最后在系统中核准验收通过,完成采购过程。

13.2.2 新零售与智慧采购

过去几年,互联网技术的普及为企业的电商化创造了良好的条件,电商化采购高效、透明及全流程可控,为企业采购带来的降本增效和高效管理让其受到越来越多的企业青睐。在企业级电商市场快速成长的背后,行业也沉淀了大量的数据。随着计算能力和智能算法等技术的进一步突破,为采购行业实现智慧采购创造了成熟的条件。在一系列深刻的变革后,企业采购进入 4.0 时代——智慧采购时代。

1. 智慧采购

智慧采购是基于系统内已有的订单,按照不同的供应链自动生成采购订单。相对于手动新增采购订单,智慧采购可解决的业务问题如下:

（1）如何确定哪些商品该下订单,采购量如何确定。

（2）如何利用现有数据(库存量、订单量、历史销量等)科学地进行订货。

（3）如何减少人为订货带来的一系列效率问题。

简单来说,智慧采购旨在使企业采购互联网化,不仅在一定意义上扩大了企业采购的寻源半径,减少了采购供应链的层级,而且简化了采购流程,降低了采购成本,极大地提高了生成采购订单的效率。采购模式变革经历了线下传统采购、线上采购、电商化采购的商业模式,正在迎来智慧采购的全新模式。

采购模式演变的驱动力包括以下两方面:

第一,企业本身的需求发生变化,正在向需求多元化转变。

第二,随着经济的快速发展,技术对电商化采购行为的质量起着决定性作用。电子签章、电子合同、电子发票等电子化基础设施保障了采购全流程的便捷、高效、绿色;大数据平台的个性化分析使按需采购成为可能;数据云、供应链罗盘等工具提供了智能化仓库管理和精准的销售预测能力,保证了物流精准送达。

2. 新零售供应链战略采购

1) 新零售供应链战略采购的内涵

在新零售背景下,渠道的融合、线上线下的融合为企业提供了更加广阔的销售渠道与方式。竞争加剧,机会与困境并存,但是最基本的战略采购原则没有变,那就是最低成本原则。随着互联网的高速发展,顾客不仅对产品的质量有更高的要求,对产品的设计、服务的质量等细节也提出了更高的要求,这就要求企业不能再局限于产品原材料等一些基础采购问题,要将其视为整体进行考量,应该通过大数据分析的方法分析消费者心理,了解消费者需求。线上线下的融合更要求企业对整体行业有宏观的把握,对政策有一定的理解,懂得哪些产品要注重线下体验,哪些产品更适合线上交易,怎样做到线上与线下串联整条供应链,准确把握市场动向,准确完成采购。

2) 新零售供应链战略采购的关键要素

新零售供应链战略采购的关键要素如下:

(1) 总购置成本最低。总购置成本不仅是简单的价格的反映,还承担着将采购的作用上升为全面成本管理的责任,它是企业购置原料和服务所支付的实际总成本,包括安装费用、税费、存货成本、运输成本、检验费、修复或调整费用等。低价格可能导致高的总购置成本,这一点容易被忽视。总购置成本最优被许多企业的管理者误解为价格最低,而很少考虑使用成本、管理成本和其他无形成本。新零售时代的供应链采购将线上与线下融合,降低采购的管理成本。采购决策影响着后续的运输、调配、维护、调换乃至产品的更新换代,因此必须考虑总体成本,必须对整个采购流程中涉及的关键成本和其他相关的长期潜在成本进行评估。

(2) 建立良好合作关系。不同企业有不同的采购方法,企业的采购方法和企业管理层的思路与风格是密切相关的。有的企业倾向于良好合作关系的维护,有的企业倾向于竞争性定价策略。新零售时代的企业采购应更注重供应链上下游合作伙伴间的关系管理。新零售供应链战略采购过程不是零和博弈。战略采购的谈判应当是一个协商的过程,应当是基于对原材料市场的充分了解和企业自身长远规划的双赢沟通,而不是利用采购杠杆压制供应商在价格上妥协。

(3) 完善采购能力。双赢采购的关键不完全在于采购能力,而是范围更广泛的组织能力:总成本建模,创建采购战略,建立并维持供应商关系,整合供应商,利用供应商创新,发展全球供应基地。很少有企业同时具备以上 6 种能力,但至少应当具备以下 3 种能力:总成本建模能力,它为整个采购流程提供了基础;创建采购战略能力,它推动了采购向战略视角的重要转换;建立并维持供应商关系能力,它注重的是双赢采购模式的合作部分。

(4) 双赢是双方合作的基础。企业和供应商存在相互比较、相互选择的过程,双方都有其议价优势,如果对供应商所处行业、供应商业务战略、运作模式、竞争优势、稳定长期经营状况等有充分的了解和认识,就可以帮助企业发现机会,在双赢的合作中找到平衡点。已有越来越多的新零售企业开始关注自身所在行业发展的同时开始关注第三方服务供应商所在行业的发展,考虑如何利用供应商的行业优势降低成本,增强自己的市场竞争力和满足客户的需求。

（5）以大数据背景为基础。新零售下的战略采购更应该注重消费者的需求，打通线上与线下渠道。传统的采购一般以直接面对面谈判为主要手段。但是在新零售环境中，信息是实时的，需求是变化的，强大的数据流为公司提供了直观的消费者心理"晴雨表"。大规模采购开始逐渐变为小范围的精细化采购，而大规模战略采购一般会出现在商场的自有品牌或者国际贸易活动中，所以，在新零售环境中，大规模战略采购也必须以数据为基础。

13.2.3　新零售与智慧供应

新零售的本质就是尽可能满足消费者的需求，实现人、货、场的重构。传统供应作为基本的环节和职能已经不能满足新零售的需求，需要向智慧供应转变。

1. 新零售时代的智慧供应是敏捷化、人性化的

新零售时代的智慧供应将不再是简单的内部支持职能，而是一种全方位的服务支撑职能。站在消费者需求的角度，在对智慧供应链进行设计时，应更加注重供应的柔性和精准性，而不能只追求规模经济。在智慧供应中，端到端的数据采集和端到端的运作方式可以快速地响应消费者不断变化的个性化需求。

2. 新零售时代的智慧供应要实现数字化转型

智慧供应的数字化转型是指利用现代技术，如移动互联网、二维码、人工智能、智慧物流、射频识别、大数据、云计算等，动态、实时地获取各类数据，加深对客户的认知，提升需求预测的准确性，引导或刺激客户需求的产生。通过数字化转型，可实时获取并充分利用数据，敏锐地感知和识别客户需求，实现快速供应响应，以提升企业的效率和业绩，最大限度地满足客户的需求，降低经营风险。

3. 新零售时代的智慧供应要与其他职能协同运营

在新零售时代，一切活动都围绕着消费者的需求，商品、价格、消费者、竞争对手等信息瞬息万变，各个职能必须高度协同，同时服务消费者，而不是传统的"纵向一体模式"。供应的职能不再是被动地等待前端信息，而是主动参与前端面向消费者的采购工作中。简单来说，涉及日常运营的工作和职能的供应必须由一个整合的职能统辖，强调"全过程一体化"，强化群体意识，将联合协同运营的思维方式贯彻始终。

13.3　智慧供应链生产管理

13.3.1　智慧生产计划与控制

1. 供应链企业计划

供应链是跨越多个企业、多个部门的网络化组织，一个有效的供应链企业计划系统必须保证企业能快速响应市场需求。有效的供应链计划系统集成企业所有的计划和决策业务，包括需求预测、库存计划、资源配置、设备管理、渠道优化、生产作业计划、物料需求与采购计划等。供应链是由不同企业组成的企业网络，有紧密型的联合体成员，有协作型的伙伴企业，有动态联盟型的战略伙伴。作为供应链的整体，以核心企业为龙头，把各个参与供应链的企业有效地组织起来，优化整个供应链的资源，以最低的成本和最快的速度生产最好的产品,最大限度地满足用户需求,以达到快速响应市场和用户需求的目的。这是供应链企业计划最根本的目的和要求。

2. 同步化供应链生产计划的提出

在当今客户驱动的环境下,制造商必须具有面对不确定性事件不断修改计划的能力。要做到这一点,企业的制造过程、数据模型、信息系统和通信基础设施必须无缝地连接且实时地运作,因而供应链同步化计划的提出是企业最终实现敏捷供应链管理的必然选择。

企业资源计划(ERP)系统是建立在信息技术基础上,以系统化的管理思想为企业及员工提供决策运行手段的管理平台。ERP系统的特点在于财务控制、人力管理和多工厂生产物流的协调和结合,ERP系统的核心目的就是实现对整个供应链的有效管理,主要体现于以下3方面。

1)管理整个供应链资源

在知识经济时代,仅靠企业自身的资源不可能有效地参与市场竞争,还必须把经营过程中的有关各方(如供应商、制造工厂、分销网络、客户等)纳入一个紧密的供应链中,才能有效地安排企业的产、供、销活动,满足企业利用全社会一切市场资源快速、高效地进行生产经营的需求,以进一步提高效率和在市场上获得竞争优势。换句话说,现代企业竞争不是单一企业间的竞争,而是企业供应链间的竞争。ERP系统实现了对整个企业供应链的管理,适应了企业在知识经济时代市场竞争的需要。

2)精益生产同步工程

ERP系统支持对混合型生产方式的管理,其管理思想表现在两方面。其一是精益生产(Lean Production,LP)的思想,它是由美国麻省理工学院(MIT)提出的一种企业经营战略体系。即企业按大批量生产方式组织生产时,把销售代理商、供应商、协作单位、客户纳入生产体系,企业同其销售代理商、供应商、协议单位和客户的关系已不再简单地是业务往来关系,而是利益共享的合作伙伴关系,这种合作伙伴关系组成了一个企业的供应链,这即是精益生产的核心思想。其二是敏捷制造(Agile Manufacturing,AM)的思想。当市场发生变化,企业遇到特定的市场和产品需求时,企业的基本合作伙伴不一定能满足新产品开发生产的要求,这时,企业会组织一个由特定的供应商和销售渠道组成的短期或一次性供应链,形成虚拟工厂,把供应商和协作单位看成企业的一个组成部分,运用同步工程(Synchronization Engineering,SE),组织生产,用最短的时间将新产品打入市场,时刻保持产品的高质量、多样化和灵活性,这即是敏捷制造的核心思想。

3)事先计划与事中控制

ERP系统中的计划体系主要包括主生产计划、物料需求计划、能力计划、采购计划、销售执行计划、利润计划、财务预算和人力资源计划等,而且这些计划及其价值控制功能已完全集成到整个供应链系统中。

另一方面,ERP系统通过定义与事务处理(transaction)相关的会计核算科目与核算方式,在事务处理发生的同时自动生成会计核算分录,以保证资金流与物流的同步记录和数据的一致性,从而实现根据财务资金现状可以追溯资金的来龙去脉,并进一步追溯发生的相关业务活动,改变了资金信息滞后于物料信息的状况,便于实现事中控制和实时做出决策。

3. 供应链管理下智慧生产计划的制定

1）制造执行系统

制造执行系统（Mannufacturing Execution System，MES）是指位于上层的计划管理系统与位于底层的工业控制系统之间的面向车间的管理信息系统。MES 能通过信息传递对从订单下达到产品完成的整个生产过程进行优化管理。当工厂发生实时事件时，MES 能对此及时做出反应、报告，并用当前的准确数据对它们进行指导和处理。这种对状态变化的迅速响应使 MES 能够减少企业内部没有附加值的活动，有效地指导工厂的生产运作过程，从而使其既能提高工厂及时交货能力，改善物料的流通性能，又能提高生产回报率。MES 还通过双向的直接通信在企业内部和整个产品供应链中提供有关产品行为的关键任务信息。1990 年 11 月，美国先进制造研究中心（Advanced Manufacturing Research，AMR）就提出了 MES 的概念。国内最早的 MES 是 20 世纪 80 年代宝山钢铁公司在建设初期从德国 Siemens 公司引进的。

2）MES 订单生产排程的制订

MES 中的生产计划是对来自业务层的销售订单进行拆单后形成的生产订单。生产订单经 MES 排产后将排出工序物料计划和生产作业计划，工序物料计划用于指导物料配送，生产作业计划用于指导生产。

MES 接收订单数据的方法如下：

（1）从 ERP 系统获取订单。如果企业在实施 MES 时能做到与 ERP 系统紧密地集成，则可以实现销售订单从业务层的 ERP 系统向生产执行层的 MES 的自动传输。通常企业线上运行的是 ERP 系统，因此工厂在打算部署 MES 时，要先与软件厂商确认是否支持两个软件的集成。

（2）从数据文件导入订单。如果不能实现 ERP 系统与 MES 的集成，MES 通常会采取基于数据文件的订单导入方式，数据文件一般采用 Excel 文档的格式。MES 会规定好一个模板，只要提供的订单数据文件符合模板要求，就可以顺利导入 MES。

（3）在 MES 中手工录入订单。MES 一般会提供手工录入订单的功能，但这个功能一般仅用于系统测试。在系统正式运行后，通常会将这个数据入口关闭，只有存在特殊的业务需求时才启用这个功能。

订单导入 MES 后，就可以对这些订单进行生产排程了。在 MES 的"待排程订单列表"中，每个订单有一个复选框，先选择要进行排程的订单，系统将运行排程算法，并将分工位显示系统给出的待确认的排程结果。其中，每个工位任务后面都有一个"转移"按钮，车间生产管理人员可以使用这个功能对排程结果进行调整。最后，在待确认的排程结果界面中，单击选"排程确认"按钮，排程结果就变成了有效排程。

3）MES 的发展趋势

近年来，随着 JIT（Just-In-Time，准时生产）、BTO（Build To Order，按订单制造）等新型生产模式的提出以及客户、市场对产品质量提出更高要求，MES 被重新发现并得到重视。同时，在 21 世纪初网络经济泡沫破碎后，企业开始认识到要从最基础的生产管理上提升竞争力，即，只有将数据信息从产品级取出，穿过操作控制级，送达管理级，通过连续信息流实现企业信息集成，才能使企业在日益激烈的竞争中立于不败之地。MES 在国外被迅速而广泛地应用。MES旨在提升企业执行能力,具有不可替代的功能,竞争环境下的流程行业企业应分清不同制造管理系统的目标和作用,明确MES在集成系统中的定位,重视信息的准确、及时,规范流程,利用工具,管理创新,根据MES成熟度模型对自身的执行能力进行分析,按照信息集成、事务处理、制造智能3个阶段循序渐进地实施MES,才能充分发挥企业信息化的作用,提高企业竞争力,为企业带来预期效益。

4. 智慧生产控制的新特点

智慧供应链管理环境下的企业生产控制和传统的企业生产控制模式不同。智慧供应链管理环境下的企业生产控制需要更多的协调机制,体现了智慧供应链的战略伙伴关系原则。智慧供应链管理环境下的企业生产控制包括如下几方面的内容。

1)生产进度控制

生产进度控制的目的在于依据生产作业计划检查零部件的投入和产出数量、出产时间和配套性,保证产品能准时装配出厂。智慧供应链管理环境下的生产进度控制与传统生产模式的生产进度控制不同,在全球产业链中许多企业的产品是协作生产的和转包的业务,和传统的企业内部的生产进度控制相比,全球供应链生产进度控制的难度更大,基于目前的大数据及云计算,必须建立一种有效的跟踪机制,以进行生产进度信息的跟踪和反馈。生产进度控制在智慧供应链管理中有重要作用,因此必须研究和建立供应链企业之间的信息跟踪机制和快速反应机制。

2)供应链的生产节奏控制

全球产业链的分工协作要求供应链的同步化,只有供应链中各企业之间以及企业内部各部门之间保持步调一致时,供应链的同步化才能实现。供应链形成的准时生产系统要求上游企业准时为下游企业提供必需的零部件。供应链中的任何一个企业不能准时交货,都会导致供应链不稳定或中断,导致供应链对用户需求的响应性下降,因此严格控制供应链的生产节奏对供应链的敏捷性是十分重要的。

3)提前期管理

随着消费者对产品的需求越来越多样化,供应链中的销售企业、生产企业的不确定性随之加大。企业间的时间竞争是实现QR(Quick Response,快速反应)、ECR(Efficient Consumer Response,在效客户反应)策略的重要内容。在智慧供应链管理环境下的生产控制中,提前期管理是实现快速响应用户需求的有效途径。缩短提前期、提高交货期的准时性是保证供应链保持柔性和敏捷性的关键。对供应商不确定性的有效控制是供应链提前期管理中的一大难点。因此,建立有效的供应提前期的管理模式和交货期的设置系统是供应链提前期管理中值得研究的问题。

4)库存控制和运作模式

库存在应付需求不确定性方面有其积极的作用,但是库存又是一种资源浪费。在智慧供应链管理模式下,通过实施多级、多点、多方管理库存的策略,对提高智慧供应链管理环境下的库存管理水平、降低制造成本有重要意义。这种库存管理模式涉及的部门不仅仅是企业内部的部门。通过大数据、云计算的信息平台,让基于JIT的供应与采购、VMI(Vendor Managed Inventory,供应商管理库存)、JMI(Joint Managed Inventory,联合管理库存)这些常用的供应链库存管理的方法更好的应用于供应链的库存控制,对降低供应链原材料、在制品、成品库存起到重要作用。因此,建立智慧供应链管理环境下的库存控制体系和运作模式对提高智慧供应链的库存管理水平有重要作用,是供应链企业生产控制的重要手段。

13.3.2 智能生产规划与实施

1. 流程布置

工厂的系统布局规划(System Layout Planning,SLP)是 Richard Muther 提出的,最初用于机械制造工厂的布局规划,以及工艺专业化的车间布置上,后来广泛应用于办公室、连锁餐厅等服务领域的布局规划。

1)系统布局规划

系统布局规划分 6 个阶段进行,如图 13-2 所示。系统布局规划的主要任务是中间阶段 2～4 的布局规划。

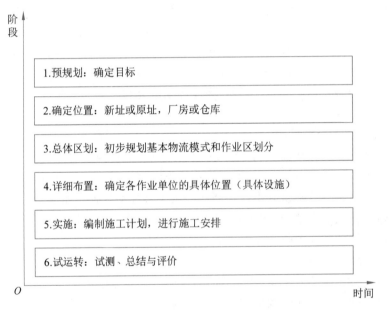

图 13-2 系统布局规划的 6 个阶段

图 13-3 是系统布局规划流程。

(1)原始数据收集。系统布局规划是从收集与分析原始数据开始的。

影响布局规划的因素众多,可以归纳为以下 5 项:

① P——产品(或原材料或服务)。主要是生产什么,资料来自生产计划和产品设计,影响生产系统的结构和作业单位的关系、设备选择、物料搬运方式等。

② Q——数量。主要是生产多少,资料来自生产计划,影响生产系统的规模、设备数量、物流量、建筑物大小等。

③ R——生产路线(工艺过程)。主要是怎么生产,资料来自生产工艺,可以用设备表、工艺路线卡、工艺过程图等表示,影响作业单位关系、物流线路、物流节点等。

④ S——辅助服务部门。主要是用什么支持生产,指保证生产正常运行的辅助服务性活动、设施以及服务的人员,影响生产支持能力。

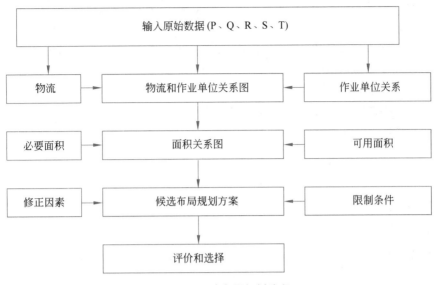

图 13-3　系统布局规划流程

⑤ T——时间。主要是什么时候、用多长时间生产出产品,用于平衡各工序的生产进度。

（2）相关分析。

部门之间的相关分析包括物流分析与非物流分析。在以加工或搬运为主的工业企业或仓库管理中,物流是布局规划中最重要的方面。按照物料移动的顺序,可以得到一个物流图,表明生产部门之间的关系。除此之外,还有许多辅助服务部门之间的非物流关系也要考虑,这些关系也影响到生产的效率和成本。把具有物流关系与非物流关系的作业单位关系合并起来,可以构成物流和作业单位关系图。

（3）方案制订和选择。

上述关系图只分析了位置上的关系,没有考虑工厂的形状和实际面积。因此,接下来计算各部门需要的面积,再结合工厂的形状和实际面积进行分析,得出若干切实可行的面积关系图。这些面积关系只是基本的布局规划图,还要综合考虑各种修正因素和限制条件,对基本的布局规划图进行修正,得出可行的布局规划方案。最后结合初期的目标,从中选出一个最优方案。

在阶段可以采取上述步骤。进入阶段 4 后,也可重复同样的步骤,这时作业单位变成了部门内部的作业单位,物流也变成部门内的物料流动,作业单位的非物流关系变成了部门内的各作业单位的非物流关系。

2）物流相关分析

物流相关分析是对工艺流程即生产线路的分析。对于产品或零部件移动较多的建筑物之间、部门之间或机器之间的物流强度用从至表比较合适。利用从至表列出不同部门、机器或设施之间的相对位置,以对角线元素为基准,计算各工作点之间的相对距离,从而绘制工艺路线,确定所用设备。

物流相关分析的步骤如下:

（1）选择几类典型的零部件，绘制其工艺路线，确定所用设备。

（2）制订设备布置的初始方案，计算出设备之间的距离。

（3）确定零部件在设备之间的移动次数和单位运量成本，可以直接用托盘数来衡量。

（4）计算物流强度，即距离乘以运量。

（5）按作业单位对应的强度划分等级，物流强度划分为 A、E、I、O、U 共 5 个等级，其中，A 表示超高物流强度，E 表示特高物流强度，I 表示较高物流强度，O 表示一般物流强度，U 表示可忽略的物流强度，具体见表 13-2。当企业物流量大时，直接分析和计算物流强度比较困难，可以组织有经验的相关人员进行定性分析，确定物流强度等级。

表 13-2　物流强度等级

等　　级	符　号	占总关系数量的比例/%	占总物流量的比例/%
超高物流强度	A	10	40
特高物流强度	E	20	30
较大物流强度	I	30	20
一般物流强度	O	40	10
可忽略的物流强度	U		

（6）绘制物流相关图。

3）作业相关分析

作业相关分析主要是针对作业单位之间的非物流关系的密切程度进行评价分析，它根据企业各个部门之间的活动关系密切程度布置其相互位置。作业单位之间的密切程度划分为 A、E、I、O、U、X 共 6 个等级，划分依据有很多，表 13-3 列出了常见划分依据，不同企业要根据实际情况划分等级。作业单位之间的关系密切程度等级需要由相关管理人员、技术人员和有经验的操作人员进行评价，可以把关系图发给相关人员填写，也可组织会议来共同决定。

表 13-3　作业单位之间关系密切程度等级的常见划分依据

序号	密切关系原因	序号	密切关系原因	序号	密切关系原因
1	使用共同的原始记录	4	人员接触频繁	7	做类似的工作
2	共用人员	5	文件交换频繁	8	共用设备
3	共用场地	6	工作流程连续	9	其他

2. 流程改进

流程改进有混合流程和业务流程重构两个途径。

1）混合流程

（1）制造业的 MTS 与 MTO 流程。

按照企业组织生产的特点，可以把产品分为备货型生产（Make To Stock，MTS）和订货型生产（Make To Order，MTO）两种。

MTS是预测驱动的,在没有接到客户订单时,经过市场预测,按已有的标准产品或产品系列进行生产,生产的直接目的是补充成品库存,通过维持一定量的成品库存保证即时满足客户的需要。MTS的优点是能够及时满足客户的共性需求,有利于企业编制计划并按计划组织生产活动,企业有较大的主动权;缺点是客户只能在制造商提供的有限的产品品种中做出选择,在不确定性因素日益增加的情况下,往往造成产品库存积压和短缺并存,给企业带来极大的风险。MTS的产品通常要经过分销渠道销售。

与MTS相反,MTO是以客户的订单为依据,按客户特定的要求进行的非标准产品的生产。按MTO流程生产的产品品种、型号、规格和花色完全符合客户的要求,产品一旦生产出来,就可以直接发送给客户,不必维持成品库存,也不必经过分销渠道销售。

(2)服务业的混合流程改进。

现在很多企业在流程改进时往往设计混合流程,以吸收上述两类流程的优点。下面以汉堡的制作流程为例进行说明。

传统汉堡通常是按订单生产的。当顾客提出要求,厨师按要求到库存中取出所需原料,按顾客的要求煎肉饼,并按顾客要求加调味品,制成汉堡,再送到顾客手上。传统汉堡制作流程如图13-4所示。该流程是典型的面向订单的流程,在制品和成品库存控制在最小数量,但该流程在下达订单后,需要一步步完成流程的每一个环节,因而流程时间较长,交货速度慢,同时产品质量与厨师的技术关联度大。

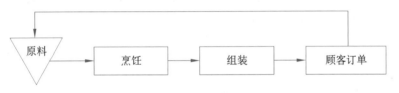

图 13-4　传统汉堡制作流程

温迪(Wendy)在传统汉堡制作流程上做出了改进,它的肉饼在烤架上烘烤,这个烹饪过程让顾客可见。在客流高峰时,厨师预计顾客的到达数量,提前开始烹饪,将肉饼在烤架上排成一排,让顾客看着肉饼下单,然后厨师取下顾客指定的肉饼,再结合顾客对调味品的要求进行制作。温迪汉堡制作流程如图13-5所示。由于顾客到达时肉饼已经开始烘烤,因此交付速度比传统流程要快一些。但温迪实质上采用的还是一种面向订单的流程。

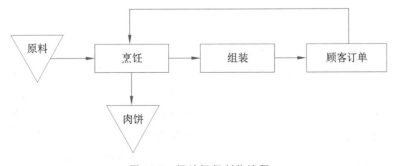

图 13-5　温迪汉堡制作流程

麦当劳（McDonald）则完全不同，它定位于要求快速交货的顾客，因此对传统的汉堡制作流程做了改进，采取备货型生产。麦当劳汉堡制作流程如图 13-6 所示。麦当劳事先制作标准的汉堡，放入存储箱，顾客下单后随时送到顾客手上。店长根据存储箱的库存情况下达制作指令。这是一种标准的按库存生产，它能快速满足顾客的需要。但因为要设置库存，品种相应受到限制。

图 13-6　麦当劳汉堡制作流程

汉堡王（Burger King）在传统流程上设置了半成品库存，即利用一种移动烘烤箱，将生肉片放在一个移动的装置上通过高温烤箱，90s 后肉饼的两面就烤好了。烤好的肉饼（半成品）放置在保温的储藏箱里。在需求高峰时，店里也会提前生产一些汉堡储存起来，以快速满足顾客的需要。需要特殊调味品的汉堡则根据订单生产，这需要一定的时间完成组装的过程。汉堡王汉堡制作流程如图 13-7 所示。汉堡王采取的是一种将面向库存的生产流程与面向订单的生产流程相结合的混合生产流程，这种混合流程吸收了传统面向订单生产流程品种多的优点，也吸收了麦当劳面向库存生产流程交货快的优点。

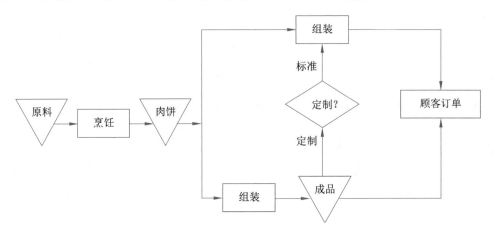

图 13-7　汉堡王汉堡制作流程

麦当劳在 1999 年开始向汉堡王学习，引进了新的混合流程，如图 13-8 所示。麦当劳将烹饪好的肉饼放入一个特制的储存装置中，其湿度至少保持 30min。这个流程采用了新的烹饪技术，肉饼可以在 45s 内制成，而面包片的加热只需要 9s。通过专门的计算机系统，顾客特殊的要求能及时传到生产区，包括面包片在内的制作流程能在 15s 内对顾客的需求做出响应。通过先进的技术和巧妙的流程相结合，麦当劳开发出快速响应流程，产品新鲜，交付迅速，而且符合顾客口味。

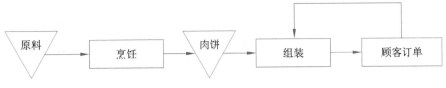

图 13-8   麦当劳新的汉堡制作流程

2）业务流程重构

业务流程重构的目的是获得显著的改进，以满足客户日益个性化的需求，流程重构应遵循以下 7 个原则：以客户满意为核心；以流程而非职能为中心；遵循环境及资源约束；在明确规定下充分授权；将分散资源整合为集中资源；在信息源头一次性获取信息；公平和效率兼顾。

13.3.3   准时生产智能化策略

1. 准时生产

准时生产(JIT)是在需要的时刻按需要的数量生产需要的产品(或零部件)的生产模式，其目的是加速半成品的流转，将库存的积压减少到最低的限度，从而提高企业的生产效益。准时生产方式将获取最大利润作为企业经营的最终目标，将降低成本作为基本目标。准时生产方式基本思想可概括为在需要的时候按需要的数量生产需要的产品，也就是通过生产的计划和控制及库存的管理，追求一种无库存或库存最小的生产系统。为此，人们开发了包括看板在内的一系列具体方法，并逐渐形成了一套独具特色的生产经营体系。

2. 拉式生产系统

拉式(pull)生产是指一切从市场需求出发，根据市场需求组装产品，借此拉动前面工序的零部件加工。每个生产部门和工序都根据紧后部门和工序的需求完成生产制造，同时向紧前部门和工序发出生产指令。拉式生产系统如图 13-9 所示。在拉式生产方式中，计划部门只制订最终产品计划，其他部门和工序的生产是按照紧后部门和工序的生产指令进行的。根据拉式生产方式组织生产，可以保证生产在适当的时间进行，并且由于只根据紧后指令进行，因此生产的数量也是适当的，从而保证企业不会为了满足交货的需求而维保高过多的库存而产生浪费。

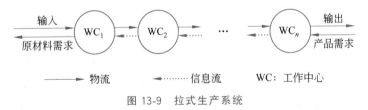

图 13-9   拉式生产系统

采用拉式生产系统可以真正实现按需生产。如果每道工序都按其紧后工序的要求，在适当的时间，按需要的品种与数量生产，就不会发生不需要的零部件生产出来的情况，也就解决了过量生产的问题。

3. 看板控制系统

在丰田公司,拉式系统是通过看板控制系统实现的。在实行看板管理之前,设备要重新排列,重新布置。做到每种零件只有一个来源,零件在加工过程中有明确、固定的移动路线。每一个工作也都要重新布置,使在制品与零部件存放在工地旁边,而不是存放在仓库里。因为现场工人亲眼看到他们加工的东西,就不会盲目地过量生产。同时,工人可以看到什么样的零部件即将用完,需要补充,也不会造成短缺,影响生产。重新布置使得加工作业的每一个工作地都有两个存放处:入口存放处和出口存放处。对于装配作业,一个工作地可能有多个入口存放处。丰田公司看板控制系统的设备布置如图 13-10 所示。众多的存放处放在车间内,使车间好像变成了库房。这种车间与库房合一的形式好像是"把库房放进厂房里",是看板控制的一个特点,是准时生产的初级阶段。

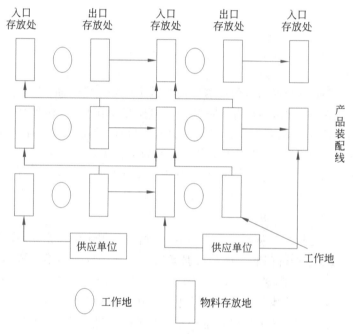

图 13-10 丰田公司看板控制系统的设备布置

1) 传送看板

传送看板用于指挥零件在前后两道工序之间移动。当放置零件的容器从上道工序的出口存放处运到下道工序的入口存放处时,传送看板就被挂到容器上。当下道工序开始使用其入口存放处容器中的零部件时,传送看板就被取下,放在传送看板盒中。当下道工序需要补充零部件时,传送看板被送到上道工序的出口存放处相应的容器上,同时将该容器上的生产看板取下,放在生产看板盒中。可见,传送看板只在上道工序的出口存放处与下道工序的入口存放处之间往返运动。

每一个传送看板只对应一种零部件。由于一种零部件总是存放在一定的标准容器内,所以一个传送看板对应的容器也是一定的。传送看板通常包括以下信息:零部件号、容器容量、看板号、供方工作地号、供方工作地出口存放处号、需方工作地号、需方工作地入口存放处号。典型的传送看板如图 13-11 所示。

从供方工作地： 38♯油漆	零部件号：A435 油箱座 容器：2 型（黄色） 每一容器容量：20 件 看板号：3 号（共发出 5 张）	到需方工作地： 3♯装配
出口存放处号 No. 38-6		入口存放处号 No. 3-1

图 13-11　典型的传送看板

2）生产看板

生产看板用于指挥工作地的生产，它规定了生产的零部件及其数量。它只在工作地和出口存放处之间往返。当需方工作地转来的传送看板与供方工作地出口存放处容器上的生产看板匹配时，生产看板就被取下，放入生产看板盒内。该容器连同传送看板一起被送到需方工作地的入口存放处。工人按顺序从生产看板盒内取走生产看板，并按生产看板的规定，从该工作地的入口存放处取出要加工的零部件，加工完规定的数量之后，将生产看板挂到容器上。每一个生产看板通常包括以下信息：要生产的零部件号、容器的容量、供方工作地号、供方工作地出口存放处号、看板号、所需物料：（所需零部件的简明材料清单）、供给零部件的出口存放处号、其他信息。典型的生产看板如图 13-12 所示。

工作地号：38♯油漆
零部件号：A435 油箱座
放于出口存放处：No. 38-6
看板号：2 号
所需物料：5♯漆，黑色
放于：压制车间 21-11 号储藏室

图 13-12　典型的生产看板

3）用看板组织生产的过程

图 13-13 表示用看板组织生产的过程。为简化起见，假设只有 3 个工作地，其中 3 号工作地为装配工作地。对于装配工作地，可能有很多工作地向它提供零部件，因而它的入口存放处会有很多容器，存放着各种零部件。

产品装配是按装配计划进行的。当需要装配某台产品时，3 号工作地就从它的入口存放处取走需要的零件，在取走零件时将附在容器上的传送看板放到传送看板盒中。搬运工人看到传送看板盒中的看板，就按照传送看板规定的供方工作地及出口存放处，找到存放所需零部件的容器，将该容器运到 3 号工作地的入口存放处相应的位置，供装配使用。2 号工作地的工人取出生产看板盒中的看板，并按照生产看板的规定，在 2 号工作地的入口存放处找到放置所需零部件的容器，从中取出零部件进行加工。同时，将该容器上的传送看板放入 2 号工作地的传送看板盒中。在生产的数量达到生产看板的要求时，则将生产看板挂到容器上，将容器放于 2 号工作地的出口存放处规定的位置。按同样方式，将 2 号工作地的传送看板送到 1 号工作地的出口存放处，取走相应的零部件。这样逐步向前推进，直到传送看板到达原材料或其他外购件的供应地。

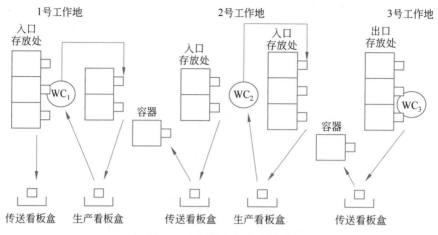

图 13-13　用看板组织生产的过程

4. 持续改进

用看板组织生产的过程表明,有两个存放在制品的地方:上道工序的出口存放处和下道工序的入口存放处。这两处在制品数越少,则生产的准时性就越好。减少在制品库存,需要大大改进各方面的工作,要付出极大的努力。至于减少原材料和外购件库存,还与供应厂家有关,需要通过准时采购实现。但是,只要初步实现了按拉动方式组织生产,就达到了进入准时生产的一个起始点。从这里开始,就可以沿着准时生产方式指引的方向持续改进。

实际上,大多数在制品存放在出口存放处,出口存放处的在制品数量可按发出的生产看板数计算,因为生产看板挂在出口存放处的容器上。当传送看板挂在容器上时,则容器不是处于搬运过程中,就是放在入口存放处。于是,可以用发出的传送看板数计算处于搬运过程中和入口存放处的在制品数量。因此,控制看板的发出数量就控制了工序间的在制品数量。

13.4　智慧供应链营销与客户管理

13.4.1　智慧物流与营销管理

1. 新零售下的智慧物流

智慧物流是指通过智能软硬件、物联网、大数据等智慧化技术手段,实现物流各环节精细化、动态化、可视化管理,提高物流系统智能化分析决策和自动化操作执行能力,提升物流运作效率的现代化物流模式。物联网、云计算、移动互联网等新一代信息技术的蓬勃发展正推动着中国智慧物流的变革。

2. 智慧供应链营销管理

1) 营销自动化

营销自动化(marketing automation)是通过软件、技术帮助企业将重复性营销活动通过技术工具自动化执行,并对营销数据、效果进行实时追踪、整合与分析,以便简化营销环节的人工操作,在节省营销人员的时间和精力的同时,提升整体营销效率。

营销自动化的作用如下:

（1）自动识别和追踪多渠道潜在客户，自动提供有用内容，快速建立客户对品牌的信任与尊重。

（2）细分用户群体，针对客户群体量身定制个性化内容和精准个性化触达策略。

（3）识别其中对企业产品更感兴趣、更具转化潜力的用户交给销售团队，快速将销售线索转化为真正的客户。

（4）提供细分渠道、节点分析功能，使营销阶段成效容易衡量。

（5）使企业重复性的营销任务简化且自动化执行。

2）营销自动化的应用

营销自动化的应用主要有以下 5 个方面：

（1）全渠道获取客户。几乎所有企业都搭建两个及以上的获取客户触点，获取的潜在客户线索需要被集成至同一平台（大多数企业都选择了微信公众号）进行集成管理，过往线索流转过程难免造成线索中途流失或不好的用户体验。营销自动化的带参二维码及配套客户 App 的使用可以有效解决这一问题，并自动归类各个渠道获取的真实客户数据以及潜在客户个人信息。

（2）用户信息集成。完整、全面的用户数据集成将最大程度还原用户的需求与喜好，建立立体用户画像，以帮助企业洞察用户。营销自动化将架起微信与电商平台、CRM（Customer Relationship Management，客户关系管理）系统、会员系统的对接桥梁，匹配用户交易记录和会员信息，并实时抓取客户在公众号内的行为轨迹，在将静态数据与动态数据整合的前提下，使用户画像更直观、立体，方便后期进行定制化互动，以产生更多客户价值。

（3）个性化营销管理。营销自动化提供的用户轨迹、个性化图文、个性化菜单栏、标签等可实现"千人千面"的个性化营销的实用工具。每个潜在客户都是独一无二的，标签工具可以根据他们的来源、购买潜力、所处的购买阶段、购买频次、购买历史记录、兴趣偏好等多个维度进行标签化管理，并以此实现"千人千面"的精准个性化营销。

（4）数据分析。尽管微信后台能为企业提供免费的数据分析，但面对企业发布的类型和目的丰富的营销内容，为了整合线上线下全渠道的营销数据，获得更深刻的用户洞见，输出更加详细和实时的分析报告，还需要更加智能化和精细的工具。自动化的营销报告和分析工具基于实时用户行为数据抓取结果进行同步的数据分析，从而为企业提供更具价值、更加详细的营销活动数据分析及报告，帮助企业进行用户重定向与精准营销。

（5）自动化客户沟通工具。自动化客户沟通工具可以部署在企业官网、微信公众号、服务号等多个渠道，实现个性化的实时聊天并收集客户反馈，从而大大缩短企业对用户的响应时间，帮助企业实现海量用户的实时交流。

13.4.2　智慧供应链客户关系管理

1. 供应链管理与客户关系管理的整合

在如今的买方市场下，顾客的需求、购买行为、潜在的消费偏好等都是企业谋求竞争优势必须争夺的重要资源。而客户作为供应链上的重要一环，供应链的中心也要由生产者向消费者倾斜，因此客户关系管理成为供应链管理的重要内容。供应链管理与客户关系管理的整合作用有以下 3 点。

1）降低成本，加强联盟的客户服务和客户管理的水平

供应链管理在服务客户水平的确定上不应只站在供给一方考虑，而应把握客户的要求，从产品导向转变为市场导向。在当前消费者面临众多的商业信息和选择机会时，长期客户不仅意味着商机的增大，还会降低争取客户的费用以及简化销售和服务的流程。客户关系管理能够促进企业与客户之间的交流，根据对客户消费产品的信息反馈，对整个供应链的生产活动及流通流程做出调整，也就是向客户做出最及时的反应。于是，在整个供应链的管理中，客户关系管理的大力支持加深了客户知识的管理和挖掘。这不但拓展了开发新客户的渠道，而且将客户关系贯穿于客户的整个消费过程中，有助于真正做到以客户为中心。

2）促进信息共享

信息共享不仅是供应链管理的一个重要方面，也是客户关系管理的新要求。由于供应链在运作过程中存在风险，使得供应链中的诸多企业在追逐自身利益最大化的进程中选择了信息的压缩和隐藏，使得原则上要求供应链系统诸节点企业采用系统思考方式，以供应链的整体利益为企业决策标准，从而使整体最优的目标无法实现。而通过客户关系管理这种营销理念的建立，首先在企业内部营销人员中间建立客户信息共享的理念，使信息作为联盟中的企业之间的一种共享资源存在，并使之存在于企业员工心中和企业的运作过程中，围绕客户准则这种企业发展的本质要素进行管理活动。

3）充分认知客户的核心需求

20世纪90年代以来，商品经济进入成熟期，客户对于商品的比较不仅仅在质量方面，而是更侧重于伴随商品购买而得到的服务。为了靠近客户，并最大限度地满足客户的需求，企业在日益激烈的竞争中越来越重视客户服务，以提升自身竞争力，并保持长期竞争优势。当客户关系管理成为整个供应链管理的一方面时，就会更加重视客户新的需求。

2. 应用大数据改善客户关系管理

客户关系管理对企业来说是一个必须长期开展的系统过程，牵涉到企业内部的产品研发、市场销售、财务管理、物流运输等方方面面的工作。企业引入基于大数据技术的高效率客户关系管理系统，就可以充分利用大数据技术深入挖掘和分析客户信息，针对客户的个性化需求展开精准营销，最终达到降低客户关系管理成本，同步提升客户满意度和忠诚度的目的。

1）应用大数据构建客户关系管理信息平台

（1）精确采集并更新客户数据。企业如果要想通过大数据技术全面重塑和改进现有的客户关系管理系统，就必须依赖于准确性高、内容完整的企业内部各种数据信息。企业每天的研发、生产、销售、物流等各种日常经营活动都在持续地动态进行，这些日常经营活动会积累和产生规模巨大的各类数据信息。因此，企业必须基于自身的业务流程精确采集数据，不定期地更新客户数据。

（2）构建高价值客户流失预警制度。开发和维系与高价值客户之间的关系，是目前很多企业在日常的客户关系管理工作中高度重视的问题。大数据技术可以帮助企业根据客户信息的各种指标变化，精准分析高价值客户的动态变化情况，从而提前给出客户流失预警。

（3）实施客户精准营销策略。在21世纪互联网经济高速发展的时代背景下，企业实施精确营销策略是继续做大做强的一种必经之路。通过客户信息的广泛搜集，再利用基于大

数据技术的客户关系管理系统识别发现高价值客户,最后针对高价值客户展开个性化的精准营销活动,从而推动企业大幅度降低营销成本,提升市场业绩和客户忠诚度。

2）应用大数据技术实施客户分类

不同的客户给企业带来的价值是不一样的。因此,企业应当根据不同客户的价值差异进行精准的分类,从而针对不同客户配备不同的营销资源,展开个性化营销活动。大数据挖掘技术的核心是快速聚类分析方法,这种方法主要根据以下两个原则进行数据分类:一个原则是组内差异最小;另一个原则组间差异最大。大数据挖掘常用的快速聚类分析方法主要依据两种算法实现:一种是 k-means 数据算法;另一种是 k-medoids 数据算法。其中,后者是在前者的基础上改进优化之后的一种数据算法。

3）应用大数据实现客户分析和考评顾客忠诚度

（1）应用大数据技术实现客户分析。

在客户生命周期的每一个阶段,客户对企业产品的市场需求都是不同的。因此,企业需要实施客户关系管理的内容也不同,在不同的阶段用到的数据挖掘技术也各不相同。客户生命周期不同阶段的大数据挖掘技术如图 13-14 所示。

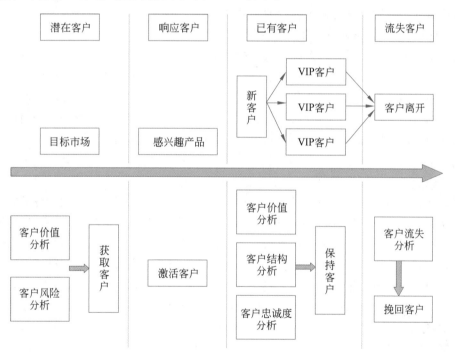

图 13-14 客户生命周期不同阶段的大数据挖掘技术

客户扩要包括以下 4 方面:

① 客户价值分析。一般都是通过在客户关系管理系统中执行特定的算法进行分析,可以借助大数据挖掘的抽取、转换、加载功能,定期(每周一次)把客户信息的基础数据导入企业主数据管理系统,再通过主数据管理系统的客户更新接口把客户数据同步导入客户关系管理系统的呼叫中心。

② 客户结构分析。对企业客户的产品特征、用户特征、业绩规模、财务报表等信息实施相关分析,多维度地分析客户的结构。

③ 客户风险分析。在发展潜在客户的时候,企业应当对客户进行精准分析,规避客户风险,通过加强沟通发展客户并保持客户忠诚度。

④ 客户忠诚度分析。一般客户的忠诚度下降时,有可能是其业务转型导致对企业的产品需求降低,对此可以进行回访和沟通保持未来的适度合作。而具有核心价值的老客户、重点客户的忠诚度下降时,必须根据考评结果运用大数据分析下降的各方面原因,然后通过电话回访、实地拜访、高层互访、新产品展示邀请会等措施积极挽留客户,提升客户忠诚度。

(2) 应用大数据构建客户忠诚度考评量化机制。

在产品价格、产品性能、产品质量和售后服务等越来越多元化、个性化的背景下,客户忠诚度已经成为一个可量化的指标,用于测度客户对一家企业的产品或服务所具有的特殊感情。具体来说,企业可以采取以下两步加强对客户忠诚度的考评:

① 构建基于大数据的客户忠诚度考评量化指标体系。

② 根据大数据对客户忠诚度的考评结果,进一步优化客户分类,有针对性地改进措施提升高价值客户特别是高价值老客户的忠诚度。

4) 应用大数据改进对公司客户关系管理的绩效考核

要使企业的客户关系管理系统真正发挥积极作用,应当运用大数据加强对客户关系管理的考核评价。对部门和员工开展科学、合理的绩效考核,是企业提升工作效率、实现战略目标的一项基本管理活动。对企业来说,要评估基于大数据技术的客户关系管理系统是否达到预定的目标,可以从两个角度针对企业的客户关系管理展开绩效考核:一个角度是从直接销售部门、员工两方面展开量化考核;另一个角度是从支撑部门展开量化考核。

13.4.3　智能客户服务管理

随着新零售时代的到来,智能客户服务开始深入各个领域。当前,电商行业的客户服务需求主要集中在线上,以售前咨询和售后服务为主。由于咨询量大,重复问题多,且服务效果难以把控,因此,需要通过客户服务机器人减轻人工客户服务工作压力,提升用户体验,及时追踪和把握客户服务效果。新零售供应链智能客户服务是在大规模知识处理基础上发展起来的一项面向行业应用的技术。它包含了大规模知识处理技术、自然语言理解技术、知识管理技术、自动问答系统、推理技术等,具有普适性。不仅给新零售行业提供了细粒度知识管理技术,还能够为新零售企业与消费者之间的沟通提供技术支撑。此外,还可以利用统计收集数据开展精细化管理。

1. 传统在线人工客户服务存在的问题

传统在线人工客户服务存在以下问题。

1) 多渠道分散

传统的在线人工客户服务运用多种工具完成用户接待服务,导致客户服务需要来回切换平台,工作效率低。多渠道还导致服务架构难难形成体系化,难以对用户开展有针对性的精准服务。

2）缺乏营销转化商机

传统的在线客户服务缺乏立体的用户画像扫描,因此无法快速了解用户需求,对高价值用户的锁定滞后,导致缺乏精准的用户定位,缺乏对主动沟通功能的支持,即用户需要先发起咨询,客户服务人员才能够进行沟通或启动营销行为。

3）内部管理难度大

传统在线客户服务缺乏用户管理体系,对用户的信息、咨询历史缺乏清晰、完整的管理,服务渠道分散,客户服务很难建立售前、售后、咨询、投诉等不同业务、不同层级的服务架构,客户服务没有针对性,由于客户服务渠道分散,对服务质量的监管非常困难,实时监控很难实现。

除了这些共性问题之外,部分消费者还会遇到客户服务人员听不懂地区方言、换了一个客户人员服务就不知道之前的沟通情况,甚至难以找到客户服务入口等现象。本来是为提升客户满意度而产生的客户服务岗位,往往因为各种主观或客观原因反而招致客户不满。当客户在网购的时候,经常会发送商品链接给客户服务人员以咨询详细信息,会通过客户服务人员了解发货进度,对货品不满意时要跟客户服务人员沟通退货、赔偿事宜。身处在线交易迅猛发展的年代,智能高效的在线客户服务已经成为客户与企业之间最重要的沟通窗口,甚至是唯一的窗口。客户服务智能化,能够实现零距离为客户提供所需服务,并且为企业带来更多商机。

2. 智能客户服务工作原理

1）企业客户服务与客户在各个触点进行连接

智能客户服务可以实现企业在官网、微信公众号、微信小程序、QQ、App、H5 等各个触点部署客户服务入口,让客户能够随时随地以即时通信、电话、音视频通话、短信等多种方式发起沟通,并能够对各渠道会话进行有效整合,便于客户服务人员的统一管理。当然,这需要强大的通信技术,保障即使在海量访问的高并发期间(例如电商大促期间),也可以将高质量的音质、画面、即时通信消息、大文件等稳定触达客户。

2）智能路由接入,匹配机器人或人工客户服务应答

智能路由在客户服务场景中是帮助客户个性化匹配客户服务,以此提升服务体验与促进销售转化的重要技术。例如,一个显示归属四川的电话号码可以匹配给会四川方言的客户服务人员,不仅可以清除沟通障碍,还能带来亲切感和信任感;又如,一个预测为高价值的潜在客户可以分配给金牌销售客户服务人员跟进,以尽可能提升销售转化率。简单的问题可以由客户服务机器人回答,复杂的问题就需要客户服务人员跟进。这需要企业对业务数据、行业语料、客户服务话术等进行沉淀,构建企业知识库,并通过意图识别、深度学习、语义分析、会话管理和自然语言生成等多项核心技术建设更智能、高效的客户服务体系。

3）沉淀客户信息与运营策略优化

一方面,通过智能客户服务系统产生的沟通过程,都能够记录和保存,管理人员可以通过工作面板进行抽查或进行人工智能全量质检,更科学地考核客户服务工作,有效提升客户满意度。

另一方面,智能客户服务系统打通了售前、售中、售后全流程、全场景的数据,可以用于建设客户标签画像体系、客户分层分群模型,不断优化数字化运营策略,实现高效的个性化

互动、营销与服务。而当这些数据在数据中台与企业 CRM、ERP 系统的业务数据融合之后，就能进一步激活、发挥企业数字资产的巨大潜力，通过数字化客户运营全面提升企业线索孵化、销售转化、留存复购的效率。

案例与问题讨论

◀ 案例：苏宁物流智慧供应链引领社区零售新体验

电商零售及快递巨头纷纷布局社区零售领域。其中，苏宁布局最为广泛，服务更多元。以苏宁小店、苏宁前置仓、苏宁生活帮构建的"1 小时场景生活圈"迅速抢占社区零售主阵地。苏宁物流协同家乐福升级到家服务，成为苏宁社区零售业务加速发展的又一引擎。

1. 社区生活服务全覆盖

当前社区零售按主要销售品类、服务方式等不同，分为以到店消费为主的生鲜门店、到店和到家相结合的便利店和小型商超、以即时配送到家为主的前置仓、依托于社交网络的社区团购以及"门店＋社区生活服务"等模式，如图 13-15 所示，不同社区零售模式有各自的发展特点。

图 13-15　社区零售模式

2017 年底，以提升社区用户体验为目标的苏宁小店开始铺向全国。依托苏宁小店，苏宁物流启动社区配送网络建设，推出即时配拳头产品——苏宁秒达，通过苏宁前置仓和前端采购、后端配送的组合，搭建社区配送众包平台，如图 13-16 所示，实现生鲜果蔬、生活百货等商品的"1 千米 30 分钟、3 千米 1 小时达"。

随着苏宁秒达社区配送网络的日趋完善，苏宁"1 小时场景生活圈"被激活。2019 年 10 月，苏宁正式发布"1 小时场景生活圈"，依托苏宁小店，推出服务品牌苏宁生活帮，率先开辟了社区零售市场的全新战场——社区生活服务。

苏宁生活帮在"家电 CARE、生活 CAER、包裹 CARE"三大业务核心线产品即时配送基础上，叠加包裹代收、家电清洗等社区便民生活服务。不同于以生鲜配送为核心的每日优鲜、叮咚买菜等社区零售平台，苏宁"1 小时场景生活圈"一枝独秀，成为社区用户美好生活

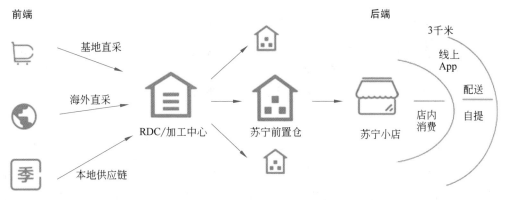

图 13-16 苏宁物流社区配送

的得力助手。

2. 家乐福"福社圈"到家服务升级

仓储前置社区化是社区零售供应链的重要发展趋势。同时，门店选址、即时配送服务带来的高成本，消费者需求波动预测难度较大，以及消费者对服务水平期望值的提高等，都为供应链带来了新的挑战。

随着家乐福加入苏宁零售生态圈，苏宁完成了社区前置仓网络的新布局，也进一步强化了供应链的服务能力。苏宁用数字化技术和物流网络为家乐福双线赋能，而家乐福则以全国209家大型实体超市、丰富的商品种类成为苏宁社区零售强大的前置仓，增强了苏宁小店的供应链能力，加速了苏宁社区零售业务全面发展与体验升级。

2020年，2月5日，家乐福正式接入苏宁易购App，推出"3千米1小时达"服务。随后又推出"福社圈"到家服务升级计划，增加"10千米半日达"、最高一日三送等多种服务，同时，还能为全国51个城市的35万个"福社区"提供生鲜进口品、红酒等丰富的商品及清洗、维修、家政等社区服务。

截至目前，苏宁以苏宁生活帮＋家乐福的零售组合，充分发挥了社区的终端优势，提升了消费者的社区生活体验。

3. 智慧供应链赋能引领社区零售新体验

据苏宁易购发布的家乐福到家服务大数据显示，2020年2月14日至3月14日期间，家乐福到家服务同比增长398%，服务人群达1853万人，累计为消费者提供5528吨蔬菜、1568吨肉、1942吨水果。订单增长迅猛，配送时效不断升级。苏宁社区零售的爆发源于苏宁物流智慧供应链的强大支撑。未来社区零售门店、供应链的数字化和网络化是提升消费体验的重要突破点。

新冠肺炎疫情期间，苏宁物流"卧龙一号"无人配送车落地苏州，实现了苏宁小店即时订单的无接触配送到家。基于家乐福强大的供应链优势以及苏宁物流全国布局的物流基础设施网络，构建好产品＋好服务的到家服务"组合拳"，人工智能技术、零售基础设施、物流服务效率等都将成为社区零售升级的关键。

未来，随着苏宁物流的智慧升级，苏宁社区服务还将会下沉得足够深，颗粒度足够细，全场景服务优势进一步凸显，为行业发展提供积极参考。

1. 苏宁物流的智慧供应链是如何在社区进行布局的?
2. 智慧供应链如何助力社区零售?
3. 供应链的数字化转型和升级对社区零售的作用有哪些?

小　　结

　　新零售时代的智慧供应链将不再只有简单的内部支持职能,而是具有一种全方位的服务支撑职能,是站在消费者需求的角度对智慧供应链进行设计,更加注重供应链的柔性和精准性,而不仅仅追求规模经济。智慧供应链在计划、采购、物流等供应链执行层面进行数字化转型。采用智慧供应链的企业将缩短规划周期,依托上下游协同带来的实时数据,通过人工智能、认知分析提升供应链的自动预测能力与速度,并通过与外部合作伙伴之间的高效协同,实现快速响应,以提升企业效率与业绩,最大限度地降低经营风险。

练习与作业

　　1. 以某家企业为研究对象,分析新零售时代,面对大数据、云计算等信息技术的使用,该企业的供应链有何新的变化。
　　2. 新零售下的智慧采购战略与企业传统的采购战略有何区别?
　　3. 从供应链的角度分析企业在生产与销售领域如何将 MES、ERP 与 CRM 系统进行整合,以提升供应链的整体核心竞争力。
　　4. 选取一家准时生产企业进行调研,为企业设计某种物料的看板控制系统。

第 13 章　新零售供应链

第 14 章　智能集装箱与智慧港口

※ 学习目标

1. 了解智能集装箱在国内外发展的现状、目前存在的问题与未来的发展趋势。
2. 掌握智能集装箱的特性与功能。
3. 掌握智能集装箱的技术标准与运输标准体系构建。
4. 理解智慧港口的内涵,掌握智慧港口的功能。
5. 了解智慧港口的发展趋势。
6. 掌握智慧港口使用的关键技术。

※ 学习指南

1. 结合当前多种新技术的使用,广泛了解智能集装箱在国内外的发展,深刻思考智能集装箱目前存在的问题,通过本章学习以及收集资料,了解智能集装箱的技术标准。

2. 结合目前国内主要港口的建设,深刻理解智慧港口的内涵,广泛了解目前智慧港口配套使用的新技术,对我国的智慧港口建设取得的成绩有深刻的认知。

※ 课前思考

1. 智能集装箱与传统集装箱有何区别? 依你的理解,何为"智能性"?
2. 目前在物流领域有哪些新技术? 哪些新技术可以应用在智能集装箱以及港口建设方面?
3. 从传统港口到智慧港口的升级转型,港口企业可以从哪些方面进行提升?
4. 智慧港口的发展对当地经济发展、产业布局、城市集群的发展有何影响?

14.1　智能集装箱概述

在当今的全球贸易中,超过总货值 80% 的货物是使用集装箱运输的。自 2001 年起,基于国际货运安全的需要,美国、欧盟和中国联合正式提出智能集装箱的概念,并受到国际关注。历经二十多年,伴随着卫星通信技术、互联网技术、大数据技术、物联传感技术的发展与不断成熟,全球集装箱智能化的发展日新月异,有力支撑了包括中国在内的全球货物运输和全球贸易快速发展。

14.1.1 智能集装箱的概念

智能集装箱是指集自动识别、安全和物理参数监控技术以及与之相关的定位、无线通信、机械技术于一体的现代化集装箱及其管理系统。

智能集装箱的概念起源于美国。智能集装箱通常指在现有集装箱外部和内部增加一些用于集装箱运输通信、状态检测与设备识别的电子设备，可以在集装箱运输过程中将集装箱的一些关键信息，如集装箱基本信息、货运信息、集装箱位置、安全状况、箱内温湿度或压力等状态信息传送给集装箱运输应用网络，集装箱承运人、发货人、收货人不用开箱就可以通过相关系统实现货物信息的读取和箱位的追踪，了解货物的实时方位、状态和安全状况。更先进的智能集装箱还可以采取一些自我防护措施，如超温自动降温、超压自动降压等处理。随着智能集装箱产品的出现，智能集装箱运输逐步并入现代交通运输快速发展的轨道，并发挥着积极的作用。

14.1.2 智能集装箱的功能

智能集装箱有以下 7 个功能。

1. 自动识别功能

自动识别功能使智能集装箱与作业系统进行快速信息交换，减少手工录入及单证流转过程中出现的差错，同时提高集装箱的快速通关速度。

2. 安全监测功能

安全监测功能探测记录集装箱的不合法入侵事件，识别并记录经授权的开关箱门操作，可提供提醒功能，协助海关及客户快速查验，确定安全责任划分。

3. 定位和追溯功能

定位和追溯功能通过管理信息系统和定位技术手段，记录和查询集装箱位置，当与预先设定好的运输路线不一致时，发出提醒信号，同时可以追溯集装箱运输过程中的历史状态。

4. 状态监测功能

状态监测功能利用传感器技术及网络通信技术实现运输过程中集装箱状态的实时监测。

5. 集装箱堆场自动作业功能

由于智能集装箱具有自动识别能力，堆场机械能够在无人操作的情况下自动找到对应的智能集装箱，根据智能集装箱提供的信息将其放在计划的堆场位置中。

6. 信息服务功能

信息服务功能能够自动记录集装箱关键信息，如集装箱内货物、集装箱号、提单号（也可包含报关单的部分信息）并通过与后台信息系统内的数据关联实现经授权的信息管理与查询功能。

7. 集装箱设备维护与管理功能

智能集装箱记录了集装箱的生产商、生产日期、规格、维护记录、箱主等信息，集装箱管理人（箱主或租箱人）可以据此安排集装箱设备的维护和保养计划。

14.1.3　智能集装箱管理现状与问题

1. 智能集装箱管理的现状

中国国际海运集装箱(集团)股份有限公司(以下简称"中集集团")是目前世界上最大的集装箱制造企业,它生产的集装箱仍然只是满足物流运输,在智能化投入方面比较少。所以现在的国产集装箱主要在海运、铁路运输、汽运中充当运输"盒子",很多企业都处在研发智能集装箱的阶段。

中国有部分企业也进行了多功能集装箱的研发,如智能干式货运集装箱及其系统、智能罐式集装箱/槽罐车及其系统、智能冷藏集装箱及其系统、安保集装箱及其系统以及RFID电子标签集装箱身份自动识别系统等智能集装箱系统在内的传统交通运输装备的智能与安全完整解决方案,以满足国际反恐、货运安全、现代物流、世界贸易等对下一代交通运输装备的要求。

中国目前还研发了集装箱远程监管系统,通过集成集装箱空重载传感器、开门检测传感器、温湿度传感器和无线传输技术,将集装箱联网,实现了集装箱位置和状态信息的远程可视化,为船公司、箱东、货运公司、货主更便捷地管理集装箱状态和货物安全提供数据支撑和依据,实现了集装箱位置、箱门开关状态、空重载状态在网络上的可视化,为提升集装箱管理效率和货运服务水平提供了数据依据。用户可通过登录系统进行航线运输状态查询。

2. 智能集装箱管理的问题

智能集装箱管理主要存在以下问题。

1) 智能集装箱的可视化水平不高

目前在世界和中国的集装箱制造业,针对集装箱的远程监管系统应用不足,只有少量客户需求定制品。可视化的应用并不是十分普遍。同时,5G技术和物联网技术还未普遍运用,也是制约集装箱可视化的一个因素。未来集装箱的可视化将是物流智能集装箱的一个关键环节。可视化也将是未来智能集装箱系统功能的一部分,可以快速实现各业务对象的视频操作。

2) 智能集装箱的信息化不足

当前,国际标准化组织(ISO)专门制定了国际标准ISO 6346,即《集装箱代码、识别和标记》。该国际标准用于以下用途:集装箱的正确选用与识别;货物装箱单填写;货方、港方、船方之间箱体交接;集装箱货物报关报检;堆场作业计划编制、船舶配载计划编制;货物在途跟踪;等等。这个国际标准需要培养专门的人员,同时港口、货运企业针对该类信息填写、识别比较烦琐和困难。目前没有比较智能而且国际通用的扫码功能以实现快速的识别和信息获取。当前物联网技术在不断升级改造,通过射频识别、红外感应器、传感器等信息采集设备与互联网连接起来,进行信息交换和通信,以实现智能化识别、定位、跟踪、监控和管理。而这些技术将引领智能集装箱行业的发展。

3) 智能集装箱的互联网信息渠道不畅

当前集装箱自主传递信息的功能不足,无法全面实现集装箱信息自动更新。在互联网的信息查询系统中,往往只能通过箱号查询该集装箱的运输路径,而无法获取集装箱的实时定位、物料情况、通关业务等信息。今后需要加大这方面的研究和投入,推进智能集装箱在互联网上的信息渠道建设。

4）智能集装箱的自我装卸功能不足

集装箱在海运、铁路运输、汽运中主要借助搬运设备实现货物的搬运与运输，目前集装箱的自我装卸功能还没有实现。一旦实现该项功能，集装箱的智能运输时代将会提前到来，智能集装箱将实现无人作业。当然，集装箱智能装卸的道路仍然比较漫长，需要对港口、基地、船舶、车辆运输等传统领域的基础设施进行改进，并不是只改造集装箱就能够实现的。智能集装箱的自我装卸仍然需要通过辅助设备或设施实现。

14.1.4　智能集装箱在国内外的发展

1. 智能集装箱在国外的发展

集装箱的安全性和智能化是重要的发展趋势。例如，"9·11"恐怖袭击事件之后，美国提出智能集装箱计划，即集装箱电子封条监管系统。该系统的核心是基于 RFID 技术的、替代铅封和塑封的集装箱电子封条系统，它不仅具有传统封条系统的安全功能，而且具有支持电子记录的功能，可以实现自动识别与跟踪等功能。保障集装箱运输的安全的问题已迫在眉睫，各国政府考虑的是国家和社会安全。而对于海关、港口公司、船运公司、物流公司以及货主来说，除了防止遭受恐怖组织的袭击以外，还要防范货物失窃。所以，集装箱电子封条监管系统对集装箱及其中装载的货物进行更高等级的安全保障和实时追踪有着重要意义。

2. 智能集装箱在国内的发展

集装箱作为多式联运的重要载体，其运输的过程需要经过不同的环节。对中国来说，智能集装箱运输不仅要考虑我国的发展需求，还要考虑能够与国际运输接轨。我国智能集装箱运输不能脱离国际集装箱运输发展而独自进行。基于这些考虑，我国的智能集装箱运输在起步阶段就强调了"与国际运输相兼容，通过应用示范，带动自主创新"的原则。在交通运输部、科技部等相关部门的支持下，我国港口和航运企业先后开展了多项国内航线、国际航线集装箱 RFID 示范工程。这些智能集装箱运输实践在行业内外都引起了强烈的反响。其中最为典型的是长江航线示范工程和中美航线示范工程。

1）长江航线示范工程

2006—2008 年，在交通运输部的支持下，交通部水运科学研究院在从重庆至上海的航段开展了大量的长江航线试验，对智能集装箱应用的电子箱封、电子标签产品性能进行了实地检测，并起草了相关的国家标准，该示范工程取得了重要的成果。

2）中美航线示范工程

2006 年，在科技部和上海市政府的支持下，上海港组织开展了上海至烟台"两港一航"航线试验。2008 年 3 月 10 日，中美集装箱运输示范航线正式开通，通过国内国际航线试验。上海港主导起草了 ISO 18186 国际标准，社会各界都对该示范工程给予了高度的评价。

国内智能集装箱除了在海运领域的应用以外，在铁路方面也有较快的发展。2017 年，全球智能集装箱产业联盟发布了集装箱二维码团体标准。集装箱行业加速了二维码的应用进程。2018 年，中铁铁龙集装箱物流股份有限公司在特种集装箱上率先开展了铁路集装箱二维码应用示范，截至 2019 年 12 月，累计有 3 万只集装箱配置了二维码。2020 年，中铁集装箱运输有限责任公司开始大规模定制集装箱二维码和北斗定位装置，截至 2020 年 9 月，已累计购买了 20 万只配置二维码的集装箱。

14.2 智能集装箱标准体系以及信息采集与监控系统

14.2.1 智能集装箱技术标准体系

智能集装箱技术标准体系如图 14-1 所示,分为编码与标识标准、自动数据采集技术标准、网络传输技术标准、数据接入与共享技术标准 4 类。

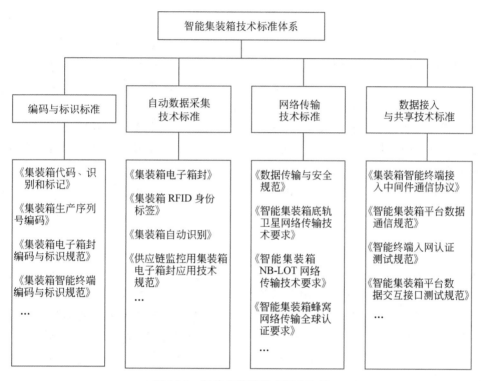

图 14-1 智能集装箱技术标准体系

1. 编码与标识标准

编码与标识标准是智能集装箱的基础技术标准,早在 20 世纪,ISO/TC 104 技术委员会就制定了《集装箱代码、识别和标记》标准,统一规范了集装箱箱号的使用。随着集装箱行业的发展,集装箱全生命周期内唯一身份识别的需求日渐增强,全国集装箱标准化技术委员会牵头制定了《集装箱生产序列号》国家标准。集装箱物联网系统的发展又促进了物联网智能终端的发展,全球智能集装箱产业联盟组织制定了《集装箱智能终端编码与标识规范》团体标准。《智能集装箱标识标志规范》《集装箱及其运输装备物联网标识:二维码》《集装箱及其运输装备物联网标识:射频标签》《集装箱及其运输装备物联网标识:NFC 标签》等标准已经纳入了相关标准规划。

2. 自动数据采集技术标准

自智能集装箱提出以来,最初的技术是以 RFID 为核心的,因此 ISO/TC 104/SC 4 从

整体架构和技术要求出发,制定了相对全面的集装箱应用 RFID 标准体系,包括以下标准:

(1) ISO/TS 10891—2009《集装箱 RFID 身份标签》,该标准采用无源 RFID 技术,通过 ISO18000-6C 实现集装箱号的自动识别。集装箱电子标签作为集装箱的一个永久部件全寿命周期地依附在集装箱上,实现集装箱号的自动识别。

(2) ISO/TC 104 与 ISO/TC 122 联合制定了 ISO 17363 至 ISO 17367 系列标准,规范集装箱供应链对 RFID 技术的应用,并通过电子标签进一步明确对物流信息内涵的自动识别,包括货物品种、发货人、收货人、承运人、途经线路等,从而大幅提升物流数据处理的工作效率。

(3) ISO 18185—2007《集装箱电子箱封》标准,以促进传统机械箱封的电子化,实现箱封身份和状态的自动识别,通过对箱门在中途开启和关闭的监控提高货运安全性。

全国集装箱标准化技术委员会组织国内相关技术企业也积极开展了相关标准的制定,具体包括《集装箱电子标签技术规范》《集装箱安全智能锁通用技术规范》《集装箱安全智能锁阅读器通用技术规范》等国家标准。

全球智能集装箱产业联盟成立后,最先制定的标准也集中在这一领域,已经制定了《集装箱二维码通用技术规范》《集装箱智能终端通用技术要求》《集装箱智能终端通用测试规范》等团体标准。

自动数据采集技术标准是集装箱标准化组织涉足较早、研究积累较多的类别。通过 ISO/TC 104、SAC/TC 6 和全球智能集装箱产业联盟各层面的大力推动,智能集装箱自动数据采集标准已比较完善,核心标准已经齐备。

3. 网络传输技术标准

鉴于真正意义上基于智能集装箱云平台的联网尚未大规模普及应用,加之智能集装箱全球流通中仍然存在网络技术瓶颈问题,智能集装箱网络传输技术标准是相对薄弱的环节,亟待制定的标准包括《数据传输与安全规范》《智能集装箱低轨卫星网络传输技术要求》《智能集装箱 NB-IoT 网络传输技术要求》《智能集装箱蜂窝网络传输全球认证要求》等。正因为如此,目前处于投资和推广热潮的低轨卫星、NB-IoT 等通信技术都看好智能集装箱这一应用场景,相关核心技术企业纷纷聚集到全球智能集装箱产业联盟旗下,全球智能集装箱产业联盟已经成立了低轨卫星项目组开展相关工作。

4. 数据接入与共享技术标准

数据接入与共享技术标准是为智能集装箱云平台建设服务的。全球智能集装箱产业联盟在全球率先发布了"箱行天下"平台。为全面服务于智能集装箱行业,全球智能集装箱产业联盟组织制定发布了《集装箱智能终端接入中间件通信协议》和《智能集装箱平台数据通信规范》团体标准,后续还将制定《智能终端入网认证测试规范》《智能集装箱平台数据交互接口测试规范》等标准。

14.2.2 智能集装箱运输标准体系

1. 智能集装箱运输标准化要素

构建智能集装箱运输标准体系可以运用综合标准化的方法进一步提升智能集装箱运输的整体水平。智能集装箱运输是一个新兴的综合性行业,涉及多个领域,如现代网络技术、信息技术、自动识别技术、传感技术等,其标准化侧重通过高新技术进一步系统、规范地整合运输中的物流功能,实现运输与仓储、配送等环节的协同运行。智能集装箱运输标准化要素如下:

(1)技术标准。主要包括基础设施设备标准、技术方法标准等。

(2)信息标准。主要包括信息采集标准、数据交换标准等。

(3)管理标准。主要包括数据安全标准、作业管理标准等。

(4)服务标准。主要包括服务评价标准、统计标准等。

2. 构建智能集装箱运输标准体系

1)标准化对象

通常情况下,标准化对象主要分为标准化具体对象以及标准化总体对象两大类。其中,标准化具体对象是需要制定相关标准的具体事务;而标准化总体对象为标准化具体对象的总和,进而形成一个整体,同时将不同标准化具体对象的属性及其本质真实地展现出来。智能集装箱运输标准化对象同样分为标准化具体对象以及标准化总体对象两大类。其中,具体对象包括 3 类:一是集装箱运输的相关设施,例如港口、航道以及中转站等;二是运输设备,例如车辆、船舶等;三是生产工艺和信息化,例如配件、代码等;而标准化总体对象主要为智能集装箱运输工艺的技术方法以及管理方法。

2)体系架构

从物理角度来说,智能集装箱运输标准体系架构分为系统设备标准以及运输作业标准。从逻辑角度来说,智能集装箱运输标准体系架构主要分为 3 个层次,分别为基础层、交换层以及感知层,如图 14-2 所示。

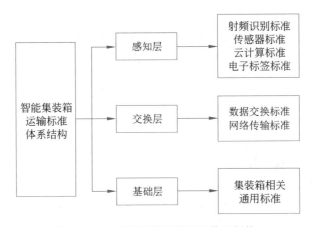

图 14-2　智能集装箱运输标准体系架构

由图 14-2 可以看出,智能集装箱运输标准架构的基础层就是集装箱相关通用标准,其中包括生产标准以及运输管理标准;交换层主要是数据交换标准以及网络传输标准,主要包括 UN/EDI 标准格式报文、可扩展标记语言格式报文及网络传输等标准;感知层主要是信息集成标准,其中主要包括射频识别标准、传感器标准、云计算标准、电子标签标准等。

14.2.3 智能集装箱信息采集与系统监控

1. 功能

智能集装箱信息采集与系统监控系统的功能如下：

（1）实时采集集装箱内危险品状态信息，判断其是否超过数据预定阈值，为运输现场人员提供安全预警与实时信息查询服务。

（2）能够与 Web 远程终端完成信息交互，现场监控终端将传感器信息、运输车辆或者船舶自身状态信息发送给远程终端，货主或监控人员可以登录远程终端查询危险品集装箱状态信息，获得许可的管理员还可以下发调度、预警指令。

（3）实时追踪危险品集装箱的位置，并将其位置显示在电子航道图中，监控人员可以通过登录远程监控系统获取其地理位置信息。

（4）能够在集装箱码头等港口作业区实现定点检查，检测其集装箱是否符合安全运输的标准，筛选出不符合安全运输标准的集装箱，为港区管理人员提供判断依据，防止事故发生。

（5）对历史事件进行归类整理，实现物流运输过程的全过程回溯。

2. 系统主要架构

智能集装箱信息采集与系统监控系统由以下 4 个模块组成。

1）信息采集模块

信息采集模块主要完成运输工具和货物状态的信息采集。运输工具的信息主要是集装箱的状态信息，包括集装箱运输的速度、平稳度等；货物的状态信息主要包括运输过程中货物的温湿度、烟雾及其他相关信息。

2）现场监控模块

现场监控模块主要完成对多个传感器节点传送来的数据进行筛选、收集和处理，并自动将当前数据归档为历史数据。该模块能够使现场作业人员通过可视平台对集装箱的运输情况、航道信息和货物状态进行实时追踪查询并提供预警。

3）远程监控模块

远程监控模块主要通过远程终端接收现场终端打包发送的数据，对这些数据进行融合处理，实现可视化的远程动态监控，并将历史数据存储在数据库中。同时，远程监控模块还可对现场监控设备进行远程控制。

4）信息传输模块

信息传输模块主要采用无线传输的方式实现现场终端与 Web 远程终端的信息交互。

3. 主要技术

1）定位技术

智能集装箱通过定位技术获取其当前准确位置，定位技术主要有美国的 GPS、欧洲的伽利略系统、俄罗斯的格洛纳斯系统和中国的北斗系统。值得一提的是，我国的北斗系统虽然起步较晚，但是发展迅速，到目前为止已有 35 颗卫星，卫星数量超过 GPS（24 颗卫星），提供了更好的精准度。

2）自动识别技术

为了提高运输效率、运输安全性和运输透明度，智能集装箱采用识别技术及时、精确地反映货物类型、数量、状态等信息。目前主要的识别技术包括 RFID 技术、OCR（Optical Character Recognition，光学字符识别）技术和条形码技术。条形码技术比较成熟，应用时间长，但是其识别距离较近，信息量较小，已经无法满足当前需求。

集装箱号 OCR 自动识别是基于图像识别中的 OCR 技术发展而来的一种实用技术，它能对集装箱图像进行实时抓拍，对集装箱号和箱型代码（ISO 号码）进行识别。根据国际通行的规则，集装箱号应喷涂于集装箱的前、后、左、右、上 5 个面上，箱号末尾还有校验码和箱型代码。为提高识别率，箱号识别系统通常对箱体各个面上喷涂的箱号都要进行识别，最后根据各个面的识别结果进行综合互补判断。由于集装箱经常上下叠放，一般箱顶的字体磨损都相当严重，因此，系统通常只采集前、后、左、右 4 个面的箱号图像进行识别。

3）无线通信技术

无线通信技术根据通信范围可以分为近距离通信技术和远距离通信技术两类。近距离通信技术应用于码头、堆场等场景，主要有 ZigBee、WiFi、蓝牙等。远距离通信技术用于智能集装箱与服务管理平台之间的数据通信，可以使用 LTE、5G、GSM/GPRS、卫星通信等技术。

4）电子箱封技术

电子箱封技术实现了对集装箱门开关状态的检测。电子封箱技术根据电子锁的外形可以分为 3 种：门夹式、挂锁式和插销式。以门夹式为例，通过无线通信模块对其发送上下封指令，贴在集装箱门上的那一面有导线网，通过导线网是否被破坏判断箱门是否被打开。

5）传感器技术

智能集装箱各类状态数据来源于各种传感器。传感器技术是智能集装箱的关键技术之一，是实现测试与自动控制的重要环节。

14.3　智慧港口建设与发展

港口是水路交通枢纽。近年来，我国航运业实现了里程碑式发展，我国 90% 以上的对外货物贸易运输由海运完成，全国港口货物和集装箱吞吐量连续多年稳居世界第一。随着贸易的增长以及科技的发展，港口已不单单是提供装卸和转运服务的中转站，更多的是提供以物流、信息流和资金流为基础的各类延伸服务，逐步成为兼具信息化、网络化与敏捷化的综合服务中心。

14.3.1　智慧港口的内涵与功能

1. 智慧港口的内涵

智慧港口是指充分借助物联网、传感网、云计算、决策分析优化等智慧技术手段对港口供应链各核心的关键信息进行透彻感知、广泛连接、深度计算，实现港口供应链上的各种资源和各个参与方之间无缝连接与协调联动，从而对港口管理运作做出智慧响应而形成的具有信息化、智能化、最优化特征的现代港口。智慧港口是依托科技创新，集自动化、智能化、数字化等技术于一体,具有多边界属性的港口生态体系,代表着现代港口的发展方向。

智慧港口借助强大的互联网、物联网、移动互联网、大数据、云计算等现代信息技术,综合利用全球定位系统、地理信息系统、计算机仿真、传感器网络、人工智能等技术手段,通过感知、追踪、控制与管理实现更多参与方资源、角色、功能、信息的协同,从而形成一个结构完备的智慧港口物流公共服务(云)平台,如图 14-3 所示。

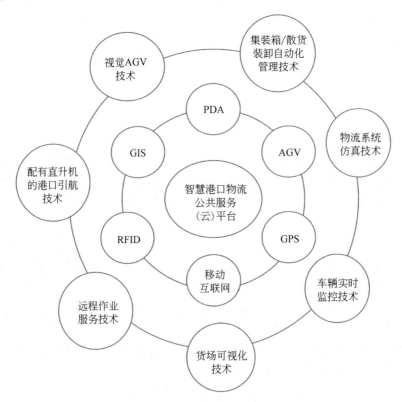

图 14-3 智慧港口物流公共服务(云)平台

2. 智慧港口的功能

基于港口供应链从上到下的延伸,智慧港口的功能可以概括为智慧码头作业自动化、智慧口岸通关一体化、智慧物流全程可视化、智慧商务服务便利化。

智慧港口的具体功能包括港口对外服务、港口生产综合管理、码头智能化作业、港口安全监督及应急指挥、港口行政管理、口岸通关一体化对接、网上结算及货运、生产调度指挥、移动呼叫、信息推送。

1)港口对外服务

港口对外服务是指面向港口客户、港口业务合作伙伴、港口内部企业及公众提供与港口相关的服务。客户可以在平台上完成全部港外物流、港内物流、通关、交易、货运、行政审批等港口业务。

2)港口生产综合管理

智慧港口可以实现港口商务、总调度及各码头调度、设备管理维护、车辆管理、船舶管理、泊位航道管理、安全生产、能源能耗、计费结算、日常办公等全过程的自动化、一体化管理。

3）码头智能化作业

智慧港口可智能化管理各机械设备、车辆、船舶、货物、磅场、库场、卡口、作业人员、联检等。

4）港口安全监管及应急指挥

智慧港口负责港口安全监管、危险源主动防控、突发事件处置、应急指挥通信、安全监控预警、安全巡检、应急事件等信息的实时发布。

5）港口行政管理

智慧港口主要向港航管理局提供港口政务管理服务，其中包括行政许可申请、审批、政令发布、公文下达流转等。

6）口岸通关一体化对接

智慧港口可实现海关、检验检疫、海事、边检等部门的跨部门数据共享、监管互认。代理企业可在口岸系统一次性录入申报信息，再将这些信息分别发送到各家联检单位的系统，实现"一单多报"。

7）网上结算及货运

智慧港口提供网上结算、货运等业务，实现港口杂费结算。与保险公司打通接口，一站式购买保险，提供保险资费查询。

8）生产调度指挥

智慧港口可实现"多调合一"的管理，即将各项调度功能整合到一个平台上，实现港口生产调度的统一指挥，进而实现多作业线并行的调度管控。智慧港口可实现"多级调度"流程的自动化，即对总调度、现场调度及各码头公司进行联网控制。

9）移动呼叫

客户服务呼叫中心系统是港口对外服务的重要通信平台，负责客户咨询、业务引导。智慧港口支持包含服务热线、微信公众号、手机 App 等方式的移动呼叫。

10）信息推送

信息推送系统支持基于计算平台、微信、手机 App 等信息推送服务，通过主动推送信息的方式向客户、港内管理人员、生产人员传递业务状态、调度沟通、客户通知、急件预约、申请、领导批示等信息。

14.3.2　智慧港口建设的关键技术

智慧港口的建设并不是一蹴而就的，必须借助功能强大的物联网、大数据、移动互联网、云计算、人工智能等现代化信息技术，综合利用 GPS、GIS、GPRS、计算机仿真、传感器网络、可视化等技术手段进行透明感知、广泛连接、深度融合，从而强化港口企业的核心能力，支持港口的可持续发展。

1. 物联网技术

1）物联网技术在集装箱自动化码头的应用

目前，以上海港、青岛港等各大港口为首，国内大型港口纷纷开展集装箱自动化码头以及自动化堆场建设,而物联网技术则在自动化码头发挥着核心作用。以集装箱出口业务为例,当载运集装箱的卡车(简称集卡)以规定速度驶入检查桥时,该处的感知设备自动读取集装箱和集卡的相关信息,并通过无线网络与港口信息管理平台进行信息验证,验证通过后,港口信息管理平台将调度信息发送给相关场桥,并将路线信息以指令的形式发送到集卡上,同时检查桥的电子限行杆自动升起,集卡按着指令规定的路线信息驶往指定地点。当集卡到达堆场指定地点后,已经接到作业指令的场桥将集装箱吊离载运车辆。场桥感知设备自动读取集装箱信息,信息经验证通过后,计划箱位以指令方式下达至场桥,场桥根据指令信息获知集装箱的作业位置,进行集装箱精确堆码,全程无须人工干预。此外,集卡之间通过规定路线及感应器可以实现物信息交互,不需要人为参与,集卡之间可以互相发送关于安全距离的信息提示,能有效确保交叉路口的行车安全。

2)物联网技术在港口智能生产安防系统中的应用

港口智能生产安防系统通过摄像头、红外探测仪、声音传感器、玻璃破碎探测器、化学探测器、温敏传感器、压敏传感器等相关传感器,对港口油品码头、危险品场地以及整个港口安全生产的重点区域进行实时监测,对监测到的异常环境数据,传感器会将感应信号转换为电信号,包括数字信号和模拟信号,并由单片机对信号进行处理和分析后,转换为报警信号,产生声光报警,通过 GPRS、WiFi 或者以太网络的方式将信号传输至监控终端,实现远程设备的联动,将异常情况准确地反映给安防人员,为下一步采取安防措施提供准确依据。

3)物联网技术在智能闸口系统中的应用

智能闸口系统通过综合运用无线传感技术、无线通信技术、无线射频识别技术、视频监控技术、自动称重技术等多项技术,与港口的各项业务紧密结合,实现对车牌、箱号、ISO 号码、货物重量等数据的采集。智能闸口系统可对车辆及货物进行远距离 RFID 定向识别,并通过无线通信的方式自动上传车辆信息。智能闸口系统可自动扫描车辆上的集装箱图像,自动获取集装箱的 ID 编号、货物名称等信息,并自动将信息发送到后台进行核实,若符合通行条件,则自动记录通行时间、装卸位置、装船信息等,全过程无人工干预,加快了车辆通过闸口的通行速度。智能闸口系统不但大大减少了现场作业人员的数量,同时提高了港口作业效率。目前智能闸口系统在很多港口的集装箱码头、汽车码头以及客运码头已经得到了广泛的应用。

4)船舶自动识别

在海运方面,船舶监控系统通过无线射频识别、GIS、无线通信网络实时获取船舶到达码头的数据,配合激光靠泊技术,引导船舶安全抵/离码头。此套系统及技术也被应用在码头内部的拖轮管理上,记录其作业情况,使拖轮驾驶员在工作过程中严格遵守各项规章制度,进行标准化作业,避免违章操作。管理人员也可远程了解工作中的现场情况,发现问题后在第一时间处理。

2. 大数据技术

1)整合信息资源

大数据可以帮助港口整合信息资源,强化数据标准化建设,实现信息资源模式的统一。港口整合内部多个业务系统中最核心、最需要共享的数据,集中清洗和富化数据,并且以服务的方式把统一、完整、准确、具有权威性的核心数据发给需要使用这些数据的应用。同时,通过"数据总线"与港口码头、口岸业务单位乃至监管机构等系统对接,完善物流、通关、贸易、金融、保险等信息元的智能采集、处理、分析和决策支持流程。

2)基于数据信息的分析处理与决策支持

基于数据信息的分析处理与决策支持是未来智慧港口服务发展的方向,具体如表 14-1 所示。

表 14-1　数据信息的分析处理与决策支持

方　面	内　容
港口运营服务	重点实现港口作业协同、信息共享和生产动态监控,通过港口调度指挥中心系统、商务业务管理系统、库场管理系统、设备和能源管理系统等功能模块加强对港口运营信息的收集和管理
港航物流服务	目标是形成多接口、多用户、跨区域、无时限的港航物流平台,为物流企业和上下游客户提供多方协作及业务运营平台。港航物流服务的建设内容一般包括面向物流企业和上下游客户,提供网上订舱、交易管理、电子商务等服务,推进以港口为核心的物流链上下游延展服务功能等,从而构建全程物流信息服务体系,提高智慧港口全程物流服务的核心竞争力
金融贸易体系建设	建立便捷的第三方交易平台,面向金属矿、钢材等大宗商品货物交易,提供在线交易、物流金融服务等一站式电子商务功能,同时以物流商贸交易平台和资金管理平台为依托,通过与银行、保险类企业合作,建立配套的物流金融信息平台、质押监管信息平台、船舶交易平台,不断提高金融服务能力,满足物流金融服务需求,降低物流贸易风险
航运交易体系建设	重点搭建物流服务与船舶交易平台,为智慧港口的船舶交易及贸易提供国际结算、融资服务、航运保险和航运衍生品交易支撑,为各类客户提供物流信息发布和获取渠道,降低供需双方的交易成本和交易风险,提升港口的现代航运综合服务能力
通关监管服务	通过信息数据接口,获取并发布政府主管部门的港航监管信息,方便社会公众了解和掌握航运中心的动态;同时面向海关、检验检疫、海事等监管部门以及口岸客户。提供网络化的申报、审批和管理等通关支持,实现口岸监管部门与监管场所的高效联动
信息增值服务	以大数据中心的海量数据资源为基础,为各层面经营管理提供统计分析与决策支持

3. 移动互联网技术

1)"互联网＋"港口

"互联网＋"不是对传统产业的颠覆,而是对传统产业的升级。在国务院推出的"互联网＋"的 11 个行动计划中,与港口相关的是"互联网＋高效物流""互联网＋电子商务"和"互联网＋便捷交通"3 个行动计划。"互联网＋高效物流"要求通过物联网、大数据、云计算等技术在物流领域的应用,加快建设跨行业、跨区域的物流信息服务平台,提高物流供需信息对接和使用效率。"互联网＋电子商务"是通过普及网络化生产、流通、消费,不断深化电子商务与其他产业的融合,并大力发展农村电商、行业电商和跨境电商,创造电子商务新模式。"互联网＋便捷交通"是通过互联网化基础设施、运输工具、运行信息,推进基于互联网平台的便捷化交通运输服务发展,提高交通运输资源利用效率和管理精细化水平。

"互联网＋"作为国家战略,其核心是推动移动互联网、云计算、大数据、物联网等与传统企业的深度融合,并发展新的生态模式。港口是物流供应链中的重要节点,以"互联网＋"的思维推进港口新业态的发展,建设智慧港口,可提高港口的综合竞争力。

港口是由设备、设施、人员、货物、金融、信息等组成的有机整体,提供装卸服务和现代港口服务。"互联网＋"港口应充分发挥互联网在港口生产要素配置中的优化和集成作用,将互联网的创新成果深度融合于港口发展的各个领域中,提升港口的创新力和生产力,形成更广泛的以互联网为基础设施和实现工具的港口发展新形态。

2）港口的移动互联

互联网可以与港口内人员的移动终端结合,使港口内人员可以随时随地掌握港口的动态。目前,许多港口已经搭建了移动应用平台,实现了协同办公、新闻资讯、生产业务、平安港口、员工服务、员工社交等功能,远程管控港口;有的港口开发了移动智能疏港系统,如呼叫中心声讯系统、二维码验证系统、移动短信平台、二代身份证验证系统、车辆号牌识别系统、电子门禁系统等,为客户提供全方位、多层次、交互式港口业务查询及咨询服务,从而提高了工作和服务质量。

4. 云计算技术

1）搭建企业专属的内部云计算平台

大型港口企业一般具有较强的 IT 资源并拥有相对专业的 IT 人才。随着 IT 环境的复杂性与日俱增,企业的 IT 预算更多地被用于维护基础架构和应用程序的正常运行,而不是更好地满足业务需求。借助云计算技术,大型港口企业可以采取注重实效的方法在自身的IT 环境中实现云计算。通过构建内部云,IT 部门可以大大简化计算框架,从而降低成本,提高灵活性,使 IT 资源能够以更快的速度响应不断变化的业务需求。

2）内部 IT 服务与云计算服务相结合

整个企业的 IT 资源转移到云中的成本很高,不利于运用现有的 IT 资源。所以大型港口企业采用把企业现有 IT 资源与云计算服务相结合的方式支撑企业 IT 设施运行。这种方式不仅能有效降低建设成本,还能降低企业采用新技术的成本。企业可以从云中采购先进的软件服务,通过标准化的接口将其与现有应用进行整合,加快软件的交付时间和减少IT 资源运维成本。

5. 人工智能技术

1）人工智能在码头无人驾驶设备中的应用

近几年,无人驾驶受到了人们密切的关注。当前人工智能的主要细分技术包括机器视觉、深度学习、图形处理器(Graphic Processing Unit,GPU)技术等。随着人工智能技术新一轮发展浪潮的到来,人工智能与港口集疏运设备的自动驾驶也更加契合。目前国内使用的无人跨运车无须事先埋设磁钉,依靠人工智能技术即可实现自主定位、自主导航的无人驾驶决策,不但可以自动规避障碍物,还可以在遭遇突发状况时做出减速、刹车或绕行等各种决策。同时,无人跨运车可根据码头的实际路况自主规划集装箱水平运输的最优驾驶线路。

2）人工智能在集装箱号识别技术中的应用

集装箱号是集装箱在整个港区进行装卸船、堆放、验残、出关等作业时流转的依据,对港口大数据流转、理货公正性等有直接影响。集装箱的作业通常在露天环境中进行,易受到港口所在地的气候、光照条件等影响,且集装箱的箱号横竖排列不定,存在曲面、油漆脱落等情况,因此集装箱号快速、精准的识别成为技术难点。

人工智能的视觉技术以及深度学习算法的突破,使机器在"看"这一认知能力上得到加强。人工智能技术可以实现集装箱号的自主识别,提高集装箱号识别的效率和准确率,并可在此基础上进一步实现港区无人智慧闸口、无人智慧吊装等功能。

3)人工智能在智慧船舶配载中的应用

船舶配载是海上货物运输中的重要环节,集装箱船舶配载是指在确保船舶适航性和经济性的前提下,根据船公司要求,按照一定装箱规则绘制预装船图,以便将集装箱合理地装在集装箱船舶上。集装箱船舶配载是一项复杂、全面、综合性强、技术含量高的工作,对操作人员的综合素质要求较高,其配载质量直接影响码头装卸作业效率和船舶的安全性能。船舶配载可结合船舶的箱量分布、箱型比例、挂靠港等信息,以及实时的货物堆存信息、机械设备状态、班轮航线、泊位、货源等信息,利用人工智能算法,在预测的基础上,自动完成最优配载图,将货物安全、高效地装船,从而提升船舶的有效积载。

4)人工智能在码头智能调度中的应用

港口智能调度将借助物联网技术、人工智能技术,结合实时的生产现场机械设备状态、泊位、车辆运输等相关数据,并与船舶行驶状态实时交互,实现信息系统指令对码头机械设备的控制,以实现生产效益的最大化。

5)人工智能在码头设备故障诊断中的应用

随着港口吞吐量的增加及集装箱的大型化发展,港口机械设备越来越高端,出现的故障也越来越复杂。如果设备发生故障,将对港口企业带来不可估量的损失,因此,对机械故障进行准确诊断并及时采取应对措施是一项重要的任务。随着人工智能技术的发展以及相关领域学科研究的深入,智能故障诊断为提高复杂系统的可靠性开辟了新的途径。港口运用人工智能可针对大型港口机械设备进行信号传感、布设、数据采集、联网传输和监测等,预测港口机械设备可能出现的问题,并对此做出反应,以减少和避免港口作业中断以及安全事故的发生。

6)其他方面

人工智能还能在缓解港口交通压力、改善港口航行安全等方面发挥作用。例如,新加坡海事及港务管理局和IBM公司共同研发的智能交通管制项目SAFER利用人工智能、大数据分析等技术对船舶集中区域的通航密度进行预测,帮助工作人员提前预判并确保港口水域安全,利用先进的机器学习对加油过程中的违规操作进行自动监控和报告。

14.3.3 智慧港口的物联网建设

港口的智能化建设和信息化建设是增强港口核心竞争力的重要手段,也是降低物流成本、提高物流管理效率的关键。随着物联网技术和物流信息技术的飞速发展,基于物联网技术建设的港口应运而生。

1. 港口物联网的总体架构

港口物联网的总体架构如图14-4所示。根据港区或港口生产企业的不同,可以将口岸分成若干园区。每个园区由陆路客货运输体系、港口码头作业体系、堆场(园区)仓储作业体系、物流装备系统组成。不同的体系(系统)需要用到不同的技术、设备并记录不同的运输信息。这些体系(系统)包含了港口物流的主要流程和环节,能为口岸监管和企业生产提供细致、全面的信息。

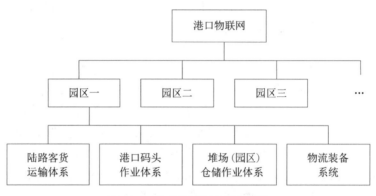

图 14-4　港口物联网的总体架构

1)港口码头作业体系

港口码头作业体系包括视频监控、识别传感、GPS+GIS 跟踪、自动分拣等技术,负责收集码头前沿作业的信息。视频监控同时为海关等口岸部门和港口企业提供前沿的生产情况,实现全海关无盲区监管,并可为港口企业中控室的人员提供现场生产情况。识别传感主要识别与货物相关的信息,并反馈给中控室的工作人员和桥吊、集卡的司机。GPS+GIS 跟踪实现动态的货物跟踪,方便货主查询和安排拖车出港。

2)堆场(园区)仓储作业体系

堆场(园区)仓储作业体系主要是用视频监控设备、湿度/热敏/烟感传感器、气体传感器、定位传感器等收集港口库场和物流园区仓库的相关信息。视频监控设备方便货主和库场管理人员了解货物的状态,特别是方便物流企业进行管理。湿度/热敏/烟感传感器的应用主要出于消防的考虑,以保证库场的安全,实现全天候自动检测仓库环境。有些货物对于空气环境要求很高。气体传感器的应用则有助于检测并报告仓库空气的相关指标,辅助物流企业的管理。定位传感器被放在物品内,能报告物品(货箱)所处货架或者堆场的位置,以方便工作人员查找。

3)物流装备系统

物流装备系统包括扭矩传感器、视频监控设备、识别传感器等设备,负责收集港区里各类装卸设备的相关信息。扭矩传感器被安装在装卸设备内,方便工作人员了解货物的重量和装卸设备的工作状态,保证生产的安全。视频监控设备与码头前沿生产体系中的视频监控设备的作用大致相同。识别传感器的应用主要是为了方便装卸机械正确识别需要操作的货物,提高生产效率和准确性。

2. 港口物联网实现货物快速通关

1)自动录入和读取货物信息

港口利用物联网技术可实现自动录入和读取货物信息,并向海关的工作人员提供货物信息,如货物的品名、货物的重量和件数及货物的起运地和目的地。工作人员可从后台数据库中调取其余信息,如货主信息、运输工具信息等。自动录入和读取货物信息分为以下 3 个阶段。

阶段一:在货物装入集装箱时将货物信息录入集装箱 RFID 芯片中。

这里的信息录入可分为人工录入、自动录入两种方式。对于电子标签识别困难的或者本身不带电子标签的货物,主要采用人工录入的方式,即在装箱完成后,再通过移动终端读写器将货物信息写入与集装箱智能安全锁整合的 RFID 芯片中。自动录入则是直接在装箱过程中通过集装箱本身的 RFID 读写器读取货物本身的信息,自动录入对集装箱上 RFID 设备的要求较高,设备需要具有较远的读取距离、较为准确的读取能力以及较大的存储空间,因此 RFID 系统需要具备有源、超高频和高度整合的特点。系统将装箱完成后的信息进行整合后,作为预录入的通关信息自动发送至起运地海关、目的地海关及其他口岸管理部门。

阶段二:货物信息被自动读取。

集装箱进入堆场时,堆场内的 RFID 读写器识别集装箱,一方面便于堆场的负责人统计和管理集装箱的数量和存放情况,另一方面可以将集装箱内的货物信息发送到贸易公司、港口所在地海关及其他口岸管理部门,并将其作为货物申报的信息。一旦贸易公司通过网络平台向海关提出申报请求,货物信息将自动转化为电子报关单进行申报。如果海关放行了货物,其放行的信息会被存储到后台数据库中,数据库会显示为已放行。

阶段三:货物到达物流仓库时读取货物信息。

仓库入口的读写器识别货物的电子标签,尤其是货物到达自由贸易区和保税物流园区的仓库时,RFID 系统首先确认该货物是否应当进入该仓库,其次关联货物电子标签内的识别 信息,最后将货物的存储信息发送给货主和对应的口岸管理部门。

2)智能监管和追踪货物

海关监管中对于货物的监管体现为货物是否出现在合适的地点和合适的时间。所以海关监管的重点在于货物的地点、时间、属性、载体。近年来,海关监管环境趋于复杂化,货物种类越来越繁多,转关运输、区域一体化报关等多样化的贸易方式和保税园区、自由贸易区等海关特殊监管场所的出现也对海关的货物监管和控制提出了更高的要求。RFID 技术的出现大大简化了海关监管工作。

海关运用 RFID 技术可将货物标识与后台指令数据关联,同时设置警报触发机制。货物每经过一个读写器时其合法性都要被验证。针对被放弃或者销毁的货物,海关工作人员可以利用 RFID 技术在储存和销毁场所自动核对货物的数量、重量以及货物的真实性,保证后续操作的合法性、一致性。货物接触人员的信息要一并与货物标识关联备案到后台数据库,以此查询货物是否整合显示。此方法可以减少人工登记、人工备案的工作量,使货物实现快速通关。

海关特殊监管区域通过物理卡口上的 RFID 读写器可以识别货物标识,后台数据库将该标识添加到海关特殊监管区域的状态值里,将货物信息和海关特殊监管区域的信息关联。此状态值下的货物在进入特定的保税仓库或物流仓库中时会再次被仓库的读写器识别,并向其中添加仓库货架的标识信息,同时与仓库信息和相应仓储公司的信息进行关联。当货物解除保税状态,离开特殊监管区域时,海关及其他相关的口岸管理部门在信息系统中下达核销指令,取消特殊监管标识,货物即可从物理卡口离开特殊监管区域。比较可行的方式是将货物和仓库读写器连接,当系统中的特殊监管标识被核销时,仓库系统将信号传递给核销货物所处的货架,如货架货位标志的颜色变为绿色。当非正常货物通过物理卡口离开海关特殊监管区域时,卡口不予放行并将警报信息反馈到海关特殊监管区域的管理部门。这样能使特殊监管区域的物理边界长时间处于开放状态,只有在触发警报时才关闭,从而改变现有海关特殊监管区域人工审核效率较低的情况,在保证监管强度的同时,缓解海关特殊监管区域外货运车辆的堵塞和排队现象。

3)实现通关信息的智能调取

在货物从生产到运输的过程中会产生大量的信息,但这些信息绝大部分不是通关所必需的,因此在实际操作中需要智能调取通关信息。智能调取主要由调取主体、货物状态和数据库的情况决定。在通关过程中,调取主体一般设为数据中心、海关和云端数据空间,当系统识别数据的调用者为海关时,将自动访问海关所需的数据。货物状态被记载在 RFID 芯片中的货物标识中。通过 RFID 技术,系统自动生成海关报关单,企业只需要决定是否对货物进行报关,这一操作在任意连接网络且具有权限的设备终端上都可进行。海关工作人员无须在窗口作业,只要审核业务操作即可,大量的咨询等影响通关效率的情况将移交海关咨询平台进行统一处理,这样可以提高企业的进出口效率和海关通关效率。

4)建设智能闸口系统项目,加快集装箱车辆在港区闸口的通行速度

智能闸口系统通过远距离 RFID 定向技术自动识别车辆信息,实现车辆作业状态信息自动无线上传和由闸口管理软件生成的车辆行车指南信息自动无线下发,从而提高工作效率,加快集装箱车辆在港区闸口的通行速度,并增加集装箱在港口的吞吐量。

案例与问题讨论

◀ 案例:智慧港口"中国方案"欲走向"一带一路"

我国首个由传统码头升级改造而成的自动化港口——妈湾智慧港于 2020 年 8 月 26 日在南海之滨的深圳蛇口投入使用,这也是粤港澳大湾区正式开港启用的第一个 5G 智慧港口。

妈湾智慧港依托自主研发,集成了"招商芯"、招商 ePort、人工智能、5G 应用、北斗系统、自动化、智慧口岸、区块链、绿色低碳九大智慧元素,致力于打造世界一流的智慧港口和招商局全球港口运营中心。

招商港口是百年央企招商局集团有限公司贯彻落实国家战略的重要载体。招商局集团总经理胡建华表示,未来会将妈湾智慧港打造成全球领先的智慧型港口和世界级强港,并将智慧港口模式推行到"一带一路"沿线国家。

1. 智慧港惊艳亮相深圳湾畔

汽笛长鸣,深圳港西部港区繁忙的一天又开始了。水天一色的蔚蓝下,庞大的岸桥和整齐的轮吊一字排开,满载着五颜六色集装箱的货轮缓缓驶入港口,码头现场一辆无人驾驶集装箱卡车从岸桥下卸船接箱,自动避让道路上的障碍驶入无人堆场,生产作业行云流水……

这是妈湾智慧港每天的生产作业场景。

妈湾智慧港作为招商港口智能化码头建设的头号工程,到处展现着丰富的科技应用场景,隐藏着一项项黑科技:自主研发的世界一流的港口核心操作系统"招商芯"、5G 无人驾驶集装箱卡车、5G 智能巡航无人机、自动化作业轨道龙门吊、智能远程控制的轮胎龙门吊、自动箱号识别的理货系统、集装箱卡车拖车司机自动疲劳驾驶预警分析……

在码头中控室,操作人员可以同时打开多路前端摄像头,通过 5G 网络回传的实时高清视频进行 RTG 场桥转场、集装箱抓放装卸等一系列远程控制操作,无人机在码头巡检时回传实时视频,AI 对驾驶员行为进行实时预警分析。

轮胎式龙门吊远程控制是传统港口最典型的应用场景之一。记者了解到,在实现远程控制之前,操作龙门吊的司机必须爬到龙门吊顶部的司机室进行作业,俯视操作重型机械。如今,龙门吊司机坐在码头中控室,借助 5G 网络回传的高清视频就能远程完成作业,不仅工作环境得到改善,一个人还能操作多台龙门吊,作业效率也有很大提升。

目前,妈湾智慧港 36 台远控轮胎吊已全部上线投产,累计完成超过 300 万个标准箱。基于 5G 轮胎吊远控的成功实践,将助力传统作业码头成为全球单一码头 5G 轮胎吊远控最大规模的应用场景。

40 年前,招商局在深圳蛇口开山填海,开始建设妈湾港。作为传统散杂货码头,妈湾港通过运输钢筋、水泥、沙石等基建材料,助推了深圳经济特区的城市建设,为深圳的繁荣发展做出了积极贡献。2017 年 9 月,招商港口启动妈湾智慧港建设项目。经过 3 年建设,目前妈湾智慧港三号泊位交工验收,从传统散杂货码头华丽变身为融九大智慧元素的智慧港。

据了解,妈湾智慧港项目计划总投资为 43.7 亿元,改造后的妈湾智慧港泊位岸线总长1930m,共有 5 个泊位,年设计吞吐量 300 万个标准箱,可供靠泊世界最大型的集装箱班轮。通过搭建 5G 技术创新平台,应用全自动化无人港、快速集装箱自动装卸、无人拖车等技术,妈湾智慧港实现了港口运作、港航管理智能化,打造了粤港澳大湾区第一个乃至全国领先的由传统多用途码头升级改造成的智慧型港口,成为国内外传统码头智能化升级的典范。

2. 构筑以港口为核心的智慧生态圈

在深圳经济特区 40 年的发展进程中,港口扮演了举足轻重的角色。深圳港从零起步,目前已经成为我国最大的远洋集装箱干线港、全球超大型集装箱船舶首选港和全球第四大集装箱港口。

当今,作为传统产业代表,港口行业向数字化、智能化升级是大势所趋。妈湾港历经 40年发展壮大,如今升级改造,华丽变身为妈湾智慧港,成为招商港口的全球港口运营管理中心,正是顺应了时代的潮流。

2019 年 6 月,招商港口联合 10 多家头部企业在深圳成立了 5G 智慧港口创新实验室,宣告 5G 智慧港口建设全面启动。5G 智慧港口创新实验室不仅是一个技术实验室,也是一个产业聚集地。一方面,招商港口携手华为、中国移动等 5G 技术标杆企业共同推进 5G 智慧港口建设,可以加速 5G 技术在港口应用方面的成果转化;另一方面,实验室也是产业创新中心,5G 技术、自动驾驶技术、AI、码头吊机远程控制技术等集成于港口这个应用密集的场景。

妈湾智慧港是粤港澳大湾区的第一个 5G 智慧港口,也是 5G 通信技术在港口应用的第一个试验田。邵泽华是妈湾智慧港操作部作业现场的一名岸桥操作司机,从 2003 年入职至今已有 17 年。过去岸桥操作人员都需要去现场作业,在几十米高空的一个狭小驾驶室内进行起钩、触桩、过箱等操作。只要一上操作台就要连续工作 8 小时以上,没有特别紧急情况,操作员不能离开设备,因为只要人离开,设备就必须停机。

在 5G 技术的加持下,妈湾智慧港已完成了首台远控岸桥进入 CTOS(Container Terminal Operation System,集装箱码头操作系统)实用测试。邵泽华说,现在只要站在岸桥远控操作台前,通过主显示屏的信息就可以实时掌握岸桥各个机构的状态,通过触摸按钮和主令手柄操控岸桥,实现远程装卸作业。

随着 5G 独立组网全覆盖,深圳市已在全国率先进入 5G 时代。站在信息技术的前沿,5G 将深圳带入了一个高速率、低时延、大容量的新世界。在妈湾智慧港建设过程中,招商港口与中国移动、华为、北斗、平安等科技龙头企业强强联手,共同构筑以港口为核心的智慧生态圈,引入 5G 技术、卫星导航以及区块链技术,助力妈湾智慧港打造粤港澳大湾区智慧港平台,推进港口运营管理智能化建设,构建高效港口通关模式,实现了港口运作智能化、港航管理智慧化,打造了世界一流的智慧港,在自动化、智能化方面引领着港口行业新标准。

3. 让智慧港口的"中国方案"走向世界

港口是关系各国经济建设和对外贸易的重要基础设施,而港口、产业和城市的联动发展更是一种常见的经济现象。据统计,全球一半以上的经济总量都集聚在海岸线附近 100km 宽的范围内。因此,推动港口智慧化升级,不仅可以提高港口自身的工作效率,降低运营成本,对周边地区的经济发展也能产生重要的拉动效应。

专业人士认为,智慧港口建设作为新基建 5G 创新应用提升工程的重要一环,在降本增效、提升港口运营效率等方面有着重要意义。在国际贸易需求不减、航运重要性显著、智慧港口赋能的情况下,尽管疫情给港口行业带来了一定压力,但从各大港口运营商已披露的数据情况来看,疫情对港口行业整体冲击有限。

目前全球各国都在积极推进智慧港口的转型升级。深圳依托本地发达的人工智能、大数据、物联网、5G 产业和基础设施,在发展 5G 智慧港口方面拥有得天独厚的优势。与此同时,5G 智慧港口建设也形成了一个高科技密集应用的综合场景,可以为多种多样的 5G 应用创新提供实践场所,为深圳乃至全国 5G、人工智能、云计算、大数据、物联网等产业带来难得的发展机遇。此外,以 5G 技术引领港口数字化转型升级,也大大提升了中国港口的核心竞争力。

智慧港口是 5G 赋能千行百业的重点推进领域之一。建设智慧港口,不仅是践行国家新基建战略的重要使命,也是招商港口"科技引领、拥抱变化",实现传统港口转型升级的重要举措。作为招商局集团的"智慧母港"和"海上丝绸之路"桥头堡,升级改造后的妈湾港是一个智慧港口技术、模式的孵化器,也是招商港口积极打造现代智慧港口建设的"中国方案"。

参考数据显示,妈湾智慧港配载效率比人工提升 15～20 倍,现场作业人员减少 80%,综合作业效率提升 30%,安全隐患减少 50%,碳排放量减少 90%,进出口通关效率提升 30% 以上,比全自动码头建设成本减少 50%。

招商局集团副总经理、招商港口董事长邓仁杰表示,妈湾智慧港将通过构建商流、信息流、物流和资金流四流合一,建成一个基于智能化的港口生态圈,成为多元化航运中心的重要载体,对于提升港口行业影响力和竞争力有着重大意义。招商港口将以妈湾智慧港为试验田,将成功经验复制到粤港澳大湾区乃至招商港口在全球范围内的其他港口,输出行业级智慧港口综合解决方案,让智慧港口的"中国方案"走向世界,推动 5G 智慧港口相关技术和成果在国内乃至全球港口的可复制应用。

当前,深圳正朝着世界级集装箱枢纽港和全球海洋中心城市阔步迈进。随着招商局集团贯彻实施"一带一路"和粤港澳大湾区国家发展战略,招商港口将妈湾智慧港模式推行到"一带一路"沿线国家,充分发挥智慧港口产业孵化效能,辐射带动港口生态圈产业升级,为深圳建设全球海洋中心城市提供重要支撑,助力深圳更好地发挥"一带一路"重要支点作用。

◢◣ 问题讨论

1. 妈湾智慧港口的智慧性体现在哪些方面?
2. 妈湾智慧港口对粤港澳大湾区的生态建设有哪些促进作用?
3. 结合中国提出的"一带一路"发展倡议,讨论分析智慧港口的发展战略。

小　　结

随着全球贸易量的逐年增加,各国对国际货运的需求也逐年增加,全球集装箱的用量也随之增加。集装箱作为国际货运中常见的一种储运工具,越来越被广泛使用,但传统的集装箱在使用中存在着安全性差、定位追踪不准确等若干弊端,给日常的业务开展带来了困难和一定的经济损失。近年来,智能集装箱的产生与使用解决了传统集装箱存在的诸多问题,各国在智能集装箱的发展方面也有不同的研究与探索,制定智能集装箱的技术标准非常重要。随着 5G、人工智能、大数据、物联网等技术的发展,港口将依托物流、信息流、资金流的各类数据,向更加系统化的管理、更加丰富的数据服务以及更加创新的商业模式拓展,形成以智慧港口为核心的新型航运生态。智慧港口的建设对经济发展、产业布局、城市定位等起到重要的影响,智慧港口的建设对中国带动全球地区物流发展起到积极作用,同时也会带动"一带一路"沿线各国经济发展与地区建设。

练习与作业

1. 目前我国哪些港口已开展智慧港口的建设? 请以一个港口为例进行说明。
2. 智能集装箱的研究可以结合哪些新技术的使用? 目前还存在哪些不足之处?
3. 请分析人工智能、物联网等技术在智慧港口建设过程中是如何与港口相结合的。

第 14 章　智能集装箱与智慧港口

第15章 智慧物流与多式联运

学习目标和指南

※ 学习目标

1. 掌握国际多式联运的概念及组织形式。
2. 理解多式联运的组织方法。
3. 掌握云计算下的多式联运管理系统,熟悉各功能模块的内容。
4. 掌握多式联运数字化单证的内容,了解应用前景。
5. 掌握多式联运数字化单证业务模式及应用流程。

※ 学习指南

1. 从多式联运概念出发,理解国际多式联运概念。充分了解西伯利亚大陆桥、北美大陆桥的基本信息。通过与传统单一运输方式对比,领会国际多式联运的优势。

2. 理解协议式、衔接式多式联运的组织形式,特别是法定联运与协议联运的区别,深刻理解两种组织形式的适用情况。

3. 从云计算理念的角度了解多式联运系统及其设计,熟悉系统的各功能模块,通过与传统系统的比对,能够发现云计算下多式联运系统的一些特性。

4. 在多式联运传统单证的基础上,充分掌握数字化单证的内容。通过对多式联运数字化单证业务模式与传统模式的比较,总结数字化单证业务模式的优点。

※ 课前思考

1. 什么是多式联运?多式联运的发展伴随着什么技术的应用?
2. 世界上目前有几条多式联运的线路?这些线路分别连接哪些洲或地区?
3. 传统的多式联运系统具有哪几个功能模块?在日常业务开展过程中,传统的多式联运系统存在哪些不足?
4. 在国际多式联运业务中主要涉及哪些单证的使用?这些单证在业务流程中分别起到什么作用?

15.1 多式联运概述

15.1.1 多式联运概念

1. 多式联运

多式联运是指由两种或两种以上的交通工具相互衔接、转运而共同完成的运输过程,很多国家将其称为复合运输,我国习惯上称之为多式联运。多式联运是一种整合了多种运输方式的高级运输组织形式,通过良好的衔接大幅提高服务质量与运输效率,可以满足经济全球化带来的国际间贸易量的爆发性增长带来的运输需求。多式联运之所以能够更加快捷,主要原因是实现了物流标准化、包装标准化、手续标准化等。多式联运最早可以追溯到20世纪60年代末的美国,经过20年的发展,在20世纪80年代,多式联运体现了巨大的优势,这要归功于当时集装箱技术的发展,可以说现代集装箱的出现很好地满足了多式联运对于货物包装标准化的要求。

2. 国际多式联运

国际多式联运是指根据多式联运合同,采用两种或两种以上的运输方式,由多式联运经营人把货物从一国境内接管货物地点运到另一国境内指定交付货物地点的行为。在国际贸易中,由于85%~90%的货物是通过海运完成的,因此海运在国际多式联运中占据主导地位。国际多式联运在国际物流中具有明显的优势,因此受到国际运输市场的欢迎,它具有以下特点:责任统一,手续简便;节省费用,降低运输成本;减少中间环节,缩短时间,提高运输质量;使运输组织水平提高,使运输合理化;实现门对门运输。

3. 国际多式联运的组织形式

国际多式联运主要有陆桥运输和海空联运两种组成形式。

1)陆桥运输

在国际多式联运中,陆桥运输起着非常重要的作用。它是远东/欧洲国际多式联运的主要形式。所谓陆桥运输,是指采用集装箱专用列车或卡车,把横贯大陆的铁路或公路作为"桥梁",使大陆两端的集装箱海运航线通过专用列车或卡车连接起来的一种连贯运输方式。

全球大陆桥主要有西伯利亚大陆桥和北美大陆桥。

(1)西伯利亚大陆桥。

西伯利亚大陆桥是指使用国际标准集装箱,将货物由远东通过海运运到俄罗斯东部港口,再经跨越欧亚大陆的西伯利亚铁路运至波罗的海沿岸,如爱沙尼亚的塔林或拉脱维亚的里加等港口,然后再采用铁路、公路或海运运到欧洲各地的国际多式联运的运输线路。

西伯利亚大陆桥于1971年由苏联对外贸易运输公司正式确立。西伯利亚大陆桥全年货运量高达10万个标准箱,最多时达15万个标准箱。使用这个大陆桥运输线的经营者主要是日本、中国和欧洲各国的货运代理公司。其中,日本出口欧洲杂货的1/3、欧洲出口亚洲杂货的1/5是经这个大陆桥运输的。由此可见,它在沟通亚欧大陆、促进国际贸易中所处的重要地位。

西伯利亚大陆桥运输包括"海铁铁""海铁海""海铁公"和"海公空"4种运输方式。由俄罗斯的过境运输总公司担当总经营人,它拥有签发货物过境许可证的权利,并签发统一的全程联运提单,承担全程运输责任。至于参加联运的各运输区段,则采用互为托运人和承运人的接力方式完成全程联运任务。可以说,西伯利亚大陆桥是较为典型的一条过境多式联运线路。

西伯利亚大陆桥是目前世界上最长的一条陆桥运输线。它大大缩短了从东亚、东南亚及大洋洲到欧洲的运输距离,并因此节省了运输时间。从远东经俄罗斯太平洋沿岸港口去欧洲的陆桥运输线全长13 000km,而相应的全程水路运输距离(经苏伊士运河)约为20

000km。从日本横滨到荷兰鹿特丹,采用陆桥运输不仅可使运距缩短 1/3,运输时间也可节省 1/2。此外,在一般情况下,陆桥运输费用还可节省 20％～30％,因而对货主有很大的吸引力。

由于西伯利亚大陆桥具有的优势,因而,随着它的声望与日俱增,也吸引了不少东亚、东南亚以及大洋洲地区到欧洲的运输,使西伯利亚大陆桥在短短的几年时间中就有了迅速发展。但是,西伯利亚大陆桥运输在经营上管理上存在的问题,如港口装卸能力不足、铁路集装箱车辆的不足、箱流的严重不平衡以及严寒气候的影响等在一定程度上阻碍了它的发展。

（2）北美大陆桥。

北美大陆桥是指利用北美的大铁路从远东到欧洲的“海陆海”联运。北平大陆桥运输包括美国大陆桥运输和加拿大大陆桥运输。美国大陆桥有两条运输线路:一条是从西部太平洋沿岸至东部大西洋沿岸的铁路和公路运输线;另一条是从西部太平洋沿岸至东南部墨西哥湾沿岸的铁路和公路运输线。美国大陆桥源于 1971 年底由经营远东/欧洲航线的船公司和铁路承运人联合开办的“海陆海”多式联运线,后来美国几家班轮公司也投入营运。主要有 4 个集团经营远东经美国大陆桥至欧洲的多式联运业务。这些集团均以经营人的身份签发多式联单证,对全程运输负责。加拿大大陆桥与美国大陆桥相似,由船公司把货物通过海运运至温哥华,经铁路运到蒙特利尔或哈利法克斯,再与大西洋海运相接。

北美大陆桥是世界上历史最悠久、影响最大、服务范围最广的陆桥运输线。据统计,从远东到北美东海岸的货物有 50％以上是采用双层列车运输的,因为采用这种陆桥运输方式比采用全程水运方式通常要快 1～2 周。例如,集装箱货从日本东京到荷兰鹿特丹,采用全程水运(经巴拿马运河或苏伊士运河)通常需 5～6 周时间,而采用北美大陆桥运输仅需 3 周左右的时间。

2）海空联运

海空联运又被称为空桥运输。在运输组织方式上,空桥运输与陆桥运输有所不同:陆桥运输在整个货运过程中使用的是同一个集装箱,不用换装;而空桥运输的货物通常要在航空港换入航空集装箱。不过。两者的目标是一致的,即以低费率提供快捷、可靠的运输服务。海空联运方式始于 20 世纪 60 年代,但到 20 世纪 80 年代才得以较快地发展。采用这种运输方式,运输时间比全程海运少,运输费用比全程空运便宜,20 世纪 60 年代,将远东货物通过船运运至美国西海岸,再通过空运运至美国内陆地区或美国东海岸,从而出现了海空联运。当然,这种联运组织形式是以海运为主的,只是最终交货运输区段由空运承担,1960 年底,苏联航空公司开辟了经由西伯利亚至欧洲的航空线,1968 年,加拿大航空公司参加了国际多式联运。20 世纪 80 年代出现了经由中国香港、新加坡、泰国等至欧洲的航空线。国际海空联运线主要有以下几条:

（1）远东—欧洲。远东与欧洲间的航线有的以温哥华、西雅图、洛杉矶为中转地,也有的以香港、曼谷、海参崴为中转地。此外还有以旧金山、新加坡为中转地的航线。

（2）远东—中南美。远东至中南美的海空联运发展较快,因为这些地区的港口和内陆运输不稳定,所以对海空运输的需求很大。该联运线以迈阿密、洛杉矶、温哥华为中转地。

（3）远东—中近东、非洲、大洋洲。这是以中国香港、曼谷为中转地至中近东、非洲的运输服务。在特殊情况下,还有经马赛至非洲、经曼谷至印度、经中国香港至大洋洲等联运线,但这些线路货运量较小。

15.1.2　多式联运的组织方法

多式联运的组织方法主要有协作式和衔接式两种。

1. 协作式

协作式多式联运是指两种或两种以上运输方式的运输企业按照统一的规章或商定的协议,共同将货物从接管货物的地点运到指定交付货物的地点的运输。协作式多式联运是目前国内货物联运的基本形式。在协作式多式联运下,参与联运的承运人均可受理托运人的托运申请,接收货物,签署全程运输单据,并负责自己区段的运输生产;后续承运人除负责自己区段的运输生产外,还需要承担运输衔接工作;而最后承运人则需要承担货物交付以及受理收货人的货损货差的索赔。在这种体制下,参与联运的每个承运人均具有双重身份。对外而言,他们是共同承运人,其中一个承运人(或代表所有承运人的联运机构)与发货人订立的运输合同对其他承运人均有约束力,即视为每个承运人均与发货人存在运输合同关系;对内而言,每个承运人不但有义务完成自己区段的实际运输和有关的货运组织工作,还应根据规章或协议承担风险、分配利益。协作式多式联运的运输过程如图 15-1 所示。

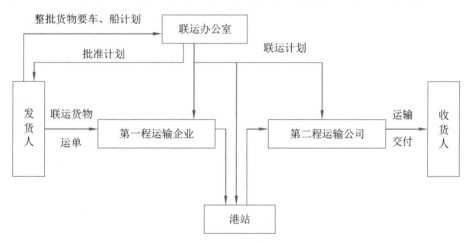

图 15-1　协作式多式联运的运输过程

根据开展联运的依据不同,协作式多式联运可进一步细分为法定(多式)联运和协议(多式)联运两种形式。

1)法定(多式)联运

法定(多式)联运是指不同运输方式的运输企业之间根据国家运输主管部门颁布的规章开展的多式联运。铁路、水路运输企业之间根据铁道部、交通运输部共同颁布的《铁路和水路货物联运规则》开展的水陆联运即属于这种联运。在这种联运形式下,有关运输票证、联运范围、联运受理的条件与程序、运输衔接、货物交付、货物索赔程序以及承运人之间的费用清算等,均应符合国家颁布的有关规章的规定,并实行计划运输。

2)协议(多式)联运

协议(多式)联运是指运输企业之间根据商定的协议开展的多式联运。例如,不同运输方式的干线运输企业与支线运输或短途运输企业根据签署的联运协议开展的多式联运即属于这种联运。

与法定(多式)联运不同,在这种联运形式下,联运采用的运输方式、运输票据、联运范围、联运受理的条件与程序、运输衔接、货物交付、货物索赔程序,以及承运人之间的利益分配与风险承担等,均按联运协议的规定办理。与法定(多式)联运相比,这种联运形式最大的缺点是联运执行缺乏权威性,而且联运协议的条款也可能会损害发货人或弱小承运人的利益。

2. 衔接式

衔接式多式联运是指由一个多式联运企业(以下称多式联运经营人)综合组织两种或两种以上运输方式的运输企业,将货物从接管货物的地点运到指定交付货物的地点的运输。在实践中,多式联运经营人既可能由不拥有任何运输工具的国际货运代理、场站经营人、仓储经营人担任,也可能由从事某一区段运输的实际承运人担任。但无论如何,多式联运经营人都必须持有国家有关主管部门核准的许可证书,能独立承担责任。衔接式多式联运的运输过程如图 15-2 所示。

图 15-2　衔接式多式联运的运输过程

在衔接式多式联运下,运输组织工作与实际运输生产实现了分离,多式联运经营人负责全程运输组织工作,各区段的实际承运人负责实际运输生产。在这种体制下,多式联运经营人也具有双重身份;对于发货人而言,多式联运经营人是全程承运人,与货主方订立全程运输合同,向货主方收取全程运费及其他费用,并承担承运人的义务;对于各区段实际承运人而言,多式联运经营人是托运人,与各区段实际承运人订立分运合同,向实际承运人支付运费及其他必要的费用。很明显,这种运输组织与运输生产相互分离的形式符合分工专业化的原则,由多式联运经营人"一手托两家",不但方便了发货人和实际承运人,也有利于运输的衔接工作,因此,它是联运的主要形式。

在国内联运中,衔接式多式联运通常称为联合运输,多式联运经营人则称为联运公司。我国在《合同法》颁布之前,仅对包括海上运输方式在内的国际多式联运经营人的权利与义务,在《海商法》和《国际集装箱多式联运规则》中做了相应的规定,对于其他形式下国际多式联运经营人和国内多式联运经营人的法律地位与责任并未做出明确的法律规定。《合同法》

颁布后,无论是国内多式联运还是国际多式联运,均应符合该多式联运合同中的规定,这无疑有利于我国多式联运业的发展壮大。

15.1.3 多式联运的业务优化

在现代物流发展的几十年里,优化问题不断被提起,也是每一个物流企业的追求。对于物流行业来讲,优化永远是每一个物流企业不断努力的方向。多式联运也是起源于整个物流行业对于运输效率提升的优化。集装箱多式联运的优化可以归纳为以下几方面。

1. 衔接的优化

多式联运中非常重要的一个特征就是无缝衔接,要做到效率更高的业务衔接,应该做到以下两点。首先要整合多式联运物流链上的各个企业。多式联运的参与公司要比传统物流组织方式多,参与企业之间业务流程的兼容性就显得尤为重要,要打破公司各自为战的现状,将多式联运中不同的企业整合起来,打造业务兼容的企业链,以提高衔接效率。其次要推进物流标准化。集装箱作为物流标准化的代表是支撑多式联运的重要环节,如果想要提高衔接效率,不仅要做到包装的标准化,还要考虑到单证的标准化、操作规章的标准化等。

2. 路径的优化

路径的优化也是现在多式联运中被讨论得最多的优化方面。多式联运扩大了运输范围,可选的运输路径也比传统物流增加了许多。在这样的大环境下,选取最合适的路径成为一个难点,因为最优路径往往不能从一个角度考虑,而是要从整条运输链的角度考虑,所以单个企业一般无法做到全局的路径最优。在路径优化方面,国内外学者利用遗传算法、Petri 网等多种算法进行过多次论证,这些方法在实际运用中都有一定的帮助,也从理论层面优化了多式联运的运输路径,从而提高了运输效率,降低了运输成本。

3. 多式联运的信息化

传统物流由于信息化程度不够高,已经逐渐被淘汰。取而代之的是高度信息化的现代物流,其中多式联运也是现代物流的重要形式,高度的信息化可以实现多式联运的无纸化运行,并且由于现代网络技术的发展,信息化可以有效地实现货物的监控、路线的选择以及数据的分析等功能,大大提升了多式联运的运行速度。

15.2 云计算下的多式联运系统

云计算具有以下特点:计算资源集成度高,设备计算能力平台模块化、可扩展,虚拟资源池为用户提供弹性服务,按需付费降低使用成本,非常符合多式联运信息系统的要求。云计算并不是简单地搭建信息平台,而是提供决策支持,在大量的信息支持之下,使得安排最优路线、查询最优价格等成为可能,这将大幅度提高集装箱多式联运的效率,从而降低运输成本。在云计算技术迅速发展的今天,大数据时代必将来临,搭建基于云计算的多式联运管理系统也势在必行。

15.2.1 云计算下的系统功能结构

云计算下的多式联运信息系统功能结构如图 15-3 所示。

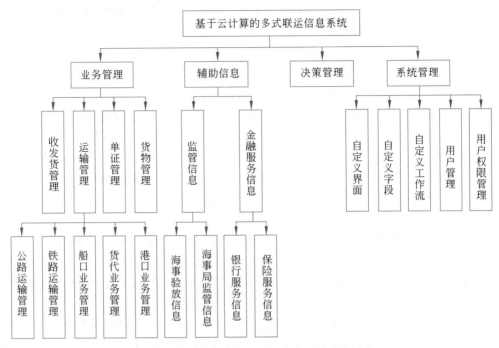

图 15-3　云计算下的多式联运信息系统功能结构

15.2.2　业务管理

业务管理模块主要指多式联运活动中应用的功能,主要包含了收发货管理、运输管理、单证管理以及货物管理 4 个模块。

1. 收发货管理

收发货是多式联运的起点与终点。在收发货管理模块中,相关人员可以管理发货人与收货人信息,包括发货人托运货物并与多式联运经营人订立多式联运经营合同、发货人确认发货、收货人确认收货等。

2. 运输管理

运输管理模块包含了集装箱多式联运中的各种运输业务。该模块按照运输方式的不同划分子模块,其中包含了公路运输管理、铁路运输管理、船代业务管理、货代业务管理以及港口业务管理。

1)公路运输管理

作为多式联运中重要的运输方式,公路运输的管理模块中主要包括车辆定位、人员管理、运价管理、货物状态、路线管理等核心功能,主要目的是为多式联运经营人等其他人提供公路运输阶段的信息。更重要的是,在云计算的环境下,多个公路运输承运人信息将汇总到这一模块中,这样使得多式联运经营人可以针对货物的不同特性进行最优决策,包括路线以及运价。

2)铁路运输管理

与公路运输管理相同,铁路运输管理模块具有获得铁路运输信息的功能;与公路运输不同的是,铁路运输企业有相对固定的班次、固定路线以及固定的运货量,通过云计算的引入,铁路运输管理模块中将把这些内容体现出来,用户通过本模块可以实时、充分了解到铁路运输的详细信息。

3) 船代业务管理

船代业务管理主要包括班轮到发系统、集装箱联运系统和其他功能。其中包含船的需求与供给信息、船位的安排信息、集装箱船本身的信息(运输状态、位置等)。

4) 货代业务管理

货代业务管理模块包括货物信息、业务操作、系统管理等功能。

5) 港口业务管理

港口业务模块中主要包括码头系统、场站管理系统、集装箱管理系统三大功能。通过云平台的搭建,港口企业上传港口信息,用户通过互联网访问这一功能模块,可以直观了解港航动态(如区域政策、港口气象等)、港口综合信息、场站管理信息、码头信息、铁路网信息、公路网信息、集装箱在港作业信息、船务公司综合信息等。

3. 单证管理

多式联运作为一种高级的运输组织方式,其"一票到底"的特点非常突出,即多式联运全程只需一张单证。现在多式联运中使用的单证在商业上是通过合同产生的,目前国际上认可的多式联运单证可以分为 4 种:

(1) 波罗的海国际航运公会制订的 Combidoc。此单证已得到了国际商会的认可,通常为拥有船舶的多式联运经营人使用。

(2) 国际货运代理协会联合会联运提单证。它是由国际货运代理协会联合会制订的,供作为多式联运经营人的货运代理使用。它也得到了国际商会的认可。

(3) 联合国贸易和发展会议制订的 Multidoc。它是为便于《国际货物多式联运公约》得以实施而制订的,并入该公约中责任方面的规定中。由于该公约存在诸多限制,几乎没有多式联运经营人使用该公约。

(4) 多式联运经营人自行制订的多式联运单证。不同于前几种单证,经营人自行制订的多式联运单证并没有任何约束,目前几乎所有的经营人都制订自己的多式联运单证。不过在实际操作过程中,多式联运经营人通常会考虑到单证的适用性,不会随意创建自己的多式联运单证格式,而是与前几种多式联运单证一样,参考相关规则或者直接并入或采用《ICC 联运单证统一规则》,即采用网状责任制,从而使现有的多式联运趋于标准化。

4. 货物管理

货物管理模块主要包括货物状态、货物分类、货物基础数据等功能。货物管理模块主要为系统保留了多式联运业务中的重要基础数据,方便多式联运经营人以及运输企业随时提交和获取货物信息,确保在货物运输中的运输安全以及服务质量。更重要的是,这些货物信息会为以后的决策管理系统提供重要数据。

15.2.3 辅助信息

辅助信息指多式联运业务以外的服务与监察类信息,主要包括政府监管信息和金融服务信息两方面。其中,政府监管信息主要包括海事局港口局的监管信息、税务和海关检验检疫信息、边检信息、工商信息等;金融服务信息主要在结算与理赔时涉及,包括银行和保险机构的服务信息。

该模块的主要功能是提供监管以及金融服务的基础信息,方便多式联运经营人或其代理人随时查阅相关资料,从而正确安排多式联运运输活动。

15.2.4　决策管理

多式联运是各种运输方式的组合,整个业务流程涉及的公司、部门非常繁杂,对各个公司、部门之间信息的兼容性有极高的要求。但是,现阶段各个公司开发的系统无法满足这一要求,无法使集装箱多式联运的服务效率有质的提高。另外,各个公司开发的系统很多只是单纯的信息化、无纸化,这样只能有限地提高多式联运服务质量。真正良好的信息系统并不是简单的信息化与信息汇总,而是根据已有信息做出更加合理的决策。以往的系统无法做到这一点的一个重要的原因就是在开发系统之初并没有云这一思想。

决策管理模块的基础是信息化,即信息的汇总。云计算在提出之初伊始最重要的概念是云平台,将所有的信息汇总,搭建云平台,此后的所有功能都将在此基础之上完成。针对多式联运,云平台的搭建尤为重要,将统一各个企业、部门的数据格式,使得不同系统之间的兼容性有了保障。另外,集装箱多式联运业务复杂,数据量对于传统的信息系统来讲是非常庞大的,而对大量数据的处理正是云计算的长处,通过分布式的计算机,云平台很容易保存并处理多式联运业务中的数据。多式联运作为一种跨地域、国家的运输组织形式,涉及的企业往往相距很远,业务职责相差很大,传统的信息系统并不能很好地将信息汇总。云计算技术下的分布式存储技术能够很好地解决这一问题。

在信息化云平台的基础之上,决策管理的实现成为可能。针对多式联运业务,以前的运输管理与辅助信息管理等模块为决策管理模块搭建了一个很好的云平台,其中汇总了多式联运整个业务链中的所有信息。在决策管理这一功能模块中,系统将分析以前的信息,包括运输路线、运输工具状态、运价、船位等,并根据用户的实际需求,制订不同的运输计划,云计算的强大计算能力和数据存储能力使之成为可能,这是以前的信息系统不能实现的,也是云计算下多式联运信息系统的优势所在。

好的信息平台和基于此的决策管理才是云计算下的多式联运系统的突出功能,这一功能的实现将对多式联运信息系统产生深远的影响,使多式联运的服务质量有质的提高。

15.2.5　系统管理

系统管理包括自定义界面、自定义字段、用户界面,自定义工作流,用户管理和用户权限管理等功能。系统管理模块面向租户,向租户提供系统的数据库表字段和工作流的自定义功能,使系统实现可配置性。而系统安全对于云计算系统尤为重要,系统管理模块以用户角色权限的配置来保证系统的安全性;这些是云计算下的系统与传统单租户系统最大的不同之处。

15.3 多式联运数字化单证与业务模式

15.3.1 多式联运的传统单证和数字化单证

1. 多式联运传统单证

多式联运单证是开展多式联运业务的必要环节,承担着发货收据、运输合同、物权凭证、提货凭据等多项功能,与物流效率和物流成本密切相关。目前在用的多式联运单证主要分为纸质单证和电子单证两种形式。

在多式联运业务中使用的传统纸质单证主要有运单、提单、报关单、发票、箱单、场站单据、商品检验检疫证书等。

纸质单证具有内容重复填写、制作速度慢等缺点,对物流时间和成本造成了很大影响。

在多式联运业务中使用的传统电子单证是电子数据交换(Electronic Data Interchange,EDI)单证,它存在软硬件兼容性差、安装成本高等问题,导致了多式联运信息共享困难。目前,国内缺乏统一的多式联运单证,在不同单证中存在许多重复填制的内容;国际上采用的多式联运单证中的部分信息需要自定义,不利于多式联运信息的标准化建设。

2. 多式联运数字化单证

多式联运数字化单证是由发货人、多式联运经营人、监管单位、各分段承运人、收货人共同签署的一种基于区块链技术的数字化凭证,兼具发货收据、运输合同、监管认证、物权凭证、提货凭据等功能,主要内容是由航空、公路、铁路和水路 4 种运输方式以及进出口报关和检验检疫等监管环节涉及的单证整合而成的,旨在消除多式联运过程中的单证内容重复填写,加快单证流转速度,促进多式联运信息共享,提高物流效率,降低物流成本。

数字化单证以提高物流效率、降低物流成本为目标。表 15-1 为多式联运数字化单证的主要内容。

表 15-1 多式联运数字化单证的主要内容

类 别	信 息 项
发货人信息	姓名、电话、地址、邮政编码
收货人信息	姓名、电话、地址、邮政编码
货物信息	HS 编码、品名、品类、原产地; 净重、毛重、体积、长宽高; 包装种类、集装箱箱号、集装箱箱型、施封号码
承运信息	多式联运经营人公司全称、经办人、电话、地址; 始发机场、目的机场、公司、航班号等航空运输信息; 发站、到站、公司、车次等铁路运输信息; 发站、到站、公司、车牌号等公路运输信息; 起运港、目的港、船名、船公司等水路运输信息

类　别	信　息　项
监管信息	报关日期、关别、离境口岸、运费、征税性质； 海关注册编码、注册日期、工商注册全称、工商注册地址、法人代表、纳税人识别号、营业执照编号、组织机构代码、进出口企业代码海关信息； 品质证书、重量证书、数量证书、兽医卫生证书、健康证书、卫生证书、动物卫生证书、植物检疫证书、熏蒸证书、消毒证书等检验检疫信息
其他	单证号、合同号、托运日期、预计交付时间

3. 单证对比

运单和提单是多式联运传统单证中应用场景最广泛的两种单证。运单和提单的参与主体分别为托运人和承运人，它们可以是发货人和多式联运经营人，也可以是多式联运经营人与实际承运人。多式联运数字化单证的参与主体涵盖了收发货人、多式联运经营人、监管单位、各分段承运人等所有多式联运业务的参与者。运单和提单的单证内容主要包括客户类信息、货物类信息和承运类信息，而多式联运数字化单证还整合了进出口报关和检验检疫等监管类信息。从单证的功能角度来看，运单主要承担了发货收据和运输合同的功能，提单具有发货收据、运输合同和物权凭证的功能，多式联运数字化单证同时兼具发货收据、运输合同、物权凭证、监管认证和提货凭据 5 项功能。

通过从参与主体、主要内容和主要功能 3 个维度对多式联运传统单证和多式联运数字化单证进行对比可以发现，多式联运数字化单证具有参与主体覆盖范围更广、单证内容更丰富、单证功能更全面的特点，如表 15-2 所示。

表 15-2　多式联运传统单证与数字化单证对比

维　度	运　单	提　单	多式联运数字化单证
参与主体	托运人、承运人	托运人、承运人	收货人、发货人、多式联运经营人、监管单位、分段承运人
主要内容	客户类、货物类、承运类	客户类、货物类、承运类	客户类、货物类、承运类、监管类
主要功能	发货收据、运输合同	发货收据、运输合同、物权凭证	发货收据、运输合同、物权凭证、监管认证、提货凭据

15.3.2　多式联运的传统单证和数字化单证业务模式

1. 多式联运传统单证业务模式

在多式联运传统单证的应用场景中，无论是选用纸质单证还是电子单证，单证都需要随着货物的流动在多式联运业务的参与者之间不断流转，直至完成货物的最终交付。多式联运传统单证背景下的业务模式如图 15-4 所示。

发货人在多式联运经营人处办理托运业务，此时的多式联运经营人对于发货人即为承运人，两者之间会同时发生货物和单证的传递。多式联运经营人与各分段承运人之间本质上也是托运人与承运人的关系，物流、信息流的发生情况同上一环节一致。多式联运经营人或

图 15-4　多式联运传统单证背景下的业务模式

其委托人办理关检业务时,身份属性仍为承运人的角色,单证等信息随着货物在监管者与承运人之间流动。最终交付时,收货人凭提货凭据在承运人处提货,物流和信息流至此结束。

2. 多式联运数字化单证业务模式

引入区块链技术构建多式联运数字化单证的去中心化应用,将区块链技术分布式共享账本的本质属性赋能于多式联运业务场景,改变了传统的多式联运业务模式。多式联运数字化单证背景下的业务模式如图 15-5 所示,货物依然是在发货人、承运人、监管者、收货人等多式联运业务的参与者中依次流转,而多式联运单证等信息的流转方式改变为多式联运参与者与多式联运数字化单证系统的直接交互。随着货物的不断流转,分布式网络中的每一个当前多式联运参与者会对业务信息进行及时更新,该笔多式联运业务中的其他所有参与者可以实时共享整个数字化单证。

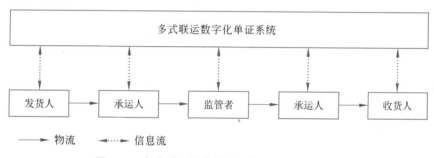

图 15-5　多式联运数字化单证背景下的业务模式

3. 业务模式对比

多式联运传统单证中存在内容重复填写、制单次数多、信息共享难等问题,所以从是否重复填写、制单次数、信息共享 3 个维度对比多式联运传统单证和多式联运数字化单证的业务模式,如表 15-3 所示。在多式联运传统单证业务模式下,每一个环节都会采用不同种类的单证,在不同单证中存在相同信息,如货物信息、收发货人信息等;而在多式联运数字化单证业务模式下,多式联运全程所有参与者共享同一个单证,避免了相同信息的重复填写,并且全程只需制单一次。

表 15-3　多式联运信息单证与数字化单证业务模式对比

维　度	多式联运传统单证	多式联运数字化单证
是否重复填写	相同信息在不同单证中需重复填写	信息无须重复填写
制单次数	多次	一次
信息共享	每一环节的业务双方	全程所有参与者

通过对比以上两种业务模式下物流、信息流和参与者的协作方式可以发现,多式联运数字化单证具有单证内容无须重复填写、全程一次制单、所有参与者信息共享等特点。

15.3.3 多式联运数字化单证应用流程

结合区块链技术的分布式网络特点,可以建立多式联运数字化单证的应用流程。在多式联运发展的理想状态下,多式联运经营人不必多次充当托运人和收货人以衔接各运输分段,只需要在起始地和目的地开展对接工作,途中运输方式的切换工作由各分段承运人直接完成。多式联运数字化单证应用流程如图15-6所示。

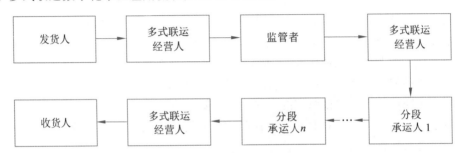

图 15-6　多式联运数字化单证应用流程

发货人在起运地多式联运经营人处办理托运业务,提交业务所需信息;多式联运经营人对客户订单进行预审,满足条件后向监管者申报查验;监管者对货运业务开展逐项检查,对符合要求的予以授权放行;多式联运经营人对接分段承运人1开始货物运输;各分段承运人依次开展运输业务;分段承运人 n 将货物运抵目的地;多式联运经营人在目的地对货物进行复查,然后向收货人交付。

案例与问题讨论

案例:广西陆海新通道多式联运智慧物流体系

1. 广西构建多式联运智慧物流的定位

广西在西部陆海新通道战略中的定位是:以西部陆海新通道建设为载体,加快构建面向东盟国家的国际大通道。向南,经由重庆向南经云南、贵州等地以及广西北部湾港、北海港、凭祥等沿海沿边口岸可通达新加坡等东盟国家等主要物流节点;向北,综合利用兰渝铁路与中欧班列衔接西北地区主要物流节点(可通达中亚、南亚、欧洲等国家或地区)。加快形成"南向、北联、东融、西向"全方位开发发展新格局。在西部陆海新通道的框架下,以重庆为运营中心,以广西、贵州、甘肃为关键节点,中国西部相关省区市与新加坡等东盟国家通过区域联动、国际合作共同打造的有机衔接"一带一路"的国际陆海贸易新通道。

在这个定位中,广西与西部陆海新通道其他省、自治区处于关键节点上。但是从西部陆海新通道多式联运的体系看,广西是西部陆海新通道省、自治区中唯一一个同时具有出海口、内河黄金水道和出境口岸的省、自治区,因此,广西在西部陆海新通道多式联运体系中责无旁贷地应该处于核心,枢纽的地位。广西在西部陆海新通道多式联运体系中的定位为大数据的核心和多式联运的枢纽。

2. 以无车承运人平台为核心构建多式联运智慧物流

美国《巴伦周刊》发布的华尔街 2021 年 500 强企业中,全球最大的公路货运企业之一——罗宾逊全球物流有限公司排在第五位,紧随苹果等科技巨头,成为北美最大的第三方物流企业。罗宾逊公司拥有全美最大的卡车运输网络。2021 年全年,罗宾逊公司的物流总收入增长 11.8%,达到 166 亿美元,位居世界 500 强企业的第 237 位。其营收主要包括整车、LTL(Less Truck Loading,零枢运输)、联运、海运、空运、通关服务和其他物流服务七大业务板块。

自 1988 年起,罗宾逊公司开始着手把它在海运服务领域的成功经验由无船承运人向无车承运人转型,由海运服务领域转向公路货运服务领域,完成社会运输商的信息系统的整合。得益于罗宾逊公司的轻资产运作的商业模式,无车承运人利用先进的互联网技术及 IT 系统整合公路货运服务业运力和货主企业,通过互联网产生用户黏性,通过对公路货运服务领域的运力整合和强大的增值服务创造了巨大的商业价值,促使罗宾逊公司成为公路货运市场最大的赢家。罗宾逊公司建立了两个信息平台:一个是 Transportation Management System(运输管理系统,TMS),用来联通运输方;另一个是 Navisphere 系统,用来联通货主方。罗宾逊公司以此吸引运输方和货主方共同加盟,解决了公路货运服务领域中的信息不对称的难题,例如"货找车""车找货"等。罗宾逊公司建立这两个信息平台的目的就是为了打造两条"高速公路",通过对物流供应方和需求方加以规范整合,使得很多操作步骤变得透明。所有货主方均能在罗宾逊公司的这两条"高速公路"上实时跟踪自己的货物,对自己的货物所处的状态、温度、位置、物流环节、时间节点等都能了如指掌。

在无车承运人获得成功以后,罗宾逊开始向无船承运人、无火车承运人和无飞机承运人发展,通过无车承运人平台的物流管理系统与水运、铁路和航空物流实现多式联运的无缝衔接,从而实现了多种运输方式的"一票制"解决方案,而原来的无车承运人物理管理平台则升级为多式联运的信息承接平台。通过 30 多年的努力,目前罗宾逊公司的物理管理平台已经从单一无车承运人平台成功转型为多式联运平台,其服务也从公路货运延展到公路、铁路、水路、空运全面覆盖。1996 年,罗宾逊公司各种运输方式收入的占比为:公路 83%,铁路 9%,水路 6%,空运 1%,其他 1%;2021 年,罗宾逊公司各种运输方式收入的占比为:公路 61%,铁路 18%,水路 12%,空运 5%,其他 4%。

3. 广西构建多式联运智慧物流的战略布局

广西在公路、铁路、水路、空运这 4 种运输方式,前 3 种的运量比重分别是 82%~84%、4%~6%、10%~12%,空运占比极低。从这个比重来看,广西的公路运输处于绝对的统治地位;而水路运输通过这些年来北部湾港和西江黄金水道的建设,比重在逐步提升;但铁路运输的比重已经下降到很低的水平。因此,要构建好西部陆海新通道多式联运智慧物流的战略布局,应该借鉴罗宾逊公司的成功模式,以抓公路运输的智慧物流建设为切入点,以公路运输的无车承运人平台为基础,逐步叠加铁路、水路、空运智慧物流资源,构建西部陆海新通道的无车承运人、无船承运人、无火车承运人、无飞机承运人的多式联运智慧大数据平台。

4. 广西构建多式联运智慧物流的核心工程

多式联运智慧物流的建设核心在于大数据平台的建设,而成功的平台必须建立在商业运营环境下才能实现,这需要政府、行业、企业、高校和科研院所的共同努力。首先需要在以下核心工程中确定大数据平台的基础和方向。

1）无车承运人核心企业工程

通过有选择地重点扶持目前已经运营得较为成功的无车承运人企业,带动西部陆海新通道的多式联运智慧物流的发展。

2）多式联运大数据平台工程

以已形成商业运用的无车承运人物流管理平台为核心,构建西部陆海新通道多式联运大数据平台。

3）区域物流互联互通工程

由于西部陆海新通道涉及的区域和国家较多,因此在完善软硬件建设的过程中还需加强西部陆海新通道各区域和各国家的物流通道互联互通工作,力求在政策上互认、在标准上相同、在程序上相近。

问题讨论

1. 无车承运人在罗宾逊全球物流有限公司智慧物流体系建设过程中的作用是什么?

2. 广西如何利用无车承运人模式构建多式联运体系?

3. 大数据平台的建设在构建多式联运智慧物流平台中的作用有哪些?

小 结

伴随集装箱技术的普遍应用,多式联运在近几十年得到长足的发展,成为国际货运业务的主要组织形式。随着全球经济的一体化以及物流技术的发展,货物在全球的运输距离也越来越远,洲际长途运输成为常态。选择传统的单方式的运输,运输时间长,运输方式之间的衔接转换效率低且容易出错;而多式联运具有统一责任、成本费用低、门到门等明显的优势,成为许多承托人的首选。国际多式联运业务由于环节多,涉及的关系方也多,因此需要通过现有的新技术实现系统的优化,特别是在单证和业务模式方面。通过采用云计算、区块链等新技术,新型的多式联运系统可以实现单证的电子化,业务模式与传统模式相比也有了明显的优化,使多式联运业务流程更加简化、高效。

练习与作业

1. 通过本章学习,收集第二欧亚大陆桥的资料,分析大陆桥对我国开展多式联运业务的战略意义。

2. 调研一家国际货运企业,为它设计一款基于云计算技术的多式联运系统。

3. 对比多式联运数字化单证与传统单证的区别,分析云计算、区块链等新技术的使用对货运业发展的影响。

第 15 章 智慧物流与多式联运

参 考 文 献

[1] 何明珂. 供应链管理的兴起：新动能、新特征与新学科[J]. 北京工商大学学报(社会科学版),2020,35
(3)：1-12.

[2] 刘惠林. 中国改革开放 40 年物流发展体系研究[J]. 物流科技,2018(7)：100-102,124.

[3] 张颖川. 持续改善服务是物流行业发展重要课题[J]. 物流技术与应用,2019,24(1)：60-62.

[4] 陈溯. 2025 年中国智慧物流市场规模将超万亿元[J]. 中国储运,2018(3)：90.

[5] 中国电子技术标准化研究院. 信息物理系统白皮书[M]. 北京：中国信息物理系统发展论坛,2017.

[6] 霍艳芳,齐二石. 智慧物流与智慧供应链[M]. 北京：清华大学出版社,2020.

[7] 施先亮. 智慧物流与现代供应链[M]. 北京：机械工业出版社,2020.

[8] 张宇. 智慧物流与供应链[M]. 北京：电子工业出版社,2016.

[9] 文丹枫,周鹏辉. 智慧供应链：智能化时代的供应链管理与变革[M]. 北京：电子工业出版社,2019.

[10] 刘大成. 数字化时代的智慧物流与供应链管理变革[J]. 供应链管理,2021(3)：15-24.

[11] 韩成果,林晓将,韩天行. 供应链企业智慧物流系统建设研究[J]. 物流科技,2009(4)：142-151.

[12] 许国志. 系统科学[M]. 上海：上海科技教育出版社,2000.

[13] 盛昭瀚,霍红,陈晓田,等. 笃步前行创新不止——我国管理科学与工程学科 70 年回顾、反思与展望
[J]. 管理世界,2021(2)：185-202,213.

[14] Feng B,Ye Q. Operations Management of Smart logistics：a Literature Review and Future Research
[J]. Frontiers Engineering Management,2021,8(3)：344-355.

[15] 徐姝,蒋敏. 借鉴国外经验推动智慧物流发展[J]. 中国财政,2019(21)：74-75.

[16] 魏金萍. 德国高校物流专业实践教学对我国的启示[J]. 物流技术,2014,33(5)：467-469.

[17] 沈欣. 德国马格德堡奥托·冯·古里克大学物流教育启示[J]. 物流科技,2020(2)：169-171.

[18] 尤尔根·查金斯基. 德国物流的创新[J]. 中国物流与采购,2014(22)：58-59.

[19] 中华人民共和国人力资源和社会保障部. 新职业——供应链管理师就业景气现状分析报告[EB/
OL]. （2021-04-21）[2021-08-22]. http://www. mohrss. gov. cn/SYrlzyhshbzb/dongtaixinwen/
buneiyaowen/rsxw/202104/t20210421_413242. html.

[20] 唐纳德·J.鲍尔索克斯. 供应链物流管理(原书第 3 版)[M]. 马士华,黄爽,赵婷婷,译. 北京：机械
工业出版社,2010.

[21] 王玉. 苏宁物流的网络化与智慧化升级[J]. 物流技术与应用 2018(2)：89-91.

[22] 王继祥. 物联网发展推动中国智慧物流变革[J]. 物流技术与应用,2010,2(6)：30-35.

[23] 朱珊珊,杨尚霞,邱娜. 人工智能推动智慧物流发展探究[J]. 科技资讯,2019(5)：246-247.

[24] 顾大权,刘高飞. 对数据、信息、知识和智慧的研究与思考[J]. 长春大学学报,2012,4(22)：399-401.

[25] 郝书池. 发展智慧物流的动因与对策研究[J]. 物流科技,2017(1)：28-31.

[26] 林庆. 物流 3.0："互联网＋"开启智能物流新时代[M]. 北京：人民邮电出版社,2017.

[27] 郁士祥,杜杰. 5G＋物流[M]. 北京：机械工业出版社,2020.

[28] 刘丽军,邓子云. 物联网技术与应用[M]. 北京：清华大学出版社,2012.

[29] 吴健. 现代物流与供应链管理[M]. 北京：清华大学出版社,2011.

[30] 马士华,林勇. 供应链管理[M]. 6 版. 北京：机械工业出版社,2020.

[31] 赵惟,张文瀛. 智慧物流与感知技术[M]. 北京：电子工业出版社,2016.

[32] 王喜富,高泽. 智慧物流物联化关键技术[M]. 北京：电子工业出版社,2016.

[33] 于胜英,郭剑彪. 智慧物流信息网络[M]. 北京：电子工业出版社,2016.

[34] 王喜富. 大数据与智慧物流[M]. 北京：清华大学出版社,2016.

[35] Belkacem I, Merzoug S. Impact of Logistics Information Systems on Logistics Performance[J]. Business Sciences Review,2021(6)：147-167.

[36] Dembińska I. Smart Logistics in the Evolution of the Logistics[J]. European Journal of Service Management,2018,3(27/2)：123-133.

[37] 江瑜,龚卫恒. 基于第四方物流平台的智慧物流运作模式[J]. 中国物流与采购,2012(5)：56-57.

[38] 王喜富. 区块链与智慧物流[M]. 北京：电子工业出版社,2020.

[39] 吴雅琴. 物联网技术概论[M]. 北京：科学出版社,2020.

[40] 魏学将,王猛,张庆英,等. 智慧物流概论[M]. 北京：机械工业出版社,2020.

[41] 张冀,王晓霞,宋亚齐,等. 物联网技术与应用[M]. 北京：清华大学出版社,2017.

[42] 石志国,王志良,丁大伟,等. 物联网技术与应用[M]. 北京：清华大学出版社,2012.

[43] 王春媚,张杰. 物联网技术与应用[M]. 北京：化学工业出版社,2016.

[44] 祝旭. 大数据技术下的智慧物流信息平台构建研究[J]. 信息记录材料,2019,20(1)：105-106.

[45] 杨帆,张少杰. 第四方物流信息平台功能与架构分析[J]. 情报科学,2011(5)：782-787.

[46] 郑芸,顾沈明,崔振东,等. 基于 SOA 的冷链物流信息服务平台研究[J]. 中国水运,2015,15(11)：152-153.

[47] 付平德. 基于大数据技术的智慧物流信息平台构建. 网络与信息化[J]. 2018,37(2)：123-125.

[48] 胡进. 基于物联网的物流信息平台设计[J]. 南京工业职业技术学院学报. 2014,14(1)：5-7.

[49] 李远远. 智慧物流信息平台规划研究[J]. 学术论坛,2013(5)：140-143.

[50] 周文豪. 当前中国"物联网"概念解析[J]. 射频世界,2010,5(05)：7-11.

[51] 孙兆臣,孙晓琴,杨文. 基于物联网技术基础的智慧仓储建设与应用[J]. 电脑知识与技术,2020,16(28)：237-238+245.

[52] 史纪. 智慧物流背景下智能仓储的应用[J]. 智能城市,2021,7(07)：13-14.

[53] 张瑞泰. 智慧仓储新篇章——工厂内生产物料仓储的无人化管理[J]. 天津科技,2020,47(7)：11-13.

[54] 张伟,王威,王羚薇. 科研单位智能仓储系统建设方案[J]. 电子技术与软件工程,2020(1)：137-140.

[55] 谭章禄,刘浩. 基于 RFID 技术的智能仓储管理系统架构方案[J]. 制造业自动化,2013,35(23)：47-51.

[56] 邢普学,李强,魏巍,等. 智慧仓储管理平台功能系统应用研究[J]. 电子世界,2018(14)：163-164.

[57] 娄季峰,王炳芳,张迪,等. 物联网技术及其在智慧仓储管理中的实践[J]. 水电与抽水蓄能,2019,5(6)：32-35+31.

[58] 金跃跃,刘昌祺,刘康. 现代化智能物流装备与技术[M]. 北京：化学工业出版社,2019.

[59] 王先庆. 新物流：新零售时代的供应链变革与机遇[M]. 北京：中国经济出版社,2019.

[60] 高利,吴绍斌,赵亚男,等. 智能运输系统[M]. 北京：北京理工大学出版社,2020.

[61] 黄卫,路小波. 智能运输系统(ITS)概论[M]. 北京：人民交通出版社,2018.

[62] 卢改红,张鑫,邓春姊,等. 运输管理[M]. 南京：南京大学出版社,2017.

[63] 肖邦科技. 时尚行业服装 RFID 解决方案. [EB/OL]. (2021-1-1)[2021-09-10].http://www.supoin.com/SolutionDetail.aspx?SID=27&PID=51.

[64] 尹为鉴. 日日顺物流智能仓开启大件物流仓储"智"时代[N]. 青岛财经日报,2018-11-5.

[65] 伍朝辉,武晓博,王亮. 交通强国背景下智慧交通发展趋势展望[J]. 交通运输研究,2019,5(4)：16-36.

[66] 董莹,董鹏,唐猛. 我国智慧交通的现状和发展对策研究[J]. 交通工程,2019(8)：264-266.

[67] 周永. 我国智慧交通发展现状、问题及其法治化[J]. 长沙大学学报,2020,6(34)：19-24.

[68] 赵鹏军,朱峻仪. 智慧交通的发展现状及其所面临的挑战[J]. 当代建筑,2020(12)：44-46.

[69] 依克热木·阿木提. 解析车联网技术发展与应用前景[J]. 汽车与配件,2018(32)：50-51.

[70] 井骁. 浅析车联网技术与应用[J]. 上海汽车,2019(4)：9-12.

[71] 张进,蔡之骏,杨波. 车联网关键技术及应用研究[J]. 汽车实用技术,2021,46(13)：23-26.

[72] 翟冠杰. 车联网体系结构分析及关键技术应用探讨[J]. 电子测试,2018(23)：76-77.

[73] 袁理. ATIS出行者信息系统相关问题研究[D]. 成都：西南交通大学,2010.

[74] Nambajemariya F. Wang Y. Excavation of the Internet of Things in Urban Areas Based on an Intelligent Transportation Management System［J］. Advances in Internet of Things,2021（3）：113-122.

[75] Waqas M,Tu S S,Rehman S U,et al. Authentication of Vehicles and Road Side Units in Intelligent Transportation System[J]. Computers Materials & Continua,2020(7)：13.

[76] Taimouri A,Emamisaleh K. Providing Performance Evaluation Indicators for Intelligent Transportation Systems(The Case Study of Tehran-Karaj Freeway Located in Iran)[J]. Journal of Transportation Technologies,2020,10(2)：10.

[77] 韩东亚. 智慧物流仓配装理论与算法[M]. 合肥：中国科学技术大学出版社,2020.

[78] 陈俊羽. 无人机物流快递配送系统设计[J]. 软件开发,2018(12)：28-29.

[79] 王先庆. 智慧物流[M]. 北京：电子工业出版社,2019.

[80] 陈晓曦. 数智物流：5G供应链重构的关键技术及案例[M]. 北京：中国经济出版社,2020.

[81] 陈宏程. 多车型多车辆的物流配载问题优化研究[D]. 杭州：浙江理工大学,2019.

[82] 王长琼,袁晓丽. 物流运输组织与管理[M]. 2版. 武汉：华中科技大学出版社,2017.

[83] 孔继利. 物流配送中心规划与设计[M]. 2版. 北京：北京大学出版社,2019.

[84] 杨扬,郭东军. 物流系统规划与设计[M]. 2版. 北京：电子工业出版社,2020.

[85] 廖雨瑶,陈丹青,李伟. 智能包装研究及应用进展[J]. 绿色包装,2016(2)：39-46.

[86] 张正民. 我国智能包装应用现状与发展趋势[J]. 现代商贸工业,2016(14)：45-46.

[87] 夏征. 智能包装技术[J]. 包装世界,2011(2)：4-6.

[88] 胡兴军,林燕. 前景看好的智能包装[J]. 印刷世界,2010(4).11-14.

[89] 陈新. 智能包装技术特点研究[J]. 包装工程,2004(3)：40-42.

[90] 佚名. 智能包装显大势,渐成新兴产业[J]. 中国包装,2021(2)：20-21.

[91] 潘弋. 智能包装市场稳步向前发展[J]. 印刷杂志,2021(2)：7-10.

[92] 赵冬菁,仲晨,朱丽. 智能包装的发展现状、发展趋势及应用前景[J]. 包装工程,2020(13)：72-81.

[93] 邱晓红. 国内外智能包装发展新动态[J]. 印刷杂志,2020(2)：1-5.

[94] 王猛,魏学将,张庆英. 智慧物流装备与应用[M]. 北京：机械工业出版社,2021.

[95] 邹霞. 智能物流设施与设备[M]. 北京：电子工业出版社,2020.

[96] 陈志梅,孟文俊. 智能起重机的体系结构[J]. 起重运输机械 2011(1)：1-4.

[97] 王群智,张锴,朱江洪. 中日物流技术装备的发展与变迁(下)——中国物流技术装备的发展与变迁[J]. 物流技术与应用 2011,16(5)：90-91.

[98] Ngo Q,Hong K. Sliding-Mode Antisway Control of an Offshore Container Crane[J]. IEEE/ASME Transactions on Mechatronics：A Joint Publication of The IEEE Industrial Electronics Society & the ASME Dynamic Systems & Control Division,2012,17(2)：201-209.

[99] Tong M,Wang Y,Qiu H. Dynamic Responses of High Speed Quay Container Cranes[J]. Procedia

Engineering,2011,16(1)：342-347.

[100] 朱雪丽,阴丽娜.智慧物流背景下我国生鲜农产品供应链发展研究[J].保鲜与加工,2020,20(6)：199-204.

[101] 朱羽然,钟汇丰,黄帝聪,等.大数据与区块链应用场景下智能冷链温控系统设计[J].中国储运,2021(5)：188-190.

[102] 李捞摸,张庆勇,赵彦忠,等.无源运输冷藏箱保温性能测试与分析[J].医疗卫生装备,2012,33(6)：28-29.

[103] 陈馨洋,杨洁,周晨,等.一种窄带物联网智慧冷链物流系统设计与实现[J].应用科技,2020,47(5)70-73.

[104] 张伟.制冷系统智能仪表监测技术[J].测试工具与解决方案,2018(8)：99.

[105] 张涵,吴爱国,杨硕,等.基于ARM的制冷系统智能控制器设计.仪表技术与传感器,2013(12)：29-30.

[106] 杨平,刘在英,张丽晓.温湿度实时记录仪及智能监控平台[J].微型电脑应用,2020,36(10)：89-91.

[107] 黄志峰,丁玉珍,宁鹏飞.智慧冷链物流发展研究[M].北京：中国财政经济出版社,2021.

[108] 李学工.冷链物流管理[M].北京：清华大学出版社,2017.

[109] 王心刚,安久意.冷链物流[M].北京：中国财富出版社,2016.

[110] 邓汝春.冷链物流运营实务[M].北京：中国物资出版社,2016.

[111] 汪利虹,冷凯君.冷链物流管理究[M].北京：机械工业出版社,2021.

[112] 陈艳.基于物联网技术的水产品冷链供应链集成化体系研究[M].北京：化学工业出版社.2020.

[113] 谢如鹤,刘广海.冷链物流[M].武汉：华中科技大学出版社,2017.

[114] 鲍琳,周丹.食品冷藏与冷链技术[M].北京：机械工业出版社,2019.

[115] 林延昌.基于区块链的食品安全追溯技术研究与实现——以牛肉追溯为例[D].南宁：广西大学,2017.

[116] 宋华,胡左浩.现代物流与供应链管理[M].北京,经济管理出版社,2000,1-21.

[117] 宋耀华.现代物流与传统物流的基础理论研究[J].中国流通经济,2006(4)：9-12.

[118] 丁俊发.中国物流业发展的里程碑[J].中国物流与采购,2006(6)：16-19.

[119] 何明坷.物流系统论[M].北京：高等教育出版社,2004.

[120] 杨春河,张文杰.现代物流产业概念内涵和外延的理论研究[J].物流技术,2005(10)：38-40.

[121] 杨春河.现代物流产业集群形成和演进模式研究[D].北京交通大学,2008.

[122] 王湛.突发公共事件应急管理过程及能力评价研究[D].武汉：武汉理工大学,2008.

[123] 计雷,池宏.突发事件应急管理[M].北京：高等教育出版社,2006.

[124] 曹杰,于小兵.突发事件应急管理研究与实践[M].北京：科学出版社,2014.

[125] 吕婧,张衍晗,庄玉良.公共卫生危机下基于智慧物流的应急物流能力优化研究[J].中国软科学,2020(S1)：16-22.

[126] 郭影.部分需求分布信息下应急物资储备治理策略研究[D].济南：山东大学,2020.

[127] 张忠义.城镇防汛应急物资多层级公私协同储备研究[D].武汉：武汉理工大学,2020.

[128] 刘阳,田军,冯耕中,等.基于期权契约的政企联合储备应急物资模型与利润分配机制研究[J].中国管理科学,2020,28(8)：162-171.

[129] 扈衷权,田军,沈奥,等.生产能力储备模式下应急物资储备与采购定价模型[J].管理工程学报,2021,35(2)：200-210.

[130] 朱永彬,孙翊,吴静,等.关于发挥智慧物流在国家应急物资保障体系中作用的建议[J].科技中国,

2020(5)：19-21.

[131] 杨蕊铭,相飞.突发事件下应急智慧物流发展研究[J].中国物流与采购,2021(22)：55.

[132] 冯良清,陈倩,郭畅.应对突发公共卫生事件的"智慧塔"应急物流模式研究[J].北京交通大学学报(社会科学版),2021,20(3)：123-130.

[133] 管金升.智慧物流下的无人化与应急物流保障[J].中国储运,2021(5)：137-138.

[134] 吴磊明,张文斌,龙绵伟,等.着眼疫情防控物流短板,加快构建现代应急物流体系[J].中国物流与采购,2020(17)：39-40.

[135] 周佳其.应急救援物资两级配送路径选择研究[D].西安：西安工业大学,2019.

[136] 张佩.考虑设施失效的应急物流系统选址-路径优化研究[D].北京：北京交通大学,2017.

[137] Florian D. Public-Private Collaborations in Emergency Logistics：A Framework Based on Logistical and Game-Theoretical Concepts[J]. Safety Science,2021,5(9)：141.

[138] Wang G,Ma M,Wang J. An Option Contract on Emergency Material Reserve Considering Quality Catastrophic Change[J]. Evolutionary Intelligence,2020(12)：53-57.

[139] Balcik B,Ak D. Supplier Selection for Framework Agreements in Humanitarian Relief[J]. Production and Operations Management,2014,23(6)：1028-1041.

[140] Chakravarty A. Humanitarian Relief Chain：Rapid Response Under Uncertainty[J]. International Journal of Production Economics,2014(151)：146-157.

[141] Chen J,Liang L,Yao D. Pre-Positioning of Relief Inventories：A Multiproduct Newsvendor Approach[J]. International Journal of Production Research,2018,56(17-17)：6294-6313.

[142] Zhang L,Tian J,Fung R,et al. Materials Procurement and Reserves Policies for Humanitarian Logistics with Recycling and Replenishment Mechanisms[J]. Computers & Industrial Engineering,2019(127)：709-721.

[143] Zhang L. Emergency Supplies Reserve Allocation Within Government-Private Cooperation：A Study from Capacity and Response Perspectives[J]. Computers & Industrial Engineering,2021(154)：107171.

[144] 吴媛媛.安宁市国际物流园区项目风险管理研究[J].全国流通经济,2017(1)：106-108.

[145] 余丽燕,李捷.陆海新通道多式联运智慧物流体系构建探究——以无车承运人平台为核心的视角[J].物流与供应链管理,2021(6)：167-168,176.

[146] 施先亮.智慧物流与现代供应链[M].北京：机械工业出版社,2020.

[147] 蔡银怡,蔡文学,郑冀川.智慧港口的构成与建设内容的探讨[J].物流工程与管理,2020,5(42)：21-23.

[148] 李晓敏.智慧国际物流体系建设研究[J].中国经贸导刊,2019(11)：46-49.

[149] 朱子梁.基于"互联网＋"视域下智慧物流实时风险管理机制研究[J].全国流通经济,2021(5)：19-20.

[150] 王郁,郭丽芳,马家齐,等.基于"互联网＋"视域下智慧物流实时风险管理机制研究[J].管理现代化,2018(1)：98-101.

[151] 孙家庆.物流风险管理[M].4版.大连：东北财经大学出版社,2019.

[152] 白世贞,徐玲玲.新零售供应链管理[M].北京：经济管理出版社,2019.

[153] 陈润升.新零售背景下供应链管理问题[J].商场现代化,2018(4)：24-25.

[154] 马士华,林勇.供应链管理[M].3版.北京：高等教育出版社,2014.

[155] 苏曼·沙克.供应链管理：新零售时代采购和物流的优化方案[M].杭州：浙江大学出版社,2019.

[156] 马士华,陈荣秋.生产运作管理[M].北京：清华大学出版社,2015.

[157] 韩雪金.集装箱多式联运一体化信息系统的模式分析[J].科技经济导刊,2021,29(14)：43-44.

[158] 李继春,赵洁婷,王婧.智能集装箱运输面临的标准化问题[J].中国标准化,2013(9)：66-70.

[159] 李媛红.智能集装箱物联网关键技术解析[J].中国自动识别技术,2019,10(5)：48-52.

[160] 黄辰懿.基于北斗的智能集装箱系统监控[D].上海：华东师范大学,2014.

[161] 刘文钢.智能集装箱信息采集与监控系统设计[D].兰州：兰州理工大学,2020.

[162] 宓为建.智慧港口概论[M].上海：上海科学技术出版社,2020.

[163] 宁涛.智慧港口实践[M].北京：人民邮电出版社,2020.

[164] 孙浩.物联网技术在智慧港口中的应用研究[J].电子世界,2019(9)：150-151.

[165] 中国国际货运代理协会.国际多式联运与现代物流理论与实务[M].北京：中国商务出版社,2005.

[166] 董政."互联网＋多式联运",到底该怎么"＋"——互联网平台促进多式联运发展实践探[J].中国港口,2020(8)：51-54.

[167] 余丽燕.广西多式联运智慧物流体系建设面临的挑战与对策[J].中国物流与采购,2021(9)：50-52.

[168] 钱颖萍.企业智慧物流应用现状——以京东物流为例[J].探讨与研究,2020(11)：119-121.

[169] 陈彤彤,李晶蕾.浅析顺丰冷运物流业务的发展策略[J].中国商论,2020(8)：15-16.

[170] 王玉.佳士博先进的万吨智能冷链物流中心[J].物流技术与应用,2017(6)：106-109.